TASCHENHIRN

Gebündeltes Wissen in Listen.

Tusitala Verlag Robert Junker

IMPRESSUM

Taschenhirn© 2009-2018 by Tusitala Verlag©, Robert Junker, Frankfurt am Main
Kontakt: rjunker@tusitala-verlag.de

7. Auflage (aktualisiert, erweitert und in Farbe): Wissensstand: 5. April 2018

Alle Daten, Zahlen und Fakten wurden sorgfältig recherchiert, analysiert, verglichen und geprüft, bleiben aber ohne Gewähr auf Richtigkeit, Aktualität und Vollständigkeit. Jede Auswahl wurde aus bestmöglicher objektiver Sicht getroffen.

Autor, Verleger, Creative Director: Robert Junker, www.robertjunker.de & www.tusitala-verlag.de
Umschlagsgestaltung: Suzana Brala
Grafik & Layout: Suzana Brala, www.suzadesign.com
Gestaltung & Werbung: www.**makesomeonehappy**.de, Agentur für Ideen und schöne Dinge.
Druck & Bindung: Druckerei Paper & Tinta

FÜR MEINE ELTERN WALDEFRIED (1942-1980) UND RENATE,
OHNE DEREN LIEBE ZUR NATUR DIESES BUCH KEINE WURZELN HÄTTE.

ICH HOFFE, LIEBER PAPA, IM HIMMEL GIBT ES WÄLDER.

DANKE

Ich danke meinen Freunden MC Sascha Labus und Theo Dimopoulos für die Wiederbelebung einer 30 Jahre alten Buch- und Spielidee, Diplom-Designerin Suzana Brala für ihr großes Talent, mit dem sie all die nackten Zahlen und Fakten wunderbar zu verkleiden wusste, Jutta Klos für ihre Liebe, Geduld und Nerven – vor allem bezüglich meines unaufgeräumten Schreibtisches, auf dem sich monatelang unzählige Bücher, Zeitungsartikel, Notizzettel und andere Recherchematerialien stapelten, Gabriele-Maria Monecke und Peter Tietze für ihr unschätzbares Allgemeinwissen, wodurch mir einige peinliche Fehler erspart blieben - und zu guter Letzt meiner Mutter Renate, die nicht nur mich, sondern auch die Ur-Idee dieses Buches zum Leben erweckte - und auf deren ausdrücklichen Wunsch ich hier unbedingt noch erwähnen möchte, dass ich in der schönen Stadt Aschaffenburg (am bayerischen Tor zum Spessart) geboren wurde.

DIE GESCHICHTE DIESES BUCHES ODER WARUM KINDER DURCH WANDERN KLÜGER WERDEN.

Die Idee zu diesen Wissenslisten wurde Ende der Siebziger auf einem Waldweg mitten im Spessart geboren. Unsere Eltern liebten sonntägliche Wanderausflüge, eine Leidenschaft, die von uns pubertierenden Teenies nur bedingt freiwillig (*„Ihr kommt mit! Basta!“*) und mit ähnlich großer Begeisterung (*„Wir wollen aber lieber zu Hause bleiben und unser Zimmer aufräumen“*) geteilt wurde.

Die damals oft gebrauchte, durchaus wirkungsvolle, pädagogisch jedoch wenig förderliche Antwort unserer Eltern (*„Keine Widerrede, sonst gibt's nen Satz heißer Ohren“*) hatte nicht nur nachhaltigen Einfluss auf die Entwicklung stumpfer Beschäftigungstherapien (Marien-Käfer-Punkte sammeln und addieren), sondern auch auf das Finden von kreativen Ideen zur Vertreibung der Langeweile. (*„Lasst uns Wissenslisten schreiben und uns dann gegenseitig abfragen. Ich fang mit Ländern und deren Hauptstädte an - und du machst Geschichte mit Jahreszahlen“*).

Von diesem Tag an blieb die Langeweile auf der (Wander-)Strecke. Unser Handzettelberg wuchs mit jedem Sonntag, wodurch wir einerseits immer klüger wurden (*„Sieh mal die Fichte dort, die wächst sonst nur in den Abruzzen“*) und andererseits sogar Spaß am Wandern bekamen (*„Och nö, wir wollen noch nicht nach Hause. Wir sind doch erst bei T wie Togo“*).

P.S. Die Hauptstadt von Togo finden Sie auf Seite 37.

DEUTSCHLAND	ZAHLEN, DATEN, FAKTEN
Urknall	Vor etwa 13,8 Mrd. Jahren entstand unser Weltall durch den sog. Urknall. Seitdem dehnt sich das Universum immer weiter aus. Albert Einstein (1879-1955) hat dies mathematisch bewiesen & Edwin Hubble (1889-1953) mit seinem Weltraumteleskop belegt.
Größe des Weltalls	18 Milliarden Lichtjahre beträgt schätzungsweise der Radius des gesamten Weltalls.
Lichtjahr (LJ)	Die Lichtgeschwindigkeit ist 299.792,458 km/sec. Daraus folgt: Licht legt in einem (Licht)Jahr ca. 9,46 Billionen Kilometer zurück.
Galaxien	Vermutlich gibt es über 200 Mrd. Galaxien im Universum. Die größten sind 300.000 LJ groß und enthalten Milliarden Sterne.
Galaxiehaufen	Unsere Galaxie, die Milchstraße, ist nur eine von ca. 40 Galaxien, die zum selben Galaxiehaufen der „Lokalen Gruppe“ gehören.
Milchstraße	Allein in unserer Milchstraße tummeln sich über 100 Mrd. Sonnen. Die Größe der Milchstraße berträgt ca. 100.000 Lichtjahre (LJ).
Sterne	Etwa 3.500 Sterne (also Sonnen) sind mit bloßem Auge am ländlichen Nachthimmel sichtbar. In der Stadt höchstens 400.
Sternbilder	Es gibt 88 Sternbilder, darunter die 12 Sternzeichen. Manche haben seltsame Namen wie „Luftpumpe“ oder „Paradiesvogel“.
Alpha Centauri	4,34 Lichtjahre ist das nächste Doppelsternsystem **Alpha Centauri** im Sternbild Centaurus von der Sonne entfernt.
Unser Sonnensystem	In unserem Sonnensystem kreisen 8 Planeten, 5 Zwergplaneten (u.a. Pluto) und Millionen sogenannter Kleinkörper (Kometen, Asteroiden und Meteoroiden) um die Sonne. Mit dem Kuipergürtel und der "Oortschen Wolke" endet das Sonnensystem.
Planeten um die Sonne	Der Sonne am nächsten liegen die vier sogenannten "inneren Planeten" (Merkur, Venus, Erde, Mars) und weiter entfernt die vier "äußeren Planeten" Jupiter, Saturn, Uranus und Neptun.
Zwergplaneten	5 Zwergplaneten sind bekannt. Eris, Ceres, Haumea, Makemake und Pluto, der erst 2006 zum Zwergplaneten degradiert wurde.
Monde	Die größten Monde unseres Sonnensystems sind **1**) Ganymed (um Jupiter), **2**) Titan (um Saturn), **3)** Kallisto (um Jupiter) und **4**) Io (um Jupiter). Unser Mond ist der **5**-größte des Sonnensystems.
Sternschnuppen	Sternschnuppen sind kleine Gesteinskörner, die beim Eintritt in die Erdatmosphäre verglühen.
Meteoriten	Faustgroße (oder größere) Gesteins- bzw. Eisenbrocken, die nicht vollständig verglühen und auf unseren Planeten aufschlagen.
Asteroiden	Kleinstplaneten, die sich in einer Umlaufbahn um die Sonne bewegen. Ca. 545.000 Asteroiden sind uns bekannt, doch die Dunkelziffer ist um ein Vielfaches größer. Letzter großer Asteroiden-Einschlag geschah am 30.6.1908 im sibirischen Tunguska.
Kometen	"Schmutzige Schneebälle" aus Gas und Eis. Sie umkreisen das Sonnensystem auf anderen Bahnen.
Halleysche Komet	Der Komet - benannt nach dem Astronomen Edmond Halley (1656-1742) - erscheint alle 76 Jahre, das nächste Mal im Jahr 2061.
Satelliten	Neben fast 900 aktiven Satelliten kreisen noch etwa 18.500 Teile Weltraumschrott (kaputte Satelliten, Raketenteile etc.) im Orbit

DIE PLANETEN UNSERES SONNENSYSTEMS

PLANET	ESELS-BRÜCKE	Ø ENT-FERNUNG ZUR SONNE (MIO. KM)	UMLAUF-ZEIT UM SONNE (TAGE/JAHRE)	ROTA-TIONS-DAUER	Ø AM ÄQUATOR (IN KM)	VOLUMEN (ERDE= 1)	MASSE (ERDE = 1)	ZAHL DER MONDE	RINGE
Merkur	(**M**)ein	57,9	87,9 Tage	58,6 Tage	4.880	0,06	0,055	0	Nein
Venus	(**V**)ater	108,2	224,7 Tage	243 Tage	12 104	0,88	0,815	0	Nein
Erde	(**E**)rklärt	149,6	365,3 Tage	1 Tag	12.742	1	1	1	Nein
Mars	(**M**)ir	227,0	686,98 Tage	24h 37min	6.780	0,151	0,107	2	Nein
Jupiter	(**J**)eden	778,3	11,86 Jahre	9h 50min	139.820	1.335	317,9	67	Ja
Saturn	(**S**)onntag	1.427	29,46 Jahre	10h 14min	120.536	755	95,2	56	Ja
Uranus	(**U**)nsere	2.871	84,02 Jahre	17h 14min	50.724	67	14,54	27	Ja
Neptun	(**N**)eun	4.497	164,8 Jahre	16h 07min	49.244	57	17,1	13	Ja
Pluto*	(**P**)laneten	5.899	247,7 Jahre	6,38 Tage	2.368	0,005	0,003	3	Nein
* Im September 2006 wurde Pluto von der IAU zum Zwergplaneten degradiert.									

SONNE	ZAHLEN, DATEN, FAKTEN
Sonnensystem	Die Sonne ist der Fixstern unseres Sonnensystems. Unter allen Sternen der Milchstraße ist sie ein sogenannter "Gelber Zwerg".
Distanz zur Erde	149,6 Mio. Kilometer.
Alter	Die Sonne scheint seit ca. 4,57 Milliarden Jahren.
Umfang und Durchmesser	Umfang = 4,4 Mio. km. Ihr Durchmesser ist ca. 1,39 Mio. km groß. Vergleich: Wäre die Sonne ein Hüpfball, hätte die Erde daneben die Größe einer Kirsche.
Masse	770-fache aller 8 Planeten. 333.000-fache der Erde.
Druck	340 Millionen mal höher als auf Meereshöhe.
Beschaffenheit	Unsere Gaskugel besteht aus 73,5 % Wasserstoff und 24,5 % Helium plus Spuren (2 %) von 90 Elementen.
Leuchtkraft	1 qm Sonne leuchtet heller als 1 Mio. Glühbirnen.
Energie	Pro Sek. so viel wie alle Atomkraftwerke in 750.000 J.
Brenndauer	Ihr Vorrat an Wasserstoff brennt vermutlich noch ca. weitere 5 Milliarden Jahre lang.
Wie heiß ist die Sonne?	Die Oberfläche hat etwa 5.600° Celsius. Der Sonnen-Kern ist vermutlich 15,6 Mio.° Celsius heiß.
Lichtstrahl	Licht braucht von der Sonne zur Erde rund 8 Minuten.
Umdrehung	Sie dreht sich in 25,38 Tagen um ihre eigene Achse.
Sonnenfinsternis	Wenn sich der Neumond zw. Sonne und Erde schiebt.
Nächste totale SF	In Chile/ARG am 2.7.2019; in Europa am 10.6.2021
Nächste SF in D	Nächste totale Sonnefinsternis in D am 3. Sept. 2081
Letzte SF in D	Letzte totale Sonnenfinsternis in D war am 11.8.1999.

ERDE	ZAHLEN, DATEN, FAKTEN
Alter	ca. 4,6 Milliarden Jahre
Durchmesser	12.756 km am Äquator, 12.714 km v. Süd-Nordpol
Umfang am Äquator	ca. 40.070 km am Äquator, ca. 25.770 km auf dem 50. Breitengrad (Höhe Frankfurt).
Gewicht	ca. 6.000 Trillionen Tonnen oder 5,974 mal 10^{24} kg
Umdrehung	Um die eigene Achse in 23 Std. 56 Min. 4,1 Sek.
Drehgeschwindigkeit	465 m/s am Äquator, ca. 1.000 km/h bei uns.
Neigung	Neigung der Rotationsachse beträgt 23,44°
Umlaufbahn	Mit ca. 29,8 km/s umkreist die Erde unsere Sonne.
Oberfläche	510,1 Millionen qkm. Davon 29% Land (149,4 Mio. qkm) und 71 % Wasser (360,6 Mio. qkm).
Landwirtschaft	48,8 Mio. qkm (ca. 33 % der Landfläche).
Waldfläche	40,2 Mio. qkm (ca. 27 % der Landfläche).
Restliche Aufteilung der Landfläche	20 % Wüste, 6 % Regenwald, 17 % Nadelwald, 6 % Laubwald, 15 % Tundra, 30% Grasland.
Äußere Erdkruste	Ist durchschnittlich 30-35 km dick.
Erdmantel	Ist insgesamt etwa 2.900 km dick.
Äußerer Kern	Besteht aus geschmolzenem Eisen, 2.100 km dick.
Innerer Kern	Aus Eisen bestehende Kugel, ca. 2.740 km dick.
Tiefe des Erdkerns	5.150 bis 6.370 km bei ca. 5.000° Celsius.
Atmosphäre	78 % Stickstoff, 21 % Sauerstoff, 0,93 % Argon, 0,03 % Kohlendioxid.
Grenze zum Weltall	Mit dem Überschreiten der sog. „Karman-Linie" in etwa 100 km Höhe endet die Erdatmosphäre.

UNSERE SONNE - UNSERE ERDE

	AFRIKA	ASIEN	EUROPA	NORD-AMERIKA	SÜD-AMERIKA	OZEANIEN (MIT AUSTRALIEN)	ANTARKTIS
Größe in qkm (% Erdoberfläche)	30,22 Mio. (5,9 %)	44,615 Mio. (8,7 %)	10,18 Mio. (2,1 %)	24,9 Mio (4,9 %)	17,8 Mio. (3,5 %)	8,5 Mio. (1,7 %)	14 Mio. (2,6 %)
Einwohner (% der Weltbevölk.)	1,3 Mrd. (15,7 %)	4,42 Mrd. (60,1 %)	742,5 Mio. (10,3 %)	528,7 Mio. (7,75 %)	387,5 Mio. (5,65 %)	39,6 Mio. (0,5 %)	0 (aber ca. 4.000 Forscher)
Anzahl der Staaten	54 + Westsahara	47	47	3 + 13 in Karibik	13 + 7 in Zentralamerika	15 (+ 7.500 Inseln)	2 Regionen (Ost & West-Region)
Größter Staat (nach qkm)	Algerien (2,38 Mio.)	Russland (13,12 Mio. in Asien)	Russland (3,95 Mio. in Europa)	Kanada (9,98 Mio.)	Brasilien (8,51 Mio.)	Australien (7,69 Mio.)	Ost-Region (8 Mio.)
Kleinster Staat (nach qkm)	Seychellen (455)	Malediven (298)	Vatikanstadt (0,44)	St. Kitts & Nevis (269)	Suriname (163.800)	Nauru (21)	West-Region (6 Mio.)
Größter Staat (nach Einwohner)	Nigeria (186,1 Mio.)	VR China (1,379 Mrd.)	Russland (144,52 Mio.)	USA (322,75 Mio.)	Brasilien (208,36 Mio.)	Australien (24,3 Mio.)	-
Kleinster Staat (nach Einwohner)	Seychellen (93.200)	Malediven (344.000)	Vatikanstadt (829)	St. Kitts & Nevis (56.000)	Suriname (541.600)	Tuvalu (10.640)	-
Größte Metro-polregion*	Kairo, Ägypten (19,13 Mio)	Tokio, Japan (37,9 Mio.)	Moskau, RUS (16,7 Mio.)	New York, USA (21,44 Mio.)	Sao Paulo, BRA (20,85 Mio.)	Sydney, AUS (5,0 Mio.)	-
Höchster Berg	Kibo, Tansania, 5.895 m	Mount Everest, 8.848 m	Mont Blanc, FRA, 4.810 m	Denali, Alaska, USA 6.190 m	Aconcagua, ARG, 6.962 m	Carstensz-Pyramide, ID, 4.884 m	Mount Vinson, 4.892 m
Tiefste Stelle	Assalsee, DSCHI, -155 m	Totes Meer, JOR -425 m	Kaspische Senke, -28 m	Badwater Basin, USA, -85,5 m	Laguna del Carbón, ARG, -105 m	Lake Eyre, AUS -17 m	Bentleygraben, -2.496 m
Längster Fluss	Nil, 6.650 km	Jangtsekiang, 6.357 km	Wolga, 3.690 km	Mississippi-Missouri, 6.051 km	Amazonas, 6.437 km	Murray-Darling, 3.672 km	Onyx River, 30 km
Größter See (nach qkm)	Victoriasee, TAN (68.870)	Kaspisches Meer (371.000)	Ladogasee, RUS (18.130	Oberer See, CAN/USA (82.100)	Titicacasee, PER/BOL (8.372)	Lake Eyre, AUS (9.500)	Wostoksee (12.500)
Tiefster See	Tanganjikasee, 1.470 m	Baikalsee RUS, 1.642 m	Hornindalsvatnet NOR, 514 m	Großer Sklavensee CAN, 614 m	Lago General Carrera ARG/CHI, 590 m	Lake Hauroko, NZ, 463 m	Wostoksee, 670 m

*Metropolregion = Großstadt einschließlich aller Vororte und ländlicher Gebiete

DIE HÖCHSTEN BERGE DER WELT UND IHRE ERSTBESTEIGER

	BERG	HÖHE (IN M)	LIEGT IN	ERSTBE-STEIGUNG	ERSTBESTEIGER
01	**Mount Everest**	**8.848**	Nepal/Tibet	29.05.1953	Sir Edmund Hillary (NZ) und Sherpa Tensing Norgay (Nepal)
02	**K2**	**8.611**	Pakistan/China	31.07.1954	Lino Lacedelli und Achille Compagnoni (beide IT)
03	**Kangchenjunga**	**8.586**	Nepal/Indien	25.05.1955	George Band und Joe Brown (beide GB)
04	**Lhotse**	**8.516**	Nepal/Tibet	18.05.1956	Fritz Luchsinger und Ernst Reiss (beide CH)
05	**Makalu**	**8.485**	Nepal/Tibet	17.05.1955	Jean Couzy und Lionel Terray (beide F)
06	**Cho Oyu**	**8.188**	Nepal/Tibet	19.10.1954	Herbert Tichy, Sepp Jöchler (beide AUT) und Sirdar Pasang Dawa Lama
07	**Dhaulagiri**	**8.167**	Nepal	13.05.1960	K. Diemberger, P. Diener, E. Forrer, A. Schelbert (AUT), die Sherpas N. und N. Dorje
08	**Manaslu**	**8.163**	Nepal	09.05.1956	T. Imanishi, K. Kato, M. Higeta (alle JAP) und Sherpa G. Norbu (Nepal)
09	**Nanga Parbat**	**8.125**	Pakistan	03.07.1953	Hermann Buhl (AUT)
10	**Annapurna**	**8.091**	Nepal	03.06.1950	Maurice Herzog und Louis Lachenal (beide F)
11	**Gasherbrum I**	**8.080**	Pakistan/China	04.07.1958	Andrew Kauffmann und Pete Schoening (beide USA)
12	**Broad Peak**	**8.051**	Pakistan/China	09.06.1957	Hermann Buhl, Kurt Diemberger, Markus Schmuck und Fritz Wintersteller (alle AUT)
13	**Gasherbrum II**	**8.034**	Pakistan/China	07.07.1956	Fritz Moravec, Hans Willenpart (AUT) und Sepp Larch (IT)
14	**Shishapangma**	**8.027**	Tibet	02.05.1964	Jing, Junyán, Fùzhou, Zöngyuè, San, Dorje, Zhaxi, Deng und Tianliaàng (alle CHINA)
15	**Gyachung Kang**	**7.952**	Nepal/Tibet	11.04.1964	Y. Kato, K. Sakeisawa, K. Yasuhisa (alle JAP) und Pasang Phutar III.
16	**Annapurna II**	**7.937**	Nepal	17.05.1960	Sir Christian Bonington, Richard Grant (beide GB) und Sherpa Ang Nyima
17	**Gasherbrum IV**	**7.932**	Pakistan	06.08.1958	Walter Bonatti und Carlo Mauri (beide IT)
18	**Himal Chuli**	**7.893**	Nepal	24.05.1960	Hirashi Tanabe und Masahiro Harada (beide JAP)
19	**Distaghil Sar**	**7.885**	Pakistan	09.06.1960	Günther Stärker und Diether Marchart (beide AUT)
20	**Ngadi Chuli**	**7.871**	Nepal	08.05.1979	Ryszard Gajewski und Maciej Pawlikowski (beide POL)
21	**Kunyang Chhish**	**7.852**	Pakistan	26.08.1971	Z. Heinrich, J. Stryczynski, R. Szafirski und A. Zawada (alle POL)

BERGE *(UMSTRITTEN)*	**HÖHE** (IN M)	**LIEGT IN**	**ERSTBE-STEIGUNG**	**ERSTBESTEIGER**
Elbrus (Eurasien)	**5.642**	*Kaukasus, RUS*	*28.07.1874*	*Frederick Gardinger, Florence Grove, Horace Walker (GB), Peter Knubel (CH)*
Dychtau (Eurasien)	**5.204**	*Kaukasus, RUS*	*1888*	*Albert Mummery (GB) & Zurfluh (CH)*
Schchara (Eurasien)	**5.200**	*Kaukasus, RUS*	*Sept. 1888*	*John Cockin (GB), Ulrich Almer, C. Roth*
Kasbek (Eurasien)	**5.047**	*Kaukasus, RUS*	*1868*	*Douglas W. Fresfield, Adolphus Warburton Moore, Charles C. Tucker (GB)*
Mont Blanc	**4.810**	Savoyer Alpen, F/IT	08.08.1786	Jacques Balmat und Michel-Gabriel Paccard (F)
Dufourspitze/Monte Rosa	**4.634**	Walliser Alpen, CH/IT	01.08.1855	Charles Hudson, Birkbeck, Stephenson & Smyth-Brüder (GB)
Zumsteinspitze	**4.563**	Walliser Alpen, CH/IT	01.08.1820	Joseph & Johann Vincent, Joseph Zumstein, Molinatti und Castel
Signalkuppe	**4.559**	Walliser Alpen, CH/IT	09.08.1842	Giovanni Gnifetti (IT)
Dom	**4.545**	Walliser Alpen, CH	11.09.1858	J. Llewellyn Davies, Joh. Zumtaugwald, Joh. Kronig & Hieron. Brantschen
Liskamm	**4.527**	Walliser Alpen, CH/IT	19.08 1861	Großexpedition von insgesamt 14 Bergsteigern
Weishorn	**4.505**	Walliser Alpen, CH	19.08 1861	John Tyndall, Johann Joseph Brennen und Ulrich Wenger
Täschhorn	**4.491**	Walliser Alpen, CH/IT	30.07 1862	Stefan & Joh. Zumtaugwald, J. Davies, J. Hayward & P.-J. Summermatter
Matterhorn	**4.478**	Walliser Alpen, CH/IT	14.07.1865	Whymper, Hudson, Hadow, F. Douglas (GB), Croz (F), Taugwalder + Sohn
Finsteraarhorn	**4.247**	Berner Alpen, CH	16.08.1812	Arnold Abbühl, Joseph Bortis und Alois Volker
Grandes Jorasses	**4.208**	Savoyer Alpne, F/IT	30.06.1868	Horace Walker, Melchior Anderegg, J. Jaun, J. Grange
Alphubel	**4.206**	Walliser Alpen, CH	09.08.1860	Melchior Anderegg & Peter Perren (CH), T. Hinchliff & Leslie Stephen (GB)
Aletschhorn	**4.193**	Walliser Alpen, CH	18.06.1859	Joh. Bennen, Peter Bohren, V. Tairraz (CH) & Francis Fox Tuckett (GB)
Strahlhorn	**4.190**	Walliser Alpen, CH	15.08.1854	Chr. Smyth, Ulrich Lauener, Edmund J. Grenville und F-J. Andermatten
Jungfrau	**4.158**	Berner Alpen, CH	03.08.1811	Johann Rudolf, Hieronymus Meyer, Joseph Bortis und Alois Volken
Aiguille Verte	**4.122**	Savoyer Alpen, F	29.06.1865	Edward Whymper, Christian Almer und Franz Biner
Barre des Écrins	**4.102**	Dauphiné-Alpen, F	25.06.1864	Adolphus Moore, Horace Walker, Edw. Whymper, Chr. Almer, Michel Croz
Mönch	**4.099**	Berner Alpen, CH	15.08.1857	Christian Almer, Christ. Kaufmann, Ulrich Kaufmann und Sigismund Porges

DEUTSCHE MITTELGEBIRGE NACH IHREN HÖCHSTEN GIPFELN

GEBIRGE	BUNDES-LAND	HÖCHSTER GIPFEL	IN M
Alpen	Bayern	Zugspitze	**2.962**
Allgäu	Bayern/Ba.-Wü.	Hochfrottspitz	**2.649**
Schwarzwald	Baden-Württ.	Feldberg	**1.493**
Bayerischer Wald	Bayern	Großer Arber	**1.456**
Erzgebirge	Sachsen/Tschech.	Keilberg, CZ	**1.244**
Harz	NiSa/S-Anh/Thü.	Brocken	**1.141**
Fichtelgebirge	Bayern	Schneeberg	**1.053**
Schwäbische Alb	Baden-Württ.	Lemberg	**1.015**
Thüringer Wald	Thüringen	Großer Beerberg	**983**
Rhön	Hessen/Bayern	Wasserkuppe	**950**
Oberpfälzer Wald	Bayern	Entenbühl	**901**
Taunus	Hessen/Rhl.-Pfalz	Großer Feldberg	**881,5**
Rothaargebirge	NRW	Langenberg	**843**
Hunsrück	Rheinland-Pfalz	Erbeskopf	**816**
Elstergebirge	Sachsen	Hoher Brand	**805**
Frankenwald	Bayern	Döbraberg	**794**
Zittauer Gebirge	Sachsen/Tschech.	Lausche	**793**
Vogelsberg	Hessen	Taufstein	**773**
Fulda-Werra-Land	Hessen	Hoher Meißner	**754**
Eifel	Rheinland-Pfalz	Hohe Acht	**747**
Elbsandstein	Sachsen	Hoher Schneeberg	**723**

GEBIRGE	BUNDES-LAND	HÖCHSTER GIPFEL	IN M
Fränkische Alb	Bayern	Hesselberg	**689**
Pfälzer Wald	Rheinland-Pfalz	Kalmit	**673**
Ebbegebirge	NRW	Nordhelle	**663**
Westerwald	Rhl.-Pf/HE/NRW	Fuchskaute	**657**
Kaufunger Wald	Hessen/NiSa	Hirschberg	**643**
Knüllgebirge	Hessen	Eisenberg	**636**
Odenwald	Hessen/Ba.-Wü.	Katzenbuckel	**626**
Habichtswald	Hessen	Hohes Gras	**615**
Spessart	Bayern/Hessen	Geiersberg	**586**
Kaiserstuhl	Baden-Württ.	Totenkopf	**557**
Langenberge	Hessen	Schwengeberg	**557**
Solling	Niedersachsen	Große Blöße	**528**
Bergisches Land	NRW	Homert	**518**
Leinebergland	Niedersachsen	Bloße Zelle	**480**
Kyffhäuser Wald	Thü./Sa.-Anhalt	Kulpenberg	**477**
Reinhardswald	Hessen	Staufenberg	**472**
Eggegebirge	NRW	Preuß. Velmerstot	**468**
Siebengebirge	NRW	Großer Ölberg	**460**
Teutoburger Wald	NiSa/NRW	Barnacken	**446**
Calenberger Land	Niedersachsen	Hohe Egge (Süntel)	**440**

KM	FLUSS	QUELLE	MÜNDUNG
6.650	**Nil*** mit Weißem Nil	Ruandaberge	Mittelmeer
6.437	**Amazonas***	Anden	Atlantik
6.357	**Jangtsekiang**	Tibet	Ostchines. Meer
6.051	**Mississippi-Missouri**	Rocky Mountains	Golf von Mexiko
5.539	**Jenissei** mit Angara	Sajangebirge	Nordpolarmeer
5.464	**Huang He** (Gelber Fluss)	Tibet	Gelbes Meer
5.410	**Ob-Irtysch**	Altaigebirge	Obbusen
4.472	**Lena**	Baikalgebirge	Nordpolarmeer
4.444	**Amur** mit Argun	Kentaigebirge	Ostchines. Meer
4.374	**Kongo**	Tanganjikasee	Atlantik
4.350	**Mekong**	Tibet	Südchines. Meer
4.180	**Niger**	Lomaberge	Atlantik
3.998	**Paraná** mit Rio Grande	Serra da Mantiqueira	Rio de la Plata
3.848	**Brahmaputra-Tsangpo**	Himalaya, Tibet	Ganges Delta
3.690	**Wolga**	Waldaihöhen	Kaspisches Meer
3.672	**Murray-Darling**	Australische Alpen	Indischer Ozean
3.380	**Euphrat** mit Murat	Vansee (Türkei)	Schatt el Arab
3.210	**Rio Purús**	Anden	Amazonas
3.185	**Yukon** mit Teslin/Nisutlin	Marsh Lake, Kanada	Beringmeer

KM	FLUSS	QUELLE	MÜNDUNG
3.180	**Indus**	Transhimalaya, Tibet	Arabisches Meer
3.051	**Rio Grande**	Rocky Mountains	Golf von Mexiko
3.019	**Syrdarja** mit Naryn	Tienschan-Gebirges	Aralsee
3.010	**Orinoco** + Guaviare	Serra Parima	Atlantik
2.989	**Untere Tunguska**	Sibirisches Bergland	Jenissei
2.980	**Saluen**	Tibet	Andamanen See
2.845	**Donau** mit Breg	Schwarzwald	Schwarzes Meer
2.830	**Rio Sao Francisco**	Serra da Canastra	Atlantik
2.820	**Rio Japurá** (Caquetá)	Anden, Pasto, COL	Amazonas
2.743	**Amudarja** + Wachan	Pamir (Hindukusch)	Aralsee, Wüste
2.650	**Wiljui**	Sibirisches Bergland	Lena
2.640	**Rio Paranà**	Ilha Solteira Stausee	Atlantik, ARG
2.620	**Ganges** + Bhagirathi	Serra do Cocalzinho	Amazonas
2.574	**Sambesi**	Lundaschwelle	Indischer Ozean
2.549	**Rio Paraguay**	Mato-Grosso-Plateau	Rio Paranà
2.513	**Kolyma** mit Kulu	Kolymagebirge	Sibirisches Meer
2.450	**Ischim**	Kasach. Schwelle	Irtysch
2.450	**Rio Tocantins**	Goiás, Brasilien	Rio Pará, Atlantik
2.428	**Ural**	Süd-Ural, Utschaly	Kaspische Meer

*Laut einer brazil. Studie ist der Nil 6.853 km und der Amazonas 6.992 km lang. Aber nur, wenn der längste Nebenfluss des längsten Nebenflusses mit einfließt.

DIE LÄNGSTEN FLÜSSE IN EUROPA

LÄNGE IN KM	FLUSS	QUELLE	MÜNDUNG	FLIESST DURCH DIESE LÄNDER	FLIESST DURCH DIESE GROSSSTÄDTE
3.690	**Wolga**	Waldaihöhen, Russland	Kaspisches Meer, Russland	Russland	Twer, Jaroslawl, Nischni Nowgorod, Kasan, Toljatti, Samara, Wolgagrad
2.857	**Donau**	Aus Brigach & Breg im Schwarzwald (D)	Schwarzes Meer (in Rumänien)	D, AUT, SK, UNG, KRO, SER, SLO, BUL, MOL, RUM	Regensburg, Ulm, Wien, Bratislava, Budapest, Novi Sad, Belgrad, Braila
2.145	**Dnepr**	Waldaihöhen, Russland	Schwarzes Meer (Cherson)	RUS, Weißrussland, Ukraine	Smolensk, Kiew, Dnipropetrowsk
1.870	**Don**	Mittelrussische Platte	Asowsches Meer (Rostow)	Russland, Ukraine	Woronesch, Rostow
1.809	**Petschora**	Nördlicher Ural, Russland	Petschorasee (Polarmeer)	RUS *(fließt zum Teil in Asien)*	Petschora, Narjan-Mar
1.805	**Kama**	Kamahöhen, Russland	Kuibyschewer See, Wolga	Russland	Beresniki, Nischnekamsk
1.480	**Oka**	bei Glasunowka, Russland	Wolga (bei Nischni Nowg.)	Russland	Orjol, Kaluga, Serpuchow, Kolomna
1.430	**Belaja**	Südlicher Ural, Russland	Nischnekamsker See	Russland	Salawat, Sterlitamak, Ufa
1.352	**Dnister**	Waldkarpaten, Ukraine	Schwarzes Meer (Mold.)	Ukraine, Moldawien	Tiraspol
1.233	**Rhein**	Tomasee in der Schweiz bei Chur	Nordsee (bei Rotterdam)	Schweiz, Deutschland, Niederlande	Basel, Straßburg, Mainz, Köln, Leverkusen, Düsseldorf, Duisburg, Rotterdam
1.130	**Desna**	Smolensker Höhen, UKR	Dnepr (bei Kiew)	Ukraine, Russland	Brjansk, Tschernihiw, Kiew
1.130	**Wytschedga**	Timanrücken, Ural, RUS	Nördliche Dwina	Russland	Syktywkar, Kotlas
1.094	**Elbe**	Riesengebirge, Tschechien	Nordsee (bei Cuxhaven)	Tschechien, Deutschland	Königsgrätz, Dresden, Magdeburg, HH
1.053	**Donez**	Nördl. von Belgorod, RUS	Don (bei Ust-Donezki)	Russland, Ukraine	Belgorod, Lyssytschansk
1.048	**Weichsel**	Schlesische Beskiden, POL	Ostsee (bei Danzig)	Polen	Krakau, Warschau, Torun, Danzig
1.020	**Düna**	Waldaihöhen, Russland	Ostsee (bei Riga)	RUS, Weißrussland, Lettland	Wizebsk, Riga
1.007	**Tajo**	Fuente de Garcia, Spanien	Atlantik (bei Lissabon)	Spanien, Portugal	Toledo, Lissabon
1.005	**Loire**	Zentralmassiv, Frankreich	Atlantik (bei Saint Nazaire)	Frankreich	Orléans, Tours, Angers, Nantes
966	**Theiß**	Weiße + Schwarze Theiß	Donau (in Ungarn)	UKR, RUM, SLOWA, UNG	Szeged, Szolnok, Szentes, Senta
937	**Memel**	Weißrussland bei Minsk	Ostsee (Kurisches Haff)	Weißrussland, Litauen	Hrodna, Kaunas

LÄNGE IN D (GESAMT)	FLUSS	QUELLE	MÜNDUNG	GRÖSSTE NEBENFLÜSSE (LÄNGE IN KM)
865 (1.233)	**Rhein**	Tomasee (bei Chur) in den Alpen (CH)	Nordsee (bei Rotterdam, NL)	Mosel (544); Main (527); Neckar (367); Lahn (246); Lippe (220); Ruhr (219); Sieg (130); Nahe (116)
727 (1.094)	**Elbe**	Riesengebirge (Tschechien)	Nordsee (bei Cuxhaven)	Moldau (440); Saale (413); Havel (334); Elde (208); Schwarze Elster (181); Mulde (124); Ilmenau (107)
647 (2.857)	**Donau**	Aus Briga & Breg bei Donau-Eschingen im Schwarzwald (BW)	Schwarzes Meer (bei Tulcea/Rumänien)	Theiß (966); Drau (719); Save (712); Inn (517); Isar (286); Altmühl (220); Lech (167); Regen (165); Naab (145)
527	**Main**	Fichtelgebirge & Fränkische Alb	Rhein (bei Mainz)	Fränkische Saale (135); Tauber (120); Nidda (98)
451	**Weser**	Hann. Münden (Werra + Fulda)	Nordsee (bei Bremerhaven)	Werra (292); Aller (260); Fulda (221); Hunte (189)
413	**Saale**	Zell im Fichtelgebirge (BY)	Elbe (bei Barby)	Weiße Elster (257); Unstrut (192); Bode (169)
382	**Spree**	Kottmar im Lausitz. Bergl. (SN)	Havel (in Berlin)	Dahme (95); Schwarzer Schöps (67); Löbauer Wasser (58)
371	**Ems**	Schloß Holte-Stukenbrock (NW)	Nordsee (bei Emden)	Hase (193); Leda (29)
362	**Neckar**	Villingen-Schwenningen (BW)	Rhein (bei Mannheim)	Jagst (196); Kocher (180); Enz (112)
334	**Havel**	Ankershagen im Müritz-NP (MV)	Elbe (bei Havelsberg)	Spree (382); Rhin (125); Dosse (94); Nuthe (65)
299	**Werra**	Zeupelsberg (TH)	Weser (bei Hann. Münden)	Hörsel (56); Ulster (55)
278	**Leine**	Leinefelde im Eichsfeld (TH)	Aller (bei Schwarmstedt)	Innerste (100); Rhume (48)
263 (291)	**Isar**	Karwendel (Tirol, AUT)	Donau (bei Deggendorf)	Amper/Ammer (184); Loisach (114)
260	**Aller**	Wanzleben-Börde (ST)	Weser (bei Verden)	Leine (281); Oker (128); Fuhse (98)
255	**Lippe**	Bad Lippspringe (NW)	Rhein (bei Wesel)	Steve (54); Alme (49); Glenne (44)
245 (257)	**Weiße Elster**	As (Tschechien)	Saale (bei Halle)	Pleiße (90); Weida (57)
245	**Lahn**	Lahnkopf, Rothaargebirge (NW)	Rhein (bei Lahnstein)	Dill (69); Aar (60); Ohm (59); Weil (50)
231 (544)	**Mosel**	Vogesen (F)	Rhein (bei Koblenz)	Saar (246); Sauer (173); Meurthe (159); Kyll (142)
227	**Altmühl**	Rothenburg ob der Tauber (BY)	Donau bei Kelheim	Schwarzach (53), Weiße Laber (44)
220	**Fulda**	Wasserkuppe in der Rhön (HE)	Weser (bei Hann. Münden)	Eder (176), Haune (66), Losse (29)

GRÖSSTE SEEN DER WELT

GRÖSSE (IN QKM)	SEE	LAGE	TIEFE (IN M)
371.000	**Kaspisches Meer**	RUS, KAS, Iran, Aserbaids.	1.023
82.100	**Oberer See**	USA, Kanada	405
68.870	**Victoriasee**	Kenia, Tansania, Uganda	81
59.600	**Huronsee**	USA, Kanada	229
58.000	**Michigansee**	USA	281
32.600	**Tanganjikasee**	Sambia, Tansania, DR Kongo	1.470
31.490	**Baikalsee**	Russland	1.642
31.000	**Großer Bärensee**	Kanada	446
29.600	**Malawisee**	Malawi, Mosam., Tansania	704
27.000	**Gr. Sklavensee**	Kanada	614
25.700	**Eriesee**	USA, Kanada	64
24.500	**Winnipeggsee**	Kanada	18
19.000	**Ontariosee**	USA, Kanada	244
18.130	**Ladogasee**	Russland	230
16.400	**Balchaschsee**	Kasachstan	26
12.500	**Wostoksee**	Antarktika, *unter dem Eis*	670
9.720	**Onegasee**	Russland	120
9.500	**Lake Eyre**	Australien, *Salzsee*	1, variiert
8.372	**Titicacasee**	Peru, Bolivien	281
7.850	**Athabascasee**	Kanada	124
6.400	**Turkana-See**	Kenia, Äthiopien	73

GRÖSSTE INSELN DER WELT

Weitere Seen + Inseln auf Taschenhirn.de

GRÖSSE (QKM)	INSEL	GEHÖRT ZU	LAGE	EINWOHNER
2.166.086	**Grönland**	Dänemark	Atlantik	56.171
785.753	**Neuguinea**	Papua-Neuguinea	Pazifik	11,3 Mio
743.330	**Borneo**	Indonesien	Indischer Ozean	18,6 Mio
587.041	**Madagaskar**	*unabhängig*	Indischer Ozean	24,9 Mio
507.451	**Baffinland**	Kanada	Nordpolarmeer	11.855
473.481	**Sumatra**	Indonesien	Indischer Ozean	50,4 Mio
225.800	**Honshu**	Japan	Pazifik	100 Mio
217.291	**Victoriainsel**	Kanada	Nordpolarmeer	1.875
209.331	**Großbritannien**	*unabhängig*	Atlantik, Nordsee	60,4 Mio
196.235	**Ellesmereland**	Kanada	Nordpolarmeer	146
180.680	**Sulawesi**	Indonesien	Indischer Ozean	18,5 Mio
150.437	**Neuseel. (Süd)**	*unabhängig*	Pazifik	1,11 Mio
138.793	**Java**	Indonesien	Indischer Ozean	145 Mio
113.729	**Neuseel. (Nord)**	*unabhängig*	Pazifik	3,67 Mio
109.965	**Luzón**	Philippinen	Pazifik	53,4 Mio
109.884	**Kuba**	*unabhängig*	Atlantik, Karibik	11,3 Mio
108.860	**Neufundland**	Kanada	Atlantik	478.140
103.001	**Island**	*unabhängig*	Nordatlantik	330.000
97.530	**Mindanao**	Philippinen	Pazifik	22,0 Mio
84.421	**Irland**	*unabh.* + Nordirl.	Atlantik, Nordsee	6,57 Mio
83.456	**Hokkaidō**	Japan	Pazifik	5,35 Mio

GRÖSSTE DEUTSCHE SEEN

GRÖSSE (IN QKM)	SEE	LIEGT IN	GRÖSSTE TIEFE (M)
536*	**Bodensee** *mit AUT + CH	Baden-Württemberg + Bayern	251
112,6	**Müritz**	Mecklenburg-Vorp. (bei Waren)	31
79,9	**Chiemsee**	Oberbayern (bei Rosenheim)	73
61,5	**Schweriner See**	Mecklenburg-Vorpommern	52
56,4	**Starnberger See**	Oberbayern	128
46,6	**Ammersee**	Oberbayern	81
38,4	**Plauer See**	Mecklenburg	25
32,5	**Kummerower See**	Mecklenburg	23
29,1	**Steinhuder Meer**	Niedersachsen (bei Hannover	3
28,4	**Großer Plöner See**	Schleswig-Holstein	58
23,4	**Schaalsee**	Schleswig-H. + Mecklenburg-V.	72
21,4	**Selenter See**	Schleswig-Holstein	36
20,3	**Kölpinsee**	Mecklenburg-Vorp. (bei Klink	30
18,4	**Geiseltalsee**, *Tagebausee*	Sachsen-Anhalt (Merseburg)	78
17,9	**Tollensesee**	Mecklenburg-Vorpommern	33
16,3	**Walchensee**	Oberbayern (bei Bad Tölz)	191
15,2	**Forggensee**, *Stausee*	Bayern (bei Füssen)	*variiert*
15,1	**Krakower See**	Mecklenburg-Vorpommern	28
14,0	**Malchiner See**	Mecklenburg-Vorpommern	10
13,3	**Gr. Goitzsche**, *Tagebausee*	Sachsen-Anhalt (Bitterfeld)	48
13,3	**Sedlitzer See**	Brandenburg	27

GRÖSSTE DEUTSCHE INSELN

GRÖSSE (IN QKM)	INSEL (*HALBINSEL)	BE-WOHNER	LIEGT IN DER
926	**Rügen**	77.000	Ostsee
373 (in D)	**Usedom** (D/POL)	31.500 (in D)	Ostsee
185,4	**Fehmarn**	12.550	Ostsee
99,1	**Sylt**	17.700	Nordsee
82,9	**Föhr**	8.250	Nordsee
46,5*	**Nordstrand***	2.220*	Nordsee
37,3	**Pellworm**	1.130	Nordsee
36,2	**Poel**	2.480	Ostsee
30,7	**Borkum**	5.190	Nordsee
26,3	**Norderney**	5.980	Nordsee
20,5	**Amrum**	2.250	Nordsee
19,9	**Ummanz**	274	Ostsee
19,7	**Langeoog**	1.800	Nordsee
19,0	**Hiddensee**	977	Ostsee
18,3	**Spiekeroog**	790	Nordsee
16,4	**Juist**	1.570	Nordsee
11,6	**Langeneß**	133	Nordsee
9,1	**Norderoogsand**	keine	Nordsee
7,9	**Wangerooge**	1.260	Nordsee
6,5	**Baltrum**	590	Nordsee
5,8	**Hooge** (Hallig)	100	Nordsee

DIE GRÖSSTEN INSELN IM MITTELMEER

GRÖSSE (IN QKM)	INSEL	GEHÖRT ZU	LIEGT IM/IN DER/VOR	EIN-WOHNER	HAUPTSTADT	GEHÖRT ZUR INSELGRUPPE
25.426	**Sizilien**	Italien	Tyrrhenischen Meer	5,05 Mio.	Palermo	Autonom
24.090	**Sardinien**	Italien	Tyrrhenischen Meer	1,66 Mio.	Cagliari	Autonom
9.251	**Zypern**	Republik/türk. besetzt	Türkei und Syrien	1,2 Mio.	Nicosia	teilweise autonom
8.680	**Korsika**	Frankreich	Tyrrhenischen Meer	324.000	Ajaccio	
8.336	**Kreta**	Griechenland	östlichen Mittelmeer	623.000	Heraklion	
3.660	**Euböa**	Griechenland	Ägäis	220.000	Chalkida	
3.622	**Mallorca**	Spanien	Mittelmeer	876.200	Palma de Mallorca	Balearen
1.634	**Lesbos**	Griechenland	nord-östliche Ägäis	86.500	Mytilini	
1.401	**Rhodos**	Griechenland	südlichen Ägäis	115.500	Rhodos-Stadt	Dodekanes
842	**Chios**	Griechenland	östlichen Ägäis	51.400	Chios-Stadt	Inousses
734	**Kefalonia**	Griechenland	Ionischen Meer	40.000	Argostoli	Ionische Insel
694	**Menorca**	Spanien	Mittelmeer	95.000	Maó	Balearen
585	**Korfu**	Griechenland	Ionischen Meer	100.900	Korfu-Stadt	Ionische Insel
571	**Ibiza**	Spanien	Mittelmeer	142.000	Ibiza-Stadt	Balearen
514	**Djerba**	Tunesien	Golf von Gabès	163.700	Houmt Souk	
477,5	**Limnos**	Griechenland	nördlichen Ägäis	17.000	Myrina	
477,4	**Samos**	Griechenland	nördlichen Ägäis	33.000	Samos-Stadt (Vathy)	
407	**Zakynthos**	Griechenland	Ionischen Meer	40.800	Zykynthos-Stadt	Ionische Insel
406	**Cres**	Kroatien	nord-östlichen Adria	3.200	Cres-Stadt	
405,7	**Krk**	Kroatien	nord-östlichen Adria	17.900	Krk-Stadt	
395	**Brac**	Kroatien	südlichen Adria	14.000	Supetar	
389	**Naxos**	Griechenland	Ägäis	17.900	Naxos (Chora)	Kykladen

INSEL-GRUPPE	LAGE	GEHÖRT ZU	ZAHL DER INSELN	HAUPT-STADT	EINW. GESAMT	GRÖSSTE INSELN DER GRUPPE
Antillen, große	Karibik	verschiedene	ca. 50	keine	36 Mio.	Kuba, Jamaika, Puerto Rico, Hispaniola (Haiti)
Antillen, kleine	Karibik	verschiedene	über 50	keine	ca. 4 Mio.	Trinidad, Tobago, Antigua, Isla Margarita, Curacao
Aleuten	Nord-Pazifik	Alaska, USA	über 160	Unalaska	8.200	Fox Islands, Islands of Four Mountains, Rat Islands
Azoren	Atlantik	Portugal	9	Ponta Delgada	245 800	Sao Miguel (746 km²), Angra do Heroismo (237 km²)
Bahamas	Atlantik	*unabhängig*	über 700	Nassau	391 200	Andros (5.975 km²), Abaco (1.681 km²), Inagua (1.544 km²)
Balearen	Mittelmeer	Spanien	5	Palma	1,1 Mio.	Mallorca (3.603 km²), Menorca (694 km²), Ibiza (572 km²)
Färöer	Nordatlantik	Dänemark	18	Torshavn	49.600	Streymoy (373 km²), Eysturoy (286 km²), Vágar (174 km²)
Galapagos	Ost-Pazifik	Ecuador	ca. 130	Puerto Moreno	25.[illegible]00	Isabela (4.588 km²), Santa Cruz (985 km²), San Cristóbal
Gesellschaftsinseln	Polynesien	Frankreich	14	Papete	235.300	Tahiti (1.042 km²), Moorea (133 km²), Bora Bora
Hawaii	Pazifik	USA	137	Honolulu	1,43 Mio.	Hawaii (10.433 km²), Maui (1.883 km), O'ahu, Kaua'i
Ionische Inseln	Mittelmeer	Griechenland	ca. 50	Korfu-Stadt		Kefalonia (689 km²), Korfu (593 km²), Zakynthos (407 km²)
Kanalinseln	Ärmelkanal	GB	14	Saint Helier	166.000	Jersey (250 km²), Guernsey (78 km²), Alderney (7,8 km²)
Kanarische Inseln	Atlantik	Spanien	16	Las Palmas/ Santa Cruz	2,1 Mio.	Teneriffa (2.034 km²), Fuerteventura (1.660 km²), Gran Canaria (1.560 km²), Lanzerote, La Palma, La Gomera
Karolinen	Pazifik	*unabhängig*	über 900	Palikir	126.000	Ngulu (438 km²), Pohnpei (345 km²), Pulap (43 km²)
Kurilen	Nord-Pazifik	Russland	40	Kurilsk	18.730	Iturup (3.184 km²), Kunaschir (1.500 km²), Shikotan
Kykladen	Ägäis	Griechenland	über 21	Ermoupolis	110.000	Naxos (389 km²), Andros (379 km²), Mykonos, Ios
Lofoten	Nordatlantik	Norwegen	80	Svolvær	24.000	Austvågøy (527 km²), Vestvågøy (421 km²), Gimsøy
Neukaledonien	Süd-Pazifik	Frankreich		Nouméa	268.800	Grande Terre (16.372 km²), Lifou, Ile des Pins
Sporaden, nördliche	Ägäis	Griechenland	13	Skyros	16 100	Skyros (208 km²), Skopelos, Skiathos, Alonnisios
Sporaden, südliche	Ägäis	Griechenland	über 170	Samos	225.000	Rhodos (1.408 km²), Samos, Ikaria, Kos, Karpathos
Westfriesische	Nordsee	Niederlande	14	keine	24 000	Texel (162 km²), Terschelling (88 km²), Ameland (59 km²)

GRÖSSTE WÜSTEN DER WELT

FLÄCHE (QKM)	WÜSTE	LAGE (AUSWAHL)
9,2 Mio.	**Sahara**	ÄGY, LIB, ALG, Niger, SUD, TUN
1,3 Mio.	**Gobi**	Mongolei und VR China
930.000	**Kalahari**	Botswana, Namibia, Südafrika
673.000	**Patagonische Wüste**	Süd-Argentinien (Patagonien)
650.000	**Rub al-Chali**	Saudi-Arab., Oman, Jemen, VAE
541.700	**Great Basin Wüste**	USA und Mexiko
500.000	**Syrische Wüste**	Syrien, Irak, Jordan., SaudiArab.
400.000	**Karakum**	Turkmenistan, Usbekistan
362.600	**Chihuahua**	Mexiko und USA
348.700	**Große Viktoriawüste**	Süd-West-Australien
311.000	**Sonora-Wüste**	USA (Kalifornien) und Mexico
298.000	**Kysylkum**	Usbekistan, Kasachstan
285.000	**Große Sandwüste**	Westaustralien
273.000	**Thar & Cholistan**	Indien und Pakistan
270.000	**Taklamakan**	VR China
176.500	**Simpsonwüste**	Zentralaustralien, Queensland
166.000	**Lut**	Iran (heißeste Wüste der Erde)
156.000	**Gibson**	Westaustralien
137.000	**Danakil-Wüste**	Äthiopien, Eritrea, Dschibuti
105.000	**Atacama**	Nord-Chile
81.000	**Namib**	Namibia (Süd-West-Afrika)

GRÖSSTE GEBIRGE DER WELT

GEBIRGE ÜBER MEERESSPIEGEL	LAGE (AUSWAHL)	HÖCHSTER GIPFEL	HÖHE (IN M)
Himalaya	Nepal, Tibet, Bhutan	Mount Everest	8.846
Karakorum	Pakistan, VR China	K2	8.611
Kunlun	VR China	Ulugh Muz Tagh	7.723
Hindukusch	Afghanistan, Pakistan	Tirich Mir	7.690
Pamir	Tadschikistan, China	Kongur (VR China)	7.649
Hengduan Shan	VR China, Tibet	Gongga Shan	7.556
Tian Shan	KIRG, KASACH, TAD	Dscheng. Tschokusu	7.439
Anden	Südamerika	Aconcagua, ARG	6.962
Alaskakette	USA (Alaska)	Denali/Mt. McKinley	6.190
St. Elias Mountains	Kanada und Alaska	Mount Logan (CAN)	5.959
Kilimandscharo	Tansania, Kenia	Kibo (Tansania)	5.895
Kaukasus	RUS, GEOR, ASERB	Elbrus (Russland)	5.642
Sierra Nevad. Cocuy	Kolumbien	Ritacuba Blanco	5.330
Ruwenzori-Gebirge	DR Kongo, Uganda	Margherita Peak	5.109
Kordillere v. Mérida	Venezuela	Pico Bolivar	4.981
Maokegebirge	Neuguinea, Indones	Carstensz-Pyramide	4.884
Alpen	IT, D, CH, FRA, AUT	Mont Blanc (FRA)	4.810
Hochl. v. Abessinien	Äthiopien	Ras Daschän	4.533
Sierra Nevada	USA (Kalifornien)	Mount Whitney	4.421
Rocky Mountains	USA und Kanada	Mount Elbert (USA)	4.401
Atlas	Marokko, ALG, TUN	Jbel Toubkal (MAR)	4.167

ENGSTE MEERESSTRASSEN DER WELT

EnGSTE STELLE	MEERES-STRASSE	VERBINDET/ TRENNT	MIT/VON
600 m	**Kleiner Belt**	Dänemark, Festland	Insel Fünen, DEN
700 m	**Bosporus**	Schwarzes Meer	Marmarameer, TÜR
1,6 km	**Dardanellen**	Ägäis	Marmarameer, TÜR
3,0 km	**Magellanstraße**	Chile, Festland	Feuerland
3,0 km	**Öresund**	Schweden	Insel Seeland, DEN
3,5 km	**Str. von Messina**	Italien, Festland	Sizilien, Italien
4,0 km	**Str. von Kertsch**	Schwarzes Meer	Asowsches Meer
11,0 km	**Str. von Bonifacio**	Korsika, Frankreich	Sardinien, Italien
14,0 km	**Str. von Gibraltar**	Gibraltar, GB	Marokko
16,0 km	**Großer Belt**	Insel Fünen, DEN	Insel Seeland, DEN
18,0 km	**Bab al Mandab**	Rotes Meer	Golf von Aden
20,0 km	**Belle-Isle-Straße**	Kanada, Festland	Insel Neufundland
25,0 km	**Sundastraße**	Sumatra, Indonesien	Java, Indonesien
32,0 km	**Ärmelkanal**	Calais, Frankreich	Dover, England
35,0 km	**Str. von Malakka**	Sumatra, Indonesien	Malaysia
35,0 km	**Cookstraße**	Neuseeland Nord	Neuseeland Süd
60,0 km	**Palkstraße**	Südindien, Festland	Sri Lanka
63,0 km	**Str. von Hormus**	Persischer Golf	Golf von Oman
71,0 km	**Str. von Otranto**	Italien, Festland	Albanien
92,0 km	**Beringstraße**	Alaska, USA	Sibirien, Russland

HÖCHSTE WASSERFÄLLE DER WELT

FALLHÖHE (IN M)	WASSERFALL	LAND
979	**Angelfall**	Bolivar, Venezuela
948	**Tugela Fall**	Südafrika
914	**Tres Hermanas** (3 Sisters)	Otishi NP, Junin, Peru
900	**Olo'upena Falls**	Molokai, Hawaii, USA
870	**Yumbilla Falls**	Bongará, Peru
860	**Vinnufossen**	Møre og Romsdal, NOR
850	**Balåifossen**	Hordaland, Norwegen
840	**Pu'uka'oku Falls**	Molokai, Hawaii, USA
840	**James Bruce Fall**	British Columbia, CAN
836	**Browne Falls**	Neuseeland (Südinsel)
820	**Strupenfossen**	Sogn og Fjordane, NOR
818	**Ramnefjellsfossen**	Sogn og Fjordane, NOR
792	**Waihilau Falls**	Hawaii, USA
783	**Colonial Creek** (Hiavaty F.)	Washington, USA
773	**Mongefossen**	Møre og Romsdal, NOR
	ZUM VERGLEICH:	
120	**Victoriafälle**	Simbabwe & Sambia
75	**Iguacufälle**	Brasilien & Argentinien
63	**Niagarafälle**	USA & Kanada
20	**Rheinfall**	Schweiz

DIE GRÖSSTEN DEUTSCHE STÄDTE (STAND 2017)

	STADT	EIN-WOHNER	GRÖSSE (QKM)	BUNDES-LAND	FLUSS
01	**Berlin**	3,52 Mio.	900	BE	Spree, Havel
02	**Hamburg**	1,86 Mio.	755	HH	Alster, Elbe
03	**München**	1,45 Mio.	310	BY	Isar
04	**Köln**	1,06 Mio.	405	NW	Rhein
05	**Frankfurt**	732.700	248	HE	Main
06	**Stuttgart**	623.800	207	BW	Neckar
07	**Düsseldorf**	612.200	217	NW	Rhein
08	**Dortmund**	586.200	280	NW	Ruhr
09	**Essen**	582.600	210	NW	Ruhr
10	**Leipzig**	560.500	147	SN	Elster, Pleiße
11	**Bremen**	557.500	326	HB	Weser
12	**Dresden**	543.800	225	SN	Elbe
13	**Hannover**	532.200	204	NI	Leine
14	**Nürnberg**	510.000	186	BY	Pegnitz
15	**Duisburg**	491.200	233	NW	Rhein, Ruhr
16	**Bochum**	364.700	145	NW	Ruhr
17	**Wuppertal**	350.000	168	NW	Wupper
18	**Bielefeld**	333.100	258	NW	Aa, Lutter
19	**Bonn**	318.800	141	NW	Rhein
20	**Münster**	310.200	302	NW	Aa
21	**Karlsruhe**	307.800	173	BW	Rhein

	STADT	EIN-WOHNER	GRÖSSE (QKM)	BUNDES-LAND	FLUSS
22	**Mannheim**	305.800	145	BW	Rhein, Neckar
23	**Augsburg**	286.400	147	BY	Lech, Werta
24	**Wiesbaden**	276.100	310	HE	Rhein
25	**Gelsenkirchen**	260.400	105	NW	Emscher
26	**M'gladbach**	260.000	170	NW	Rhein
27	**Braunschweig**	251.400	192	NI	Oker
28	**Chemnitz**	248.600	130	SN	Chemnitz
29	**Kiel**	246.300	112	SH	Eider/Ostsee
30	**Aachen**	245.900	160	NW	Wurm
31	**Halle (Saale)**	237.000	136	ST	Saale
32	**Magdeburg**	235.700	201	ST	Elbe
33	**Freiburg**	226.400	153	BW	Dreisam
34	**Krefeld**	225.100	138	NW	Rhein
35	**Lübeck**	216.200	214	SH	Trave
36	**Oberhausen**	210.900	77	NW	Ruhr
37	**Erfurt**	210.100	106	TH	Gera
38	**Mainz**	209.800	98	RP	Rhein
39	**Rostock**	206.000	181	MV	Warnow
40	**Kassel**	198.000	107	HE	Fulda
41	**Hagen**	189.000	160	NW	Ennepe
42	**Hamm**	179.400	226	NW	Lippe

DEUTSCHE BUNDESLÄNDER (STAND 2017)

BUNDESLAND		EINW. (MIO)	EINW. IN %	SCHULDEN IN MRD. (2016)	FLÄCHE (QKM)	FLÄCHE IN %	HAUPT-STADT	HÖCHSTER BERG (M)	MINISTERPRÄSIDENT/ REGIER. BÜRGERMEISTER
Baden-Württemberg	BW	10,97	13,05	53,2	35.752	10,01	Stuttgart	Feldberg (1.493)	Winfr. Kretschmann, GRÜNE
Bayern, Freistaat	BY	12,98	15,18	33,1	70.552	19,76	München	Zugspitze (2.962)	Markus Söder, CSU
Berlin, Stadtstaat	BE	3,57	4,14	56,9	891,7	0,25	Stadtstaat	Teufelsberg (120)	Michael Müller, SPD
Brandenburg	BB	2,49	3,10	20,3	29.654	8,26	Potsdam	Heidehöhe (201)	Dietmar Woidke, SPD
Bremen, Stadtstaat	HB	0,678	0,81	21,4	419,4	0,11	Stadtstaat	Friedehorstpark (32)	Carsten Sieling, SPD
Hamburg, Stadtstaat	HH	1,81	2,13	31,3	755,2	0,21	Stadtstaat	Hasselbrack (116)	Kath. Fegebank, *kommissar.*
Hessen	HE	6,21	7,38	42,6	21.115	5,91	Wiesbaden	Wasserkuppe (950)	Volker Bouffier, CDU
Mecklenburg-Vorpommern	MV	1,61	2,06	12,0	23.211	6,49	Schwerin	Helpter Berge (179)	Manuela Schwesig, SPD
Niedersachsen	NI	7,96	9,70	60,0	47.614	13,34	Hannover	Wurmberg (971)	Stephan Weil, SPD
Nordrhein-Westfalen	NW	17,9	21,90	179,6	34.110	9,55	Düsseldorf	Langenberg (843)	Armin Laschet, CDU
Rheinland-Pfalz	RP	4,08	4,92	45,8	19.854	5,56	Mainz	Erbeskopf (816)	Maria L. „Malu" Dreyer, SPD
Saarland	SL	0,996	1,27	14,1	2.569	0,72	Saarbrücken	Dollberg (695)	Tobias Hans, CDU
Sachsen, Freistaat	SN	4,08	5,16	4,66	18.450	5,20	Dresden	Fichtelberg (1.215)	Michael Kretschmer, CDU
Sachsen-Anhalt	ST	2,23	2,97	24,2	20.451	5,73	Magdeburg	Brocken (1.141)	Reiner Haseloff, CDU
Schleswig-Holstein	SH	2,88	3,44	31,8	15.800	4,42	Kiel	Bungsberg (167,5)	Daniel Günther, CDU
Thüringen, Freistaat	TH	2,16	2,81	15,1	16.172	4,53	Erfurt	Groß Beerberg (983)	Bodo Ramelow, Die Linke
Deutschland, gesamt		**82,52**	**100**		**357.386**	**100**	**Berlin**	**Zugspitze (2.962)**	**Frank-Walter Steinmeier, SPD**

REKORDE DER ERDE UND NATUR (STAND 2017)

	GRÖSSTE STAATEN (FLÄCHE IN QKM)	GRÖSSTE STAATEN (EINW. IN 1.000)	GRÖSSTE METROPOLREGIONEN* (EINW. INKL. VORORTE)	HÖCHSTGELEGENE GROSSSTÄDTE (LAND / HÖHE)	HÖCHSTE BERGE IN M (LAND/ERSTBESTEIG.)	GRÖSSTE MEERESTIEFEN (MEER, TIEFE IN M)
01	**Russland** (17.075.400)	**VR China** (1,379 Mrd.)	**Tokio-Yokohama**, Japan (37,9 Mio.)	**La Paz**/Bolivien (3.700 m)	**Mount Everest**, 8.848 (Nepal/Tibet, 1953)	**Witjas-Tief 1** (Marianengraben,11.034)
02	**Kanada** (9.984.670)	**Indien** (1,339 Mrd.)	**Jakarta**, Indonesien (31,76 Mio.)	**Lhasa**/Tibet (3.630 m)	**K2**, 8.611 (Pakistan/China 1954)	**Tongagraben** (Südwestpazifik, 10.882)
03	**USA** (9.826.675)	**USA** (322,75 Mio.)	**Delhi**, Indien (26,5 Mio.)	**Quito**/Ecuador (2.850 m)	**Kangchenjunga**, 8.586 (Nepal/Indien, 1955)	**Kermadecgraben** (Südwestpazifik, 10.547)
04	**VR China** (9.596.960)	**Indonesien** (255,46 Mio.)	**Manila**, Philippinen (24,25 Mio.)	**Bogotá**/Kolumbien (2.640 m)	**Lhotse**, 8.516 (Nepal/Tibet, 1956)	**Kurilengraben** (Nordwestpazifik, 10.542)
05	**Brasilien** (8.515.770)	**Brasilien** (208,36 Mio.)	**Seoul**, Südkorea (24,1 Mio.)	**Addis Abeba**/ Äthiopien (2.424 m)	**Makalu**, 8.485 (Nepal/Tibet 1955)	**Philippinengraben** (Pazifik, 10.540)
06	**Australien** (7.692.024)	**Pakistan** (200,8 Mio.)	**Karatschi**, Pakistan (23,55 Mio.)	**Arequipa**/Peru (2.329 m)	**Cho Oyu**, 8.188 (Nepal/Tibet, 1954)	**Mindanaograben** (westl. Pazifik, 10.497)
07	**Indien** (3.287.469)	**Nigeria** (186,05 Mio.)	**Shanghai**, VR China (23,4 Mio.)	**Mexico City** (2.277 m)	**Dhaulagiri** 1, 8.167 (Nepal, 1960)	**Puerto-Rico-Graben** (Atlantik, 9.219)
08	**Argentinien** (2.780.400)	**Bangladesch** (164,8 Mio.)	**Mumbai**, Indien (22,9 Mio.)	**León**/Mexico (1.830 m)	**Manaslu**, 8.163 (Nepal, 1956)	**Peru-Chile-Graben** (Pazifik, 8.066)
09	**Kasachstan** (2.724.900)	**Russland** (144,3 Mio.)	**New York City**, USA (21,44 Mio.)	**Kabul**/Afghanistan (1.800 m)	**Nanga Parbat**, 8.125 (Pakistan, 1953)	**Aleutengraben** (Nordpazifik, 7.822)
10	**Algerien** (2.381.741)	**Japan** (126,05 Mio.)	**Sao Paulo**, Brasilien (20,9 Mio.)	**Johannesburg**/ Südafrika (1.750 m)	**Annapurna**, 8.091 (Nepal, 1950)	**Kaimangraben** (Karibik, 7.680)
11	**Dem. Rep. Kongo** (2.344.858)	**Mexiko** (123,16 Mio.)	**Peking**, VR China (20,41 Mio.)		**Gasherbrum I**, 8.080 (Pakistan/China, 1958)	
12	**Saudi-Arabien** (2.149.690)	**Philippinen** (106,51 Mio.)	**Mexico-Stadt**, Mexiko (20,40 Mio.)		**Broad Peak**, 8.051 (Pakistan, 1957)	
13	**Mexiko** (1.972.550)	**Äthiopien** (102,37 Mio.)	**Guangzhou**, VR China (19,07 Mio.)		**Gasherbrum II**, 8.030 (Pakistan/China, 1956)	***Schätzungen**

ERDE	GEOGRAFISCHE REKORDE	REGENWALD	SONNE UND STERNE
Die Erde ist der **dichtestes Planet** (mit 5,515 g/cm³) im Sonnensystem.	**Größtes Gebirge:** Himalaya (2.500 km lang, 150-280 km breit)	**Größe**: ca. 7 % der Erdlandfläche. Vor 50 Jahren waren es noch 17 %.	**Zahl der Glaxien** im Universum: mehr als 200 Milliarden
Atmosphäre: 78 % Stickstoff, 21 % Sauerstoff, 0,93 % Argon u.a.	**Längstes Gebirge** über Wasser: Anden mit ca. 7.200 km Länge	**Rodung:** knapp 150.000 qkm/Jahr = 2 x die Fläche Bayerns.	**Zahl der Sterne** in unserer Galaxie „Milchstraße": über 100 Milliarden
Tiefe des Erdkernes: 5.150 bis 6.370 km	**Längstes Gebirge** unter Wasser: Mittelatlantischer Rücken: +20.000 km	**Niederschlagsmengen**: 2.000-4.000 mm jährlich	Die **Galaxie GN-z11** ist die am weitesten von uns entfernte Galaxie.
Temperaturen im Erdkern: etwa 5.000° C	**Höchster aktiver Vulkan:** Ojos del Salado in ARG/Chile (6.893 m)	**Relative Luftfeuchtigkeit:** mind. 70 %	Sie ist 13,4 Mrd. LJ von uns entfernt + entstand ca. 400 Mio. nach dem Urknall.
Die **äußere Kruste** ist im Durchschnitt 30 bis 35 km dick.	**Größte Schlucht**: Grand Canyon (1.000-1.800 m tief, 350 km lang)	**Pflanzen**: auf 200 qm wachsen mehr als 10.000 Pflanzen	4,34 LJ ist das Sternensystem **Alpha Centauri** von der Sonne entfernt.
Der **Erdmantel** ist insgesamt etwa 2.900 km dick.	**Tiefste Landsenke**: Ufer des Toten Meeres (-420 m unter Meeresspiegel)	**Baumarten**: fast 200 verschiedene Arten pro Hektar	**Hellster Stern** ist **R 136a1** im Sternenhaufen R 136 in der Magellanschen Wolke.
Landfläche: 29 % (149 Mio.) **Wasser**: 71% (361 Mio.)	**Heißeste Orte:** Wüste Lut (Iran): 78,2 °C und im Death Valley: 56,7 °C	**Vogelvielfalt**: 8.600 verschiedene Arten	Unsere Sonne fliegt mit 20 km/s auf das **Sternenbild Herkules** zu.
Aufteilung der Landfläche: 30 % Grasland (Steppe), 20 % Wüste 17 % Nadelwald, 6 % Laubwald, 6 % Regenwald, 5 % Tundra + 6 % andere.	**Kälteste Orte:** Wostok (Antark.) -88,3° C und Oimjakon (Sibirien): -71° C	**Fischvielfalt**: 3.000 Arten im Amazonas (zum Vergleich: 60 in europäischen Flüssen)	**Energieabstrahlung**: 384 Trillionen Megawatt (1 Megawatt = 1.000 Kilowatt). Auf der Erde kommen davon aber nur 178 Milliarden Megawatt an.
Davon **landwirtschaftlich genutzt**: 48,8 Mio. km² (33 % der Landfläche)	**Feuchtester Ort**: Mount Waialeale auf Hawaii: 12.547 mm Regen pro Jahr	Nur 2 % des Lichts erreicht den Waldboden	Die Sonne ist ca. 26.000 LJ vom Zentrum der **Milchstraße** entfernt.
Weltbevölkerung: Heute rund 7,5 Mrd. Im Jahr 2050 = 9,7 Mrd.	**Trockenstes Gebiet:** Atacama (Chile): k nur alle 6-10 Jahren Regen	**Produkte aus dem Wald:** Schokolade, Zucker und Gummi	Ein **Lichtstrahl** von der Sonne auf die Erde braucht rund 8 Minuten.
Jährlich wächst die **Erdbevölkerung** um ca. 78 Mio. Menschen.	**Größte Wüste:** Sahara, 9,2 Mio. qkm (ca. 26 mal größer als Deutschland).		**Leuchtkraft**: 1 qm Sonne leuchtet heller als 1 Million Glühbirnen.
	Temperaturen in der Sahara: tagsüber bis 60° C, nachts unter 0° C.		**Brenndauer der Sonne:** Ihr Vorrat an Wasserstoff brennt noch für ca. 5 Milliarden Jahre.

INTERESSANTE FAKTEN ZU/ZUR/ZUM

MOND	VULKANE	WELTMEERE	POLARGEBIETE
Masse: 7,35 x 1022 kg	**Größter Vulkan der Welt**: Mauna Loa auf Big Island, Hawaii; 100 km Ø	71 % der Erdfläche sind mit Wasser bedeckt	**Größe der ARKTIS (Nordpol):** ca. 27 Mio. qkm
Durchmesser: 3.476 km (27,2 % des Erddurchmessers)	**Aktivster Vulkan der Welt:** Kilauea auf Big Island, Hawaii	**Größter Ozean:** Pazifik (enthält über 50 % des Wassers der Erde)	**Tiefste Temperatur:** Februar in Grönland, -40° C
Mittlere Entfernung zur Erde: 384.700 km	**Höchster aktiver Vulkan:** Ojos del Salado in ARG/Chile: 6.887 m	**Größtes Nebenmeer**: Australasiatisches Mittelmeer: 9,08 Mio. qkm	**Winterliche Polarnacht:** vom 23. September bis 21. März
Umlaufzeit: 29 Tage, 12 Std, 44 Minuten, 3 Sekunden	**Land mit den meisten Vulkanen:** 150 in Indonesien	**Salzgehalt aller Meere:** durchschnittlich 3,5 % Massenanteil (= 35 Gramm pro 1 kg Wasser)	**Geringste Sonnenscheindauer:** 182 Tage ohne Sonne
Bahngeschwindigkeit: 1,023 km/s	**Heftigster Ausbruch:** 1883, Krakatau (Indonesien)	**Salzgehalt in der Ostsee:** 0,3 bis 1,8 % Massenanteil	**Tiere in der Arktis:** Eisbären, Karibus, Rentiere, Polarwölfe
Temperatur tagsüber: 130° C **Temperatur nachts**: -160° C	**Berühmtester Ausbruch:** Vesuv bei Pompeji (76 nach Chr.)	**Fischfang pro Jahr:** ca. 167 Mio. Tonnen Fisch und Meeresfrüchte	**Größe der ANTARKTIS (Südpol):** ca. 14 Mio. qkm
Etwa 1/6 der **Erdanziehungskraft**	**Tödlichster Ausbruch**: Tambora (Indonesien, 1815), 92.000 Opfer	**Fischbestände weltweit:** 31,4 % der Meere sind **überfischt**. 58,1 % werden maximal befischt	**Maximale Eisdecke**: 4.335 m = 94 % allen Eises auf der Erde
Die dunkle **Rückseite** wurde erstmals 1959 von Lunik III. fotografiert.	**Erloschene Vulkane** in Deutschland: Kaiserstuhl und Vogelsberg	**Größtes Meereslebewesen:** Blauwal, 33 m lang, 170 t schwer (=2.700 Menschen)	**Durchschnittstemperaturen:** Sommer -20° C, Winter -70° C (Ø 22° C kälter als am Nordpol)
Es landeten bis heute 12 Menschen mit sechs **Apollos** (11,12,14-17) auf dem Mond.	**Anzahl aktiver Vulkane weltweit:** ca. 1.900	**Tiefste Stelle** ist das Witjastief 1 im Marianengraben (11.034 m), östlich der Philippinen.	**Tiere in der Antarktiks**: Kaiserpinguine, Robben
Nächste totale **Mondfinsternisse** über Deutschland: 31.1.2018 + 27.7.2018		Jacques Piccard und Don Walsh tauchten 1960 mit ihrem U-Boot „Trieste" 10.912 m tief.	**Geschwindigkeit der Eisberge:** 12 km am Tag

LAND	HAUPTSTADT	LAGE	EINWOHNER IN MIO. (WELTRANG)	FLÄCHE IN KM² (WELTRANG)	WÄHRUNG	NATIONAL-FEIERTAG
Afghanistan	Kabul	Westasien	32,2 (40)	652.225 (40)	Afghani/Puls	18.8.
Ägypten	Kairo	Nordafrika	89,1 (15)	1.001.449 (29)	Pfund/Piaster	23.7./6.10.
Albanien	Tirana	Südosteuropa	2,9 (136)	28.748 (139)	Lek/Quindarka	28.11.
Algerien	Algier	Nordafrika	37,4 (36)	2.381.741 (10)	Dinar/Centimes	5.7./1.11.
Andorra	Andorra la Vella	Westeuropa	0,085 (185)	467 (179)	Euro/Cent	8.9.
Angola	Luanda	Südwestafrika	25,0 (50)	1.246.700 (22)	Kwanza/Céntim	11.11.
Antigua & Barbuda	St. John's	Karibik	0,087 (184)	442 (181)	Karibik-Dollar/Cent	1.11.
Äquatorialguinea	Malabo	Westafrika	0,800 (158)	28.051 (140)	Franc/Centimes	12.10.
Argentinien	Buenos Aires	Südamerika	42,4 (32)	2.780.400 (8)	Peso/Centavos	25.5./10.6.
Armenien	Eriwan	Westasien	3,0 (134)	29.800 (138)	Dram/Luma	28.5./21.9.
Aserbaidschan	Baku	Westasien	9,7 (91)	86.600 (111)	Manat/Gepik	28.5.
Äthiopien	Addis Abeba	Ostafrika	98,1 (13)	1 133.380 (26)	Birr/Cent	12.9.
Australien	Canberra	Australien	23,9 (52)	7.692.000 (6)	Austr. Dollar/Cent	26.1.
Bahamas	Nassau	Karibik	0,400 (168)	13.939 (155)	Dollar/Cent	10.7.
Bahrain	Manama	Nahost/Asien	1,4 (149)	716 (174)	Dinar/Fils	16.12.
Bangladesch	Dhaka	Zentralasien	160,4 (8)	147.570 (91)	Taka/Poisha	26.3.
Barbados	Bridgetown	Karibik	0,300 (172)	430 (182)	Dollar/Cent	30.11.
Belgien	Brüssel	Westeuropa	11,2 (77)	32.545 (136)	Euro/Cent	21.7.
Belize	Belmopan	Mittelamerika	0,400 (169)	22.966 (147)	Dollar/Cent	21.9.
Benin	Porto Novo	Westafrika	10,6 (84)	112.622 (99)	CFA-Franc/Cent	1.8.
Bhutan	Thimphu	Zentralasien	0,800 (159)	46.500 (128)	Ngultrum	17.12.

ALLE UNABHÄNGIGEN STAATEN DER ERDE *(STAND 2016)*

LAND	HAUPTSTADT	LAGE	EINWOHNER IN MIO. (WELTRANG)	FLÄCHE IN KM² (WELTRANG)	WÄHRUNG	NATIONAL-FEIERTAG
Bolivien	Sucre	Südamerika	10,5 (86)	1.098.581 (27)	Boliviano/Cent	6.8.
Bosnien Herzegow.	Sarajevo	Südosteuropa	3,7 (131)	51.129 (124)	Mark/Fening	1.3.
Botswana	Gaborone	Südafrika	2,1 (141)	581.730 (45)	Pula/Thebe	30.9.
Brasilien	Brasilia	Südamerika	204,5 (5)	8.547.404 (5)	Real/Centavos	7.9.
Brunei	Bandar Seri Begawan	Südostasien	0,400 (170)	5.765 (163)	Dollar/Cent	23.2./15.7.
Bulgarien	Sofia	Südosteuropa	7,2 (101)	110.912 (101)	Lew/Stótinki	3.3.
Burkina Faso	Ouagadougou	Westafrika	18,5 (60)	274.200 (72)	CFA-Franc/Cent	5.8./11.12.
Burundi	Bujumbura	Ostafrika	10,7 (83)	27.834 (141)	Franc/Centimes	1.7.
Chile	Santiago de Chile	Südamerika	18,0 (61)	756.626 (37)	Peso/Centavos	18.9.
VR China	Peking	Zentralasien	1.380,0 (1)	9.572.000 (4)	Renminbi/Jiao	1.10.
Costa Rica	San Jose	Mittelamerika	4,8 (120)	51.100 (125)	Colón/Centimos	15.9.
Dänemark	Kopenhagen	Nordeuropa	5,66 (112)	43.094 (130)	Krone/Öre	5.6.
Deutschland	Berlin	Mitteleuropa	82,8 (16)	357.385 (61)	Euro/Cent	3.10.
Dominica	Roseau	Karibik	0,073 (186)	751 (172)	Karibik-Dollar/Cent	3.11.
Dominikan. Rep.	Santo Domingo	Karibik	10,5 (87)	48.422 (127)	Peso/Centavos	27.2.
Dschibuti	Dschibuti	Nordostafrika	0,900 (156)	23.200 (146)	Franc/Centimes	27.6.
Ecuador	Quito	Südamerika	16,3 (68)	256.370 (75)	US-Dollar/Cent	10.8.
Elfenbeinküste	Yamoussoukro	Westafrika	23,3 (55)	322.462 (67)	CFA-Franc/Cent	7.8.
El Salvador	San Salvador	Mittelamerika	6,4 (107)	21.041 (148)	Colón/Centavos	15.9.
Eritrea	Asmera	Nordostafrika	5,2 (118)	121.143 (96)	Nakfa/Cent	24.5.
Estland	Tallinn (Reval)	Nordosteuropa	1,3 (151)	45.227 (129)	Krone/Senti	24.2.

LAND	HAUPTSTADT	LAGE	EINWOHNER IN MIO. (WELTRANG)	FLÄCHE IN KM² (WELTRANG)	WÄHRUNG	NATIONAL-FEIERTAG
Fidschi	Suva	Südsee/Polynes.	0,900 (157)	18.376 (151)	Fid.-Dollar/Cent	10.10.
Finnland	Helsinki	Nordeuropa	5,5 (114)	338.145 (63)	Euro/Cent	6.12.
Frankreich	Paris	Westeuropa	64,3 (22)	543.965 (47)	Euro/Cent	14.7.
Gabun	Libreville	Zentralafrika	1,8 (147)	267.667 (74)	Franc/Centimes	17.8.
Gambia	Banjul	Westafrika	2,0 (144)	11.295 (158)	Dalasi/Bututs	18.2.
Georgien mit Abch.	Tiflis	Vorderasien	3,8 (129)	69.700 (118)	Lari/Tetri	26.5.
Ghana	Accra	Westafrika	27,7 (47)	238.533 (79)	Cedi/Pesewas	6.3./1.7.
Grenada	St. George's	Karibik	0,108 (179)	344 (184)	Karibik-Dollar/Cent	7.2.
Griechenland	Athen	Südosteuropa	11,5 (75)	131.957 (94)	Euro/Cent	25.3./28.10.
Großbritannien	London	Westeuropa	65,1 (21)	242.910 (77)	Pfund/Pence	variable
Guatemala	Guatemala	Mittelamerika	16,2 (69)	108.889 (103)	Quetzal/Centav.	15.9.
Guinea	Conakry	Westafrika	11,0 (80)	245.857 (76)	Guinea-Franc	2.10.
Guinea-Bissau	Bissau	Westafrika	1,8 (148)	36.125 (133)	CFA-Franc/Cent	24.9.
Guyana	Georgetown	Südamerika	0,700 (161)	214.969 (82)	Guyana-Dollar/Cent	23.2.
Haiti	Port-au-Prince	Karibik	10,9 (82)	27.750 (142)	Gourde/Centimes	1.1.
Honduras	Tegucigalpa	Mittelamerika	8,3 (97)	112.492 (100)	Lempira/Centav.	15.9.
Indien	Neu-Delhi	Südasien	1.314,1 (2)	3.287.263 (7)	Rupie/Paise	26.1./15.8.
Indonesien	Jakarta	Südostasien	255,7 (4)	1.912.988 (15)	Rupiah/Sen	17.8.
Irak	Bagdad	Vorderasien	37,1 (37)	438.317 (57)	Dinar/Fils	14.7.
Iran	Teheran	Vorderasien	78,5 (17)	1.648.000 (17)	Rial/Dinar	11.2./1.4.
Irland	Dublin	Westeuropa	4,6 (122)	70.273 (117)	Euro/Cent	17.3.

ALLE UNABHÄNGIGEN STAATEN DER ERDE (STAND 2016)

LAND	HAUPTSTADT	LAGE	EINWOHNER IN MIO. (WELTRANG)	FLÄCHE IN KM² (WELTRANG)	WÄHRUNG	NATIONAL-FEIERTAG
Island	Reykjavik	Nordeuropa	0,330 (171)	103.000 (104)	Isl.-Krone/Aurar	17.6.
Israel	Jerusalem	Vorderasien	8,4 (96)	20.991 (149)	Schekel/Agorot	
Italien	Rom	Südeuropa	62,5 (23)	301.337 (70)	Euro/Cent	
Jamaika	Kingston	Karibik	2,7 (138)	10.991 (159)	Jam.-Dollar/Cent	1 Mo/Aug.
Japan	Tokio	Ostasien	126,9 (11)	377.837 (60)	Yen/Sen	23.12.
Jemen	Sanaa	Vorderasien	26,7 (48)	536.869 (48)	Rial/Fils	22.5.
Jordanien	Amman	Nahost/Asien	8,1 (99)	89.342 (109)	Dinar/Fils	25.5.
Kambodscha	Phnom Penh	Südostasien	15,4 (71)	181.035 (87)	Riel/Kak/Sen	24.9./9.11.
Kamerun	Yaoundé	Zentralafrika	23,7 (53)	475.442 (52)	Franc/Centimes	1.1./20.5.
Kanada	Ottawa	Nordamerika	35,8 (38)	9.984.670 (2)	Kan.-Dollar/Cent	1.7.
Kap Verde	Praia	Westafrika	0,509 (166)	4.036 (165)	Escudo/Centav.	5.7.
Kasachstan	Astana	Zentralasien	17,5 (62)	2.724.900 (9)	Tenge/Tiin	25.10.
Katar	Doha	Vorderasien	2,4 (140)	11.437 (157)	Riyal/Dirham	3.9.
Kenia	Nairobi	Ostafrika	44,3 (30)	582.646 (45)	K-Schilling/Cent	12.12.
Kirgistan	Bischkek	Zentralasien	6,0 (111)	199.900 (84)	Som/Tyin	31.8.
Kiribati	Bairiki	Südsee/Polynes.	0,098 (182)	811 (171)	Austr.-Dollar/Cent	12.7.
Kolumbien	Bogotá	Südamerika	48,2 (28)	1.141.748 (25)	Peso/Centavos	20.7.
Komoren	Moroni	Ostafrika	0,800 (160)	1.862 (169)	Kom.-Franc/Centim.	6.7.
Kongo, Dem. Rep.	Kinshasa	Zentralafrika	73,3 (19)	2.344.885 (12)	Kon.-Franc/Centim.	30.6.
Kongo, Republik	Brazzaville	Zentralafrika	4,8 (121)	342.000 (62)	CFA-Franc/Cent	15.8.
Korea, Nord	Pjöngjang	Ostasien	25,0 (51)	122.762 (95)	Won/Chon	9.9.

LAND	HAUPTSTADT	LAGE	EINWOHNER IN MIO. (WELTRANG)	FLÄCHE IN KM² (WELTRANG)	WÄHRUNG	NATIONAL-FEIERTAG
Korea, Süd	Seoul	Ostasien	50,7 (27)	99.313 (105)	Won/Chon	15.8.
Kosovo	Priština	Südosteuropa	1,8 (145)	10.887 (160)	Euro/Cent	17.2.
Kroatien	Zagreb	Mitteleuropa	4,2 (125)	56.542 (123)	Kuna/Lipa	30.5.
Kuba	Havanna	Karibik	11,1 (78)	110.861 (102)	Peso/Centavos	26.7./10.10.
Kuwait	Kuwait	Vorderasien	3,8 (130)	17.818 (152)	Kuwait-Dinar/Fils	25.2.
Laos	Vientiane	Südostasien	6,9 (105)	236.800 (81)	Kip / (früher: At)	2.12.
Lesotho	Maseru	Südafrika	1,9 (146)	30.355 (137)	Loti/Lisente	4.10.
Lettland	Riga	Osteuropa	2,0 (145)	64.589 (121)	Lats/Santim	18.11.
Libanon	Beirut	Vorderasien	6,3 (110)	10.452 (161)	Lib.-Pfund/Piaster	22.11.
Liberia	Monrovia	Westafrika	4,5 (124)	97.754 (106)	Liber.-Dollar/Cent	26.7.
Libyen	Tripolis	Nordafrika	6,3 (108)	1.759.540 (16)	Liby.-Dinar/Dirham	1.9.
Liechtenstein	Vaduz	Mitteleuropa	0,037 (191)	160 (189)	Franken/Rappen	15.8.
Litauen	Vilnius (Wilna)	Nordosteuropa	2,9 (137)	65.301 (120)	Litas/Centai	16.2./11.3.
Luxemburg	Luxemburg	Mitteleuropa	0,600 (162)	2.586 (167)	Euro/Cent	23.6.
Madagaskar	Antananarivo	Südostafrika	23,0 (56)	587.041 (44)	Ariary/Iraimbila	26.6.
Malawi	Lilongwe	Südostafrika	17,2 (64)	118.484 (98)	Malawi-Kwacha	6.7.
Malaysia	Kuala Lumpur	Zentralasien	30,8 (44)	329.733 (65)	Ringgit/Sen	31.8.
Malediven	Male	Indisch. Ozean	0,300 (173)	298 (186)	Rufiyaa/Laari	26.7./11.11.
Mali	Bamako	Westafrika	16,7 (67)	1.240.192 (23)	CFA-Franc/Cent	22.9.
Malta	Valletta	Südeuropa	0,413 (167)	316 (185)	Malt.-Lira/Cent	31.3.
Marokko	Rabat	Nordwestafrika	34,1 (39)	458.730 (54)	Dirham/Centimes	3.3./30.7.

ALLE UNABHÄNGIGEN STAATEN DER ERDE (STAND 2016)

LAND	HAUPTSTADT	LAGE	EINWOHNER IN MIO. (WELTRANG)	FLÄCHE IN KM² (WELTRANG)	WÄHRUNG	NATIONAL-FEIERTAG
Marshallinseln	Dalap-Uliga-Darrit	Südsee/Polynes.	0,060 (187)	181 (188)	US-Dollar/Cent	1.5./17.9.
Mauretanien	Nouakchott	Nordwestafrika	3,6 (132)	1.030.700 (28)	Ouguiya/Khoum	28.11.
Mauritius	Port Louis	Indischer Ozean	1,3 (152)	2.040 (168)	Maur.-Rupie/Cent	12.3.
Mazedonien	Skopje	Südosteuropa	2,1 (142)	25.713 (145)	Denar/Deni	2.8./8.9.
Mexiko	Mexiko	Nordamerika	127,0 (10)	1.953.162 (14)	Peso/Centavos	16.9.
Mikronesien	Palikir	Südsee/Polynes.	0,107 (180)	700 (175)	US-Dollar/Cent	10.5./3.11.
Moldawien	Chisinau	Südosteuropa	4,1 (127)	33.800 (135)	Leu/Bani	27.8.
Monaco	Monaco	Südwesteuropa	0,037 (190)	1,95 (193)	Euro/Cent	19.11.
Mongolei	Ulan-Bator	Zentralasien	3,0 (135)	1.564.100 (18)	Tugrik/Mongo	11.7./26.11.
Montenegro	Podgorica	Südosteuropa	0,600 (163)	13.812 (156)	Euro/Cent	13.7.
Mosambik	Maputo	Südostafrika	25,7 (49)	799.380 (34)	Metical/Centav.	25.6.
Myanmar/Birma	Naypyidaw	Südostasien	52,1 (26)	676.552 (39)	Kyat/Pyas	4.1.
Namibia	Windhoek/Windhuk	Südwestafrika	2,5 (139)	824.292 (33)	Nam.-Dollar/Cent	21.3.
Nauru	Yaren	Südsee/Polynes.	0,010 (194)	21,3 (192)	Aus.-Dollar/Cent	31.1.
Nepal	Kathmandu	Zentralasien	28,0 (46)	147.181 (92)	Nepal-Rupie/Paisa	11.1./7.7.
Neuseeland	Wellington	Ozeanien	4,6 (123)	270.534 (73)	Neusee.-Dollar/Cent	6.2.
Nicaragua	Managua	Mittelamerika	6,3 (109)	120.254 (97)	Córdoba/Centimes	15.9.
Niederlande	Amsterdam	Westeuropa	16,9 (66)	41.526 (131)	Euro/Cent	30.4.
Niger	Niamey	Westafrika	18,9 (59)	1.267.000 (21)	CFA-Franc/Cent	18.12.
Nigeria	Abuja	Westafrika	181,8 (7)	923.768 (31)	Naira/Kobo	1.10.
[illegible]	[illegible]	[illegible]	5,2 (119)	323.759 (66)	Norw. Krone/Øre	17.5.

LAND	HAUPTSTADT	LAGE	EINWOHNER IN MIO. (WELTRANG)	FLÄCHE IN KM² (WELTRANG)	WÄHRUNG	NATIONAL-FEIERTAG
Oman	Maskat	Vorderasien	4,2 (126)	309.500 (63)	Rial/Baizas	18.11.
Österreich	Wien	Mitteleuropa	8,6 (94)	83.871 (112)	Euro/Cent	26.10.
Osttimor	Dili	Südostasien	1,2 (154)	14.604 (154)	US-Dollar/Cent	28.11.
Pakistan	Islamabad	Südasien	199,0 (6)	796.095 (35)	Pak.-Rupie/Paisa	23.3./14.8.
Palau	Melekeok	Südsee/Polynes.	0,021 (193)	508 (178)	US-Dollar/Cent	1.10.
Panama	Panama	Mittelamerika	4,0 (128)	75.517 (115)	Balbao/Centés.	3.11.
Papua-Neuguinea	Port Moresby	Ozeanien	7,7 (100)	462.840 (53)	Kina/Toea	16.9.
Paraguay	Asunción	Südamerika	7,0 (104)	406.752 (58)	Guarani/Centi.	14.5./15.5.
Peru	Lima	Südamerika	31,2 (43)	1.285.216 (19)	Neuer Sol/Cent.	28.7.
Philippinen	Manila	Südostasien	103,0 (12)	300.000 (71)	Peso/Centavos	12.6.
Polen	Warschau	Mitteleuropa	38,5 (35)	312.685 (68)	Zloty/Groszy	3.5.
Portugal	Lissabon	Südwesteuropa	10,3 (88)	92.345 (108)	Euro/Cent	10.6./5.10.
Ruanda	Kigali	Ostafrika	11,3 (76)	26.338 (144)	Ruanda-Franc/Cent	1.7.
Rumänien	Bukarest	Südosteuropa	19,8 (58)	238.391 (30)	Leu/Bani	1.12.
Russland	Moskau	Osteuropa/Asien	144,3 (9)	17.075.400 (1)	Rubel/Kopeken	2.4./9.5.
Saint Kitts & Nevis	Basseterre	Karibik	0,050 (188)	269 (187)	Karibik-Dollar/Cent	19.9.
Saint Lucia	Castries	Karibik	0,200 (177)	616 (177)	Karibik-Dollar/Cent	22.2./13.12.
St. Vincent/Grenada	Kingstown	Karibik	0,104 (181)	389 (183)	Karibik-Dollar/Cent	27.10.
Salomonen	Honiara	Südsee/Polynes.	0,600 (164)	27.556 (143)	Salom-Dollar/Cent	7.7./1.10.
Sambia	Lusaka	Südafrika	15,5 (70)	752.614 (38)	Kwacha/Ngwee	24.10.
Samoa	Apia	Südsee/Polynes.	0,200 (175)	2.831 (136)	Tala/Sene	1.1./1.6.

ALLE UNABHÄNGIGEN STAATEN DER ERDE (STAND 2016)

LAND	HAUPTSTADT	LAGE	EINWOHNER IN MIO. (WELTRANG)	FLÄCHE IN KM² (WELTRANG)	WÄHRUNG	NATIONAL-FEIERTAG
San Marino	San Marino	Südeuropa	0,033 (192)	61,2	Euro/Cent	3.9.
Sao Tomé & Princ.	Sao Tomé	Zentralafrika	0,200 (176)	1.001 (170)	Dobra/Céntimo	12.7.
Saudi-Arabien	Riad	Vorderasien	31,6 (41)	2.240.000 (13)	Riyal/Qirshes	23.9.
Schweden	Stockholm	Nordeuropa	9,8 (89)	449.964 (55)	Schw.-Krone/Öre	6.6.
Schweiz	Bern	Mitteleuropa	8,3 (98)	41.285 (132)	Franken/Rappen	1.8.
Senegal	Dakar	Westafrika	14,7 (72)	196.722 (85)	CFA-Franc/Cent	4.4.
Serbien	Belgrad	Südosteuropa	7,1 (103)	88.361 (110)	Dinar/Para	7.7./29.11.
Seychellen	Victoria	Ostafrika	0,090 (183)	454 (180)	Seych. Rupie/Cent	29.6.
Sierra Leone	Freetown	Westafrika	6,5 (106)	71.740 (116)	Leone/Cent	27.4.
Simbabwe	Harare	Südafrika	17,4 (63)	390.757 (59)	Sim.-Dollar/Cent	18.4.
Singapur	Singapur	Südostasien	5,5 (115)	682,7 (176)	Sin.-Dollar/Cent	9.8.
Slowakei	Bratislava	Mitteleuropa	5,4 (116)	49.035 (126)	Slow.-Krone/Heller	1.1.
Slowenien	Ljubljana (Laibach)	Mitteleuropa	2,1 (143)	20.256 (150)	Euro/Cent	25.6/26.12.
Somalia	Mogadischu	Nordostafrika	11,1 (79)	637.657 (41)	Som.-Schilling	26.6./1.7.
Spanien	Madrid	Südwesteuropa	46,4 (29)	504.645 (50)	Euro/Cent	12.10.
Sri Lanka	Colombo	Südasien	20,9 (57)	65.610 (119)	Sri La.-Rupie/Cent	4.2.
Sudan, Republik	Khartum	Nordostafrika	34,0 (33)	1.840.687 (15)	Sud.-Pfund/Piastr.	1.1.
Sudan, Süd	Juba	Nordostafrika	12,2 (74)	619.745 (43)	Südsud.-Pfund	9.7.
Südafrika	Pretoria	Südafrika	55,0 (24)	1.219.090 (24)	Rand/Cent	27.4./16.12.
Suriname	Paramaribo	Südamerika	0,600 (165)	163.265 (90)	Sur.-Gulden/Cent	25.11.
[illegible]	[illegible]	[illegible]	[illegible]	[illegible]	[illegible]	[illegible]

LAND	HAUPTSTADT	LAGE	EINWOHNER IN MIO. (WELTRANG)	FLÄCHE IN KM² (WELTRANG)	WÄHRUNG	NATIONAL-FEIERTAG
Syrien	Damaskus	Vorderasien	17,1 (65)	185.180 (86)	Syr.-Pfund/Piaster	17.4.
Tadschikistan	Duschanbe	Zentralasien	8,5 (95)	43.100 (93)	Somoni/Dirann	9.9.
Taiwan	Taipeh	Zentralasien	23,5 (54)	36.000 (134)	NTDollar/Cent	10.10.
Tansania	Dodoma	Ostafrika	52,3 (25)	945.087 (30)	Ta.-Schilling/Cent	26.4.
Thailand	Bangkok	Südostasien	65,1 (20)	513.115 (49)	Bath/Stangs	5.12.
Togo	Lomé	Westafrika	7,2 (102)	56.785 (122)	CFA-Franc/Cent	27.4.
Tonga	Nuku'alofa	Südsee/Polynes.	0,123 (178)	748 (173)	Pa'anga/Seniti	4.6.
Trinidad & Tobago	Port of Spain	Karibik	1,4 (150)	5.128 (164)	TTDollar/Cent	31.8.
Tschad	N'Djamena	Zentralafrika	13,7 (73)	1.284.000 (20)	CFA-Franc/Cent	11.8.
Tschechische Rep.	Prag	Mitteleuropa	10,6 (85)	78.866 (113)	Tsch.-Krone/Heller	8.5./5.7.
Tunesien	Tunis	Nordafrika	11,0 (81)	163.610 (89)	Dinar/Millimes	20.3.
Türkei	Ankara	Südeuropa/Asien	78,2 (18)	779.452 (36)	Türk.-Lira/Kurus	29.10.
Turkmenistan	Aschgabad	Zentralasien	5,4 (117)	488.100 (51)	Manat/Tenge	27.10.
Tuvalu	Funafuti	Südsee/Polynes.	0,010 (195)	26 (191	AUS-Dollar/Cent	1.10.
Uganda	Kampala	Ostafrika	40,1 (34)	241.548 (78)	Ug.-Schilling/Cent	9.10.
Ukraine (mit Krim)	Kiew	Osteuropa	42,8 (31)	603.700 (43)	Hrywnja/Kopijki	24.8.
Ungarn	Budapest	Mitteleuropa	9,8 (90)	93.030 (107)	Forint/Fillér	15.3./20.8.
Uruguay	Montevideo	Südamerika	3,6 (133)	176.215 (88)	Urug.-Peso/Cent.	25.8.
Usbekistan	Taschkent	Zentralasien	31,3 (42)	447.400 (56)	Som/Tiyin	31.8.
Vanuatu	Port Vila	Südsee/Polynes.	0,300 (174)	12.189 (157)	Vatu	30.7.
Vatikanstadt	Vatikanstadt	Südeuropa	0,0008 (196)	0,44 (194)	Euro/Cent	22.10.

ALLE UNABHÄNGIGEN & AUTONOMEN STAATEN DER ERDE (STAND 2016)

LAND	HAUPTSTADT	LAGE	EINWOHNER IN MIO. (WELTRANG)	FLÄCHE IN KM² (WELTRANG)	WÄHRUNG	NATIONAL-FEIERTAG
Venezuela	Caracas	Südamerika	30,6 (45)	912.050 (32)	Bolivar/Centimes	5.7.
Ver. Arab. Emirate	Abu Dhabi	Vorderasien	9,6 (92)	77.700 (114)	Dirham/Fils	2.12.
Ver. Staaten/USA	Washington, DC	Nordamerika	321,2 (3)	9.809.155 (3)	US-Dollar/Cent	4.7.
Vietnam	Hanoi	Südostasien	91,7 (14)	331.114 (64)	Dong/Hào/Xu	2.9.
Weißrussland	Minsk	Osteuropa	9,5 (93)	207.595 (83)	Belarus-Rubel	27.7.
Zentralafrika. Rep.	Bangui	Zentralafrika	5,6 (113)	622.436 (42)	CFA-Franc/Cent	13.8./1.12.
Zypern mit Nordzyp.	Nikosia	Vorderasien	1,2 (155)	9.251 (162)	Zyp-Pfund/Cent	1.10.
AUTONOME LÄNDER	**HAUPTSTADT**	**LAGE**	**EINWOHNER**	**FLÄCHE IN KM²**	**WÄHRUNG**	**FEIERTAG**
Abchasien (Georgien)	Sochumi	Kaukasus	240.000	8.600	Rubel/Kopeken	
Azoren (Portugal)	Ponta Delgada	Atlantik	245.800	2.334	Euro/Cent	
Bermuda (GB)	Hamilton	Atlantik	64.700	53,3	Bermuda-Dollar	
Cook-Inseln (NZ)	Avarua	Südsee/Polynes.	11.500	240	CiDollar/Cent	4.8.
Färöer (DEN)	Tórshavn	Nordatlantik	49.600	1.395	Krone/Öre	
Gibralatar (GB)	keine	Südwesteuropa	32.600	6,5	Gibraltar-Pfund	10.9.
Grönland (DEN)	Nuuk	Arktis/Nordamer.	56.200	2.166.086	Dänische Krone	21.6.
Guam (USA)	Hagåtña	Westpazifik	162.700	549	USDollar/Cent	
Guyana, Französ. (F)	Cayenne	Südamerika	244.000	83.534	Euro/Cent	
Palästina/Gaza (ISR)	Ramallah	Vorderasien	4,5 Mio.	6.020	Israel. Schekel	
Puerto Rico (USA)	San Juan	Karibik	3,4 Mio.	8.959	US-Dollar/Cent	
Réunion (F)	Saint-Denis	Indischer Ozean	835.100	2.512	Euro/Cent	
Westsahara (MAR)	El-Aaiún	Westafrika	570.000	252.120	Marok. Dirham	

US STAAT	AUCH GENANNT	LAGE/GRENZT AN	HAUPTSTADT	UNIONS-BEITRITT	EINWOHNER (IN MIO/RANG)	FLÄCHE IN QKM (RANG)
Alabama	Cotton State	Süd-Osten	Montgomery	14.12.1819	4,83 (24)	135.775 (30)
Alaska	Last Frontier	Nord-Westen	Juneau	03.01.1959	0,741 (47)	1.717.854 (1)
Arizona	Grand Canyon State	Süd-West/Mexiko	Phoenix	14.02.1912	6,93 (14)	295.276 (6)
Arkansas	Natural State	Mittlerer Süden	Little Rock	15.06.1836	2,93 (34)	137.742 (29)
Colorado	Centennial State	Mitte	Denver	01.08.1876	5,54 (21)	269.837 (8)
Connecticut	Constitution State	Nord-Ost-Küste	Hartford	09.01.1788	3,57 (29)	14.371 (48)
Delaware	First State	Nord-Ost-Küste	Dover	07.12.1787	0,952 (45)	6.452 (49)
Florida	Sunshine State	Süd-Ost-Küste	Tallahassee	03.03.1845	21,00 (3)	170.451 (22)
Georgia	Peach State	Süd-Ost-Küste	Atlanta	02.01.1788	10,31 (8)	154.077 (24)
Hawaii	Aloha State	Pazifik/ Polynesien	Honolulu	21.08.1959	1,43 (40)	28.337 (43)
Idaho	Gem State	Nord-West/Kanada	Boise	03.07.1890	1,68 (39)	216.632 (14)
Illinois	Land of Lincoln	östliche Mitte	Springfield	03.12.1818	12,80 (5)	149.998 (25)
Indiana	Hoosier State	nord-östliche Mitte	Indianapolis	11.12.1816	6,63 (16)	94.321 (38)
Iowa	Hawkeye State	nördliche Mitte	Des Moines	28.12.1846	3,13 (30)	145.743 (26)
Kalifornien	Golden State	Westküste	Sacramento	09.09.1850	39,53 (1)	423.970 (3)
Kansas	Sunflower State	Mitte	Topeka	29.01.1861	2,90 (35)	213.283 (15)
Kentucky	Bluegrass State	östliche Mitte	Frankfort	01.06 1792	4,43 (26)	104.749 (37)
Louisiana	Pelican State	Golf von Mexico	Baton Rouge	30.04 1812	4,68 (25)	134.270 (31)
Maine	Pine Tree State	Nord-Ost-Küste	Augusta	15.03.1820	1,331 (42)	91.653 (39)
Maryland	Free State	Nord-Ost-Küste	Annapolis	28.04.1788	6,01 (19)	32.133 (42)

ALLE 50 US STAATEN (A-MA)

ALLE 50 US STAATEN (MAS-S)

US STAAT	AUCH GENANNT	LAGE/GRENZT AN	HAUPTSTADT	UNIONS-BEITRITT	EINWOHNER (IN MIO/RANG)	FLÄCHE IN QKM (RANG)
Massachusetts	Bay State	Nord-Ost-Küste	Boston	06.02.1788	6,81 (15)	27.336 (44)
Michigan	Great Lakes State	Norden/Kanada	Lansing	26.01.1837	9,92 (10)	250.494 (11)
Minnesota	North Star State	Norden/Kanada	Saint Paul	11.05.1858	5,52 (22)	225.171 (12)
Mississippi	Magnolia State	Golf von Mexico	Jackson	10.12.1817	2,99 (32)	125.434 (32)
Missouri	Show Me State	Mitte	Jefferson City	10.08.1821	6,09 (18)	180.533 (21)
Montana	Treasure State	Nord-West/Kanada	Helena	08.11.1889	1,04 (44)	380.838 (4)
Nebraska	Cornhusker State	Mitte	Lincoln	01.03.1867	1,90 (37)	200.520 (16)
Nevada	Silver State	Westen	Carson City	31.10.1864	2,94 (33)	286.351 (7)
New Hampshire	Granite State	Nord-Ost-Küste	Concord	21.06.1788	1,334 (41)	24.216 (46)
New Jersey	Garden State	Nord-Ost-Küste	Trenton	18.12.1787	8,94 (11)	22.588 (47)
New Mexico	Land of Enchantment	Süden/Mexico	Santa Fe	06.01.1912	2,08 (36)	314.915 (5)
New York	Empire State	Nord-Ost-Küste	Albany	26.07.1788	19,74 (4)	141.299 (27)
North Carolina	Tar Heel State	Ostküste	Raleigh	21.11.1789	10,14 (9)	139.389 (28)
North Dakota	Peace Garden State	Norden/Kanada	Bismarck	02.11.1889	0,757 (48)	183.112 (19)
Ohio	Buckeye State	Nord-Osten	Columbus	01.03.1803	11,61 (7)	116.096 (34)
Oklahoma	Sooner State	Mittlerer Süden	Oklahoma City	16.11.1907	3,92 (28)	181.035 (20)
Oregon	Beaver State	Nord-West-Küste	Salem	14.02.1859	4,09 (27)	254.805 (9)
Pennsylvania	Keystone State	Nord-Osten	Harrisburg	12.12.1787	12,78 (6)	119.283 (33)
Rhode Island	Ocean State	Nord-Ost-Küste	Providence	29.05.1790	1,05 (43)	4.002 (50)
South Carolina	Palmetto State	Ostküste	Columbia	23.05.1788	4,96 (23)	82.932 (40)

US STAAT	AUCH GENANNT	LAGE/GRENZT AN	HAUPTSTADT	UNIONS-BEITRITT	EINWOHNER (IN MIO/RANG)	FLÄCHE IN QKM (RANG)
South Dakota	Mount Rushmore State	nördliche Mitte	Pierre	02.11.1889	0,865 (46)	199.731 (17)
Tennessee	Volunteer State	östliche Mitte	Nashville	01.06.1796	6,65 (17)	109.151 (36)
Texas	Lone Star State	Golf von Mexico	Austin	29.12.1845	28,30 (2)	695.621 (2)
Utah	Beehive State	westliche Mitte	Salt Lake City	04.01.1896	3,05 (31)	219.887 (13)
Vermont	Green Mountain State	Nord-Osten/Kanada	Montpelier	04.03.1791	0,624 (49)	24.901 (45)
Virginia	Old Dominion	Ostküste	Richmond	25.06.1788	8,41 (12)	110.785 (35)
Washington	Evergreen State	Nord-West-Küste	Olympia	11.11.1889	7,28 (13)	184.665 (18)
West Virginia	Mountain State	Nord-Osten	Charleston	20.06.1863	1,83 (38)	62.755 (41)
Wisconsin	Badger State	nördliche Mitte	Madison	29.05.1848	5,77 (20)	169.639 (23)
Wyoming	Equality State	Nord-Westen	Cheyenne	10.07.1890	0,585 (50)	253.336 (10)
SONSTIGE GEBIETE DER USA	**AUCH GENANNT**	**LAGE**	**HAUPTSTADT**	**BESITZNAHME**	**EINWOHNER**	**FLÄCHE IN QKM**
US Jungferninseln	Virgin Islands	Karibik	Charlotte Amalia	1917	106.400	349
Amerikanisch-Samoa	Samoa Amelika	Polynesien/Südsee	Pago Pago	1899	55.500	199
District of Columbia	Washington, D.C.	Bundesdistrict	Washington, D.C.	1900	672.200	177
Guam		Pazifik/südl. von Japan	Hagåtña	1898	162.700	549
Navassa		Karibik/Große Antillen	Lulu Town	1857	unbewohnt	5,4
Nördliche Marianen		Pazifik/südl. von Japan	Saipan	1945	53.460	463
Midwayinseln	Midway-Atoll	Pazifik/westl. v. Hawaii	Sand Island	1867	40	6,2
Puerto Rico		Karibik	San Juan	1898	3.411.000	8.959

DIE WELTWUNDER (ANTIKE & NEUZEIT) + BEDEUTENDE EXPOS

7 WELTWUNDER DER ANTIKE	BAUZEIT	ORT/LAND
Die hängenden Gärten der Semiramis zu Babylon	600 vor Chr.	Euphrat, Iran
Der Koloss von Rhodos	292 vor Chr.	Griechenland
Das Grab des König Mausolos II. zu Halikarnassos	350 vor Chr.	Bodrum, Türkei
Der Leuchtturm auf der Insel Pharos vor Alexandria	279 vor Chr.	Ägypten
Die Pyramiden von Gizeh	2500 vor Chr.	Ägypten
Der Tempel der Artemis in Ephesos	560 vor Chr.	Türkei
Die Zeusstatue des Phidias von Olymp	438 vor Chr.	Griechenland

7 WELTWUNDER DER NEUZEIT	BAUZEIT	ORT/LAND
Chinesische Mauer (21.196 km)	1368-1644	VR China
Chichén Itza	5. Jahrhundert	Yukatan/Mexiko
Christusstatue „Cristo Redentor"	1931	Rio de Janeiro
Felsenstadt Petra	300 vor Chr.	Jordanien
Kolosseum	72-80 n. Chr.	Rom
Machu Picchu	15. Jahrhundert	Peru
Taj Mahal	1631-1648	Indien

WELTAUS-STELLUNG IN	JAHR	BESUCHER (IN MIO.)	EXPO-MOTTO/ VORGESTELLTE NEUHEITEN
London	1851	6,0	Kautschuk/Kristallpalast
Wien	1873	7,3	Dynamit
Philadelphia	1876	10,2	Telefon/Schreibmaschine/Phonograf
Paris	1889	32,2	Eiffelturm/Automobil/Glühbirne
Chicago (USA)	1893	27,5	Riesenrad/Reißverschluss
Paris	1900	50,8	Rolltreppe
St. Louis (USA)	1904	19,7	Flugzeug
San Francisco	1915	19,0	Fließband/Farbfotografie
Philadelphia	1926	unbekannt	Tonfilm/elektrische Schreibmaschine
Chicago (USA)	1933	38,9	Fernsehen/Scheinwerfer
Paris	1937	31,0	Asbest/Plastik/Plexiglas
New York City	1939	45,0	Nylon/Roboter
Brüssel	1958	41,4	Atomium/Computer/Sputnik
New York City	1964	51,6	Farbfernsehen/Kernfusion
Montreal (CAN)	1967	50,3	Atomuhr
Sevilla (E)	1992	40,0	Virtuelle Realität
Hannover	2000	15,0	Mensch, Natur und Technik
Nagakute (JAP)	2005	22,0	„Weisheit der Natur"
Saragossa (E)	2008	5,6	Die Entwicklung des Wassers
Shanghai (CHN)	2010	73	Better City, Better Live
Mailand (IT)	2015	21	Feeding the Planet, Energy for life
Astana (KAS)	2017	5,0	Energie der Zukunft

HÖCHSTE BAUWERKE DER WELT

HOCHHAUS	STANDORT	BAU-ZEIT	HÖHE (IN M)
Jeddah Tower	Dschidda, Saud.-Arab.	2013-2019	1.007
Burj Khalifa	Dubai, VAE	2004-2010	828
Shanghai Tower	Shanghai, VR China	2008-2015	632
Mecca Royal Clock	Mekka, Saud.-Arab.	2004-2012	601
Canton Tower (TV Turm)	Guangzhou, VR China	2005-2010	600
Pingan Intern. Finance	Shenzhen, VR China	2011-2017	599
Goldin Finance 117	Tianjin, VR China	seit 2008	597
Lotte World Tower	Seoul, Südkorea	2009-2017	555
One World Trade Center	New York City, USA	2006-2014	541,3
Chow Tai Fook Centre	Guangzhou, VR China	2010-2016	530
Tianjin Chow Tai Fook	Tianjin, VR China	2013-2018	530
Zhongguo Zun	Peking, VR China	2012-2018	528
Taipei 101	Taipeh, Taiwan	1999-2004	508
World Financial Center	Shanghai, VR China	1997-2008	492
Inter. Commerce Center	Hongkong, VR China	2002-2010	484
Oriental Pearl Tower (TV)	Guangzhou, VR China	1991-1995	468
Lakhta Center	St. Petersburg, RUS	2012-2018	462
Petronas Towers	Kuala Lumpur	1992-1999	452
Suzhou Supertower	Suzhou, VR China	2012-2018	452
Zifeng Tower	Nanjing, VR China	2005-2010	450
Willis Tower (Sears T.)	Chicago, USA	1970-1974	442,5

LÄNGSTE BRÜCKEN DER WELT

HÄNGEBRÜCKEN *SCHRÄGSEILBRÜCKE	LAND	SPANN-WEITE (M)	BAU-JAHR
Akashi-Kaikyo-Brücke	Kobe, Japan	1.991	1998
Xihoumen Brücke	Zhoushan, VR China	1.650	2008
Storebælt-Brücke	Gr. Belt, Dänemark	1.624	1997
Osman-Gazi-Brücke	Golf von Izmit, Türkei	1.550	2016
Yi-Sun-sin-Brücke	Yeosu in Südkorea	1.545	2012
Runyang-Brücke (Süd)	Zhenjiang, VR China	1.490	2005
4. Nanjing-Jangtse	Nanjing, VR China	1.418	2012
Humber-Bridge	Großbritannien	1.410	1981
Yavuz-Sultan-Selim-Br.	Bosporus, Türkei	1.408	2016
Jiangyin-Brücke	Jingjiang, VR China	1.385	1998
Tsing Ma-Brücke	Hongkong. VR China	1.377	1997
Hardangerbrua	Ulvik, Norwegen	1.310	2013
Verrazano-Narrows Br.	New York City, USA	1.298	1964
Golden Gate Bridge	San Francisco, USA	1.280	1937
Yangluo-Brücke	Wuhan, VR China	1.280	2007
Högakustenbron	Härnösand, SWE	1.210	1997
Aizhai-Brücke	Jishou/Hunan, China	1.176	2012
Mackinac Bridge	Mackinaw, USA	1.158	1957
Qingshuihe Brücke	Qingshuihe, VR China	1.130	2015
Huangpu-Brücke	Guangzhou, VR China	1.108	
Russki-Brücke	Wladiwostok, RUS	1.104	2014

BERÜHMTE BAUWERKE UND DENKMÄLER DER WELT

WELTBERÜHMTE BAUWERKE	STANDORT	ERBAUUNG/ ERÖFFNUNG	ARCHITEKT/ AUFTRAGGEBER	BESONDERHEITEN
Abu Simbel	Oberägypten	1000 vor Chr.	Pharao Ramses II.	In Felsenwand gebauter Sonnentempel.
Al-Aksa-Moschee	Jerusalem	um 700 nach Chr.	Kalif Al-Walid I.	Wichtiger muslimischer Gebetsort.
Angkor Wat	Kambodscha	um 1200	König Suryavarman II.	Wurde urspr. als Grabmal gebaut.
Arequipa	Peru	um 8000 vor Chr.	Unbekannt	Ehemalige Hauptstadt mit Höhlenzeichnung.
Bamiyan-Statuen	Afghanistan	1. und 5. Jhrdt.	König Kanishka I.	Buddhafiguren wurden von Taliban zerstört.
Burj al Arab	Dubai (VAE)	1999	Tom Wright	Mit 321 m das höchste Hotel der Welt.
Cheops-Pyramide	Gizeh (Ägypten)	2500 vor Chr.	Pharao Cheop	20.000 Arbeiter; 2,3 Mio. Steinblöcke.
Chinesische Mauer	China	214 vor Chr.-1644	Kaiser Qin Shihuangdi	Länge: ca. 6.300 km, Höhe: 4-16 m.
Christo Rendetor	Rio de Janeiro	1931	Heitor S. Costa/Paul Landowski	38 m hohe Christusfigur auf Corcovado.
Cuzco	Peru	12. Jahrhundert	Manco Capac	Geburtsort/Hauptstadt des Inkareiches.
Empire State Building	New York City	1930-1931	Shreve, Lamb und Harmon	Bauzeit: Nur 410 Tage; Höhe: 381 m.
Felsendom	Jerusalem	690-710 nach Chr.	Kalif Abd al-Malik	Ältester islamischer Bau mit Goldkuppel.
Golden Gate Bridge	San Francisco	1933	Joseph Strauss	Länge: 2,7 km, Höhe: 227 m.
Harbour Bridge	Sydney	1932	Dr. John Job Crew Bradfield	1.400 Arbeiter; 1.149 m lang; 134 m hoch.
Hassan-II-Moschee	Casablanca	1993	König Hassan II.	Minarett: 210 m hoch; Halle: 20.000m².
Flughafen Chek Lap Kok	Hong Kong	1998	Sir Norman Foster	Terminal mit 1.270 Meter Länge.
Freiheitsstatue	New York City	1886	William Brodie/Fred. Bartholdi	Ein 93 m hohes Geschenk Frankreichs.
Kaaba	Mekka	1333	Erster Prophet Adam	Seit 632 zentrales Heiligtum des Islam.
Kaiserpalast	Peking	1420	Aus der frühen Ming-Dynastie	24 Kaiser lebten in der Verbotenen Stadt.
Klagemauer	Jerusalem	um 930 vor Chr.	König Salomo	Westliche Mauer, 48 m lang, 18 m hoch.

WELTBERÜHMTE BAUWERKE	STANDORT	ERBAUUNG/ ERÖFFNUNG	ARCHITEKT/ AUFTRAGGEBER	BESONDERHEITEN
Machu Picchu	Peru	15. Jahrhundert	Inkas	Ruinenstadt auf 2.350 m Höhe.
Mandala Bay Casino	Las Vegas	1999-2004	MGM Mirage	4.766 Hotelzimmer, 12.500 m² Casino.
Masada (Festung)	Israel	40-30 vor Chr.	König Herodes der Große	Auf 300 x 600 m großem Bergplateau.
Moai (Steinfiguren)	Osterinsel/Rapa Nui	9.-17. Jhrdt.	Unbekannt	Über 600 Figuren; 9 bis 15 m hoch.
Mount Rushmore	South Dakota	1930-1939	Gutzon Borglum	Washington/Jefferson/Roosevelt/Lincoln
Opernhaus	Sydney	1957-1965	Jørn Utzon	5 Theater mit insgesamt 5.532 Sitzplätzen.
Panamakanal	von Panama bis Colón	1906-1914	John Stevens/George Goethals	75.000 Arbeiter gruben 81,6 km lang.
Brasilia (Planstadt)	Brasilien	1956-1960	Lúcio Costa/Oscar Niemeyer	Präsident Kubitschek gab den Auftrag.
Petra (Felsenstadt)	Jordanien	ab 300 vor Chr.	Hurriter und Edomiten	5 km² große Hauptstadt der Nabatäer.
Petronas Towers	Kuala Lumpur	1998	César Antonio Pelli	452 Meter hohe Zwillingstürme.
Potala-Palast	Lhasa (Tibet)	1694/1922	5. und 13. Dalai Lama	13-stöckiger Palast des Dalai Lama.
Rockefeller Center	New York City	1931-1940	Benjamin Wistar Morris	21 Wolkenkratzer, 48th bis 52nd Street.
Rote Fort, Das	Delhi, Indien	1639-1648	Mogulkaiser Shah Jahan	Sandsteinfestung mit 2,4 km Mauer.
Shwedagon-Pagode	Rangun, Myanmar	1000-600 vor Chr.	Unbekannt	32-stöckiger Buddhistentempel.
Sphinx	Gizeh, Ägypten	2700 vor Chr.	4. ägyptische Dynastie	Löwenkörper mit Menschengesicht/Falkenkopf
Suezkanal	Port Said-Suez (Ägy)	1859-1869	Muhammad Said Pascha	Verdis Rigoletto zur Eröffnung, Länge: 162 km.
Taj Mahal	Agra (Indien)	1630-1648	Mogulkaiser Shah Jahan	Grabmal für seine Lieblingsfrau.
Tal der Könige	bei Luxor, Ägypten	1552-1069 vor Chr.	Pharaonen d. alten Ägyptens	Grabstätte von 63 Königen/innen.
Terrakottakrieger	Xi'an (China)	um 200 vor Chr.	Kaiser Chin Shihuang	6.000 Krieger bewachen das Kaisergrab.
Verbotene Stadt	Peking	um 1420	Aus der frühen Ming-Dynastie	500 Jahre lang „Betreten verboten".
Weiße Haus, Das	Washington	1792-1800	James Hoban	Adresse: Pennsylvania Avenue 1600.

BERÜHMTE BAUWERKE UND DENKMÄLER IN EUROPA

EUROPÄISCHE BAUWERKE	STANDORT	ERBAUUNG/ ERÖFFNUNG	ARCHITEKT/ AUFTRAGGEBER	BESONDERHEITEN
Akropolis	Athen	454-438 vor Chr.	Iktinos und Phidias	Seit 1986 UNESCO-Weltkulturerbe
Alhambra	Granada	Um 1300	Ibn al-Ahmar	Wird auch „Die rote Festung" genannt
Arc de Triomphe	Paris	1806-1835	Jean-Francois Chalgrin	von Napoleon 1806 in Auftrag gegeben
Atomium	Brüssel	1958	André Waterkeyn	102 m Höhe, 9 Kugeln, 20 Verbindungsgänge
Big Ben/Westminster Palace	London	1840-1852	Charles Barry	96,3 m Höhe (Big Ben), 1.100 Räume
Brandenburger Tor	Berlin	1788-1791	Carl Gotthard Langhans	Für Friedrich Wilhelm II. gebaut.
Dogenpalast	Venedig	Ab 814/1340	mehrere	Mehrmals niedergebrannt und aufgebaut
Eiffelturm	Paris	1889	Gustav Eiffel	Für die Weltausstellung erbaut
Elbphilharmonie („Elphi")	Hamburg	2007-2016/17	Jacques Herzog & de Meuron	Großer Konzertsaal (2.100 Plätze) + Hotel
Engelsburg	Rom	135-139 nach Chr.	Demetrianus	Als Grabmahl für Kaiser Hadrian erbaut
Frauenkirche	Dresden	1726-1743	George Bähr	Wiederaufbau von 1990 bis 2005
Guggenheim-Museum	Bilbao	1993-1997	Frank Gehry	11.000 qm Ausstellungsfläche
Hagia Sophia	Istanbul	6. Jahrhundert	Anthemios von Tralleis	Die Kirche ist seit 1935 ein Museum
Hallgrimskirkja	Reykjavik	1986	Guðjón Samúelsson	Kirchturmhöhe: 74,5 m, Orgel: 5.200 Pfeifen
Herrenchiemsee	Insel/Chiemsee	1878-1886	Georg von Dollmann	Nach Linderhof das 3. Schloss von Ludwig II.
Karlsbrücke	Prag	1357-ca.1400	Peter Parler	Bogenbrücke mit 16 Bögen, 516 m Länge
Knossos-Palast	Iraklion (Kreta)	1900 vor Chr.	Rekonstruiert v. Sir Arthur Evans	21.000 qm Fläche, hatte ca. 1.300 Räume
Kölner Dom	Köln	1248-1880	Meister Gerhard von Rile	632 Jahre Bauzeit, 157 m Höhe
Kolosseum	Rom	72-80 nach Chr.	Im Auftrag Kaiser Vespasians	3 Etagen zu je 80 Bögen für 50.000 Zuschauer
Kreml (Roter Platz)	Moskau	1326-1339	u.a. von Michelangelo	Burgmauer ist 2.235 Meter lang; 20 Türme
Markusplatz	Venedig	9. Jahrhundert	unbekannt	175 m lang, 82 m breit
Münster	Ulm	1377-1890	Mehrere Bauherren	Größte protestantische Kirche der Welt

EUROPÄISCHE BAUWERKE	STANDORT	ERBAUUNG/ ERÖFFNUNG	ARCHITEKT/ AUFTRAGGEBER	BESONDERHEITEN
Mont Saint Michel	Atlantikküste (F)	ab 709	unbekannt	Klosterinsel (während Revolution Gefängnis).
Neuschwanstein	Füssen	1869-1880/84	Eduard Riedel, Christ. Jank	Im Auftrag von Bayernkönig Ludwig II.
Notre Dame	Paris	1163-1345	mehrere	Gotik, 10.000 Plätze, 69 m hohe Türme.
Olympiastadion	München	1968-1972	Frei Otto/Behnisch & Partner	Knapp 70.000 Plätze.
Petersdom/Sixt. Kapelle	Rom	1506-1626	Nach Plänen von Bramante	Mit 60.000 Plätzen größte Kirche der Welt.
Pont du Gard	Remoulins (F)	14 vor Chr.	unbekannter Römer	Brücke mit 52 Bögen; Teil eines Aquädukts.
Reichstag	Berlin	1884-1894/1918	Paul Wallot	Inschrift seit 1916: „Dem deutschen Volke".
Sanssouci	Potsdam	1745-1747	Hans von Knobelsdorff	„Ohne Sorgen"-Schloss für Friedrich II.
Schiefe Turm von Pisa	Pisa	1173-1372	mehrere	54 m hoch; Süd-Ost-Neigung: 3,97 Grad.
Schloss Schönbrunn	Wien	1559	Fischer von Erlach	1.441 Zimmer mit Park und Tiergarten.
Schloss Versailles	Vorort von Paris	1662-1689	Louis Le Vau; Le Roy u.v.a.	Gartenfassade ist 670 m lang.
La Sagrada de Familia	Barcelona	1882-heute	Antoni Gaudí	Nach Plan soll die Kirche 18 Türme haben.
Semperoper	Dresden	1838-1841	Gottfried Semper	Dreimal zerstört: 1869, 1945 und 2002.
Stephansdom	Wien	vor ca. 800 Jahren	mehrere	Nach Brand 1945 wieder aufgebaut.
Stonehenge	Salisbury	2000 vor Chr.	unbekannt	Kreis von 80 zwei Tonnen schweren Steine.
Sultan-Ahmed-Moschee	Istanbul	1609-1616	Mehmet Aga	Wird auch „Blaue Moschee" genannt.
Tower of London	London	1078	Wilhelm dem Eroberer	Seit 1303 liegen hier die Kronjuwelen.
Palácio Nacional de Pena	Sintra/Lissabon	1840	Wilhelm Ludwig von Eschwege	Ungewöhnlich buntes Märchenschloss.
Westminster Abbey	London	1045-1065	unbekannt	Letzte Ruhestätte vieler Könige.
Winterpalast	St. Petersburg	1754-1762	Conte Rastrelli	Beherbergt heute die Eremitage.
Zwinger	Dresden	1711-1722	Matthäus Daniel Pöppelmann	Umringt von Kronentor und Zwingergraben.

MINERALE, ERZE UND ANDERE BODENSCHÄTZE

MINERAL/ ERZ/METALL	FARBE	GRÖSSTE FÖRDERUNG IN	WIRD VERWENDET ALS/FÜR …
Aluminium	braun	Russland/China	Legierung für Automobil- und Flugzeugindustrie; elektrische Leitungen.
Arsen	rot oder gelb	Harz/Erzgebirge/USA/RUS	Zusatzstoff in Arzneimittel, aber auch als Bestandteil in Halbleitern.
Bauxit	ocker, braun	Südfrankreich/USA/RUS	Feuerfestes Material; zur Herstellung von Aluminium; auch als Schleifmittel.
Beryll	variabel	Mitteleuropa	Leichtes Material > wird in Legierungen mit Kupfer und Nickel verwendet
Blei	schwarz	Australien/Mitteleuropa	Kabelhüllen, Akkumulatoren, Farbstoffe, Munition oder als Lötmetall.
Chrom	silberweiß	Südafrika/Kasachstan	Verschleißschutz auf Stahl, Gusseisen, Kupfer und Aluminium.
Eisen	gelb oder schwarz	China/Japan/RUS/USA	Hauptbestandteil von Stahl.
Fluorit	farblos/blau/violett	Mexiko/China/Südafrika	Stahl-, Aluminium-, chemische und keramische Industrie.
Kali	orange-rot/hellbraun	RUS/China/USA/Europa	Kalisalze werden hauptsächlich als Düngemittel verwendet.
Kupfer	gelb, schwarz, grün	Chile/USA/RUS/Sambia	Elektrokabel; auch zur Herstellung von Bronze-, Messing- u.a. Legierungen.
Nickel	silbermetallisch	RUS/Australien/Kanada	Überzugsmaterial zum Korrosionsschutz; in Münzen; als Legierung.
Quarz	farblos/glasglänzend	fast überall	In Porzellan und Keramikstoffen; für Uhren, Computer und Bildschirme.
Quecksilber	silberweiß, flüssig	Italien/Spanien/Serbien	Thermometer, Barometer, elektrische Leitungen, Amalgam (Zahnfüllung).
Platin	metallisch, grauweiß	Südafrika/RUS/Kanada	Katalysatoren, Laborgeräte und Zahnimplantate.
Schwefel	gelb	Polen/Italien/Irak/Iran	Batterien, Farbstoffe, Insektizide und Kunstdünger.
Silizium	grau-schwarz, bronze	USA/Brasilien/China	Halbleiter, Sensoren, Mikromechanik, Solarzellen.
Uran	schwarz/braun	USA/RUS/Südafrika/AUS	Zur Energiegewinnung in Kernkraftwerken.
Zink	bläulich, blassgrau	China/Peru/AUS/USA/CAN	Korrosionsschutz für Eisen und Stahl; als Legierung mit Kupfer und Messing.
Zinn	schwarz/braun	Malaysia/Peru/RUS/USA	Stahl- und Eisenüberzug; als Lötmetall und in Legierungen.
Zinnober	rot, rotbraun	Toskana/Spanien/Serbien	Mit 87 % das wichtigste Mineral zur Gewinnung von Quecksilber

EDELSTEIN	FARBE	GRÖSSTE FUNDREGIONEN IN	MINERALART	NEBEN BRILLANTEN AUCH VERWENDET ALS ...
Achat	grau, rotbraun	Brasilien, Uruguay	Quarz	Schirmgriffe, Messerstiele und Schmucksteine
Amethyst	violett	USA, Ural, Indien, Namibia	Quarz	Schmucksteine
Aquamarin	dunkelblau	Brasilien, Uruguay, Ural, Alpen	Beryllium	Schmucksteine
Bernstein	braun-gelb	Ostseeländer/Madagaskar	fossiler Harz	Collier, Armband, auch als Wandverkleidung
Diamant	farblos, gelblich	Südafrika/Kongo/Angola/AUS	Kohlenstoff	Schmucksteine, Bohr- und Schneidwerkzeuge
Granat	blutrot bis braun	Slowakei/Tschechien/Alpen	Silikate	Schmucksteine, Feinmechanik, Schleifmittel
Karneol	rötlich, gelblich	Indien/Nordafrika/Japan/AUS	Chalcedon	Schmucksteine, Kunstfiguren
Lapislazuli	blau-weiß	RUS/Afghanistan/Burma/Chile	Lasurit/Pyrit/Calcit	Schmucksteine, Kunstfiguren, Fresken
Malachit	schwarzgrün, hellgrün	Kongo/Simbabwe/Chile/AUS	Kupferkarbonat	Schmucksteine und wertvolles Erz
Obsidian	schwarzglänzend	Italien/Ägäis/Türkei/Island	vulk. Gesteinsglas	Schmucksteine, Steinfiguren
Opal	milchweiß	Australien	Oxid	Schmucksteine
Rosenquarz	rotbraun	Brasilien/Madagaskar/USA/Ural	Quarz	Schmucksteine, Kunstfiguren
Rubin	rot	Thailand/Burma/Sri Lanka	Korund/Alum.-Oxid	Schmucksteine, Schleifpapier
Saphir	kornblumenblau	Thailand/Burma/Sri Lanka/AUS	Korund/Alum.-Oxid	Schmucksteine, LEDs, Halbleiterlaser
Smaragd	grasgrün	Südafrika/Kolumbien/Brasilien	Beryllium	Neben Diamanten wertvollster Schmuckstein
Sugilith	violett	AUS/Italien/Japan/Kanada	Silikate	Schmucksteine
Tigerauge	goldbraun	Südafrika/Australien	Quarz	Schmucksteine
Topas	gelb, rosé, blau	BRA/RUS/Namibia/Afghanistan	Silikate	Schmucksteine
Türkis	grünblau gefleckt	China/Afghanistan/USA/Mexiko	Phosphat	Schmucksteine
Turmalin	schwarz, grün, blau	Pakistan/Afghanistan/Namibia	Einzelminerale	Schmucksteine, Pokale (Meisterschale)
Zirkon	gelb, blau, grün, braun	Thailand/Vietnam/Sri Lanka/AUS	Silikate	Schmucksteine, Zahnersatz

LAUB- UND NADELBÄUME (A-F)

BAUM (Laub, Nadel)	STAMM/RINDE	BLATT- BZW NADELFORM	BLÜTEN UND SONSTIGE ERKENNUNGSMERKMALE
Ahorn (L)	Graubraune Borke mit rötlicher Rinde.	3-5 spitzige Blätter, glatte, stumpfe Ränder (Nationalflagge Kanadas).	Bis 30 m hoher Baum mit länglicher Krone; gelblich-grüne Blüten (April/Mai), später sog. „Hubschrauber“ (September/Oktober).
Akazie (L)	Dünner, dunkler Stamm; Furchenrinde.	Fiederblätter werden nach Abwurf durch blattartigen Stiel ersetzt.	Es gibt ca. 1.200 Arten, die meisten wachsen in Australien und Afrika; in Europa wächst die Kugelakazie oft in sonnigen Gärten.
Apfelbaum (L)	Starker Stamm mit dornigen Zweigen.	Eiförmig, zugespitze Blätter mit gesägtem Rand.	Kleiner Baum (bis 10 m) mit rosaroten Knospen und weißen Blüten im April/Mai. Erst ab September/Oktober reifen die Äpfel.
Birke (L)	Weiß glänzender Stamm, bis 25 m hoch.	Dreieckig, mit gezacktem Rand; hängende Kätzchen ab April/Mai.	Dünne, hängende Zweige geben der Birke ein zierliches Aussehen, dabei ist sie widerstandsfähig und unverwüstlich.
Birnbaum (L)	Dunkle, rissige Borke auf dünnem Stamm.	Länglich runde, dunkelgrüne, glänzende Blätter mit glattem Rand.	Bis 20 m hoher, schlanker Baum mit weißen Blüten in dichten Büscheln ab April/Mai: Birnen sind erst ab Herbst genießbar.
Buche (L)	Glatter, silbergrauer Stamm.	Ovales, zugespitztes Blatt mit welligem Rand an sehr kurzem Stiel.	30 m hoher, schlanker Baum mit ausladender Krone. Samen als dreilappige Flügeln (Hainbuche) oder in Stachelhülle (Rotbuche).
Douglasie (N)	Mit Harzbläschen überzogene Borke.	Hängende Zapfen (4-10 cm); grüne, weiche Nadeln, einzeln stehend.	Immergrüner bis zu 60-100 m hoher Baum; Höchstalter 400-1.400 Jahre; Blütezeit auf der Nordhalbkugel: April-Mai.
Eberesche (L)	Mehrstämmig mit wilder Verästelung.	11-15 Fiederblätter mit gesägtem Rand an einem langen Stiel.	Bis zu 12 m hoher Baum mit breiter Krone; ab Mai/Juni mit winzigen, weißen Blüten; ab August reifen rote (Vogel)-Beeren.
Eiche (L)	Dicker Stamm mit längsrissiger Borke.	Längliche Blätter mit vielfach eingebuchteten Rändern.	Knorriger, unverwüstlicher und bis zu 40 m hoher Baum mit in Bechern stehenden Eicheln.
Eibe (N)	Oft mehrstämmig mit rötlicher Rinde.	Weiche, biegsame und dunkelgrüne Nadeln an waagrecht stehend Ästen.	Kleiner Baum, oft mit ungeraden Stämmen und runder Krone; wächst oft als Strauch; trägt ab September rote Früchte (Beeren), die giftig sind.
Erle (L)	Oft vielstämmig und mit grauem Pilzbefall.	Rund, mit kleiner Kerbe an der Spitze, ab September braune Zäpfchen.	Wächst an Bächen, Flüssen oder Seen; Die Schwarzerle hat mehrere schwarze Stämme und ihre Blätter sind klebrig.
Esche (L)	Schlanker Stamm mit grauer, rissiger Rinde.	4-5 paarige, gefiederte Blätter an einem (bis zu 30 cm) langem Stiel.	Bis 40 m hoher Baum, dessen Flügelsamen in dichten Büscheln an den Zweigen hängt. Wächst gerne in dauerfeuchtem Boden.
Fichte (N)	Schuppenborke, rötlich	Spitze, stechende Nadeln,	Der immergrüne Baum wächst hütchenförmig und hat spitze Wipfel;

BAUM (Laub, Nadel)	STAMM/RINDE	BLATT- BZW. NADELFORM	BLÜTEN UND SONSTIGE ERKENNUNGSMERKMALE
(Ross)-Kastanie (L)	Kurzer, massiver Stamm mit hängenden Zweigen.	5-7 fingerförmige Fiederblätter mit kerzenförmigen Blütenständen.	Dicht gewachsene (Park)-Bäume mit weißen Blüten ab April und stacheligen Hüllen in denen bis Oktober die Kastanien wachsen.
(Wald)-Kiefer (N)	Gedrehter Stamm mit lang rissiger, rötlicher Borke.	Stechende Nadeln wachsen paarweise, 40-60 mm lang.	Knorriger, immergrüner Baum; eiförmige Zapfen, hängend mit harten Schuppen; im Alter mit schirmförmigen Wipfeln.
Kirschbaum (L)	Rotbrauner Stamm mit Kork-Ringen gezeichnet.	Oval zugspitzte Blätter mit gesägtem Rand.	Höchstens 30 m hoher Baum wächst oft am Waldrand; ab April/Mai entfaltet er weiße Blüten; Kirschen ab Juli.
Lärche (N)	Gerader Stamm mit waagrecht stehenden Ästen.	Nadeln in kleinen Büscheln mit kugeligen, stehenden Zapfen.	Nadelbaum, der nur im Sommer grünt; ab Oktober gold-gelbe Nadeln, die er später abwirft; wächst oft im Bergland.
(Winter)-Linde (L)	Mächtiger Stamm mit brauner, rissiger Rinde.	Herzförmig mit gesägtem Rand und haariger, oft klebriger Unterseite.	Bis 40 m hoher, stattlicher Baum mit sehr ausladender Krone und süß duftenden Blüten (Juni) und kugeligen Früchten (September).
Pinie (N)	Schlanker, hoher Stamm mit brauner, rissiger Rinde.	Weiche Nadeln wachsen paar- bzw. büschelweise; kräftige, glänz. Zapfen.	Pyramidenförmige Krone (erinnert an riesigen Brokkoli); 12-20 m hohe Bäume stehen meist alleine; Frucht: Pinienkerne.
Platane (L)	Gelbbraune Borke löst sich in ganzen Platten.	Die 5-lappigen Blätter ähneln dem Ahornblatt.	Beliebter Park- und Straßenbaum mit kugelförmigen Borstenblüten an langen Stielen. Werden im Winter oft gestutzt.
Robinie (L)	Erst stangenförmig später knorrig-robuster Stamm.	Bis zu 19 einzelne Fiederblätter an einem langen Stiel.	Sonnenhungriger und kälteempfindlicher Baum mit weißen Schmetterlingsblüten und braunen Hülsen; bis zu 25 hoch.
Tanne (N)	Dünner, silber-grauer-Stamm.	Stumpfe, weiche Nadeln bzw. längliche Blätter mit stehenden Zapfen.	30-50 m hoher Waldbaum mit oft gestauchter Krone; nicht der Zapfen selbst sondern nur die Schuppen fallen zu Boden.
Ulme (L)	Mächtiger Stamm mit rauer, rippiger Borke.	Raue, ovale Blätter, asymmetrisch mit einer Spitze, manchmal mit drei.	Bis 40 m hoher Stamm; weitverzweigte, rundliche Baumkrone mit dichten, kugeligen Blütenbüschel ab April/Mai.
Weide (L)	Dünner Stamm mit tiefrissiger, graue Borke.	Silber glänzende, längliche Blätter mit glattem Rand an kurzem Stiel.	Grau- und Silberweiden findet man an Bächen, Flüssen oder Seen. Samen hängt an watteähnlichen Fäden.
Zeder (N)	Grauer Stamm wird mehrstämmig nahe dem Boden.	Aufrechte, eiförmige Zapfen, immergrüne Nadeln wachsen spiralförmig.	Sonnenhungrige Bäume mit breiter Baumkrone; brauchen kaum Regen. Das Holz duftet stark; Samenflug im September.
Zitterpappel (L) (Espe)	Glatte, grüngraue Rinde bildet dicke, rissige Borke.	Rundliche, grob gesägte Blätter mit langem Stiel an braungelben Ästen.	Bis 30 m hoher, schmaler Wuchs; Zitter- oder Pyramidenpappeln sind oft an Straßen gepflanzt; Blätter zittern im Wind.

PFLANZEN UND FRÜCHTE GEHÖREN ZUR FAMILIE DER ...

PFLANZEN/ FRÜCHTE	GEWÄCHS-GATTUNG
Ananas	Bromeliengewächs
Anis	Doldenblütler
Apfel	Rosengewächs
Aprikose	Rosengewächs
Artischocke	Korbblütler
Asant	Doldenblütler
Aubergine	Nachtschattengewächs
Bärenklau	Doldenblütler
Bärwurz	Doldenblütler
Banane	Bananengewächs
Basilikum	Lippenblütler
Bibernellen	Doldenblütler
Bilsenkraut	Nachtschattengewächs
Birne	Rosengewächs
Blumenkohl	Kreuzblütler
Bohne	Hülsenfrucht
Brombeere	Rosengewächs
Brokkoli	Kreuzblütler
Brunnenkresse	Kreuzblütler

PFLANZEN/ FRÜCHTE	GEWÄCHS-GATTUNG
Cayennepfeffer	Nachtschattengewächs
Chili	Nachtschattengewächs
Chinakohl	Kreuzblütler
Clementine	Rautengewächs
Datteln	Palmengewächs
Dill	Doldenblütler
Engelwurz	Doldenblütler
Erbse	Hülsenfrucht
Erdbeere	Rosengewächs
Estragon	Korbblütler
Feige	Maulbeergewächs
Fenchel	Doldenblütler
Gewürznelke	Myrtengewächs
Grapefruit	Rautengewächs
Grünkohl	Kreuzblütler
Guajave	Myrtengewächs
Gurke	Kürbisgewächs
Himbeere	Rosengewächs
Johannisbeere	Steinbrechgewächs

PFLANZEN/ FRÜCHTE	GEWÄCHS-GATTUNG
Kardamon	Ingwergewächs
Kartoffel	Nachtschattengewächs
Kastanie	Seifenbaumgewächs
Kerbel	Doldenblütler
Kirsche	Rosengewächs
Kiwi	Strahlengriffelgewächs
Knoblauch	Kreuzblütler
Kohlrabi	Kreuzblütler
Kokosnuss	Palmengewächs
Kresse	Kreuzblütler
Koriander	Doldenblütler
Kümmel	Doldenblütler
Kürbis	Kürbisgewächs
Kumquat	Rautengewächs
Kurkuma	Ingwergewächs
Lavendel	Lippenblütler
Limette	Rautengewächs
Linse	Hülsenfrucht
Litchi	Seifenbaumgewächs

PFLANZEN UND FRÜCHTE GEHÖREN ZUR FAMILIE DER...

PFLANZEN/ FRÜCHTE	GEWÄCHS-GATTUNG
Lulo	Nachtschattengewächs
Mandarine	Rautengewächs
Mandel	Rosengewächs
Mango	Sumachgewächs
Mangold	Fuchsschwanzgewächs
Majoran	Lippenblütler
Meerrettich	Kreuzblütler
Melisse	Lippenblütler
Melone	Kürbisgewächs
Minze	Lippenblütler
Mispel	Rosengewächs
Mitsuba	Doldenblütler
Möhre, Karotte	Doldenblütler
Nektarine	Rosengewächs
Orange	Rautengewächs
Oregano	Lippenblütler
Pampelmuse	Rautengewächs
Pastinake	Doldenblütler
Papaya	Melonenbaumgewächs
Paprika	Nachtschattengewächs

PFLANZEN/ FRÜCHTE	GEWÄCHS-GATTUNG
Petersilie	Doldenblütler
Pfefferminze	Lippenblütler
Pfirsich	Rosengewächs
Pflaume	Rosengewächs
Pistazie	Sumachgewächs
Pomeranze	Rautengewächs
Quitte	Rosengewächs
Radieschen	Kreuzblütler
Raps	Kreuzblütler
Reineclaude	Rosengewächs
Rhabarber	Knöterichgewächs
Rosenkohl	Kreuzblütler
Rosinen	Weinrebengewächs
Rosmarin	Lippenblütler
Rote Bete	Fuchsschwanzgewächs
Rotkraut	Kreuzblütler
Rucola	Kreuzblütler
Rüben	Fuchsschwanzgewächs
Safran	Liliengewächs
Salbei	Lippenblütler

PFLANZEN/ FRÜCHTE	GEWÄCHS-GATTUNG
Sauerampfer	Knöterichgewächs
Sellerie	Doldenblütler
Senf	Kreuzblütler
Spargel	Liliengewächs
Spinat	Fuchsschwanzgewächs
Stachelbeere	Steinbrechgewächs
Steckrübe	Kreuzblütler
Süßkartoffel	Windengewächs
Tamarillo	Nachtschattengewächs
Tangerine	Rautengewächs
Thymian	Lippenblütler
Traube	Weinrebengewächs
Tomate	Nachtschattengewächs
Wacholder	Zypressengewächs
Wasabi	Kreuzblütler
Zitrone	Rautengewächs
Zitronengras	Süßgras
Zuckerrohr	Süßgras
Zuckerrübe	Fuchsschwanzgewächs
Zwiebel	Liliengewächs

KRÄUTER UND GEWÜRZE (A-D)

NAME	HERKUNFT	MERKMALE	VERWENDUNG
Alant	Von Asien kam die Pflanze über die Mittelmeerländer bis nach Europa.	Staude mit bis zu 2 Metern Höhe; bis zu 50 cm große, ovale Blätter, liebt es sonnig und feucht.	Die Wurzeln sind reich an ätherischen Ölen; in Süßspeisen und Tee.
Anis	Seit 3000 Jahren beliebtes Gewürz aus dem Mittelmeerraum.	Strauch wird bis zu 70 cm hoch; 3 verschiedene Blattformen; weiße Blüten im Hochsommer.	In Broten, Suppen, Soßen, Salaten, Schnaps und Weihnachtsplätzchen.
Arnika	Aus europäischen Gebirgen; aber auch aus Mooren und Heiden.	Bis zu 60 cm aufrechte, dünne Stängel, mit nach Harz duftenden, gelben Blüten in voller Sonne.	Ist zwar giftig, wirkt aber als Salbe und Kosmetik gegen Entzündungen.
Baldrian	Wächst weltweit; seit dem Mittelalter auch als Katzenkraut bekannt.	Bis zu 2 m hohe Staude mit hellgrünen Fiederblättern; weiße und rosafarbene Blüten.	Wirkt beruhigend und entspannend, hilft bei Stress und Schlaflosigkeit.
Bärlauch	Wächst wild an feuchten Stellen in ganz Europa und Nordasien.	Bis zu 50 cm hoch; die glatten Blätter erinnern an Maiglöckchen; riecht stark nach Knoblauch.	Fein gehackt in Butter, Quark und Joghurt; auch in Salaten und Suppen.
Basilikum	Ursprünglich aus Indien; die Römer brachten die Pflanze nach Italien.	Große, sattgrüne, ovale Blätter; im Spätsommer weiße Blüten; wächst selten höher als 50 cm.	Pesto, Caprese, auf Tomaten und Pizza, in Salaten, Gemüse und Dips.
Beifuß	Urspr. aus Asien, aber schon lange in Europa + Nordamerika zu Hause.	Behaarte, blaurote Stängel mit dunkelgrünen Blättern, die an der Unterseite filzig und weiß sind.	Der bittere, herbe Geschmack passt zu Gans, Ente, Schwein und Lamm.
Bohnen-kraut	Östlicher Mittelmeerraum; heute in Mitteleuropa, Westasien und Indien.	Buschiges Gewächs; wird bis zu 50 cm hoch; lange, schmale Blätter; Kraut blüht rosa bis lila.	Mildert Blähungen; passt daher gut zu Hülsenfrüchten, Fleisch und Fisch.
Borretsch	Urspr. aus Arabien kam es über Spanien bis nach Nordeuropa.	Buschige Pflanze mit borstigem Stängel; wächst bis zu 80 cm hoch; blaue, sternförmige Blüten.	Gehackte Blätter in Quark, Suppen und in der Frankfurter „Grünen Soße".
Cayenne-pfeffer	Süd- u. Mittelamerika; wächst aus den Früchten der Vogelaugenchilis.	Spitz zulaufende, gelbe bis rote Früchte. Beeren werden getrocknet und fein gemahlen.	20 mal schärfer als Paprika; in asiatischen Speisen, Eintöpfen, Suppen.
Chili	Urspr. aus Süd- und Mittelamerika wächst Chili heute fast überall.	Die runden, spitz zulaufenden Chilischoten sind entweder grün (unreif), gelb oder rot.	In der asiatischen Küche; aber auch in lateinamerikanischen Speisen.
Curry	Urspr. aus Indien; heute aus allen asiatischen Ländern.	Gewürzmischung (Chili, Ingwer, Kardamon und andere; Hauptbestandteil ist die gelbe Kurkumawurzel.	Zu allen asiatischen Gerichten; in Deutschland auch zur Currywurst.
Dill	Von Asien durch die Ägypter und Römer kam das Kraut nach Europa.	Ähnelt dem Fenchel; bis zu 1 m hohe, hohle Stängel mit gefiederten Blättern; gelbliche Blüten.	Frische Blätter würzen Fisch, Gemüse und Salate; zum Einlegen von Gurken.

NAME	HERKUNFT	MERKMALE	VERWENDUNG
Engelwurz	Auch Angelika genannt; wächst in europ. Mittelgebirgen bis Asien.	Dicke, hohle, bis zu 2 m hohe Stängel; wächst auf feuchten Wiesen; im Sommer grün-weiße Blüten.	In Salaten, Soßen, Suppen; wirkt als Tee verdauungsfördernd.
Enzian	Auf Bergwiesen in süd- und mitteleuropäischen Gebirgen.	Bis zu 1,40 m hohe, kräftige Stängel mit im Sommer blauen oder gelben Blüten; auf steinigem Boden.	Wirkt verdauungsfördernd in Tee, Magenbitter und Kräutergetränken.
Estragon	Von Russland bis ans Mittelmeer; hier auch Schlangenkraut genannt.	Schlanke Stängel mit schmalen, länglichen Blättern; in nördlichen Klimazonen blüht er selten.	Geflügel- und Fisch; In Salaten, Suppen, Soßen, Gurken; Essig und Öl.
Fenchel	Vom Mittelmeer nach Indien, China, Balkan, England und USA.	Bis zu 1,50 m hoch mit blaugrünen Blättern; im Sommer gelbe Blüten; Samen bis 12 mm lang.	Samen (wie Kümmel) wird für Tee und Brot verwendet; Gemüse und Fisch.
Goldrute	Heimische Wildpflanze in Ufernähe; Heilmittel der Germanen.	Das Kraut wächst bis einem Meter hoch; viele gelbe Blüten im Sommer; bis 10 mm große Blütenköpfe.	Im Tee gegen Rheuma, Nieren- und Blasenentzündung; Farbe für Textilien.
Ingwer	Süd- und mittelasiatische Tropen; Indien, China, Japan, Südamerika.	Schilfartiges, bis 1 m hohes Gewächs; lange, schmale Blätter mit gelb-roten Blüten.	Geriebene Wurzeln in asiatischen Speisen, Geflügel, Lamm, Fisch und Eintöpfen.
Johannis-kraut	Europa, Nordafrika, Westasien; Früher: Schutz vor bösen Mächten.	Stark verzweigte Pflanze mit öligen Blättern; bis zu 1 m hoch; leuchtend gelbe Blüten im Hochsommer.	Im Tee gegen Stress und Depressionen; regt Kreislauf und Verdauung an.
Kamille	Urspr. Mutterkraut genannt; kommt aus Süd-Ost-Europa und Nordasien.	Niedriges, buschiges Kraut mit weißen Blüten um einen gelben Kopf; stark duftend; bis 50 cm hoch.	Früher bei Frauenleiden; antibakteriell im Tee bei Magen- und Darmproblemen
Kaper	Rund um das Mittelmeer; meistens aus Marseille, Nizza und Sizilien.	Dorniger Strauch bis 1 m hoch; runde, glatte Blätter mit weiß-rosa Blüten; wächst oft wild.	Blütenknospen in Saucen und Salaten, in Italien zu Kalb (Vitello tonnato).
Kapuziner-kresse	Urspr. aus den Andenländern Peru, Kolumbien, Bolivien und Ecuador.	Kletterpflanze wächst bis zu 3 m hoch; runde, hellgrüne Blätter mit schönen orange-roten Blüten.	Blätter schmecken nach Senf und würzen Quark, Frischkäse und Soßen.
Kardamom	Stammt aus Indien, Ceylon und Malaysia; heute u.a. in Guatamala.	Schilfartige Staude bis zu 1,50 m hoch mit gelben Blüten aus denen kleine, grüne Kapseln reifen.	Grüner Samen aus Kapseln für asiatische + arab. Speisen. Hier in Lebkuchen + Glühwein.
Kerbel	Vom Kaukasus nach Asien und im Mittelalter zurück in den Norden.	Wächst bis zu 70 cm hoch; buschige, weiche und vielfach gefächerte Blätter (wie Petersilie).	Als „Suppenkraut" und in der Frankfurter „Grünen Soße"; zu Fisch, Ei und Tomate.
Knoblauch	Von Asien aus mittlerweile in der ganzen Welt verbreitet.	Wie bei einer Zwiebel wachsen um die Hauptzwiebel einige Zehen. Im Sommer wachsen Stängel.	Der Wirkstoff Allicin wirkt desinfizierend. In Gemüse, Suppen, Soßen und zu Fleisch.

KRÄUTER UND GEWÜRZE (E-K)

KRÄUTER UND GEWÜRZE (K-M)

NAME	HERKUNFT	MERKMALE	VERWENDUNG
Koriander	Kam aus dem Orient bis ans Mittelmeer und nach ganz Europa.	Sehr verzweigtes Kraut mit vielen Stängeln und runden Blättern; im Sommer weiße Blüten.	Der Blütensamen schmeckt zu Kohl, Sauerkraut, Fisch, Fleisch und Suppen.
Kresse	Urspr. aus Vorderasien; auch in EU; war Grabbeigabe der Pharaonen.	Das „Pfefferkraut" wird bis zu 50 cm hoch; kleine, ovale, gefiederte Blätter mit weiß-rötlichen Blüten.	In Quark, Salat, Suppen, Soßen. Eine von 7 Kräutern in der Frankfurter „Grünen Soße".
Kümmel	Von Europa kommend über das Mittelmeer bis nach Asien.	Zweijährige Pflanze; im 1. Jahr gefiederte Blätter; später bis zu 1 m hohe Stängel und weißen Blüten.	Den Blütensamen findet man in Brot, Schnaps, Braten, Gulasch und Kraut.
Kurkuma	Südliches Asien; Indien, Indonesien und mittlerweile auch Südamerika.	Bis zu 3 m hohe Pflanze mit Wurzelknolle; große, breite, lanzenförmige Blätter mit gelben Blüten.	Gemahlenes Wurzelpulver schmeckt zu Reis, Nudeln, Suppen und Fisch.
Lavendel	Aus allen Mittelmeerländern; hilft seit Jahrhunderten bei Kopfweh.	Bis zu 60 cm hoher Strauch mit schmalen, aromatischen Blättern. Im Sommer lilafarbene Blüten.	Teil der „Kräuter der Provence"; passt zu Fisch, Fleisch und Eintöpfen.
Lorbeer	Von Asien ans Mittelmeer; ganze Wälder auf den Kanaren.	Bis zu 10 m hoher, immergrüner Baum. Lanzenblätter mit weißen Blüten und schwarzen Beeren.	Die Blätter würzen Suppen, Soßen, Eintöpfe, Fisch- und Fleischgerichte.
Löwenzahn	Auf der Nordhalbkugel heimische Wild- und Wiesenpflanze.	Bis zu 40 cm hohe, glatte Stängel mit nicht giftigem Milchsaft; ab Frühling gelbe, gezackte Blüten.	Grüne Blätter in Salat, auf Kartoffeln und Eiern; auch als Gemüse dünsten.
Majoran	Von Arabien gelang das Aphrodisiakum ans Mittelmeer.	Dünne, rötliche Stängel mit aromatischen, eiförmigen, grau behaarten Blättern und weiß-lilafarbene Blüten.	Ein Gewürz, das gut zu Kartoffeln, Fleisch und Suppen schmeckt.
Meerrettich	Von Süd-Europa bis nach Asien, Seit 800 Jahren in ganz Europa.	Kräftige Pflanze mit breiten, 1 m langen Blättern; im Sommer bis 1,50 langer, weißer Blütentrieb.	Geriebene Wurzeln passen perfekt zu Rindfleisch, Eiern und Lachs.
Melisse	Aus dem Orient ans Mittelmeer; bekannt als Basis zu Melissengeist.	Dicht verzweigte, vierkantige Stängel wachsen buschig. Ihre Blätter duften intensiv nach Zitrone.	Das Zitronenaroma verfeinert Fisch, Salate und Suppen. Tee wirkt belebend.
(Pfeffer)-Minze	Die Kreuzung aus Wasserminze und Grüner Minze ist in Europa heimisch.	Kantige bis zu 80 cm hohe Stängel mit gezackten Blättern (ähnlich wie Brennesseln).	Das Menthol wirkt krampflösend; in Tee, Salaten, Gemüse und Fleisch.
Mohn	Türkei, Griechenland und Indien, teilweise auch aus Holland.	Dünne, borstige Stängel wachsen bis 1 m hoch: blaugrüne Blätter tragen violette Blüten mit Kapseln.	Samen aus Kapseln fürs Backen von Brötchen, Brot, Plätzchen und Kuchen.
Muskat	Muskatbaum wächst in Neuguinea, Indonesien, Madagaskar u. Brasilien.	Bis zu 100-jähriger, 15 m hoher Baum. Nach 9 Monaten platzt die Frucht auf und gibt eine Nuss frei.	Geriebene Nuss würzt Spinat, Kohl, Gemüsen, Soßen, Ei, Fisch, Fleisch.

NAME	HERKUNFT	MERKMALE	VERWENDUNG
Myrte	Rund ums Mittelmeer; auch Asien und Nordafrika; Symbol für Liebe.	Immergrüner Strauch bis 5 m hoch; schmale ölige Blätter mit weißen Blüten und schwarzen Beeren.	Ganze oder gemahlene Blätter zu Grillfleisch und Braten; Beeren in Soßen.
Nelken	Indonesische Molukken, sogen. Gewürzinseln und aus Madagaskar	Immergrüner Nelkenbaum wächst bis 15 m hoch, lorbeerähnliche Blätter mit rötlichen Blütenknospen.	Getrocknete, scharfe Knospen würzen Fleisch, Wild, Rotkohl und Geflügel.
Oregano	Rund ums Mittelmehr; je mehr Sonne, desto besseres Aroma.	Buschiges, blattreiches, bis 50 cm hohes Kraut mit lila-rosa Blütenkelchen und eiförmigen Blättern.	Blätter (frisch oder getrocknet) für Suppen, Fleisch & Nudeln. Typisches Pizza-Gewürz.
Paprika	Von Kolumbus aus Amerika nach Europa (Spanien, Balkan) gebracht.	Die bis zu 60 cm hohe Pflanze trägt kräftig grüne Blätter und ca. 10 cm lange, rote Schoten.	Samen, getrocknet und gemahlen zum Würzen und Schärfen.
Petersilie	Von Süd-Europa über die Alpen bis in den Norden Europas.	Buschige Blattrosetten mit gelblich grünen Blüten; Wurzeln und Blätter haben hohen Vitamin C Gehalt.	Blätter zum Würzen von Suppen, Soßen, Eiern, Kartoffeln und Salate.
Pfeffer, grün (reif)	Monsunwälder Indiens, auch aus Indonesien und Malaysia.	Immergrüne Kletterpflanze bis zu 9 m Höhe, nach 8 Jahren Vollreife wachsen 20 Jahre lang Beeren.	Grüne, schwarze und weiße Beeren, gemahlen zum Würzen und Schärfen.
Pfeffer, rot oder rosa	Wächst in Brasilien und in ganz Südamerika.	Pfefferbaum trägt nicht ganz reife, rosafarbene Beeren, weniger scharf mit süßlichem Geschmack	Milder als o.g. Pfeffer; auch zum Würzen und Schärfen.
Piment	Mittelamerika, Westindische Inseln und von Jamaika.	Immergrüner, schlanker Pimentbaum wird 6-12 m hoch und 100 Jahre alt. Erst im siebten Jahr erste Früchte.	Fruchtkörner, getrocknet und gemahlen, als Marinade für Wild, Rind und Fisch.
Rauke (Rukola)	Rund ums Mittelmeer; auch als Senfrauke oder Rucola bekannt.	Schnellwachsende Pflanze, bis 50 cm hoch mit senf-öligen Blättern und im Sommer weißen Blüten.	Junge, zarte Blätter für vitaminreichen Salat oder auf Pizza, Soßen und Quark.
Rhabarber	Urspr. aus Ostasien, heute in Deutschland und ganz Mitteleuropa.	Staude mit großen, welligen Blättern und grünen oder roten Stielen. Im Mai weiß-gelbliche Blüten.	Nur Stiele werden zu Kompott oder Saft verarbeitet. Blätter sind ungenießbar.
Rosmarin	Aus dem Mittelmeerraum, wild wachsend an Küsten.	Strauch mit nadelartigen, behaarten Blättern, die nach ätherischen Ölen duften. Weiß-rosa Blüten.	Nadeln würzen Fleisch, Geflügel und Fisch. Auch auf Kartoffeln und im Eintopf.
Safran	Vom Vorderen Orient brachtendie Mauren ihn nach Spanien + GR.	Die 8 cm hohe Staude ist ein herbstblühender Krokus mit violetten Blüten und roten Blütennarben.	Rote Narben, getrocknet und gerieben, für Béchamelsoßen, Suppen und Reis.
Salbei	Wächst bevorzugt am Mittelmeer, aber auch in Nordeuropa.	Immergrüner Strauch mit graugrünen, samtigen Blättern. Im Sommer mit violetten Blüten	Blätter passen zu Suppen, Fleisch- und Fischgerichten. Zu viel ist giftig.

KRÄUTER UND GEWÜRZE (N-S)

KRÄUTER UND GEWÜRZE (S-Z)

NAME	HERKUNFT	MERKMALE	VERWENDUNG
Salz	Aus dem Meer (enthält 3 % Salz), aus der Erde, auch vom Himalaya.	Weißes Salz ist chemisch gereinigt; Natursalz hat einen gräulichen Schimmer. Früher Zahlungsmittel.	Das „weiße Gold" findet bei fast allen Gerichten Verwendung.
Schafgarbe	Von Mitteleuropa bis Mittelasien, auch Nordamerika und Neuseeland.	Buschige Staude, 30-80 cm hoch, im Sommer mit vielgliedrigen, rosa Blüten.	Junge, frische Blätter als Brotbelag oder in Salaten, Quark und Gemüse.
Schnittlauch	Mitteleuropa, aber auch in den Rocky Mountains und im Himalaja.	Mehrjährige Zwiebelpflanze mit bis 30 cm langen Röhrenblättern (Schlotten). Enthält viel Vitamin C.	Der Lauch würzt Salate, Quark, Eier, Soßen, belegte Brote und Fischgerichte.
Sellerie	Küstenregionen Europas, hauptsächlich aus dem Mittelmeerraum.	Sellerie bildet dünne, verzweigte Pfahlwurzeln mit kräftigen Stängeln und grünen, gefiederten Blättern.	Ein Muss im Suppengrün. Stangen mit Dipp, Blätter für Salate, Knollen als Beilage.
Senf	Von Ostindien über Vorderasien bis in den Mittelmeerraum.	1, 20 m hohe Pflanze mit waagrecht abstehenden Schoten mit Körnern. Im Sommer gelbe Blüten.	Körner schärfen und würzen herzhafte Speisen wie Wurst, Fleisch und Eier.
Spinat	Aus Persien von den Arabern nach Spanien bis Mitteleuropa gebracht.	Kraut hat lanzett- und pfeilspitzenförmige kräftig grüne Blätter mit Blütenbildung im Sommer.	Blattspinat passt gut zu (Spiegel-)Eiern und Kartoffeln; auch als Salat möglich.
Tamarinde	Aus Äthiopien nach Indien bis ans Mittelmeer und nach Mittelamerika.	Bis 25 m hoher, immergrüner Baum mit gefiederten Blättern und bis 20 cm langen, braunen Schoten.	Ähnlich wie Zitronensaft oder Essig für Fisch, Fleisch, Gemüse und Reis.
Thymian	Urspr. aus dem Mittelmeerraum; heute in allen mittleren Breiten.	Immergrüner Halbstrauch mit flaumigen Stängeln, vielen kleinen Blättern und rosa bis violette Blüten.	Passt hervorragend zu Fleisch, Kohl, Suppen, Saucen und Salaten.
Vanille	Süd-Mexiko, Guatemala und restl. Mittelamerika; auch Madagaskar.	Kletternde Orchidee mit hängenden, schlauchartigen Früchten, in denen Stangen reifen.	In Schokolade, Kaffee, Desserts, Gebäck, Cremes, Kompott und Kuchen.
Wacholder	Ganz Europa und Mittelasien, überwiegend Mittelmeerregionen.	Immergrüne Nadelpflanze, von 20 cm bis 12 m (je nach Lage) groß, mit blau-schwarzen Beeren.	Klassisch zu Wild, Reh und Lamm. Auch gut zu Rind, Schwein und Kraut.
Waldmeister	Europäische Wälder, aber auch vom Iran bis Sibirien.	Staude aus 30 cm langen Stängel mit sternförmig wachsenden, lanzettartigen Blättern und weiße Blüten.	Kraut für Maibowle, Berliner Weiße und Götterspeise, auch gut als Tee.
Zimt	Sri Lanka (Ceylon); auch Mittelamerika, Indonesien, Madagaskar.	Der Zimtbaum wird bis zu 20 m hoch mit bis zu 2 m langen Schößlingen, deren Rinde abgezogen wird.	Zimtrinde (Stangen), gemahlen, für Süßspeisen, Gebäck, Tee und Glühwein.
Zitronengras	Von Indien über Afrika nach Mittelamerika	Das 1,80 m hohe Gras mit grünen und im unteren Drittel weißen Halmen enthält ätherische Öle	Ein Muss in der asiatischen Küche. Passt gut zu Fisch und Chutneys

V	BEZEICHNUNG	QUELLEN	NOTWENDIG FÜR	MANGELERSCHEINUNGEN
A	Retinol, Beta-Carotin	Grünes und gelbes Gemüse, Karotten, Leber, Eigelb, Lebertran, Margarine, Milchprodukte.	Sehvermögen; Knochen- und Zahnaufbau; Wachstum.	Nachtblindheit, trockene und rauhe Haut, Hautentzündung.
B1	Thiamin	Vollkorn, ungeschälter Reis, Weizenkeime, Bohnen, Nüsse, Eier, Leber, Fisch, Milch.	Freisetzung der Energie aus Kohlenhydraten, Proteinen, Fett.	Übelkeit, Müdigkeit, Zittern, Vergesslichkeit, Depression .
B3	Niacin	Vollkorn, Erbsen, Bohnen, Erdnüsse, Hefe, Leber, Fleisch, Eier, Fisch.	Freisetzung von Energie aus Glucose und Fett; Hormone.	Gewichtsverlust, Übelkeit, Durchfall, Depression.
B5	Pantothensäure	Vollkorn, Weizen, grünes Gemüse, Erbsen, Bohnen, Leber, Fleisch.	Freisetzung von Energie; Haut, Haare, Sexualhormone.	Sehr selten; Kopfschmerzen, Krämpfe, Bauchschmerzen.
B6	Pyridoxin	Fast alle Lebensmittel, vor allem Vollkorn, Weizenkeime, Bananen, Bohnen, Leber.	Kohlenhydrat-, Protein- und Fettstoffwechsel; Antikörper.	Hautprobleme, Blutarmut, aufgesprungene Lippen.
B9 + B11	Folsäure	Grünes Gemüse, Obst, Vollkornbrot, Nüsse, Erbsen, Bohne, Hefe, Leber, Eier.	Bildung der DNS; rote Blutkörperchen; Nervensystem.	Blutarmut, Entzündungen im Mundbereich.
B12	Cobalamin	Besonders Leber, Fleisch, Fisch, Eier, Milchprodukte (außer Butter).	Bildung neuer Zellen, auch rote Blutkörperchen.	Müdigkeit, Appetitlosigkeit.
C	Ascorbinsäure	Gemüse, rohes Obst, besonders Paprika, Kartoffeln, Brokkoli, Zitrusfrüchte, Tomaten.	Wachstum; gesunde Knochen, Zähne u. Zahnfleisch; Blutgefäße.	Allg. Schmerzen, lockere Zähne, Nasenbluten.
D	Calciferol	Fetter Fisch, Lebertran, Leber, Eigelb, Margarine; Ca. 80 % wird mittels UVB-Strahlen (Sonnenlicht) über die Haut augenommen.	Calcium-Spiegel zum Knochen- und Zahnaufbau; Blutgerinnung, Nerven & Muskeln.	Weiche Knochen, Rachitis bei Kindern, Ruhelosigkeit bis hin zu Depressionen, Asthma, Multiple Sklerose, Diabetes 1
E	Tocopherol	Pflanzenöle, Eigelb, Vollkorn, Getreide, Weizenkeime, Nüsse, grünes Blattgemüse.	Zellmembranen (verzögert das Altern); rote Blutkörperchen.	Sehr selten, evtl. Blutarmut.
H	Biotin	Die meisten Lebensmittel, insb. Hafer, Weizen, Nüsse, Bohnen, Leber, Eigelb.	Ausscheiden v. Abfallstoffen; Fett- und Kohlenhydratstoffwechsel.	Sehr selten; wunde Zunge, Muskelschmerzen, Ekzeme.
K	Phytomenadion	Blumenkohl, Brokkoli, Kartoffeln, Käse, Weizenkeime, Leber, Eigelb.	Gerinnungsfähigkeit des Blutes.	Sehr selten; Nasenbluten, Blutergüsse.

ALLE VITAMINE

MINERALSTOFFE UND SPURENELEMENTE

MINERAL	BEDARF	QUELLEN	NOTWENDIG FÜR	MANGELERSCHEINUNGEN
Calcium	bis 1.200 mg	Hülsenfrüchte, Nüsse, grünes Gemüse, Eier, Milchprodukte.	Wachstum, Knochenaufbau, Zähne, Nägel, Muskeln, Nerven, Blut.	Gewöhnlich durch Mangel an Vitamin D verursacht; weiche Knochen.
Chrom	50-200 mg	Vollkorn, Nüsse, Obst, Fleisch, Leber, Hefe.	Normalen Stoffwechsel.	Nicht bekannt.
Eisen	10-8 mg	Vollkorn, Eigelb, Schalentiere, Nüsse, Hülsen- und Trockenfrüchte.	Bestandteil des Hämoglobins (Farbstoff der roten Blutkörperchen).	Anämie, Magen-Darm-Probleme, Müdigkeit.
Fluor	1-4 mg	Schwarzer Tee, Sardinen.	Knochen, Zähne, beugt Karies vor.	Zahnschäden.
Kalium	2.000 mg	Alle Lebensmittel, Vollkorn, Obst, Gemüse, Fleisch, Milchprodukte.	Bestandteil der Flüssigkeit in den Zellen, Muskel- und Nerventätigkeit.	Muskelschwäche, Funktionsstörungen des Herzens.
Kupfer	1-3 mg	Vollkorn, Nüsse, Fleisch, Leber, Fisch und Schalentiere.	Bildung der roten Blutkörperchen.	Anämie, Mangel an weißen Blutkörpern, Haarfarbe ändert sich.
Magnesium	350 mg	Vollkorn, Nüsse, grünes Gemüse, Fleisch, Milch, Fisch.	Knochen und Zahnbildung, Nerven- und Muskeltätigkeit.	Muskelkrämpfe, Zittern, unregelmäßiger Herzschlag, Übelkeit, Unruhe.
Mangan	2-5 mg	Vollkorn, Gemüse, Nüsse.	Aktivität vieler Enzyme.	Vermindertes Wachstum.
Natrium	550 mg	fast alle Lebensmittel, Tafelsalz.	Blut, Muskel- und Nervenfunktion.	Muskelkrämpfe, Zuckungen.
Phosphor	800-1.200 mg	Vollkorn, Hülsenfrüchte, Nüsse, Eier, Fleisch, Fisch und Milchprodukte.	Gesunde Knochen und Zähne, Bildung von DNS und Stoffwechsel.	sehr selten.
Schwefel	nicht festgelegt	Proteinreiche Lebensmittel, Fleisch, Eier, Milch, Hülsenfrüchte.	Viele Proteine, z. B. Insulin.	nicht bekannt.
Selen	30-70µg (1 Mio. µg =1 g)	Vollkorn, Fleisch, Leber, Schalentier.	Funktionsfähigkeit der Leber.	sehr selten, Anämie.
Zink	12-15 mg	Vollkorn, Fleisch, Leber, Hefe, Milch, Eier, Fisch, Schalentiere.	Viele Enzyme, Wachstum, Wundheilung und Samenproduktion.	Verlangsamte Wundheilung, gestörte geistige, körperliche und sexuelle Entwicklung, Verlust von Geruchssinn.

LEBENSMITTEL	KOHLENHYDRATREICHE LEBENSMITTEL	NEUTRALE LEBENSMITTEL	EIWEISSHALTIGE LEBENSMITTEL
Fisch		Roher und geräucherter Fisch wie Matjes oder Räucherlachs.	Gegarte und ungeräucherte Süß- und Salzwasserfische: Aal, Forelle, Scholle Thunfisch, Hering, Kabeljau, Lachs, Rotbarsch, Seezunge, Zander, Kaviar.
Fleisch, Wurst und Geflügel		Rohes und Geräuchertes wie Rohschinken oder Salami	Fleisch und Innereien von Kalb, Rind, Lamm, Schwein, Hase, Hirsch, Wildschwein; alle gegarten Wurstarten; jedes Geflügel.
Früchte	Süße Äpfel, Bananen, Datteln und Feigen.		Jedes Kernobst; alle Beerensorten außer Heidelbeeren; alle Wild- und Zitrusfrüchte (außer Bananen).
Gemüse, Salate und Kartoffeln	Kartoffeln und Süßkartoffeln.	Jedes Gemüse und alle Salate	
Getränke	Bier; süßer Rotwein.	Kaffee, Kräutertee, Schwarztee, Wasser, klare Spirituosen wie Korn, Rum, Grappa	Apfelwein, Champagner, Sekt, trockener Rot- und Weißwein, Fruchtsäfte aus 100 % Frucht.
Getreide und Teigwaren	Alle Getreidearten; alle Teigwaren aus Vollkorn- und Weißmehl ohne Eiweiß; alle Brotarten.		
Milchprodukte		Vollmilch, Kondensmilch, Sahne, Kefir, Buttermilch, Joghurt, Dickmilch, Creme fraiche, Schafs- und Ziegenmilch.	Magermilch und fettarme Milch (bis 1,8%).
Nüsse und Kerne		Alle Nüsse und Kerne (außer Erdnüsse).	
Außerdem	Backpulver, alle Sorten Gebäck, Honig, Stärke, Pudding, Zucker, Maronen, Ahornsirup.	Avocado; Eigelb; Geliermittel; Hefe; Heidelbeeren; Oliven; alle Pilze; alle pflanzlichen und tierische Fette wie Butter und kaltgepresste Öle; alle frischen und getrockneten Kräuter.	Alle ganzen Eier (außer Eigelb); alle Käsesorten unter 45 % Fettgehalt; Essig; alle Meeresstiere wie Schalen-, Krusten- und Weichtiere; Zitronensaft zum Würzen.

BEGRIFFE AUS DER KÜCHE UND IHRE BEDEUTUNG

BEGRIFF	BEDEUTUNG
A point	Auch „medium" oder „rosa" genannt; innen rosafarben, außen braun gebranntes Stück Fleisch (Steak).
Al dente	Bissfest gekochte Pasta oder Gemüse.
Amuse-Gueule	Kommt aus dem Französischen; kleine Appetithäppchen, die zum Aperitif gereicht werden.
Antipasti	Italienisch für „Vorspeisen". Eine Vorspeis (Singular) nennt man Antipasto.
Aperitif	Alkoholisches Getränk; als Appetitanreger vor dem Essen serviert.
Aspik	In Gelee oder Sülze eingelegtes Fleisch oder Fisch.
Au gratin	Mit einer Sauce zubereitetes Gericht, das vor dem Bräunen im Backofen mit Käse bestreut wird.
Blanchieren	Auch Brühen oder Überbrühen; Gemüse, Pilze oder Fleisch wird kurzzeitig (10 bis 30 Sek.) in kochendes Wasser eingelassen.
Braise	Eine fette Brühe, in der Fleisch oder auch Geflügel gegart werden.
Coulis	Bezeichnung für eine braune oder weiße Grundsoße.
Deglacieren	Ablöschen von Bratensatz, gerösteten Fleisch-, Fisch- oder Gemüsestücken mit Wasser, Brühe oder Sahne für Sauce.
Degraissieren	Das Fett einer Suppe abschöpfen.
En papillote	In Papier oder Folie eingewickeltes Gericht, das eben so serviert wird.
Faconnieren	Zubinden mit Küchengarn, damit z.B. die Ente oder der Rollbraten weder die Form noch die Füllung verlieren.
Faschieren	Fleisch wird sehr klein gehackt oder durch den Fleischwolf gedreht; in Österreich wird Hackfleisch auch „Faschiertes" genannt.
Flambieren	Mit einer Spirituose übergossen und angezündete Speise; nimmt dadurch das Aroma des Alkohols auf.
Frappieren	Mit Eis (Eiswürfel) oder kaltem Wasser schnell gekühltes Glas oder Wein.
Gratinieren	Auch „überbacken": Speisen werden mit Ei, Sahne oder Käse überzogen und bekommen bei Oberhitze eine braune Kruste.
Hors d'oeuvre	Französisch für „Vorspeise".
Jus	Fleischsaft oder Bratensatz, der die geschmackvolle Grundlage für eine Sauce bildet.

BEGRIFFE AUS DER KÜCHE UND IHRE BEDEUTUNG

BEGRIFF	BEDEUTUNG
Kandieren	Konservierungsmethode für frisches Obst; dabei wird der Zuckergehalt auf mindestens 70 % erhöht und der Wassergehalt reduziert.
Kompott	Nachspeise aus Früchten, die mit Zucker gekocht und kalt serviert werden.
Legieren	Eine dünne Flüssigkeit wird mit Hilfe von Bindemittel (Mehl oder ähnlichem) angedickt. Für die Zubereitung von Saucen.
Marinieren	Roher Fisch oder rohes Fleisch wird in eine würzige, oft saure Flüssigkeit eingelegt um sie entsprechend zu aromatisieren.
Mehlschwitze	Saucenbasis aus Butter und Mehl.
Müllerin Art	Fische werden durch gesalzene Milch gezogen, in Mehl gewendet, in Butter goldbraun gebraten und mit Zitrone beträufelt.
Nappieren	Die Speisen werden mit einer Sauce komplett überzogen.
Panieren	Fisch, Fleisch oder Gemüse wird in Mehl, Eigelb und Semmelmehl gewälzt. Dabei entsteht die sogenannte Panade (Hülle).
Parieren	Das Lösen und Entfernen von Sehnen, Haut und Knochen vom Fleisch.
Passieren	Suppe oder Soße durch ein Sieb streichen.
Pökeln	Altes Verfahren zur Konservierung von Fleisch und Wurst mit Hilfe von Kochsalz.
Pochieren	Sanfte Garmethode in heißem (nicht kochendem) Wasser bei 75-95° Grad. Anwendung bei Gemüse, Eiern, Innereien und Fisch.
Prise	Kleine Menge, die zwischen zwei Finger passt.
Rösten	Kurzes, trockenes, fettloses Erhitzen von pflanzlichen Lebensmitteln (meist Nüsse, Bohnen, Getreide).
Sautieren	Geschnetzeltes, Fisch, Gemüse u.a. wird bei hohen Temperaturen (160-240° C) ohne Flüssigkeitszugabe in der Pfanne kurz angebraten.
Schmoren	Auch „braisieren“; Fleisch/Gemüse wird kurz angebraten, dann mit Flüssigkeit gelöscht und stundenlang (bei 80°-100°) gegart.
Talg	Hauptsächlich von Wiederkäuern wie Rindern, Schafen, Ziegen und Hirschen gewonnenes Fett.
Tranchieren	Fleisch, Fisch oder Geflügel wird in feine Scheiben zerlegt.
Unterziehen	Das vorsichtige miteinander Verrühren von zwei Flüssigkeiten.
Vinaigrette	Französische Sauce, eine Mischung aus Öl, Essig, Kräutern und Gewürzen, wird oft in Salaten eingesetzt.
Well done	Das Fleisch (Steak) wird durchgebraten. Im Gegensatz zu „Englisch“ (rare, blutig) oder „Medium“ (leicht blutig).

INTERNATIONALE SPEISEKARTE

Weitere Speisen auf Taschenhirn.de

BEGRIFF	HERKUNFT UND ERKLÄRUNG
Baba Ghanoush	Auberginen-Püree aus der arabischen Küche. Auberginen werden gegrillt, mit Sesampaste (Tahina) und Gewürzen zum Brei vermengt.
Birne Helene	Klassisches Dessert; frische, geschälte Birnen auf Vanilleeis mit kandierten Veilchen und heißer Schokoladensoße
Bœuf Stroganoff	Ursprünglich aus St. Petersburg; Ragout aus Rinderfiletspitzen, Zwiebeln und saurer Sahnesoße. Weitere Zutaten: Pilze und Paprika.
Borschtsch	Russische Suppe, die traditionell mit Roter Bete zubereitet wird. Oft mit Speckbrot und Schmand serviert.
Bouillabaisse	Französische Fischsuppe aus der Provence; Inhalt: im Mittelmeer heimische Fische, Meeresfrüchte und Gemüse.
Caesar Salad	Amerikanische Version eines Römersalates mit einer Vinaigrette (aus Eigelb, Olivenöl, Zitronensaft), Croutons und Parmesan.
Caprese	Ital. Vorspeise; Salat aus Tomaten, Mozzarella, Basilikum und Olivenöl. Aufgrund der Farben Grün, Weiß, Rot ein ital. Nationalgericht.
Carpaccio	Italienische Vorspeise; rohes Rindfleisch in feinen Scheiben mit (Worcester-)Soße aus Mayonnaise, Zitronensaft, Salz, Pfeffer.
Cassoulet	Französischer Eintopf bestehend aus weißen Bohnen, Speck, Schweinefleisch (wahlweise Lamm, Gans, Ente) und Würstchen.
Chateaubriand	Nach dem französischen Schriftsteller und Politiker; 4 cm dicke Rinderfiletsteaks (400-600 g) englisch gebraten mit Kräuterbutter.
Coq au vin	Französisches Nationalgericht; ein ganzer Hahn (heute oft nur Hühnerfleisch) wird in einer Weinsoße zubereitet. Dazu Baguette.
Cordon bleu	Ein mit Käse und Schinken gefülltes, paniertes Schnitzel vom Kalb oder Schwein.
Crème brûlée	Flambierte Süßspeise aus Eigelb, Sahne, Milch und Zucker; wird mit Vanille, Zimt, Orange, Zitrone und Ingwer aromatisiert.
Esterházy	Beilage aus Porree, Sellerie und Karotten (Möhren).
Filet Wellington	Schweizer Kreation; Rinderfilet mit einem Püree aus gehackten Champignons im Blätterteigmantel auf Trüffelsoße.
Flammkuchen	Spezialität aus dem Elsass (F); ein dünn ausgerollter Brotteig wird klassisch mit Zwiebeln, Speck und Sauerrahmcreme gebacken.
Frikassee	Ragout aus hellem Fleisch (meist Kalb, Huhn oder Kaninchen) in weißer Soße. Mögliche Zutaten: Erbsen, Spargel, Kapern.
Gazpacho	Eine spanische Gemüsesuppe, die kalt serviert und gegessen wird. Inhalt: Tomaten, Gurken, Paprika, Knoblauch, Zwiebeln.
Germknödel	Böhmisch-österreichische Mehlspeise; halbkugelförmiger mit Pflaumenmus gefüllter Hefeteigknödel mit Mohnzucker in Vanillesoße.
Halver Hahn	Rheinländische Spezialität; Roggenbrötchen mit Butter, Gouda-Käse, saurer Gurke und Senf, manchmal mit Zwiebeln.
Himmel und Erde	Rheinisches, westfälisches, schlesisches Gericht: Kartoffeln und Äpfel (Apfelmus) mit Bratwurst oder Blutwurst, Zwiebeln und Speck.
Kaiserschmarrn	Österreichische Süßspeise: Palatschinken (Eierkuchen) mit Puderzucker, Zwetschgen- oder Apfelkompott und Preiselbeeren.

BEGRIFF	HERKUNFT UND ERKLÄRUNG
Königsberger Klopse	Ostpreußische (aus Königsberg) Spezialität; gekochte (Hack-)Fleischbällchen in weißer Soße mit Kapern.
Köttbullar	Schwedische Spezialität (und Dauerspeise bei IKEA): Fleischbällchen mit Preiselbeerkompott und Kartoffeln (Püree).
Kutteln	In Streifen geschnittener Vormagen von Wiederkäuern (Rind, Schaf, Kalb). Oft als Ragout, in Eintopf oder Suppen verwendet.
Labskaus	Norddt. Spezialität: Faschiertes Pökelfleisch mit Kartoffeln, Matjes, Zwiebeln in „Roter Bete". Regional auch mit Spiegelei oder Rollmops.
Leipziger Allerlei	Gemüsegericht aus Erbsen, Karotten, Spargel und Morcheln. Dazu Flusskrebse (Krabben), Krebsbutter und Semmelklößchen.
Minestrone	Dicke, gehaltvolle Gemüsesuppe aus Italien, bestehend aus Sellerie, Karotten, Erbsen, Tomaten, Wirsing, Bohnen und Kartoffeln.
Ossobuco	Italienisches Gericht „alla milanese"; Kalbshaxenscheiben werden in Mehl und Butter angebraten und 2 Std. in Weißwein geschmort.
Panna cotta	Norditalien. Dessert (Wackelpudding) aus Sahne, Zucker und Vanille. Wird meist mit Früchten oder Fruchtsoßen serviert.
Pfirsich Melba	Dessert nach der Sängerin Nellie Melba; halber, geschälter Pfirsich auf Vanilleeis mit Himbeerpüree und Schlagsahne.
Ratatouille	Französisches Gemüsegericht aus Auberginen, Tomaten, Zucchini, Paprika, Knoblauch und Zwiebeln.
Saltimbocca	Römische Spezialität; gebratenes Kalbsschnitzel mit (Parma-)Schinken und Salbei.
Spaghetti Carbonara	Der Klassiker unter den Nudelgerichten. Spaghetti mit Speck, Ei und Käse. Parmesan nicht vergessen!
Steak-Arten	Entrecote = Scheibe aus flachem Roastbeef (Zwischenrippenstück); Sirloin = Rumpsteak (Scheibe aus Roastbeef, aber mit Knochen, ohne Filet); T-Bone (Roastbeef mit Filet + Knochen); Tenderloin = Filetsteak; Filet mignon = Scheibe aus der Filetspitze.
Strammer Max	Ursprünglich aus Sachsen und Berlin; Brot, Schinken (wahlweise Leberkäse) und Spiegelei; manchmal mit Käse und Zwiebeln.
Surf and Turf	Nordamerikanisches Hauptgericht; gegrillte oder frittierte Kombination aus Meeresfrüchten (Hummer, Garnelen) und Fleisch (Steak).
Tafelspitz	Aus der Wiener Küche: In Suppengrün oder Fleischbrühe gekochtes Rindfleisch mit Meerrettich und Dillsoße.
Tiramisù	Italienisches Dessert, bestehend aus mehreren Schichten: Aromatisierter Löffelbiskuit, Mascarpone-Creme, Eigelb und Eischnee.
Vitello tonnato	Italienische Vorspeise; dünn geschnittenes, mit Weißwein und Gemüse gekochtes Kalbfleisch in Thunfischsoße, Sardellen und Kapern.
Waldorfsalat	Salat aus Äpfeln und Sellerie mit gehackten Walnusskernen und leichter Mayonnaise.
Zabaglione	Italienische Nachspeise; Weinschaumcreme aus Eigelb und Zucker geschlagen und mit Marsala (und evtl. mit Zimt) verfeinert.
Zürcher Geschnetzelt	Kurz sautiertes Ragout (Geschnetzeltes) aus Kalbsfleisch (wahlweise Kalbsnieren) in Rahmsoße. Beilagen: Rösti oder Reis.

BEDEUTENDE REBSORTEN FÜR ROTWEINE

ROTWEIN	HEIMAT	FARBE	CHARAKTER	ANBAU	SONSTIGES
Barbera	Piemont	tiefrot	Kraftvoller Rotwein, mit ausgeprägtem Pflaumen-Aroma, und geringem Tannin.	Italien, Kalifornien, Argentinien, Mexiko, Australien.	
Cabernet Franc	Bordeaux	hellrot	Fruchtiger, leichter als sein großer Bruder Cabernet Sauvignon.	Loire, Australien, Kalifornien, Südafrika. Provinz Treviso in der Region Venetien (Italien).	Verschnitt und Basis vieler berühmter Bordeaux-Weine.
Cabernet Sauvignon	Bordeaux	rubinrot	Lagert 15-18 Monate in Eichenfässern, entwickelt dabei sein Vanille-Aroma, das an Johannisbeeren und Lakritze erinnert.	Provence, Toskana, Chile, Argentinien, Australien	Hohe Anfälligkeit gegenüber Rebkrankheiten (Echter Mehltau).
Carignan	Aragonien (Spanien)	dunkelrot	Tannin- und säurereich mit wenig Pflaumen- und Feigen-Aroma.	Frankreich, Algerien, Spanien.	Anfällig gegen Mehltau; Verschnitt für Rioja-Weine.
Grenache (Garnacha)	Nord- und Ost-Spanien	leichtes Rot	Tanninarmer, alkoholreicher und dennoch weicher, fruchtiger Geschmack.	Spanien und Frankreich.	Liefert Rosé und ist resistent gegen Hitze, Wind und Dürre.
Lambrusco	Emilia-Romagna	dunkelrot	Süßlich, fruchtig mit leichter Perlage, soll jung getrunken werden.	Italien (um Modena, Parma und in der Lombardei).	
Malbec	Cahors (Süd-West-F)	schwarz-lila	Fruchtige Würze, die Pflaumen- und Tabaknoten aufweisen.	Mendoza, Argentinien (70%), Frankreich (20 %), Chile, USA.	Sehr frostanfällig.
Merlot	Bordeaux	dunkelrot	Weich, schmeckt leicht nach Pflaumen, mittlerer Alkoholgehalt.	Frankreich, Tessin, Italien.	Hoher Anteil im Cuvée (Verschnitt) der Bordeaux-Weine.
Montepulciano	Abruzzen	intensives Rot	Feinwürziger, geschmeidiger Geschmack, trocken und alkoholreich.	Italien (Marken, Umbrien, Apulien).	Gut lagerfähig, darf aber auch jung getrunken werden.
Pinot Noir (Spätburgunder)	Côte-d'Or im Burgund (F)	ziegelrot	Samtig, mit feiner Säure; Beeren- und Kirscharomen.	Elsass, Schweiz, Pfalz.	Edelrebe ist wichtiger Teil des Champagners; dünnhäutige Rebe
Sangiovese	Toskana	kräftiges Rot	Ausgeprägte Säure- und Tanninstruktur mit intensiven Kirscharomen.	Emilia-Romagna, Umbrien, Kalifornien, Korsika, Argentinien.	Bildet die Grundlage u.a. für Chianti und Chianti Classico.
Syrah (Shiraz)	Rhonetal	dunkelrot	Gerbstoffreich mit pfeffriger Würze und kräftigem Johannisbeer-Aroma.	Frankreich, Australien, Kalifornien, Südafrika (Shiraz).	
Tempranillo	La Rioja (Spanien)	tiefrot	Kräftig, fruchtig, mit Nuancen von Vanille, Tabak und Pflaumen	In Spanien (auch in Navarra), Portugal	Edelste Traube in Spanien, Verschnitt für Rioja

BEDEUTENDE REBSORTEN FÜR WEISSWEINE

WEISSWEIN	HEIMAT	FARBE	CHARAKTER	ANBAU	SONSTIGES
Chardonnay	Burgund	strohgelb	Zart-rauchige Nuancen von Walnuss-, Zimt- und Karamell-Aromen, geringe Säure.	Champagne, Australien, Kalifornien, Italien	Anpassungsfähige Edelrebe, bis 50 % in Champagner enthalten.
Gewürz-traminer	Südost-Europa	goldgelb	Duftende Aromen mit Litschi-Geschmack.	Elsass, Kalifornien, Baden, Österreich	Die Beeren von diesem Weißwein sind leicht rötlich.
Gutedel	Schweiz	grün-gelb	Leichte, fruchtige und trockene Tafeltraube mit Mandel-Bouquet, alkohol- und säurearm.	Elsass, Türkei, Rumänien.	Die alte Rebsorte wird seit 5.000 vor Chr. angebaut.
Müller-Thurgau (Rivaner)	Rheingau	blassgelb	Mild, fruchtig und säurearm, oft mit Muskataromen.	Rheinpfalz, Franken, Österreich, Rheinhessen	
Pinot Blanc (Weißburgunder)	Burgund	klar	Wenig Aromen, mit einer Note Lindenblüten, kräftige Säure, hoher Alkoholgehalt.	Elsass, Baden, Schweiz, Italien (Pinot Blanco)	Basis für Sekt und Champagner.
Pinot Grigio (Grauburgunder)	Burgund	goldgelb	Wenig fruchtig, wenig Säure, dazu dezent rauchige Aromen von Honig und Mandeln.	Italien, Baden (Grauburgunder/Ruländer); Frankreich (Pinot Gris)	Beeren sind erst rötlich, später grau.
Prosecco	Venetien (Italien)	goldgelb	Hoher Säuregehalt mit leicht-bitterem Nussgeschmack.	Provinz Treviso in der Region Venetien (Italien).	Der Name kommt nicht von secco (trocken) sondern von einem Dorf.
Riesling	Mosel/ Rheintal	goldgelb	Rosen, Pfirsiche, Aprikosen und Mandeln, hoher Säuregehalt und alkoholarm.	Mosel, Pfalz, Rheinhessen, Rheingau.	Beste Rebsorte in kühleren Gebieten.
Sauvignon Blanc	Loiretal/ Sancerre	blassgelb	Trocken und frisch, Bouquet von Stachelbeeren, frischem Gras und tropischen Früchten.	Frankreich, Italien, Spanien, Serbien, Argentinien	Begehrte Edelrebe wird auch für Bordeaux-Weine verwendet.
Sémillon	Bordeaux	goldgelb	Trocken, edelsüßer Wein mit feinen Aromen von Zitronen und Honig.	Frankreich, Südafrika, Australien.	Anfällige Beere; Verschnitt für Sauvignon Blanc und Chardonnay.
Silvaner	Österreich/ Deutschland	blassgelb	Elegant, rassig mit „erdigem“ Bouquet und Stachelbeer-Aromen, kräftige Säure.	Rheinhessen, Kaiserstuhl, Franken, Pfalz, Österreich	
Trebbiano	Italien	strohgelb	Starke Säure, wenig Alkohol, wenig Extrakt.	Italien, Frankreich	Verschnitt für Soave und Frascati. Bei Modena wird daraus Schnaps.

ALKOHOLISCHE GETRÄNKE UND DEREN HERSTELLUNG

GETRÄNK	BESCHREIBUNG, HERSTELLUNG, WÜRZE	ALKOHOL IN %
Absinth	Wermut, Anis und Fenchel werden in Weinalkohol eingeweicht (mazeriert) und destilliert. Das Destillat kann mit Kräutern eingefärbt werden. Je nach Kräuterart und Dauer der Färbung entsteht die grünliche Farbe. Daher auch: „die grüne Fee".	45-75 %
Altbier	Dunkles, obergäriges Bier vom Niederrhein; die Farbe kommt vom dunklen Malz.	4,5-6 %
Aquavit	Die aus Skandinavien kommende, klare Spirituose wird aus Getreide oder Kartoffeln hergestellt und mit Wasser, Kümmel und Dillsamen destilliert. Der Alkohol muss einige Zeit in Holz- oder Sherryfässern reifen bevor er eiskalt getrunken wird.	37,5 %
Bier	Alle deutschen Biere unterliegen dem Reinheitsgebot von 1516 und werden ausschließlich mit Malz, Hopfen, Wasser und manchmal auch Hefe gebraut. Aus Getreide (meist Gerste) wird Malz hergestellt und geschrotet. Beim Maischen wird das Malz in ca. 60-75° heißem Wasser erhitzt und gerührt. Der flüssige Teil der Maische (auch Würze genannt) wird separat im Sudkessel mit Hopfen gekocht. Beim sog. „Ausschlagen" wird die Würze von Eiweiß und Schwebstoffen getrennt und abgekühlt. Obergärige Biere vergären in 4-6 Wochen bei 18-24°, untergärige bei 8 -14°. Dabei setzt die Hefe den gelösten Zucker (aus der Würze) zu Alkohol um.	4,5-6 %
Bockbier	Auch Starkbier genannt; helles, dunkeles, ober- und untergäriges Bier, Stammwürze über 16 %; bei Doppelbock über 18 %.	5-12 %
Brandy	Französischer/Spanischer Weinbrand wird aus Wein destilliert und mindestens 12 Monate in Eichenholzfässern gelagert.	36-38 %
Cachaca	Brasil. Zuckerrohr-Schnaps; Zuckerrohrsaft (aus grünem Zuckerrohr) wird 24 Std. gegärt, destilliert und 3 Jahre gelagert.	38-51%
Calvados	Frischer Apfelmost wird in einigen Wochen zu Cidre vergoren und anschließend 2 x destilliert; bevor er zu Trinkstärke verdünnt und in Flaschen gefüllt wird, muss der Calvados aus der Normandie mindestens 2-6 Jahre im Fass reifen.	40-45 %
Cidre	Franz. für Apfelwein; Apfelsorten mit hohem Tanningehalt werden bei 4-15° fermentiert (Zucker durch Hefe umgesetzt) und in neue Fässer umgefüllt. Hefe und Schwebstoffe bleiben im alten Fass zurück. Lagerzeit bis zu 4 Jahren.	2,5-5 %
Cognac	Weinbrand aus franz. Stadt Cognac; Brennwein wird 2 x destilliert und auf 80° erhitzt; mind. 4 Jahre Lagerung im Holzfaß.	35-40 %
Export	Dunkles oder helles, aber untergäriges Bier mit Stammwürze von 12-14 %.	5 %
Gin	Getreide oder Melasse werden mit Gewürzen (meist Wacholder, Koriander) und Aromen (Ingwer, Muskat etc.) destilliert.	38-47 %
Grappa	Vergorene Pressrückstände aus Wein (Trester) wird randvoll in Kessel gequetscht, mit Wasser aufgefüllt und destilliert.	37,5 %
Kölsch	Helles, obergäriges Bier; Gerstenmalz, Hopfen, Wasser; Stammwürze 11,3 %.	4,9 %
Korn	Roggen oder Weizen werden gemahlen und mit Wasser vermischt (Sauermaische). Malz wird zugesetzt um Verzuckerung einzuleiten (Süßmaische). Diese wird abgekühlt und mit Hefe vergoren, wodurch der Alkohol entsteht. Die Maische wird daraufhin mit Dampf destilliert. Das Destillat wird mit (Quell-)Wasser verdünnt und in Eichenholzfässern gelagert.	32-38 %

ALKOHOLISCHE GETRÄNKE UND DEREN HERSTELLUNG

GETRÄNK	BESCHREIBUNG, HERSTELLUNG, WÜRZE	ALKOHOL IN %
Likör	Durch die sog. Mazeration (Früchte werden einige Zeit in Flüssigkeit wie Wasser, Öl oder Alkohol eingelegt) werden Inhalts- und Aromastoffe freigesetzt); mindestens 100 g Zucker pro Liter; Liköre sind: Amaretto, Sambuca, Jägermeister, Averna u.a.	15-40 %
Met	Der Honigwein wird aus Honig (statt Zucker), Wasser (manchmal auch Frucht- bzw. Apfelsaft) und Hefe hergestellt.	11-16%
Mescal	Agaven-Herzen werden 3-5 Tage in Erdgruben gekocht und zermahlen. Der Brei wird mit Hefe und Zucker vermischt und mehrere Tage in Stahlwannen fermentiert. Nach der zweiten Destillation wird der Alkohol verdünnt und in Flaschen gelagert.	40 %
Pils	Untergäriges Lagerbier mit starkem Hopfenaroma und höchstens 12,5 % Stammwürze; kommt ursprünglich aus Böhmen.	4,5-6 %
Portwein	Portugiesischer Wein wird durch die Vinierung, also durch das Zugeben von hochprozentigem Weinbrand zum Portwein. Dadurch bleibt während der Gärung Restzucker übrig, der ihm einen süßlich-schweren Geschmack verleiht.	17 %
Rum	Zuckerrohr, Zuckerrohrsaft und Wasser ergibt Maische und wird fermentiert. Dieser Zuckerwein wird destilliert, mit Wasser verdünnt und in gebrauchten Holzfässern gelagert; kommt ursprünglich von den Bahamas und aus Jamaika.	40-55 %
Sherry	Spanischer, mit Branntwein verstärkter Weißwein (aus der Palomino-Traube); wird in offenen Fässern luftgereift.	14-16 %
Tequila	Blaue Agave wird nach 8-9 Jahren geerntet; Das Innere der Agave (Piño) wird in Öfen bei 60-85° bis 36 Stunden unter Dampf gegart; nach Abkühlung (bis 48 Std.) wird der Saft und Zucker aus der zerkleinerten Agave gelöst und ausgepresst. Mit Hefe fermentiert die Masse in bis zu 12 Tagen; Zucker wird in Alkohol gewandelt, dann zweimal destilliert.	38-50 %
Vodka	Roggen, Weizen oder Kartoffeln werden zerkleinert, mit Wasser versetzt und erhitzt. Dabei wird Stärke in Zucker verwandelt. Um die Gärung in Gang zu setzen wird Gärhefe zugefügt. Aus Zucker wird Alkohol. Nach mehreren Brennvorgängen wird der Vodka mit Wasser verdünnt und abgefüllt. Eine Lagerung bzw. Reifung ist nicht notwendig.	37-55 %
Wein	Reife Trauben werden (bei Weißwein) gepresst (Most) und kommen dadurch mit der Hefe in Kontakt, die auf der Schale sitzt. Die Hefe verwandelt den Zucker im Most zu Alkohol. Weil dabei Wärme bis zu 37° entsteht, wird Wein in kühlen Kellern gelagert. Rotweintrauben werden dagegen nicht gepresst, sondern nur zerdrückt.	11-12 %
Weißbier	Obergäriges Bier, das in Deutschland mindestens zur Hälfte aus Weizenmalz hergestellt sein muss; Stammwürze 11-14 %.	5-6 %
Wermut	Mit Gewürzen und Kräuter aromatisierter Wein. Das Rezept dieses süßen Aperitifs entstand in der Gegend von Turin.	15-18 %
Whisk(e)y	Getreide wird zu Schrot verkleinert und mit warmem Wasser vermischt. Stärke wird dabei zu Zucker. Die entstandene Maische wird mit Hefe versetzt und vergoren. Alkohol entsteht und wird 2 x (in Schottland) bzw. 3 x (in Irland) destilliert. Die alkoholischen Dämpfe werden kondensiert, gesammelt und mehrere Jahre gelagert. Malt wird ausschließlich aus Malz hergestellt. Bourbon (USA) wird überwiegend (mind. 51 %) aus Mais hergestellt und in verkohlten Fässern gelagert.	40-43 %

ORGAN	EIGENSCHAFTEN/BESCHREIBUNG (LATEINISCHER NAME)	WICHTIGSTE FUNKTIONEN/AUFGABEN
Bauchspeicheldrüse	Die „Pankreas" ist ein keilförmiges Organ, das etwa 16 bis 20 cm lang, 3 bis 4 cm breit und bis zu 2 cm dick wird. Mit dem Gewicht von bis 100 g liegt es hinter dem Bauchfell zwischen Magen, Leber und Milz und hat eine direkte Verbindung zum Zwölffingerdarm.	Produziert viele Verdauungsenzyme, die Eiweisse, Kohlenhydrate und Fette voneinander trennt. Bildet auch die Hormone Insulin und Glucagon, die den Blutzuckerspiegel regeln.
(Harn)-Blase	Die „Vesica urinaria" fasst bis zu 550 ml Urin, bei Männern sogar bis zu 750 ml. Harnleiter verbinden die Nieren mit der Blase und transportieren das gereinigte Blut (Urin) in die Blase.	Speichert den Urin, der durch die Blutreinigung in der Niere entsteht und entfernt durch sein Ausscheiden alle Giftstoffe (Harnstoffe, Chloride, Natrium, Kalium, Kreatin, Bikarbonat, Harnsäure) aus unserem Körper.
Blut	Durch unseren Körper fließen im Durchschnitt 5 bis 7 Liter „Sanguis"; es besteht aus 56 % Blutplasma und 44 % Blutzellen (rote = Erythozyten; weiße = Leukozyten; Blutplättchen (Thrombozyten); Zuckergehalt 0,1 %.	Blutplasma transportiert Nähr- und Abfallstoffe; rote Zellen transportieren Sauerstoff und Kohlendioxid, die weißen Zellen wehren Krankheitserreger ab und die Plättchen sind für die Blutgerinnung zuständig.
Darm	Der „Intestinum" ist ca. 8 m lang und 2 kg schwer; unterteilt in Dünndarm (Zwölffinger-, Leer- und Krummdarm) und Dickdarm (Blind-, Grimm- und Enddarm).	1.) Verdauung und Aufnahme der Nahrung (Eiweiß, Kohlenhydrate, Salze, Vitamine u. Fette). 2.) Entzieht dem Speisebrei die Flüssigkeit 3.) Ausscheidung des Stuhls.
Gallenblase	Die „Vesica fellea" ist ein 6 bis 10 cm langes und höchstens 4 cm breites, birnenförmiges Hohlorgan. Sie liegt unterhalb der Leber in der Nähe des Zwölffingerdarms.	Speichert die Gallenflüssigkeit, die in der Leber produziert wird und die unser Organismus zur (Fett)verdauung braucht.
Gefäße, Adern	Die Gesamtlänge aller Blutgefäße („Vas sanguineum") beträgt ca. 100.000 km. Das Blut zirkuliert darin durchschnittlich 1.440 mal täglich durch den Organismus. Die Hauptschlagader = Aorta, Schlagadern = Arterien (führen Blut weg vom Herzen), Blutadern = Venen (führen Blut zum Herzen) und Haargefäße (Kapillaren) bilden dabei einen Kreislauf.	Transportiert 1.) sauerstoffreiches Blut aus den Lungen zu den Zellen und kohlenstoffdioxidreiches Blut zurück 2.) Nährstoffe aus der Verdauung ins Gewebe 3.) Abfallprodukte zu den Ausscheidungsorganen Niere und Darm.
Gehirn	Das weibliche „Cerebrum" wiegt 1.245 und das der Männer 1.375 Gramm. Es verbraucht ca. 20-25% all unserer Energie und besteht aus 19 Mrd. (bei Frauen) bis 23 Mrd. Nervenzellen (Somata) und 100 Billionen Synapsen. Die Nervenbahnen sind insgesamt 5,8 Mio. km lang (= 145-facher Erdumfang). Man unterscheidet Großhirn, Kleinhirn, Zwischenhirn und Hirnstamm.	Verarbeitet Sinneseindrücke, koordiniert Verhaltensweisen und speichert Infos; das Großhirn ist für Wahrnehmung, Denken und Handeln zuständig, das Zwischenhirn verarbeitet Gefühle wie Liebe, Angst oder Wut und das Kleinhirn steuert u.a. das Gleichgewicht beim Gehen oder Tanzen. Die linke Gehirnhälfte denkt „rational & logisch", speichert Zahlen und steuert das Sprachzentrum. Die rechte Hälfte denkt „kreativ & nonverbal", erkennt Farben, Musik und Bilder.

ORGAN	EIGENSCHAFTEN/BESCHREIBUNG (LATEINISCHER NAME)	WICHTIGSTE FUNKTIONEN/AUFGABEN
Haut	Die "Derma" ist das größte (2 qm), schwerste (bis 10 kg) und vielseitigste Organ; bestverträglicher pH-Wert ist 5,5. Auf der Haut befinden sich insg. rund 2,4 Mio. Schweißdrüsen.	Nimmt Reize auf, schützt vor Umwelteinflüssen (UV-Strahlungen und Infektionen), vor Überhitzung (Schweiß), vor Wärmeverlust (Haare) und vor Verletzung (Hornhaut). Das Sinnesorgan empfindet Druck, Wärme, Kälte und Schmerz.
Herz	Das „Cor" bzw. „Cardia" ist ein faustgroßes, muskuläres Hohlorgan; ca. 300-350 Gramm; rechte und linke Herzhälfte bestehen aus je einer Kammer und einem Vorhof.	Pumpt im Ruhezustand 4,9 Liter Blut/Minute – bei großer Anstrengung sogar 20-25 Liter Blut/Minute durch unsere Adern.
Leber	Die „Lecur" oder „Hepar" ist die größte Drüse des Körpers. Sie hat eine weiche, glatte Oberfläche und wiegt 1,5 bis 2 kg. Ihr Gewebe besteht aus ca. 100.000 linken & rechten Läppchen.	Speichert Energievorräte (Vitamine und Kohlenhydrate), entgiftet und baut Nährstoffe ab; produziert lebenswichtige Eiweißstoffe (Gerinnungsfaktoren).
Lunge	Die „Pulmo" wiegt ca. 1 Kilo. Rund 400 Mio. Lungenbläschen (Alveolen) haben ein Gesamtvolumen von bis zu 6 Litern. Der linke Lungenflügel besteht aus zwei, der rechte aus 3 Lappen.	Gasaustausch zwischen der Atemluft und dem Blutkreislauf sprich: Aufnahme von Sauerstoff in – und Abgabe von Kohlendioxid aus dem Körper.
Milz	Sie ist etwa so groß wie eine halbe Postkarte und wiegt ca. 150-200 g. Sie sitzt im Bauchraum über der linken Niere.	Bildet Lymphozyten und speichert Monoxyden (weiße Blutkörperchen). Außerdem bekämpft sie körperfremde Stoffe wie Antigene, Viren und Bakterien.
Muskel	Die 656 "Musculus" wiegen zusammen 30 bis 40 kg; jeder Muskel besteht aus Bindegewebe, bis zu 12 Fasern & Zellen.	Unterstützt den gesamten Bewegungsablauf; ist Grundlage der aktiven Fortbewegung und der Funktionsfähigkeit vieler innerer Körperfunktionen.
Niere	Beide Nieren ("Ren" bzw. Nephros) wiegen zusammen ca. 300 Gramm. Durch sie fließen täglich rund 1.600 Liter Blut, dass von 1,2 Mio. Nierenkörperchen gereinigt und gefiltert wird.	Sie filtern Abbauprodukte des Eiweißstoffwechsels (Harnstoffe und Harnsäure) und andere Giftstoffe aus unserem Blut und leiten diese in Form von Harn an die Blase weiter. Sie steuern zudem den Wasser- und Salzhaushalt des Körpers.
Schilddrüse	Die „Glandula thyroidea" hat die Form eines Schmetterlings und sitzt vor der Luftröhre unterhalb des Kehlkopfes. Bei Erwachsenen ist die Schilddrüse durchschnittlich 7-10 cm breit und 20-50 g leicht.	Bildet und speichert die beiden Schilddrüsen-Hormone Triiodthyronin und Thyroxin sowie das Hormon Calcitonin, die allesamt (lebens-)wichtig für den Energiestoffwechsel und das Zellwachstum des gesamten Organismus sind. Calcitonin regelt gemeinsam mit dem in der Nebenschilddrüse gebildeten Parathormon den Calcium- und Phosphathaushalt des Körpers/Blutes.
Skelett	Das „Skeletos" besteht bei einem Erwachsenen aus 206-214 Knochen, die Wirbelsäule aus 33 Wirbel. Das Skelett wiegt etwa 12 % des Körpergewichtes.	Trägt und stützt die gesamte Körperstruktur. Das Skelett und die Knochen sind keine festen, starren Gebilde. Im Gegenteil. Sie sind lebendig, passen sich den Umständen an, heilen Brüche und bilden sich ständig neu.
Zwerchfell	Das „Diafragma" besteht aus Muskeln und Sehnen und ist unser wichtigster Atemmuskel. Das Zwerchfell ist kuppelförmig, ca. 3-5 cm dick und trennt die Brusthöhle von der Bauchhöhle.	Mittels Kontraktionen pumpt das Zwerchfell 60-80 % der eingeatmeten Luft (im Ruhezustand) über die Bronchien in die Lungen. Dadurch hebt und senkt sich der Brustkorb. Eine Verkrampfung des Zwerchfells führt oft zu Schluckauf.

VERBLÜFFENDE TATSACHEN IN EINEM SATZ

MENSCHLICHE TATSACHEN
Ein gesunder Erwachsener hat 656 Muskeln, 206-214 Knochen, über 120 Gelenke und mindestens 100 Milliarden Nervenzellen.
Aber: Ein Reiskorn hat mehr Gene als der Mensch.
Beim Husten wird die Luft auf bis zu ca. 480 km/h beschleunigt.
Frauentränen sind ein halbes Grad wärmer als Männertränen.
Beim Niesen setzt kurz das Herz aus.
43 % aller Mitteleuropäer haben die Blutgruppe A, es folgen die Blutgruppen 0 (39 %), B (13 %) und AB (5 %).
Etwa 80 % aller Menschen atmen immer nur durch ein Nasenloch, welches sich aber regelmäßig abwechselt.
Pro Tag verliert der Mensch zwischen 40 und 100 Haare.
Frauen blinzeln etwa ein Drittel häufiger als Männer.
Unsere Wirbelsäule hat 24 Wirbel (7 Hals-, 12 Brust-, 5 Lendenwirbel).
Ein Erwachsener atmet ca. 15 x pro Minute ein und aus, wobei die eingeatmete Luft 21 % Sauerstoff und die ausgeatmete Luft 17 % enthält.
Die Herzen der Frauen schlagen schneller als Männerherzen.
Abends sind wir bis zu 2 cm kleiner als morgens, weil unsere Bandscheiben tagsüber in der Wirbelsäule zusammengedrückt werden.
Auf einem gut „geputzten" Zahn leben noch bis zu 100.000 Bakterien; auf einem „ungeputzten" bis zu einer Milliarde.
Unser Schädel besteht aus 22 verschiedenen Knochen und einen davon hat Johann Wolfgang Goethe entdeckt, den Mittelkieferknochen.
Es gibt viel mehr Linkshänder als Linkshänderinnen.
Kaffeetrinker haben häufiger Sex als Nicht-Kaffeetrinker.

MENSCHLICHE TATSACHEN
Rechtshänder kratzen sich öfters mit der linken Hand – und umgekehrt.
Kapitän James Cook war der erste Mensch, der alle 5 Kontinente betrat.
Je kühler der Schlafraum, desto schlechter der Traum.
Der Nagel am Mittelfinger wächst schneller als der des Daumens.
Wenn wir satt sind, hören wir schlechter.
Auf 5 cm^2 Haut befinden sich 625 Schweißdrüsen.
Kein Mensch kann seinen eigenen Ellenbogen küssen.
Laut Carl von Linné gehört der Mensch zur Domäne Eucarya, zum Reich der Tiere, zum Stamm der Chordatiere, zum Unterstamm der Wirbeltiere, zur Klasse der Säugetiere, zur Ordnung der Herrentiere, zur Familie der Hominiden, zur Gattung Homo und zur Art sapiens.
Täglich inhaliert der Mensch ca. 700.000 der eigenen Hautschuppen.
Unsere Lunge hat etwa die gleiche Oberflächengröße wie ein Tennisplatz.
Pro Tag wird weltweit etwa 100 Mio. Mal Geschlechtsverkehr ausgeübt.
Unser Dünndarm ist durchschnittlich 6 Meter lang.
Die meist verbreitete Krankheit der Welt ist Karies.
Den höchsten je gemessenen IQ hatte Marilyn vos Savant. Die amerikanische Schriftstellerin erzielte bereits im Alter von 10 Jahren den Wert 228.
Raucher haben 10 x mehr Falten als Nichtraucher.
Ein Mensch läuft in seinem Leben durchschnittlich 3 x um die Erde.
Viele Fast-Food-Ketten haben die rote Farbe in Logo und Ausstattung, weil Rot beim Menschen ein Hungergefühl auslöst.
Intelligente Menschen haben mehr Kupfer und Zink in den Haaren.
Der Unterarm (Handknöchel bis Ellenbogen) ist so lang wie unser Fuß.

VERBLUFFENDE TATSACHEN IN EINEM SATZ

TIERISCHE TATSACHEN
Das Herz eines Blauwals ist etwa so groß wie ein VW-Käfer.
Muscheln und Austern ändern ihr Geschlecht mehrmals im Leben.
Die Seidenspinnerraupe hat 11 Gehirne.
Eine Krake hat drei Herzen.
Schnecken sind Zwitter und können sich gegenseitig befruchten.
Eine Henne legt ca. 300 Eier im Jahr.
Spechte hämmern bis zu 20 x pro Sekunde ihren Schnabel in den Baum.
Fische trinken kein Wasser, nehmen es aber über die Haut auf.
Eine Kakerlake kann 9 Tage ohne Kopf überleben bevor sie verhungert.
Entenquaken erzeugt kein Echo.
Weil er das 850-fache seines eigenen Körpergewichtes tragen kann, gilt der Rhinozeroskäfer als das stärkste Tier der Welt.
Der längste je gefundene Regenwurm der Welt war 6,70 Meter lang.
Ein Maulwurf kann in einer Nacht bis zu 75 Meter Tunnel graben.
Elefanten können mit ihrem Rüssel fast 9 Liter Wasser aufnehmen.
Pumas springen bis zu 18 Meter weit.
Eine Maus hat mehr Knochen (225) als der Mensch (206).
Ein Grashüpfer springt nur, wenn die Temperatur über 17 Grad liegt.
Ein Schwein kann nicht in den Himmel sehen.
Rotwild schläft höchstens 5 Minuten am Tag.
90 % aller Lebewesen leben im Meer.
Goldfische werden ab und an seekrank.

TIERISCHE TATSACHEN
Schokolade ist für Papageien tödlich.
Ein Kondor kann ohne Flügelschlag bis zu 15 km weit schweben.
Fliegen starten rückwärts.
Elefanten fressen bis zu eine Tonne Gras täglich.
In einer normalen Matratze leben durchschnittlich 6 Milliarden Milben.
Ratten finden schneller aus einem Irrgarten, wenn dabei Musik von Mozart spielt. Und: Kühe geben mehr Milch, wenn sie Musik hören.
Kakerlaken fressen alles, nur keine Gurken.
Ein Straußenei braucht ca. 40 Minuten bis es hart gekocht ist.
Einzig weibliche Moskitos stechen, aber alle lieben die Farbe Blau.
Ein Albatros kann schlafen während er fliegt.
Delphine hören unter Wasser Geräusche aus über 24 km Entfernung.
Auf 2,5 km^2 Waldboden tummeln sich so viele Insekten wie es Menschen gibt.
Haie werden nie krank.
Seesterne haben kein Gehirn.
Kängurus können nicht rückwärts springen.
„Mike der Hahn" lebte ohne Kopf rund 18 Monate weiter und wurde berühmt.
Ein Blutegel hat 32 Gehirne.
Bandwürmer fressen sich selbst, wenn sie keine Nahrung finden.
Die Blattlaus-Weibchen kommen bereits schwanger zur Welt.
Kaninchen lieben Lakritz.
Bambi ist kein Reh. Bambi ist ein Weißwedelhirsch.

KRANKHEITEN UND DEREN SYMPTOME

NAME	ANSTECKUNG/ VIRENTRÄGER	INKUBATION	SYMPTOME, VERLAUF	BEHANDLUNG
AIDS	Geschlechtsverkehr, Blutransfusion.	Mehrere Jahre	Fieber, größere Lymphknoten, Gewichtsverlust, Durchfall, verläuft oft tödlich.	noch unbekannt
Bandwurm	Verseuchte Lebensmittel.	Wochen	Darmschmerzen, Wurmglieder scheiden über Stuhl aus.	Anthelmintika
Bindehautentzündung	Von Händen in die Augen.	variabel	Jucken; Augenreizung/-rötung; auch Eiterbildung.	Antibiotika
Candidiasis	Geschlechtsverkehr.	variabel	Eichel- bzw. Scheidenreizung; weißer Ausfluss.	Antimykotika
Cholera	Unreine Nahrung/Wasser.	1-5 Tage	Heftiger Durchfall; Austrocknung; Lebensgefahr möglich.	Flüssigkeitszufuhr
Dengue-Fieber	Aedes aegypti-Mücke.	5-8 Tage	Fieber, Kopf,- Gelenk- und Muskelschmerzen.	Schmerzmittel
Diphtherie	Tröpfcheninfektion.	4-6 Tage	Fieber; grauer Zungenbelag; Schädigung des Herzens.	Antibiotika
Ebola-Fieber	Urin, Kot, Blut, Speichel.	7-14 Tage	Fieber, Durchfall, innere Blutung; tödlich.	noch unbekannt
Fußpilz	Barfuß über feuchte Böden.	variabel	Entzündete, juckende Haut zwischen den Zehen.	Puder, Creme
Gelbfieber	Aedes aegypti-Mücke.	3-6 Tage	Nacken-, Kopf- und Rückenschmerzen; Fieber, Nierenversagen, evtl. tödlich.	noch unbekannt, Impfungen möglich
Gonorrhö	Geschlechtsverkehr.	2-10 Tage	Schmerzen beim Urinieren; Ausfluss.	Antibiotika
Grippe	Tröpfcheninfektion.	1-3 Tage	Fieber, Schwitzen, Frieren, Kopf- und Gliederschmerzen.	Tabletten
Gürtelrose	Reaktivierung von Varicellazoster-Viren.	variabel	Schmerzhafter Ausschlag (Bläschenbildung) auf Rippen- bzw. Gürtelhöhe.	Antivirale Mittel; Schmerzmittel
Hautpilz	Direkter Kontakt.	variabel	Schuppen und Flecken auf Kopf und Haut.	Antimykotika
Hepatitis A	Unreine Nahrung/Wasser.	3-6 Wochen	Grippeähnlicher Verlauf.	Schonung, Ruhe
Hepatitis B	Geschlechtsverkehr; Bluttransfusion.	Wochen bis mehr. Monate	Erbrechen, Gelbsucht, Muskelschmerzen; evtl. tödlich.	Medikamente, Impfung möglich
Herpes	Direkter Kontakt.	variabel	Immer wieder auftretende Bläschen/Rötungen.	Antivirale Mittel
Hirnhautentzündung	Bakterien gelangen mit dem Blut zum Gehirn.	1 Tag bis 3 Wochen	Starke Kopfschmerzen, Fieber, Erbrechen, Nackensteife, Lichtempfindlichkeit; kann lebensgefährlich sein.	Antibiotika

KRANKHEITEN UND DEREN SYMPTOME

NAME	ANSTECKUNG/ VIRENTRÄGER	INKUBATION	SYMPTOME, VERLAUF	BEHANDLUNG
Kinderlähmung	Tröpfcheninfektion.	3-14 Tage	Fieber, Kopfschmerzen; Hals- und Muskelsteife, Lähmung.	Bettruhe, Impfung
Keuchhusten	Tröpfcheninfektion.	7-14 Tage	Hustenanfall mit ausgestreckter Zunge, Fieber, Erbrechen.	Antibiotika
Lepra	Tröpfcheninfektion.	3-5 Jahre	Helle Flecken auf Haut, Nerven werden zerstört.	Antibakteriell
Lungenentzündung	Tröpfcheninfektion.	variabel	Husten, Fieber, Atemschmerzen, grüner, gelber und brauner Auswurf.	Antibiotika und Schmerzmittel
Malaria	Anopheles-Mücke.	10-40 Tage	Fieber mit Kälteschauern Hitze, Müdigkeit, Kopfschmerz.	Malariamittel
Masern	Tröpfcheninfektion.	7-14 Tage	Erkältungssymptome, Fieber, roter Ausschlag.	Medikamente
Mumps	Tröpfcheninfektion.	2-3 Wochen	Kieferschmerzen, Schwellung der Ohrspeicheldrüse.	Medikamente
Pest	Rattenflöhe.	2-5 Tage	Fieber und Lymphknotenschwellung, oft tödlich.	Antibiotika
Pocken	Tröpfcheninfektion.	12 Tage	Fieber, Ausschlag; oft tödlich.	Impfung
Röteln	Tröpfcheninfektion.	17-21 Tage	Fieber und Ausschlag.	Medikamente
Scharlach	Tröpfcheninfektion.	2-4 Tage	Halsentzündung, Kopfschmerzen, roter Ausschlag.	Antibiotika
Schlafkrankheit	Stich von Tsetsefliege.	7 Tage - Monate	Fieber, Erschöpfung, Kopfschmerzen, Koma, Tod.	Protozoenmittel
Syphilis	Geschlechtsverkehr.	3-4 Wochen	Geschwüre an Genitalien, Ausschlag, Müdigkeit.	Antibiotika
Tetanus	Aus Erdboden über Wunde.	2 Tage - Wochen	Starres Lächeln, Kieferklemme, Muskelkrämpfe.	Antitoxin
Tollwut	Biss oder Lecken eines infizierten Tieres.	10 Tage bis 8 Monate	Orientierungslosigkeit, Fieber, Durst, Schlucksperre, Krämpfe, Koma, meistens tödlich	noch unbekannt
Trichomoniasis	Sex oder nasse Handtücher.	variabel	Entzündung der Scheide, gelber Ausfluss.	Protozoenmittel
Tuberkulose	Tröpfcheninfektion oder infizierte Kuhmilch.	Wochen bis Jahre	Husten mit blutigem Auswurf, Brustschmerzen, Gewichtsverlust Fieber; evtl. tödlich.	Antibiotika
Typhus	Unreine Nahrung/Wasser.	7-14 Tage	Kopf- und Bauchschmerzen, Fieber, Durchfall, evtl. tödlich.	Antibiotika
Windpocken	Tröpfchen und Kontakt.	11-21 Tage	Fieber, Kopfschmerzen, Ausschlag.	Kompressen

WER HAT'S ERFUNDEN?

ERFINDUNG	JAHR	NAME der/des ERFINDER(S)
Rad	3000 v. Chr	Mesopotamier
Papyrus	2700 v. Chr.	Ägypter
Pyramiden	2630 v. Chr.	Pharao Djoser, Pharao Snofru
Glas	1800 v. Chr.	Ägypter
Kompass	1200 v. Chr.	Chinesen
Spinnrad	1000 v. Chr.	Inder und Chinesen
Aquädukt	600 v. Chr.	Eupalinos aus Megara
Windmühlen	550 v. Chr.	Griechen, Perser, Babylonier
Abakus	500 v. Chr.	Ägypter, Babylonier, Griechen
Ruderschiffe	500 v. Chr.	Griechen
Flaschenzug	260 v. Chr.	Archimedes
Wasserrad	100 v. Chr.	Römer
Papier (heutige)	0	Chinesen
Porzellan	618 n. Chr.	Chinesen
Schwarzpulver	1044 n. Chr.	Chinesische Alchemisten
Gabel	1071	Byzantiner
Kanonen	1250	Chinesen
Brille	1299	Alexander von Spina
Buchdruck	1445-1454	Johannes Gutenberg
Fallschirm	1483	Leonardo da Vinci
Globus	1492	Martin Behaim

ERFINDUNG	JAHR	NAME der/des ERFINDER(S)
Taschenuhr	1505	Peter Henlein
Mikroskop	1590	Hans und Zacharias Janssen
Toilette mit Spülung	1596	John Harrington
Thermometer	1597	Galileo Galilei
Fernrohr/Teleskop	1608/1610	Hans Lippershey, Galilei
U-Boot	1620	Cornelius Drebbel
Rechenmaschine	1623	Wilhelm Schickard
Luftpumpe	1649-1650	Otto von Guericke
Binärsystem (0+1)	1679	Gottfried Wilhelm von Leibniz
Bio. Ordnungssystem	1735	Carl von Linné
Ventilator	1740	Stephen Hales
Blitzableiter	1752	Benjamin Franklin
Dampfmaschine	1765/1800	James Watt, Richard Trevithick
Heißluftballon	1783	Gebrüder Montgolfier
Dampfschiff	1783	Claude de Jouffroy d'Abbans
Batterie/Elektrizität	1799	Alessandro Volta
Elektrisches Licht	1808	Humphry Davy
Schreibmaschine	1808/1829	Pellegrino Turri, William Burt
Zweirad, Laufrad	1817	Karl Drais von Sauerbronn
Lochkarte	1821/1888	C. Babbage, Herman Hollerith
[illegible]	[illegible]	[illegible]

ERFINDUNG	JAHR	NAME der/des ERFINDER(S)
Elektromagnet	1825	William Sturgeon
Schiffsschraube	1826	Josef Ressel
Zündholz	1827/1832	John Walker, Friedrich Kammerer
Briefmarke	1834	James Chalmers
Revolver	1835	Samuel Colt
Fotokamera	1835/1839	Louis Daguerre, William Talbot
Telegramm (Impulse)	1844	Samuel Morse
Fahrstuhl/Aufzug	1853	Elisha Graves Otis
Aspirin	1853	Charles Gerhardt
Dynamo	1854	Søren Hjorth
Backpulver	1854	Eben N. Horsford, Justus von Liebig
Mod. Kühlschrank	1859	Ferdinand Carré
Telefon	1861/1876	Philipp Reis, Graham Bell
Drahtseilbahn	1861	Friedrich Franz von Dücker
Plastik/Kunststoff	1862	Alexander Parkes
Baby(fertig)nahrung	1865	Justus von Liebig
Dynamit	1867	Alfred Nobel
Periodensystem	1869	Dmitri Mendelejew, Julius Meyer
Jeans	1872	Levi Strauss
Stacheldraht	1874	Joseph F. Glidden
Ottomotor	1876	Nikolaus August Otto

ERFINDUNG	JAHR	NAME der/des ERFINDER(S)
Grammophon	1877	Thomas Alva Edison
Mikrophon	1878	David Edward Hughes
Elektrische Straßenbahn	1879	Werner von Siemens
Gleichstrom (DC)	1879	Thomas Edison
Wechselstrom (AC)	1881	Nikola Tesla
Automobil	1885-1886	Carl Benz
Esperanto (Sprache)	1887	Ludwik Lejzer Zamenhof
Schallplatte	1887	Emil Berliner
Autoreifen	1888	John Boyd Dunlop
BH (Büstenhalter	1889	Herminie Cadolle
Elektrisches Bügeleisen	1890	Carl Zipernowsky
Reißverschluss	1893	Whitcomb Judson
Dieselmotor	1892	Rudolf Diesel
Motorrad	1894	Alois Wolfmüller
Radio	1894-1901	N. Tesla, A. Popow, G. Marconi
Kino/Film	1895	Gebrüder Lumière
Büroklammer	1899	Johann Vaalen
Zeppelin	1900	Graf Ferdinand von Zeppelin
Motorflugzeug	1901/1903	Gustav Weißkopf, Brüder Wright
Elektr. Waschmaschine	1901	Alva J. Fisher
Staubsauger	1901/1906	Hubert Booth, James Spangler

WER HAT'S ERFUNDEN?

ERFINDUNG	JAHR	NAME der/des ERFINDER(S)
Radar	1904	Christian Hülsmeyer
Fließband	1913	Henry Ford
Kreuzworträtsel	1913	Arthur Wynne
Echolot	1915	Paul Langevin
Flugzeug, aus Metall	1919	Hugo Junkers
Tonfilm	1922	Tykocinski-Tykociner, Berglund
Fernseher	1924/1926	Wladimir Zworykin, John Baird
Rakete	1926	Robert Hutchins Goddard
Computer	1930/1936	Vannevar Bush, Konrad Zuse
Monopoly (Spiel)	1933	Charles Darrow
Nylonstrumpf	1935	Wallace Hume Carothers
Parkuhr	1935	Carlton C. Magee
Hubschrauber	1937	Henrich Focke
Düsenflugzeug	1939/1941	Ernst Heinkel, Sir Frank Whittle
Farbfernseher	1940	Peter Carl Goldmark
Kernkraft/Atomreaktor	1942	Enrico Fermi
Kugelschreiber	1943	Ladislao Biro
Sofortbildkamera	1947	Edwin Herbert Land
Solarzellen	1954	Gerald Pearson
Glasfaserkabel	1955	Narinder Singh Kapany
Antibabypille	1957	Gregory Pincus, John Rock

ERFINDUNG	JAHR	NAME der/des ERFINDER(S)
Laser	1957	Gould, Schawlow, Townes
Barbie-(Puppe)	1959	Ruth Handler
Minirock	1964	Mary Quant
Internet	1969	Advanced Research Projects (ARPA)
Mikroprozessor	1969	Marcian Edward Hoff
Taschenrechner	1971	Texas Instruments
CD, Video-Disk	1972	Philipps
Handy (B-Netz)	1972	Deutsche Bundespost
Computertomographie	1972	Godfrey Newbold Hounsfield, Allan MacLeod Cormack
PC („Apple II“)	1977	Steven Wozniak, Steve Jobs
GPS (Global Posit. Syst.)	1979	US Verteidigungsministerium
Laptop („Osborne 1“)	1981	Adam Osborne
Mp3	1982	Fraunhofer Inst./AT&T/Thomson
MIR, Raumstation	1986	Sowjetunion (Russland)
World Wide Web	1989	Sir Tim Berners-Lee (CERN)
Handy (GSM)	1992	Motorola
USB Stick	2000	Dov Moran
1-Liter-Auto	2002	Volkswagen
HD-DVD	2006	HD DVD Promotion Group
Smartphone (mit Multitouch)	2007	Apple iPhone Classic
LHC Teilchenbeschleuniger	2008	Eur. Kernforschungszentrum CERN

ENTDECKUNG	JAHR	NAME der/des ENTDECKER(S)
Heilkunst und moderne Medizin	400 vor Chr.	Hippokrates von Kos
Botanik und Pflanzenkunde	300 vor Chr.	Theophrast von Eresos
Geometrie	300 vor Chr.	Euklid
Pi (3,141592653589...)	250 vor Chr.	Archimedes
Die erste Sternkarte „Astrolabium“	800 n. Chr.	Arabische Astronomen
Amerika	1000/1492	Leif Eriksson/Ch. Columbus
Indien (auf Seeweg)	1498	Vasco da Gama
Seeweg um die Welt	1519-1522	Fernao de Magellan
Neues Weltbild/ Kalender	1543	Nikolaus Kopernikus
Anatomie	um 1550	Andreas Vesal
Australien	1606/1770	Willem Jansz/James Cook
Die Umlaufbahn, eine Ellipse	1609	Johannes Kepler
Blutkreislauf	1628	William Harvey
Vakuum	1647	Blaise Pascal
Theorie der Wahrscheinlichkeit	1650	Pierre de Fremat, Blaise Pascal
Zellen (Begriff)	1665	Robert Hooke
Blutkörperchen	1673	Antoni van Leeuwenhoek
Bakterien	1683	Antoni van Leeuwenhoek
Gravitation	1687	Isaac Newton
Milchstraße	1750/1755	Thomas Wright/Immanuel Kant
Wasserstoff	1766	Henry Cavendish
Sauerstoff	1772	Carl Scheele, J. Priestley
Uranus (Planet)	1781	Wilhelm Herschel
Elektrische Spannung	1789	Luigi Galvani
Antarktis	1773/1819	James Cook/Fabian v. Bellinghausen
Dinosaurier	1822	Gideon Algernon Mantell
Zellkern (Nucleus)	1831	Robert Brown
Erdmagnetismus	1839	Carl Friedrich Gauß
Evolutionstheorie	1845-1871	Charles Darwin
Neptun (Planet)	1846	Johann Gottfried Galle
Victoriafälle	1855	David Livingston
Neandertaler	1856	Johann Carl Fuhlrott
Vererbungslehre	ab 1857	Gregor Johann Mendel
Ölquelle	1859	Edwin Laurentine Drake
Malariaerreger	1880	Charles Alphonse Laveran
Impfstoffe	1881	Louis Pasteur
Tuberkuloseerreger	1882	Robert Koch
Elektromag. Wellen	1886	Heinrich Hertz

WER HAT'S ENTDECKT?

ENTDECKUNG	JAHR	NAME der/des ENTDECKER(S)
Röntgenstrahlen	1895	Wilhelm Conrad Röntgen
Radioaktivität	1896-1898	Henry Becquerel, Marie und Pierre Curie
Psychoanalyse	1896	Siegmund Freud
Elektronen	1897	Joseph John Thomson
Viren	1898	Martinus Willem Beijerinck
Blutgruppen	1900	Karl Landsteiner
Quantentheorie	1900	Max Planck
Gammastrahlen	1900	Paul Ulrich Villard
Alpha/Beta-Strahlen	1902	Ernest Rutherford
Stratosphäre	1902	Teisserence de Bort, Léon
Hormone	1902	Ernst Starling, William Bayliss
$E = mc^2$	1905	Albert Einstein
Vitamine	1912/1932	Casimir Funk/Szent-Györgyi (Vit. C)
Kontinentaldrift	1911	Alfred Wegener
Macho Picchu	1911	Hiram Bingham
Atommodell	1913	Niels Bohr
Ozonschicht	1913	Charles Fabry, Henri Buisson
Radar	1919	Robert Watson-Watt
Insulin	1922	Frederick Banting, Charles Best
Grab Tutanchamun	1922	Howard Carter

ENTDECKUNG	JAHR	NAME der/des ENTDECKER(S)
Quantenmechanik	1925	Werner Heisenberg
Penicillin	1929	Alexander Fleming
Pluto (Planet)	1930	Clyde Tombaugh
Neutronen	1932	James Chadwick, Werner Heisenberg
Verhaltensforschung	1933	Konrad Lorenz
Kernspaltung	1938	Otto Hahn, Friedrich Straßmann
Quastenflosser	1938	Kapitän Hendrik Goosen in Südafrika
Chlorophyll, Moleküle	1940	Hans Fischer, Richard Willstätter
Antibiotikum	1944	Selman Abraham Waksman
Photosynthese	1946	Melvin Calvin
DNA, Doppelhelix	1953	Francis Crick, James Watson, Maurice Wilkins
Quarks	1964	Murray Gell-Mann, Georg Zweig
Kosmische Strahlung	1964	Arno Penzias, Robert W. Wilson
HIV Aids-Virus	1984	Luc Montagnier, Robert Gallo
Supernova	1987	Ian Shelton in Chile
Ötzi	1991	Erika und Helmut Simon
Klonschaf „Dolly"	1996	Ian Wilmut, Keith Campbell
BSE	1997	Stanley Prusiner
Menschliches Genom	2000	Craig Venter

ERSTER/ERSTE/ ERSTES	JAHR	PIONIER(E)	BESONDERHEITEN
Sprung mit Fallschirm	1597	Faust Vrančić	Von einem 87 m hohen Glockenturm auf den Marktplatz in Pressburg (Bratislava).
Welt-Alleinumsegler	1895	Joshua Slocum	Die Erdumrundung dauerte 3 Jahre. Sein nur 11 Meter langes Boot hieß „Spray".
Kanalflug mit Flugzeug	1909	Louis Blériot	Der Franzose flog mit dem Eindecker „Blériot XI" in 37 Min. von Calais nach Dover.
Mensch am Nordpol	1909	Robert Peary/Matt. Hensen	Wissenschaftlich ist nicht gesichert, dass die beiden Amerikaner Erfolg hatten.
Mensch am Südpol	1911	Roald Amundsen	Der Norweger Amundsen (1872-1928) erreichte am 14. Dezember sein Ziel einen Monat vor seinem Rivalen Robert Scott, der auf dem Rückweg (29.3.1912) starb.
Arktis-Durchbruch	1918-1920	Roald Amundsen	Nach zwei Überwinterungen auf der „Maud" und drei Verletzungen schaffte der Norweger den Durchbruch der Nordostpassage und erreichte Alaska.
Flug über Atlantik	1919	John Alcock & Arthur Brown	Sie flogen von Neufundland nach Irland und erreichten nach 16 Stunden ihr Ziel.
Alleinflug über Atlantik	1927	Charles Lindbergh	Der Flug mit der „Spirit of St. Louis" dauerte 33,5 Stunden von NYC nach Paris.
Alleinflug von GB - AUS	1928	Bert Hinkler	Der Australier brauchte für 17.711 km 128 Flugstunden und 14 Zwischenstopps.
Flug über Pazifik	1928	Charles Kingsford-Smith	Der Australier flog von Kalifornien (Start: 31. Mai) nach Brisbane in Australien.
Besteiger der Eiger-Nordwand	1938	H. Harrer, F. Kasparek L. Vörg, A. Heckmair	Zuvor starben auf dramatische Weise u.a. Toni Kurz, Andreas Hintestoisser, Willy Angerer und Edi Rainer beim Versuch der Erstbesteigung.
Schallmauerdurchbruch	1945/47	Lothar Sieber/Chuck Yeager	Sieber starb beim Versuch. Yeager durchbrach bei 1.630 km/h die Schallmauer.
Menschen auf Mount Everest	1953	Sir Edmund Hillary und Tensing Norgay	Der Neuseeländer Hillary bestieg mit dem Sherpa Norgay am 29. Mai den Gipfel des 8.848 m hohen Mount Everest. Leiter der Expedition war John Hunt.
Mensch in 3.000 m Tiefe	1960	August und Jacque Piccard	Vater und Sohn tauchten im Tyrrhenischen Meer in der Kugel namens „Trieste".
Mensch im Weltall	1961	Juri Gagarin	12. April mit der „Wostok 1". Kollege G. Titow war übrigens der 2. Mensch im All.
„Schwebeflug" im All	1965	Kosmonaut Leonow	Am 18. März verlässt Leonow die „Woschod II" für seinen ersten ALLeingang.
Herztransplantation	1967	Christiaan Barnard	Operation in Kapstadt; Patient starb nach 18 Tagen an einer Lungenentzündung.
Mensch auf Mond	1969	Neil Armstrong	21. Juli, 2:56 Uhr; Kurz nach Armstrong betrat auch Buzz Aldrin den Mond, Michael Collins flog die Raumkapsel. Eugene Cernan war zuletzt auf dem Mond.

ERSTER/ERSTE/ ERSTES	JAHR	PIONIERIN	BESONDERHEITEN
Deutsche Doktorin der Medizin	1754	Dorothea Erxleben	Die Tochter eines Arztes und Mutter von 8 Kindern promovierte in Quedlinburg.
Sprung mit Fallschirm	1799	Jeanne Labrosse	Sprunghöhe aus dem Ballon: 900 m. Damit war sie auch die erste Ballonfliegerin.
Frau auf Weltreise	1846-1848	Ida Pfeiffer	Ein Erbe ermöglichte ihr zwei Weltreisen, worüber sie insgesamt 13 Bücher schrieb.
Präsidentschafts-kandidatin	1872	Victoria Woodhull	Die Amerikanerin war außerdem die erste Brokerin und die erste Frauenrechtlerin.
Frau am Steuer	1888	Bertha Benz	Gemeinsam mit ihren beiden Söhnen fuhr sie von Mannheim nach Pforzheim.
Forscherin in Afrika	1892	Mary Kingsley	Sie reiste 3 x nach West- und Zentralafrika und starb im Burenkrieg bei Kapstadt.
Nobelpreis für Literatur	1909	Selma Lagerlöf	Die Schwedin (1858-1940) gewann als erste von insgesamt 11 Frauen den Preis.
Alleinflug einer Frau	1909	Raymonde de Laroche	Die französische Flugschülerin hob während einer Übungsstunde trotz ausdrücklichem Verbot ab. 1910 erhielt sie als erste Frau der Welt den Pilotenschein.
Deutsche Ministerin	1918	Minna Faßhauer	Als „Volkskommissarin für Volksbildung" hatte sie 4 Monate ein Ministeramt inne.
Kanalschwimmerin	1926	Gertrude Ederle	Die Amerikanerin brauchte für die ca. 73 Kilometer 14 Stunden und 39 Minuten.
Miss Germany	1927	Hildegard Quandt	Die 21-jährige Berlinerin hatte nach dem umstrittenen Titel (alle Kandidatinnen kamen ausschließlich aus Berlin) lukrative Angebote aus dem In- und Ausland.
Alleinflug über Atlantik	1932	Amelia Earhart	Am 20. Mai 1932 flog sie von Neufundland bis Nordirland. 1935 überflog sie außerdem als erster Mensch im Alleinflug einen Teil des Pazifischen Ozeans.
Miss World	1951	Kiki Haakonson	Die erste deutsche Miss World war Petra Schürmann. Sie gewann den Titel 1956.
Frau im Düsenjet	1953	Jaqueline Cochran	Die „schnellste Frau der Welt" erwarb schon 1932 ihren Pilotenschein und stellte insg. 58 Flugrekorde auf. Ihre stärkste Widersacherin war Jaqueline Auriol.
Frau im Weltall	1963	Val. Tereschkowa	Die Russin (*1937) war an Bord von Vostok 6 und umkreiste 48 mal die Erde.
Frau auf Mount Everest	1975	Junko Tabei	Am 16. Mai erreichte sie in einer rein japanischen Frauenexpedition den Gipfel.
Bundestagspräsidentin	1972	Annemarie Renger	Die SPD-Politikerin war bis 1976 im Amt. Zweite Bt-Präsidentin war Rita Süssmuth.

ERSTER/ERSTE/ ERSTES	JAHR	ORT	BESONDERHEITEN
Airbag, serienmäßig	1981	Deutschland	Erstmals serienmäßig eingebaut wurde der Airbag in die Mercedes S-Klasse.
Atombombe	1945	Hiroshima (Japan)	Sie hieß „Little Boy" und wurde am 6. August vom US Bomber „Enola Gay" abgeworfen. Die zweite hieß „Fat Man" und fiel aus dem Bomber „Bockscar" am 9. August auf Nagasaki.
Autobahn	1913-1921	Berlin	Die 20 km-Strecke hieß „Automobil-Verkehrs- und Übungsstraße", kurz: AVUS.
Briefkasten	1794	Frankreich	Ab 1810 in Bayern, ab 1824 auch in Preußen Briefkästen.
Briefmarke, aufklebbar	1840	England	„Schwarze One-Penny" mit dem Portrait der Königin Viktoria.
D-Mark	1948	Deutschland	Die D-Mark wurde am 21. Juni eingeführt und am 01.01.2002 durch den Euro ersetzt.
Disneyland	1955	Anaheim (USA)	Wurde am 17. Juli in Kalifornien eröffnet. 1971 folgte „Disney World" in Orlando/Florida.
Deutsche Bibelübersetzung	1534	Deutschland	Martin Luther schrieb die erste komplette Übersetzung aus dem Lateinischen.
Deutsche Eisenbahn (Dampf)	1835	Nürnberg-Fürth	Die „Adler" wurde von Robert Stephenson gebaut und von William Wilson gefahren.
Deutsche Fußballmeister	1903	VfB Leipzig	Im Endspiel gegen den DFC Prag gewann Leipzig 7 : 2.
Deutsche Siedlung in USA	1683	bei Philadelphia	Mennoniten-Familien (aus Krefeld stammend) gründeten die Siedlung „Germantown".
Deutsche Universität	1348	Prag	Gegründet von Karl IV. Lehrte sie in vier Fakultäten (Jura, Theologie, Medizin, Sport).
E-Mail nach Deutschland	1984	Karlsruhe	Die Amerikanerin Laura Breeden schrieb am 03. August an Michael Rotert (Universität).
Foto	1826	Le Gras (F)	Der Franzose Joseph Nicéphore Nièpce entwickelt das erste Foto mit Lavendel-Öl.
Frauenwahlrecht	1893	Neuseeland	Es folgten Finnland (1906), Australien (1908) und Norwegen (1913). In Deutschland ab 1918.
Heiratsannonce	1695	London	Erschien von einem jungen Mann in einem britischen Handelsblatt.
Helgoland wird deutsch	1890	Nordsee	Im Austausch mit den Engländern gegen die deutschbesetzte Inselkolonie Sansibar.
Hexenverbrennung	1272	Toulouse	Letztes Opfer der Hexenverfolgung war Anna Schnidenwind († 1751 am Kaiserstuhl).
Jugendherberge	1884	Riesengebirge	Wurde in Hohenelbe von Guido Rotter eröffnet.
Kaiserschnitt	1500	Schweiz	Der Schweinekastrierer Jacob Nufer aus Siegershausen hatte auch bei seiner Frau Erfolg.
Kartoffeln in Deutschland	1618-1648	Deutschland	Die Kartoffel wurde in D erstmals gegen die Hungersnot im 30-jährigen Krieg eingeführt.

ERSTER/ERSTE/ ERSTES	JAHR	ORT	BESONDERHEITEN
Kernkraftwerk	1951	Arco (USA)	Ein KKW bei Moskau folgte 1954. Das erste in Europa wurde ab 1956 in GB genutzt.
KFZ-Kennzeichen	1893	Frankreich	Die erste KFZ-Haftpflichtversicherung führte Norwegen 1912 ein.
Kindergarten	1837	Thüringen	Wurde von Friedrich Fröbel in Blankenburg eröffnet.
Linksverkehr	1835	Großbritannien	Da die meisten Kutscher mit der rechten Hand die Peitsche schwangen und dadurch Passanten verletzten, wurden sie in London auf die linke Straßenseite verlegt.
Litfaßsäule	1855	Berlin	Der Buchdrucker Ernst Litfaß ließ sie als praktische Plakatsäule bauen und errichten.
Lokomotive	1829	Liverpool	Sie hieß „Rocket", was bei einer Höchstgeschwindigkeit von 47 km/h schmunzeln lässt.
Marseillaise	1792	Paris	Die spätere Nationalhymne Frankreichs (Text: Rouget de Lisle) wurde am 30. Juli von einem Freiwilligenbataillon aus Marseille beim Einmarsch in Paris gesungen.
Oktoberfest	1810	München	Zur Hochzeit von Kronprinz Ludwig mit Prinzessin Therese von Sachsen-Hildburghausen.
Panzereinsatz	1917	Cambrai (F)	In einer Schlacht am 20. November haben ca. 400 britische Panzer die dt. Front überrollt.
Parkuhren in Deutschland	1954	Duisburg	Damals nannte man Parkuhren noch „Parkographen".
Retortenbaby	1978	Oldham (GB)	Die künstlich befruchtete Louise Brown kam am 25. Juli per Kaiserschnitt zur Welt.
Rolltreppe	1900	Paris	War während der Pariser Weltausstellung aufgebaut.
Rote Kreuz (IKRK)	1863	Schweiz	Der Schweizer Henry Dunant wurde vor der Gründung der Hilfsorganisation Augenzeuge einer Schlacht zwischen Österreichern und Franzosen bei Solferino.
Schulpflicht in Deutschland	1619	Weimar	Der allgemeinen Schulpflicht folgten Hildesheim, Celle (1689) und Preußen (1717).
Schwebebahn	1901	Wuppertal	Auf (oder besser: unter) der 13 km langen Strecke fährt die Bahn heute immer noch.
Straßenbahn (elektrisch)	1881	Berlin	Sie wurde von Werner von Siemens gebaut.
Telegramm	1844	Washington	Morse verschickte das erste Telegramm am 24. Mai ins 100 km entfernte Baltimore.
Verkehrsampel	1868	London	Handbetriebener Wechsel der Gaslampen von Rot auf Grün; elektrische gab es ab 1926.
Tiefseekabel USA bis EU	1858	Cyrus W. Field	Der Dampfer „Niagara" legte die Leitung nach Übersee, die nur einen Monat hielt.

DAS ERSTE MAL

NAME (LEBZEITEN)	**ENTDECKUNG/ ERFORSCHUNG**	**WANN ENTDECKT**	**BESONDERHEITEN**
Columbus, Christoph (1451-1506)	Amerika und Karibik	1492-1494	Columbus suchte mit drei Schiffen (Santa Maria, Niña und Pinta) einen leichteren Seeweg nach Indien und landete nach 36 Tagen zufällig auf der Insel San Salvador.
Cook, James (1728-1779)	Länder im Pazifik	1768-1778	Cook erkundete auf seinen drei Reisen den Pazifik von der Atlantikküste bis zur Beringstraße. Am 14.2.1779 wurde er auf Hawaii von Eingeborenen getötet.
Darwin, Charles (1809-1882)	Evolutions-theorie	1831-1836	Während seiner 5-jährigen Forschungsreise auf der HMS Beagle sammelte er viele Fossilien und untersuchte lebende Tiere. Zurück in England (1836) fand er eine Erklärung für den Artenwandel (Evolutionstheorie) und schrieb „Die Entstehung der Arten".
Drake, Francis Sir (1540-1596)	Kap Hoorn, Mittelamerika	1577-1580	Ihm gelang nach Magellan die zweite Weltumrundung, entdeckte dabei das Kap Hoorn und besiegte mit seinen Kriegsschiffen die Spanische Armada (1588).
Eriksson, Leif (975-1020)	Nordamerika	1000	Der Wikinger und Isländer, der auf Grönland lebte, betrat um das Jahr 1000 als erster Europäer die nordamerikanische Küste.
Gama, Vasco de (1469-1524)	Seeweg nach Indien	1497-1499	Mit seinem Flaggschiff „São Gabriel" und zwei Begleitschiffen (São Rafael und Bérrio) segelte der Portugiese um das Kap der guten Hoffnung nach Indien und kam 1499 vollbeladen mit Gewürzen wieder zurück nach Lissabon.
Humboldt, Alexander von (1769-1859)	Latein- und Südamerika	1799-1804	Der deutsche Naturforscher sammelte mit dem französischen Botaniker Aime Bonpland fünf Jahre lang Informationen über Flora und Fauna der Karibik und Latein- und Südamerikas. Zuhause in Berlin schrieb er darüber 29 Bücher.
Livingstone, David (1813-1873)	Afrika	1849-1873	Der Arzt und Missionar entdeckte die Victoriafälle, den Fluss Sambesi und mehrere Seen im Herzen Afrikas. Er kritisierte den Sklavenhandel und starb 1873 auf der Suche nach den Nil-Quellen.
Magellan, Ferdinand (1480-1521)	Erste Weltumseglung	1519-1522	Der Portugiese umsegelte als erster Mensch das Kap Hoorn, starb aber vor Vollendung seiner Weltreise durch Eingeborene auf den Philippinen. Juan Elcano übernahm die Expedition und brachte das letzte von fünf Schiffen mit 18 Überlebenden zurück.
Polo, Marco (1254-1324)	Asien	1271-1295	Der italienische Kaufmann aus Venedig bereiste Asien und pflegte Kontakte nach China. Er blieb 24 Jahre am Hof des chinesischen Kaisers Kublai Khan.
Tasman, Abel (1603-1659)	Neuseeland, Tonga, Fidschi	1642-1643	Der holländische Seefahrer entdeckte Tasmanien, Tonga, Fidschi und Neuseeland (1642), wurde aber von den Maori angegriffen und verzichtete daher auf Landgänge.
Zhèng Hé (1371-1435)	Pazifik, Indischer Ozean, Afrika	1405-1433	Der chinesische Admiral bekam vom Kaiser Yongle eine Flotte, mit der er in fast 30 Jahren 7 Reisen unternahm. Seine dabei erlebten Abenteuer dienten als Vorlage für „Sindbad der Seefahrer".

BEDEUTENDE WISSENSCHAFTLER (A-BO)

NAME (HERKUNFT)	**LEB-ZEITEN**	**FACH-GEBIET**	**BESONDERE ERRUNGENSCHAFTEN** IN CHEMIE, PHYSIK, MEDIZIN, MATHEMATIK, ASTRONOMIE UND BIOLOGIE
Al Khwarizmi, Muhammad (IRAN)	ca. 780-850	Mathematik Astronomie	Ihm verdanken wir die sog. arabischen Zahlen 0-9 (die er von den Indern übertrug), die vier Grundrechenarten (Addieren, Subtrahieren, Multiplizieren und Dividieren) sowie Algebra und Algorithmen.
Alberti, Leon Battista (IT)	1404-1472	Mathematik Physik	Vielseitiges Talent; er studierte Physik, Mathematik, Jura und Kunst, wurde als Reiter, Athlet, Musiker und Komponist bewundert, machte Erfindungen, war Architekt und Schriftsteller in mehreren Sprachen.
Alzheimer, Alois (D)	1864-1915	Medizin Psychologie	Veröffentlichte 1906 die Studie „Eine eigenartige Krankheit der Hirnrinde" und fand zuvor Eiweißablagerungen im Hirn seiner „verblödeten" Patientin Auguste aus dem Frankfurter Irrenhaus.
Ampère, André M. (F)	1775-1863	Mathematik Physik	Gilt als Begründer der Elektrodynamik; entdeckte, dass elektrische Ströme anziehende und abstoßende Kräfte aufeinander ausüben, die Ursache des Magnetismus. Name steht für Stromstärke.
Anaxagoras von Klazomenai	499-428 vor Chr.	Astronomie Philosophie	Universaler Kopf; war u.a. Begründer der Meteorologie, fand Ursachen zur Entstehung von Wind, Wolken, Blitz und Donner, erklärte Mondphasen und -finsternisse, experimentierte am Körper und Gerhirn u.v.m.
Archimedes (GR)	287-212 vor Chr.	Mathematik Physik Mechanik	Allround-Genie; ermittelte die Zahl Pi; begründete die heutige Integralrechnung, entdeckte das „spezifische Gewicht", als er in eine vollgelaufene Wanne stieg. „Der Rauminhalt eines Körpers entspricht der Menge Wasser, die er verdrängt". Er erfand den Flaschenzug und entwickelte ein Berechnungssystem von und mit großen Zahlen; er war auch Schiffsbauer und entwarf Waffen- und Kriegstechniken wie z.B. Katapulte.
Aristarchos von Samos (GR)	310-230 vor Chr.	Astronomie Mathematik	Berechnete die Entfernung von Sonne zu Mond und deren Größen; erklärte als erster das heliozentrische System (Erde kreist um Sonne) und die Sphären der Fixsterne. Kopernikus übernahm später seine Lehren.
Aristoteles (GR)	384-322 vor Chr.	Physik Zoologie Philosophie	Legte die Methode des exakten Forschens fest. Seine Schriften inspirierten viele Wissenschaftler über Jahrtausende. Er gründete die erste Universität in Athen, war Schüler Platons und Lehrer von Alexander dem Großen. Er gilt als Vater der Tierkunde, befasst sich u.a. mit Wachstum, Fortpflanzung und Vererbung.
Avicenna (IRAN)	980-1037	Medizin Philosophie	Ein Wunderkind des Mittelalters. Er war Arzt, Physiker, Mathematiker, Astronom, Chemiker, Theologe, Geologe, Jurist, Erfinder und schrieb Gedichte. Führte ein filmreifes Leben und schrieb zwei Enzyklopädien der Medizin über Diagnosen, Therapien, Vorbeugung, Hygiene, Heilpflanzen, Chirurgie, Kosmetik & Drogen.
Becquerel, Henri (F); **NP 1903**	1852-1908	Physik	Entdeckte die Radioaktivität, indem er Uransalze auf eine Fotoplatte legte, die daraufhin schwarz wurde. Er fand heraus, dass Uran aus sich selbst heraus strahlt und bekam dafür 1903 den Nobelpreis.
Behring, Emil von (D)	1854-1917	Medizin	Der Schüler von Robert Koch fand mit Jod-Trichlorid ein Heilmittel gegen Diphterie. Die Geheilten waren danach gegen Diphterie immun, Behring nutze dessen Blut zur Gewinnung eines Serums.
Bohr, Niels (DEN); **NP 1922**	1885-1962	Physik	Er fand heraus, dass Energie nicht gleichmäßig fließt, sondern löffelweise in kleinen Schüben (Quanten). Er gilt als einer der Väter der modernen Atomphysik und erhielt 1922 den Physik-Nobelpreis.

NAME (HERKUNFT)	**LEB-ZEITEN**	**FACH-GEBIET**	**BESONDERE ERRUNGENSCHAFTEN** IN CHEMIE, PHYSIK, MEDIZIN, MATHEMATIK, ASTRONOMIE UND BIOLOGIE
Bolyai, János (UNG)	1802-1860	Mathematik	Führte ein aufregendes Leben zwischen Studium der Mathematik, Militärdienst, Geigenspiel und zahlreichen Duellen. Mit „Die absolute Wissenschaft des Raumes" widerlegte er das Paralellenaxiom von Euklid.
Boyle, Robert (GB)	1627-1691	Physik Chemie	Universales Talent; erforschte die Eigenschaft von Luft & Gasen und entdeckte dabei, dass (bei konstanter Temperatur) Druck und Volumen umgekehrt proportional zueinander sind. Er bestätigte die „Fallgesetze" Galileos, entwarf den Begriff „Analyse" (Auflösung), fand Säuren und Basen, entdeckte dabei Aceton und Methanol und konnte Sauerstoff erstmals isolieren. Hauptwerk: „Der skeptische Chemiker" (1661).
Bradley, James (GB)	1693-1762	Astronomie	Entdeckte 1725 die Aberration des Lichts (Beweis des heliozentrischen Weltbildes) und errechnete daraus die Lichtgeschwindigkeit von knapp 300.000 km in der Sekunde.
Braun, Wernher von (D)	1912-1977	Physik Astronomie	Bedeutender Raketenkonstrukteur. Ließ bereits 1934 Raketen starten und entwickelte später die V2. 1945 immigriert er in die USA, wo er als NASA-Mitarbeiter die ersten Mondraketen konstruierte.
Brown, Robert (GB)	1773-1858	Biologie	Entdeckte 1831 zwar den Zellkern, konnte ihm aber keine Bedeutung beimessen. Dies gelang dem Botaniker Mathias Schleiden (1804-1881) und dem Zoologen Theodor Schwann (1810-1882). Beide fanden heraus, dass die ganze Pflanze aus Zellen besteht, die eine „selbstbestimmte Lebensgemeinschaft" bilden.
Bunsen, Robert Wilhelm (D)	1811-1899	Chemie	Entwickelte (gemeinsam mit Gustav Kirchhoff) die Spektralanalyse, mit deren Hilfe chemische Elemente erforscht und nachgewiesen werden können. Verbesserte außerdem den „Bunsenbrenner".
Cavendish, Henry (GB)	1731-1810	Chemie	Wohlhabender Einzelgänger und frauenfeindlicher Exzentriker; gilt als Pionier der neuen Chemie; wog und mass viele Gase und Elemente (vor & nach der Verbrennung), entdeckte u.a. das Element Wasserstoff.
Celsius, Anders (SWE)	1701-1744	Astronomie	Schlug 1724 vor, den Siedepunkt des Wassers mit 0 und den Gefrierpunkt mit 100 Grad festzulegen. Nach seinem Tod stellte man seine Skala auf den Kopf und erklärte den Gefrierpunkt zum Nullpunkt.
Chadwick, James (GB); **NP 1935**	1891-1974	Physik	Bewies 1932 die Existenz des Neutrons, baute den ersten Teilchenbeschleuniger (Zyklotron) und bereitete damit die Entwicklung der ersten nuklearen Kettenreaktion vor. Erhielt 1935 den Nobelpreis.
Curie, Marie (F/POL); **NP 1903 & 1911**	1867-1934	Physik, Chemie	Suchte 45 Monate lang täglich mit ihrem Mann Pierre (1859-1906) nach der rätselhaften Strahlung (Uranverbindung), von der Becquerel ihnen erzählte und prägte das Wort „radioaktiv". Fand außerdem die Elemente Polonium und Radium und erhielt Nobelpreise für Physik (1903) und Chemie (1911).
Da Vinci, Leonardo (IT)	1452-1519	Medizin Physik Astronomie	Dieses künstlerische Genie war auch Arzt, Architekt, Astronom und Ingenieur. Seine unbändige Neugierde trieb ihn an, (fast) alles zu erforschen. So untersuchte er Mensch und Natur und entwarf Hunderte anatomische Zeichnungen. Er entwickelte die Hydraulik, leitete den Bau von Kanälen, Schleusen und Wasserleitungen und gilt als Erfinder von tragbaren Brücken, Flammenwerfer, Tanks, U-Booten, Fallschirmen und auch von Werkzeugen wie Hebel, Sägen, Heiz- und Lichtanlagen.

BEDEUTENDE WISSENSCHAFTLER (DA-EU)

NAME (HERKUNFT)	**LEB-ZEITEN**	**FACH-GEBIET**	**BESONDERE ERRUNGENSCHAFTEN** IN CHEMIE, PHYSIK, MEDIZIN, MATHEMATIK, ASTRONOMIE UND BIOLOGIE
Dalton, John (GB)	1766-1844	Physik	Entdeckte, dass Materie aus Atomen besteht, diese unteilbar und unzerstörbar sind, ein Gewicht haben, innnerhalb eines Elementes alle gleich sind, jedes Elemente aber andere Atome hat und dass die Atome in Wasserstoff die leichtesten sind. Dieses Gewicht legte er zur Berechnung aller Atomgewichte fest.
Darwin, Charles (GB)	1809-1882	Biologie	Vater der Evolutionstheorie. Reiste vier Jahre um die Welt, studierte Fossilien und sammelte daraus die Erkenntnis, dass sich immer das Stärkere und Lebenstüchtigere durchsetzt und anpasst.
Davy, Humphrey (GB)	1778-1829	Physik Chemie	Pionier der Elektrizitätslehre; konnte mit Hilfe elektrischer Ströme Elemente wie Calcium, Barium, Strontium erstmals isolieren, entwickelte u.a. eine Sicherheitslampe für Bergleute.
Descartes, René (F)	1596-1650	Mathematik Philosophie	Gilt als einer der „Väter“ (neben Pierre de Fermat, 1607-1665) der analytischen Geometrie, welches das Koordinatensystem zum Inhalt hat. Setzte mit seinen Arbeiten zur Dynamik, Optik und Astronomie neue Maßstäbe.
Doppler, Christian (AUT)	1803-1853	Physik Mathematik	Errechnete die Frequenzänderungen bei einem sich bewegenden Objekt (Doppler-Effekt). Nähern sich Beobachter und Quelle erhöht sich die Frequenz, entfernen sich beide, verringert sie sich.
Edison, Thomas Alva (USA)	1847-1931	Physik	Besuchte nur drei 3 Monate die Schule; der Autodidakt experimentierte viel und erarbeitete sich so seine zahlreichen Erfindungen wie Filmaufnahmegerät, Mikrophon & Grammophon, die er alle selbst finan-zierte. Wurde berühmt durch die Erfindung der ersten Glühbirne (mit Verwendung eines Kohlen-Fadens).
Ehrlich, Paul (D); **NP 1908**	1854-1915	Medizin	Forscher der Immunität und Serumtherapie; untersuchte Blutkörperchen und entdeckte in seiner „Seitenkettentheorie“ die Bildung von Antikörpern. Gründer der Chemotherapie. Medizin-Nobelpreis 1908.
Einstein, Albert (D); **NP 1921**	1879-1955	Mathematik Physik	Mit seinen beiden Relativitätstheorien revolutionierte er das Verständnis von Materie, Raum, Zeit und Gravitation: „Alles ist relativ zum jeweiligen Beobachtungssystem zu sehen. Auch die Zeit. Es gibt also keine absolute Gleichzeitigkeit. Die einzige Konstante ist die Lichtgeschwindigkeit. Sie ist eine Größe, die nicht überschritten werden kann. Daraus folgerte Einstein: Energie ist Masse mal Geschwindigkeit zum Quadrat ($E = MC^2$), d.h. Materie ist verdichtete Energie. In jedem Gramm Masse schlummern riesigen Energien. Eine Erkenntis, die (leider) auch zum Bau der Atombombe führte.
Empedokles (GR)	495-435 vor Chr.	Medizin Biologie	Beschrieb den Fluß des Blutes vom und zum Herzen, erkannte, dass die Haut atmen kann. Zudem belegte er in Experimenten den Luftdruck und die Körperhaftigkeit der Luft. Begründer der Vier-Elemente-Lehre.
Eudoxos von Knidos (GR)	408-355 vor Chr.	Mathematik Astronomie	Schöpfer der Lehre von Verhältnisgleichungen 6 Volumenberechnungen von Kreis, Kugel, Kegel und Pyramide. Arzt 6 Lehrer von Menaichmos (380-320 v. Chr.), der die Ellipse, Parabel und Hyperbel entdeckte.
Euklid von Alexandria (GR)	360-280 vor Chr.	Mathematik	Sein Hauptwerk sind die „Elemente der Geometrie“, bestehend aus 13 Büchern. Sie handeln u.a. von Formeln, Dreiecken, Parallelogrammen, Kugeln, Kegeln, Kreislehren und vielen anderen mathematischen Lehrsätzen wie das Parallelen-Axiom „Die Winkelsumme im Dreieck beträgt immer 180°“.

NAME (HERKUNFT)	**LEB-ZEITEN**	**FACH-GEBIET**	**BESONDERE ERRUNGENSCHAFTEN** IN CHEMIE, PHYSIK, MEDIZIN, MATHEMATIK, ASTRONOMIE UND BIOLOGIE
Euler, Leonhard (CH)	1707-1783	Mathematik Physik	Er war trotz später Blindheit einer der fleißigsten, schrieb 866 Publikationen, etablierte neue Symbole wie das Summenzeichen, begründete die Variationsrechnung und in Teilen auch die Analysis. In der Mechanik fand er Gleichungen für die Bewegung starrer Körper und Flüssigkeiten (Hydrodynamik), entwarf die eulersche Kreiseltheorie, Stabilitätstheorie und in der Optik eine Wellentheorie zur Berrechnung von Linsen.
Fahrenheit, Gabriel (D)	1686-1736	Physik	Entwickelte 1714 das Quecksilberthermometer mit einer 3-Punkte-Eichung. Als Nullpunkt seiner Scala verwendete er die tiefste Temperatur, die er damals erzeugen konnte: Minus 17,8° Grad.
Faraday, Michael, (GB)	1791-1867	Chemie Physik	Mit der Entdeckung der elektromagnetischen Technologie konstruierte er den ersten Dynamo. 1832 beschrieb er die Grundsätze der Elektrolyse und Elektrostatik. Und baute dazu den „faradayschen Käfig".
Fermat, Pierre de (F)	1601-1665	Mathematik	Der Jurist beschäftigte sich nur in seiner Freizeit mit der Mathematik und blieb daher zu Lebzeiten unbekannt. Erst nach seinem Tod fand man in seinen Schriften die Grundlagen der analytischen Geometrie, die er unabhängig von René Descartes gefunden hatte. Bekannt ist auch sein sog. "Fermatsches Problem", in dem es für die Gleichung $x^n + y^n = z^n$ keine ganzen Zahlen x, y und z gibt, sobald n größer ist als 2.
Fermi, Enrico (IT); **NP 1938**	1901-1954	Physik	Bedeutender Kernphysiker des 20. Jahrhundert. Beschoss Uran mit Neutronen und bereitete damit den Weg zur Kernspaltung vor. Baute 1944 den ersten Kernreaktor und erhielt 1938 den Nobelpreis.
Fleming, Sir Alexander (GB); **NP 1945**	1881-1955	Bakteriologie	Entdeckte 1928 die „auflösende Kraft" des Saftes eines Schimmelpilzes sprich: das erste wirksame Antibiotikum „Penicillin" und damit das Heilmittel gegen viele Infektionen.
Foucoult, Jean B. (F)	1819-1868	Physik	Bestimmte die Lichtgeschwindigkeit und wies nach, dass sich Licht in der Luft schneller bewegt als in Wasser. Bewies die Erdrotation durch das „Foucoultsche Pendel".
Fraunhofer, Josef von (D)	1787-1826	Optik Astonomie	Schuf das Teleskop, mit dem Friedrich Wilhelm Bessel (1784-1846) die Parallaxe eines Fixsterns messen konnte. Verbesserte Linsen und Prismen und fand durch Lichtexperimente viele Hunderte Spektrallinien.
Freud, Sigmund (AUT)	1856-1939	Psychologie Neurologie	Vater der „Psychoanalyse". Geschlechtstrieb und Todestrieb bestimmen unser Verhalten. Dazwischen liegen „Verdrängung", das „Unterbewusste", das „Ich" und „Über-Ich" sowie Neurosen.
Galenos von Pergamon (GR)	129-199	Medizin	Er war der erste Sportarzt der Geschichte. Seele und Leib wirkten für ihn zusammen (Ursprung der Psychoanalyse). Schrieb 22 Bände über Organismus, Pathologie, Physiologie, Behandlung und Pharmakologie.
Galilei, Galileo (IT)	1564-1642	Astronomie Physik Chemie	Begründer der Dynamik, der Mechanik und der Akustik. Er entdeckte die Fall-, Wurf- und Pendelgesetze und bewies durch astronomische Beobachtungen (durch ein von ihm verbessertes Fernrohr) das heliozentrische Weltbild von Kopernikus. Auf diese Weise sah er erstmals Mondoberfläche und viele Sterne. Beschäftigte sich außerdem mit Gasen und bewies überdies, dass Luft Gewicht hat, also Materie ist.

BEDEUTENDE WISSENSCHAFTLER (GA-HE)

NAME (HERKUNFT)	**LEB-ZEITEN**	**FACH-GEBIET**	**BESONDERE ERRUNGENSCHAFTEN** IN CHEMIE, PHYSIK, MEDIZIN, MATHEMATIK, ASTRONOMIE UND BIOLOGIE
Gauss, Karl Friedrich (D)	1777-1855	Mathematik Astronomie	Ein vielseitiges Genie; vermutete schon mit 15 einen Zusammenhang zwischen Primzahlen und Logarithmen und fand „die Methode der kleinsten Quadrate". Prägte Algebra mit der Beweisführung des sog. Fundamentalsatzes (eine Gleichung nten Grades hat n Wurzeln), Stochastik, Integralrechnung (Gaußscher Satz) und den Magnetismus. Wiederlegte erstmals das euklidische Parallelenaxiom und fand mit dem Achsenkreuz einen einfachen Weg zur Darstellung komplexer Zahlen. Er berechnete Planetenbahnen, optische Gesetze und baute mit Wilhelm Weber (1804-1891) die erste elektromagnetische Telegrafenanlage.
Gilbert, William (GB)	1540-1603	Physik Medizin	Erkannte die Erde als Magneten und stellte fest, daß unser Planet zwei (und nicht wie urspr. gedacht einen) magnetische Pole hat. Erforschte die Elektrizität und entwickelte eine erste Art des Elektroskops.
Graßmann, Hermann (D)	1809-1877	Mathematik Physik	Der introvertierte Philologe war in der Mathematik ein Autodidakt. Er führte Untersuchungen an elektrischen Strömen, Farbenlehre, Akustik, Phonetik und Harmonielehre. Sein mathematisches Werk „Ausdehnungslehre" beinhaltet Abhandlungen über Quaternionen, Matrizenkalküle und Vektor-Rechnungen.
Haber, Fritz (D); **NP 1919**	1868-1934	Chemie	Gilt als Schöpfer der Ammoniaksynthese, die heute noch in der modernen Landwirtschaft und zur Herstellung von Sprengstoff verwendet wird; war erster Erbauer eines funktionalen Katalysators.
Hahn, Otto (D); **NP 1944**	1879-1968	Chemie	Bestrahlte 1938 Uran mit Neutronen, worauf sich das Uran spaltete und Barium freisetzte. Für diese erste „Kernspaltung" erhielt er den NP. Hahn war mit der Physikerin Lise Meitner eng befreundet.
Halley, Edmond (GB**)**	1656-1742	Astronomie Mathematik	Königlicher Astronom, der einen „Catalogus stellarum Austrialanum" erstellte und 1705 einen nach ihm benannten Kometen entdeckte. Erklärte zudem erdmagnetische Erscheinungen (Polarlichter etc.).
Hamilton, Rowan (GB)	1805-1865	Mathematik Physik	Wunderkind, das 13 Sprachen sprach; er war bereits mit 23 Sternwarten-Leiter und mit 27 ein berühmter Mathematiker; schuf die Quaternionen (hyperkomplexe Zahlen a + bi + cj + dk) und die Vektor-Analysis.
Hawking, Stephen (GB)	1942	Astrophysik Mathematik	Der an ALS erkrankte Hawking erforscht bis heute die „Schwarzen Löcher" unseres Universums; er schrieb 1988 „Eine kurze Geschichte der Zeit" und „Das Universum in der Nussschale" (2001).
Heisenberg, Werner (D)	1901-1976	Physik	Begründete die Quantentheorie, indem er davon ausging, dass sich Elektronen nur durch sog. „Quantensprünge" verändern können und Atome sich anders verhalten, wenn man sie beobachtet.
Helmholtz, Hermann von (D)	1821-1894	Physik Medizin	Untersuchte Gärung, Fäulnis und Wärmeproduktion der Lebewesen. Mit seinem Buch zur „Erhaltung der Kraft" (1847) belegte er, dass sich Energie zwar verwandeln kann, aber niemals verloren geht.
Heron von Alexandria (GR)	um 100 nach Chr.	Mathematik Mechanik	Als Ingenieur und Erfinder übertrug er die Wissenschaft auf die Praxis. Er baute erste Automaten (Taxameter, Feldmesser, Musikmaschinen, windangetriebene Orgel u.v.m.) und eine Dampfmaschine.
Herophilos von Chalkedon (GR)	330-255 vor Chr.	Medizin	War der erste, der Menschen und Tiere obduzierte. Entdeckte dabei grundlegende Funktionen von Leber, Milz, Darm, Herz, Augen, Nerven, Gehirn und Blutkreislauf. Er unterschied erstmals Venen von Arterien

NAME (HERKUNFT)	**LEB-ZEITEN**	**FACH-GEBIET**	**BESONDERE ERRUNGENSCHAFTEN** IN CHEMIE, PHYSIK, MEDIZIN, MATHEMATIK, ASTRONOMIE UND BIOLOGIE
Herschel, William (D/GB)	1738-1822	Astronomie Mathematik	Saß Nacht für Nacht stundenlang vor seinem selbstgebauten Teleskop und beobachtete den Sternenhimmel. Entdeckte u.a. den Uranus, die Milchstraße und die Tatsache, dass alle Sterne Sonnen sind.
Hertz, Heinrich (D)	1857-1894	Physik	Bestätigte die Ergebnisse von James Clerk Maxwell, der die Radiowellen fand und konstruierte Sender und Empfänger elektromagnetischer Wellen.
Hilbert, David (D)	1862-1943	Mathematik	Prüfte alle möglichen Typen von Geometrien in ihrem Aufbau und Verhältnis, zeigte wie man durch Streichen 6 Hinzufügen von Axiomen von einer Geometrie zur anderen wechseln kann. Schrieb das berühmte Werk „Grundlagen der Geometrie“ (1899) und erstellte eine Liste von„23 mathem. Problemen“.
Hipparchos (GR)	190-120 vor Chr.	Astronomi Mathematik	Beobachte über 1.000 Sterne, verzeichnete sie in einem Katalog und einer Himmelskarte. Berechnete die Länge des Sonnen- und Sternenjahres sowie den Mondmonat. Gilt als Begründer der Trigonometrie.
Hippokrates (GR)	460-370 vor Chr.	Medizin	Vater der Medizin und erster Allgemeinarzt, Chirurg und Diätpapst. Krankheit war für ihn „Ausdruck einer Abweichung vom Gleichgewicht der Körpersäfte“ Heilte mit ersten Medikamenten aus der Natur.
Hooke, Robert (GB)	1635-1703	Chemie Biologie	Verbesserte mit Robert Boyle die von Otto von Guericke (1602-1686) entwickelte Luftpumpe, entwickelte Zenitteleskope 6 Mikroskope, mit denen er die (nach ihm benannten) Zellen der Pflanzen entdeckte.
Hubble, Edwin (USA)	1889-1953	Astronomie Physik	1925 bewies er, dass der „Andromedanebel M31“ weit außerhalb unserer Milchstraße liegt und bereitete dadurch die (von Georges Lemaître) entdeckte Expansion des Weltalls vor.
Huygens, Christian (NL)	1629-1695	Physik Mathematik Astronomie	Tausendsassa. Entdeckte mit einem selbstgebautem Fernrohr Ringe des Saturns, baute Pendel- und Taschenuhren, erklärte die Theorie der Wahrscheinlichkeit, beschrieb das sog. Stoßgesetz, begründete eine neue Lichttheorie und befasste sich mit Schwingungs- und Kreisbewegungen (Zentrifugalkraft).
Jenning, Edward (GB)	1749-1823	Virologie Medizin	Mit Mut zum Risiko impfte er 1796 einen gesunden achtjährigen Jungen mit (Kuh)Pockenerregern gegen echte Pocken und war erfolgreich. Gilt als Vater der Pockenschutzimpfung.
Joule, James Prescott (GB)	1818-1889	Physik Chemie	Wies durch Experimente nach, dass Wärme eine Form von Energie ist, die von Widerstand, Zeit und Stromstärke abhängig ist. Fand auch die innere Energie von Gasen (Joule-Thomson-Effekt).
Kelvin, William Thomson (IRL)	1824-1907	Physik Chemie	Als Forscher der Thermodynamik entwickelte und legte er die Temperaturskala mit Kelvin-Einheiten fest. Fand mit James Joule heraus, dass Gase mit dem Druck auch ihre Temperatur verändern und beim „absoluten Nullpunkt“ von - 273° C jede Teilchenbewegung aufhört.
Kepler, Johannes (D)	1571-1630	Astronomie Mathematik	Entdeckte die Gesetze der Planetenbewegung (Ellipsen) und zeichnete den Verlauf der Sternenbahnen auf. Rechnete dabei erstmals mit Integralen und Logarithmen. Außerdem belegte er Entdeckungen von Galilei.
Kirchhoff, Gustav R. (D)	1824-1887	Physik	Entdeckte mit Robert Bunsen die Spektralanalyse, wodurch geringste Mengen eines Elementes nachgewiesen werden können. Entwarf die Regeln der Stromverzweigung und untersuchte die Sonne.

BEDEUTENDE WISSENSCHAFTLER (KO-LI)

NAME (HERKUNFT)	**LEB-ZEITEN**	**FACH-GEBIET**	**BESONDERE ERRUNGENSCHAFTEN** IN CHEMIE, PHYSIK, MEDIZIN, MATHEMATIK, ASTRONOMIE UND BIOLOGIE
Koch, Robert (D); **NP 1905**	1843-1910	Medizin	Entdeckte durch mühsame und langwierige (Tier-)Experimente die Sporen, Bakterien und Erreger der Cholera, Malaria, Tuberkulose, Milzbrand, Schlafkrankheit und der Pest.
Kopernikus, Nikolaus (D/POL)	1473-1543	Astronomie Mathematik	Die Erde, die sich innerhalb 24 Stunden um die eigene Achse dreht, ist einer von vielen Planeten, die um die feststehende Sonne kreisen. Auch Fixsterne bewegen sich nicht. Der Mond dreht in kreis-förmigen Bahnen um die Erde. Mit diesen Erkenntnissen erschütterte er 1543 das alte Weltbild.
Lagrange, Joseph-Louis (IT)	1736-1813	Astronomie Mathematik	War bereits mit 19 Mathematik-Professor, leistete Bahnbrechendes in fast allen Gebieten der reinen Mathematik, begründete die analytische Mechanik (Lagrangefunktion), bewies das Dreikörperproblem der Himmelsmechanik (Lagrange-Punkte), die Variationsrechnung und die Theorie der komplexen Funktionen.
Lamarck, Jean de (F)	1744-1829	Zoologie Biologie	Nicht Charles Darwin, sondern er hatte die erste „Abstammungstheorie" entwickelt. Er führte den Begriff der „wirbellosen Tiere" ein und erkannte schon vor Darwin, dass Arten nicht unveränderlich sind.
Laplace, Pierre Simon (F)	1749-1827	Physik Mathematik Astronomie	Französische Revolution, Napoleon, Bourbonen, der Pariser erlebte live & hautnah alles mit. Ein Wunder, dass er sich in dieser Zeit auf seine Wahrscheinlichkeitstheorie (bei Glücksspielen) und der „Himmelsmechanik" (Berechnung der Planetenbahnen und Existenz von Schwarzen Löchern) konzentrieren konnte.
Lavoisier, Antoine (F)	1743-1794	Chemie	Vater der modernen Chemie; bewies, dass Wasser eine Verbindung aus Wasserstoff & Sauerstoff, und Luft eine Verbindung aus Sauerstoff und Stickstoff ist; durch akribisiche Forschung mit Schwefel und Phosphor belegte er, dass ein verbrannter Stoff so viel an Gewicht gewinnt, wie Sauerstoff hinzutritt. Gab der Chemie eine Ordnung durch Zählung und Symbolisierung der Elemente. Starb durch das Fallbeil.
Leibniz, Gottfried Wilhelm (D)	1646-1716	Mathematik Physik Philosophie	Befasste sich intensiv mit der symbolischen Logik, entwickelte (neben Newton) die Differenzial- und Infinitesimalrechnung, führte das Integralzeichen ein, baute 1672 eine Rechenmaschine, die multiplizieren, dividieren und die Quadratwurzel ziehen konnte, entwickelte das Dualsystem (Vorstufe der modernen Computertechnologie), erfand ein Gerät zur Windmessung und entwarf Pläne für U-Boote.
Liebig, Justus von (D)	1803-1873	Chemie	Pionier der organischen Chemie und Begründer der Agrikulturchemie; gründete in Gießen ein chemisches Labor und wissenschaftliches Fortbildungszentrum und führte dort mit seinen Schülern viele organische Elementaranalysen durch. Untersuchte den Stoffwechsel und fand heraus, dass durch Ackerbau dem Boden wichtige Nährstoffe entzogen werden, die nur durch Dünger wieder hinzugefügt werden können.
Linde, Carl von (D)	1842-1934	Physik Polytechnik	Entwickelte eine technische Methode (Linde-Verfahren), welche die Verflüssigung von Gasen und Sauerstoff in großen Mengen ermöglicht. Verbesserte u. a. auch das Kältetechnikverfahren.
Linné, Carl von (SWE)	1707-1778	Botanik Medizin	Der Arzt dokumentierte und klassifizierte Mineralien, Pflanzen und Tiere in Stämme, Klassen, Ordnung, Familie, Gattung und Arten.

NAME (HERKUNFT)	**LEB-ZEITEN**	**FACH-GEBIET**	**BESONDERE ERRUNGENSCHAFTEN** IN CHEMIE, PHYSIK, MEDIZIN, MATHEMATIK, ASTRONOMIE UND BIOLOGIE
Lobatschewski, Nikolai Iwan (RUS)	1793-1856	Mathematik	Entwickelte erstmals das vollständige System einer nicht-euklidischen Geometrie, basierend auf der Hypothese des spitzen Winkels (hyperbolische Geometrie). Schrieb „Lehrbuch der höheren Algebra" (1834).
Lorenz, Konrad (AUT); **NP 1973**	1903-1989	Zoologie	Bedeutender Verhaltensforscher (Ethnologe). Nach den Experimenten mit Graugänsen, allen voran der Gans „Martina" legte er den Begriff „Prägung" fest. Erhielt für seine Arbeit 1973 den Nobelpreis.
Mach, Ernst (AUT)	1838-1916	Physik Philosophie	Die Geschwindigkeit im Verhältnis zur Schallgeschwindigkeit (bei 20° C = 343 m/s) trägt heute seinen Namen: Mach. Durch Experimente belegte er zudem den damals umstrittenen Doppler-Effekt.
Magnus, Albert (D)	1193-1280	Biologie Philosophie	Als Mitbegründer der modernen Naturwissenschaften beschrieb er eine große Zahl von Pflanzen („De vegetabilibus"), Tieren und Insekten („De animalibus"). Er war Bischof und Lehrer von Thomas von Aquino.
Marconi, Guglielmo (IT); **NP 1909**	1874-1937	Physik	Pionier der Funktechnik. Er nutzte den Nachweis der elektromagnetischen Wellen und die Antennen des Russen Popow und baute daraus die erste kabellose Funkverbindung. Erhielt 1909 den Physik-Nobelpreis.
Maxwell, James (GB)	1831-1879	Physik Mathematik	Fand heraus, dass Licht eine elektromagnetische Strahlung ist und entwarf wichtige Beiträge zur Theorie der Gase und der Wärme; er berechnete u.a. die Durchschnittsgeschwindikgeit von Molekülen in Gasen („Maxwell-Gesetz") und entdeckte neue Erkenntnisse in der Optik.
Mayer, Julius Robert (D)	1814-1878	Physik Chemie	War eigentlich Arzt und reiste viel; schuf mit seiner Abhandlung „...über die Kräfte der unbelebten Natur" wesentliche Grundlagen zum mechanischen Wärmeäquivalent und zur Erhaltung der Energie. Er entwickelte das in der Chemie, Physik und Technik bis heute geltende Prinzip der „Auslösung" (Ursache/Wirkung).
Meitner, Lise (AUT/SWE)	1878-1968	Physik Mathematik	Lieferte im Auftrag von Otto Hahn 1939 gemeinsam mit ihrem Neffen Otto Frisch (1904-1979) die erste physikalische Erklärung der Kernspaltung (Uran 239), wodurch Kernenergie erst möglich wurde.
Mendel, Gregor J. (AUT)	1822-1884	Biologie	Durch Kreuzung von Erbsen und Bohnen deckte der Augustiner-Pater neue Erkenntnisse der Vererbungslehre auf. Gilt mit den „Mendelschen Gesetzen" auch als Vater der künstlichen Befruchtung.
Mendeleyev, Dmitri (RUS)	1834-1907	Chemie	Stellte im Chaos der Elemente wieder Ordnung her, indem er das Periodensystem etablierte. Dabei teilte er die Elemente in acht Gruppen ein und ordnete sie darin nach dem steigenden Atomgewicht.
Messier, Charles (F)	1730-1817	Astronomie	Entdeckte neben 20 Kometen auch Galaxien und ferne Sterne. Er zählt neben Wilhelm Herschel, Pierre Méchain, Jérome Lalande und Johann Encke zu den bekanntesten Astronomen seiner Zeit.
Michelson, Albert (USA); **NP 1907**	1852-1931	Physik	Maß um 1930 erstmals die Lichtgeschwindigkeit mit elektrischen Geräten. Zuvor entwickelte er den nach ihm benannten Lichtwellenmesser (Michelson-Interferometer) und erhielt dafür den Nobelpreis.

BEDEUTENDE WISSENSCHAFTLER (N-PL)

NAME (HERKUNFT)	**LEB-ZEITEN**	**FACH-GEBIET**	**BESONDERE ERRUNGENSCHAFTEN** IN CHEMIE, PHYSIK, MEDIZIN, MATHEMATIK, ASTRONOMIE UND BIOLOGIE
Newton, Sir Isaac (GB)	1642-1727	Physik Mathematik Astronomie	Introvertiertes Genie und Wunderkind; bereits als Student (in Cambridge) revolutionierte Newton die Mathematik (Infinitesimalrechnung), die Optik (Farbtheorie) und die Mechanik (universelle Gravitation am Beispiel „fallender Apfel"). Später berrechnete er die Kepler'schen Gesetze der Planetenbewegung, Mondbahn und Gezeiten. Er beschrieb den „binomischen Lehrsatz", fand Formeln zur Berechnung der Schallgeschwindigkeit und Durchschlagskraft von Geschossen. Hauptwerk: „Prinicipia Mathematica" von 1687.
Ohm, Georg Simon (D)	1789-1854	Physik	Untersuchte das Verhältnis zwischen Strom, Spannung und Widerstand. Sind 2 der drei Größen bekannt, lässt sich nach der Ohmschen Formel (Spannung durch Stromstärke = Widerstand) die dritte berechnen.
Omar Khayyam, (Persien)	1048-1131	Mathematik Astronomie	Löste kubische Gleichungen auf algebraischem und geometrischem Weg, befasst sich mit dem sog. Pascalschen Dreieck und irrationalen Zahlen. Entwarf den islamische Kalender, war Philosoph und Dichter.
Oppenheimer, Robert (D/USA)	1904-1967	Physik	Beschäftigte sich mit der Quantenmechanik. Entwickelte Trinity, die erste Atombombe der Welt, war aber ob der Wirkung entsetzt und verurteilte weitere Einsätze als er die Folgen von Hiroshima sah.
Ostwald, Wilhelm (D); **NP 1909**	1853-1932	Chemie	Experimentiere mit Säuren, Salzen und Basen, erforschte deren Leitfähigkeit und Reaktionsgeschwindigkeit und entdeckte dabei Affinitätskonstanten („Ostwaldsches Verdünnungsgesetz"). Beschäftigte sich auch intensiv mit Brennstoffzellen und Katalysatoren. 1909 erhielt er den Nobelpreis der Chemie.
Paré, Ambroise (F)	1510-1590	Medizin	Gilt als Wegbereiter der modernen Chirurgie; er fand neue Behandlungsmethoden von Schusswunden, Knochenbrüchen und Amputationen (durch Abbinden der Gefäße); war Chirurg von vier franz. Königen.
Pascal, Blaise (F)	1623-1662	Mathematik Physik	Im Experiment „Leere in der Leere" mit Quecksilber-Barometern bewies er die Existenz des Vakuums; fand heraus, dass der Luftdruck in der Höhe abnimmt. Mitbegründer der Wahrscheinlichkeitsrechnung.
Pasteur, Louis (F)	1822-1895	Chemie Bakteriologie	Beschäftigte sich mit Gärung und Fäulnis. Fand heraus, dass dafür Bakterien verantwortlich sind, die durch Abkochen (pasteurisieren) absterben. Entdeckte den Milzbranderreger und einen Impfstoff gegen Tollwut.
Pauli, Wolfgang (AUT); **NP 1945**	1900-1958	Physik Mathematik	Lieferte wichtige Erkenntnisse zur Quantenphysik u.a. das „Ausschließungsprinzip", das mit dem sog. Spin zusammenhängt. Für diese elementaren Prinzipien erhielt er 1945 den Nobelpreis für Physik.
Pauling, Linus (USA) **NP 1954 & 1962**	1901-1994	Chemie Biologie	Forschte mit Elektronen und biologischen Molekülen und fand deren chemische Bindungen in der Natur. Gilt als einer der Väter der Quantenchemie. Nobelpreis für Chemie (1954) und Friedensnobelpreis (1962).
Pawlow, Ivan (RUS)	1849-1936	Psychologie	Fand heraus, dass Hunde Magensaft absondern, sobald sie Futter nur sehen und schrieb die Lehre des „bedingten Reflexes", dessen Nerventätigkeit sich auch auf den Mensch übertragen läßt.
Planck, Max (D); **NP 1918**	1858-1947	Physik	Er ging davon aus, dass Energie von einem Körper nicht in einem Fluss, sondern in Paketen, sog. Quanten abgestrahlt wird und begründete dadurch die Quantentheorie. Diese besagt u.a., dass die Größe der Energiepäckchen proportional zur Schwingungszahl (multipliziert mit dem konstanten Faktor h) entsteht.

NAME (HERKUNFT)	**LEB-ZEITEN**	**FACH-GEBIET**	**BESONDERE ERRUNGENSCHAFTEN** IN CHEMIE, PHYSIK, MEDIZIN, MATHEMATIK, ASTRONOMIE UND BIOLOGIE
Priestley, Joseph (GB)	1733-1804	Chemie	Der Geistliche isolierte Gase durch Einsatz von Quecksilber; entdeckte dadurch Sauerstoff, Salzsäure und Lachgas (Stickstoffoxid). Er mischte Wasser mit Kohlensäure (und erfand so zufällig Mineralwasser).
Ptolemäus, Claudius (GR)	um 120-168 n. Chr.	Astronomie Geologie	Universal-Genie; der Grieche schrieb umfangreiche Werke zur Mathematik und Astronomie (Hauptwerk: Almagest), Geografie (Definition der Breitengrade), Musiktheorie, Optik (Lichtbrechung) und Philosophie.
Pythagoras (GR)	570-510 vor Chr.	Mathematik Philosophie	Bedeutender Philosoph (Vorsokratiker), Mathematiker (Satz des Pythagoras: $a^2 + b^2 = c^2$), Astronom und Naturwissenschaftler.
Ramón y Cajal, Sant. (E); **NP 1906**	1852-1934	Physik Medizin	Der Gehirnforscher fand heraus, dass das zentrale Nervensystem aus Milliarden Neuronen besteht, die alle über sogenannte Synapsen miteinander kommunizieren und erhielt dafür 1906 den Nobelpreis für Medizin.
Ramsay, William, (GB); **NP 1904**	1852-1916	Chemie	Entdeckte die Edelgase Argon, Krypton, Xenon, Neon und beobachtete beim Zerfall des Radons die Entstehung von Helium; fand Methode zur Ermittlung von Atomgewichten; 1904 NP für Chemie.
Rhases, Abu Bakr Muhamed (IRAN)	844-926	Medizin	Arzt und Leiter eines Krankenhauses in Bagdad mit vielen Heilerfolgen; hinterließ über 131 Bände zu Krankheiten und deren Behandlung (u.a. Pocken & Masern), schrieb zwei Enzyklopädien der Medizin.
Richter, Charles Francis (USA)	1900-1985	Seismologie	Kreierte 1935 (gemeinsam mit B. Gutenberg) die logarithmischen Maßeinheiten der Bebenstärke. „Auf der nach oben offenen Richter-Skala" hat keinen Endwert für ein absolut stärkstes Erdbeben.
Riemann, Bernhard (D)	1826-1866	Mathematik Physik	Hatte maßgeblichen Anteil an der nichteuklidischen Geometrie (Parallelenaxiom. Erbrachte außerdem wertvolle Erkenntnisse in der allgemeinen Funktionentheorie und der/den Differentialgleichungen.
Röntgen, Wilhelm Konrad (D); **NP 1901**	1845-1923	Physik	Fand 1895 eine neue Art von durchdringenden X-Strahlen und begründete damit das Grundwissen der Computertomografie und der Sonografie. Erhielt 1901 den ersten Physik-Nobelpreis überhaupt.
Rutherford, Ernest, (NZ); **NP 1908**	1871-1937	Chemie	Identifizierte 1903 drei Arten der Radioaktivität: Alpha-, Beta- und Gamma-Strahlen. Entdeckte den „fotoelektrischer Effekt" und führte den ersten künstlichen Kernzerfall durch.
Schrödinger, Erwin (AUT); **NP 1933**	1887-1961	Physik	Beschrieb die Wellenmechanik als Grundlage der Quantenmechanik (Schrödinger-Gleichung), entwickelte ein physikalisches Gedankenexperiment („Schrödingers Katze") und eine Theorie zur Farbenwahrnehmung.
Siemens, Werner von (D)	1816-1892	Physik Mechanik	Erkannte früh, dass sich Gummi als Isoliermittel eignet und gründete 1849 eine Firma zur Herstellung von Unterwasserkabeln. Verbesserte den Dynamo durch Nutzung eines Elektro- anstelle eines Stahlmagneten. 1866 entwickelte er den ersten elektrischen Generator. 1874 legte er die erste transatlantische Unterwasser-Telegrafenleitung, 1879 folgte die erste elektrische Lokomotive, Straßenbeleuchtung und Straßenbahn.
Stevin, Simon (NL)	1548-1620	Physik Mathematik	Begründer der modernen Statik und Hydrostatik; fand das Gesetz des Kräfteparallelogramms, das „hydrostatische Paradoxon" und andere Gesetze wie das Verhältnis von Kraft und Weg auf einer schiefen Ebene.

BEDEUTENDE WISSENSCHAFTLER (ST-Z)

NAME (HERKUNFT)	**LEB-ZEITEN**	**FACH-GEBIET**	**BESONDERE ERRUNGENSCHAFTEN** IN CHEMIE, PHYSIK, MEDIZIN, MATHEMATIK, ASTRONOMIE UND BIOLOGIE
Strutt, John W. Baron (GB); **NP 1904**	1842-1919	Physik	Forschte in der Optik, Elektrizität, Thermodynamik, Wellentheorie und bereitete die Entdeckung der Edelgase (siehe Ramsay) vor. Erklärte das Himmelsblau anhand der Streuung des Lichtes.
Szent-Györgyi, Alb. (UNG); **NP 1937**	1893-1986	Medizin	Untersuchte u.a. Vitamine (entdeckte dabei das Vitamin C), die Oxidationsvorgänge in lebenden Organismen, den (Kohlen)-Stoffwechsel und die Muskelbiologie. Erhielt 1937 den NP für Medizin.
Tesla, Nikola (SERB/USA)	1856-1943	Physik	1884 arbeitete das verkannte Genie kurze Zeit für Edison; danach erfand er den Zweiphasenwechselstrom und entfachte den sog. Stromkrieg zw. Gleichstrom (von Edison) und Wechselstrom (Tesla/Westinghouse). Die USA entschied sich 1891 für den sicheren Wechselstrom. 1900 meldete er das Patent zur Funktechnik an.
Theophrastos (GR)	372-288 vor Chr.	Biologie Botanik	Der Vater der Pflanzenkunde und Schüler von Aristoteles schrieb 400 Bücher; untersuchte viele Hunderte Pflanzen bis ins Detail und erforschte deren Herkunft, befaßte sich auch mit deren medizin. Verwendung.
Thomson, Joseph (GB); **NP 1906**	1856-1940	Physik	Er entdeckte 1897 durch die Kathodenstrahlung das freie Elektron und fand heraus, dass Ionen und Elektronen die Elektrizitätsträger bei elektrischen Entladungen in Gasen sind. 1906 Nobelpreis für Physik.
Tinbergen, Nikolaas (NL); **NP 1973**	1907-1988	Zoologie Ethologie	Untersuchte das Verhalten von Tieren (vor allem von Fischen und Insekten) und Menschen (kindlichen Autismus); schrieb Lehrbücher (u.a. The Study of Instinct) zur Verhaltensforschung; Nobelpreis 1973.
Van de Graaf, Robert (USA)	1901-1967	Physik	Entwickelte 1931-33 den nach ihm benannten Van-de-Graaf-Generator zur Erzeugung von bis zu mehreren Millionen Volt und setzte ihn zur Beschleunigung von geladenen Teilchen ein.
Vesalius, Andreas, (B)	1515-1564	Medizin	Führte schon als Student Sektionen durch und war bereits mit 23 Jahren Professor der Chirurgie, schrieb sieben Bücher über die Anatomie des menschlichen Körpers. Später Leibarzt Kaiser Karl V. von Spanien.
Vieta, Francois (F)	1540-1603	Mathematik	Führte Buchstaben, Bruchstriche, Wurzelzeichen und Klammern in die Mathematik ein, um das Rechnen zu vereinfachen und Formeln verständlicher zu erklären. Thomas Harriot (1560-1621) ersetzte die großen Buchstaben von Vieta durch kleine und begründete damit die heutige algebraische Schreibweise.
Virchow, Rudolph (D)	1821-02	Medizin Pathologie	Der Begründer der modernen Pathologie forschte in der Ethnologie & Urgeschichte; er setzte sich für bessere hygienischere Lebensbedingungen ein und forderte u.a. den Bau von Krankenhäusern und Kanalisationen.
Volta, Alessandro (IT)	1745-1827	Physik	Nahm Luigi Galvanis (1737-1798) Entdeckung des elektrischen Stroms auf und erfand die Elektrolyse von Wasser, entwickelte die Batterie (1800), ein Amperemeter und die „Voltasche Säule" (aus Kupfer & Zink).
Watt, James (GB)	1736-1819	Physik	Perfektionierte den Wirkungsgrad von Dampfmaschinen durch die Entwicklung neuer Kondensatoren und Nutzung von Pleuelstangen; erfand u.a. das „Wattsche Parallelogramm" & ein Landvermessungsteleskop.
Young, Thomas (GB)	1773-1829	Physik Medizin	Das hochbegabte Universalgenie befasste sich u.a. mit der Farbentheorie, den Lichtwellen, den Gezeiten, der Statik, der Technik und entzifferte ägypt. Hieroglyphen (u.a. den „Dreisprachen-Stein" von Rossette).

ORD. ZAHL	ELEMENT	SY	GRUPPE, AGGREGAT-ZUSTAND (BEI 20°C)	ATOM-GEWICHT	SCHMELZ-PUNKT (C)	SIEDE-PUNKT (C)	ENT-DECKT	ENTDECKER
1	**Wasserstoff** (Hydro)	H	Nichtmetall, Gas	1,01	-259,1	-252,9	1766	Henry Cavendish
2	**Helium**	He	Edelgas, Gas	4,00	-272,2	-268,9	1895	Ramsay, Crookes, Cleve, Langlet
3	**Lithium**	Li	Alkalimetall, fest	6,94	180,5	1.317	1817	Johan August Arfwedson
4	**Beryllium**	Be	Erdalkalimetall, fest	9,01	1.278	2.970	1797	Louis-Nicolas Vauquelin
5	**Bor**	B	Halbmetall, fest	10,81	2.300	2.550	1808	Humphry Davy & J. Gay-Lussac
6	**Kohlenstoff** (Carbon)	C	Nichtmetall, fest	12,01	3.550	4.827	unbek.	unbekannt
7	**Stickstoff** (Nitrogen)	N	Nichtmetall, Gas	14,01	-209,9	-195,8	1771	Carl Wilh. Scheele & Rutherford
8	**Sauerstoff** (Oxygen)	O	Nichtmetall, Gas	16,00	-218,4	-182,9	1774	Carl W. Scheele & Jos. Priestley
9	**Fluor**	F	Halogen, Gas	19,00	-219,6	-188,1	1886	Henri Moissan
10	**Neon**	Ne	Edelgas, Gas	20,18	-248,7	-246,1	1898	William Ramsay & Morris Travers
11	**Natrium**	Na	Alkalimetall, fest	22,99	97,8	892	1807	Humphry Davy
12	**Magnesium**	Mg	Erdalkalimetall, fest	24,30	648,8	1.107	1808	Antoine Bussy
13	**Aluminium**	Al	Leichtmetall, fest	26,98	660,5	2.467	1825	Hans Christian Ørsted
14	**Silicium**	Si	Halbmetall, fest	28,09	1.410	2.355	1824	Jöns Jakob Berzelius
15	**Phosphor**	P	Nichtmetall, fest	30,97	44	280	1669	Hennig Brand
16	**Schwefel** (Sulfur)	S	Nichtmetall, fest	32,07	113	444,7	prähist.	Unbekannt
17	**Chlor**	Cl	Halogen, Gas	35,45	-101	-34,6	1774	Carl Wilhelm Scheele
18	**Argon**	Ar	Edelgas, Gas	39,94	-189,4	-185,9	1894	William Ramsay & John W. Strutt
19	**Kalium**	K	Alkalimetall, fest	39,09	63,7	774	1807	Humphry Davy
20	**Calcium**	Ca	Erdalkalimetall, fest	40,07	339	1.487	1808	Humphry Davy

ORD. ZAHL	ELEMENT	SY	GRUPPE, AGGREGAT-ZUSTAND (BEI 20°C)	ATOM-GEWICHT	SCHMELZ-PUNKT (C)	SIEDE-PUNKT (C)	ENT-DECKT	ENTDECKER
21	**Scandium**	Sc	Übergangsmetall, fest	44,96	1.539	2.832	1879	Lars Fredrik Nilson
22	**Titan**	Ti	Übergangsmetall, fest	47,88	1.660	3.260	1791	William Gregor & Martin Klaproth
23	**Vanadium**	V	Übergangsmetall, fest	50,94	1.890	3.380	1801	Andrés Manuel del Rio
24	**Chrom**	Cr	Übergangsmetall, fest	52,00	1.857	2.482	1797	Louis-Nicolas Vauquelin
25	**Mangan**	Mn	Übergangsmetall, fest	54,90	1.244	2.097	1774	Johann Gottlieb Gahn
26	**Eisen** (Ferrum)	Fe	Übergangsmetall, fest	55,85	1.535	2.750	prähist.	Unbekannt
27	**Cobalt**	Co	Übergangsmetall, fest	58,93	1.495	2.870	1735	Georg Brandt
28	**Nickel**	Ni	Übergangsmetall, fest	58,69	1.453	2.732	1751	Axel Frederic Cronstedt
29	**Kupfer** (Cuprum)	Cu	Übergangsmetall, fest	63,55	1.083,5	2.595	prähist.	Unbekannt
30	**Zink**	Zn	Übergangsmetall, fest	65,39	419,6	907	prähist.	Unbekannt
31	**Gallium**	Ga	Metall, fest	69,72	29,8	2.403	1875	Lecoq de Boisbaudran
32	**Germanium**	Ge	Halbmetall, fest	72,61	937,4	2.830	1886	Clemens Winkler
33	**Arsen**	As	Halbmetall, fest	74,92	613		1250	Albertus Magnus
34	**Selen**	Se	Halbmetall, fest	78,96	217	685	1817	Jöns Jakob Berzelius
35	**Brom**	Br	Halogen, flüssig	79,90	-7,3	58,8	1826	Antoine-Jérôme Balard
36	**Krypton**	Kr	Edelgas, Gas	83,80	-156,6	-152,3	1898	William Ramsay & Morris Travers
37	**Rubidium**	Rb	Alkalimetall, fest	85,45	39	688	1861	Robert Bunsen & Gustav Kirchhoff
38	**Strontium**	Sr	Erdalkalimetall, fest	87,62	769	1.384	1790	Adair Crawford
39	**Yttrium**	Y	Übergangsmetall, fest	88,91	1.523	3.337	1794	Johan Gadolin
40	**Zirkonium**	Zr	Übergangsmetall, fest	91,22	1.852	4.377	1789	Martin Heinrich Klaproth

CHEMISCHE ELEMENTE (21-40)

ORD. ZAHL	ELEMENT	SY	GRUPPE, AGGREGAT-ZUSTAND (BEI 20°C)	ATOM-GEWICHT	SCHMELZ-PUNKT (C)	SIEDE-PUNKT (C)	ENT-DECKT	ENTDECKER
41	**Niob**	Nb	Übergangsmetall, fest	92,91	2.468	4.927	1801	Charles Hatchett
42	**Molybdän**	Mo	Übergangsmetall, fest	95,94	2.617	5.560	1778	Carl Wilhelm Scheele
43	**Technetium**	Tc	Übergangsmetall, fest	98,91	2.172	5.030	1937	Emilio Segrè & Carlo Perrier
44	**Ruthenium**	Ru	Übergangsmetall, fest	101,07	2.310	3.900	1844	Karl Ernst Claus
45	**Rhodium**	Rh	Übergangsmetall, fest	102,91	1.966	3.727	1803	William Hyde Wollaston
46	**Palladium**	Pd	Übergangsmetall, fest	106,42	1.552	3.140	1803	William Hyde Wollaston
47	**Silber** (Argentum)	Ag	Übergangsmetall, fest	107,87	961,9	2.212	prähist.	Unbekannt
48	**Cadmium**	Cd	Übergangsmetall, fest	112,41	321	765	1817	Friedr. Stromeyer & Carl Hermann
49	**Indium**	In	Metall, fest	114,82	156,2	2.080	1863	Ferdinand Reich & Theo Richter
50	**Zinn** (Stannum)	Sn	Metall, fest	118,71	232	2.270	prähist.	Unbekannt
51	**Antimon** (Stibium)	Sb	Halbmetall, fest	121,75	630,7	1.750	prähist.	Unbekannt
52	**Tellur**	Te	Halbmetall, fest	127,60	449,6	990	1782	Franz J. Müller von Feichenstein
53	**Iod**	I	Halogen, fest	126,90	113,5	184,4	1811	Bernard Courtois
54	**Xenon**	Xe	Edelgas, Gas	131,29	-111,9	-107	1898	William Ramsay & Morris Travers
55	**Cäsium**	Cs	Alkalimetall, fest	132,91	28,4	690	1860	Gustav Kirchhoff & Robert Bunsen
56	**Barium**	Ba	Erdalkalimetall, fest	137,33	725	1.640	1808	Humphry Davy
57	**Lanthan**	La	Übergangsmetall, fest	138,90	920	3.454	1839	Carl Gustav Mosander
58	**Cer**	Ce	Lanthanoide, fest	140,11	798	3.257	1803	von Hisinger, Berzelius, Klaproth
59	**Praseodym**	Pr	Lanthanoide, fest	140,91	931	3.212	1885	Carl Auer von Welsbach
60	**Neodym**	Nd	Lanthanoide, fest	144,24	1.010	3.127	1895	Carl Auer von Welsbach

ORD. ZAHL	ELEMENT	SY	GRUPPE, AGGREGAT-ZUSTAND (BEI 20°C)	ATOM-GEWICHT	SCHMELZ-PUNKT (C)	SIEDE-PUNKT (C)	ENT-DECKT	ENTDECKER
61	**Promethium**	Pm	Lanthanoide, fest	146,92	1.080	2.730	1945	Marinsky, Glendenin, Coryell
62	**Samarium**	Sm	Lanthanoide, fest	150,36	1.072	1.778	1879	Lecoq de Boisbaudran
63	**Europium**	Eu	Lanthanoide, fest	151,96	822	1.597	1901	Eugène-Anatole Demarcay
64	**Gadolinium**	Gd	Lanthanoide, fest	157,25	1.311	3.233	1880	Jean Charles G. de Marignac
65	**Terbium**	Tb	Lanthanoide, fest	158,93	1.360	3.041	1843	Carl Gustav Mosander
66	**Dysprosium**	Dy	Lanthanoide, fest	162,50	1.409	2.335	1886	Lecoq de Boisbaudran
67	**Holmium**	Ho	Lanthanoide, fest	164,93	1.470	2.720	1878	Marc Delafontaine & Jacques Soret
68	**Erbium**	Er	Lanthanoide, fest	167,26	1.522	2.510	1843	Carl Gustav Mosander
69	**Thulium**	Tm	Lanthanoide, fest	168,93	1.545	1.727	1879	Per Teodor Cleve
70	**Ytterbium**	Yb	Lanthanoide, fest	173,04	824	1.193	1878	Jean Charles G. de Marignac
71	**Lutetium**	Lu	Lanthanoide, fest	175,00	1.656	3.315	1907	Carl v. Welsbach & George Urbain
72	**Hafnium**	Hf	Übergangsmetall, fest	178,49	2.150	5.400	1923	Dirk Coster & George de Hevesy
73	**Tantal**	Ta	Übergangsmetall, fest	180,95	2.996	5.425	1802	Anders Gustaf Ekeberg
74	**Wolfram**	W	Übergangsmetall, fest	183,85	3.407	5.927	1783	Fausto & Juan de Elhuyar
75	**Rhenium**	Re	Übergangsmetall, fest	186,21	3.180	5.627	1925	Noddack, Tacke, Berg
76	**Osmium**	Os	Übergangsmetall, fest	190,20	3.045	5.027	1803	Smithson Tennant
77	**Iridium**	Ir	Übergangsmetall, fest	192,22	2.410	4.130	1803	Smithson Tennant
78	**Platin**	Pt	Übergangsmetall, fest	195,08	1.772	3.827	1557	Julius Ceasar Scaliger
79	**Gold** (Aurum)	Au	Übergangsmetall, fest	196,97	1.064,4	2.940	prähist.	Unbekannt
80	**Quecksilber**	Hg	Übergangsmetall, flüssig	200,59	38,9	356,6	prähist.	Unbekannt

CHEMISCHE ELEMENTE (61-80)

ORD. ZAHL	ELEMENT	SY	GRUPPE, AGGREGATZUSTAND (BEI 20°C)	ATOMGEWICHT	SCHMELZPUNKT (C)	SIEDEPUNKT (C)	ENTDECKT	ENTDECKER
81	**Thallium**	Tl	Metall, fest	204,38	303,6	1.457	1861	William Crookes
82	**Blei** (Plumbum)	Pb	Metall, fest	207,20	327,5	1.740	prähist.	Unbekannt
83	**Wismut** (Bismut)	Bi	Metall, fest	208,98	271,4	1.560	1540	Georgius Agricola
84	**Polonium**	Po	Metall, fest	208,98	254	962	1898	Marie und Pierre Curie
85	**Astat**	At	Halogen, fest	209,99	302	337	1940	Corson, MacKenzie, Emilio Segrè
86	**Radon**	Rn	Edelgas, Gas	222,02	-71	-61,8	1900	Friedrich Ernst Dorn
87	**Francium**	Fr	Alkalimetall, fest	223,02	27	677	1939	Marguerite Perey
88	**Radium**	Ra	Erdalkalimetall, fest	226,03	700	1.140	1898	Marie und Pierre Curie
89	**Actinium**	Ac	Übergangsmetall, fest	227,02	1.047	3.197	1899	André-Louis Debierne
90	**Thorium**	Th	Actinoide, fest	232,04	1.750	4.787	1829	Jöns Jakob Berzelius
91	**Protactinium**	Pa	Actinoide, fest	231,04	1.554	4.030	1917	Fajans, Göring, Hahn, Meitner
92	**Uran**	U	Actinoide, fest	238,03	1.132,4	3.818	1789	Martin Heinrich Klaproth
93	**Neptunium**	Np	Actinoide, fest	237,05	640	3.902	1940	Edwin McMillan & Philip Abelson
94	**Plutonium**	Pu	Actinoide, fest	244,06	641	3.327	1940	Seaborg, Kennedy, McMillan, Wahl
95	**Americium**	Am	Actinoide, fest	243,06	994	2.607	1944	Glenn T. Seaborg
96	**Curium**	Cm	Actinoide, fest	247,07	1.340	3.110	1944	Seaborg, James, Morgan, Ghiorso
97	**Berkelium**	Bk	Actinoide, fest	247,07	986	unbekannt	1949	Glenn T. Seaborg
98	**Californium**	Cf	Actinoide, fest	251,08	900	unbekannt	1950	Thompson, Street, Ghiorso, Seaborg
99	**Einsteinium**	Es	Actinoide, fest	252,08	860	unbekannt	1952	Glenn T. Seaborg
100	**Fermium**	Fm	Actinoide, unbekannt	257,10	unbekannt	unbekannt	1952	Glenn T. Seaborg

CHEMISCHE ELEMENTE (101-118)

ORD. ZAHL	ELEMENT	SY	GRUPPE, AGGREGAT-ZUSTAND (BEI 20°C)	ATOM-GEWICHT	SCHMELZ-PUNKT (C)	SIEDE-PUNKT (C)	ENT-DECKT	ENTDECKER
101	**Mendelevium**	Md	Actinoide, unbekannt	258,10	unbekannt	unbekannt	1955	Seaborg, Ghiorso, Harvey, Choppin
102	**Nobelium**	No	Actinoide, unbekannt	259,10	unbekannt	unbekannt	1958	Seaborg, Ghiorso, Sikkeland, Walton
103	**Lawrencium**	Lr	Actinoide, unbekannt	260,10	1.627	unbekannt	1961	Ghiorso, Sikkeland, Larsh, Latimer
104	**Rutherfordium**	Rf	Übergangsmetall, unb.	261,11	unbekannt	unbekannt	1964/69	Georgi Flerow oder Ghiorso
105	**Dubnium**	Db	Übergangsmetall, fest	262,11	unbekannt	unbekannt	1967/70	Georgi Flerow oder Ghiorso
106	**Seaborgium**	Sg	Übergangsmetall, fest	263,12	unbekannt	unbekannt	1974	Georgi Flerow & Juri Organessian
107	**Bohrium**	Bh	Übergangsmetall, fest	262,12	unbekannt	unbekannt	1976	Juri Zolakowitsch Oganessian
108	**Hassium**	Hs	Übergangsmetall, fest	265,00	unbekannt	unbekannt	1984	GSI Gesell. für Schwerionenforschung
109	**Meitnerium**	Mt	Übergangsmetall, fest	266,00	unbekannt	unbekannt	1982	GSI
110	**Darmstadtium**	Ds	Übergangsmetall, fest	269,00	unbekannt	unbekannt	1994	GSI
111	**Roentgenium**	Rg	Übergangsmetall, fest	272,00	unbekannt	unbekannt	1994	GSI
112	**Copernicum**	Uub	Übergangsmetall, fest	277,00	unbekannt	unbekannt	1996	GSI
113	**Nihonium**	Uut	unbekannt	287,00	unbekannt	unbekannt	2004	JINR Joint Inst. Nuclear Research
114	**Flerovium**	Uuq	unbekannt	289,00	unbekannt	unbekannt	1999	JINR Joint Inst. Nuclear Research
115	**Moscovium**	Uup	unbekannt	288,00	unbekannt	unbekannt	2006	JINR Joint Inst. Nuclear Research
116	**Livermorium**	Uuh	unbekannt	289,00	unbekannt	unbekannt	2001	JINR Joint Inst. Nuclear Research
117	**Tenness**	Uus	künstlich erzeugt	292,00	unbekannt	unbekannt	2010	Kernforschungszentrum Dubna, RUS
118	**Oganesson**	Uuo	Edelgas, unbekannt	293,00	unbekannt	unbekannt	2006	JINR Joint Inst. Nuclear Research

CHEMISCHE ELEMENTE (101-118)

FIRMA (GRÜNDUNG)	**GRÜNDER** (LEBENSZEIT)	**WIE ALLES BEGANN**
Adidas (1920)	Adolf Dassler (1900-1978) Rudolf Dassler (1898-1974)	Schuhmacher „Adi“ Dassler (* in Herzogenaurach) entwickelte 1925 den ersten Fußballschuh mit Nagelstollen. 1947 verließ ihn Bruder Rudolf und gründete das eigene Unternehmen „Puma“.
ALDI (1948)	Karl Albrecht (1920-2014) Theo Albrecht (1922-2010)	In Schonebeck bei Essen betrieb die Mutter der Brüder einen Lebensmittelladen. Diesen bauten sie nach dem Krieg sukzessive zu der Ladenkette „**Al**brecht **Di**scount“ auf. Karl war der Gründer von ALDI Süd.
Amazon.com (1994)	Jeffrey „Jeff“ P. Bezos (1964)	Der US-amerikanische Online-Versandhandel mit Sitz in Seattle begann als Online-Buchhandel und verkaufte im Juli 1995 sein erstes Buch. Seitdem wächst das UN mit Eigenmarken wie Kindle, Prime, Echo (Alexa) u.a.
Apple (1976)	Steve Jobs (1955-2011) & Stephen Wozniak (1950)	Steve Jobs entwickelte zunächst für Atari Computerspiele, bevor er Mitte der 70er mit Stephen Wozniak in der elterlichen Garage den ersten Personalcomputer „Apple I“ aus Holz konstruierte.
Audi (1909)	August Horch (1868-1951)	Der gelernte Schmied baute zunächst für die eigene Horch AG Autos mit vier und sechs Zylindern, verließ die Firma aber wegen Differenzen und gründete „Audi“ (lateinische Übersetzung von Horch).
Bahlsen (1889)	Hermann Bahlsen (1859-1919)	Als Kaufmann reiste er nach London und kam mit einem Cake-Rezept nach Hannover zurück, wo er seine eigene Bäckerei gründete. 1893 begann er mit der Produktion des berühmten Leibniz-Keks.
Bayer (1863)	Friedrich Bayer (1825-1880) Friedr. Weskott (1821-1876)	Die beiden Wuppertaler Freunde experimentierten erst in der Waschküche (später im Gartenhaus) der Bayers mit der Herstellung von Teerfarben. Mit den chemischen Mitteln Anilin und Fuchsin kam der Erfolg.
Bertelsmann (1824/35)	Carl Bertelsmann (1791-1850)	Der Gütersloher Buchdrucker gründete zunächst eine Steindruckerei, später einen Verlag für kirchliche Lieder, Schriften und Lehrbücher. Nach wenigen Jahren stieg der Verlag zur Großdruckerei auf.
BMW (1913/17)	Karl Rapp (1882-1926), Gustav Otto (1883-1926)	Motorenbauer Rapp und Flugzeugbauer Otto fusionierten 1917 zu den „Bayerische Motorenwerke“, die Franz Popp leitete. BMW baute Motoren für Flugzeuge, Motorräder und ab 1928 für Automobile (Dixie).
Boeing (1916/17)	William Edward Boeing (1881-1956)	Der Sohn deutscher Einwanderer gründete gemeinsam mit C. Westervelt in Seattle die Boeing Airplane Company. Neben Passagierflugzeugen bauten sie ab Mitte der 30er u.a. auch den B17 Bomber.
Bosch (1886)	Robert Bosch (1861-1942)	Nachdem der gebürtige Ulmer von 1884 bis 1885 Mitarbeiter bei Thomas Alva Edison in Amerika war, kehrte er nach Stuttgart zurück und gründet eine Werkstatt für Feinmechanik und Elektrotechnik.
Budweiser (1883)	Adolphus Busch (1839-1913)	Das vorletzte von insgesamt 22 Kindern eines Mainzer Gastwirtes emigrierte 1857 nach St. Louis. Dort heiratete er 1861 Lilly Anheuser, die Tochter eines Brauers und pasteurisierte erstmals Bier.
Citroën (1919)	André Citroën (1878-1935)	Das erste Modell des Franzosen war der „Typ A“ mit 18 PS. 1934 baute er das erste Auto mit Vorderradantrieb. Leider blieb der Erfolg zunächst aus und er musste notgedrungen die Firma an Michelin verkaufen.
Chrysler (1925)	Walter P. Chrysler (1875-1940)	Erst war er Manager der „Great Western Eisenbahn“, dann Produktionschef bei Buick, dann sanierte er den Autohersteller Maxwell und brachte 1924 das innovative Fahrzeug „Chrysler Six“ auf den Markt.

MARKEN/FIRMEN UND IHRE GROSSVÄTER (C-J)

FIRMA (GRÜNDUNG)	**GRÜNDER** (LEBENSZEIT)	**WIE ALLES BEGANN**
Coca-Cola (1892)	Asa Griggs Candler (1851-1929)	Er kaufte die Rezeptur (ursprünglich ein Mittel gegen Kopfschmerzen und Müdigkeit) für 2.300 Dollar, machte daraus ein koffeinhaltiges Getränk und verkaufte es ab 1916 in der typischen Konturflasche.
Ebay (1995)	Pierre Omidya (1967)	Die Idee zur Online-Tauschbörse bekam der studierte Software-Ingenieur über seine damalige Freundin, die PEZ-Stäbchen sammelte. Er fing mit einer Seite an, die er selbst programmierte.
Esso/Exxon (1866/1870)	John D. Rockefeller (1839-1937)	Als Sohn der deutschen Einwandererfamilie „Steinhauer" wurde er in Amerika vom Tellerwäscher zum Milliardär. Erst als Makler, später mit einer Raffination von Rohöl zu Benzin. (Standard Oil/Esso).
Facebook (2004)	Mark Zuckerberg (1984)	Gemeinsam mit Eduardo Saverin, Dustin Moskovitz und Christopher Hughes gründete Zuckerberg im Juli 2004 das soziale Netzwerk mit Sitz im kalifornischen Menlo Park.
Ferrero (1946)	Pietro Ferrero (1898-1949)	Bereits 1940 erfand der Konditor Ferrero aus Alba (Piemont, Italien) die Nutella, die er zunächst als „Supercrema" verkaufte. Nach seinem Tod leitete der Sohn Michele erfolgreich das Unternehmen weiter.
Fiat (1899)	Giovanni Agnelli (1866-1945)	Der ausgebildete Leutnant schloss sich 1899 der „Fabbrica Italiana Automobilio Turino" an, wurde bald Direktor und produzierte für den 1. Weltkrieg auch Panzer, was FIAT erste große Gewinne einbrachte.
Ford (1903)	Henry Ford (1863-1947)	Der Farmersohn Henry Ford liebte die Technik und konstruierte 1892 sein erstes Auto mit Benzinmotor (Tin Lizzy/T-Model), das er später dank seiner Erfindung des Fließbandes (1913) 15 Mio. mal verkaufte.
Google (1998)	Larry Page (1973) Sergey Brin (1973)	Der studierte Software-Entwickler Page und dessen Kommilitone Brin entwickelten mit mehr als 10.000 PCs den weltweit größten Internet-Suchdienst. Der Name Google kommt von 10 hoch 100.
Grundig (1930)	Max Grundig (1908-1989)	Schon als junger Mann bastelte er in seiner Freizeit Radios und Funkgeräte zusammen. In Fürth produzierte er ab 1930 Radios (Weltklang), ab 1954 Fernseher und später auch Schreibmaschinen.
HP (1939)	W. Hewlett (1913-2001) D. Packard (1912-1996)	Die beiden Elektroingenieure produzierten vor dem Krieg elektrische Artikel in einer Garage in Palo Alto, dem Geburtsort von Silicon Valley. Heute verkauft HP hauptsächlich PCs und Drucker.
Hilton (1919/1925)	Conrad N. Hilton (1887-1979)	Nach der Teilnahme am 1. Weltkrieg kaufte der Amerikaner 1919 ein kleines Hotel in Texas. 1925 eröffnete er sein erstes selbstgebautes Hotel, das „Dallas Hilton", dem noch viele folgen sollten.
Honda (1946)	Soichiro Honda (1906-1991)	Das älteste Kind eines Schmiedes reparierte Fahrräder, Motorräder, Autos und fuhr Rennen in selbst gebauten Rennwagen. Nach einem schweren Unfall gründete er in einem Holzschuppen das Imperium.
IKEA (1943)	Ingvar Kamprad (1926-2018)	Der schwedische Bauernsohn und gelernte Tischler gründete bereits mit 17 Jahren einen Versandhandel, dem er die Initialen seines Namens (I.K.) und seines Heimatortes (Elmtaryd Agunnaryd) gab.
Johnnie Walker (1820)	John Walker (1805-1857)	Nach dem Tod seines Vaters (1819) eröffnete John mit seiner Mutter einen Gemischtwarenladen, in dem er den damals kratzigen Whisky durch Blendung/Mischen verfeinerte und anschließend verkaufte.

FIRMA (GRÜNDUNG)	**GRÜNDER** (LEBZEITEN)	**WIE ALLES BEGANN**
Knorr (1838)	Carl Heinrich Knorr (1800-1875)	Mit dem Vermögen seiner Frau gründete Knorr einen Lebensmittelhandel und eine Fabrik in Heilbronn, in der er zuerst Kaffee-Ersatz, später Mehl aus Hülsenfrüchten (Erbsen, Bohnen, Linsen) herstellte.
Krupp (1811)	Friedrich Krupp (1787-1826)	Mit dem Erbe seiner wohlhabenden Großmutter gründete der wenig erfolgreiche Friedrich die erste Hütte, die kurz vor dem Bankrott von Sohn Alfred übernommen und zum Imperium ausgebaut wurde.
LEGO (1932)	Ole Kirk Christiansen (1891-1958)	Der dänische Tischlermeister gründete anfangs die Werkstatt „Lego" (Abk. für „leg godt", auf deutsch „spiel gut") für Holzspielzeug. Ab 1949 wurden auch die heutigen Lego-Steine aus Kunststoff produziert.
Levis (1890)	Levi Strauss (1829-1902)	Nach dem Tod seines Vaters, emigrierte er 1847 nach Amerika. 1853 ging er als Goldgräber nach San Francisco und erkannte dort den Bedarf an stabilen Hosen. Aus Zeltplanen nähte er seine erste Jeans.
L'Oréal (1909)	Eugène Schueller (1881-1957)	1907 brachte Schueller ein verbessertes Haarfärbemittel auf den Markt und gründete dazu 1909 ein UN mit dem sperrigen Namen „Gesellschaft der nichtaggressiven Haarfärbung", welches er 1936 in L'Oréal umbenannte.
Lufthansa (1926)	Hans M. Bongers (1898-1981)	Nach einer kaufmännischen Ausbildung wurde Bongers Leiter der Junkers Werke in Dessau, die 1926 mit der Deutschen Aero Lloyd zur Lufthansa AG fusionierten und dessen Direktor er später wurde.
Maggi (1886)	Julius Maggi (1846-1912)	Der Schweizer Müllersohn baute den Mühlenbetrieb seines Vaters kontinuierlich aus, indem er Suppen-mehl für Arme und Schnellgerichte für Arbeiter produzierte. Um 1900 folgte der „Suppenwürfel".
McDonald's (1940)	Ray Kroc (1902-1984), Brüder McDonald	Kroc (Verkäufer von Milchshake-Maschinen) kaufte von den Restaurantbesitzern Richard und Maurice („Dick & Mac") McDonald zunächst die Franchise-Rechte und später (1961) den ganzen Konzern.
Mercedes-Benz (1926)	Carl Benz (1844-1929) G. Daimler (1834-1900)	Benz baute 1885 das erste Auto der Welt (einen 0,8 PS starken Einzylinder-Viertakt-Motor). Maybach und Daimler bauten das erste Motorrad und 1900 den ersten „Mercedes" der Welt. 1926 fusionierten beide.
Microsoft (1975)	Bill Gates (1955) Paul Allen (1953)	Nachdem Gates die Programmiersprache „Basic" und den Computer „MITS Altair" entwickelte, schuf er mit Schulfreund Paul Allen in einer Garage „DOS/Windows", das erfolgreichste Betriebsystem der Welt.
Miele (1899)	Carl Miele (1869-1938) R. Zinkann (1869-1939)	Miele entwickelte Butter-, Wasch- und Mangelmaschinen. 1929 baute er die erste Spülmaschine und etwas später den ersten Kühlschrank in Europa. Mit Vertriebschef Zinkann wuchs die Firma kontinuierlich.
Nestlé (1866)	Henri Nestlé (1814-1890)	Der Frankfurter Apothekergeselle erwarb 1843 in der Schweiz eine Mühle mit Brennerei, in der er Öl, Essig und Liköre produzierte. Später verkaufte er auch Säuglingsnahrung, Kindermehl und Schokolade.
NIKE (1964/1971)	Philip H. Knight (1938)	In seiner eigenen Diplomarbeit kündigte Knight ein „Konkurrenzunternehmen" zu Puma und Adidas an. Mit bunten Sportschuhen und Werbung mit erfolgreichen Sportlern gelang ihm dieses mutige Vorhaben.
Nivea (1882)	Paul Carl Beiersdorf (1836-1896)	Der Hamburger Apotheker entwickelte zunächst Heftpflaster (Hansaplast). Nach seinem Tod übernahm Oscar Troplowitz die Geschäft bei Beiersdorf und produzierte ab 1911 die Nivea-Creme (lat. schneeweiß).

MARKEN/FIRMEN UND IHRE GROSSVÄTER (O-V)

FIRMA (GRÜNDUNG)	**GRÜNDER** (LEBENSZEIT)	**WIE ALLES BEGANN**
Oetker (1891)	August Oetker (1862-1918)	Mit der Entwicklung und dem Verkauf (in kleinen Tüten) eines gebrauchsfertigen Backpulvers an Hausfrauen begann der Erfolg des Bielefelder Apothekers Oetker. Es folgten Puddingpulver und Aromen.
Opel (1862)	Adam Opel (1837-1887)	Opel stellte zunächst Nähmaschinen her. Nach dessen Tod übernahm Ehefrau Sophie die Firma und begann 1898 mit der Produktion von Automobilen. 1929 wurde Opel an General Motors verkauft.
Persil (1876)	Fritz Henkel (1848-1930)	Mit dem Produkt „Bleich Soda" beginnt die Erfolgsgeschichte von Henkel & Cie in Aachen. Nach dem Umzug nach Düsseldorf-Holthausen wurde erstmals auch das Waschmittel Persil produziert (1907).
Peugeot (1896)	Armand Peugeot (1849-1915)	Schon die Urväter von Peugeot waren sehr erfinderisch. Sie produzierten ab 1819 Sägeblätter, Bügeleisen, Kaffee- und Pfeffermühlen. 1881 folgen Fahrräder, 1889 das dampfangetriebe Serpollet-Dreirad.
Pirelli (1872)	Giovanni Battista Pirelli (1848-1932)	Mit geliehenem Geld gründete er 1872 in Mailand eine Gummifabrik, in der er zunächst Kabel und Telefondrähte für die italienische Armee produzierte. Später folgten Fahrrad- und Autoreifen (1901).
Porsche (1931)	Ferdinand Porsche (1875-1951)	Porsche war einer der erfolgreichsten Automobilkonstrukteure aller Zeiten. Er entwarf u.a. Lohner-Porsche-Elektromobil (1899); Mercedes 24/100/140 PS (1924) und den VW Käfer (1935/36, ehem. KdF).
Quelle (1927-2009)	Gustav Schickedanz (1895-1977)	Aus der 1922 gegründeten Großhandlung für Kurz-, Weiß- und Wollwaren eröffnete Schickedanz 1927 einen Versandhandel nach amerikanischem Vorbild. Mit Marken wie „Tempo" baute er seine Firma aus.
Renault (1898)	Louis (1877-1944), Marcel (1872-1903) Fernand (1865-1909)	Drei Renault-Brüder, eine Idee. Weihnachten 1898 gründeten sie ihr erfinderisches Unternehmen (mit patentierten Kardanwellen, Zündkerzen, Turboladern, Sicherheitsgurten, Trommelbremsen etc.) welches bereits 1905 durch eine Bestellung von 1.500 Pariser Taxen zu einem Imperium aufstieg.
Rolex (1905)	Hans Wilsdorf (1881-1960)	Der gebürtige Kulmbacher war Import/Exporteur für Taschenuhren bevor er sich in London mit eigenen (Armband-)Uhren selbständig machte. Den großen Durchbruch schaffte er mit der wasserdichten „Oyster".
Siemens (1847)	Werner von Siemens (1816-1892)	Mit dem Telegrafenbauer Johann Halske stellte Siemens in einer Berliner Werkstatt Wassermesser und Drahtisolierungen her. 1848 bauten sie Europas erste Telegraphenlinie von Berlin nach Frankfurt/Main.
SAP (1972)	5 Ex-Mitarbeiter der IBM (u.a. Dietmar Hopp)	Fünf Ex-IBM-Mitarbeiter (C. Wellenreuther, H. W. Hector, K. Tschira, D. Hopp und H. Plattner) kreierten Lohnabrechnungs- und Buchhaltungsprogramme, die praktischer und einfacher zu handhaben waren.
Sony (1946)	Ibuka Masaru (1908-1997) Morita Akio (1921-1999)	Das Unternehmen (im zerstörten Tokio gegründet) produzierte anfangs nur Reiskocher, verlagerte sich später aber auf Unterhaltungselektronik. 1955 brachte Sony das erste Transistorradio auf den Markt.
VW AG (1937)	Ferd. Porsche (1875-1951) Anton Piëch (1894-1952)	Konstrukteur Ferd. Porsche erhielt 1934 den Auftrag ein (Volks-)Wagen zu bauen, das Hitlers Wunschpreis von 1.000 Reichsmark nicht überschreitet. 1937 lief der „KdF-Wagen", 1945 der erste VW Käfer vom Band.

REICHSTE DEUTSCHE

MRD. US $	REICHSTE DEUTSCHE (LAUT FORBES, STAND 2018)	REICH GEWORDEN MIT/DURCH
29,8	Beate Heister + K. Albrecht († 2014)	Handel, ALDI-Süd
25,4	Georg Friedr. Schaeffler (*1964)	Schaeffler Gruppe + Continental
25,0	Susanne Klatten (*1962)	BMW, Altana, Beteiligungen
22,0	Stefan Quandt (*1966)	BMW, Delton AG, Beteiligungen
20,9	Dieter Schwarz (*1939)	Handel, Lidl, Kaufland
20,2	Theo Albrecht jr. (*1950)	Handel, ALDI-Nord
15,3	Klaus-Michael Kühne (*1937)	Kühne + Nagel Logistik, Hapag
13,6	Reinhold Wuerth (*1935)	Industrie, Schrauben
12,9	Heinz Hermann Thiele (*1941)	Autozulieferer, Bahntechnik
12,7	Hasso Plattner (*1944)	Software, SAP
11,8	Alexander Otto (*1967)	Handel, Otto-Versand, Hermes
11,7	Harald & Udo Tschira	Software, SAP
11,0	Michael Otto (*1943)	Handel, Otto-Versand, Hermes
10,3	Walter P. J. Droege (*1953)	UN-Beratung, Beteiligungen
10,2	Dietmar Hopp (*1940)	Software, SAP
9,2	August von Finck jr. (*1930)	Investment, Beteiligungen, Bank
6,8	Andreas von Bechtolsheim (*1955)	Investor bei Google, Informatik
6,7	Ludwig Merckle (*1965)	Merckle-Pharma, Ratiopharm
6,6	Aloys Wobben (*1952)	Windkraftanlagen, Enercon
6,4	Erivan Haub (1932-2018)	Handel, Tengelmann
6,3	Günther Fielmann (*1939)	Optik, Brillen

REICHSTE MILLIARDÄRE DER WELT

MRD. US $	REICHSTE DER WELT (LAUT FORBES, STAND 2018)	REICH GEWORDEN MIT/DURCH
112	Jeffrey „Jeff" Bezos, USA (*1964)	Amazon.com, Blue Origin
90	Bill Gates, USA (*1955)	Software, Microsoft
84	Warren Buffett, USA (*1930)	Investment
72	Bernard Arnault, F (*1949)	Industrie, Handel, LVMH
71	Mark Zuckerberg, USA (*1984)	Facebook
70	Amancio Ortega, E (*1936)	Bekleidung/Mode, Zara
67	Carlos Slim Helú, MEX (*1940)	Investment, Telmex
60,6	Charles G. Koch, USA	Öl, Chemie, „Koch Industries"
60,6	David H. Koch, USA	Öl, Chemie, „Koch Industries"
58,5	Larry Ellison, USA (*1944)	Industrie, Software Oracle
50,4	Michael Bloomberg, USA (*1942)	Finanzen, Medien, Online
48,8	Larry Page, USA (*1973)	Google
47,5	Sergey Brin, RUS/USA (*1973)	Google
46,4	Jim Walton, USA (*1948)	Handel, Wal-Mart
46,2	Samuel „Robson" Walton, USA	Handel, Wal-Mart
46	Alice Walton, USA (*1949)	Handel, Wal-Mart
45,3	Ma Huateng (Pony Ma), VR CHN	Internet Media
39,5	Francoise Bettencourt-Meyers, F	Kosmetik L'Oreal
40,1	Mukesh Ambani, IND (*1957)	Öl, Gas, Chemie
39	Jack Ma, VR CHN (*1964)	e-commerce, Alibaba.com
38,5	Sheldon Adelson, USA (*1933)	Immobilien, Casinos

KONZERNE UND IHRE PRODUKTE (STAND 2016)

MUTTERKONZERN (GRÜNDUNGSJAHR)	**UMSATZ** (MITARBEITER)	**PRODUKTE** (AUSWAHL IN ALPHABETISCHER REIHENFOLGE)
Anheuser-Busch InBev (1870/2008)	45,2 Mrd. $ (200.000)	Anheuser-Busch, Beck's, Budweiser, Brahma (BRA), Diebels, Dinkelacker, Gilde, Haake-Beck, Hasseröder, Hoegaarden, Franziskaner, Jupiler, Kriek, Leffe, Löwenbräu, Skol, Spatenbräu, Stella Artois, Vitamalz u.a.
Beiersdorf (1882)	6,75 Mio. € (17.900)	8 x 4, Eucerin, Florena, Hansaplast, Labello, Nivea, SBT, SLEK, Tesa u.a.
Bitburger Brauerei (1817)	389 Mio € (1.800)	Bitburger, König Pilsner, Köstritzer Schwarzbier, Licher, Wernesgrüner. Zur Holding (1998): u.a. Gerolsteiner
British American Tobacco, BAT (1902)	14,7 Mrd. £ (50.000)	Dunhill, Gauloises, Gitanes, HB, Javaanse Jongens, Kent, Kim, Krone, Lord, Lucky Strike, Lux, Pall Mall, Parisienne, Peer, Prince, Rothmans, Schwarzer Krauser, Winfield, Viceroy u.v.a.
Coca-Cola Company (1892)	44,3 Mrd. $ (123.200)	Aquarius, Apollinaris, Bonaqua, Coca-Cola, Fanta, Kinley, Lift Apfel-Schorle, Mezzo-Mix, Nestea, Powerade, Relentless, Römerquelle, Sodenthaler, Sprite, Valser u.a.
Colgate-Palmolive (1806)	16 Mrd $ (37.900)	Ajax, Colgate, Danklorix, Dentagard, Fab, Gard, Hill's (Tiernahrung), Palmolive, Softlan u.a.
Daimler AG (1883/1998)	164,3 Mrd. € (289.300)	PKW: AMG, Maybach, Mercedes, Smart. LKW: Freightliner, Hanomag-Henschel, Mitsubishi Fuso, Sterling, Unimog, Western Star. BUS: Orion, Setra, 5 % an Flixbus RENNWAGEN: McLaren u.a.
Danone (1919)	22,4 Mrd. € (99.700)	Actimel, Activia, Danone, Dany Sahne, Evian, Fruchtzwerge, Gervais, Milupa, Obstgarten, Volvic u.a.
Dr. August Oetker (1891)	11,7 Mrd. € (32.000)	Berliner Pilsner/Kindl, Binding, Bistro, Clausthaler, Corona, Coppenrath & Wiese, DAB, Deinhardt, Dortmunder Union, Backrezepte, Hotels, Verlag, Estrella, Fürst von Metternich, Hamburg Süd (Reederei), Henkell (Sekt), Henninger, Intermezzo, Jever, Krusovice, Kuemmerling, Kupferberg, Bankhaus Lampe, Onken, Radeberger, Ristorante (Pizza), Schöfferhofer, Selters, Söhnlein, Tucher Bräu, Vitalis, Wodka Gorbatschow, Wölkchen u.a.
Ferrero (1946)	10,3 Mrd. € (33.000)	Duplo, Ferrero Küßchen, Giotto, Hanuta, Kinderschokolade (Bueno, Happy Hippo, Joy, Maxi King, Pingui, Überraschungsei u.a); Milch-Schnitte, Mon Chéri, Nutella, Pocket Coffee, Raffaello, Rocher, Tic Tac, Yogurette u.a.
GlaxoSmithKline (2000)	24 Mrd. £ (98.000)	Hygiene: Abtei, Cetebe, Corega, Dr. Best, Odol, Parodontax, Sensodyne, Settima; Impfstoffe: Havrix, Fluarix, Boostrix, Priorix; Pharma: Aciclovir, Morphin, Naratriptan, Nikotin, Paracetamol, Seroxat u.a.
Henkel (1876)	18,7 Mrd. € (51.350)	Aok, Ata, bac, Bref, Clynol, Diadermine, Dixan, Fa, Fewa, Gliss Kur, Liofol, Metylan, Pattex, Persil, Perwoll, Pril, Pritt, Schauma, Schwarzkopf, Sidolin, Sil, Somat, Spee, Taft, Theramed, Vernel, Weißer Riese u.a.
Johnson & Johnson (1886)	70,1 Mrd. $ (127.000)	bebe, carefree, Compeed, Hexoral, Listerine, Neutrogena, o.b., Penaten, Piz Buin, Regaine, Visine & Pharma-Produkte wie Darunavir, Dolormin, Galantamin, Imodium, Methylphenidat, Olynth, Orphan, Risperidon u.a.
L'Oréal (1909)	25,8 Mrd. € (89.300)	Biotherm, Cacharel, Diesel, Essie, Garnier, Giorgio Armani, Helena Rubinstein, Lancome, L'Oréal, Maybelline, Nyx, Ralph Lauren, Redken, Vichy, Yves Saint Laurent u.a. sowie die Shop-Kette: The Body Shop

KONZERNE UND IHRE PRODUKTE (STAND 2016)

MUTTERKONZERN (GRÜNDUNGSJAHR)	**UMSATZ IN MRD.** (MITARBEITER)	**PRODUKTE** (AUSWAHL IN ALPHABETISCHER REIHENFOLGE)
Mars Incorporated (1911)	33,0 Mrd. $ (80.000)	Airwaves, Amicelli, Balisto Banjo, Bounty, Catsan, Cesar, Chappie, Doublemint, Extra, Frolic, Hubba Bubba, M&M, Mars, Milky Way, Miráculi Orbit, Pedigree, Seramis, Snickers, Trill, Twix, Uncle Ben's, Whiskas, Wrigley's u.a
Mondelez, *ehem. Kraft Foods* (1903)	25,9 Mrd. $ (99.000)	Bel Vita, Cote d'Or, Daim, Jacobs Kaffee, Kaba, Kaffee HAG, Kraft Ketchup, LU, Maxwell House, Milka, Miracel Whip, Nabisco, Onko, Philadelphia, Suchard Express, Tassimo, Toblerone, Vegemite u.a.
Nestlé (1866)	89,8 Mrd. CHF (328.000)	After Eight, Alete, Aquarel, BabyRuth, Beba, Buitoni, Butterfinger, Caramac, Choco Crossies, Dolce Gusto, Dreyer's (Eis); Felix (Tiernahrung), Frische Brise, Frisco (Eis), First Bismarck, Herta (Wurstwaren), KitKat, Kloster Quelle, LC1, Lion, Maggi, Mövenpick Nescafé, Nesquik, Nespresso, Nestea, Neuselters, Nuts, Perrier, Powerbar, Purina, Rolo, San Pellegrino, Schöller Motta, Smarties, Thomy, Wagner Pizza, Vittel u.v.m.
PepsiCo (1898)	62,8 Mrd. $ (263.000)	7 Up, Cracker Jack (Süßigkeiten), Dole, Frito Lay (Snacks), Gatorade, Mirinda, Mountain Dew, Quaker Oats, Pepsi, Rockstar (Energy-Drink), Schwip Schwap, Tropicana, Walkers (Kartoffelchips) u.a.
Philip Morris (1900)	80 Mrd. $ (79.500)	Basic, Chesterfield, Diana, Eve, F6, IQOS, Juwel, Karo, L&M, Marlboro, Next, Parliament, Philip Morris, Players u.a
Procter & Gamble (1837)	65 Mrd. $ (95.000)	Always, Alldays, Ambi Pur, Ariel, blend-a-dent, blend-a-med, Blendax, Braun (1921), Charmin (weltweit außer in D-A-CH). Dash, Downy, Fairy, Febreze, Gillette, Head & Shoulders, Herbal Essences, Iams (Tiernahrung), Lenor, Luvs, Mach3, Meister Proper, Oil of Olaz, Oral B, Pampers, Pantene, Puma (Parfüm), Plenty (Küchenrolle), Swiffer, Tampax, Tide, Vizir, Wick, Wash & Go
Reemtsma (1910)	1,1 Mrd. € (2.100)	Cabinet, Davidoff, Drum, Eckstein, Ernte 23, Gauloises, Gitanes, Golden Virginia, John Player Special, Overstolz, Peter Stuyvesant, P&S, R1, R6, Reval, Rizla (Zigarettenpapier), Roth-Händle, Route 66, West u.a.
SABMiller (1895)	23,2 Mrd. $ (70.500)	Castle, Gambrinus, Grolsch, Kozel, Miller, Peroni (Italien), Pilsner Urquell, Tyskie (Polen) u.a.
Schörghuber UN-Gruppe (1954)	843 Mio. € (6.615)	50 % Paulaner Brauerei (Paulaner, Fürstenberg, Thurn & Taxis, Hacker-Pschorr, Auerbräu, Hopf), 63 % an Kulmbacher Gruppe (EKU, Mönchshof, Sternquell, Würzburger Hofbräu) + Schmucker, Hoepfner, Arabella Hotel u.a.
August Storck (1903)	1,4 Mrd. € (5.800)	Atemgold, Bendicks, Campino, Eiszapfen (Bonbon), Knoppers, Lachgummi, Mamba, Merci, Moser-Roth, nimm2, Rachengold, Riesen, Super Dickmann's, Toffifee, Werther's Original, White Teds u.a.
Tchibo (1949)	3,3 Mrd. € (12.200)	Cafissimo (Kaffeemaschinen), Eduscho, Gala, Tchibo Finanzdienstleistung, Tchibo Reisen + Mobilfunk
Unilever (1929/1930)	52,5 Mrd. € (168.000)	Axe, Becel, Ben & Jerry's (Eis), Bertolli, BiFi, Coral, Domestos, Dove, Du Darfst, dusch das, Flora, Hellmann's, Impulse, Knorr, Kuschelweich, Lätta, Langnese, Lipton Eistee, Lux, Mondamin, Omo, Pfanni, Pond's, Rama, Rexona, Sanella, Signal, Skip, Slim-Fast, Sunil, Sunsilk, Thea (in Österreich),Timotei, Vasenol, Viss u.a.
Volkswagen AG (1937)	217,3 Mrd. € (626.700)	Audi, Auto Vision, Bentley, Bugatti, Ducati (Motorräder) Lamborghini, MAN (29,9 %), Porsche AG, Scania, Seat, Skoda, VW u.a.

WELTGESCHICHTE (2,5 MIO. - 445 V. CHRISTUS)

2,5 Mio - 445 v. Chr.	FRÜHZEIT UND ANTIKE
2,5 Mio. vor Chr.	Erste Homo habilis stellen einfache Werkzeuge her.
1,7 Mio. vor Chr.	Der Homo erectus beginnt in Afrika aufrecht zu gehen.
150.000 vor Chr.	Der Homo sapiens entwickelt sich in Afrika.
40.000 vor Chr.	Der Homo sapiens verdrängt die Neandertaler aus Europa.
30.000 vor Chr.	Die Ur-Menschen ersetzen den Speer durch Pfeil und Bogen und verwenden Werkzeuge wie Faustkeile, Knochen und Geweihe.
10.000 vor Chr.	Erster Häuserbau in Jericho. Die Menschen brennen Ziegel und bauen Unterkünfte aus Lehm.
8000 vor Chr.	Die Menschen werden sesshaft. Jäger und Sammler gehen zu Ackerbau und Viehzucht über.
6000 vor Chr.	Die Ägypter brennen Keramik und die Menschen aus Asien bauen erste Flöße aus Baumstämmen.
3100 vor Chr.	In Babylonien entsteht die erste Schrift (Keilschrift).
2750 vor Chr.	Die Ägypter entwickeln einen Mondkalender, auf dem das Jahr 365 Tage umfasst.
2600 vor Chr.	Bau der Cheopspyramide. Um 2550 vor Christus entsteht die Stadt Troja.
1250 vor Chr.	Der ägyptische Pharao Ramses II. lässt den Tempel von Abu Simbel erbauen.
1230 vor Chr.	Moses führt die Israeliten aus Ägypten nach Kanaan zurück.
1200 vor Chr.	Gründung von Sparta. Entstehung der Heldensagen.
1100 vor Chr.	Troja wird zerstört. Die Assyrer erobern Babylon.
753 vor Chr.	Gründung Roms. Ab 740 vor Christus wird Sparta zur Großmacht. Die Kelten besiedeln England.
689 vor Chr.	Zerstörung Babylons durch Sanherib. Von 625-539 entsteht das Neubabylonische Reich.
587 vor Chr.	Der babylonische Herrscher Nebukadnezar II erobert Jerusalem und zerstört den salomonischen Tempel.
5 Jh. vor Chr.	Erste Demokratie entsteht in Athen, die Bürger erhalten Mitbestimmung. Zerstörung Babylons durch die Perser (539 vor Christus).
510 vor Chr.	Rom wird Republik. In Indien lebt Buddha (566-486) und in Asien lebt Konfuzius von 551 bis 479 vor Christus.
457-445 vor Chr.	Kampf um die Vorherrschaft zwischen Sparta und Athen. Sparta herrscht in Griechenland von 404-380 vor Christus.

450 vor - 622 n. Chr.	ANTIKE & RÖMISCHES REICH
450-429 vor Chr.	Kulturelle Blütezeit in Athen (Sophokles, Äschylos, Sokrates, Herodot u.a.). Ab 437 vor Christus Bau der Akropolis.
421 vor Chr.	Ende des Peloponnesischen Krieges zwischen Athen und Sparta mit dem „Frieden von Nikias".
371-362 vor Chr.	Vorherrschaft Thebens durch Siege unter Epaminondas über die Spartaner bei Leuktra (371) und Mantineia (362).
357-355 vor Chr.	Niedergang Athens, Spartas und Thebens. Dauer der kulturellen Blüte mit Platon und Aristoteles.
333 vor Chr.	„333 – Issos Keilerei". Alexander der Große schlägt die Perser unter Dareios III. bei Issos.
334-329 vor Chr.	Alexander der Große erobert Persien, Syrien, Mesopotamien und Ägypten (Gründung Alexandrias).
323 vor Chr.	Alexander der Große stirbt. Ein Jahr später stirbt auch sein Lehrer Aristoteles.
279 vor Chr.	„Phyrrhussieg". König Phyrrhus besiegt bei Heraclia (Schlacht von Asculum) mit hohen eigenen Verlusten die römischen Truppen.
264-241 vor Chr.	1. Punischer Krieg zwischen Rom und Karthago.
218-201 vor Chr.	2. Punischer Krieg: Hannibal überquert mit 50.000 Soldaten und 37 Elefanten die Alpen und fügt Rom schwere Niederlagen zu.
149-146 vor Chr.	Der 3. und letzte Punische Krieg endet mit der Zerstörung Karthagos. Gleichzeitig beginnt die Weltherrschaft und Blütezeit Roms.
44 vor Chr.	Gaius Julius Caesar (*100 v. Chr.) wird von etwa 60 Senatoren (darunter Marcus Brutus) mit 23 Dolchstichen am 15. März ermordet.
4 vor Chr.- 30 n. Chr.	Jesus von Nazareth wird um 4 v. Chr. geboren und vermutlich um 30 n. Chr. vom röm. Statthalter Pontius Pilatus zum Tode verurteilt.
64 n.Chr.	Nach dem Brand Roms lässt Nero erstmals die Christen verfolgen. 80 n. Chr. wird das Kolosseum mit Gladiatorenkämpfen eröffnet.
312 n. Chr.	Kaiser Konstantin siegt in der Schlacht an der Milvischen Brücke und verhilft dem Christentum zum Durchbruch.
330 n. Chr.	Konstantinopel (das alte Byzanz) wird Hauptstadt des Römischen Reiches.
434-453 n. Chr.	Attila, der Hunnenkönig (auch Etzel genannt) erobert halb Asien und halb Europa. Plünderung Roms durch Vandalen 455 nach Christus.
529-534 n. Chr.	„Corpus iuris civilis" (CIC), die erste fortschrittliche Gesetzessammlung umfasst das gesamte Römische Reich.
608 n. Chr.	In Mittelamerika gründen die Maya ihre Tempelstadt Piedras Negras.
610 n. Chr.	Mohammed (* zw. 570 und 573 in Mekka) offenbart sich nach einer Begegnung mit Erzengel Gabriel als Prophet Allahs.
622	Mohammed wandert von Mekka nach Medina und begründet den Islam (Beginn der islamischen Zeitrechnung). Er stirbt 632.
618-907 n. Chr.	China erreicht unter der Tang-Dynastie seine bis dahin größte Ausdehnung. Es folgt die Zeit der „Fünf Dynastien und Zehn Reiche".

WELTGESCHICHTE (714-1356)

714-1356	MITTELALTER
714	Die Mauren erobern Spanien. Die christliche Rückeroberung von den Arabern dauert 770 Jahre bis ins Jahr 1492.
768-814	Karl der Große wird erst zum Frankenkönig, später (800) zum römischen Kaiser gekrönt.
um 900	Wikinger entdecken und besiedeln Grönland. Im Jahre 1000 segelt Leif Eriksson als erster Europäer nach Nordamerika.
955	Otto I. (der Große) besiegt die Ungarn auf dem Lechfeld bei Augsburg; 962 wird er in Rom zum Kaiser gekrönt.
1066	Wilhelm der Eroberer besiegt in der „Schlacht bei Hastings" (14.10.) die Angelsachsen unter Harold II. und besteigt den engl. Thron.
1076/77	„Gang nach Canossa". König Heinrich IV. leistet bei Papst Gregor VII. Abbitte im Streit um die Besetzung von Bischofsämtern.
1096-1270	In sieben Kreuzzügen ziehen über eine Million Menschen nach Jerusalem. 1099 erobern Kreuzfahrer Jerusalem.
1155-1190	Ständiger Konflikt zwischen Staufen (Barbarossa) und Welfen (Heinrich der Löwe); 1180 Reichskrieg gegen Heinrich.
1187	Ägypterkönig Saladin erobert Jerusalem, Syrien und Mesopotanien. 1176 unterliegt Barbarossa bei Legnano dem Städtebund.
1189	Gemeinsamer Kreuzzug von Friedrich I. Barbarossa, Philipp II. von Frankreich und Richard Löwenherz von England.
um 1200	In Italien entstehen die ersten Banken; in Bologna gründen Rechtsstudenten die erste Universität.
1212	Kinderkreuzzug endet nach Hunger und Alpenüberquerung in Italien. Kein Kind erreichte je das Heilige Land.
1227	Der mongolische Reiter Dschingis Khan stirbt (18.8.). Von 1206-27 hatte er halb Asien und Europa erobert, tyrannisiert und geplündert.
1291	Mit dem „Rütlischwur" verbünden sich die Schweizer Kantone Schwyz, Unterwalden und Uri im „Ewigen Bund".
1298	Engländer schlagen den schottischen Aufstand unter der Führung von William Wallace nieder.
1301	Sultan Osman I. gründet das Osmanische Reich (heute: Türkei).
1339-1453	100-jähriger Krieg zwischen England und Frankreich. Erst Jeanne d'Arc gewinnt 1429 die entscheidende Schlacht der Franzosen.
1347-1351	Die Pest wütet in Europa. In nur vier Jahren stirbt ein Viertel der Bevölkerung.
1354-1402	Die Türken kommen nach Europa. Konstantinopel wird eingekreist (1363), Thessaloniki wird türkisch (1387).
1356	Karl IV. erlässt die „Goldene Bulle", das Grundgesetz des „Hl. römisches Reich deutscher Nation", das bis 1806 gültig bleibt.
14.-19. Jahrhundert	Die kirchliche Inquisition (Ketzer- und Hexenverfolgung) fordert in Europa hunderttausende Folter- und Todesopfer.

1429-1602	RENAISSANCE
1429	Angeführt von der Bauerntochter Jeanne d'Arc befreit das französische Heer die von den Engländern belagerte Stadt Orléans.
1431	Jeanne d'Arc wird in Rouen verbrannt. Ab 1440 Bau der Kaiserpaläste in Peking (Chinesische Hauptstadt seit 1421).
15. Jahrhundert	Bau der Chinesischen Mauer unter der Ming-Dynastie. Gutenberg beginnt 1452 mit dem Druck einer 42-zeiligen Bibel.
1453	Mehmed II. erobert Konstantinopel (24. Mai) und macht es unter dem Namen Istanbul zur Hauptstadt der Osmanen.
1455-1485	Rosenkriege zwischen den Häusern York und Lancaster in England.
1492	Christoph Kolumbus landet am 12. Oktober auf der Bahamas-Insel Guanahani und entdeckt dadurch Amerika.
1516-1529	Erfolgreiche Türken erobern Syrien, Palästina und Ägypten. 1521 nehmen sie Belgrad,1529 belagern sie zum ersten Mal Wien.
1517	Am 31. Oktober schlägt Martin Luther seine 95 Thesen an die Schlosskirche von Wittenberg und setzt damit die Reformation in Gang.
1519	Der Portugiese Magellan segelt um die Welt. Von fünf Schiffen kam 1521 nur eines zurück. Magellan starb auf den Philippinen.
1519-1521	Der Spanier Hernán Cortéz erobert Mexico und vernichtet das Reich der Azteken. Der letzte Aztekenkönig Motecuzoma II. stirbt.
1525	Bauernkrieg in Deutschland; Götz von Berlichingen kämpft für die Bauern und übernimmt als Hauptmann deren Führung.
1533	Die Spanier unter Francisco Pizarro vernichten das Reich der Inka und töten den letzten Herrscher Atahualpa.
1535	Heinrich VIII. löst die englische Kirche von Rom und gründet die angelsächsische Staatskirche.
1542	Spanier verbieten in Amerika die Indianersklaverei, worauf „Negersklaven" aus Afrika eingeführt werden.
1547-1584	Unter der Herrschaft Iwans IV., des Schrecklichen, wird Russland zur Großmacht.
1558-1603	Elisabeth I. (Tochter von Heinrich VIII.) wird Königin von England, das unter ihrer Herrschaft eine Blütezeit erlebt.
1572	In der Bartholomäusnacht vom 23. auf den 24. August sterben in Paris bis zu 10.000 Hugenotten.
1582	Papst Gregor XIII. lässt den Julianischen durch den Gregorianischen Kalender ersetzen. Die Tage vom 5.-14. Oktober fallen weg.
1587	Maria Stuart, Königin von Schottland, wird nach 18-jähriger Gefangenschaft in England auf Befehl von Elisabeth I. hingerichtet (8.02.).
1588	Die glorreiche spanische Armada unterliegt den Engländern unter dem Kommando von Francis Drake und Walter Raleigh.
1593-1602	Die Katholiken Nordirlands kämpfen gegen eine englische (protestantische) Herrschaft. In Deutschland entstehen erste Armenhäuser.

WELTGESCHICHTE (1618-1786)

1618-1786	NEUZEIT UND AUFKLÄRUNG
1618	Der Prager Fenstersturz (23. Mai) löst den 30-jährigen Krieg aus. Geschätzte Opferzahl: 3-4 Mio. Menschen.
1619	Erste afrikanische Sklaven werden nach Nord-Amerika entführt.
1620	102 puritanische Siedler legen mit der „Mayflower" in Amerika an und gründen noch an Bord den Staat Massachusetts.
1625	Wallenstein erhält den Befehl über die kaiserliche Truppen, wird aber 1630 abgesetzt. Neuer Heeresführer wird danach Tilly.
1626	Für 60 Gulden erhält der holländische Kaufmann Peter Minnewit die Insel Manhattan (damals Neu-Amsterdam) von den Indianern.
1628	Zusammenbruch der chinesischen Ming-Dynastie durch einen Bauernaufstand.
1631	Magdeburg wird zerstört und niedergebrannt (20. Mai). Gustav Adolf besiegt Graf Tilly in der Schlacht bei Breitenfeld (17.9.).
1632-1634	Der 30-jährige Krieg fordert prominente Opfer: Erst stirbt Graf Tilly (30.4.1632), dann fällt Schwedenkönig Gustav Adolf in der Schlacht bei Lützen am 16.11.1632. Zwei Jahre später, am 25.2.1634 wird der bömische Feldherr Wallenstein in Folge einer Verschwörung ermordet.
1643-1715	Sonnenkönig Ludwig XIV. regiert in Frankreich: „L'Etat, c'est moi!" (Der Staat bin ich!); Bau des Schlosses von Versailles.
1648	Der Westfälische Frieden, der am 24. Oktober in Münster und Osnabrück geschlossen wird, beendet den 30-jährigen Krieg.
1649	England wird nach der Hinrichtung Karls I. zur ersten Republik, die aber nur 11 Jahre hält. Danach ist England wieder Monarchie.
1652	An Afrikas Südspitze (Kap der Guten Hoffnung) wird Kapstadt von dem Holländer Jan van Riebeeck gegründet.
1652	Rhode Island verbietet als erste US-Kolonie die Sklavenhaltung.
1675	Unter dem englischen König Karl II. wird in Greenwich der Nullmeridian festgelegt.
1682-1725	Zar Peter I. (der Große) führt Reformen durch und macht dadurch Russland zur europäischen Großmacht.
1683	Türken belagern nach 1529 zum zweiten Mal die Stadt Wien (15. Juli bis 12. September). Wieder vergeblich.
1699	Der „Friede von Karlowitz" mit den Türken macht Österreich zur Großmacht.
1703	Zar Peter I. (der Große) siegt über Schweden und gründet St. Petersburg, das sieben Jahre später zur Hauptstadt Russlands wird.
1725	Peter der Große stirbt am 8. Februar. Seine Frau Katharina I. wird für zwei Jahre Kaiserin, dann stirbt auch sie.
1740-1780	Maria Theresia führt in Österreich, Ungarn und Böhmen umfangreiche Reformen durch. 1755 wird Lissabon durch Erdbeben zerstört.
1740-1786	Unter Friedrich II. dem Großen (auch „Alter Fritz" genannt) wird Preußen zur europäischen Großmacht.

1762-1848	18.-19. JAHRHUNDERT
1762	Katharina II. die Große entthront ihren Gatten Peter III. und wird zur Alleinherrscherin Russlands (bis 1796).
1770	James Cook landet an der Ostküste Australiens und nimmt es für England in Besitz. Ab 1788 wird Australien britische Strafkolonie.
1773	„Boston Tea Party" am 16. Dezember. Es ist der Beginn des Aufstandes der nordamerikanischen Kolonien gegenüber England.
1775-1783	Nordamerikanischer Unabhängigkeitskrieg. Am 4. Juli 1776 (Independence Day) lösen sich 13 englische Staaten vom Mutterland.
1783	Der Friede von Paris (3. September) macht die USA von England unabhängig.
1789	Französische Revolution. Am 14. Juli stürmt das Volk das Pariser Stadtgefängnis, die Bastille.
1789	George Washington wird erster US-Präsident. Zwei Jahre zuvor wurde die amerikanische Verfassung in Philadelphia verkündet.
1793	Ludwig XVI. und seine Frau Marie Antoinette sterben durch die Guillotine (21. Januar). Robespierre wird ein Jahr später hingerichtet.
1799	Napoleon Bonaparte reißt in einem Staatsstreich die Macht an sich. Am 2.12.1804 krönt er sich selbst zum Kaiser der Franzosen.
1805	Französisch-spanische Niederlage in der Seeschlacht bei Trafalgar. Der engl. Vizeadmiral Nelson, fällt in der Schlacht (21. Oktober).
1812	Napoleon erleidet empfindliche Niederlage in Russland und dankt daraufhin 1814 ab.
1813	Völkerschlacht bei Leipzig (16.-19. Oktober); Österreich, Preußen, Russland und Schweden siegen über Napoleon.
1814/15	Wiener Kongress; Metternich & Co. verhandeln über die Neuordnung Europas und gründen den ersten Deutschen Bundestag.
1815	Napoleons Rückkehr und Niederlage bei Waterloo (18. Juni) mit anschließender Verbannung nach St. Helena.
1820	In den USA wird nördlich des 36. Breitengrades die Sklaverei verboten. Freigelassene Sklaven gründen 1822 den afrik. Staat Liberia.
1832	Hambacher Fest am 27. Mai.; Massendemonstrationen für Demokratie und für die Deutsche Einheit.
1837-1901	Unter Königin Victoria erlebt das britische Empire den Höhepunkt seiner Macht.
1840-1842	Opiumkrieg in China, den England gewinnt. 1849 siegt England auch über Indien, das daraufhin britische Kronkolonie wird.
1846-1848	Nach dem verlorenen Krieg gegen die USA muss Mexiko Texas, Kalifornien, Arizona und Neu-Mexiko abgeben.
1848	Karl Marx und Friedrich Engels veröffentlichen mit dem „Kommunistischen Manifest" die Grundlagen des Marxismus.
1848-1849	In der Frankfurter Paulskirche finden von Mai 1848 bis Mai 1849 Deutsche Nationalversammlungen mit 585 Abgeordneten statt.

1853-1927	19.-20. JAHRHUNDERT
1853-1856	Krimkrieg; Russland erleidet schwere Niederlage gegen Türkei, England, Frankreich und Sardinien.
1859	Baubeginn des 163 km langen Suezkanals. Am 16. November 1869 wird er für die Schifffahrt freigegeben.
1861-1865	Sezessionskrieg zwischen den Süd- und Nordstaaten der USA. Die Nordstaaten unter Abraham Lincoln gewinnen den Krieg.
1862	Bismarck wird preußischer Ministerpräsident. Es folgt ein Krieg gegen Dänemark (1864) und die Auflösung des Deutschen Bundes.
1867	Die USA kaufen Alaska für 7,2 Millionen Dollar (entspräche heute etwa 90 Mio. Dollar) von Russland.
1870-1871	Deutsch-Französischer Krieg; nach dem Sieg, Gründung des deutschen Reichs. Wilhelm I. wird Kaiser, Bismarck Reichskanzler.
1883	Otto von Bismarck etabliert in Deutschland die gesetzliche Unfall- und Krankenversicherung; 1890 wird Bismarck entlassen.
1893	Als erstes Land der Welt führt Neuseeland das Frauenwahlrecht ein. Deutschland folgt 1918, die Schweiz erst 1971.
1898	Krieg der USA gegen Spanien. Die Amerikaner gewinnen und erhalten Puerto Rico, Guam und die Philippinen.
1899-1902	Burenkrieg in Afrika; Südafrika wird britische Kolonie. In Frankreich sorgt 1898/99 die Dreyfus-Affäre für großes Aufsehen.
1900-1901	Boxeraufstand in China. In Deutschland tritt 1900 das BGB in Kraft. 1904/05 Russisch-japanischer Krieg.
1912	Die Titanic rammt in der Nacht vom 14. auf den 15. April einen Eisberg und sinkt. Mehr als 1.500 Menschen ertrinken im Atlantik.
1914	Das Attentat von Sarajevo (28. 6.) auf Erzherzog Franz Ferdinand von Österreich löst den ersten Weltkrieg (1914-1918) aus.
1916	Monatelange Stellungskriege um Verdun (mit rund 700.000 Opfer) und an der Somme (mit über einer Million getöteter Soldaten).
1917	Oktoberrevolution in Russland: Lenin übernimmt die Macht. Zar Nikolaus II. und seine Familie werden 1918 ermordet.
1918-1920	Bürgerkrieg in Russland. 1920 bis 1921 folgt der russisch-polnische Krieg. 1922 wird die UdSSR gegründet.
1919	Nach Kriegsende (9.11.1918), Gründung des Völkerbundes (28.4.1919) und die Unterzeichnung des Versailler Vertrags (28.6.1919).
1919	Beginn der Weimarer Republik. Friedrich Ebert wird erster Reichspräsident eines erstmals demokratischen Deutschlands.
1919-1933	Prohibition (Alkoholverbot) in den USA; die La Cosa Nostra (darunter auch Al Capone) wird durch Schmuggel reich und mächtig.
1922/23	Nach dem griechisch-türkischen Krieg proklamiert Kemal Atatürk am 29.10.1923 die Türkei zur Republik.
1923	Hohe Inflation in Deutschland. Das Ruhrgebiet wird ab dem 10. Januar von Franzosen besetzt. Hitler-Putsch scheitert in München.
1927	Charles Lindberg fliegt als erster Pilot im Nonstopflug über den Atlantik. Start in NYC am 20.Mai, Landung in Paris am 21. Mai.

1928-1946	ZWISCHEN DEN WELTKRIEGEN
1928	Chiang Kai-shek erobert Peking. Alexander Fleming entdeckt in einem Pilz das Penicillin.
1929	Am 25. Oktober, dem sogenannten „schwarzen Freitag", löst der Zusammenbruch der New Yorker Börse eine Weltwirtschaftskrise aus.
1929	Stalin wird (nach der Ermordung aller Rivalen) Alleinherrscher in Russland; diese Diktatur endet erst mit seinem Tod im Jahre 1953.
1933	Hitler wird nach dem Wahlerfolg der NSDAP (1930) von Hindenburg zum Reichkanzler ernannt (30. Januar); Reichstagsbrand (27. Februar).
1934/35	Nach dem „Langen Marsch" der chinesischen Kommunisten von Südost- nach Nordwestchina wird Mao Zedong Parteiführer.
1936-1939	Blutiger Bürgerkrieg in Spanien: Der Putschist General Franco gewinnt und regiert Spanien bis 1975 als Diktator.
1938	Reichskristallnacht (9. November); Jüdische Geschäfte, Wohnungen und Synagogen werden zerstört, über 20.000 Juden werden verhaftet.
1939	Beginn des II. Weltkrieges (1939-1945) mit dem Einmarsch deutscher Truppen in Polen (1. September um 04:45 Uhr).
1941	Einmarsch der Deutschen in die Sowjetunion, „Unternehmen Barbarossa" beginnt am 22. Juni.
1941	Japaner überfallen ohne Kriegserklärung Pearl Harbor/Hawaii (7. Dezember); die USA erklärt daraufhin Japan und Deutschland den Krieg.
1941	Afrika wird Kriegsschauplatz weil Rommel mit seinem Afrika-Korps Libyen angreift
1942	Auf der „Wannseekonferenz" (20. Januar) werden Maßnahmen zur „Endlösung der Judenfrage" beschlossen.
1943	Die in Stalingrad eingeschlossene 6. Armee unter General Paulus kapituliert am 2. Februar. 90.000 Soldaten kommen in Gefangenschaft.
1943	Aufstand im Warschauer Getto (19. April-16. Mai). Mussolini wird am 25. Juli gestürzt. Italien kapituliert am 8. September.
1944	Am sogenannten „D-Day" (6. Juni) beginnt die Landung der Alliierten in der Normandie unter General Montgomery.
1944	Aufstand des 20. Juli. Graf Stauffenberg und andere Nazigegner versuchen Hitler durch ein Bombenattentat zu töten.
1945	Hitler begeht Selbstmord (30. April). Kriegsende durch Kapitulation (8./9. Mai), Deutschland wird in vier Besatzungszonen aufgeteilt.
1945	26. Juni: Gründung der Vereinten Nationen (UNO) in San Francisco.
1945	Die USA wirft über den japanischen Städten Hiroshima (6. 8.) und Nagasaki (9. 8.) zwei Atombomben ab. Japan kapituliert (2. Sept.).
1945-1954	Erster Indochina-Krieg zwischen Vietnam und Frankreich.
1946	Gründung der SED aus KPD und SPD. Wilhelm Pieck (KPD) und Otto Grotewohl (SPD) werden zu den Vorsitzenden gewählt.
1946	Nürnberger Prozesse gegen Hauptkriegsverbrecher. Italien wird Republik.

WELTGESCHICHTE (1947-1964)

1947-1964	NACHKRIEGSZEIT
1947	Die ehemaligen britischen Kolonien Indien und Pakistan werden unabhängig. Mahatma Gandhi wird Indiens Premierminister.
1948	Am 23. April tritt der sogenannte Marshall-Plan in Kraft. Es ist ein Plan zur Wiederherstellung gesunder wirtschaftlicher Verhältnisse.
1948	Mit der Gründung des Staates Israel am 14. Mai beginnt der Nah-Ost-Konflikt. Ben Gurion wird erster Premierminister Israels.
1948-1949	Berliner Luftbrücke (Juni 48 bis Mai 49). Die Alliierten versorgen die Stadt mit Lebensmitteln, weil die Russen West-Berlin blockieren.
1949	Gründung der Bundesrepublik Deutschland am 23. Mai; die Gründung der DDR folgt am 7. Oktober.
1949	Der Bundestag wählt mit einer Stimme Mehrheit Konrad Adenauer zum 1. Bundeskanzler. 1. Bundespräsident wird Theodor Heuss.
1949	Gründung der NATO am 4. April und Gründung der Volksrepublik China am 1. Oktober.
1950	Chinesische Truppen marschieren in Tibet ein. In Südafrika werden Gesetze zur Apartheid ausgerufen. Koreakrieg von 1950-1953.
1952	Elisabeth II. wird nach dem Tod König George VI. in Großbritannien zur Königin gekrönt (2. Juni).
1953	Am 17. Juni wird ein Volksaufstand in der DDR von den Russen blutig niedergeschlagen.
1954	Das „Wunder von Bern". Deutschland wird am 4. Juli durch ein 3:2 über Ungarn Fußballweltmeister.
1955	Die Bundesrepublik wird Mitglied in der NATO (6. Mai). Die DDR wird Mitglied im Warschauer Pakt (14. Mai). Einstein stirbt am 18. April.
1956	Ein Volksaufstand in Ungarn (23./24. Oktober) wird von den Sowjets blutig niedergeschlagen.
1956	Während der Suezkrise greifen Großbritannien, Frankreich und Israel Ägypten an.
1957	Gründung der EWG (Europäische Wirtschaftsgemeinschaft) in Rom. Das Saarland kehrt nach Volksentscheid zur BRD zurück.
1959	Che Guevara & Fidel Castro (1926-2016) putschen in Kuba; Guevara wird 1967 in Bolivien erschossen. Castro bleibt und wird Diktator.
1961	Baubeginn der Berliner Mauer am 13. August. Eichmann wird in Israel zum Tode verurteilt.
1962	10 Tage Kuba-Krise (16.-26. Oktober) zwischen den USA und der UdSSR.
1963	US-Präsident Kennedy kommt am 26. Juni nach Berlin und sagt die berühmten Worte: „Ick bin ein Berliner".
1963	Am 21. November wird Präsident John F. Kennedy in Dallas, Texas von Lee Harvey Oswald erschossen.
1964-1973	Die USA greifen in den Vietnamkrieg ein; nach Ende des Krieges 1975 werden Laos und Kambodscha kommunistisch.

1967-1987	EREIGNISSE IM 20. JAHRHUNDERT
1967	„Sechs-Tage-Krieg" im Nahen Osten. (vom 5.-10. Juni). Ché Guevara stirbt am 9. Oktober.
1968	„Prager Frühling"; am 20. August marschieren Truppen des Warschauer Pakts in der Tschechoslowakei ein.
1968	Der schwarze Bürgerrechtler Martin Luther King wird ermordet (4. April). Auch US-Senator Robert Kennedy wird erschossen (6. Juni).
1968	Das Attentat auf Studentenführer Rudi Dutschke löst in der Osterwoche schwere Unruhen aus. Er stirbt 1979 an den Spätfolgen.
1969-heute	Die katholische IRA kämpft in Nordirland gegen die (englischorientierten) Protestanten für eine Unabhängigkeit von Großbritannien.
1970	Willy Brandts „Kniefall in Warschau" mit anschließendem Abschluss des sogenannten „Warschauer Vertrags" (7. Dezember).
1972	Terrorakt im Olympischen Dorf (5. September) in München. Palästinensische Terroristen erschießen 11 Israelis + einen dt. Polizisten.
1973	Ölkrise. Durch ein Embargo der OAPEC steigt der Ölpreis, worauf in Deutschland 4 „autofreie Sonntage" eingeführt werden (25.11-16.12.)
1974	Willy Brandt tritt zurück. Sein persönlicher Referent Günter Guillaume wurde zuvor als DDR-Spion enttarnt.
1974	Watergate-Affäre; US Präsident Nixon muss wegen Spionageverdacht zurücktreten Sturz der Diktatur in Griechenland. (25.11.)
1977	Das blutigste Jahr der RAF beginnt mit der Ermordung des Generalbundesanwaltes Buback in Karlsruhe (7. April). Am 30. Juli wird der Vorstandssprecher der Deutschen Bank, Jürgen Ponto, bei Frankfurt am Main ermordet. Mit der Entführung des AG-Präsidenten Hanns Martin Schleyer am 5.9. (bei der sein Fahrer sowie 3 Polizisten getötet werden) beginnt der sog. „Deutsche Herbst". Da die Bundesregierung unter Kanzler Helmut Schmidt nicht auf deren Forderung zur Freilassung von 11 RAF-Mitgliedern einging, entführten befreundete palästinensische Terroristen die „LH Landshut" (13.10.), erschossen den Piloten und landeten in Mogadischu, Somalia, wo die GSG9 die Geiseln erfolgreich befreien konnte. Die inhaftierten RAF-Mitglieder begehen am gleichen Tag Selbstmord, Schleyer wird ermordet (18.10.).
1979	Im Dezember marschieren sowjetische Truppen in Afghanistan ein.
1980	Bei einem Sprengstoffanschlag auf dem Münchner Oktoberfest sterben zwölf Besucher, über 200 werden verletzt.
1980-1988	1. Golfkrieg zwischen Iran und Irak. 1990/91 folgt der 2. Golfkrieg, weil der Irak Kuweit besetzt und von der UN wieder befreit wird.
1982	Falklandkrieg. Argentinien besetzt die britischen Falkland-Inseln, worauf englische Marinetruppen sie wieder zurückerobern.
1986	Im sowjetischen Tschernobyl ereignet sich am 26. April der bis dahin schwerste Unfall in einem Kernkraftwerk.
1986	Die Raumfähre „Challenger" explodiert am 28.1. Der schwedische Ministerpräsident Olof Palme stirbt nach einem Attentat (28.2).
1987-1993	Erste Intifada (was so viel bedeutet wie „abschütteln") in Israel und Palästina. Die zweite Intifada folgt 2000-2005.
1987	Uwe Barschel (Ministerpräsident Schleswig-Holsteins) wird nach einer Abhöraffäre tot in einem Genfer Hotel aufgefunden (11. Oktober).

WELTGESCHICHTE (1988-2010)

1988-2010	20./21. JAHRHUNDERT
1988	Der russische Generalsekretär Gorbatschow wirbt für Glasnost (Offenheit) und Perestroika (Umbau) in der Sowjetunion.
1989	Vom 19. August bis 30. September finden DDR-Bürger Zuflucht in der deutsche Botschaft in Prag und reisen in die BRD aus.
1989	Erich Honnecker tritt zurück (18.10.). Sein Nachfolger Egon Krenz lässt nach großem Druck des DDR-Volkes die Grenzen öffnen (9.11.).
1990	Knapp ein Jahr nach dem Fall der Mauer ist Deutschland wieder vereint. Der 3. Oktober 1990 wird zum 1. Deutschen Nationalfeiertag.
1990-1995	Bürgerkrieg in Ruanda. Der Konflikt zwischen Hutu und Tutsis eskaliert. Hundertausende sterben, Millionen sind auf der Flucht.
1991-1995	Bürgerkrieg nach dem Zerfall von Jugoslawien. Slowenien, Kroatien und Bosnien wollen - gegen Serbiens Willen - die Unabhängigkeit.
1992	Ende der Apartheid in Südafrika. Nelson Mandela wird am 11.2.1990 nach 27 Jahren Haft entlassen und 1994 zum Staatspräsidenten gewählt.
1995	Mit der Ermordung des israelischen Präsidenten Rabin (4. November) kommt der Friedensprozess im Nahen Osten ins Stocken.
1999	Kosovokrieg. Die NATO greift erstmals ohne UNO-Mandat in einen Konflikt ein.
2001	Am Morgen des 11. September entführen 19 islamische Selbstmordattentäter vier vollbesetzte Passagier-Jets. Mit zwei Flugzeugen rasen sie um 8:46 und 9:03 Uhr in die beiden Türme des World Trade Centers in New York, die kurz darauf einstürzen und 2.759 Menschen begraben. Der dritte Flieger stürzt um 9:37 Uhr ins Pentagon, Washington, D.C. Nur im vierten Flieger kann ein Anschlag durch wehrhafte Passagiere verhindert werden, weshalb es um 10:03 Uhr auf ein Feld bei Shanksville, Pittsburgh abstürzte. Insgesamt sterben fast 3.000 Menschen.
2001	Krieg gegen den Terrorismus. Am 07. Oktober beginnt die „Operation Enduring Freedom“ in Afghanistan.
2003	Am 20. März greifen die USA ohne UN-Zustimmung den Irak an. Obwohl dieser Überfall schon nach wenigen Wochen mit der Eroberung Bagdads beendet ist, wird der folgende „Frieden“ durch zahlreiche Anschläge blutiger als der Krieg selbst.
2004	Am 26.12. bricht ein Tsunami (ausgelöst durch ein Seebeben) auf Indonesien, Thailand & Myanmar herein. 230.000 Menschen sterben.
2005	Ende von Rot-Grün: Kanzler Schröder fordert Neuwahlen, die aber Angela Merkel gewinnt. Kardinal Ratzinger wird neuer Papst (19.4.).
2008	Geplatzte amerikanische Immobilienkredite führen zu einer weltweiten Wirtschaftskrise.
2009	Barack Obama wird 44. US-Präsident (20. Januar). Amoklauf an einer Realschule in Winnenden (11.3.) bei dem 15 Menschen sterben.
2010-2015	Staatsschuldenkrise in Griechenland belastet europäische und weltweite Wirtschaft. Nach Griechenland konnten auch die Länder Irland, Portugal, Italien und Spanien (Euro-Krise) ihre Staatsschulden nicht mehr bedienen.
2010-2012	Arabischer Frühling. Am 17.12 2010 beginnen Proteste in Tunesien, nachdem sich ein Gemüsehändler selbst verbrannte. Die Aufstände breiten sich aus, zunächst nach Ägypten (25.01.2011) dann nach Jemen (27.01.2011), Libyen (18.02.2011) und Syrien (Anfang 2012).

2011-2018	20./21. JAHRHUNDERT
2011	Supergau in Fukushima, Japan. Nach einem Erdbeben am 11.3. (mit fast 16 000 Toten) werden vier von sechs Reaktorblöcken eines Kraftwerks durch Kernschmelzen zerstört. Radioaktivität wird freigesetzt und verseucht Mensch, Tier und Natur.
2013	Der „deutsche" Papst Benedikt XVI. (Kardinal Ratzinger) tritt zurück (11.2.), der neue Papst heißt Franziskus und kommt aus Argentinien.
2013	Der NSU-Prozeß beginnt (6.5.) in München. Es folgen fünf zähe Jahre der Verhandlungen, das Urteil wird erst 2018 erwartet.
2014	Ukrainische Regierung wird gestürzt. Russland besetzt daraufhin die Halbinsel Krim. Krieg in der Ost-Ukraine entflammt.
seit 2014	Die Terrormiliz IS (Islamischer Staat) kämpft im Nordirak & Syrien für einen sunnitischen Gottesstaat.
2015	Am 7.1. stürmen radikal-islamische Fanatiker das Pariser Büro des Satire-Magazins "Charlie Hebdo" und erschießen 12 Menschen.
2015	Am 24. März begeht der Co-Pilot von Flug 4U 9525 Selbstmord und steuert seinen Germanwings-Airbus in einen franz. Berg. 149 Opfer.
2015	Ab August große Flüchtlingswelle nach Europa und Deutschland. Angela Merkel sagt: „Wir schaffen das" am 4. September.
2015	Terror in Paris: Am 13.11. sterben 130 Unschuldige bei 5 Anschlägen. Attentäter stürmen u.a. ein Life-Konzert im Rockclub Bataclan.
2016	Terroranschläge in Brüssel (22.3.), Istanbul (28.6.) und Nizza (14.7.); Massaker in Orlando (12.6.) und Amoklauf in München (22.7.).
2016	Großbritannien hat am 24. Juni in einer Volksabstimmung mehrheitlich (51,9 %) gegen den Verbleib in der EU (BREXIT) gestimmt.
2016	Putschversuch des türkischen Militärs (15./16.7.). Präsident Erdoan lässt Tausende Lehrer, Richter, Offiziere und Journalisten verhaften.
2016	Präsidentschaftswahlen in den USA (8.11.). Donald Trump führt einen schmutzigen Wahlkampf und gewinnt überraschend vor Hillary Clinton.
2017	In Syrien wird der IS zurückgedrängt und zerschlagen. Terroranschlag auf der La Rambla in Barcelona und in Cambrils (17.8.) mit 16 Opfern.
2017	Präsidentschaftswahlen u.a. in den Niederlanden (Präsident Mark Rutte), Großbritannnien (Premierministerin Theresa May), Frankreich (Präsident Emmanuel Macron) und Österreich (Bundeskanzler Sebastian Kurz). Rechtspopulistische Parteien hatten überall das Nachsehen.
2017	Las Vegas. Ein Amokschütze schießt am 2.10. aus seinem Hotelzimmer wahllos auf Besucher eines Life-Konzerts. 58 Menschen sterben.
2017	19. Bundestagswahl (24.9.). Merkel bleibt Kanzlerin, SPD will in die Opposition, daher Jamaika-Koalition. AfD erstmals im Bundestag.
2017	Die Jamaika-Koalition (CDU/CSU + FDP + GRÜNE) scheitert kläglich. Merkel sucht mit der SPD die Flucht in die Große Koalition (GroKo).
2017	Kim Jong-un, Despot von Nordkorea droht der USA mit einem Atomschlag. Trump provoziert ihn und verbreitet dadurch Angst & Schrecken.
2018	14. März. Ein halbes Jahr nach der Bundestagswahl steht die neue GroKo (mit der SPD) unter Bundeskanzlerin Merkel (4. Amtszeit) fest.

BERÜHMTE SCHLACHTEN

WO	WANN	WER		GEGEN
Marathon, GR	490 v. C.	Athener und Platäer	siegten	persische Eindringlinge
Issos (heute Türkei)	333 v. C.	Makedonen unter Alexander dem Großen	siegten	Perser/Vasallen unter der Führung von Dareios III.
Cannae (in Apulien)	216 v. C.	40.000 Karthager († 8.000) unter Hannibal	siegten	80.000 Römer († 70.000) unter Lucius Paullus
Teutoburger Wald, D	9 n. Chr.	Germanen unter Arminius	siegten	3 römische Legionen unter Varus (Varusschlacht)
Lechfeld, D	955	Ungarische Truppen unter Bulcsú	verloren	Sachsen/Franken/Bayern unter Otto I./Rote Konrad
Hastings, England	1066	9.000 Normannen unter Herzog Wilhelm	siegten	10.000 Angelsachsen unter König Harold II.
Amselfeld, Kosovo	1389	ca. 20.000 christliche Serben/Bosnier unter Fürst Lazar und Vuk Brankovic	verloren	ca. 35.000 Türken (Osmanisches Reich) unter Sultan Murad I., Sultan Bāyezid I. und Yakub.
Tannenberg, POL	1410	27.000 Deutsche unter Ulrich von Jungingen	verloren	39.000 Polen & Litauer unter Władysław II. Jagiello.
Orléans, Frankreich	1428/29	Franzosen unter Jeanne d'Arc	siegten	Engländer/Burgunder unter den Earls of Salisbury
Konstantinopel, TÜR	1453	Byzantiner unter Kaiser Konstantin XI.	verloren	50.000 Türken unter Sultan Mehmed II.
Towton (Rosenkrieg)	1461	40.000 des Hauses York unter Eduard IV.	siegten	60.000 des Hauses Lancaster unter Henry Beaufort
Breitenfeld, D	1631	40.000 Deutsche unter Tilly	verloren	48.000 Schweden unter König Gustav Adolf II.
bei Lützen, D	1632	23.000 Deutsche unter Wallenstein, Graf von Holk und Pappenheim	verloren	19.000 Schweden unter König Gustav Adolf II. (ein Pyrrhussieg)
bei Torgau, D	1760	60.000 Preußen unter Friedrich II.	siegten	52.000 Habsburger/Österreich unter Leopold Daun
bei Hohenlinden, D	1800	100.000 Franzosen unter Moreau und Ney	siegten	120.000 Österreicher unter Johann von Österreich
Austerlitz, heute in Tschechien	1805	73.000 Franzosen (139 Geschütze) unter Napoleon I. Bonaparte	siegten	85.000 Russen und Österreicher (278 Geschütze) unter Zar Alexander I. und Kaiser Franz II.
Trafalgar, Spanien	1805	27 britische Schiffe unter Nelson	siegten	33 spanische und franz. Schiffe unter Villeneuve
Völkerschlacht bei Leipzig, D	1813	210.000 Franzosen und 700 Geschütze unter Napoleon I. Bonaparte	verloren	310.000 Preußen, Österreicher und Russen unter Fürst zu Schwarzenberg und Alexander I.

WO	WANN	WER		GEGEN/DURCH
Hanau, D	1813	60.000 Franzosen unter Napoleon I.	siegten	[illegible]5.000 Bayern und Österreicher unter Carl von Wrede
Waterloo, Belgien	1815	72.000 Franzosen mit 246 Geschützen unter Napoleon I. Bonaparte	verloren	68.000 Engländer/Holländer (156 Geschütze) und 31.000 Preußen unter Wellington und Blücher.
Fredericksburg, USA	1862	72.000 Konföderierte unter General Lee	siegten	100.000 der Unionsarmee unter General Burnside
Gettysburg, USA	1863	75.000 Konföderierte unter General Lee	verloren	Unionsarmee (88.000) unter General Meade
Königsgrätz, CZ	1866	278.000 Preußen unter Moltke	siegten	271.000 Österreicher unter Benedek
Sedan, Frankreich	1870	120.000 Franzosen mit 564 Geschützen	verloren	200.000 Deutsche mit 744 Geschützen unter Moltke
Little Big Horn River, USA (Montana)	1876	Cheyenne, Dakota und Arapaho unter den Häuptlingen Sitting Bull und Crazy Horse	siegen	Kavallerie-Regiment unter General Custer
Tannenberg, POL	1914	300.000 Deutsche unter Hindenburg	siegten	2. Russische Armee (300.000) unter Samsonow
um Verdun, F	1916	75 französische Divisionen († 16[illegible].000) unter Joffre, Pétain und Nivelle	egalisierten	50 deutsche Divisionen († 150.000) unter Falkenhayn, Kronprinz Wilhelm und Schmidt von Knobelsdorf
an der Somme, F	1916	104 franz. + brit. Divisionen (625.000 Verluste)	egalisierten	50 dt. Divisionen (465.000 Verluste) u.a. unter Falkenhayn
Luftschlacht um GB	1940	2.300 Flugzeuge der deutschen Luftwaffe	verloren	800 Flugzeuge der Royal Air Force
Pearl Harbor, Hawaii	1941	2.403 amerikanische Soldaten (auf 14 Schiffen und in 188 Kampfflugzeugen)	starben	einen japanischen Überraschungsangriff unter Admiral Isoroku (441 Bomber und Kampfflugzeuge).
Midway (auf See)	1942	3 US-Flugzeugträger/50 Schiffe	siegten	vier japanische Flugzeugträger und 150 Schiffe
Stalingrad, RUS	1942	850.000 deutsche/italienische/rumänische Soldaten unter Paulus und von Manstein	verloren	1.700.000 sowjetische Soldaten unter Tschuikow, Schukow, Timoschenko und Wassilewski
Ardennen, Belgien	1944	250.000 deutsche Soldaten unter Rundstedt	verloren	1. und 3. US-Armee (400.000) unter Eisenhower
um Hué, Vietnam	1968	10.000 US-Amerikaner/Südvietnamesen	siegten	10.000 Nordvietnamesen
Kuwait und Irak	1991	490.000 UNO-Soldaten/General Schwarzkopf	siegten	550.000 irakische Soldaten im Golfkrieg
um Bagdad, Irak	2003	45.000 Iraker unter Saddam Hussein	verloren	300.000 US-Amerikaner unter Commander Franks

BERÜHMTE ATTENTATE

AUF	WANN	WO	HINTERGRUND
Alexander II.	13.03.1881	St. Petersburg	Zwei Studenten werfen zwei Dosenbomben. Eine davon trifft den Zar tödlich.
Bhutto, Benazir	27.12.2007	Rawalpindi, PAK	Die pakistanische Oppositionsführerin stirbt nach einer Wahlkampfveranstaltung.
Buback, Siegfried	07.04.1977	Karlsruhe	Der Generalbundesanwalt wird an einer roten Ampel von der RAF erschossen.
Dutschke, Rudi	11.04.1968	Kurfürstendamm	Josef Bachmann traf Dutschke in den Kopf, der 1979 an den Spätfolgen starb.
Franz Ferdinand, Erzherzog	28.06.1914	Sarajewo	Der 19-Jährige Gavrilo Princip erschoss den Thronfolger und dessen Frau Sophie.
Gandhi, Indira	31.10.1984	Punjab, Indien	Die indische Ministerpräsidentin wird von ihrer eigenen Leibgarde ermordet.
Gandhi, Mahatma	30.01.1948	Delhi, Indien	Der fanatische Hindu Nathuram Godse tötet Gandhi durch drei Pistolenschüssen.
Garfield, James A.	19.09.1881	New Jersey	Der amerikanische Präsident wurde von Charles Guiteau erschossen.
Herrhausen, Alfred	30.11.1989	Bad Homburg	Der Vorstandschef (Deutsche Bank) wird von der RAF durch Sprengsatz getötet.
Heydrich, Reinhard	27.05.1942	Prag	Der hochrangige Nazi starb durch die Kugeln von Jan Kubiš und Jozef Gabcík.
Hitler, Adolf	08.11.1939	München	Das Bombenattentat im Bürgerbräukeller durch Georg Elser tötete sieben Nazis.
Hitler, Adolf	20.07.1944	Wolfsschanze	Graf von Stauffenberg verletzte Hitler durch einen Bombenanschlag schwer.
Johannes Paul II., Papst	13.05.1981	Rom, Petersplatz	Mit drei Schüssen verletzt der Türke Mehmet Ali Agca den Papst sehr schwer.
Israelische Athleten	05.09.1972	München	Während der Olymp. Spiele erschießen Terroristen elf israel. Athleten u. einen Polizisten.
Julius Caesar	44 vor Chr.	Rom	Wurde mit 23 Dolchstichen von römischen Senatoren ermordet.
Kennedy, John. F.	22.11.1963	Dallas	Der Attentäter Lee Harvey Oswald wurde kurz darauf von Jack Ruby erschossen.
Kennedy, Robert	06.06.1968	Los Angeles	Wird vom arabischen Immigranten Sirhan im Ambassador Hotel erschossen.
King, Martin Luther	04.04.1968	Memphis, Tenn.	James Earl Ray erschoss den schwarzen Bürgerrechtler auf einem Hotelbalkon.
Lennon, John	08.12.1980	New York City	Der Ex-Sänger der Beatles wird vor seiner Haustür von M. Chapman erschossen.
Lincoln, Abraham	14.04.1865	Washington	Schauspieler Booth erschießt den Präsidenten während eines Theater-Besuches.
Luxemburg, Rosa	15.01.1919	Berlin	Mit Karl Liebknecht vom Militär erschossen und in den Landwehrkanal geworfen

AUF	WANN	WO	HINTERGRUND
Malcolm X	21.02.1965	Harlem, NYC	Während eines Vortrages in einem Hotel von 16 Kugeln getroffen und gestorben.
Marat, Jean-Paul	13.07.1793	Paris	Der Revolutionsheld und Jakobinerführer starb durch Stiche von Charlotte Corday.
Ohnesorg, Benno	02.06.1967	Berlin	Kriminalobermeister Karl-Heinz Kurras erschoss den Studenten auf einer Demo.
Palme, Olof	26.02.1986	Stockholm	Unbekannte erschießen den schwedischen Ministerpräsidenten nach einem Kinobesuch.
Politkowskaja, Anna	07.10.2006	Moskau	Die russische Journalistin und Kämpferin für Menschenrechte wird erschossen.
Ponto, Jürgen	30.07.1977	Oberursel	Der Vorstandsvorsitzender der Dresdner Bank wird zuhause von der RAF erschossen.
Rabin, Jitzhak	04.11.1995	Tel Aviv	Der israel. Ministerpräsident wird nach einer Kundgebung von jüdischen Extremisten erschossen.
Rasputin	17.12.1916	St. Petersburg	Von Fürst Felix Jussupow erschossen und in den Moika-Kanal geworfen.
Rathenau, Walter	24.06.1922	Berlin	Der Reichsaußenminister wurde im offenen Wagen durch Schüsse getötet.
Reagan, Ronald	30.03.1981	Washington	Der US-Präsident wird vor dem Hilton Hotel von Hinckley angeschossen und überlebt.
Rohwedder, Detlev	01.04.1991	Düsseldorf	Der Treuhandchef wird von der RAF am Fenster durch Gewehrschüsse tödlich getroffen.
Sadat, Anwar as	06.10.1981	Kairo	Der ägyptische Präsident wird während einer Militärparade von Soldaten erschossen.
Schäuble, Wolfgang	12.10.1990	Oppenau	Schäuble überlebte die drei Schüsse von Dieter Kaufmann, bleibt aber bis heute gelähmt.
Schleyer, Hanns Martin	19.10.1977	unbekannt	Der Arbeitgeberpräsident wird am 5. September von der RAF entführt und später erschossen.
Seles, Monika	30.04.1993	Hamburg	Der Tennisstar wird während eines Spieles von einem Steffi-Graf-Fan verletzt.
Sissi, Kaiserin	10.09.1898	Genf	Der Anarchist Luigi Luccheni erstach die österreichische Kaiserin mit einer Feile.
Trotzki, Leo	20.08.1940	Mexico-City	Der russische KP-Führer wird im Exil von einem Agenten mit einem Eispickel erschlagen.
Umberto I.	29.07.1900	Monza	Der italienische König wurde vom Anarchisten Gaetano Bresci getötet.
Wallenstein	25.02.1634	Eger, CZ	Der Feldherr wurde zu einem Burgfest eingeladen und von Walter Deveroux getötet.
Zapata, Emiliano	10.04.1919	Chinameca, MEX	Der mexikanische Oberst Guajardo lud ihn auf seine Hacienda ein, wo er im Kugelhagel starb.
Zimmermann, Ernst	01.02.1985	Gauting/München	Von der RAF gefesselt und kurz darauf kaltblütig durch Kopfschuss hingerichtet.

BERÜHMTE ATTENTATE

ZU JUNG GESTORBEN

NAME	WANN	WO	GESTORBEN DURCH
Boleyn, Anna	19.05.1536	London	Heinrich VIII. lässt seine zweite Frau auf dem Schafott hinrichten.
Cobain, Kurt	05.04.1994	Seattle	Der Bandgründer (Nirvana) schoss sich mit einer Schrotflinte in den Kopf und starb mit 27.
Curtis, Ian	18.05.1980	Macclesfield	Der Kopf der Post-Punk-Band „Joy Division" nahm sich mit 23 Jahren das Leben.
Dean, James	30.09.1955	bei Los Angeles	Starb mit 24 Jahren durch einen Autounfall in seinem Porsche 550 Spyder.
Duncan, Isadora	14.09.1927	Nizza	Die Stola der Tänzerin wickelte sich um die Hinterachse ihres Autos und brach ihr das Genick.
Falco	06.02.1998	Dom. Republik	Er starb mit 40 Jahren bei einem Autounfall. Sein Wagen wurde von einem Bus gerammt.
Frank, Anne	März 1945	KZ Bergen Belsen	Das jüdische Mädchen lebte (versteckt) in Amsterdam, wurde verraten und starb mit 15 im KZ.
Guevara, Ché	09.10.1967	Bolivien	Der Freiheitskämpfer wurde 43-jährig von der bolivianischen Armee hingerichtet.
Hauser, Kaspar	14.12.1833	Nürnberg	Mit 21 Jahren schleppt sich das Findelkind mit einer tödlichen Stichwunde nach Hause.
Hendrix, Jimi	18.09.1970	London	Nach Alkohol und Schlaftabletten erstickte der 27-jährige Gitarrist an seinem Erbrochenen.
Holly, Buddy	03.02.1959	Iowa, USA	Der Musiker („Peggy Sue") starb mit 22 bei einem Flugzeugabsturz. Ursache: Pilotenfehler
Hutchence, Michael	22.11.1997	Sydney	Der INXS-Sänger wurde 37-jährig mit einem Gürtel erhängt im Ritz-Carlton aufgebunden.
Jesus von Nazareth	07.04.0030	Jerusalem	Er wurde im Alter von 32 oder 33 Jahren als „König der Juden" ans Kreuz geschlagen.
Jones, Brian	03.07.1969	Hartfield, GB	Das Gründungsmitglied der Rolling Stones ertrank in einem Swimming Pool.
Joplin, Janis	04.10.1970	Los Angeles	Die Sängerin nahm mit 27 Jahren eine Überdosis Heroin und starb in ihrem Hotelzimmer.
Kelly, Grace	13.09.1982	Monaco	Die Fürstin Gracia Patricia fuhr mit ihrem Wagen einen Abhang hinunter und starb mit 52.
Kleist, Heinrich von	21.11.1811	Kleinen Wannsee	Begeht zusammen mit der todkranken Henriette Vogel Selbstmord. Er wird nur 34 Jahre alt.
Ledger, Heath	22.01.2008	New York	Der australische Schauspieler starb mit 28 Jahren nach einem Medikamentencocktail.
Lee, Brandon	31.03.1993	North Carolina	Er starb bei Dreharbeiten des Filmes „The Crow" aus Versehen durch eine echte Patrone.
Macke, August	26.09.1914	Champagne	Der berühmte Maler wurde zum Kriegsdienst eingezogen und fiel mit 27 an der Front.
Mansfield, Jayne	29.06.1967	Louisiana	Die 34-jährige US-Schauspielerin starb neben ihrem Mann bei einem Autounfall.
Marley, Bob	11.05.1981	Miami	Nach einer Chemotherapie in Rottach-Egern starb der Sänger in Florida mit 36 an Krebs.

NAME	WANN	WO	GESTORBEN DURCH
Mercury, Freddy	24.11.1991	London	Der Sänger der Rockgruppe „Queen“ hatte AIDS und starb im Alter von 45 Jahren.
Mitchell, Margaret	11.08.1949	Atlanta	Die Autorin von „Vom Winde verweht“ wurde von einem betrunkenen Taxifahrer überfahren.
Monroe, Marylin	05.08.1962	Los Angeles	Die US-Schauspielerin starb mit 36 Jahren an einer Überdosis Schlaftabletten.
Morrison, Jim	03.07.1971	Paris	Der 27-jährige, drogenabhängige Sänger von „The Doors“ lag tot in einer Badewanne.
Mozart, Wolfgang Amadeus	05.12.1791	Wien	Das musikalische Wunderkind wurde schwer krank und starb im Alter von 35 Jahren.
Phoenix, River	31.10.1993	Hollywood	Vor dem Nachtclub Viper Room am Sunset Boulevard starb der 23-jährige US-Star an Drogen.
Presley, Elvis	16.08.1977	Memphis	Der King wurde nur 42 Jahre alt. Er starb krankheitsbedingt an einem Herzstillstand.
Prinzessin Diana	31.08.1997	Paris	Auf der Flucht vor Paparazzis verunglückte ihr Wagen. Neben ihr starb Dodi Al Fayed.
Reeve, Christopher	10.10.2004	Mount Kisco	Der durch einen Reitunfall gelähmte 52-jährige „Superman“ starb an einer Infektion.
Rindt, Jochen	05.09.1970	Monza	Aufgrund eines technischen Defektes knallte sein Formel-1-Wagen in die Leitplanken.
Saint-Exupéry, de Antoine	31.07.1944	Mittelmeer	Während eines Aufklärungsfluges stürzte der Autor des „Kleinen Prinzen“ ins Meer.
Schiele, Egon	31.10.1918	Wien	Berühmtes Opfer der „Spanischen Grippe“. Der Maler starb 3 Tage nach seiner Frau mit 28.
Schneider, Romy	29.05.1982	Paris	Nach dem Unfall-Tod ihres Sohnes starb sie mit 44 an Tabletten und gebrochenem Herzen.
Schubert, Franz	19.11.1828	Wien	Nach hohem Fieber (man vermutet durch Typhus) starb der österr. Komponist 33-jährig.
Scott, Bon	19.02.1980	London	Der Sänger der Hard-Rock Band AC/DC erstickte 33-jährig an seinem Erbrochenen.
Senna, Ayrton	01.05.1994	Imola, Italien	Der Brasilianer raste beim Großen Preis von San Marino (Formel 1) mit 34 Jahren in den Tod.
Stuart, Maria	08.02.1587	London	Die schottische Ex-Königin wurde nach 19-jähriger Gefangenschaft hingerichtet.
Tate, Sharon	09.08.1969	bei Hollywood	Die US-Schauspielerin wurde hochschwanger mit 27 v. Charles Manson bestialisch ermordet.
Thornton, Melanie	24.11.2001	bei Zürich	Im Schneetreiben stürzte das Flugzeug der US-Sängerin kurz vor der Landung in einen Wald.
Vicious, Sid	02.02.1979	New York City	Der Punk-Rock-Sänger der Sex Pistols setzte sich mit 22 Jahren den goldenen Schuss.
Wood, Natalie	29.11.1981	Kalifornien	Die US-Schauspielerin ertrank im Alter von 43 Jahren während eines Segelausflugs.

GROSSE NATURKATASTROPHEN DER WELT

WANN	ORT/LAND	URSACHE (MAGNITUDE/STÄRKE)	TOTE
vor 65 Mio Jahren	Halbinsel Yucatán, Mexiko	Impakt, Einschlag eines Himmelskörpers	Dinosaurier + 50 % der Tiere
seit 8.000 Jahren	Weltweite Umweltzerstörung	Mensch durch Jagd, Rodung, Überfischung etc.	99 % aller Tierarten
24.08.79	Pompeji, Italien	Vulkan-Ausbruch Vesuv	über 2.000
20.05.526	Antakya, Türkei	Erdbeben	ca. 250.000
29.11.533	Aleppo, Syrien	Erdbeben	ca. 130.000
Dez. 856	Damghan, Iran	Erdbeben	ca. 200.000
17.09.1007	Bagdad ,Irak	Erdbeben	bis zu 100.000
1139	Gäncä, Aserbai.	Erdbeben	ca. 230.000
20.05.1202	Nablus, Palästina	Erdbeben	bis 1.000.000
16.01.1219	Nordseeküste	1. Marcellusflut	ca. 36.000
13.12.1287	Nordseeküste	Luciaflut	ca. 50.000
27.09.1290	China	Erdbeben	ca. 100.000
1347-1353	Europaweit	Pest	ca. 25 Mio.
15.01.1362	Nordseeküste	2. Marecllusflut	ca. 100.000
02.02.1556	Shaanxi, CHN	Erdbeben	ca. 830.000
02.11.1570	Nordseeküste	Deichbruch durch Orkan	ca. 100.000
16.06.1662	Japan & China	Erdbeben und Tsunami	bis zu 300.000
09.01.1693	Sizilien	Erdbeben	ca. 60.000
31.12.1703	Tokio, Japan	Erdbeben (8,2)	ca. 110.000
11.10.1737	Kalkutta, Indien	Erdbeben	ca. 300.000
[illegible]	[illegible]	[illegible]	[illegible]

WANN	ORT/LAND	URSACHE (MAGNITUDE/STÄRKE)	TOTE (GESCHÄTZT)
08.01.1780	Täbriz, Iran	Erdbeben	bis zu 200.000
10.04.1815	Sumbawa, Indon.	Ausbruch des Tamboras	ca. 60.000
1783/1784	Weltweit	vulk. Winter/Frost/Flut	ca. 100.000
1876/1877	Indien	Dürre und Hungersnot	ca. 6 Mio.
27.08.1883	Krakatau, Indones.	Vulkan/Tsunami (40 m)	ca. 36.500
1887	Gelber Fluss, CHN	Überschwemmung	ca. 900.000
28.12.1908	Messina, Italien	Erdbeben und Tsunami	bis zu 110.000
1918-1920	Weltweit	Spanische Grippe	mind. 25 Mio.
16.12.1920	Gansu, CHN	Erdbeben (8,6)	rund 200.000
01.09.1923	Kanto, Japan	Erdbeben (8,3)/Tsunami	bis zu 150.000
1967-1970	Biafra, Nigeria	Dürre/Krieg/Hungersnot	bis zu 7 Mio.
12.11.1970	Ostpakistan	Zyklon und Sturmflut	bis zu 500.000
28.07.1976	Tangshan, CHN	Erdbeben (7,8)	bis zu 650.000
13.11.1985	Armero/Kolumb.	Vulkan/Schlammlawine	über 25.000
29.04.1991	Bangladesch	Zyklon und Flutwelle	ca. 138.000
Aug. 2003	Europaweit	Hitzewelle	bis zu 70.000
26.12.2004	Sumatra, Indones.	Seebeben (9,1)/Tsunami	ca. 232.000
08.10.2005	Kaschmir, Indien	Erdbeben	ca. 86.000
12.05.2008	Sichuan, CHN	Erdbeben (7,9)	ca. 70.000
12.01.2010	Haiti	Erdbeben (7,0)	bis zu 300.000
11.03.2011	Fukushima, Japan	Erdbeben (9,0)/Tsunami	ca. 28.000

WANN	URSACHE	SCHIFF(E)	TOTE
492 v. Chr.	Sturm	Schiffe der Persischen Flotte	über 20.000
255 v. Chr.	Sturm	300 Schiffe der Römisch. Flotte	bis 100.000
1281	Taifun	Mongol.-Koreanische Flotte	ca. 70.000
1588	Krieg, Sturm	40 Schiffe d. Span. Armada	ca. 13.000
Nov. 1811	Sturm	Britischer Schiffskonvoi	über 2.000
Jan. 1822	Riff	chines. Dschunke „Tek Sing“	über 1.600
27.04.1865	Explosion	Raddampfer auf Mississippi	ca. 1.700
15.06.1904	Brand	Dampfer „General Slocum“	1021
14.04.1912	Eisberg	Titanic auf Jungfernfahrt	1503
22.09.1912	Taifun	japan. Dampfer „Kiche Maru“	ca. 1.000
29.05.1914	Kollision	„Empress of Ireland“	1027
07.05.1915	Torpedo U20	Passagierdampfer „Lusitania“	1.198
06.12.1917	Kollision	Munitionschiff „Mont Blanc“	1.635
18.03.1921	Rebellion	Passagierschiff „Kong Moh“	ca. 1.000
27.03.1943	Unfall, Expl.	brit. Flugzeugträger „Dasher“	379
08.06.1943	Explosion	japan. Schlachtschiff „Mutsu“	1.121
14.04.1944	Brand, Expl.	Frachtdampfer Fort Stikine	bis zu 1.500
30.01.1945	Torpedo	Passagierschiff „Wilh. Gustloff“	über 5.000
19.03.1945	Luftangriff	Flugzeugträger „USS Franklin“	bis zu 832
11.05.1945	Kamikaze	Flugzeugträger USS Bunker Hill	bis zu 389
19.01.1947	Mine	griech. Passagierschiff Himara	392

WANN	URSACHE	SCHIFF(E)	TOTE
16.04.1947	Explosionen	Drei Schiffe in Texas City	bis zu 568
11.06.1948	Mine	Dän. Dampfer „Kjöbenhaven“	über 140
26.09.1954	schwere See	japan. Eisenbahnfähre Toya Maru	1.150
29.10.1955	Explosion	Schlachtschiff „Noworossik“	ca. 1.500
25.07.1956	Kollision	ital. „Andrea Doria“ sinkt vor NY	50
21.09.1957	Sturm	dt. Segelschulschiff Pamir sinkt	80
10.04.1963	Wassereinbruch	US Atom-U-Boot „Thresher“	129
29.07.1967	Brand	Flugzeuträger „USS Forrestal“	134
29.04.1986	Sturm	Fähre „Ekhlas Star“ (Bangla D.)	ca. 1.000
31.08.1986	Kollision	Kreuzfahrtschiff „A. Nachimow“	423
06.03.1987	vor Zeebrugge	Fähre „Harold of Free Enterprise	ca. 200
20.12.1987	Kollision, Expl.	philipinische Fähre „Dona Paz“	ca. 4.380
17.02.1993	Überfrachtung	haitianische Fähre „Neptune“	min. 1.000
28.09.1994	Überflutung	estnische Fähre „Estonia“	854
21.05.1996	Überfrachtung	Viktoriasee-Fähre „Bukoba“	ca. 800
05.08.2000	Explosion	russisches Atom-U-Boot „Kursk“	118
26.09.2002	Sturm	senegalesische Fähre „Le Joola“	1.863
03.02.2006	Brand, Wind	ägypt. Fähre „Al-Salam Bocca.“	1.026
21.06.2008	Taifun	philip. Fähre „Princess of Stars“	min. 8.000
13.01.2012	Felskollision	auf Kreuzfahrt „Costa Concordia“	32
16.04.2014	men. Versagen	korea. „Sewol“ mit Schulkindern	302

DEUTSCHE BUNDESPRÄSIDENTEN SEIT 1949

	BUNDESPRÄSIDENT	IM AMT	WAR AUSSERDEM (AUSWAHL)
01	**Theodor Heuss** (FDP)	1949-1959	Geboren am 31.1.**1884** in Brackenheim bei Heilbronn; lernte Journalist und leitete die Zeitschrift „Hilfe". Ab 1910 Mitglied der Fortschrittlichen Volkspartei, die er 1946 als „Demokratische Volkspartei (DVP) neu mit begründete. 1948-49 Vorsitzender der FDP. Als Bundespräsident kämpfte er gegen den Nationalismus; gestorben am 12.12.**1963** in Stuttgart.
02	**Heinrich Lübke** (CDU)	1959-1969	Geboren am 14.10.**1894** in Enkhausen (Sauerland); Studium der Geodäsie und Landwirtschaft; 1914-1918 Kriegsfreiwilliger (Eisernes Kreuz I + II); 1931-33 Mitglied des preußischen Landtags; 1934-35 in U-Haft; 1939-45 Ingenieur und Bauleiter; 1945 CDU-Mitglied & Minister für Ernährung & Landwirtschaft (1953-1959); gestorben am 6.4.**1972** in Bonn.
03	**Gustav Heinemann** (SPD)	1969-1974	Geboren am 23.7.**1899** in Schwelm; studierte Jura und praktizierte als Rechtsanwalt; 1946-49 OB von Essen und 1949-50 Bundesinnenminister, von dessen Amt er aber aus Protest gegen die Wiederbewaffnung zurücktrat; 1945-1952 Mitglied der CDU, 1957 Wechsel zur SPD; von 1966-69 Bundesjustizminister; gestorben am 7.7.**1976** in Essen.
04	**Walter Scheel** (FDP)	1974-1979	Geboren am 8.7.**1919** in Solingen; nach der Banklehre und dem Kriegseinsatz 1939-45 (Eisernes Kreuz I+II) arbeitete er als Berater; 1961-66 Bundesminister für wirtschaftl. Zusammenarbeit, Außenminister (1969-1974) & Bundespräsident wurde. „Mister Bundesrepublik" sang 1973 das Volkslied „Hoch auf dem gelben Wagen"; gestorben am 24.8.**2016**
05	**Karl Carstens** (CDU)	1979-1984	Geboren am 14.12.**1914** in Bremen; studierte Rechtswissenschaft und promovierte 1938 zum Dr. jur.; Kriegseinsatz 1939-45 als Flakhelfer, danach praktizierender Rechtsanwalt; 1960-66 Staatssekretär im Auswertigen Amt; 1976-79 Präsident des Dt. Bundestages; Der vom Volk genannte „Wanderpräsident" starb am 30.5.**1992** in Meckenheim.
06	**Richard von Weizäcker** (CDU)	1984-1994	Geboren am 15.4.**1920** in Stuttgart; der Wirtschaftsjurist wurde im Krieg verwundet und mit dem Eisernen Kreuz I. und II. ausgezeichnet; nach dem Krieg Prokurist bei Mannesmann; ab 1954 CDU-Mitglied; 1964-1970 & 1979-1981 Präsident des Dt. Evang. Kirchentags; von 1981-1984 Regier. Bürgermeister von West-Berlin; starb am 31.1.**2015** ebendort.
07	**Roman Herzog** (CDU)	1994-1999	Geboren am 5.4.**1934** in Landshut; studierte Steuerrecht und lehrte dies ab 1966 als Professor in Berlin & Speyer; saß von 1978-83 im Landtag von Baden-Württemberg und war von 1988-1994 Präsident des Bundesverfassungsgerichts. 1994 wurde er zum 7. Bundespräsidenten gewählt, verzichtete aber 1999 auf eine Wiederwahl; er starb am 10.1.**2017.**
08	**Johannes Rau** (SPD)	1999-2004	Geboren am 16.1.**1931** in Wuppertal; Lehre und Arbeit als Verlagsbuchhändler; ab 1957 SPD-Mitglied, 1969-1970 OB in Wuppertal; 1978-1998 Ministerpräsident von Nordrhein-Westfalen; gestorben am 27.1.**2006** in Berlin.
09	**Horst Köhler** (CDU)	2004-2010	Geboren am 22.2.**1943** in Heidenstein (heute Polen); studierte VWL und Politik; ab 1981 CDU-Mitglied; 1990-93 Staatssekretär des Bundesfinanzministeriums; 2000-04 Direktor des Internationalen Währungsfonds IWF.
10	**Christian Wulff** (CDU)	2010-2012	Geboren am 19.6.**1959** in Osnabrück; der promovierte Jurist ist seit 1975 CDU-Mitglied; 2003-10 Ministerpräsident von Niedersachsen; trat Anfang 2012 von seinem Amt zurück. Vorausgegangen waren einige Skandale und Affären.
11	**Joachim Gauck** (ohne)	2012-2017	Geboren am 24.1.**1940** in Rostock; war ab 1967 evangelischer Pfarrer in der DDR und später Volkskammerabgeordneter für das Bündnis 90; von 1990-2000 Bundesbeauftragter für Stasi-Unterlagen (Gauck-Behörde)

	BUNDESKANZLER	IM AMT	KURZBIOGRAFIE (AUSWAHL)
01	**Kondrad Adenauer** (CDU)	1949-1963	Geboren am 05. 01.**1876** in Köln; studierte Jura und VWL; 1917-1933 Kölner Oberbürgermeister; 1933 verlor er alle Ämter; 1934 und 1944 als Nazi-Gegner zeitweise verhaftet; 1945 wieder OB von Köln; am 15.9.1949 wurde er vom Bundestag mit einer Stimme Mehrheit (seiner eigenen) zum ersten deutschen Bundeskanzler gewählt. Parallel war er 1951-1955 Außenminister; 1953, 1957 und 1961 als Kanzler wiedergewählt; gestorben am 19.4.**1967** in Rhöndorf.
02	**Ludwig Erhard** (CDU)	1963-1966	Geboren am 04.02.**1897** in Fürth; studierte BWL und VWL; 1945-1946 bayerischer Minister für Handel; von 1949-1963 Bundeswirtschaftsminister und „Vater des Wirtschaftswunders"; 1963 (gegen den Willen Adenauers) Wahl zum Bundeskanzler; Wiederwahl 1965; Rücktritt im Dezember 1966; 1966-1967 CDU-Bundesvorsitzender; gestorben am 05.05.**1977** in Bonn.
03	**Kurt Georg Kiesinger** (CDU)	1966-1969	Geboren am 06.04.**1904** in Ebingen; 1958-1966 Ministerpräsident von Baden-Würthemberg; 1966 Wahl zum dritten Bundeskanzler; 1967-1971 CDU-Bundesvorsitzender; aufgrund seiner NS-Vergangenheit stark umstritten; gestorben am 09.03.**1988** in Tübingen.
04	**Willy Brandt** (SPD)	1969-1974	Geboren am 18.12.**1913** in Lübeck als „Herbert Ernst Karl Frahm; 1933 Flucht nach Norwegen; 1939 als „Willy Brandt" Flucht nach Schweden; 1945 Rückkehr als Journalist; von 1949-57 Mitglied des Bundestages; 1957-66 OB von Berlin; 1966-69 Bundesaußenminister; von 1964-1987 Bundesvorsitzender der SPD; 1969 Wahl zum Bundeskanzler; am 7.12.1970 „Kniefall von Warschau"; 1971 Friedensnobelpreis für seine „Politik der Versöhnung" Rücktritt am 06.05.1974 aufgrund der Guillaume-Spionageaffäre; gestorben am 08.10.**1992** in Unkel bei Bonn.
05	**Helmut Schmidt** (SPD)	1974-1982	Geboren am 23.12.**1918** in Hamburg; Studium der Volkswirtschaft; 1941-1945 Leutnant an Ost- und Westfront; 1942 Hochzeit mit Loki (1919-2010); ab 1961 Senator der Polizeibehörde in Hamburg und als solcher Krisenmanager der Sturmflut von 1962; 1967-1969 SPD-Bundesvorsitzender; 1969-1972 Bundesverteidigungsminister; 1972-1974 Bundeswirtschafts- & Finanzminister; 1974 Wahl zum 5. Bundeskanzler: In seine Amtszeit fielen u.a. die Ölkrise von 1973, die Bekämpfung des RAF-Terrors 1974-77 sowie die Unterzeichnung des NATO-Doppelbeschlusses vom 12.12.1979. 1982 Abwahl nach Misstrauensvotum. Helmut Schmidt starb am 10.11.**2015** in Hamburg.
06	**Helmut Kohl** (CDU)	1982-1998	Geboren am 03.04.**1930** in Ludwigshafen am Rhein; 1959 Mitglied des Landtags und ab 1969-1975 Ministerpräsident von Rheinland-Pfalz; ab 1976 Mitglied des Bundestages; 1982 Wahl zum Kanzler nach Misstrauensvotum gegen Helmut Schmidt; gilt als „Einheitskanzler" und Vorbereiter der europäischen Union. Der 6. deutsche Bundeskanzler starb am 16.6.**2017** in seinem Haus im Ludwigshafener Stadtteil Oggersheim.
07	**Gerhard Schröder** (SPD)	1998-2005	Geboren am 07.04.**1944** in Mossenberg; studierte Jura und praktizierte als Rechtsanwalt; 1990-98 Ministerpräsident von Niedersachsen; 1999-2004 SPD-Bundesvorsitzender 1998 Wahl zum Bundeskanzler; 2003-05 Reformierung des Sozialsystems und Arbeitsmarktes mit der „Agenda 2010". 2005 stellte er die „Vertrauensfrage" und verlor sein Amt.
08	**Angela Merkel** (CDU)	seit 2005	Geboren am 17.07.**1954** in Hamburg; Kindheit, Jugend und Studium der Physik in Leipzig (ehemalige DDR). Nach der Wende Beitritt zur CDU; 1991-94 Bundesministerin für Frauen und Jugend; 1994-98 Bundesumweltministerin. Nachdem Gerhard Schröder die „Vertrauensfrage" stellte, wurde sie mit der vorgezogenen Bundestagswahl 2005 erstmals Bundeskanzlerin. Wiederwahl 2009, 2013 und 2017 (4. Amtszeit).

DEUTSCHE AUSSENMINSTER SEIT 1949

	AUSSENMINISTER	LEB-ZEITEN	IM AMT	PARTEI	WAR AUSSERDEM (AUSWAHL)
01	**Konrad Adenauer**	1876-1967	1951-1955	CDU	Oberbürgermeister von Köln (1917-1933 und 1945); Deutscher Bundeskanzler (1949-1963)
02	**Heinrich von Brentano**	1904-1964	1955-1961	CDU	Vorsitzender der CDU/CSU-Bundestagsfraktion (1961-1964)
03	**Gerhard Schröder**	1910-1989	1961-1966	CDU	Innenminister (1953-1961); Verteidigungsminister (1966-1969)
04	**Willy Brand**	1913-1992	1966-1969	SPD	Bürgermeister von Berlin (1957-1966); Bundeskanzler (1969-1974); erhielt 1971 den Friedens-Nobelpreis
05	**Walter Scheel**	1919-2016	1969-1974	FDP	Bundesminister für wirtschaftliche Zusammenarbeit (1961-1966); Bundespräsident (1974-1979)
06	**Hans-Dietrich Genscher**	1927-2016	1974-1982	FDP	Innenminister (1969-1974); Bundesvorsitzender der FDP (1974-1985)
07	**Helmut Schmidt**	1918-2015	Sept. 1982	SPD	Verteidigungsminister (1969-1972); Finanzminister (1972-1974); Bundeskanzler (1974-1982); seit 1983 Mitherausgeber der Wochenzeitung „Die Zeit".
08	**Hans-Dietrich Genscher**	1927-2016	1982-1992	FDP	Nach 14-tägiger Unterbrechung begann seine 2. Amtszeit inkl. Wiedervereinigung
09	**Klaus Kinkel**	1936	1992-1998	FDP	Präsident des Bundesnachrichtendienst BND (1979-82); Justizminister (1991-1992); FDP-Bundesvorsitzender (1993-95)
10	**Joschka Fischer**	1948	1998-2005	GRÜNE	Hessischer Umweltminister von 1985-87 + 1991-94; Präsident des Rats der EU (1999).
11	**Frank-Walter Steinmeier**	1956	2005-2009	SPD	Chef des Bundeskanzleramtes (1999-2005); SPD-Fraktionsvorsitzender (2009-2013).
12	**Guido Westerwelle**	1961-2016	2009-2013	FDP	Parteivorsitzender der FDP (2001-2013); 2009-2011 Vizekanzler. Er starb am 18. März 2016 an Leukämie - nur wenige Tage vor Hans-Dietrich Genscher (31. März 2016).
13	**Frank-Walter Steinmeier**	1956	2013-2017	SPD	Zweite Amstszeit, da er bereits von 2005-2009 Außenminister war. Steinmeier wurde am 17.2.2017 zum neuen Bundespräsidenten gewählt.
14	**Sigmar Gabriel**	1959	2017-2018	SPD	2005-2009 Bundesumweltminister, von 2009 bis 2017 SPD-Parteivorsitzender sowie Bundeswirtschaftsminister von Dezember 2013 bis März 2017.
15	**Heiko Maas**	1966	seit 3/2018	SPD	Der in Saarlouis geborene Heiko Maas war in Angela Merkels Kabinett III. von 2013-2018 Bundesminister der Justiz und Verbraucherschutz.

	INNENMINISTER	LEB-ZEITEN	IM AMT	PARTEI	WAR AUSSERDEM (AUSWAHL)
01	**Gustav Heinemann**	1899-1976	1949-1950	CDU	Oberbürgermeister von Essen (1946-1949); Justizminister (1966-1969); 3. Deutscher Bundespräsident (1969-1974)
02	**Robert Lehr**	1883-1956	1950-1953	CDU	Oberbürgermeister von Düsseldorf (1924-1933)
03	**Gerhard Schröder**	1910-1989	1953-1961	CDU	Außenminister (1961-1966); Verteidigungsminister (1966-1969)
04	**Hermann Höcherl**	1912-1989	1961-1965	CSU	Bundesminister für Ernährung und Landwirtschaft (1965-1969)
05	**Paul Lücke**	1914-1976	1965-1968	CDU	Minister für Wohnungsbau (1957-1965)
06	**Ernst Benda**	1925-2009	1968-1969	CDU	Präsident des Bundesverfassungsgericht (1971-1983)
07	**Hans-Dietrich Genscher**	1927-2016	1969-1974	FDP	Außenminister (1974-92 fast ununterbrochen); FDP-Bundesvorsitzender (1974-1985)
08	**Werner Maihöfer**	1918-2009	1974-1978	FDP	Bundesminister für besondere Aufgaben (1972-1974)
09	**Gerhart Baum**	1932	1978-1982	FDP	Staatssekretär beim Bundesminsiter des Inneren (1972-1978)
10	**Jürgen Schmude**	1936	Sept. 1982	SPD	Bundesminister für Bildung & Wissenschaft (1978-1981); Justizminister (1981-1982)
11	**Friedrich Zimmermann**	1925	1982-1989	CSU	Verkehrsminister (1989-1991)
12	**Wolfgang Schäuble**	1942	1989-1991	CDU	Bundesminister für besondere Aufgaben (1984-89); Bundesfinanzminister (2009-2017)
13	**Rudolf Seiters**	1937	1991-1993	CDU	Bundesminister für besondere Aufgaben (1989-91); Präsident des DRK (2003-2017)
14	**Manfred Kanther**	1939	1993-1998	CDU	Landesvorsitzender der hessischen CDU (1991-1998)
15	**Otto Schily**	1932	1998-2005	SPD	Mitbegründer und Mitglied der GRÜNEN (1980-1989)
16	**Wolfgang Schäuble**	1942	2005-2009	CDU	2. Amtszeit als Innenminister; Bundesminister für bes. Aufgaben (1984-89); Bundesfinanzminister (2009-17); Präsident des Deutschen Bundestages seit 10/2017.
17	**Thomas de Maizière**	1954	2009-2011	CDU	Bundesminister für bes. Aufgaben (2005-2009); Verteidigungsminister (2011-2013)
18	**Hans-Peter Friedrich**	1957	2011-2013	CSU	stellvertretender Vorsitzender der CDU/CSU-Bundestagsfraktion (2009-2011)
19	**Thomas de Maizière**	1954	2013-2018	CDU	2. Amtszeit als Innenminister Verteidigungsminister (2011-2013)
20	**Horst Seehofer**	1949	seit 2018	CSU	Ministerpräsident von Bayern (2008-2018). Er ist Innen-, Bau- und Heimatminister

DEUTSCHE MINISTER SEIT 1949 (TEIL 1)

VERTEIDIGUNGSMINISTER (PARTEI); AMTSZEIT	**FINANZMINISTER** (PARTEI); AMTSZEIT	**ARBEITSMINISTER** (PARTEI); AMTSZEIT	**UMWELTMINISTER** (PARTEI); AMTSZEIT
Theodor **Blank** (CDU); 1955-1956	Fritz **Schäffer** (CDU); 1949-1957	Anton **Storch** (CDU); 1949-1957	Walter **Wallmann** (CDU); 1986-1987
Franz Josef **Strauß** (CSU); 1956-1963	Franz **Etzel** (CDU); 1957-1961	Theodor **Blank** (CDU); 1957-1965	Klaus **Töpfer** (CDU); 1987-1994
Kai-Uwe v. **Hassel** (CDU); 1963-1966	Heinz **Starke** (FDP); 1961-1962	Hans **Katzer** (CDU); 1965-1969	Angela **Merkel** (CDU); 1994-1998
Gerhard **Schröder** (CDU); 1966-1969	Rolf **Dahlgrün** (FDP); 1962-1966	Walter **Arendt** (SPD); 1969-1976	Jürgen **Trittin** (GRÜNE); 1998-2005
Helmut **Schmidt** (SPD); 1969-1972	Kurt **Schmücker** (CDU); 11/1966	Herbert **Ehrenberg** (SPD); 1976-1982	Sigmar **Gabriel** (SPD); 2005-2009
Georg **Leber** (SPD); 1972-1978	Franz Josef **Strauß** (CSU); 1966-1969	Heinz **Westphal** (SPD); 1982	Norbert **Röttgen** (CDU); 2009-2012
Hans **Apel** (SPD); 1978-1982	Alexander **Möller** (SPD); 1969-1971	Norbert **Blüm** (CDU); 1982-1998	Peter **Altmeier** (CDU); 2012-2013
Manfred **Wörner** (CDU); 1982-1988	Karl **Schiller** (SPD); 1971-1972	Walter **Riester** (SPD); 1998-2002	Barbara **Hendricks** (SPD); 2013-18
Rupert **Scholz** (CDU); 1988-1989	Helmut **Schmidt** (SPD); 1972-1974	Wolfgang **Clement** (SPD); 2002-2005	Svenja **Schulze** (SPD); seit 3/2018
Gerh **Stoltenberg** (CDU); 1989-1992	Hans **Apel** (SPD); 1974-1978	Franz **Müntefering** (SPD); 2005-2007	
Volker **Rühe** (CDU); 1992-1998	Hans **Matthöfer** (SPD); 1978-1982	Olaf **Scholz** (SPD); 2007-2009	
Rudolph **Scharping** (SPD); 1998-02	Manfred **Lahnstein** (SPD); 1982	Franz Josef **Jung** (CDU); 2009	
Peter **Struck** (SPD); 2002-2005	Gerhard **Stoltenberg** (CDU); 1982-1989	Ursula **von der Leyen** (CDU); 2009-13	
Franz Josef **Jung** (CDU); 2005-2009	Theodor **Waigel** (CSU); 1989-1998	Andrea **Nahles** (SPD); 2013-2018	
K.-T. **zu Guttenberg** (CSU); 2009-2011	Oskar **Lafontaine** (SPD); 1998-1999	Hubertus **Heil** (SPD); seit 3/2018	
Thomas **de Maizière** (CDU); 2011-13	Hans **Eichel** (SPD); 1999-2005		
U. **von der Leyen** (CDU); seit 12/2013	Peer **Steinbrück** (SPD); 2005-2009		
	Wolfgang **Schäuble** (CDU); 2009-17		
	Peter **Altmaier** (CDU); *kommissarisch*		
	Olaf **Scholz** (SPD); seit 3/2018		

GESUNDHEITSMINISTER (PARTEI); AMTSZEIT	**WIRTSCHAFTSMINISTER** (PARTEI); AMTSZEIT	**ERNÄHRUNGSMINISTER** (PARTEI); AMTSZEIT	**MINISTER FÜR WIRTSCHAFTL. ZUSAMMENARBEIT;** AMTSZEIT
El. **Schwarzhaupt** (CDU); 1961-66	Ludwig **Erhard** (CDU); 1949-1963	Wilhelm **Niklas** (CSU), 1949-1953	Walter **Scheel** (FDP); 1961-1966
Käte **Strobel** (SPD); 1966-1972	Kurt **Schmücker** (CDU); 1963-1966	Heinrich **Lübke** (CDU); 1953-1959	Werner **Dollinger** (CSU); Nov. 1966
Katharina **Focke** (SPD); 1972-1976	Karl **Schiller** (SPD); 1966-1972	Werner **Schwarz** (CDU); 1959-1965	H.-J. **Wischnewski** (SPD) 1966-68
Antje **Huber** (SPD); 1976-1982	Helmut **Schmidt** (SPD); 1972-1972	Hermann **Höcherl** (CSU); 1965-1969	Erhard **Eppler** (SPD); 1968-1974
Anke **Fuchs** (SPD); 04.1982-10.1982	Hans **Friderichs** (FDP); 1972-1977	Josef **Ertl** (FDP); 1969-1982	Egon **Bahr** (SPD); 1974-1976
Heiner **Geißler** (CDU); 1982-1985	Otto Graf **Lambsdorff** (FDP); 1977-82	Björn **Engholm** (SPD); Sept. 1982	Marie **Schlei** (SPD); 1976-1978
Rita **Süssmuth** (CDU); 1985-1988	Manfred **Lahnstein** (SPD); 1982	Josef **Ertl** (FDP); 1982-1983	Rainer **Offergeld** (SPD); 1978-1982
Ursula **Lehr** (CDU); 1988-1991	Otto Graf **Lambsdorff** (FDP); 1982-84	Ignaz **Kiechle** (CSU); 1983-1993	Jürgen **Warnke** (CSU); 1982-1987
Gerda **Hasselfeldt** (CSU); 1991-92	Martin **Bangemann** (FDP); 1984-88	Jochen **Borchert** (CDU); 1993-1998	Hans **Klein** (CSU); 1987-1989
Horst **Seehofer** (CSU); 1992-1998	Helmut **Hausmann** (FDP); 1988-1991	Karl-Heinz **Funke** (SPD); 1998-2001	Jürgen **Warnke** (CSU); 1989-1991
Andrea **Fischer** (GRÜNE); 1998-2001	Jürgen **Möllemann** (FDP); 1991-93	Renate **Künast** (GRÜNE); 2001-2005	Carl-Dieter **Spranger** (CSU), 1991-98
Ulla **Schmidt** (SPD); 2001-2009	Günther **Rexrodt** (FDP); 1993-1998	Horst **Seehofer** (CSU); 2005-2008	H. **Wieczorek-Zeul** (SPD); 1998-09
Philipp **Rösler** (FDP); 2009-2011	Werner **Müller** (parteilos); 1998-02	Ilse **Aigner** (CSU); 2008-2013	Dirk **Niebel** (FDP); 2009-2013
Daniel **Bahr** (FDP); 2011-2013	Wolfgang **Clement** (SPD); 2002-05	Hans-Peter **Friedrich** (CSU); 2013-14	Gerd **Müller** (CSU); seit 12/2013
Hermann **Gröhe** (CDU); 2013-2018	Michael **Glos** (CSU); 2005-2009	Christian **Schmidt** (CSU); 2014-2018	
Jens **Spahn** (CDU); seit 3/2018	Karl-Th. zu **Guttenberg** (CSU); 2009	Julia **Klöckner** (CDU); seit 3/2018	
	Rainer **Brüderle** (FDP); 2009-2011		
	Philipp **Rösler** (FDP); 2011-2013		
	Sigmar **Gabriel** (SPD); 2013-2017		
	Brigitte **Zypries** (SPD); 2017-2018		
	Peter **Altmaier** (CDU), seit 3/2018		

DEUTSCHE MINISTER SEIT 1949 (TEIL 3)

BILDUNGSMINISTER (PARTEI); AMTSZEIT	**FAMILIENMINISTER** (PARTEI); AMTSZEIT	**VERKEHRSMINISTER** (PARTEI); AMTSZEIT	**JUSTIZMINISTER** (PARTEI); AMTSZEIT
Hans **Leussink** (parteilos); 1969-72	F.-J. **Wuermeling** (CDU); 1953-1962	H.-Chr. **Seebohm** (CDU); 1949-1966	Thomas **Dehler** (FDP); 1949-1953
Klaus **von Dohnanyi** (SPD); 1972-74	Bruno **Heck** (CDU); 1962-1968	Georg **Leber** (SPD); 1966-1972	Fritz **Neumayer** (FDP); 1953-1956
Helmut **Rohde** (SPD); 1974-1978	Aenne **Brauksiepe** (CDU); 1968-69	Lauritz **Lauritzen** (SPD); 1972-1974	H.-Joachim **v. Merkatz** (DP); 1956-57
Jürgen **Schmude** (SPD); 1978-1981	Käthe **Strobel** (SPD); 1969-1972	Kurt **Gscheidle** (SPD); 1974-1980	Fritz **Schäffer** (CSU); 1957-1961
Björn **Engholm** (SPD); 1981-1982	Katharina **Focke** (SPD); 1972-1976	Volker **Hauff** (SPD); 1980-1982	Wolfg. **Stammberger** (FDP); 1961-62
Dorothee **Wilms** (CDU); 1982-1987	Antje **Huber** (SPD); 1976-1982	Werner **Dollinger** (CSU); 1982-1987	Ewald **Bucher** (FDP/DVP); 1962-1965
Jürgen **Möllemann** (FDP); 1987-90	Anke **Fuchs** (SPD); 1982	Jürgen **Warnke** (CSU); 1987-1989	Karl **Weber** (CDU); 1965
Rainer **Ortleb** (FDP); 1990-1994	Heiner **Geißler** (CDU); 1982-1985	Friedr. **Zimmermann** (CSU); 1989-91	Richard **Jaeger** (CSU); 1965-1966
Karl-Hans **Laermann** (FDP); 1994	Rita **Süssmuth** (CDU); 1985-1988	Günther **Krause** (CDU); 1991-1993	Gustav **Heinemann** (SPD); 1966-1969
Jürgen **Rüttgers** (CDU); 1994-1998	Ursula **Lehr** (CDU); 1988-1991	Matth. **Wissmann** (CDU); 1993-1998	Horst **Ehmke** (SPD); 1969
Edelgard **Bulmahn** (SPD); 1998-2005	Hannelore **Rönsch** (CDU); 1991-1994	Franz **Müntefering** (SPD); 1998-1999	Gerhard **Jahn** (SPD); 1969-1974
Annette **Schavan** (CDU); 2005-2013	Claudia **Nolte** (CDU); 1994-1998	Reinhard **Klimmt** (SPD); 1999-2000	Hans-Jochen **Vogel** (SPD); 1974-1981
Johanna **Wanka** (CDU); 2013-2018	Christine **Bergmann** (SPD); 1998-02	Kurt **Bodewig** (SPD); 2000-2002	Jürgen **Schmude** (SPD); 1981-1982
Anja **Karliczek** (CDU); seit 3/2018	Renate **Schmidt** (SPD); 2002-2005	Manfred **Stolpe** (SPD); 2002-2005	Hans **Engelhard** (FDP); 1982-1991
	Ursula **v. der Leyen** (CDU); 2005-09	Wolfgang **Tiefensee** (SPD); 2005-09	Klaus **Kinkel** (FDP); 1991-1992
	Kristina **Schröder** (CDU); 2009-2013	Peter **Ramsauer** (CSU); 2009-2013	S. **Leuth.-Schnarrenb.** (FDP); 1992-96
	Manuela **Schwesig** (SPD); 2013-17	Alexander **Dobrindt** (CSU); 2013-2018	Ed. **Schmidt-Jortzig** (FDP); 1996-1998
	Katarina **Barley** (SPD); *kommissarisch*	Andreas **Scheuer** (CSU); seit 3/2018	Herta **Däubler-Gmelin** (SPD); 1998-2002
	Franziska **Giffey** (SPD); seit 3/2018		Brigitte **Zypries** (SPD); 2002-2009
			S. L-**Schnarrenberger** (FDP); 2009-13
			Heiko **Maas** (SPD); 2013-2018
			Katarina **Barley** (SPD); seit 3/2018

PARTEIVORSITZENDE SEIT 1945

CDU (AMTSZEIT)	**SPD** (AMTSZEIT)	**FDP** (AMTSZEIT)	**CSU** (AMTSZEIT)	**BÜNDNIS 90 / DIE GRÜNEN** (AMTSZEIT)	**SED** (AMTSZEIT)
Konrad **Adenauer** (1950-1966)	Kurt **Schumacher** (1946-1952)	Theodor **Heuss** (1948-1949)	Josef **Müller** (1946-1949)	R. **Fücks**/**Hammersbacher**/ Verena **Krieger** (1989-90)	**Pieck**/**Grothewohl** (1946-1950)
Ludwig **Erhard** (1966-1967)	Erich **Ollenhauer** (1952-1963)	Franz **Blücher** (1949-1954)	Hans **Ehard** (1949-1955)	R. **Darnus**/Heide **Rühle**/ H.-C. **Ströbele** (1990-1991)	Walter **Ulbricht** (1950-1971)
Kurt Georg **Kiesinger** (1967-1972)	Willy **Brandt** (1964-1987)	Thomas **Dehler** (1954-1957)	Hanns **Seidel** (1955-1961)	**Birthler**/**Ullmann**/**Poppe**/ **Schulz** u.a. (1991-1993)	Erich **Honecker** (1971-1989)
Rainer **Barzel** (1972-1973)	Hans-Jochen **Vogel** (1987-1991)	Reinhold **Maier** (1957-1960)	Franz-Josef **Strauß** (1961-1988)	Marianne **Birthler**/Ludger **Vollmer** (1993-1994)	Egon **Krenz** (1989)
Helmut **Kohl** (1973-1998)	Björn **Engholm** (1991-1993)	Erich **Mende** (1960-1968)	Theodor **Waigel** (1988-1998)	Krista **Sager**/Jürgen **Trittin** (1994-1996)	Gregor **Gysi** (1989-1990)
Wolfgang **Schäuble** (1998-2000)	Rudolf **Scharping** (1993-1995)	Walter **Scheel** (1968-1974)	Edmund **Stoiber** (1998-2007)	Gunda **Röstel**/Jürgen **Trittin** (1996-1998)	**PDS** (AMTSZEIT)
Angela **Merkel** (seit 2000)	Oskar **Lafontaine** (1995-1999)	Hans-Dietr. **Genscher** (1974-1985)	Erwin **Huber** (2007-2008)	Antje **Radcke**/Gunda **Röstel** (1998-2000)	Gregor **Gysi** (1990-1993)
	Gerhard **Schröder** (1999-2004)	Martin **Bangemann** (1985-1988)	Horst **Seehofer** (seit 2008)	Renate **Künast**/Fritz **Kuhn** (2000-2001)	Lothar **Bisky** (1993-2000)
	Franz **Müntefering** (2004-05 + 2008-2009)	Otto Graf **Lambsdorff** (1988-1992)		Fritz **Kuhn**/Claudia **Roth** (2001-2002)	Gabi **Zimmer** (2000-2003)
	Matthias **Platzeck** (2005-2006)	Klaus **Kinkel** (1992-1995)		Angelika **Beer**/Reinhard **Bütikofer** (2002-2004)	Lothar **Bisky** (2003-2007)
	Kurt **Beck** (2006-2008)	Wolfgang **Gerhardt** (1995-2001)		Reinhard **Bütikofer**/Claudia **Roth** (2004-2008)	**DIE LINKE** (AMTSZEIT)
	Sigmar **Gabriel** (2009-2017)	Guido **Westerwelle** (2001-2013)		Cem **Özdemir**/Claudia **Roth** (2008-2013)	**Bisky**/O. **Lafontaine** (2007-2010)
	Martin **Schulz** (2017-2018)	Christian **Lindner** (seit 2013)		Cem **Özdemir**/Simone **Peter** (2013-2018)	Gesine **Lötzsch**/Klaus **Ernst** (2010-2012)
	Olaf **Scholz** (seit März 2018)			Robert **Habeck**/Annalena Baerbock (seit 1/2018)	Katja **Kipping**/Bernd **Riexinger** (seit 2012)

ALLE DEUTSCHEN BUNDESTAGSWAHLEN 1949-2017

WAHL-TAG	ERGEBNIS, KOALITION	KABINETT	WAHL BERECHTIGTE	WÄHLER (IN %)	CDU CSU	SPD (%)	FDP (%)	GRÜ-NE	PDS LINKE	DP (%)	ANDERE
14.08.1949	CDU/CSU/FDP/DP	Adenauer	31,2 Mlo	78,5	31,0	29,2	11,9			4,0	KPD 5,7 %; BP 4,2 %
06.09.1953	CDU/CSU/FDP/DP	Adenauer	33,1 Mio	85,8	45,2	28,8	9,5			3,3	GB/BHE 5,9 %; KPD 2,2 %
15.09.1957	CDU/CSU/DP	Adenauer	35,4 Mio	87,8	50,2	31,8	7,7			3,4	GB/BHE 4,6 %
17.09.1961	CDU/CSU/FDP	Adenauer/Erhard	37,4 Mio	87,7	45,3	36,2	12,8				GDP 2,8 %; DFU 1,9 %
19.09.1965	CDU/CSU/FDP	Erhard/Kiesinger	38,5 Mio	86,8	47,6	39,3	9,5				DFU 1,3 %
28.09.1969	SPD/FDP	Brandt	38,6 Mio	86,7	46,1	42,7	5,8				
19.11.1972	SPD/FDP	Brandt/Schmidt	41.4 Mio	91,1	44,9	45,8	8,4				
03.10.1976	SPD/FDP	Schmidt	42,1 Mio	90,7	48,6	42,6	7,9				
05.10.1980	SPD/FDP	Schmidt	43,2 Mio	88,6	44,5	42,9	10,6	1,5			
06.03.1983	CDU/CSU/FDP	Kohl	44,1 Mio	89,1	48,8	38,2	7,0	5,6			
25.01.1987	CDU/CSU/FDP	Kohl	45,3 Mio	84,3	44,3	37,0	9,1	8,3			
02.12.1990	CDU/CSU/FDP	Kohl	60,4 Mio	77,8	43,8	33,5	11,0	5,1	2,4		REP 2,1 %
16.10.1994	CDU/CSU/FDP	Kohl	60,4 Mio	79,0	41,5	36,4	6,9	7,3	4,4		REP 1,9 %
27.09.1998	SPD/GRÜNE	Schröder	60,8 Mio	82,2	35,1	40,9	6,2	6,7	5,1		REP 1,8 %
22.09.2002	SPD/GRÜNE	Schröder	61,4 Mio	79,1	38,5	38,5	7,4	8,6	4,0		
18.09.2005	CDU/CSU/SPD	Merkel	61,9 Mio	77,7	35,2	34,2	9,8	8,1	8,7		
27.09.2009	CDU/CSU/FDP	Merkel	62,2 Mio	70,1	33,8	23,0	14,6	10,7	11,6		PIRATEN 2,0 %, NPD 1,3 %
22.09.2013	CDU/CSU/SPD	Merkel	61,8 Mio	71,5	41,5	25,7	4,8	8,4	8,6		Bundestag erstmals ohne FDP
24.09.2017	CDU/CSU/SPD	Merkel	61,5 Mio	76,2	32,9	20,5	10,7	8,9	9,2		Bundestag erstmals mit AfD

DEUTSCHLAND (AMTSZEIT)	**CHINA** (AMTSZEIT)	**USA** (AMTSZEIT)	**UDSSR/RUSSLAND** (AMTSZEIT)	**GROSSBRITANNIEN** (AMTSZEIT)	**FRANKREICH** (AMTSZEIT=AZ)
Konrad **Adenauer** CDU (1949-1963)	Mao **Tse-tung** (1949-1959)	Harry S. **Truman** (Demokrat) 1945-1953	Josef **Stalin** (1929-1953)	Anthony **Eden** (Konservative) 1955-1957	Charles **de Gaulle** 1 AZ (1944-1946)
Ludwig **Erhard** (CDU) 1963-1966	Liu **Shaoqi** (1959-1968)	Dwight D. **Eisenhower** (Republikaner) 1953-61	Nikita **Chruschtschow** (1953-1964)	Harold **Macmillan** (Konservative) 1957-1963	Vincent **Auriol** (1947-1954)
Kurt Georg **Kiesinger** (CDU) 1966-1969	Song **Quingling** (w) (1968-1972)	John F. **Kennedy** (Demokrat) 1961-1963	Leonid **Breschnew** (1964-1982)	Alec **Douglas-Home** (Konservative) 1963-1964	René **Coty** (1954-1959)
Willy **Brandt** (SPD) 1969-1974	Dong **Biwu** (1968-1975)	Lyndon B. **Johnson** (Demokrat) 1963-1969	Jurij **Andropow** (1982-1984)	Harold **Wilson** (Labour Party) 1964-1970	Charles **de Gaulle** 2 AZ (1959-1969)
Helmut **Schmidt** (SPD) 1974-1982	Zhu **De** (1975-1976)	Richard M. **Nixon** (Republikaner) 1969-74	Konstantin **Tscherner-ko** (1984-1985)	Edward **Heath** (Konservative) 1970-1974	Georges **Pompidou** (1969-1974)
Helmut **Kohl** (CDU) 1982-1998	**Kollektiv** von 20 Vize (1976-1978)	Gerald R. **Ford** (Republikaner) 1974-77	Michail **Gorbatschow** (1985-1991)	Harold **Wilson**, 2. Amtszeit (Labour Party) 1974-76	Valéry **Giscard d'Estaing** (1974-1981)
Gerhard **Schröder** (SPD) 1998-2005	Ye **Jianying** (1978-1983)	Jimmy **Carter** (Demokrat) 1977-1981	Boris **Jelzin** (1991-1999)	James **Callaghan** (Labour Party) 1976-1979	Francois **Mitterrand** (1981-1995)
Angela **Merkel** (CDU) seit 2005	Li **Xiannian** (1983-1988)	Ronald W. **Reagan** (Republikaner) 1981-89	Wladimir **Putin** (2000-2008)	Margaret **Thatcher** (Konservative) 1979-1990	Jacques **Chirac** (1995-2007)
DDR	Yang **Shangkun** (1988-1993)	George H. **Bush** (Republikaner) 1989-93	Dmitri **Medwedew** (2008-2012)	John **Major** (Konservative) 1990-1997	Nicolas **Sarkozy** (2007-2012)
Wilhelm **Pieck** (1949-1960)	Jiang **Zemin** (1993-2003)	Bill **Clinton** (Demokrat) 1993-2001	Wladimir **Putin** (seit 2012)	Tony **Blair** (Labour Party) 1997-2007	François **Holland** (2012-2017)
Walter **Ulbricht** (1960-1973)	Hu **Jintao** (2003-2012)	George W. **Bush** (Republikaner) 2001-09		Gordon **Brown** (Labour Party) 2007-2010	Emmanuel **Macron** (seit Mai 2017)
Willi **Stoph** (1973-1976)	Xi **Jinping** (seit 03/2013)	Barack **Obama** (Demokrat) 2009-2017		David **Cameron** (Konservative) 2010-2016	
Erich **Honecker** (1976-1989)		Donald **Trump** (Republikaner) seit 2017		Theresa **May** (Konservative) seit 2016	

AMT/AGENTUR/HOF (SEIT)	**HAUPTSITZ**	**AMTIERENDER PRÄSIDENT/VORSITZ.**	**AUFGABEN**
Bundestagspräsident (1949)	Berlin	Wolfgang Schäuble (CDU)	Zweithöchstes Amt nach Bundespräsident, leitet BT-Sitzungen
Bundesratspräsident (1949)	Berlin	Michael Müller (SPD)	Leitet Sitzungen des Bundesrates; vertritt Bundespräsidenten
Bundeskanzleramt (1949)	Berlin	Helge Braun (CDU)	Kontakt zu allen Ministern; kontrolliert BND; wöchentl. Tagung
(Bundes)-Regierungssprecher (1949)	Berlin/Bonn	Steffen Seibert (CDU)	Chef des Presse- und Informartionsamtes der Bundesregierung
Bundesarbeitsgericht, BAG (1954)	Erfurt	Ingrid Schmidt (*1955)	Oberstes Bundesgericht in Arbeitsrechtsfragen
Bundesarchiv (1952)	Koblenz	Michael Hollmann (*1961)	Verwaltet und archiviert Fotos und Dokumente des Bundes
Bundesagentur für Arbeit, BA (1927)	Nürnberg	Detlef Scheele (*1956)	Arbeitsvermittlung, Berufsberatung, Arbeitslosengeld
Bundesamt für Strahlenschutz (1989)	Salzgitter	Inge Paulini	Schutz vor ionisierenden und elektromagnetischen Strahlungen
Bundesamt für Verbraucherschutz (2002)	Braunschweig	Helmut Tschiersky (*1957)	Prüft und genehmigt (Neu)-Zulassungen von Lebensmitteln
Bundesamt für Verfassungsschutz (1950)	Köln	Hans-G. Maaßen (*1962)	Deutscher Inlands-Geheimdienst; überwacht Geheimdienste
Bundesfinanzhof, BFH (1950)	München	Rudolf Mellinghoff (*1954)	Kontrolle deutscher Steuer- und Zollsachen
Bundesgerichtshof, BGH (1950)	Karlsruhe	Bettina Limperg (*1960)	Höchste gerichtliche Instanz in Zivil- und Strafverfahren
Bundeskartellamt (1958)	Bonn	Andreas Mundt (*1960)	Missbrauchsaufsicht marktbeherrschender Unternehmen
Bundeskriminalamt, BKA (1951)	Wiesbaden	Holger Münch (*1961)	Koordination nationaler Verbrechensbekämpfung
Bundesnachrichtendienst, BND (1956)	Pullach	Bruno Kahl (*1962)	Informiert Regierung über sicherheits- & außenpolitische Fakten
Bundesnetzagentur (1998)	Bonn	Jochen Homann (*1953)	Kontrolliert die Märkte Elektrizität, Gas, Post, Eisenbahn, Telek.
Bundesrechnungshof, BRH (1950)	Bonn	Kay Scheller (*1960)	Unabhängige und weisungsfreie externe Finanzkontrolle
Bundessozialgericht, BSG (1954)	Kassel	Rainer Schlegel (*1958)	Oberstes Bundesgericht für Soziales
Bundesverband der Deutschen Industrie	Berlin	Dieter Kempf (*1953)	BDI vertritt die Interessen der Industrie gegenüber der Politik
Bundesverfassungsgericht (1951)	Karlsruhe	Andreas Voßkuhle (*1963)	Oberster Hüter der deutschen Verfassung
[illegible]	[illegible]	[illegible]	[illegible]

AMT/AGENTUR/HOF	HAUPTSITZ	AMTIERENDER PRÄSIDENT/VORSITZ	AUFGABEN
Bundesvereinigung d. AG-Verbände, BDA	Berlin	Ingo Kramer (*1953)	Der BDA vertritt die Interessen aller Branchen der Wirtschaft
Bundeszollverwaltung (1949)	Berlin, Bonn	Olaf Scholz (*1958)	Bestandteil des Bundesfinanzamtes; regelt Zollkontrollen
Deutscher Bauernverband, DBV (1948)	Berlin	Joachim Rukwied (*1961)	Der DBV vertritt die Interessen aller deutschen Landwirte
Deutsche Bundesbank (1957)	Frankfurt/Main	Jens Weidmann (*1968)	Verwaltet Währungsreserven; Hüter der Inflation
Dt. Bundesamt für Naturschutz (1993)	Bonn	Beate Jessel (*1962)	Berät die Bundesregierung in allen Natur- und Umweltfragen
Deutsche Nationalbibliothek (1912)	Leipzig, Frankfurt	Elisab. Niggemann (*1954)	Sammlung und Archivierung von Büchern & Musikwerken
Dt. Gewerkschaftsbund, DGB (1949)	Berlin	Reiner Hoffmann (*1955)	Der DGB ist die Dachorganisation aller 8 Gewerkschaften
Deutscher Wetterdienst, DWD (1952)	Offenbach	Gerhard Adrian (*1957)	Warnt vor wetterbedingten Gefahren; überwacht das Klima
Deutsches Patent- & Markenamt (1877)	München	Cornelia Rudloff-Schäffer	Erteilung von Patenten, Eintragung von Marken
Eisenbahn-Bundesamt, EBA (1994)	Bonn	Gerald Hörster (*1957)	Aufsichts- & Genehmigungsbehörde f. Eisenbahninfrastruktur
IG Metall (1949)	Frankfurt/Main	Jörg Hofmann (*1955)	Vertritt die AN in den Branchen Metall, Holz, Textil u.a.
Kraftfahrt-Bundesamt, KBA (1951)	Flensburg	Ekhard Zinke (*1954)	Führt das Verkehrszentralregister (Verkehrssünderkartei)
Luftfahrt-Bundesamt, LBA (1955)	Braunschweig	Jörg-Wer. Mendel (*1962)	Techn. Prüfungs- & Zulassungsbehörde für Luftfahrzeuge
Militär. Abschirmdienst, BAMAD (1956)	Köln	Christof Gramm (*1958)	Schützt Bund und Bundeswehr vor ausländischer Spionage
Paul-Ehrlich-Institut, PEI (1896)	Langen (Hessen)	Prof. Dr. Klaus Cichutek	Bundesinstitut für Impfstoffe und biomedizin. Arzneimittel
Robert-Koch-Institut (1891)	Berlin	Prof. Dr. Lothar H. Wieler	Bundesinstitut f. Infektions- und nicht übertragb. Krankheiten
Statistisches Bundesamt (1948)	Wiesbaden	Georg Thiel	Sammelt und analysiert Daten zu Wirtschaft & Gesellschaft
Technisches Hilfswerk, THW (1950)	Bonn-Lengsdorf	Albrecht Broemme (*1953)	Einsatz bei Zivil- und Katastrophenschutzmaßnahmen
Umweltbundesamt, UBA (1974)	Dessau-Roßlau	Maria Krautzberger (*1954	Informiert den Umweltminister; vollzieht Umweltgesetze etc.
Ver. Dienstleistungsgew., Ver.di (2001)	Berlin	Frank Bsirske (*1952)	Vertritt die AN in der Dienstleistungsbranche
Zentralverb. d. Dt. Handwerks, ZDH	Berlin	Hans Peter Wollseifer	Dachorganisation von 53 Handwerkskammern + 48 Verbände

	BEI-TRITT	LAND	EIN-WOHNER	FLÄCHE (QKM)	HAUPT-STADT	BIP 2015 (MIO. EURO)	BIP 2015/PRO KOPF (IN EURO)	SITZE IN STRASSBURG
01	1957	**Belgien**	11,2 Mio	30.510	Brüssel	409.400	36.500	21
02	1957	**Deutschland**	82,8 Mio.	357.385	Berlin	3.025.000	37.100	96
03	1957	**Frankreich**	66,3 Mio.	547.030	Paris	2.181.000	32.800	74
04	1957	**Italien**	60,8 MIo.	301.320	Rom	1.636.400	26.900	73
05	1957	**Luxemburg**	563.000	2.586	Luxemburg	52.100	91.600	6
06	1957	**Niederlande**	16,9 Mio.	41.526	Amsterdam	676.500	40.000	25
07	1973	**Dänemark**	5,6 Mio.	43.094	Kopenhagen	266.200	46.900	13
08	*1973*	*Großbritannien**	*64,7 Mio.*	*244.820*	*London*	*2.569.000*	*39.500*	**Brexit 2017*
09	1973	**Irland**	4,6 Mio.	70.280	Dublin	214.600	46.200	11
10	1981	**Griechenland**	10,8 Mio.	131.940	Athen	176.000	16.200	21
11	1986	**Portugal**	10,4 Mio.	92.931	Lissabon	179.400	17.300	21
12	1986	**Spanien**	46,4 Mio.	504.782	Madrid	1.081.200	23.300	54
13	1995	**Finnland**	5,4 Mio.	337.030	Helsinki	207.200	37.800	13
14	1995	**Österreich**	8,6 Mio.	83.858	Wien	337.300	39.100	18
15	1995	**Schweden**	9,7 Mio.	449.964	Stockholm	444.600	45.400	20
16	2004	**Estland**	1,3 Mio.	45.226	Tallinn	20.500	15.600	6
17	2004	**Lettland**	2,0 Mio.	64.589	Riga	24.400	12.300	8
18	2004	**Litauen**	2,9 Mio.	65.200	Wilna/Vilnius	37.100	12.800	11
19	2004	**Malta**	429.300	316	Valletta	8.800	20.400	6

EUROPÄISCHE UNION

	BEITRITT	LAND	EIN-WOHNER	FLÄCHE (QKM)	HAUPT-STADT	BIP 2015 (MIO. EURO)	BIP 2015/PRO KOPF (IN EURO)	SITZE IN STRASSBURG
20	2004	**Polen**	38,0 Mio.	312.685	Warschau	427.700	11.100	51
21	2004	**Slowakei**	5,4 Mio.	48.845	Bratislava	73.000	14.400	13
22	2004	**Slowenien**	2,0 Mio.	20.253	Ljubljana	38.500	18.700	8
23	2004	**Tschechien**	10,5 Mio.	78.866	Prag	154.000	15.600	21
24	2004	**Ungarn**	9,9 Mio.	93.030	Budapest	108.800	11.100	21
25	2004	**Zypern**	847.000	9.250	Nikosia	17.400	20.600	6
26	2007	**Bulgarien**	7,2 Mio.	110.994	Sofia	44.100	6.100	17
27	2007	**Rumänien**	19,9 Mio.	238.391	Bukarest	160.400	8.100	32
28	2013	**Kroatien**	4,2 Mio.	56.542	Zagreb	43.900	10.400	11
	Stand: 2016	**27* Mitgliedsstaaten**	**508,19 Mio.**	**4.381.324**	**Brüssel**	**14.635.154 €**	**28.700 €**	**750 (+1)**
		**GB scheidet nach BREXIT aus*						
		Beitrittskandidaten						Sitze (geplant)
	offen	**Mazedonien**	2,0 Mio.	25.713	Skopje	9.210	4.440	
	offen	**Türkei**	80,8 Mio.	779.452	Ankara	724.000	9.070	
	offen	**Island**	340.100	103.125	Reykjavik	16.900	47.800	6
	offen	**Montenegro**	642.500	13.812	Podgorica	3.480	5.600	
	offen	**Serbien**	7,1 Mio.	88.360	Belgrad	36.900	4.500	
	offen	**Albanien**	2,8 Mio.	28.750	Tirana	10.213	3.550	
	offen	**Bosnien/Herzeg.**	3,5 Mio.	51.200	Sarajevo	14.000	3.630	

DIE EU UND ANDERE INTERNATIONALE ORGANISATIONEN

ORGANISATION (GRÜNDUNG)	**HAUPT-SITZ**	**PRÄSIDENT/VORSITZENDER/ GENERALSEKRETÄR** (SEIT)	**ZUSAMMENSETZUNG/ WAHLEN/SITZE**
Europäisches Parlament, EP (1952)	Straßburg	Antonio Tajani, IT (2017)	Europawahl ist alle 5 Jahre (zuletzt 2014), 751 Sitze
Europäischer Rat, ER (1975)	Brüssel	Donald Tusk, POL (2014)	EU-Staatschefs treffen sich 4 x jährlich z. EU-Gipfel.
Europarat (1949)	Straßburg	Thorbjørn Jagland, NOR (2009)	47 europ. Staaten entscheiden für 820 Mio. Europäaer.
Europäische Kommission, EP (1952)	Brüssel	Jean-Claude Juncker, LUX (2014)	Pro EU-Land ein Kommissar (27 Kommissare)
Europäischer Gerichtshof, EuGH (1952)	Luxemburg	Koen Lenaerts, BEL (2015)	Pro EU-Land ein Richter (27 Richter)
Europäischer Rechnungshof, EuRH (1975)	Luxemburg	Klaus-Heiner Lehne, D (2016)	Pro EU-Land ein Mitglied (27 Mitglieder)
Eur. Wirtschafts-/Sozialausschuss, EWSA (1957)	Brüssel	Georges Dassis, GR (2015)	350 Mitglieder (nach Land und Gewichtung)
Europäische Zentralbank, EZB (1993)	Frankfurt	Mario Draghi, IT (2011)	6 Sitze im Direktorium (4 feste und 2 variable)
UN(O) Vereinte Nationen (1945)	New York	António Guterres, POR (2017)	193 Länder (Deutschland ist seit 18.9.1973 Mitglied)
UN-Sicherheitsrat (1946)	New York	Vorsitz wechselt monatlich	Der Rat besteht aus 5 ständigen (USA, GB, F, RUS, VR China) und 10 variablen Mitglieder (alle 2 Jahre)
Internationaler Gerichtshof, IGH (1945)	Den Haag	Ronny Abraham, F (2015)	15 Richter werden für 9 Jahre von der UN gewählt
UN-Menschenrechtsrat (2006)	Genf	Joaquín Martelli, EL SAL (2017)	47 Mitgliedsstaaten (für 3 Jahre) aus 5 Kontinenten
UN-Friedenstruppe (1948)	New York	Variabel je nach UN-Mission	121 Länder stellen ca. 106.500 „Blauhelm"-Soldaten, Polizisten und Beobachter in weltweiten Einsätzen.
UNICEF (1946)	New York	Anthony Lake, USA (2010)	7.000 Mitarbeiter in rund 160 Ländern
UNESCO (1946)	Paris	Audrey Azoulay, F (2017)	Pro UN-Land ein Mitglied (193) + 6 assoziierte Mitgl.
World Health Organisation, WHO (1948)	Genf	Tedros Ghebreyesus, ÄTH (2017)	194 Mitglieder (Ausnahme: Lichtenstein)
World Food Program, WFP (1961)	Rom	David Beasley, USA (2017)	Exekutivrat besteht aus 36 Mitgliedsstaaten
Afrikanische Union, AU (2002)	Addis Abeba	jährlich wechselnd	54 afrikanische Staaten (Ausnahme: Marokko)
North Atlantic Treaty Orginazation, NATO (1949)	Brüssel	Jens Stoltenberg, NOR (2014)	29 Staaten (Deutschland seit 1955)
Internationaler Währungfond, IWF (1944)	Washington	Christine Lagarde, F (2011)	189 Mitgliedstaaten (Deutschland seit 1952)

UN-GENERAL-SEKRETÄRE (AMTSZEIT)	**NATO-GENERAL-SEKRETÄRE** (AMTSZEIT)	**FRIEDENSNOBEL-PREISTRÄGER** (JAHR DER AUSZEICHNUNG)	**PÄPSTE** (AMTSZEIT IN JAHREN, MONATE UND TAGE)
Gladwyn **Jebb**, GB (1945-1946)	Baron Hastings **Ismay**, GB (1952-1957)	Mohamed **El Baradei**, International Atomic Energy Agency (2005)	**Gregor XVI**. – Bartolomeo Cappellari, IT (1831-1846, 15 Jahre, 3 Monate, 30 Tage)
Trygve Halvdan **Lie**, NOR (1946-1952)	Paul-Henri **Spaak**, BELGIEN (1957-1961)	Muhammad **Yunus**, Bangladesh, Grameen Bank (2006)	**Pius IX**. – Giovanni Mastai-Ferretti, IT (1846-1878, 31 Jahre, 6 Monate, 25 Tage)
Dag **Hammarskjöld**, SWE (1953-1961)	Manlio Giovanni **Brosio**, IT (1964-1971)	Al **Gore**, USA, Panel on Climate Change (2007)	**Leo XIII.** – Vincenzo Pecci, IT (1878-1903, 25 Jahre, 5 Monate, 0 Tage)
Sithu U **Thant**, MYA/BURMA (1961-1971)	Joseph **Luns**, NL (1971-1984)	Martti **Ahtisaari**, FIN (2008)	**Pius X.** – Giuseppe Sarto, IT (1903-1914, 11 Jahre, 0 Monate, 16 Tage)
Kurt **Waldheim**, AUT (1971-1981)	Baron Peter **Carington**, GB (1984-1988)	Barack **Obama**, USA (2009)	**Benedikt XV.** – Giacomo della Chiesa, IT (1914-1922, 7 Jahre, 4 Monate, 19 Tage)
Javier Pérez **de Cuéllar**, PERU (1982-1991)	Manfred **Wörner**, D (1988-†1994)	Liu **Xiaobo**, VR CHINA (2010)	**Pius XI**. – Achille Ambrogio Ratti, IT (1922-1939, 17 Jahre, 0 Monate, 4 Tage)
Boutros **Boutros Ghali**, AGY (1992-1996)	Sergio **Balanzino**, IT (08.1994-10.1994)	Ellen **Sirleaf**, LIB, Leymah **Gbowee** LIB und Tawakkul **Karman**, JEMEN (2011)	**Pius XII**. – Eugenio Maria Pacelli, IT (1939-1958, 19 Jahre, 7 Monate, 7 Tage)
Kofi **Annan**, GHANA (1997-2006)	Willy **Claes**, BELGIEN (1994-1995)	**Europäische Union** (2012)	**Johannes XXIII.** – Angelo Roncalli, IT (1958-1963, 4 Jahre, 7 Monate, 6 Tage)
Ban **Ki-moon**, SÜD-KOREA (2007-2016)	Javier **Solana**, E (1995-1999)	Organisation für das Verbot chemischer Waffen, **OPCW** (2013)	**Paul VI.** – Giovanni Battista Montini, IT (1963-1978, 15 Jahre, 1 Monat, 21 Tage
António **Guterres**, POR (seit 1. Januar 2017)	George **Robertson**, GB (1999-2003)	Malala **Yousafzai** & Kailash **Satyarthi** (2014)	**Johannes Paul I**. – Albino Luciano, IT (1978 für 33 Tage)
	Jaap de Hoop **Scheffer**, NL (2004-2009)	**Quartet du dialogue national,** Plattform zur Demokratisierung Tunesiens (2015)	**Johannes Paul II.** – Karol Wojtyla, POL (1978-2005, 26 Jahre, 5 Monate, 17 Tage)
	Anders Fogh **Rasmussen**, DEN (2009-2014)	Juan Manuel **Santos,** kolumbianischer Präsident (2016)	**Benedikt XVI**. – Joseph Ratzinger, D (2005-2013, 7 Jahre, 10 Monate, 9 Tage)
	Jens **Stoltenberg**, NOR (seit 10/2014)	Intern. Kampagne zur Abschaffung von Atomwaffen, **iCAN** (2017)	**Franziskus** – Jorge M. Bergoglio, ARG (seit März 2013)

BEDEUTENDE KAISER UND KAISERINNEN

RÖMISCHE KAISER (REGIERUNGSZEIT)	**ÖSTERREICHISCHE KAISER** (REGIERUNGSZEIT)	**DEUTSCHE KAISER & KÖNIGE** (REGIERUNGSZEIT)	**FRANZÖSISCHE KAISER** (REGIERUNGSZEIT)
Julius Cäsar, Pompeius, Crassus (1. Triumvirat) bis 60 vor Chr.	Franz I. (1745-65) und Ehefrau Maria Theresia gründen Habsburg-Lothringen	Karl der Große (786-814)	Karl VIII. der Freundliche (1483-1498)
Octavian, Lepidus, Antonius (2. Triumvirat) bis 30 vor Chr.	Joseph II. (1765-1790)	Ludwig II. des Deutschen (843-876)	Ludwig XII. der „Vater des Volkes" (1498-1515)
Augustus (27 vor-14 nach Chr.)	Leopold II. (1790-1792)	Otto I. (936-973)	Ritterkönig Franz I. (1515-1547)
Tiberius (14-37 nach Chr.)	Franz II. (1792-1804)	Heinrich II. (995-1024)	Heinrich II. (1547-1559)
Caligula (37-41 nach Chr.)	Franz I. (1804-1835)	Heinrich IV. (1053-1106)	Franz II. (1559-1560) starb mit 16 Jahren
Claudius (41-54 nach Chr.)	Ferdinand I. (1835-1848)	Friedrich Barbarossa (1152-1190)	Karl IX. (1560-1574)
Nero (54-68 nach Chr.)	Franz Joseph I. (1848-1916)	Friedrich III. (1440-1493)	Heinrich III. (1574-1589)
Vespasian (69-79 nach Chr.)	Karl I. (1916-1918)	Maximilian I. (1493-1519)	Heinrich IV. der Gute (1589-1610)
Titus (79-81 nach Chr.)		Karl V. (1519-1556)	Ludwig XIII. der Gerechte (1610-1643)
Domitian (81-96 nach Chr.)	**BAYERISCHE KÖNIGE**	Leopold I. (1658-1705)	Sonnenkönig Ludwig XIV. (1643-1715)
Trajan (98-117 nach Chr.)	Maximilian I. (1806-1825)	Friedrich Wilhelm I. (1713-1740)	Ludwig XV. (1715-1774)
Hadrian (bis 138 nach Chr.)	Ludwig I. (1825-1848)	Friedrich II. der Große (1740-1786)	Märtyrerkönig Ludwig XVI. (1774-1792)
Antonius Pius (138-161 nach Chr.)	Maximilian II. (1848-1864)	Friedrich Wilhelm II. (1786-1797)	Napoleon I. (1804-1814)
Mark Aurel und Lucius Verus (161-180 nach Chr.)	Märchenkönig Ludwig II. (1864-1886), *ertrank im Starnberger See*	Friedrich Wilhelm III. (1797-1840)	Ludwig XVIII. (1814-1815)
Commodus (180-192 nach Chr.)	Prinzregent Luitpold (1886-1912)	Friedrich Wilhelm IV. (1840-1861)	Napoleon I. (1815 für 100 Tage)
Septimus Severus (193-211)	Ludwig III. (1912-1918)	Wilhelm I. (1861-1888)	Ludwig XVIII. (1815-1824)
Konstantin der Große (306-337)		Friedrich III. (1888 für 99 Tage)	Karl X. (1824-1830)
		Wilhelm II. (1888-1918)	Bürgerkönig Ludwig Philipp (1830-1848)

ENGLISCHE KÖNIGE/ INNEN (REGIERUNGSZEIT)	**SPANISCHE KÖNIGE/ INNEN** (REGIERUNGSZEIT)	**SCHWEDISCHE KÖNIGE/ INNEN** (REGIERUNGSZEIT)	**RUSSISCHE ZAREN/ ZARINNEN** (REGIERUNGSZEIT)
Heinrich VIII. (1509-1547)	Karl I. (1516-1556)	Johann III. (1568-1592)	Peter I. der Große (1721-1725)
Maria I. (1553-1558)	Philipp II. (1556-1598)	Sigismund (1592-1599)	Katharina I. (1725-1727)
Elisabeth I. (1558-1603)	Philipp III. (1598-1621)	Karl IX. (1599-1611)	Peter II. (1727-1730)
Jakob I. (1603-1625)	Philipp IV. (1621-1665)	Gustav II. Adolf (1611-1632)	Anna (1730-1740)
Karl I. (1625-1649)	Karl II. (1665-1700)	Christina (1632-1654)	Elisabeth (1741-1761)
Karl II. (1660-1685)	Philipp V. (1700-1746)	Karl XI. (1660-1697)	Katharina II. die Große (1762-1796)
Jakob II. (1685-1689)	Ferdinand VI. (1746-1759)	Karl XII. (1697-1718)	Paul I. (1796-1801)
Wilhelm III. (1689-1702)	Karl III. (1759-1788)	Ulrike Eleonore (1718-1720)	Alexander I. (1801-1825)
Anne (1702-1714)	Karl IV. (1788-1808)	Friedrich (1720-175[illegible])	Nikolaus I. (1825-1855)
Georg I. (1714-1727)	Joseph Bonaparte (1808-1813)	Adolf Friedrich (1751-1771)	Alexander II. (1855-1881)
Georg II. (1727-1760)	Ferdinand VII. (1813-1833)	Gustav III. (1771-1792)	Alexander III. (1881-1894)
Georg III. (1760-1820)	Isabella II. (1833-1868)	Gustav IV. Adolf (1792-1809)	Nikolaus II. (1894-1917)
Georg IV. (1820-1830)	I. Spanische Republik (1873-1874)	Karl XIII. (1809-1818)	Michael II. (1917 für ein Tag)
Wilhelm IV. (1830-1837)	Alfons XII. (1874-1885)	Karl XIV. Johann (1818-1844)	
Victoria (1837-1901)	Maria Christina (1885-1886)	Oskar I. (1844-1859)	
Eduard VII. (1901-1910)	Alfons XIII. (1886-1931)	Karl XV. (1859-1872)	
Georg V. (1910-1936)	II. Spanische Republik (1931-1939)	Oskar II. (1872-1907)	
Eduard VIII. (1936 abgedankt)	Franco-Diktatur (1939-1975)	Gustav V. (1907-1950)	
Georg VI. (1936-1952)	Juan Carlos I. (1975-2014)	Gustav VI. Adolf (1950-1973)	
Elizabeth II. (seit 1952)	Felipe VI. (seit 19.6.2014)	Carl XVI. Gustaf (seit 1973)	

Tudors > Stuarts > Haus Hannover > Haus Windsor

AKTUELLE MONARCHIEN

MONARCH (*GEB/Ω=GEKRÖNT)	**TITEL**	**VERHEIRATET MIT** (GEBURTSJAHR)	**ELTERN** (STERBEJAHR)	**KINDER** (GEBURTSJAHR)
Abdullah II. (*1962 / Ω 1999)	König von Jordanien	Königin Rania (*1970), seit 10.06.1993	Hussein I. bin Talal († 1999) & Antoinette Gardiner (Prinzessin Muna)	Prinz Hussein (*1994); Prinzess. Imam (*1996); Prinzess. Salma (*2000); Prinz Haschem (*2005)
Akihito (*1933 / Ω 1989)	Kaiser von Japan	Kaiserin Michiko (*1934), seit 10.4.1959	Kaiser Hirohito (†1989) & Kaiserin Nagako (†2000)	Kronprinz Naruhito (*1960); (Prinz Fumihito Akishino *1965); Sayako (*1969)
Albert II. (*1958 / Ω 2005)	Fürst von Monaco	Charlene Wittstock (1978); seit 01.07.2011	Fürst Rainier III. Grimaldi († 2005) & Gracia (Grace) Patricia Kelly († 1982)	uneheliche Tochter Jazmin Rotolo (*1992); unehelicher Sohn Alexandre Coste (*2003)
Maha Vajiralong-korn (*1952 / Ω 1.12.2016)	Rama X. von Thailand	2014 geschieden von Srirasmi Suwadee	Bhumibol Aduly (1927-2016) und Königin Sirikit (*1932)	Prinz Dipangkorn Rasmijoti (*2005)
Carl XVI. Gustav (*1946 / Ω 1973)	König von Schweden	Silvia Sommerlath (*1943), seit 19.6.1976	Erbprinz Gustav Adolf († 1947) & Sibylla von Sachsen-Coburg († 1972)	Kronprinzessin Victoria (*1977); Prinz Carl Philip (*1979); Prinzessin Madeleine (*1982)
Elizabeth II. (*1926 / Ω 1953)	Königin von GB/Nordirl.	Prinz Philip (*1921), seit 20.11.1947	König Georg VI. († 1952) & Elisabeth Bowes-Lyon († 2002)	Prinz Charles (*1948); Prinzessin Anne (*1950); Prinz Andrew (*1960); Prinz Edward (1964)
Harald V. (*1937 / Ω 1991)	König von Norwegen	Sonja Haraldsen (*1937), seit 29.8.1968	Olav V. († 1991) & Prinzessin Märtha von Schweden († 1954)	Prinzessin Märtha Louise (*1971); Kronprinz Haakon (*1973)
Felipe VI. (*1968 / Ω 2014)	König von Spanien	Letizia Ortiz (*1978), seit 22.05.2004	Juan Carlos I. (*1938) und Sophia von Griechenland (*1938)	Prinzessin Leonor (*2005) und Prinzessin Sofia (*2007)
Margarethe II. (*1940 / Ω 1972)	Königin von Dänemark	Prinz Henrik (1934-2018) seit 10.06.1967	Frederik IX. († 1972) & Ingrid von Schweden (†2000)	Kronprinz Frederik (*1968); Prinz Joachim (*1969)
Mohammed VI. (*1963 / Ω 1999)	König von Marokko	Prinzessin Lalla Salma (*1978), seit 21.3.2002	König Hassan II. († 1999) & Hauptfrau Latefa	Kronprinz Moulay Hassan (*2003); Prinzessin Lalla Khadija (*2007)
Philippe (*1960 / Ω 2013)	König der Belgier	Königin Mathilde (*1973), seit 4.12.1999	Albert II. (*1934) & Donna Paola Ruffo di Calabria (*1937)	Prinzessin Elisabeth (*2001), Prinz Gabriel (*2003) & Emmanuel (*2005), Prinzessin Eléonore (*2008)
Willem-Alexander (*1967 / Ω 2013)	König der Niederlande	Máxima (*1971), seit 2.2.2002	Prinzessin Beatrix (*1938) & Freiherr Klaus von Arnsberg (1926-2002)	Prinzessin Catharina-Amalia (*2003), Prinzessin Alexia (*2005), Prinzessin Ariane (*2007)

BEGRIFF	EREIGNISSE
Advent	Beginn des christlichen Jahres und Vorbereitung auf Weihnachten. Wörtlich: Warten auf die Wiederkunft Christi.
Allerheiligen	Gedenktag der Heiligen. In Bayern, Baden-Württemberg und Sachsen herrscht am 1. November immer Tanzverbot.
Allerseelen	Durch Gebete, Almosen und Fürbitten sollen am 2. November die Leiden der „Armen Seelen" im Fegefeuer erleichtert werden.
Aschermittwoch	Beginn einer 40-tägigen Fastenzeit zur Erinnerung an Jesus, der ebenfalls 40 Tage in der Wüste fastete.
Buß- und Bettag	Gemeinsame Bußzeit. An diesem Tag soll eine „Umkehr zu Gott hin" angedacht werden, von dem man sich durch seine Sünden entfernt hat. Ist immer am Mittwoch vor dem Totensonntag bzw. 11 Tage zum ersten Adventssonntag.
Christi Himmelfahrt	Am 40. Tag nach seiner Auferstehung (er soll sich in dieser Zeit nur seinen Jüngern gezeigt haben) kehrt er an diesem Tag als Sohn Gottes zurück zu seinem Vater in den Himmel.
Erstkommunion (katholisch)	Am Sonntag nach Ostern („Weißer Sonntag") erhalten Kinder im zweiten oder dritten Schuljahr das erste Mal die konsekrierte Hostie. Zuvor erhalten sie eine theoretische und praktische Einführung in den christlichen Glauben.
Fronleichnam	Fest, bei dem die leibliche Gegenwart Jesus Christi gefeiert wird; Gedenken an das letzte Abendmahl (60 Tage nach Ostern).
Gründonnerstag	Letztes Abendmahl Jesus mit den 12 Aposteln; anschließend wusch Jesus allen Jüngern die Füße (Fußwaschung). Danach wird er von Judas Iskariot für 30 Silberlinge verraten. Judas erhängt sich noch in dieser Nacht.
Heilige Drei Könige	Ankunft der Weisen aus dem Morgenland beim Jesuskind. Caspar, Melchior und Balthasar überreichen Gold, Weihrauch und Myrrhe.
Karfreitag	Jesus wird (am Vorabend) verhaftet, verurteilt und stirbt als Märtyrer am Kreuz.
Konfirmation	Auch Firmung oder Jugendweihe genannt; evangelische Segenshandlung (Gelöbnis) zum persönlichen Glaubensbekenntnis.
Mariä Himmelfahrt	Fest zur leiblichen Aufnahme Maria, der Mutter Gottes, in den Himmel. Am 15. August werden dazu in Kirchen Kräuter geweiht.
Ostern	Auferstehung Jesu Christi: Der Ostersonntag richtet sich nach dem 1. Frühjahrsvollmond und liegt immer zw. 22. März und 25. April.
Palmsonntag	Letzter Fastentag und Beginn der Karwoche (eine Woche vor Ostersonntag). Feier zum Einzug Jesu in Jerusalem.
Pfingsten	Fest zur Entsendung des Heiligen Geistes an die Apostel. Ist immer der 50ste Tag (7 Wochen) nach Ostern.
Reformationstag	Höchster Feiertag der evangelischen Christen. Am 31. Oktober 1517 schlug Luther seine 95 Thesen an die Kirche in Wittenberg.
Totensonntag	Auch Ewigkeitssonntag genannt; ein Gedenktag an die Verstorbenen der letzten 12 Monate. Ende des christlichen Kirchenjahres.
Weihnachten	Fröhliches Fest der Geburt Jesus Christi und damit der Menschwerdung Gottes.

CHRISTENTUM IN ZAHLEN

	7 TODSÜNDEN	12 APOSTEL	7 SAKRAMENTE	DIE 10 GEBOTE	7 LETZTE WORTE CHRISTI	7 SCHÖPFUNGSTAGE
1	Hochmut	Petrus	Taufe	Du sollst keine anderen Götter neben mir haben	Vater, vergib ihnen, denn sie wissen nicht, was sie tun.	Tag und Nacht, Wasser und Leben
2	Geiz	Andreas	Firmung	Du sollst den Namen des Herrn nicht missbrauchen	Frau, siehe, dein Sohn. Siehe, deine Mutter	Himmel und Atmosphäre
3	Unkeuschheit	Jacobus der Ältere	Ehe	Du sollst den Feiertag heiligen	Mich dürstet	Festland und Landpflanzen
4	Neid	Johannes	Priesterweihe	Du sollst deinen Vater und deine Mutter ehren	Amen, ich sage dir, noch heute wirst du bei mir im Paradiese sein	Sterne und Himmelskörper
5	Völlerei	Philippus	Buße	Du sollst nicht töten	Mein Gott, mein Gott, warum hast du mich verlassen	Tiere des Wassers
6	Zorn	Bartholomäus	Eucharistie	Du sollst nicht ehebrechen	Vater, in deine Hände lege ich meinen Geist	Tiere des Landes und den Menschen
7	Trägheit	Thomas	Krankensalbung	Du sollst nicht stehlen	Es ist vollbracht	ruhte Gott
8		Matthäus		Du sollst nicht falsch Zeugnis reden		
9		Jacobus der Jüngere		Du sollst nicht begehren deines Nächsten Weib		
10		Judas Thaddäus		Du sollst nicht begehren deines Nächsten Hab & Gut		
11		Simon von Kana				
12		Judas Iskariot				

RELIGION	GRÜNDER/ PROPHET	ENT-STEHUNG	ZAHL DER GLÄUBIGE	BUCH/ LEHRE	GOTT/ GÖTTER	AUSWAHL AN GESETZEN UND RITUALEN
Judentum	Moses, Abraham, Isaak, Jakob	1900 v. Chr.	13,5 Mio.	Tora Tanach Talmud	Jehova	Neben den 10 Geboten gibt es 613 Mizwot (365 Verbote und 248 Gebote); die Heiligung des Sabbats (Samstag) ist der Höhepunkt der Woche; Schma Jisrael ist das bekannteste Gebet; Beschneidung (Brit Mila) am achten Lebenstag; in der Kaschrut (Speisevorschrift) sind koschere Nahrungsmittel festgelegt.
Buddhismus	Siddharta Gautama (Buddha)	500 v. Chr.	ca. 380 Mio.	Dharma	keine	Ziel ist es, sich vom ewigen Kreislauf des Leidens „Samsara" zu befreien und den Zustand der Erleuchtung „Nirvana" zu erreichen. Am ehesten gelingt das durch ein ethisches Verhalten (Einhaltung der 5 Tugenden „Silas"), durch Meditation und durch Mitgefühl und Weisheit („Praina").
Konfuzianismus	Konfuzios	500 v. Chr.	6 Mio.	Lunyu	keine	5 Tugenden (Liebe, Rechtschaffenheit, Gewissenhaftigkeit, Ehrlichkeit und Respekt) sowie 3 soziale Pflichten (Loyalität, kindliche Pietät und Wahrung von Anstand und Sitte) sind die Lehren Konfuzius. Harmonie und Mitte, Gleichmut und Gleichgewicht sind das Ziel.
Hinduismus	Shankara	800 n. Chr.	900 Mio.	4 Veden	Brahma, Shiva, Vishnu, Saras-wati	Götter, Menschen und Tiere werden im Kreislauf (Samsara) wiedergeboren (Reinkarnation). Als was, wird vom guten oder schlechten Karma beeinflusst, welches während des Lebens angehäuft wird. Rama und Krishna sind zwei von zehn Inkarnationen Vishnus, der sich immer nur dann zeigt, wenn die kosmische Ordnung (Dharma) gefährdet ist.
Christentum	Jesus Christi	30 n. Chr.	2,25 Milliarden	Bibel	Gott	Die Liebe zu Gott, Nächstenliebe, Jesus Opfertod am Kreuz und der Glaube an seine Auferstehung sind die Lehren des Christentums. Das christliche Leben wird durch zehn Gebote manifestiert.
Islam	Mohammed	630 n. Chr.	1,6 Milliarden	Koran	Allah	Jeder Muslime ist folgenden 5 Grundpflichten verpflichtet: dem Glaubensbekenntnis (Schahada), dem 5 x täglichen Gebet (Salat), der Almosensteuer (Zakat), dem Fasten Monat Ramadan (Saum) und der Pilgerfahrt nach Mekka (Haddsch).

GRIECHISCHE & RÖMISCHE GÖTTER UND GÖTTINNEN (A- H)

GRIECHISCHE(R) GOTT/GÖTTIN	IHRE RÖMISCHE ENTSPRECHUNG	FAMILIE	FACHGEBIET
Aphrodite	Venus	Gemahlin des Hephaistos	Göttin der Liebe und Schönheit.
Apollon	Apollo	Sohn des Zeus	Gott der Jugend, der Musik, der Weissagung, der Heilkunst, der Künste.
Ares	Mars	Sohn von Zeus und Hera	Gott des Krieges; Liebhaber der Aphrodite.
Artemis	Diana	Tochter von Zeus und Leto	Göttin der Jagd und der Geburt.
Asklepios	Aesculapius	Sohn des Apollon	Gott der Heilkunst.
Athene	Minerva	Lieblingstochter von Zeus und Metis (Kopfgeburt)	Göttin der Weisheit, der Künste, des Handwerks, Kriegs- und Friedensgöttin.
Demeter	Ceres	Tochter von Kronos und Rhea	Göttin der Erde und der Fruchtbarkeit.
Dike		Tochter von Zeus und Themis	Göttin der Gerechtigkeit.
Dionysos	Bacchus	Sohn des Zeus	Gott der Vegetation, des Weines, des Rausches und der Ekstase.
Eirene	Pax	Tochter von Zeus und Themis	Göttin des Friedens und der sittlichen Ordnung.
Eos	Aurora		Göttin der Morgenröte.
Erinyen	Furiae		Göttliche Rächerinnen des Bösen (auch Eumeniden = Freundliche) genannt.
Eris		Tochter der Nyx	Göttin der Zwietracht und des Streites; warf den Zankapfel (Erisapfel).
Eros	Amor, Cupido		Gott der Liebe.
Europa		Geliebte des Zeus	Göttin des Abends.
Gaia	Tellus	Mutter und Frau des Uranos	Urmutter aller Götter und Göttin der Erde.
Hades	Pluto, Dis	Bruder des Zeus	Gott der Unterwelt.
Hebe	Juventas	Tochter von Zeus und Hera	Göttin der Jugend.
Helios	Sol		Sonnengott.
Hephaistos	Vulcanus	Sohn von Zeus und Hera	Gott des Feuers und der Schmiedekunst.

GRIECHISCHE & RÖMISCHE GÖTTER UND GÖTTINNEN (H-Z)

GRIECHISCHE(R) GOTT/GÖTTIN	IHRE RÖMISCHE ENTSPRECHUNG	FAMILIE	FACHGEBIET
Hera	Juno	Frau und Schwester von Zeus	Göttin der Ehe, der Geburt und der Familie.
Hermes	Mercur	Sohn des Zeus	Götterbote, Führer der Toten in die Unterwelt, Gott der Reisenden und Diebe.
Hestia	Vesta	Tochter von Kronos und Rhea	Göttin des Herdes und des Feuers.
Hypnos	Somnus		Gott des Schlafes.
Iris		Tochter Thaumes und Elektra	Götterbotin und Göttin des Regenbogen.
Kronos	Saturn	Sohn von Uranos und Gaia	Herrscher der Titanen und Gott des Ackerbaus.
Mnemosyne		Mutter der Musen	Göttin der Erinnerung.
Nemesis		Tochter der Nyx	Göttin der Vergeltung und des gerechten Zorns.
Nike	Victoria		Göttin des Sieges.
Nyx	Nox		Göttin der Nacht.
Pan	Faunus		Wald- und Weidegott
Persephone	Proserpina	Tochter von Demeter & Zeus	Vegetation- und Fruchtbarkeitsgöttin, Toten- und Unterweltgöttin
Plutos		Sohn der Demeter	Gott des Reichtums.
Poseidon	Neptun	Sohn von Kronos und Rhea	Gott des Meeres, der Erdbeben, der Pferde.
Rhea	Ops	Gemahlin des Kronos	Göttermutter und Titanin.
Selene	Luna	Schwester Helios und Eos	Göttin des Mondes.
Thanatos		Sohn des Nys, Hypnos Bruder	Gott des Todes
Themis		Tochter von Uranus und Gaia	Göttin der Ordnung.
Tyche	Fortuna		Göttin des Zufalls und des Glücks.
Uranos	Uranus	Ältester Sohn der Gaia	Gott der Elemente, mit Uranos kam das Männliche auf die Welt.
Zeus	Jupiter	Sohn von Kronos und Rhea	Göttervater, Himmels- und Wettergott, Hüter der staatlichen Ordnung.

	SAGENHAFTE GESCHICHTEN IN DER KURZFASSUNG
Die Schöpfung - wie alles begann.	Uranus („Vater des Himmels") und Gäa („Mutter Erde") bekamen Zyklopen und Titanen, die von Uranus aber allesamt in den Tartarus (tiefste Unterwelt) verbannt wurden. Gäa hasste ihn dafür und befahl ihrem jüngsten Titan Kronos („die Zeit"), Uranus zu kastrieren und die Genitalien ins Meer zu werfen, woraus Aphrodite geboren wurde. Kronos übernahm die Weltherrschaft, heiratete seine Schwester Rhea und wurde Vater von Hestia, Demeter, Hera, Hades, Poseidon und Zeus. Ein Orakel wahrsagte ihm, dass eines seiner Kinder ihn entthronen wird, worauf er alle auffraß. Nur Zeus nicht, da Rhea ihn auf Kreta versteckte, wo dieser (gemeinsam mit seinem Ziehbruder Pan) von einer Ziegennymphe groß gezogen wurde. Später kehrte Zeus zurück und nahm Rache, indem er Kronos ein Brechmittel ins Essen mischte, worauf dieser alle Kinder wieder ausbrach. Er berfreite auch die Zyklopen aus dem Tartarus, die aus Dankbarkeit die drei göttlichen Brüder mit Waffen ausstatteten: Zeus bekam den Donnerkeil, Hades eine Tarnkappe und Poseidon den Dreizack. Mit diesen Waffen töteten sie schließlich ihren Vater Kronus. Danach begann der Kampf gegen die Titanen, die aber durch einen plötzlichen Schrei Pans gewarnt und in die Flucht geschlagen wurden (daher der Begriff „Panik). Zur Strafe für diese Feigheit muss Atlas seitdem Himmel und Erde auf seinen Schultern tragen. Letztendlich teilten sich die Brüder die Welt: Hades übernahm die Unterwelt, Poseidon das Meer und Zeus das Land.
Achilles	Seine Mutter Thetis machte ihn unverwundbar, indem sie ihn in das Wasser des Styx tauchte. Allerdings blieb eine Stelle an der Ferse, an dem sie ihn festhielt, verwundbar, was ihm zum Verhängnis werden sollte. Denn Paris tötete ihn im Trojanischen Krieg mit einem Pfeil, der ihn genau an dieser verweundbaren Stelle („Achillesferse") traf.
Adonis	Aphrodite verwandelte Myrrha, die Tochter des Kinyras, aus Eifersucht in einen Myrrhebaum, aus dessen Stamm Adonis fiel. Das Kind der Schönheit wurde später von Aphrodite verführt und vom eifersüchtigen Ares, der sich in einen Eber verwandelte, getötet.
Agamemnonn	Agamemnon war griechischer König von Mykene und oberster Befehlshaber des griechischen Heeres gegen Troja. Da aber das Auslaufen der Flotte durch eine Flaute nicht gelingen wollte, beabsichtigte er, seine eigene Tochter Iphigenie der Göttin Artemis zu opfern. Seine Frau Klytemnästra war daraufhin so erbost, dass sie sich in dessen Abwesenheit den Liebhaber Aigisthos nahm. Nach Agamemnons Rückkehr aus Troja stiftete sie Aigisthos an, ihren Gatten zu ermorden. Agamemnons Tod rächte später dessen Sohn Orestes.
Amazone	Die Amazonen stammen vom Kriegsgott Ares ab. Als kriegerische Frauen kamen sie den bedrängten Trojanern zu Hilfe. Bekannt sind: Alkibia, Alkippe, Bremusa, Derione, Derimachia, Euandra, Hippolyte, Kleonia, Melanippe, Penthesileia (Königin der Amazonen; sie unterlag Achill vor Troja im Kampf), Prozhoe, Thermodossa.
Ambrosia	Die Speise der griechischen Götter; neben dem Nektar verdanken sie dem Ambrosia ihre Unsterblichkeit.
Aphrodite	Göttin der Liebe, der Schönheit und der sinnlichen Begierde. Ihr Pendant in der römischen Mythologie ist die Venus. Sie ist die Verwandlung der (von Kronos) abgeschnitteten und ins Meer geworfenen Genitalien Uranus. Die Adoptivtochter Zeus verführte (obwohl sie mit Hephaistos verheiratet war) viele Götter u.a. auch Kriegsgott Ares und den Schönling Adonis.

GRIECHISCHE MYTHOLOGIE

	SAGENHAFTE GESCHICHTEN IN DER KURZFASSUNG
Argonauten	Reisegesellschaft auf der Suche nach dem „Goldenen Vlies". Jason war ihr Kapitän und Anführer. Mit dem schnellen Schiff „Argo" segelten sie nach Kolchis im Kaukasus und stahlen dort das Fell von König Äetes. An Bord waren u.a. auch Herakles und Pollux.
Ariadne	Tochter von Minos und dessen Gattin Pasiphaë: Sie schenkte dem Helden Theseus (in den sie verliebt war) den sog. Ariadnefaden (ein roter Wollfaden), mit dessen Hilfe er den Minotaurus (halb Mensch, halb Stier) besiegen konnte. Genauer: mit dem sprichwörtlich roten Faden fand Theseus wieder aus dem Labyrinth heraus, nachdem er den Minotaurus tötete.
Artemis	Die Tochter des Zeus war das Gegenteil von Aphrodite: keusch, jungfreulich und streng. Von den Zyklopen erhielt sie Pfeil und Bogen und wurde dadurch zur kriegerischen Göttin der Jagd und des Waldes. Später bekam sie auch den Namen Diana oder Titania.
Athene	Nachdem Zeus die von ihm geschwängerte Titanin Metis ass, bekam er nach 9 Monaten so starke Kopfschmerzen, dass er Hephaistos bat, sein Haupt zu zerschlagen. Daraus entsprang Athene, die Göttin der Weisheit, der Städte und des Kampfes.
Atlas	Sohn des Titanen Iapetos und der Klymene; Bruder von Epimetheus, Menoitios und Prometheus; Vater der Kalypso und der Pleiaden. Zur Strafe dafür, dass Atlas am Kampf der Titanen gegen die Götter teilnahm, musste er Himmel und Erde auf seinen Schultern tragen.
Castor & Pollux	Die sogenannten Dioskuren waren Zwillings- bzw. Halbbrüder und Söhne von Leda. Pollux Vater war Zeus, Castors Vater vermutlich Tyndareos. Beide galten als unzertrennlich und nahmen an der Reise der Argonauten auf der Suche nach dem goldenen Vlies teil.
Charon	Fährmann, der die Seelen der Verstorbenen über die Unterweltflüsse Acheron, Kokytos und Styx ins Totenreich ruderte. Dazu musste ihm ein Obolus entrichtet werden. Wurde ihm stattdessen ein Silberzweig gereicht, konnte man aus dem Totenreich zurückkehren.
Chimäre	Griechisches Ungeheuer und feuerspeiendes Mischwesen mit drei Köpfen: vorne ein Löwenkopf, im Nacken ein Ziegenkopf und am Schwanz ein Schlangen- oder Drachenkopf. Die Chimäre wurde von Bellerophontes getötet.
Damokles-Schwert	Damokles hatte Dionysios wegen seines Glückes gelobt. Dieser lud ihn zum Dank zu einem Festessen ein, lies aber über Damokles Sitzplatz ein schweres, scharfes Schwert – nur von einem Pferdehaar gehalten – anbringen. Er wollte seinem Gast damit verdeutlichen, dass irdisches Glück jeder Zeit vorbei sein kann. Damokles verging der Appetit und verzichtete auf das Mahl
Daphne	Nymphe und Tochter des Flussgottes Peneios. Als der Gott Apollon ihr nachstellte, wurde sie (auf ihre Bitte hin) von Zeus in einen Lorbeerbaum verwandelt.
Dryaden	Gruppe von Nymphen, die hauptsächlich in Bäumen oder Wäldern lebten. Eurydike war eine der Dryaden.
Elysium	Paradies am Rande des Okeanos und am Lethe, dem Fluss des Vergessens, gelegen. Das Elysium war der Aufenthaltsort der Seligen und der Helden nach deren Tod.
Eris	Da Eris nicht zur Hochzeit von Peleus & Thetis eingeladen war, warf sie einen goldenen (Zank)Apfel mit der Aufschrift „der Schönsten" unter die Hochzeitsgäste und verursachte damit einen Streit zwischen Hera, Athene und Aphrodite. Paris (der trojanische Königssohn) sollte als Vermittler entscheiden. Er schenkte Aphrodite den Apfel, und erhielt dafür von ihr die Liebe der sterblichen Helena, die aber bereits verheiratet war. Deshalb musste er mit Helena (die ihn aufrichtig liebte) fliehen und löste dadurch den Trojanischen Krieg aus.

GRIECHISCHE MYTHOLOGIE (A-E)

GRIECHISCHE MYTHOLOGIE (E-I)

	SAGENHAFTE GESCHICHTEN IN DER KURZFASSUNG
Europa	Die griechische Abendgöttin wurde von Zeus in Gestalt eines weißen Stiers nach Kreta entführt, dort hatte er sie zu seiner Geliebten gemacht.
Ganymedes	Trojanischer Königssohn (von König Tros) und wunderschöner Jüngling. Zeus war von der Schönheit des Knaben hingerissen und entführt ihn (in Gestalt eines Adlers) in den Olympos. Dort macht er ihn zum Mundschenk der Götter und zu seinem Geliebten.
Giganten	Riesen aus der Urzeit und Feinde der Olympioniken. Sie entstanden aus den Blutstropfen des entmannten Uranos. Angestiftet von Gaia versuchten sie den Olymp zu erstürmen. Doch sie unterlagen den Göttern und wurden vernichtet.
Hebe	Die Göttin der Jugend ist eine Tochter von Zeus und Hera. Sie hatte die Kraft, Menschen die Jugend zurückzugeben, was sie auf Geheiß Zeus z.B. mit Iolaos unter Beweis stellte. Hebe bekam von Herakles zwei Söhne: Alexiares und Aniketos.
Hektor	Hektor war einer der größten Helden, die für Troja kämpften. Er tötete Patroklos, einen Freund von Achilles und wurde dafür von Achilles im Zweikampf getötet.
Hephaistos	Gott des Feuers und der Schmiede. Der Sohn von Zeus und Hera wurde als Kind vom Olymp ins Meer (bei der Vulkaninsel Lemnos) geworfen. Dort wurde er von der Meeresnymphe Thetis gerettet und großgezogen und kam später in den Olymp zurück.
Herkules/Herakles	Er befreite Prometheus, indem er den Adler, der immer wieder dessen Leber fraß, tötete. Herkules erfüllte die berühmten zwölf Herkulesaufgaben und musste zur Sühne seiner Schuld der Königin Omphale als Sklave dienen, deren Länder verteidigen und sogar deren Gatte werden. Danach heiratete er die schöne Deianeira, die ihm aber - getäuscht von Nessos - den Tod brachte, da sie das Gewand von Herkules ins Blut des sterbenden Kentaur „Nessos" (daher auch der Begriff: „Nessoshemd") tauchte. Dieses Blut war vergiftet und Herkules beging, aufgrund der unerträglichen Schmerzen, die er dadurch erlitt, Selbstmord, indem er sich selbst auf einem Scheiterhaufen verbrannte. Deianeira tötete sich aus Gram über den von ihr verschuldeten Tod des Gatten ebenfalls selbst.
Hermes	Sein Vater war Zeus. Seine Mutter war Maia (die Tochter des Atlas). Er erfand das Alphabet, die Kunst, die Tonleiter, die Lyrik, Zahlen und Gewichte. Hermes ist u.a. Schutzgott des Verkehrs, der Reisenden und der Kaufleute, aber auch Gott der Diebe, der Kunsthändler, der Redekunst und der Magie. Als Götterbote führt er die Seelen der Verstorbenen in den Hades (Unterwelt).
Hydra	Neunköpfiges Meeresungeheuer. Von diesen 9 Köpfen war einer unsterblich. Jedesmal, wenn ihr dieser Kopf abgeschlagen wurde, wuchs sogleich ein neuer nach. Die Hydra wurde von Herkules bezwungen, indem er ihre Halsstümpfe ausbrannte und den unsterblichen Kopf unter einem schweren Stein begrub.
Ikarus	Sohn von Daedalos, der mit gebauten Flügeln aus dem Labyrinth (in dem beide eingesperrt worden waren) entkommen konnten. Dabei flog Ikarus aber viel zu hoch und damit viel zu nah an die Sonne - so nah, dass die Flügelverbindungen, die aus Wachs waren, schmolzen und Ikarus abstürzte. Er fiel in jenes Meer, das man seither „Ikarisches Meer" (in der östlichen Ägäis) nennt.

	SAGENHAFTE GESCHICHTEN IN DER KURZFASSUNG
Iphigenia	In Aulis sollte Iphigenia von ihrem Vater geopfert werden. Doch Artemis tauschte sie auf dem Altar gegen eine Hirschkuh aus und brachte sie als ihre Priesterin nach Tauris. Zusammen mit ihrem Bruder Orestes floh sie jedoch nach Attika.
Klytaimnestra	Griechische Königin, die mit ihrem Geliebten Aigisthos ihren aus Troja heimgekehrten Ehemann Agamemnon tötete und dafür von dessen Sohn Orestes erschlagen wurde.
Kronos	Ur-Göttervater und einer der Titanen. Kronos riss die Herrschaft an sich. Aus Angst, dass ihm das Gleiche widerfahren könnte, verschlang er alle seine Kinder (bis auf Zeus). Zeus konnte ihn jedoch besiegen und zwang ihn, alle verschluckten Kinder wieder auszuspucken.
Laokoon	Der Priester Laokoon warnte die Trojaner davor, das Weihe-Geschenk der „abgezogenen" Griechen – ein hölzernes Pferd – in die Stadt zu transportieren und sagte: „Ich fürchte die Danaer, selbst wenn sie Geschenke bringen". Apollon schickte ihm zur Strafe zwei Schlangen/Drachen. Laokoon und seine beiden Söhne Antpahs und Thymbräos kamen durch die Schlangen qualvoll um.
Lethe	Fluss im Hades, aus dem die Verstorbenen trinken mussten, um ihr vorheriges Leben (in der Menschenwelt) vergessen zu können.
Medea	Prinzessin von Kolchis. Sie half Iason beim Raub des „Goldenen Vlies" und heiratete ihn danach. Iason entschied sich jedoch später für Glauke. Daraufhin tötete Medea die Rivalin sowie ihre eigenen Kinder.
Menelaos	Griechischer König von Sparta. Als Paris Helena entführte, zog Menelaos mit einem griechischen Heer in den 10 Jahre dauernden Trojanischen Krieg.
Midas	König Midas erbat für sich vom Gott Dionysos die Gabe, dass alles, was er berührte, zu Gold wurde. Als Midas aber feststellte, dass auch alle Speisen und Getränke, die er berührte, ebenfalls zu Gold wurden, ließ er den Wunsch rückgängig machen. Zur Aufhebung des Fluch-Wunsches musste er im Fluss Paktalos baden (darin soll sich seitdem Gold befinden).
Minos	König von Kreta. Als sein Sohn Androgeos in Athen ermordet wurde, führte Minos Krieg gegen die Stadt und zwang sie alle 7 Jahre 7 Jünglinge und 7 Jungfrauen nach Kreta zu schicken. Dort wurden sie in einem Labyrinth dem Minotauros zum Fraß vorgeworfen. Theseus gelang es schließlich (mit der Hilfe von Ariadne, der zauberkundigen Tochter von Minos), Athen von diesem Tribut zu befreien und den Minotaurus zu töten.
Minotauros	Der Minotaurus, ein Wesen mit Menschenleib und Stierkopf, hauste auf Kreta in einem Labyrinth, welches von dem berühmten Baumeister Daidalos erbaut wurde. Es wurde vorzugsweise mit Menschenopfern versorgt (siehe Minos). Theseus konnte ihn mit der Hilfe und der List von Ariadne töten.
Musen	Die griechische Mythologie kennt 9 Musen: 1. Klio (Geschichtsschreibung), 2. Melpomene (Tragödien), 3. Thalia (Komödie), 4. Kalliope (Epos), 5. Terpsichore (Tanzkunst), 6. Euterpe (Lyrik), 7. Erato (Liebesdichtung), 8. Urania (Astronomie), 9. Polyhymnia (Redekunst).

GRIECHISCHE MYTHOLOGIE (I-M)

GRIECHISCHE MYTHOLOGIE (N-O)

	SAGENHAFTE GESCHICHTEN IN DER KURZFASSUNG
Narziß	Der Sohn des Flussgottes Kephisos und der Quellennymphe Leiriopeein war ein schöner Jüngling, in den sich eine Nymphe verliebte. Da er ihre Liebe verschmähte, straften ihn Nemesis und Aphrodite: Als er sich zum Trinken über eine Quelle beugte, verliebte er sich in sein eigenes Spiegelbild. Diese unerfüllbare Liebe zehrte ihn so sehr auf, dass er starb und in eine Narzisse verwandelt wurde.
Nymphen	Naturgottheiten, die im Meer, in Quellen, Bächen, Bäumen oder Wäldern zuhause waren. Griechische Nymphen: Daphne, Echo und Eurydike.
Odysseus	Sorgte dafür, dass Troja eingenommen werden konnte. Er raubte das Palladium (ein hölzernes Abbild der Göttin Pallas Athene und das höchste Schutzheiligtum der Trojaner) und führte eine Schar von 30 Kriegern an, die im „Trojanischen Pferd" verborgen waren. Die Trojaner nahmen dieses Geschenk trotz der Warnung des Priesters Laokoon mit in ihre Stadt. Zur Strafe für den Hochmut gegen die Götter, wurde Odysseus auf eine lange Irrfahrt geschickt, auf der er zahlreiche Abenteuer zu bestehen hatte. So strandete er zunächst bei der Nymphe Kalypso und blieb dort 7 Jahre. Danach war er bei den einäugigen Riesen und blendete (um von der Insel zu entkommen) den Zyklopen Polyphem. Anschließend erlag er der Zauberkraft der Kirke, die alle seine Begleiter in Schweine verwandelte. Erst nach der Begegnung mit den Sirenen (Meereswesen, die jeden mit ihrem Gesang betören und damit ins Verderben locken) und mit den Meeresungeheuern Skylla und Charybdis kam er nach 20 Jahren wieder zurück nach Ithaka, musste dort aber noch all die Freier besiegen, die seine Frau Penelope belagerten. Dabei halfen ihm sein Sohn Telemachos und der Schweinehirt Eumaios.
Oedipus	König Laios wurde vom Orakel von Delphi gewarnt: Darin hieß es, er würde einen Sohn zeugen, der ihn später töten und seine Frau Iokaste heiraten würde. Weil er die Warnung ernst nahm, ließ Laios seinem neugeborenen Sohn die Füße durchstechen und aussetzen. Das Baby wurde aber von einem Hirten gefunden und aufgezogen. Der Hirte gab ihm wegen der Verletzungen den Namen Oedipus („Schwellfuß"). Wie die Prophezeiung es vorausgesagt hatte, erschlug Oedipus in einem Streit seinen Vater Laios (ohne zu wissen, dass der sein Vater war!) und heiratete (wieder ohne es zu wissen!) seine Mutter, Iokaste. Aus dieser Beziehung gingen vier Kinder hervor: Eteokles und Polyneikes und die beiden Töchter: Antigone und Ismene. Als dann durch den Seher Teiresias die Wahrheit über den Vatermord und die Schändung der Mutter ans Licht kam, erhängte sich Iokaste und Oedipus stach sich die Augen aus. Seine Tochter Antigone führte den Blinden dann (bis zur Erlösung durch die Götter) durch das ganze Land.
Orpheus	Sein Gesang war so schön, dass er damit alle Lebewesen betören konnte. Als seine Gattin Eurydike kurz nach der Hochzeit von einer Schlange gebissen wurde und starb, versuchte Orpheus sie aus dem Hades (Unterwelt) zurück zu gewinnen. Dazu überwand Orpheus durch seinen betörenden Gesang den Höllenhund Zerberus. Hades wollte ihm Eurydike aber nur zurückgeben, wenn es Orpheus schaffte, sich beim Wiederaufstieg aus dem Hades nicht nach Eurydike umzusehen. Orpheus versagte und verlor so Eurydike endgültig.

	SAGENHAFTE GESCHICHTEN IN DER KURZFASSUNG
Pandora	Kunstwesen, das vom Götterschmied Hephaistos geschaffen und von anderen Göttern mit den verschiedensten Gaben ausgestattet wurde. So gaben ihr Aphrodite und die Musen den Liebreiz, Hermes die Lüge und die List. Von Zeus wurde sie (als Strafe für die Vergehen des Prometheus) auf die Erde geschickt. Der Bruder des Prometheus, Epimetheus, nahm sie ahnungslos zur Frau. Eine Büchse, die Zeus der Pandora mitgegeben hatte, enthielt alle nur denkbaren Übel, die sich nach dem Öffnen in Windeseile über die ganze Welt verbreiteten. Nur die (trügerische) Hoffnung blieb in dem Gefäß zurück, da es schnell wieder geschlossen wurde.
Pegasos	Geflügeltes Pferd, das aus dem sterbenden Körper der Medusa entsprang, nachdem Perseus ihr den Kopf abgeschlagen hatte.
Philemon und Baucis	Beide wohnten in einer ärmlichen Hütte und nahmen als einzige die Wanderer Zeus und Hermes auf. Daraufhin gaben sich die Olympioniken zu erkennen und gewährten ihnen einen Wunsch. Philemon und Baucis entschieden sich dafür, zum gleichen Zeitpunkt sterben zu dürfen. Nach ihrem Tod wurde Philemon in eine Eiche und Baucis in eine Linde verwandelt. Die beiden Bäume haben sich sogar noch zu einer Einheit verbunden.
Phrixos und Helle	Ihre Stiefmutter Ino wollte das Geschwisterpaar töten. Als Phrixos geopfert werden sollte, entkamen die Geschwister mit einem fliegenden goldenen Widder. Helle stürzte aber über den Dardanellen ins Meer, das nach ihr bis heute Hellespontos genannt wird. Phrixos landete in Kolchis, opferte den Widder dem Zeus und hängte das Fell (das: „Goldene Vlies") im Hain des Ares auf. Iason eroberte das Fell später zurück.
Pholyphemos	Menschenfressender, einäugiger Riese. Nachdem Odysseus und seine Gefährten die Höhle des Riesen betraten, gelang es Odysseus Polyphemos betrunken zu machen und ihm mit einem glühenden Pfahl das Auge auszustechen..
Prometheus	Da er den Menschen zugetan war (er gilt als der Erfinder vieler Künste, die das Leben verschönerten), lieferte er ihnen allerlei Fertig- und Fähigkeiten. So brachte er – gegen den strengen Befehl Zeus – auch das Feuer auf die Erde. Für diese Ungehorsamkeit wurde Prometheus auf ewig an den Kaukasus gekettet. Zusätzlich schickte ihm Zeus jeden Tag einen Adler, der ihm an der Leber nagte. Erst Herkules befreite ihn. Um aber den Befehl des Zeus nicht zu missachten, trug Prometheus einen Stein aus dem Kaukasus um den Hals.
Quadriga	Vierspänniger Renn-, Streit- oder Triumphwagen. Helios fuhr mit einer Quadriga täglich über den Himmel.
Satyros	War ein Mischwesen aus Mensch und Ziegenbock und ständiger Begleiter Dionysos.
Sirenen	Weibliche Dämonen (Mischwesen mit Vogel- und Menschenleiben), die mit ihrem betörenden Gesang Seeleute anlockten und töteten. Odysseus entkam ihnen nur, weil er seinen Männer befahl, sich die Ohren mit Wachs zuzustopfen. Er selbst jedoch wollte dem Gesang lauschen und verzichtete auf das Wachs. Zur Sicherheit ließ er sich aber an den Mast seines Schiffes binden.

GRIECHISCHE MYTHOLOGIE (SI-Z)

	SAGENHAFTE GESCHICHTEN IN DER KURZFASSUNG
Sisyphos	Er war ein listiger und verschlagener Sterblicher, der sogar den Todesgott Thanatos überlistete. Zur Strafe verbannte ihn Zeus in die Unterwelt, wo er auf ewig einen schweren Felsen einen Berg hinaufrollen musste. Weil ihm dabei der Felsen jedes Mal kurz vor dem Ziel entgleitete, musste er immer wieder von vorne anfangen. Daher auch der Begriff „Sisyphusarbeit".
Sphinx	Ungeheuer mit dem Oberkörper einer Frau und einem geflügelten Löwenkörper. Sie stellte jedem, der nach Theben wollte ein Rätsel und verschlang die, die es nicht lösen konnte. Erst Oedipus löste ihr Rätsel und vernichtete damit die Sphinx.
Styx	Fluss in der Unterwelt. Ihn mussten die Seelen der Verstorbenen auf ihrem Weg in den Hades mit dem Boot des Charon überqueren.
Tantalos	Der König in Phrygien stahl den Göttern Ambrosia und ließ seine sterblichen Freunde davon kosten. Voller Übermut wollte er die Götter prüfen und schlachtete seinen Sohn Pelops und setzte den Körper den Göttern als Speise vor. Tantalos wurde wegen seiner Freveltaten gegen die Götter zu ewiger Pein im Hades verdammt: Er steht in einem Teich, kann aber niemals trinken. In scheinbarer Nähe wachsen Früchte, er kann sie aber nie erreichen. Über seinem Kopf befindet sich ein Felsen, der ständig droht auf ihn zu stürzen. Daher stammt auch der Begriff der niemals enden wollende „Tantalos-Qualen".
Theseus	Starker Mann, der ähnlich wie Herkules viele Heldentaten vollbrachte. Auf dem Weg nach Athen tötete er u.a. den „Keulen-schwinger" Periphetes, den „Fichtenbeuger" Sinis, das unbesiegbare Schwein Phaia, den Räuber Skiron, den Ringer Kerkyon, den „Gliederstrecker" Prokrustes, den Marathonischen Stier und den Minotauros im Labyrinth von König Minos auf Kreta.
Titanen	Götter-Geschlecht, das vor den Olympioniken herrschte.
Trojanisches Pferd	Großes Holzpferd, das (auf die Idee des Odysseus hin) von Epeios gebaut worden war und im Innern 30 Männer versteckt hielt. Es war ein Geschenk der Griechen an die Trojaner, die dieses Pferd trotz Warnung annahmen und es in ihre Stadt zogen. In der Nacht verließen die 30 Kämpfer ihr Versteck und besiegten die ahnungslosen Trojaner.
Typhon	Riesiges, grässliches Unterwelt-Ungeheuer mit 100 Drachen- oder Schlangenköpfen, Sohn von Gaia und Tartaros; Vater der Chimäre, der Kerberos, des Ladon und der Sphinx.
Xanthos	Unsterbliches Pferd des Achilles. Es hatte die Fähigkeit zu sprechen und warnte Achilles im Trojanischen Krieg vor dessen Tod.
Zerberus	Hundeähnliches Ungeheuer mit drei Köpfen in der griechischen Unterwelt. Er bewachte den Eingang zum Hades und verhinderte, dass die Verstorbenen wieder an die Oberwelt gelangen konnten. Nur Orpheus und Herkules hatten ihn überwinden können.
Zeus	Mächtigster Gott in der griechischen Mythologie. Er hatte über 30 Frauen mit denen er mehr als 60 Kinder zeugte u.a. Athene, Ares (Kriegsgott), Hephaistos (Schmied), Hermes (Götterbote), die Zwillinge Castor und Pollux, Dionysos (Gott des Weines).

GEDICHTE	GESCHRIEBEN VON/ WANN	TEXT (IN TEILEN/AUSZUG)
Deutsche Nationalhymne (3. Strophe des „Deutschlandliedes“)	1841, Hoffmann von Fallersleben (Melodie von Joseph Haydn)	Einigkeit und Recht und Freiheit, für das deutsche Vaterland! Danach lasst uns alle streben, brüderlich mit Herz und Hand! Einigkeit und Recht und Freiheit, sind es des Glückes Unterpfand. Blüh' im Glanze dieses Glückes, blühe, deutsches Vaterland!
Mephistopheles *(aus „Doktor Faustus“)*	1808, Johann Wolfgang von Goethe	Ich bin der Geist der stets verneint! Und das mit recht, denn alles, was entsteht, ist wert, dass es zugrunde geht. Drum besser wär's, dass nichts entstünde. So ist denn alles, was ihr Sünde, Zerstörung, kurz: das Böse nennt, mein eigentliches Element.
Die Heimkehr (aus „Buch der Lieder“)	1827, Heinrich Heine	Wer zum ersten Male liebt, sei's auch glücklos, ist ein Gott; Aber wer zum zweiten Male glücklos liebt, der ist ein Narr. Ich, ein solcher Narr ich liebe wieder ohne Gegenliebe; Sonne, Mond und Sterne lachen und ich lache mit – und sterbe.
Ode an die Freude (aus der 9. Sinfonie von Ludwig van Beethoven)	1786, Friedrich Schiller	Freude, schöner Götterfunken, Tochter aus Elysium, wir betreten feuertrunken, Himmlische, dein Heiligtum! Deine Zauber binden wieder was die Mode streng geteilt; alle Menschen werden Brüder, wo dein sanfter Flügel weilt. Wem der große Wurf gelungen, eines Freundes Freund zu sein, wer ein holdes Weib errungen, mische seinen Jubel ein! Ja, wer auch nur eine Seele Sein nennt auf dem Erdenrund! Und wer's nie gekonnt, der stehle weinend sich aus diesem Bund! Freude trinken alle Wesen an den Brüsten der Natur; Alle Guten, alle Bösen folgen ihrer Rosenspur. Küsse gab sie uns und Reben, einen Freund, geprüft im Tod; Wollust ward dem Wurm gegeben, und der Cherub steht vor Gott.
Kennst du das auch?	1899-1902, Hermann Hesse	Kennst du das auch, daß manchesmal inmitten einer lauten Lust, bei einem Fest, in einem frohen Saal, du plötzlich schweigen und hinweg gehn mußt? Dann legst du dich aufs Lager ohne Schlaf wie Einer, den ein plötzlich Herzweh traf; Lust und Gelächter ist verstiebt wie Rauch, du weinst, weinst ohne Halt – Kennst du das auch?
Abreise	1811, Ludwig Uhland	So hab ich nun die Stadt verlassen wo ich gelebet lange Zeit. Ich ziehe rüstig meiner Straßen, es gibt mir niemand das Geleit. Man hat mir nicht den Rock zerrissen (es wär' auch schade für das Kleid), noch in die Wange mich gebissen vor übergroßem Herzeleid. Auch keinem hat's den Schlaf vertrieben, dass ich am Morgen weitergeh. Sie konnten's halten nach Belieben, von einer aber tut's mir weh.

GEDICHTE UND STROPHEN (OFT GEHÖRT, NIE GEMERKT)

GEDICHT	WANN VON WEM WO GESCHRIEBEN	TEXT (IN TEILEN ALS AUSZUG)
Der Panther	06.11.1902, Rainer Maria Rilke (im Jardin des Plantes, Paris)	Sein Blick ist vom Vorübergehn der Stäbe so müd' geworden, dass er nichts mehr hält. Ihm ist, als ob es Tausend Stäbe gäbe und hinter Tausend Stäben keine Welt. Der weiche Gang geschmeidig starker Schritte, der sich im allerkleinsten Kreise dreht, ist wie ein Tanz von Kraft um eine Mitte, in der betäubt ein großer Wille steht. Nur manchmal schiebt der Vorhang der Pupille sich lautlos auf; dann geht ein Bild hinein, geht durch der Glieder angespannte Stille – und hört im Herzen auf zu sein.
Herbsttag	21.9.1902, Rainer Maria Rilke	Herr, es ist Zeit. Der Sommer war sehr groß. Leg deinen Schatten auf die Sonnenuhren, und auf den Fluren lass die Winde los. Befiehl den letzten Früchten voll zu sein; gib ihnen noch zwei südlichere Tage, dränge sie zur Vollendung hin und jage die letzte Süße in den schweren Wein. Wer jetzt kein Haus hat, baut sich keines mehr. Wer jetzt allein ist, wird es lange bleiben, wird wachen, lesen, lange Briefe schreiben und wird in den Alleen hin und her, unruhig wandern, wenn die Blätter treiben.
Das Karussell	Juni 1906, Rainer Maria Rilke *(im Jardin du Luxembourg, Paris)*	Mit einem Dach und seinem Schatten dreht sich eine kleine Weile der Bestand von bunten Pferden, alle aus dem Land, das lange zögert, eh es untergeht. Zwar manche sind an Wagen angespannt, doch alle haben Mut in ihren Mienen; ein böser roter Löwe geht mit ihnen - und dann und wann ein weißer Elefant. Sogar ein Hirsch ist da, ganz wie im Wald, nur daß er einen Sattel trägt und drüber ein kleines blaues Mädchen aufgeschnallt. Und auf dem Löwen reitet weiß ein Junge, und hält sich mit der kleinen heißen Hand, dieweil der Löwe Zähne zeigt und Zunge - und dann und wann ein weißer Elefant. Und auf den Pferden kommen sie vorüber, auch Mädchen, helle, diesem Pferdesprunge fast schon entwachsen; mitten in dem Schwunge schauen sie auf, irgendwohin, herüber – und dann und wann ein weißer Elefant. Und das geht hin und eilt sich, daß es endet, und kreist und dreht sich nur und hat kein Ziel. Ein Rot, ein Grün, ein Grau vorbeigesendet, ein kleines kaum begonnenes Profil. Und manchesmal ein Lächeln, hergewendet, ein seliges, das blendet und verschwendet an dieses atemlose, blinde Spiel.
Der Erlkönig *(Auszug)*	1782, Johann Wolfgang von Goethe	Wer reitet so spät durch Nacht und Wind? Es ist der Vater mit seinem Kind. Er hat den Knaben wohl in dem Arm, er fasst ihn sicher, er hält ihn warm. Mein Sohn, was birgst du so bang dein Gesicht? Siehst Vater, du den Erlkönig nicht! Den Erlenkönig mit Kron' und Schweif? Mein Sohn, es ist ein Nebelstreif.

GROSSE SCHRIFTSTELLER UND IHRE BERÜHMTEN WERKE (A-B)

AUTOR, HERKUNFT **(NP=NOBELPREIS)**	**LEB-ZEITEN**	**AUSGEWÄHLTE MEISTERWERKE (ERSTVERÖFFENTLICHUNG)**
Aischylos, GR	524-455 v. C	Die Orestie (458 v. C.); Sieben gegen Theben (467 v. C.); Der gefesselte Prometheus (um 470 v. C.)
Allende, Isabel, CHILE/USA	1942	Das Geisterhaus (1982); Eva Luna (1987); Paula (1994); Mein erfundenes Land (2003); Mayas Tagebuch (2012)
Austen, Jane, GB	1775-1815	Verstand & Gefühl (1811); Stolz & Vorurteil (1813); Mansfield Park (1814); Emma (1816); Überredung (1817)
Auster, Paul, USA	1947	Stadt aus Glas (1985); New York Trilogie (1985-89); Das Buch der Illusionen (2002); Mann im Dunkel (2008)
Bachmann, Ingeborg, AUT	1926-1973	Die gestundete Zeit (1953) Das dreißigste Jahr (1961); Malina (1971); Simultan (1972)
Balzac, Honoré de, F	1799-1850	Eugénie Grandet (1834); Vater Goriot (1835); Verlorene Illusionen (1837-1843); Tolldreiste Geschichten (1831-1837); Glanz und Elend der Kurtisanen (1839-1847); Die menschliche Komödie (1842-1848)
Baudelaire, Charles, F	1821-1867	Die Vorhölle (1851); Die Blumen des Bösen (1857); Die künstlichen Paradiese (1860)
Beauvoir, Simone de, F	1908-1986	Sie kam und blieb (1943) Das Blut der anderen (1945); Alle Menschen sind sterblich (1946); Das andere Geschlecht (1949); Memoiren einer Tochter aus gutem Hause (1958); Die Welt der schönen Bilder (1966)
Beckett, Samuel, IRL **(NP 1969)**	1906-1989	Murphy (1938); Molloy (1951); Malone stirbt (1951); Warten auf Godot (1953); Watt (1953); Der Namenlose (1953); Endspiel (1957); Das letzte Band (1958); Glückliche Tage (1961); Wie es ist (1961); Nicht ich (1973)
Böll, Heinrich, D **(NP 1972)**	1917-1985	Und sagte kein einziges Wort (1953); Billard um halbzehn (1959); Ansichten eines Clowns (1963); Ende einer Dienstfahrt (1966); Gruppenbild mit Dame (1971); Die verlorene Ehre der Katharina Blum (1974)
Boyle, T.C., USA	1948	Wassermusik (1982); Grün ist die Hoffnung (1984); World's End (1987); América (1995); Die Frauen (2009)
Brecht, Bertolt, D	1898-1956	Baal (1923); Dreigroschenoper (1928); Aufstieg und Fall der Stadt Mahagonny (1930); Mutter Courage (1941); Der gute Mensch von Sezuan (1943); Der kaukasische Kreidekreis (1949); Hauspostille (1951)
Brentano, Clemens, D	1778-1842	Godwi (1801); Des Knaben Wunderhorn (1806-1808)
Brontë, Charlotte, GB	1816-1855	Jane Eyre (1847); Shirley (1849); Villette (1853); Der Professor (1857)
Brontë, Emily, GB	1818-1848	Sturmhöhe (Wuthering Heights, 1847)
Brown, Dan, USA	1964	Meteor (2003); Illuminati (2003); Sakrileg (2004); Diabolus (2005); Das verlorene Symbol (2009); Inferno (2013)
Büchner, Georg, D	1813-1837	Dantons Tod (1835); Lenz (1835); Leonce und Lena (1836), Woyzeck (1836)
Byron, Lord, GB	1788-1824	Ritter Harolds Pilgerfahrt (1812-1818), Manfred (1817), Don Juan (1818-1824)

GROSSE SCHRIFTSTELLER UND IHRE BERÜHMTEN WERKE (C-EI)

AUTOR, HERKUNFT **(NP=NOBELPREIS)**	**LEB-ZEITEN**	**AUSGEWÄHLTE MEISTERWERKE (ERSTVERÖFFENTLICHUNG)**
Camus, Albert, F **(NP 1957)**	1913-1960	Der Fremde (1942); Der Mythos von Sisyphos (1942); Das Missverständnis (1944); Die Pest (1947); Die Gerechten (1949); Der Mensch in der Revolte (1951); Der Fall (1956); Der erste Mensch (1994)
Canetti, Elias**,** BUL **(NP 1981)**	1905-1994	Die Blendung (1935); Masse und Macht (1960); Stimmen von Marrakesch (1968); Fackel im Ohr (1980)
Cervantes, Miguel de, E	1547-1616	Galathea (1585); Don Quijote (1605-1615); Exemplarische Novellen (1613)
Chandler, Raymond, USA	1888-1959	Der große Schlaf (1939); Lebwohl, mein Liebling (1940); Der lange Abschied (1953); Playback (1958)
Christie, Agatha, GB	1890-1976	Hercule Poirot – Mord im Orientexpress (1934); Hercule Poirot – Tod auf dem Nil (1937); 12 Miss Marple-Romane u.a. Mord im Pfarhaus (1930); 16 Uhr 50 ab Paddington (1957); Mord im Spiegel (1962)
Coelho, Paulo, BRA	1947	Der Alchimist (1988); Der fünfte Berg (1996); Elf Minuten (2003); Der Zahir (05); Brida (2008); Untreue (2013)
Cooper, James, USA	1789-1851	Lederstrumpf (1823); Der letzte Mohikaner (1826); Der Pfadfinder (1840); Der Wildtöter (1841)
Crichton, Michael, USA	1942-2008	Andromeda (1969); Jurassic Park (1990); Nippon Connection (1992); Enthüllung (1993)
Dante, Alighieri, IT	1265-1321	Die göttliche Komödie (1306-1321)
Defoe, Daniel, GB	1660-1731	Robinson Crusoe (1719); Moll Flanders (1722); Die Pest zu London (1722); Roxana (1724)
Dickens, Charles, GB	1812-1870	Oliver Twist (1837); Nicholas Nickleby (1839); Eine Weihnachtsgeschichte (1843); David Copperfield (1850); Bleak House (1852-53); Eine Geschichte aus zwei Städten (1859); Große Erwartungen (1860)
Döblin, Alfred, D	1878-1957	Die Ermordung einer Butterblume (1913); Wallenstein (1920); Berlin Alexanderplatz (1929)
Dostojewskij, Fjodor, RUS	1821-1881	Arme Leute (1846); Aus einem Totenhause (1861); Aufzeichnungen aus dem Kellerloch (1864); Schuld und Sühne (1866); Der Spieler (1866); Der Idiot (1868); Die Dämonen (1873); Die Brüder Karamasow (1880)
Doyle, Arthur Conan, GB	1859-1930	Sherlock Holmes (56 Kurzgeschichten und 4 Romane von 1887-1927); Die vergessene Welt (1912)
Droste-Hülshoff, Annette v., D	1797-1848	Der Knabe im Moor (1841); Die Judenbuche (1842); Haidebilder (1842); Gedichte und Balladen (1844)
Dürrenmatt, Friedrich, CH	1921-1990	Der Richter und sein Henker (1951); Der Besuch der alten Dame (1956); Das Versprechen (1958); Es geschah am helllichten Tag (1958); Die Physiker (1962); Justiz (1985); Durcheinandertal (1989)
Dumas d. Ältere, Alexandre, F	1802-1870	Die drei Musketiere (1844); Der Graf von Monte Christo (1846); Das Halsband der Königin (1849)
Eco, Umberto, IT	1932-2016	Der Name der Rose (1980); Das Foucaultsche Pendel (1988); Die Insel des vorherigen Tages (1994)

AUTOR, HERKUNFT **(NP=NOBELPREIS)**	**LEB-ZEITEN**	**AUSGEWÄHLTE MEISTERWERKE (ERSTVERÖFFENTLICHUNG)**
Eliot, T. S., USA **(NP 1948)**	1888-1965	Das wüste Land (1922); Mord im Dom (1935); Vier Quartette (1943); Die Cocktailparty (1950)
Faulkner, William, USA **(NP 1949)**	1897-1962	Soldatenlohn (1926); Schall und Wahn (1929); Als ich im Sterben lag (1930); Licht im August (1932); Wilde Palmen (1939); Requiem für eine Nonne (1951); Das Haus (1959); Absalom! Absalom! (1966)
Fielding, Joy, CAN	1945	Lauf Jane lauf (1991); Flieh wenn du kannst (1995); Nur wenn du mich liebst (2002); Die Katze (2008)
Fitzgerald, F. Scott, USA	1896-1940	Diesseits vom Paradies (1920); Der seltsame Fall des Jeremy Button (1921); Der große Gatsby (1925)
Flaubert, Gustave, F	1821-1880	Madame Bovary (1857); Lehrjahre des Gefühls (1869); Erziehung des Herzens (1869); Bouvard & Pécuchet (1881)
Follett, Ken, GB	1949	Die Nadel (1978); Die Säulen der Erde (1990); Der dritte Zwilling (1997); Die Tore der Welt (2007); Sturz der Titanen (2010); Winter der Welt (2012); Kinder der Freiheit (2014); Das Fundament der Ewigkeit (2017)
Fontane, Theodore, D	1819-1898	Wanderungen durch die Mark Brandenburg (1862-1889); Vor dem Sturm (1878); Schach von Wuthenow (1883); Irrungen und Wirrungen (1888); Frau Jenny Treibel (1893); Effi Briest (1895); Der Stechlin (1899)
Freytag, Gustav, D	1816-1895	Die Journalisten (1854); Soll und Haben (1855); Die verlorene Handschrift (1864); Die Ahnen (1872-1880)
Frisch, Max, CH	1911-1991	Herr Biedermann und die Brandstifter (1958); Homo Faber (1957); Stiller (1961); Andorra (1961); Mein Name sei Gantenbein (1964); Montauk (1975); Triptychon (1976-78); Blaubart (1982)
George, Stefan, D	1868-1933	Das Jahr der Seele (1897); Tage und Taten (1903); Der siebente Ring (1907); Das neue Reich (1928)
Goethe, Johann Wolfgang von, D	1749-1832	Götz von Berlichingen (1773); Die Leiden des jungen Werthers (1774); Stella (1776); Torquato Tasso (1780); Iphigenie auf Tauris (1787); Römische Elegien (1788-1790); Wilhelm Meisters Lehrjahre (1795); Faust I. (1797); Wilhelm Meisters Wanderjahre (1807); Die Wahlverwandtschaften (1809); Faust II (1833)
Golding, William, GB **(NP 1983)**	1911-1993	Der Herr der Fliegen (1954); Die Erben (1955); Der Felsen des zweiten Todes (1956); Der Turm der Kathedrale (1964); Der Sonderbotschafter (1971); Bewegliche Ziele (1982); Mit doppelter Zunge (1995)
Gontscharow, Iwan A., RUS	1812-1891	Eine alltägliche Geschichte (1845); Die Fregatte Pallas (1858); Oblomow (1859); Die Schlucht (1869)
Gordimer, Nadine, SFA **(NP 1991)**	1923-2014	Der Ehrengast (1970); Der Besitzer (1974); Ein Spiel der Natur (1987); Die Geschichte meines Sohnes (1990); Die Hauswaffe (1998); Ein Mann von der Straße (2001); Fang an zu leben (2005); Keine Zeit wie diese (2012)
Gordon, Noah, USA	1926	Der Medicus (1986); Der Schamane (1992); Der Medicus von Saragossa (1999); Der Katalane (2008)
Gorki, Maxim, RUS	1868-1936	Die Kleinbürger (1901); Die Sommergäste (1904); Feinde (1906); Die Mutter (1907); Meine Kindheit (1913)
Grass, Günter, D **(NP 1999)**	1927-2015	Die Blechtrommel (1959); Katz und Maus (1961); Hundejahre (1963); Der Butt (1977); Die Rättin (1986); Ein weites Feld (1995); Mein Jahrhundert (1999); Im Krebsgang (2002); Beim Häuten der Zwiebel (2006)

GROSSE SCHRIFTSTELLER UND IHRE BERÜHMTEN WERKE (GR-IO)

AUTOR, HERKUNFT **(NP=NOBELPREIS)**	**LEB-ZEITEN**	**AUSGEWÄHLTE MEISTERWERKE (ERSTVERÖFFENTLICHUNG)**
Grillparzer, Franz, AUT	1791-1872	Die Ahnfrau (1817); Sappho (1818); Medea (1920); Das goldene Vlies (1922); Weh dem, der lügt (1840)
Grimmelshausen, Hans J., D	1622-1676	Der Abentheuerliche Simplicissimus Teutsch (1669)
Grisham, John, USA	1955	Die Jury (1988); Die Firma (1991); Die Akte (1992); Der Klient (1993); Das Testament (1999); Die Farm (2001); Das Fest (2002); Die Schuld (2003); Die Liste (2004); Der Gefangene (2006); Berufung (2008); Komplott (2012)
Hauptmann, Gerhart, D **(NP 1912)**	1862-1946	Bahnwärter Thiel (1887); Vor Sonnenaufgang (1889); Die Weber (1892); Der Biberpelz (1893); Florian Geyer (1896); Michael Kramer (1900); Rose Bernd (1903); Die Ratten (1911); Vor Sonnenuntergang (1932)
Hebbel, Friedrich, D	1813-1863	Judith (1841); Maria Magdalene (1844); Gyges und sein Ring (1854); Agnes Bernauer (1855)
Heine, Heinrich, D	1797-1856	Buch der Lieder (1827); Deutschland, ein Wintermärchen (1844); Atta Troll (1847); Die Harzreise (1853)
Hemingway, Ernest, USA **(NP 1954)**	1899-1961	Fiesta (1926); In einem anderen Land (1929); Tod am Nachmittag (1933); Haben und Nichthaben (1937); Wem die Stunde schlägt (1940); Schnee am Kilimandscharo (1948); Nobelpreis für „Der alte Mann und das Meer" (1952)
Hesse, Hermann, D **(NP 1946)**	1877-1962	Peter Camenzind (1904); Unterm Rad (1906); Gertrud (1910); Roßhalde (1913); Knulp (1915); Demian (1919); Siddhartha (1922); Der Steppenwolf (1927); Narziß und Goldmund (1930); Das Glasperlenspiel (1943)
Heym, Stefan, D	1913-2001	Fünf Tage im Juni (1974); Atta Troll (1983); Schwarzenberg (1984); Pargfrider (1998); Die Architekten (2000)
Hölderlin, Friedrich, D	1770-1843	Hyperion (1797); Der Tod des Empedokles (1798); Die Gedichte (1826)
Hoffmann, E.T.A., D	1776-1822	Der goldene Topf (1813); Die Elixiere des Teufels (1815); Der Sandmann (1815); Nachtstücke (1817); Lebensansichten des Katers Murr (1822); Die Serapionsbrüder (1819-1821); Meister Floh (1822)
Hofmannsthal, Hugo von, AUT	1874-1929	Der Tor und der Tod (1893); Jedermann (1911); Der Turm (1918-26); Der Schwierige (1921); Der Unbestechliche (1922); Libretti u.a. für die Opern „Elektra" (1908) und der „Der Rosenkavalier" (1909)
Homer, GR	ca 800 v. Chr.	Illias (ca. 750 vor Chr.); Odyssee (ca. 720 vor Chr.); Homerische Hymnen (vermutlich im 6. Jhrd. vor Chr.)
Horváth, Ödön von, AUT/UNG	1901-1938	Geschichten aus dem Wiener Wald (1931); Glaube Liebe Hoffnung (1932); Ein Kind unserer Zeit (1938)
Hugo, Victor, F	1802-1885	Der Glöckner von Notre-Dame (1831); Die Elenden (1862); Die Arbeiter des Meeres (1866); 1793 (1874)
Huxley, Aldous, GB	1894-1963	Schöne neue Welt (1932); Zeit muss enden (1944); Die Pforten der Wahrnehmung (1954)
Ibsen, Henrik, NOR	1828-1906	Peer Gynt (1867); Stützen der Gesellschaft (1877); Nora oder Ein Puppenheim (1879); Gespenster (1881); Die Wildente (1884); Rosmersholm (1886); Hedda Gabler (1890); Baumeister Solneß (1892)

AUTOR, HERKUNFT **(NP=NOBELPREIS)**	**LEB-ZEITEN**	**AUSGEWÄHLTE MEISTERWERKE (ERSTVERÖFFENTLICHUNG)**
Irving, John, USA	1942	Garp und wie er die Welt sah (1978); Hotel New Hampshire (1981); Gottes Werk & Teufels Beitrag (1985); Witwe für ein Jahr (1998); Die vierte Hand (2001); Bis ich dich finde (05); In einer Person (2012); Straße der Wunder (2015)
Joyce, James, IRL	1882-1941	Dubliner (1914); Ein Porträt des Künstlers als junger Mann (1916); Ulysses (1922); Finnegans Wake (1938)
Jünger, Ernst, D	1895-1998	In Stahlgewittern (1920); Afrikanische Spiele (1936); Auf den Marmorklippen (1939); Strahlungen (1949)
Kästner, Erich, D	1899-1974	Emil und die Detektive (1929); Fabian (1931); Pünktchen und Anton (1931); Das fliegende Klassenzimmer (1933); Drei Männer im Schnee (1934); Die Konferenz der Tiere (1949); Das doppelte Lottchen (1949)
Kafka, Franz, TCH/AUT	1883-1924	Amerika (1912); Das Urteil (1913); Der Prozess (1915); Die Verwandlung (1915); Das Schloss (1922)
Keller, Gottfried, CH	1819-1890	Der grüne Heinrich (1855); Die Leute von Seldwyla (1856); 7 Legenden (1972); Kleider machen Leute (1874)
Kerouac, Jack, USA	1922-1969	The Town and the City (1950); On the road (1957); Maggie Cassidy (1959); Lonesome Traveller (1960)
King, Stephen, USA	1947	Shining (1977); Cujo (1981); Friedhof der Kuscheltiere (1983); Es (1986); Sie (1987); The Green Mile (1996)
Kleist, Heinrich von, D	1777-1811	Der zerbrochene Krug (1803-1806); Amphitryon (1807); Die Marquise von O. (1808); Das Käthchen von Heilbronn (1808); Michael Kohlhaas (1808); Die Hermannsschlacht (1808); Prinz von Homburg (1811); Der Findling (1811)
Klopstock, Friedr. Gottlieb, D	1724-1803	Messias - Gesänge (1748); Von der Freundschaft (1759); Oden und Elegien (1771); Hermanns Tod (1787)
Konsalik, Heinz G., D	1921-1999	Der Arzt von Stalingrad (1956); Strafbataillon 999 (1959); Entmündigt (1963); Liebesnächte in der Taiga (1967); Wer stirbt schon gerne unter Palmen (1974); Sie waren zehn (1979); Der Gentleman (1981)
Kundera, Milan, TCH/F	1929	Der Scherz (1967); Die unerträgliche Leichtigkeit des Seins (1984); Die Unsterblichkeit (1990); Die Langsamkeit (1994)
Lenz, Siegfried, D	1926-2014	Das Feuerschiff (1960); Deutschstunde (1968); Heimatmuseum (1978); Die Auflehnung (1994); Fundbüro (2003)
Lessing, Doris, GB **(NP 2007)**	1919-2013	Afrikanische Tragödie (1949); Das goldene Notizbuch (1962); Memoiren einer Überlebenden (1974); Das Tagebuch der Jane Somers (1983); Das fünfte Kind (1988); Ein süßer Traum (2002); Alfred & Emily (2008)
Lessing, Gotthold Ephraim, D	1729-1781	Der junge Gelehrte (1754); Miss Sara Sampson (1755); Minna von Barnhelm (1764-1767); Hamburgische Dramaturgie (1767-1969); Emilia Galotti (1772); Nathan der Weise (1779); Die Erziehung des Menschengeschlechts (1780)
Link, Charlotte, D	1963	Sturmzeit-Trilogie (1989, 1992, 1994); Die Rosenzüchterin (2000); Am Ende des Schweigens (2004); Der fremde Gast (2005); Die Insel (2006); Die letzte Spur (2008); Das andere Kind (2009); Im Tal des Fuchses (2012)
London, Jack, USA	1876-1916	Der Seewolf (1904); Wolfsblut (1906); Der Ruf der Wildnis (1907); Martin Eden (1909); Lockruf des Goldes (1910)

GROSSE SCHRIFTSTELLER UND IHRE BERÜHMTEN WERKE (M-NA)

AUTOR, HERKUNFT **(NP=NOBELPREIS)**	**LEB-ZEITEN**	**AUSGEWÄHLTE MEISTERWERKE (ERSTVERÖFFENTLICHUNG)**
Makanin, Wladimir, RUS	1937	Der Weg (1993); Zwei Einsamkeiten (1995); Underground od. Ein Held unserer Zeit (2003); Benzinkönig (2011)
Mankell, Henning, SWE	1948-2015	Mörder ohne Gesicht (1991); Die weiße Löwin (1993); Der Chronist der Winde (1995); Die fünfte Frau (1996); Mittsommermord (1997); Die Brandmauer (1998); Rückkehr des Tanzlehrers (2000); Mord im Herbst (2013)
Mann, Heinrich, D	1871-1950	Die Jagd nach Liebe (1903); Pippo Spano (1905); Professor Unrat (1905); Zwischen den Rassen (1907); Die kleine Stadt (1909); Der Untertan (1914/1918); Die Armen (1917); Der Kopf (1925); Ein ernstes Leben (1932); Die Jugend des Königs Henry IV. (1935); Die Vollendung des Königs Herny IV. (1938)
Mann, Thomas, D **(NP 1929)**	1875-1955	Buddenbrooks (1901); Tonio Kröger (1903); Tristan (1903); Bekenntnisse des Hochstaplers Felix Krull (1909-1954); Königliche Hoheit (1909); Der Tod in Venedig (1912); Der Zauberberg (1924); Mario und der Zauberer (1930); Joseph und seine Brüder (1933-43); Lotte in Weimar (1939); Doktor Faustus (1947)
Marquéz, Gabriel Garcia, KOL **(NP 1982)**	1927-2014	Laubsturm (1955); Hundert Jahre Einsamkeit (1967); Chronik eines angekündigten Todes (1981); Die Liebe in Zeiten der Cholera (1985); Von der Liebe und andere Dämonen (1994); Das Licht ist wie das Wasser (2005)
May, Karl, D	1842-1912	Kara Ben Nemsi Serie (1881-88); Schatz am Silbersee (1890); Winnetou I-III (1893); Old Surehand I-III (1894-97)
Melville, Herman, USA	1819-1891	Taipi (1846); Moby Dick (1851); Bartleby der Schreiber (1853); Billy Budd (1924, wiederentdeckt)
Meyer, Conrad Ferdinand, CH	1825-1898	Huttens letzte Tage (1872); Der Heilige (1880); Die Füße im Feuer (1882); Die Richterin (1885)
Michener, James Albert, USA	1907-1997	Die Südsee (1946); Die Quelle (1965); Colorado-Saga (1974); Verheißene Erde (1980); Mazurka (1983)
Miller, Arthur, USA	1915-2005	Alle meine Söhne (1947); Tod eines Handlungsreisenden (1949); Hexenjagd (1953); Misfits (1961)
Miller, Henry, USA	1891-1980	Wendekreis des Krebses (1934); Wendekreis des Steinbocks (1939); Stille Tage in Clichy (1940)
Mishima, Yukio, JAP	1925-1970	Geständnis einer Maske (1949); Nach dem Bankett (1960); Das Meer der Fruchtbarkeit (1964-1970)
Mitchell, Margaret, USA	1900-1949	Vom Winde verweht (1936); Insel der verlorenen Träume (1996, pustum)
Mörike, Eduard, D	1804-1875	Maler Nolten (1832); Der Schatz (1835); Gedichte (1838); Mozart auf der Reise nach Prag (1856)
Molière, F	1622-1673	Tartuffe (1664); Der Menschenfeind (1666); Der Geizige (1668); Der eingebildete Kranke (1673)
Morrison, Toni, USA **(NP 1993)**	1931	Solomons Lied (1977); Menschenkind (1987); Jazz (1992); Paradise (1998); Love (2003); Gnade (2010)
Musil, Robert, AUT	1880-1942	Die Verwirrungen des Zöglings Törleß (1906); Die Schwärmer (1921); Der Mann ohne Eigenschaften (1931)
Nabokov, Vladimir, RUS/USA	1899-1977	König Dame Bube (1928); Einladung zur Enthauptung (1933); Lolita (1955); Pnin (1957); Die Gabe (1963)

AUTOR, HERKUNFT **(NP=NOBELPREIS)**	**LEB-ZEITEN**	**AUSGEWÄHLTE MEISTERWERKE (ERSTVERÖFFENTLICHUNG)**
Neruda, Pablo, CHIL **(NP 1971)**	1904-1973	Der Bewohner und seine Hoffnung (1926); Die Trauben und der Wind (1954); Canto General (1950)
Nooteboom, Cees, NL	1933	Philip und die anderen (1955); Rituale (1980); Die folgende Geschichte (1991); Allerseelen (1999)
Novalis alias F. v. Hardenberg, D	1772-1801	Hymnen an die Nacht (1797); Europa (1799); Heinrich von Ofterdingen (1802)
Orwell, George, GB	1903-1950	Tage in Burma (1934); Auftauchen um Luft zu holen (1939); Die Farm der Tiere (1945); 1984 (1949)
Ovid (Publius Ovidius Naso), IT	43 v.-18 n. Chr.	Metamorphosen (Epos von 15 Büchern; 1 n.Chr.); Liebeskunst – Ars amatoria (Jahr unbekannt)
Pasternak, Boris, RUS **(NP 1958 abgelehnt)**	1890-1960	Über die Barrieren (1917); Meine Schwester, das Leben (1922); Das Jahr 1905 (1926/27); Geleitbrief: Erinnerungen (1931); Doktor Schiwago (1932)
Pavese, Cesare, IT	1908-1950	Der Genosse (1946); Gespräche mit Leuko (1947); Der schöne Sommer (1949); Junger Mond (1950)
Poe, Edgar Allan, USA	1809-1849	Der Untergang des Hauses Usher (1839); Der Doppelmord in der Rue Morgue (1841); Der Rabe (1845)
Pope, Alexander, GB	1688-1744	Der Lockenraub (1712); An Essay on Man – Vom Menschen (1732-1734)
Proust, Marcel, F	1871-1922	Auf der Suche nach der verlorenen Zeit (7 Bände 1913-1927); Im Schatten der jungen Mädchen (1927)
Puschkin, Alexander, RUS	1799-1837	Boris Godunow (1825); Eugen Onegin (1825-1831); Pique Dame (1934); Die Hauptmannstochter (1936)
Remarque, Erich Maria, D	1898-1970	Im Westen nichts Neues (1929); Der Weg zurück (1931); Drei Kameraden (1938)
Rilke, Rainer Maria, AUT	1875-1926	Das Buch der Bilder (1902); Die Aufzeichnungen des Malte Laurids Brigge (1910); Duineser Elegien (1923)
Rimbaud, Arthur, F	1854-1891	Das trunkene Schiff (1871); Ein Sommer in der Hölle (1873); Illuminationen (1875); Erleuchtungen (1886)
Rousseau, Jean-Jacques, F	1712-1778	Juli oder Die neue Heloise (1761); Der Gesellschaftsvertrag (1762); Emile oder über die Erziehung (1762)
Sachs, Hans, D	1494-1576	Schlaraffenland (1530); Der fahrende Schüler im Paradies (1550); Die ungleichen Kinder (1553)
Saint-Exupéry, Antoine de, F	1900-1944	Nachtflug (1930); Wind, Sand und Sterne (1939); Flug nach Arras (1942); Der kleine Prinz (1943)
Sartre, Jean Paul, F **(NP 1964 abgelehnt)**	1905-1980	Die Transzendenzen des Ego (1937); Der Ekel (1937); Das Sein und das Nichts (1943); Geschlossene Gesellschaft (1944); Wege der Freiheit (1946); Die ehrbare Dirne (1946); Die schmutzigen Hände (1948); Der Teufel und der liebe Gott (1951); Kritik an der dialektischen Vernunft (1960); Die Wörter (1964)
Schiller, Johann Friedrich, D	1759-1805	Die Räuber (1781); Kabale und Liebe (1783); Die Verschwörung des Fiesco zu Genua (1784); Don Carlos (1787); Wallenstein-Trilogie (1799); Das Lied von der Glocke (1799); Maria Stuart (1800); Die Jungfrau von Orléans (1801); Die Braut von Messina (1803); Wilhelm Tell (1804); Demetrius (1805, unvollendet)

GROSSE SCHRIFTSTELLER UND IHRE BERÜHMTEN WERKE (SCH-S)

AUTOR, HERKUNFT **(NP=NOBELPREIS)**	**LEB-ZEITEN**	**AUSGEWÄHLTE MEISTERWERKE (ERSTVERÖFFENTLICHUNG)**
Schlegel, Friedrich von, D	1772-1829	Athenäum (1798-1800); Lucinde (1799); Über die Sprache und Weisheit der Inder (1808)
Schnitzler, Arthur, AUT	1862-1931	Liebelei (1895); Reigen (1897); Leutnant Gustl (1900); Casanovas Heimfahrt (1918); Traumnovelle (1926)
Scholochow, Michail, RUS **(NP 1965)**	1905-1984	Erzählungen vom Don (1926); NP für „Der stille Don" (1928-1940); Neuland unterm Pflug (1933-1960); Ein Menschenschicksal (1956/1957); Sie kämpften für ihre Heimat (1969)
Scott, Sir Walter, GB	1771-1832	Waverley (1814); Rob Roy (1817); Ivanhoe (1819)
Shakespeare, William, GB	1564-1616	Der Widerspenstigen Zähmung (1593); Verlorene Liebesmüh (1593); Ein Sommernachtstraum (1595); Romeo und Julia (1595-96); Der Kaufmann von Venedig (1596); Viel Lärm um nichts (1598); Wie es euch gefällt (1599); Julius Cäsar (1599); Die lustigen Weiber von Windsor (1600); Hamlet (1601); Was ihr wollt (1601); Othello (1604); König Lear (1605); Macbeth (1608); Der Sturm (1611); Heinrich VIII. (1612-13)
Shaw, George Bernard, IRL **(NP 1925)**	1856-1950	Helden (1894); Cäsar und Cleopatra (1898); Man kann nie wissen (1898); Pygmalion (1913); Haus Herzenstod (1919); Die heilige Johanna (1923); Zu wahr um schön zu sein (1931); Die Millionärin (1935)
Seghers, Anna, D	1900-1983	Aufstand der Fischer von St. Barbara (1928); Das siebte Kreuz (1942); Transit (1944); Das wirkliche Blau (1986)
Simmel, Johannes Mario, AUT	1924-2009	Es muss nicht immer Kaviar sein (1960); Und Jimmy ging zum Regenbogen (1970)
Solschenizyn, Alexander, RUS **(NP 1970)**	1918-2008	Ein Tag im Leben des Iwan Denissowitsch (1962); Krebsstation (1968); Der erste Kreis der Hölle (1968); August Vierzehn (1971); Der Archipel Gulag (1973); Ostpreußische Nächte (1973); November Sechszehn (1984)
Sophokles, GR	496-406 vor Chr.	Aias (453 v. Chr.); Antigone (442 v. Chr.); König Ödipus (426 v. Chr.); Elektra (413 v. Chr.); Philoktet (409 v. Chr.); Ödipus auf Kolonos (406 v. Chr.)
Steinbeck, John, USA **(NP 1962)**	1902-1968	Tortilla Flat (1935); Von Mäusen und Menschen (1937); Das rote Pony (1938); Früchte des Zorns (1939); Straße der Ölsardinen (1945); Die Perle (1947); Jenseits von Eden (1952); Wonniger Donnerstag (1954)
Stendhal (M. H. Beyle), F	1783-1842	Rot und Schwarz (1830); Erinnerungen eines Egoisten (1832/1892); Die Kartause von Parma (1839)
Stevenson, Robert Louis, GB	1850-1894	Die Schatzinsel (1883); Der seltsame Fall des Dr. Jekyll und Mr. Hyde (1886); Der Flaschenkobold (1892)
Stoker, Bram, IRL	1847-1912	Dracula (1897); Das Schloss der Schlange (1911)
Storm, Theodor, D	1817-1888	Immensee (1851); Pole Poppenspäler (1875); Aquis submersus (1877); Renate (1878); Der Schimmelreiter (1888)
Süskind, Patrick, D	1949	Der Kontrabass (1981); Das Parfüm (1985); Die Taube (1987); Drei Geschichten (1995); Über Liebe & Tod (2006)
Suttner, Bertha, AUT **(NP 1905)**	1843-1914	Die Waffen nieder! (1889); Einsam und arm (1896); erhielt 1905 als erste Frau den Friedensnobelpreis

AUTOR, HERKUNFT (NP=NOBELPREIS)	LEB-ZEITEN	AUSGEWÄHLTE MEISTERWERKE (ERSTVERÖFFENTLICHUNG)
Swift, Jonathan, IRL	1667-1745	Bücherschlacht (1704); Gullivers Reisen (1726); Steuereinmaleins (1728); A Modest Proposal (1729)
Tolkien, J.R.R., GB	1892-1973	Der kleine Hobbit (1937); Der Herr der Ringe (Trilogie 1954-55); Die Briefe vom Weihnachtsmann (postum 1976)
Tolstoi, Leo, RUS	1828-1910	Die Kosaken (1863); Krieg und Frieden (1869); Anna Karenina (1877); Wieviel Erde braucht der Mensch? (1885); Der Tod des Iwan Iljitsch (1886); Die Kreutzersonate (1889); Herr und Knecht (1895); Hadschi Murat (1912)
Tucholsky, Kurt, D	1890-1935	Rheinsberg (1912); Ein Pyrenäenbuch (1927); Schloss Gripsholm (1931); schrieb unter den Pseudonymen Kaspar Hauser, Peter Panter, Theobald Tiger und Ignaz Wrobel für die Zeitschrift „Die Weltbühne".
Twain, Mark, USA	1835-1910	Abenteuer des Tom Sawyers (1876); Abenteuer des Huckleberry Finn (84); Ein Yankee am Hofe des König Artus (1889)
Uhland, Ludwig, D	1787-1862	Die Kapelle (1805); Der gute Kamerad (1809); Frühlingsglaube (1812); Des Sängers Fluch (1814); Gedichte (1815)
Vargas, Fred, F	1957	Die schöne Diva von Saint-Jacques (1995); Bei Einbruch der Dunkelheit (1999); Fliehe weit und schnell (2004)
Verne, Jules, F	1828-1905	Reise zum Mittelpunkt der Erde (1864); 20.000 Meilen unter dem Meer (1870); In 80 Tagen um die Welt (1872)
Voltaire, F (Francois-Marie Arouet)	1694-1778	Schrieb über 700 Werke u.a. Zaire (1736); Der verlorene Sohn (1738); Der Fanatismus oder Mohammed der Prophet (1743); Zadig oder Das Schicksal (1747); Semiramis (1749); Orest (1750); Candide oder Der Optimismus (1759)
Walser, Martin, D	1927	Halbzeit (1960); Ein Kinderspiel (1971); Ein fliehendes Pferd (1978); Ein springender Brunnen (1998)
Wedekind, Frank, D	1864-1918	Frühlings Erwachen (1891); Erdgeist (1895); Der Tantenmörder (1902); Die Büchse der Pandora (1904)
Wells, H. G., GB	1866-1946	Die Zeitmaschine (1895); Der Unsichtbare (1897); Der Krieg der Welten (1898); Tono-Bungay (1909)
Wilde, Oscar, IRL	1854-1900	Das Gespenst von Canterville (1887); Das Bildnis des Dorian Gray (1891); Lady Windermere's Fächer (1893); Die Frau ohne Bedeutung (1893); Ein idealer Gatte (1895); Bunbury (1895); Salomé (1895); Teleny (1895)
Williams, Tennessee, US	1911-1983	Die Glasmenagerie (1944); Endstation Sehnsucht (1947); Die Katze auf dem heißen Blechdach (1955)
Wolf, Christa, D	1929-2011	Der geteilte Himmel (1963); Nachdenken über Christa T. (1975); Kindheitsmuster (1976); Was bleibt (1990)
Woolf, Virginia,GB	1882-1941	Die Fahrt hinaus (1915); Mrs. Dalloway (1925); Zum Leuchtturm (1927); Orlando (1928); Die Wellen (1931)
Zimmer Brad., Marion, US	1930-1999	Die Nebel von Avalon (1982); Das Licht von Atlantis (1984); Die Feuer von Troia (1987)
Zola, Émile, F	1840-1902	Nana (1880); Das Paradies der Damen (1883); Germinal (1885); Die Bestie im Menschen (1890)
Zuckmayer, Carl, D	1896-1977	Schinderhannes (1927) Der Hauptmann von Köpenick (1930); Des Teufels General (1946)
Zweig, Stefan, AUT	1881-1942	Der Amokläufer (1922) Sternstunden der Menschheit (1927); Ungeduld des Herzens (1939); Schachnovelle (1942)

PHILOSOPHIEN, THEORIEN UND DENKRICHTUNGEN

PHILOSOPHIE	INHALT
Atheismus	Verneinung der Existenz von Gott bzw. Göttern.
Aufklärung	Erzieherische Schriftform, die sich an die Bürger wendet. Stellt den Menschen und seine Eigen-Verantwortung in den Mittelpunkt.
Determinismus	Alle Handlungen sind vorbestimmt; Willensfreiheit gibt es nicht.
Dialektik	Kunst der Beweisführung mit These, Antithese und Synthese.
Dogmatismus	Orientierung an überlieferte Denkweisen, die nicht überprüft werden oder wurden.
Dualismus	Die Welt wird von Gegensätzen bestimmt, Gut und Böse, Gott und Teufel, Geist und Materie etc.
Empirismus	Erfahrungsphilosophie, die auf metaphysische Elemente verzichtet.
Existenzialismus	Ablehnung objektiver Werte; Fokus auf Angst, Freiheit, Tod, Ekel und anderen menschlichen Erfahrungen.
Humanismus	Rückbesinnung auf freies Menschentum; der Mensch ist das Zentrum aller Sinnsuche.
Idealismus	Sieht Geist, Vernunft und Bewusstsein als Wirkliches.
Materialismus	Nur die Existenz von Materie wird anerkannt; Unabhängige Existenz von Geist wird verneint.
Naturalismus	Alle Phänomene können aus natürlichen Gründen erklärt werden.
Optimismus	Überzeugung vom Sieg des Guten im Leben. Diese Welt ist die beste aller möglichen.
Pantheismus	Gott und die Welt wird als eins gesehen.

PHILOSOPHIE	INHALT
Pessimismus	Überzeugung vom Sieg des Bösen im Leben, diese Welt ist die schlechteste aller möglichen.
Positivismus	Alle Erkenntnis beruht auf Wahrnehmung, Metaphysik ist unmöglich.
Pragmatismus	Methode der Wahrheitsprüfung anhand praktischer Konsequenzen einer Handlung.
Rationalismus	Erkenntnisse können nur durch Denken, Vernunft und Erfahrungen gewonnen werden.
Realismus	Wirklichkeit, die nur im Erkennen erkannt wird.
Relativismus	Das Absolute ist nicht existent.
Scholastik	Mittelalterliche Methode der Beweisführung; Behauptungen werden in Pro & Contra zerlegt, abgewogen und danach „logisch" auf ihre Richtigkeit entschieden.
Sensualismus	Alle Erkenntnis wird aus Empfindungen und Sinneswahrnehmungen abgeleitet.
Solipsismus	Nur das Ich ist wirklich, alles Sein ist Bewusstsein.
Spiritualismus	Alles Sein ist im Geistigen begründet.
Stoizismus	Religionsähnliche Geisteshaltung der Gefasstheit, Weisheit und Kontemplation.
Subjektivismus	Meinung, dass alles Erkennen nur für den Erkennenden von Bedeutung ist.
Transzendentalismus	Möglichkeiten und Grenzen menschlicher Erkenntnis werden geprüft.
Universalismus	Metaphysisch; im Universum wird das einzig Wirkliche gesehen.
Voluntarismus	Metaphysisch; der Wille ist Urgrund aller Dinge.

PHILOSOPH	**LEB-ZEITEN**	**GEDANKEN, THEORIEN, WERKE** (ERSTVERÖFFENTLICHUNG)
Abaelard, Petrus (F)	1079-1142	Der Scholastiker wollte Frieden zwischen den Religionen und entwickelte eine Verantwortungsethik.
Adorno, Theodor W. (D)	1903-1969	Vertreter der „Frankfurter Schule". Mit seiner kritischen Theorie „minima morelia" (1951) greift er die ethische Frage nach der „Lehre des guten Lebens" auf. Weitere Werke: „Dialektik der Aufklärung" (1947, gemeinsam mit Max Horkheimer) und „Negative Dialektik" (1966).
Aegidius von Rom (IT)	1243-1316	Der Hochscholastiker schrieb einen Katalog von 95 Irrlehren.
Alkmaion (GR)	500 v. Chr.	Phythagoräer; fehlende Harmonie verursacht Krankheit; Gehirn ist das Organ der Wahrnehmung.
Alkuin (GB)	730-804	Der Scholastiker und Leiter der Hofschule Karls des Großen machte die „7 freie Künste" zum Unterrichtsinhalt.
Althusius, Johannes (D)	1557-1638	Der Staat beruht auf einem Gesellschaftsvertrag; Das Volk ist politisch und religiös autonom.
Aquin, Thomas von (IT)	1225-1274	Fand eine Lösung auf die Frage, wer über die Wahrheit entscheiden soll, der Verstand oder die Kirche? Gott als Verursacher und Endzweck; Unsterblichkeit der Seele; sein Hauptwerk: „Summa theologiae".
Archytas von Tarent (GR)	428-347 v. Chr.	Phythagoräer; Die Zahl ist die Grundlage des Wissens; Begründer der mathematischen Mechanik.
Aristarchos von Samos	310-230 v. Chr.	Entwickelte ein heliozentrisches Weltbild und hielt die Sonne für einen Fixstern.
Aristoteles (GR)	384-322 v. Chr.	Schüler von Platon und Erzieher Alexander des Großen; entwickelte Logik aus zwei Prämissen, die zu einer Konklusion führen; betrachtete Philosophie als Wissenschaft und befasste sich mit der Tugendethik, in welcher (zur Erkenntnis der Wahrheit) die vollkommene Glückseligkeit angestrebt wird.
Arkesilaos (GR)	316-241 v. Chr.	Lehrte Urteilsenthaltung (skeptischer Ansatz); nur Wahrscheinlichkeit ist erreichbar, das genügt zum Leben.
Augustinus von Hippo (ALG)	354-430	Schuf die grundlegende Theologie für fast 1.000 Jahre und wollte die Trennung von christlichem und weltlichem Staat. Vergangenheit, Erinnerung und Zukunft sind nur Erwartungen – und nur die Gegenwart ist für uns greifbar.
Averroës (Ibn Roschd)	1126-1198	Der Geist der Menschen ist unsterblich; Religion ist für die Masse, Philosophie braucht aber Vernunft.
Bacon, Francis (GB)	1561-1626	„Wissen ist Macht". Als Pionier der wissenschaftliche Methode schrieb er die Utopie „Neu Atlantis"; darin leitet er alle Bewusstseinsinhalte aus Empfindungen bzw. Sinneswahrnehmungen ab. Die Welt funktioniert für ihn mechanisch.
Bacon, Roger (GB)	1214-1294	Der Hochscholastiker forderte die Abkehr von geistigen Autoritäten, wie der Bibel und den Kirchenvätern; denn nur durch Erfahrung und Experiment lässt sich Weltwissen ermitteln.
Bath, Adelard von (GB)	1090-1160	Der Scholastiker erkannte in Spanien die Überlegenheit der arabischen Wissenschaft, übersetzte und verbreitete deren Wissen in der Mathematik, Medizin und Astronomie.

BEDEUTENDE PHILOSOPHEN (BE-DE)

PHILOSOPH	**LEB-ZEITEN**	**GEDANKEN, THEORIEN, WERKE** (ERSTVERÖFFENTLICHUNG)
Bergson, Henri (F) **(Nobelpreis 1927)**	1859-1941	Vertreter der Lebensphilosophie und Vorbereiter des Existenzialismus; er unterscheidet im Gegensatz zu Kant Raum (homogen) und Zeit (fließend): „Der Raum wird durch den Verstand erfasst, die Zeit durch die Intuition. Dabei prägte er den Begriff „élan vital", eine geistige Kraft, die Entwicklung vorantreibt.
Berkeley, George (GB)	1685-1753	Beeinflusst durch den „Sensualismus" stellte er sich skeptisch den Fragen zu „Moral und Ethik".
Bloch, Ernst (D)	1885-1977	Neben Adorno, Habermas und Horkheimer einer der wichtigsten Vertreter der „Frankfurter Schule". In seinem Buch „Das Prinzip Hoffnung" fragt er nach der Bedeutung der Utopie für die Gegenwart der Menschen.
Bruno, Giordano (IT)	1548-1600	Er verkündete die Unendlichkeit des Universums und Gott als Quelle ewigen Wandels; für seinen Glauben, dass sich die Natur bis zur Vollkommenheit selbst entwickelt hat, starb er in Rom auf dem Scheiterhaufen.
Caesaream, Eusebius (GR)	260-337	Caesaream gilt durch seine Chroniken und Werke als Begründer der Kirchengeschichte.
Calvin, Johannes (F)	1509-1564	Calvin verfasste den „Genfer Katechismus" und eine Kirchenordnung mit „strenger Kirchenzucht".
Campanella, Tommaso (IT)	1568-1639	Schrieb die Utopie vom „Sonnenstaat" und verbrachte durch die Inquisition 27 Jahre im Kerker.
Canterbury, Anselm v. (GB)	1033-1109	Scholastiker; führte den ontologischen Gottesbeweis; „Credo ut Intelligam" (ich glaube, um zu verstehen).
Capella, Martianus (IT)	350-400	Neuplatoniker; definierte den Kanon der sieben freien Künste; Trivium: Grammatik, Rhetorik, Logik; Quadrivium: Arithmetik, Geometrie, Musik und Astronomie.
Chrysippos (GR)	276-204 vor Chr.	Schuf mit 705 Büchern die Grundlagen der Stoa und formulierte das stoische Ideal der Freiheit von Affekten; Begriffe sind Verallgemeinerungen der in der Wahrnehmung vorhandenen Objekte.
Cicero (IT)	106-43 vor Chr.	Er war Politiker, Anwalt und Rhetoriker und vertrat die Lehren der Stoa und der Akademie; gilt als Vordenker des Humanismus. Lehre vom Naturrecht und dem allgemeinen Menschenverstand.
Comte, Auguste (F)	1798-1857	Gott und Mensch sind eins; für ihn war Nächstenliebe die höchste Pflicht; er entwickelte den Positivismus, eine Wissenschaft, die auf erfahrbaren Tatsachen und deren empirische Verknüpfung basiert.
Dante, Alighieri (IT)	1265-1321	Als Dichter und Künstler verfasste er eine Schrift über einen kirchenunabhängigen Staat.
Demokrit (GR)	460-370 vor Chr.	Für den Atomist besteht jede Materie (auch die Seele) aus unendlich vielen, kleinen Teilchen (Atomen), die sich in ewiger Bewegung befinden; er gilt neben dem Philosophen Leukippos als Vater der Atomtheorie.
Descartes, René (F)	1596-1650	In seinem Werk „Prinzipien der Philosophie" (1641) schrieb er „Cogito, ergo sum" (Ich denke, also bin ich); Der französische Mathematiker und Naturwissenschaftler sah keinen Zusammenhang zwischen Leib und Seele, sondern ersetzte diese mit Geist und Natur und begründete damit u.a. den „Rationalismus" und den „Dualismus". Weitere große Schriften: „Die Leidenschaft der Seele" (1649) und „Über den Menschen" (1662).

PHILOSOPH	**LEB-ZEITEN**	**GEDANKEN, THEORIEN, WERKE** (ERSTVERÖFFENTLICHUNG)
Diogenes (GR)	399-329 v. Chr.	Sokratiker; lebte vermutlich NICHT in einer Tonne; sagte zu Alexander des Großen: „Nimm deinen Schatten von mir".
Dionysios (GR)	um 500 v. Chr	Alles Sichtbare ist nur ein Gleichnis des Unsichtbaren; Gott ist Ursache, Anfang, Sein und Leben aller Dinge; durch Reinigung (Katharsis) und Erleuchtung (Photismos) erreicht man eine Art Vollendung.
Duns Scotus, Johannes (SCOT)	1266-1308	Hochscholastiker und Gegner von Thomas von Aquin; der Wille hat Vorrang vor der Vernunft; das Gute wird durch den Willen bestimmt und steht damit höher als die Wahrheit.
Erasmus von Rotterdam (NL)	1466-1536	Freund von Thomas Morus; war ein kirchenkritischer Augustiner, aber Gegner Luthers in der Frage des Freien Willens; stand für religiöse Toleranz und gegen Nationalismus und Krieg. Hauptwerk: „Lob der Torheit" (1509).
Epiktet	50 -138	Stoa; Hauptwerk zur Moral „Nicht die Dinge beunruhigen den Menschen, sondern seine Sicht der Dinge".
Epikur (GR)	341-270 v. Chr.	Versammelte seine Schüler in einem Garten und lehrte Physik, Kanonik (Erkenntnislehre) und Ethik: „Glück ist Lust mit Maß" (kein reiner Hedonismus). Galt als Atomist mit einer materialistischen Grundauffassung.
Feuerbach, Ludwig (D)	1804-1872	Vertreter der materialistischen Philosophie. Er entwickelte neben Marx die „dialektische Methode" weiter.
Fichte, Joh. Gottlieb (D)	1762-1814	Deutscher Idealist; durchdrang mit seinem „subjektiven Idealismus" die Ethik, Staats- und Rechtslehre.
Fortescue, John (GB)	1394-1476	Die Macht des Königs beruht auf öffentlicher Zustimmung und nicht auf Gottes Gnade.
Frankfurter Schule	1923-heute	Gruppe von Philosophen, Soziologen und neomarxistische Wissenschaftler, die in Frankfurt aus dem „Institut für Sozialforschung IfS" (Gründer Felix Weil) entstand. Anhänger wie Adorno, Bloch, Habermas, Horkheimer, Marcuse, Fromm und Alfred Schmidt beschäftigten sich mit der „kritischen Theorie" und stellten ideologie- und gesellschaftskritische Fragen. Hauptwerk: „Dialektik der Aufklärung" (1944-47, von Adorno & Horkheimer).
Galilei, Galileo (IT)	1564-1642	Fallgesetze sind die Basis der Mechanik. „Das Buch der Natur ist in der Sprache der Mathematik geschrieben".
Habermas, Jürgen (D)	1929	Habermas ist Philosoph und Soziologe; er zählt zu den bekanntesten Vertretern der „kritischen Theorien" und hat sich über die Moral- und Sozialphilosophie von den marxistischen Ursprüngen der „Frankfurter Schule" gelöst. Sein Hauptwerk: „Theorie des kommunikativen Handelns".
Hartmann, Nicolai (D)	1882-1950	Der Fundamentaloge entwickelte die Schichtenstruktur des Seins; ideales Sein (Werte, Mathematik) sind zeitlos und unbegrenzt, das reale Sein (Leben, Seele, Geist) ist zeitlich und individuell.
Heidegger, Martin (D)	1889-1976	Heidegger war einer der einflussreichsten Philosophen des 20. Jahrhunderts und Gründer der Fundamentalontologie; er sah u.a. die moderne Technik als Gefahr; erkannte, dass diese unsere Haltung/Auffassung gegenüber der Welt verändert. Prägte Sartre, Gadamer, Hannah Arendt und andere. Hauptwerk: „Sein und Zeit" (1927).

BEDEUTENDE PHILOSOPHEN (HE-LO)

PHILOSOPH	LEB-ZEITEN	GEDANKEN, THEORIEN, WERKE (ERSTVERÖFFENTLICHUNG)
Hegel, Georg Friedrich (D)	1770-1831	Hauptvertreter des deutschen Idealismus; Gegensätze, These und Antithese finden in einer Synthese zu neuer These zusammen. Bücher: Phänomenologie des Geistes (1806/07); Wissenschaft der Logik (1831).
Heraklit (GR)	540-480 v. Chr.	Alle Gegensätze wandeln sich und sind in ständiger Bewegung (griech: „panta rhei" = alles fließt): z. B. Krieg und Frieden. Tag und Nacht, Reichtum und Armut usw.; Streit ist der Vater aller Dinge (Dialektik).
Hobbes, Thomas (GB)	1588-1679	Hobbes vertrat die These, dass das Leben ohne Staat „einsam, arm, triebhaft und kurz" wäre. Verzicht der Individuen auf Freiheit zum Wohle des Staates. Hauptwerk: Leviathan (1651).
Horkheimer, Max (D)	1895-1973	Als Vertreter der „Frankfurter Schule" orientierte er sich neben Adorno, Bloch, Habermas und Marcuse an den marxistischen Grundsätzen und unterstützte die Studentenrevolte von 1968. Hauptwerke: „Dialektik der Aufklärung" (1947, gemeinsam mit Adorno) und „Kritik der instrumentellen Vernunft" (1967).
Hume, David (GB)	1711-1776	In seiner „Erkenntnistheorie" unterteilt er den Geist in zwei Klassen: Sinneseindrücke und Ideen.
Husserl, Edmund (AUT/UNG)	1859-1938	Übernahm von Franz Brentano die „Intentionalität" des Bewusstseins und machte sie zur zentralen Aussage seiner Phänomenologie. Wahrheit ist ein erkennbarer Sachverhalt. Hauptwerk: Sein und Zeit (1927).
Jaspers, Karl (D)	1883-1969	Jaspers war Psychiater und Philosoph; er zählt zu den Hauptvertretern der deutschen Existenzphilosophie. Der enge Freund von Martin Heidegger und Hannah Ahrendt gründete 1945 die Philosophen-Zeitschrift „Die Wandlung".
Kant, Immanuel (D)	1724-1804	Als Vertreter des Kritizismus entwickelte Kant den „Kategorischen Imperativ". Grundsatz: „Handle so, dass die Maxime deines Willens jederzeit zugleich als Prinzip einer allgemeinen Gesetzgebung gelten könne".
Kierkegaard, Søren (DEN)	1813-1855	Stellt den Geist und die Religionskritik in den Mittelpunkt seiner Existenzphilosophie („Existenz in ästhetischem, ethischem und religiösem Stadium"), die besagt, dass unser Dasein unsere freie Entscheidung sei.
Kleanthes (GR)	331-251 v. Chr.	Stoa und ehemaliger Boxer. Tugendhaftes Handeln ist nur durch Erkenntnis der Wirklichkeit möglich.
Konfuzius (CHN)	561-479 v. Chr.	Lehrte fünf Tugenden (Liebe, Rechtschaffenheit, Gewissenhaftigkeit, Ehrlichkeit, Gegenseitigkeit) und drei soziale Pflichten (Loyalität, kindliche Pietät, Wahrung von Anstand und Sitte).
Kues, Nikolaus von (D)	1401-1464	Bindeglied der mittelalterlichen Scholastik und der Mystik und Metaphysik der Renaissance. In seinem Buch „De Docta Ignorantia" schreibt er über die Grenzen des menschlichen Wissens.
Leibniz, Gottfried Wilhelm (D)	1646-1716	Monadenlehre mit Gott als Urmonade; der grenzenlose Optimist und Mathematiker nahm an, dass viele Substanzen in gemeinsamer Harmonie existieren, wie z.B. auch zwischen Leib und Seele. Abhandlung „Theodizee" (1710).
Locke, John (GB)	1632-1704	Initiator der „Aufklärung" (Erklärung der Verhältnisse durch die Vernunft) und Empirist, der im menschlichen Erkenntnisvermögen eine erst während des Lebens beschriebene Tafel sah.

PHILOSOPH	LEB-ZEITEN	GEDANKEN, THEORIEN, WERKE (ERSTVERÖFFENTLICHUNG)
Lorenzen, Paul (D)	1915-1994	Gilt neben Wilhelm Kamlah als Begründer der „Erlanger Schule" des Methodischen Konstruktivismus; Entwickler der logischen Propädeutik (Vorschule des vernünftigen Redens) und der dialogischen Logik.
Luther, Martin (D)	1483-1556	Urheber der Reformation; in seinen 95 Thesen (die er 1517 an das Portal der Schlosskirche zu Wittenberg angeschlagen hatte) schreibt er gegen Ablassbriefe, Ämterkauf, Wallfahrten und Kasteiungen; „Allein der Glaube, allein die Schrift, allein die Gnade". Luther übersetzte das Neue Testament in nur 11 Wochen ins Deutsche (1522).
Machiavelli, Niccolò	1469-1527	Staatsphilosoph der Neuzeit; rät Staatsführern in „Il Principe" („Der Fürst" von 1513/32) zu List und Täuschung.
Marcuse, Herbert (D)	1898-1979	Neomarxistischer Anhänger und Mitglied der „Frankfurter Schule". Bedeutender Kritiker des Kapitalismus.
Marx, Karl (D)	1818-1883	Der Wegbereiter des Kommunismus lebte in ärmlichen Verhältnissen; in seiner Philosophie bestimmt das gesellschaftliche Sein das Bewusstsein. „Das Kapital" (1867), „Die heilige Familie" (1844 mit Friedrich Engels); „Das Manifest der Kommunistischen Partei" (1847/48); „Lohnarbeit und Kapital" (1849); „Zur Kritik der politischen Ökonomie" (1859).
Mill, John Stuart (GB)	1806-1873	Vertreter des Liberalismus; „Das Wesen der Freiheit besteht darin, das zu tun, was man tun möchte".
Morus, Thomas (GB)	1478-1535	Der Humanist forderte in „Utopia" nach sozialen Reformen; wurde von Heinrich VIII. verurteilt und geköpft.
Nietzsche, Friedrich (D)	1844-1900	Seine Philosophie wandte sich gegen das Christentum, von dem er behauptete, es erzeuge eine „Sklavenmoral"; Nietzsche schuf den „Übermenschen" (der von den Nazis missverstanden wurde) und zweifelte am Gut und Bösen oder besser: daran, was die Menschen darunter verstehen. Auswahl seiner Werke: Also sprach Zarathustra (1885); Die fröhliche Wissenschaft (1887); Ecce Homo – wie man wird, was man ist (1908).
Nyssa, Gregor von	335-394	Kirchenvater der orthodoxen Kirche; lehrte die Unendlichkeit Gottes und die Dreifaltigkeit.
Ockham, Wilhelm von (GB)	1280-1347	Als Spätscholastiker vertrat er den Konzeptualismus und forderte die Trennung von Kirche und Staat Begriffe sind nicht die Wirklichkeit sondern nur Namen und Zeichen; „Ockhamsches Rasiermesser".
Parmenides (GR)	515-445 v. Chr.	Eleat; Denken und Sein sind identisch; das Seiende ist unvergänglich; Bewegung ist nur Illusion.
Pascal, Blaise (F)	1623-1662	Ging davon aus, dass sich Verstand und Sinne täuschen; suchte nach einem Weg zw. Dogmatismus und Rationalismus.
Pico della Mirandola	1463-1494	Entwickelte 900 Thesen „Über die Würde des Menschen", die aber vom Papst verboten wurden.
Platon (GR)	427-347 v. Chr.	Schüler von Sokrates und Lehrer Aristoteles; sah der Dialog als Methode der Erkenntnisgewinnung und begründete den sog. transzendenten Idealismus. „Wissen ist begründetes Meinen". Schrieb insgesamt 36 Werke u. a. „Politeia".
Plotinus (GR)	205-270	Das Lebewesen und das Universum – beide haben eine Seele. Die Weltseele steht als dritte zwischen dem Sein und der Materie. Um mit dem einen eins zu werden, muss sie zuvor von der Sinnlichkeit gereinigt sein.

BEDEUTENDE PHILOSOPHEN (PO-SE)

PHILOSOPH	LEB-ZEITEN	GEDANKEN, THEORIEN, WERKE (ERSTVERÖFFENTLICHUNG)
Porphyrios (GR)	234-304	Neuplatoniker; Gegner des Christentums; schrieb eine systematische Einführung in die „Kategorien" des Aristoteles (Isagoge); Quelle für den Universalienstreit.
Popper, Karl (AUT/GB)	1902-1994	Vertreter des „kritischen Rationalismus". Mit seinem Hauptwerk: „Logik der Forschung" (1934) kritisierte er den „logischen Positivismus" und deren Hauptvertreter des „Wiener Kreises" u.a. Ludwig Wittgenstein.
Proklos (GR)	412-485	Nach Ammonios Sakkas († 242) einer der Leiter der neuplatonischen Schule von Athen; sah hinter allem, selbst dem Denken, eine Systematik und Mathematisierbarkeit; schrieb mehr als 50 Werke.
Protagoras (GR)	490-411 v. Chr.	Sophist; „Der Mensch ist das Maß aller Dinge"; Religion und Staat sind natürliche Bedürfnisse.
Ptolemäus, Claudius (GR)	87-150	Der „Skeptiker" entwickelte das für das Mittelalter maßgebliche geozentrische Weltbild; er verfasste ein umfangreiches Werk zur Mathematik und Astronomie.
Pyrrhon von Elis (GR)	360-270 v. Chr.	Begründer der Skepsis; Wahrheit ist weder durch Sinneswahrnehmung noch durch Urteile feststellbar.
Pythagoras (GR)	570-480 v. Chr.	In seiner Naturphilosophie war die Harmonie der Zahlen und die Ordnung das Wesen und die Struktur aller Dinge („Alles ist Zahl"), z.B. auch in der Musik; erkannte, dass die Erde eine Kugelform hat; als Mathematiker entwickelte er u.a. die geometrische Formel zur Flächenberechnung rechtwinkliger Dreiecke ($a^2+b^2=c^2$).
Ramus, Petrus (F)	1517-1572	Der Humanist entwickelte eine neue, „nicht-aristotelische" Logik; wurde in der Bartholomäusnacht ermordet.
Reuchlin, Johannes (D)	1455-1522	Der Humanist protestiert gegen den Strom mit „Encomium Moriae" gegen die Judenverfolgung.
Rousseau, Jean-Jacques (F)	1712-1778	Forderte die Rückkehr zu den Tugenden Freiheit, Unschuld und Natur, um die entstandene Ungleichheit unter den Menschen aufzuheben. Wichtigstes Buch: „Vom Gesellschaftsvertrag" (1762).
Russell, Bertrand (GB)	1872-1970	Vertritt neben Alfred Whitehead den Neurealismus als mathematisch-logische Wissenschaft.
Salisbury, Johannes (GB)	1115-1180	Scholastiker; Staatstheorie mit der Pflicht zur Sittlichkeit und Tugend für Staatsvertreter.
Sartre, Jean Paul (F)	1905-1980	Vordenker und Hauptvertreter des Existenzialismus. Die Existenz geht dem Wesen voraus („Das Sein ist das, was es ist"). Der Mensch ist zur Freiheit verurteilt. Verantwortung kann man nicht ablegen. Hauptwerk: „Das Sein und das Nichts" (1943). Sartre war der Lebensgefährte von Simone de Beauvoir.
Schelling, Friedrich (D)	1775-1854	Gehört zu den Hauptvertretern des deutschen Idealismus; vertrat „ästhetisch objektiven" Idealismus.
Schopenhauer, Arthur (D)	1788-1860	Der Schüler von Immanuel Kant war ein Pessimist und Frauenfeind; sah die Welt als „schlechteste aller möglichen"; definierte Leben als Leiden. Egoismus als Haupttriebfeder sei nur in der Kunst gut aufgehoben.

PHILOSOPH	LEBZEITEN	GEDANKEN, THEORIEN, WERKE (ERSTVERÖFFENTLICHUNG)
Smith, Adam (GB)	1723-1790	Sein Buch „Wohlstand der Nationen" von 1776 lehrte wirtschaftlichen und individuellen Liberalismus.
Sokrates (GR)	470-399 v. Chr.	Entwickelte die wissenschaftlichen Methoden von Dialektik, Induktion und Definition. Dabei stellte er den Mensch in den Mittelpunkt seiner Betrachtung: „Ein Leben ohne Selbsterforschung ist nicht lebenswert". „Erkennen war für ihn lediglich Wiedererinnern: „Ich weiß, dass ich nichts weiß". Durch seine spezielle Fragetechnik („Hebammenkunst") entlockte er Antworten im Dialog.
Speusippos (GR)	408-339 v. Chr.	Schüler <u>Platons</u> und Oberhaupt der älteren Akademie; gilt als Verfasser einer ersten Enzyklopädie.
Spinoza, Baruch de (NL)	1632-1677	Lehrer von der unendlichen Substanz (Monismus); im Gegensatz zum Materialismus ging er von einer göttlichen Substanz aus; Körper und Geist bleiben dabei getrennt
Thales von Milet (GR)	625-547 v. Chr.	Vorsokratiker; gilt als erster Philosoph; versuchte Naturprozesse und Phänomene rational zu erklären; er fragte nach dem Sein und sah das Wasser als Urstoff der Welt; sagte eine Sonnenfinsternis voraus.
Theophrastos (GR)	371-287 v. Chr.	Peripatos und Nachfolger Aristoteles; betont die „causa efficiens" (Naturkausalität) statt der „causa finalis".
Valla, Lorenzo (IT)	1406-1457	Der Humanist untersuchte die Freiheit des menschlichen Willens; ist für eine positive Bewertung der Lust.
Voltaire (F)	1694-1778	Franz. Aufklärer; „Wissen statt glauben"; Überprüfung von Behauptungen durch Experimente; kämpfte für Glaubensfreiheit, Toleranz und Menschenwürde; vertrat die Trennung von Kirche und Staat; Hauptwerk: „Candide" (1759).
Whitehead, Alfred (GB)	1861-1947	Der Logiker und Mathematiker schrieb bis 1913 seine dreiteiliges Hauptwerk „Prinicpia Mathematika".
Wiener Kreis	1922-1936	Gruppe von Philosophen und Anhängern des „logischen Empirismus" (auch als logischer Positivismus bekannt), die sich unter der Leitung des deutschen Philosophen <u>Moritz Schlick</u> (1882-1936) wöchentlich in Wien trafen.
Wittgenstein, Ludwig (AUT)	1889-1951	Gründete den sogenannten „Wiener Kreis", eine Gruppe von Philosophen, die auf der Lehre <u>Auguste Comtes</u> aufbauend den Neupositivismus entwickelte; er verschenkte sein reiches Erbe und führte ein einfaches Leben.
Wolff, Christian (D)	1679-1754	Vertreter der deutschen „Aufklärung". Untersuchte die Beziehung zwischen Ethik und Metaphysik.
Xenophanes (GR)	570-470 v. Chr.	Die Menschen schufen die Götter; Gott aber ist ewig; Wissen ist Vermutung, Wahrheit nicht erkennbar.
Zenon von Elea (GR)	490-430 v. Chr.	Vorsokratiker; gilt als Erfinder des Argumentierens; untersuchte Raum, Zeit und Bewegung und fand 10 Paradoxa.
Zenon von Kition (GR)	336-264 v. Chr.	Begründer des Stoizismus; stellte die Logik an erste Stelle um Irrtümer zu beseitigen; Empfindungen sind Abdrücke einzelner Gegenstände in der Seele (Nominalismus).
Zwingli, Ulrich (CH)	1484-1531	Der Schweizer wandte sich mit <u>Luther</u> gegen die katholische Kirche und mit <u>Erasmus</u> gegen den Krieg.

BERÜHMTE KINDER- UND JUGENDBÜCHER UND IHRE AUTOREN

TITEL DES BUCHES	AUTOR	AB	FIGUREN (AUSWAHL)
Alice im Wunderland	Lewis Caroll (GB)	1865	Cheshire Cat (Grinsekatze), Suppenschildkröte, Herzkönigin, Herzbube.
Biene Maja	Waldemar Bonsels (D)	1912	Freund Willy, Flip (Grashüpfer), Thekla (Spinne), Puck (Fliege), Schnuck (Libelle).
Das Dschungelbuch	Rudyard Kipling (IND/GB)	1894	Mowgli, Baloo (der Bär), Shir Kahn (der Tiger), Kaa (die Schlange).
Das fliegende Klassenzimmer	Erich Kästner (D)	1933	Martin Thaler (alias „Dreimarkstück"), Johnny Trotz, Matz Selbmann, Ulrich von Simmern, Sebastian Frank, Lehrer Bökh (genannt Justus), Arzt Dr. Uthofft.
Doktor Dolittle	Hugh Lofting (GB)	1920	Polynesia (Papagei), Jip (Hund), Tschi-Tschi (Affe), Dab-Dab (Ente).
Drei Fragezeichen, Die	Robert Arthur (USA)	1962	Justus Jonas, Peter Shaw, Bob Andrews, Kommissar Samuel Reynolds, Inspektor Cotta.
Emil und die Detektive	Erich Kästner (D)	1928	Emil Tischbein, seine Cousine Pony Hütchen, Herr Grundeis (Dieb).
Fünf Freunde	Enid Blyton (GB)	1942	21 Abenteuer mit Georg(ina), Julius, Richard (Dick), Anne und Timmy dem Hund.
Gullivers Reisen	Jonathan Swift (IRL)	1726	Lilliput (Zwergenland), Brobdingnag (Riesenland), Menschland Laputa, Balnibari.
Hanni & Nanni	Enid Blyton (GB)	1941	Die Zwillinge erleben im Mädcheninternat Lindenhof einige Abenteuer.
Harry Potter	Joanne K. Rowling (GB)	1997	Zauberschule Hogwards: Ron und Hermine, Hagrid, Dumbledore, Lord Voldemort.
Heidi	Johanna Spyri (CH)	1880	Tante Dete, Freundin Klara Sesemann, Fräulein Rottenmeier, Peter und Opa Alpöhi.
Herr der Fliegen	William Golding (GB)	1954	Die Knaben Jack, Ralph, Piggy, Simon u.a. überleben auf einer einsamen Insel.
Jim Knopf und Lukas der Lokomotivführer	Michael Ende (D)	1960	Jim, Lukas (Lokomotivführer) und die Lokomotive Emma auf der Insel Lummerland, Nepomuk (Drache), Frau Haas, Die wilde 13 (Piratengang); Scheinriese Herr Tur Tur.
Kalle Blomquist	Astrid Lindgren (SWE)	1947	Weiße Rose: Kalle Blomquist, Eva-Lotte, Anders; Rote Rose: Sixtus, Jonte, Benka.
Kleine Prinz, Der	A. de Saint-Exupéry (F)	1943	Philosophisches Märchen über die Erlebnisse eines Prinzen auf der Erde.
Michel aus Lönneberga	Astrid Lindgren (SWE)	1963	Michel Svensson, Vater Anton, Mutter Alma, Klein-Ida, Knecht Alfred, Magd Lina.
Moby Dick	Herman Melville (USA)	1851	Ismael, Kapitän Ahab, Starbuck, Stubb, Flask (1.-3. Steuermann), Quiqueg.
Momo	Michael Ende (D)	1973	Meister Hora, Schildkröte Kassiopeia, Straßenkehrer Beppo, Fremdenführer Gigi.
[illegible]	[illegible] (SWE)	[illegible]	Nils reist auf dem Rücken der Hausgans Martin; Wildgans Akka von Kebnekaise, Leitgans

TITEL DES BUCHES	AUTOR	AB	FIGUREN (AUSWAHL)
Oh wie schön ist Panama	Janosch (D)	1978	Bär, Tiger und die gelb-schwarz gestreifte Tigerente (Holzente auf Rädern).
Peter Pan	James M. Barrie (GB)	1906	Kaptain Hook, Bootsmann Smee, Peters Freundin Wendy, Jolly Roger (Boot).
Pinocchio	Carlo Collodi (IT)	1881	Geppetto, der Holzschnitzer, Fee, Grille, Kater und Fuchs, Kerzendocht.
Pippi Langstrumpf	Astrid Lindgren (SWE)	1945	Pippi wohnt mit Pferd „Kleiner Onkel" und Äffchen „Herr Nilson" in der Villa Kunterbunt. Iher Freunde Tommy und Annika, Fräulein Lund (Lehrerin) sowie ihr Vater Ephraim Langstrumpf, der mit Papagei „Rosalinde" im Taka-Taku-Land lebt, kommen sie gerne besuchen.
Pu der Bär	Alan Alex. Milne (GB)	1926	Winnie der Pu, Ferkel (das Schwein), Tigger (der Tiger), Känga (ein Känguruh).
Räuber Hotzenplotz	Otfried Preußler (D)	1962	Kasperl, Seppel, Großmutter, Zauberer Petrosilius Zwackelmann.
Robbi, Tobbi und das ...	Boy Lornsen (D)	1967	Tobbi erfindet das mit Himbeersaft fliegende Fliewatüüt. Roboter Robbi ist der Pilot.
Robinson Crusoe	Daniel Dafoe (GB)	1719	Robinson lebt alleine auf einer Insel, später kommt der Eingeborenen Freitag dazu.
Schatzinsel, Die	Rob. L. Stevenson (GB)	1883	Jim Hawkins, Dr. Livesey, Baron Squire Trelawney, Kapitän Alexander Smollet.
Struwwelpeter	Heinrich Hoffmann (D)	1845	Der böse Friedrich, Paulinchen mit den Zündhölzern, Daumenlutscher Konrad, Suppenkaspar, Zappel-Philipp, Hans-Guck-in-die-Luft, Der fliegende Robert.
Tarzan	Edgar Burroughs (USA)	1929	Freundin Jane (Tochter eines Wissenschaftlers), Sohn Jack, Affe Cheeta.
Tausendundeine Nacht	Antoine Galland (F)	1704	Aladin und die Wunderlampe, Ali Baba und die vierzig Räuber, Sindbad der Seefahrer.
Tintenherz	Cornelia Funke (D)	2003	Teil der Tintenwelt-Trilogie; Buchbinder Mo; dessen Tochter Meggie; Verbrecher Capricorn.
TKKG	Rolf Kalmuczak (D)	1979	Die Jugendbande TKKG steht für Tim (zuvor Tarzan), Karl, Klößchen und Gaby.
Tom Sawyer & Huckleberry Finn	Mark Twain (GB)	1876	Freunde Tom & Huckleberry, Tante Polly, der Schwarze Jim, Freundin Becky, Indianer Joe.
Unendliche Geschichte, Die	Michael Ende (D)	1979	Bastian liest in einem Buch von den Abenteuern Atréjus, der Kaiserin Phantásiens.
Winnetou I-IV	Karl May (D)	1893	Pferd Iltschi, Old Shatterhand, die Freunde Sam Hawkens, Dick Stone und Will Parker.
Wilden Hühner, Die	Cornelia Funke (D)	1993	Charlotte (Sprotte), Frieda, Trudhild (Trude), (schöne) Melanie, Wilma, Fred, Willi.
Zauberer von Oz	Ly. Frank Baum (USA)	1900	Dorothee im Zauberland. An ihrer Seite: Löwe, Vogelscheuche, Blechmann.
Zorro	John McCulley (USA)	1919	Der „Rächer des Volkes" kämpft mit Umhang und Degen für Gerechtigkeit.

ZEICHENTRICK- UND COMIC-SERIEN

TITEL	ERFINDER	SEIT	FIGUREN (AUSWAHL)
101 Dalmatiner	Walt Disney Company (USA)	1961	Hund Lucky, Huhn Spot, Hündin Goliath, dicker Hund Rolly.
Arielle, Meerjungfrau	Walt Disney Company (USA)	1989	Vater König Triton, Ursula, Prinz Eric, Freunde Sebastian und Fabius, Möwe Scuttle.
Asterix und Obelix	René Goscinny/Albert Uderzo	1959	Dorf in Gallien 50 vor Chr.: Druide Miraculix; Häuptling Majestix; Hündchen Idefix.
Batman	Bob Kane & Bill Finger (USA)	1939	Batman alias Bruce Wayne kämpft neben Batgirl & der Reporterin Vicki Vale in Gotham City gegen Feinde wie Joker, Catwoman, Poison Ivy, Prof. Hugo Strange, Clayface u.a.
Benjamin Blümchen	Elfie Donnelly (GB)	1977	Benjamin, der sprechende Elefant, Freund Otto, Zoodirektor Tierlieb, Pfleger Karl.
Bibi Blocksberg	Elfie Donnelly (GB)	1980	Die Hexe Bibi, ihre Eltern Bernhard und Barbara, Oma Grete, Freunde Moni und Florian.
Bolek & Lolek	Władysław Nehrebecki (POL)	1962	Die polnischen Brüder erleben Abenteuer in der ganzen Welt.
Bugs Bunny	Chuck Jones, Tex Avery (USA)	1938	Hase Bugs Bunny, Roadrunner & Willi Kojote, Tweety & Sylvester, Speedy Gonzales.
Calimero	Toni & Nino Pagot (IT)	1963	Das Küken mit der Eierschale auf dem Kopf, Emily & Priscilla entstanden in Japan.
Captain Future	Edmond Hamilton (USA)	1977	Im Jahre 2500 fliegt er mit Prof. Wright, Roboter Grag und Android Otto durchs All.
Clever & Smart	Francisco Ibáñez (E)	1958	Fred Clever, Jeff Smart, Mister L., Dr. Bakterius, Fräulein Ophelia, Fräulein Tussy.
Doctor Snuggles	Jeffrey O'Kelly (GB)	1979	Dennis, der Dachs; Knabber, die Maus; Mathilde Dosenfänger; Frl. Reinlich; Oma Kuschel
Donald Duck	Walt Disney (USA)	1937	Die Neffen Tick, Trick & Track; Verlobte Daisy Duck; Onkel Dagobert Duck; Vetter Gustav Gans; die Panzerknacker; Erfinder Daniel Düsentrieb; Milliardär & Gegenspieler Klaas Klever.
Familie Feuerstein	W. Hanna & J. Barbera (USA)	1959	Fred und Wilma Feuerstein, Barney und Betty Geröllheimer, Dino der Dinosaurier.
Fix und Foxi	Rolf Kauka (D)	1957	Die Füchse Fix und Foxi, Lupo der Wolf, Rabe Knox, Hase Hops, Igel Stops, Oma Eusebia.
Flash Gordon	Alex Raymond (USA)	1934	Dale Arden, Dr. Hans Zarkov, Imperator Ming, Prinzessin Aura, Prinz Barin.
Garfield	Jim Davis (USA)	1978	Der faule und gefräsige Kater ärgert Herrchen Jon, Hund Odie und Katze Arlene.
Inspector Gadget	Andy Heyword, Jean Chalopin, Bruno Bianchi	1983	Der Dorfpolizist Gadget, seine Nichte Sophie und ihr Hund Fino, Gauner Dr. Kralle.
Lucky Luke	Morris De Bévère (BEL)	1946	Pferd Jolly Jumper, Hund Rantanplan, Brüder Joe, William, Jack und Averell Dalton.
Micky Maus	Walt Disney (USA)	1930	Freundin Minnie; Freund Goofy; Daisy; Donald; Hund Pluto und der Jäger Kater Karlo.

ZEICHENTRICK- UND COMIC-SERIEN

TITEL	ERFINDER	SEIT	FIGUREN (AUSWAHL)
Max und Moritz	Wilhelm Busch (D)	1865	Witwe Bolte, Schneider Böck, Lehrer Lämpel, Onkel Fritz, Bauer Mecke.
Nick Knatterton	Manfred Schmitt (D)	1950	Der Meisterdetektiv „kombinierte“ und löste Kriminalfälle; Gegnerin Virginia Peng.
Peanuts, Die	Charles M. Schulz (USA)	1947	Charlie und Sally Brown, Snoopy, Lucy, Linus, Schroeder, Marcie, Vogel Woodstock.
Popeye	Elzie Crisler Segar (USA)	1919	Seemann Popeye liebt Spinat und seine Geliebte Olivia, Riese Bonzo, Freund Wimpy.
Prinz Eisenherz	Hal Foster (CAN)	1937	Prinzessin Aleta, Sir Gawain, König Artus, Merlin der Zauberer, das „singende Schwert“.
Pumuckl	Ellis Kaut (D)	1978	Der rothaarige Kobold Pumuckl, Schreinermeister Eder, Frau Eichinger, Herr Bernbacher.
Road Runner	Chuck Jones (USA)	1952	Mit „Beep Beep“ rast der flugunfähige Vogel (von Kojote gejagt) durch die Welt.
rosarote Panter, Der	Friz Freleng (USA)	1963	Paulchen Panther, Inspektor Clouseau, Gehilfe Dudu, Ameisenbär „Die blaue Elise“.
Rossi, Herr	Bruno Bozzetto (IT)	1960	„Herr Rossi sucht das Glück“ mit Trillerpfeife und dem Hund Gastone.
Sancho & Pancho	Studio DePatie-Freleng (USA)	1969	Der fette Frosch Sancho und der dünne Frosch Pancho, Texas-Grashüpfer, Koch Pedro.
Schlümpfe, Die	P. Culliford alias Peyo (BEL)	1958	100 Schlümpfe u.a. Papa, Opa und Oma Schlumpf, Schlumpfine, Zauberer Gargamel.
Schweinchen Dick	Bob Clampett (USA)	1936	Dick zieht mit Ente Daffy um die Welt und schlüpft dabei in viele verschiedene Rollen.
Simpsons, Die	Matt Groening (USA)	1987	Homer, Marge, Bart, Lisa und Maggie Simpson, Knecht Ruprecht (Hund), Snowball (Katze).
Speedy Gonzales	Robert McKimson (USA)	1953	„Die schnellste Maus von Mexiko“ mit Sombrero wird von Kater Sylvester gejagt.
Spider-Man	Stan Lee/Steve Ditko (USA)	1962	Alias Fotograf Peter Parker, Mary Jane, Grüner Kobold, Kingpin, Sandman, Lizard.
SpongeBob	Stephen Hillenburg (USA)	1998	Schwammkopf Robert, Seestern Patrick, Tintenfisch Thaddel, Krabbe Mr. Krabs.
Superman	Jerry Siegel & Joe Shuster	1938	Alias Journalist Clark Kent aus Metropolis liebt Kollegin Lois Lane und hasst Kryptonit.
Tabaluga	P. Maffay, R. Zuckowski, G. Rottschalk, H. Heine (D)	1983	Der kleine, grüne Drache lebt in Grünland und wehrt sich gegen Arktos dem Schneemann und Herrscher von Eiswelt und Humsin, Herrscher der Wüstenwelt.
Tim und Struppi	Hergé (BEL)	1929	Im Original „Tintin & Milou“; Kapitän Haddock, Professor Bienlein, Schulze & Schultze.
Tom und Jerry	W. Hanna & J. Barbera (USA)	1940	Kater Tom jagt Maus Jerry oder umgekehrt; Bulldoggen Spike und Tyke, Straßenkater Tim.
Wickie (Vicke Viking)	Runer Jonsson (SWE)	1972	Der kleine Wickinger erlebt mit Kapitän Halvar und seiner Mannschaft viele Abenteuer.

KUNSTEPOCHEN UND IHRE AUSWIRKUNGEN AUF DIE KÜNSTE

EPOCHE (ZEITEN)	**HERKUNFT/ ENTSTEHUNG/INHALT**	**KENNZEICHEN IN DER MALEREI** *(VERTRETER)*	**KENNZEICHEN IN DER LITERATUR** *(VERTRETER)*	**KENNZEICHEN IN DER ARCHITEKTUR** *(BAUWERKE)*
Renaissance (1420-1530 in Italien)	aus dem französischen für „Wiedergeburt". Bewusstwerden der Persönlichkeit, Motive sind vorwiegend religiöse Themen.	Anwend. der Zentralperspektive; durch diese „Dreidimensionalität" heben sich die Figuren im Zentrum des Gemäldes stark hervor. *(Raffael, Da Vinci, Michelangelo)*	Antike Literaturformen wie Epos, Satire, Lyrik wurden neu belebt; die Volkssprache wurde dabei entdeckt. *(Dante, Boccaccio)*	Horizontale Flächen, oft mit Säulenhöfen und großen, hallenartigen Sälen; Ausdruck eines gehobenen Stolzes und Machtgefühls. *(Florentiner Dom; St. Petersdom)*
Barock (1600-1750 in ganz Europa)	vom portugiesischen „barucca" Bezeichnung für unregelmäßig geformte Perlen; Wurzeln liegen in Italien. Es entstand der Wunsch nach Einfachheit und Klarheit.	Satte Farben, kräftige Schwere; pathetisch und theatralisch dargestellte Gruppenszenerien. *(Brüder Carracci, Rembrandt, Rubens)*	Kennzeichnend ist der Hang zur Übersteigerung und übertriebener Bildhaftigkeit *(Grimmelshausen mit „Abentheuerl. Simplicissimus Teutsch")*.	Von Parks umgebene Schlösser; lichtdurchflutete Räume, schraubenförmig gedrehte Säulen, pompöse Wandgemälde, Spiegelsäle *(Schloss von Versailles)*.
Rokoko (1700-1750 in Frankreich)	abgeleitet von rocaille (Grotten- und Muschelwerk); ist aus dem Barock hervorgegangen; Kunsthistoriker verwenden auch den Begriff „Spätbarock".	Parklandschaften, ländliche Feste mit vornehm gekleideten Herrschaften; musizierende und tanzende Gestalten. *(J.A. Watteau, Rubens und Tizian)*.	**Aufklärung** (1720-1800): Schriften und Fabeln über bürgerliches Leben zum selbständigen Denken. *(Rousseau, Kant, Leibniz)*	Reichliche Verzierungen und gewundene Linien an Bauten und Räumen; Verzicht auf Symmetrie *(Schloss Solitude, Stuttgart, Schönbrunn, Wien)*.
Klassizismus (1750-1830 in Europa und Nordamerika)	Begründet durch Napoleons Hofmaler J.L. David (1748-1825); Epochen wie Biedermeier, Directoire, Empire und Louis-Seize gehören dazu.	Historienbilder in kühlen Farben; Porträtzeichnungen und Frauenakte mit akribischer Genauigkeit. *(J.L. David und J.A.D. Ingres, A. R. Mengs)*	**Sturm & Drang** (1767-1785): Das Drama als erzieherische und bildende Form; vor allem von jungen Autoren wie *Goethe, Schiller, Klinger.*	Wiederaufleben des griech.-römischen Stils; Gebäude sind kräftig, streng und zurückhaltend. *(Brandenburger Tor; Kapitol in Washington)*.
Romantik (1795-1830 in Frankreich & Deutschland)	Oppositionsbewegung zum Rationalismus. Phantasie und individuelles Naturerlebnis wird zur zentralen künstlerischen Aussage.	Bilder bestechen durch Farbigkeit u. Dramatik; Darin werden Freiheit u. Befreiung dargestellt. Demokratie wird zum Vorbild. *(Delacroix)*	Stimmungen, Gefühle, Erlebnisse in romantischen Dichtungen *(Schlegel, Novalis, Eichendorff, Brentano)*.	Wuchtige, gedrungene Bauten oft auch mit Rundbögen *(Kathedralen in Mainz, Lübeck und Trier)*.
Realismus (1850-1914 in Frankreich)	Begriff entstand durch Bilder von G. Courbets (1819-1877) „Le Realisme", die „Menschen bei der Arbeit" zeigen.	Wahrheitsgetreue Darstellung der Gegenwart durch objektive Abbildung. *(Rousseau, Corot, Millet)*	Dorfgeschichten, Kriminal- und Gesellschaftsromane; *(Dostojewski, Tolstoi, Fontane, Dickens, Ibsen)*.	**Gründerzeit** (1850-1914): riesige mit Glas überdachte Stahlbauten, oft Markthallen oder Bahnhöfe *(Frankfurter Hbf.)*.
Impressionismus (1890-1920 in Frankreich)	Gegenstand wird nicht in seinem objektiven Wesen sondern in der subjektiven Erscheinungsform	Viele Freilichtmaler nutzten hellere Farben und nahmen Linien und Konturen zurück.	**Naturalismus** (1880-1900): Lyrik, Epik und Dramatik in der Wirklichkeit/Natur exakt	**Jugendstil** (1875-1914): schlanke Proportionen oft in asym. Formen *(La Sagrada*

EPOCHE (ZEITEN)	**HERKUNFT/ ENTSTEHUNG/INHALT**	**KENNZEICHEN IN DER MALEREI** *(VERTRETER)*	**KENNZEICHEN IN DER LITERATUR** *(VERTRETER)*	**KENNZEICHEN IN DER ARCHITEKTUR** *(BAUWERKE)*
Expressionismus (1905-1925 in Deutschland)	Von den Malern der „Brücke" (Gründung 1905, Dresden) und „Der blaue Reiter" (1911) aus München. Der Begriff wurde von Kurt Hiller geprägt.	Protest gegen die bürgerliche Ordnung. Freier Umgang mit Farben, Formen und Dynamik bis in die Abstraktion. *(Heckel, Marc, Kirchner, Kandinsky)*	Figuren sind keine Charaktere mehr, sondern nur noch Typen; Visionen, Träume und Mystik werden grotesk beschrieben. *(Heym, Rimbaud)*	Backstein- und Betonbauten, oft mit runden und gezackten Formen *(Einsteinturm, Potsdam; Chilehaus, Hamburg)*
Kubismus (1907-1914 in Frankreich)	Von Picasso und G. Braque begründete Richtung. Zerlegung der Gegenstände in abstrakte Formen.	Motive werden in Kegeln, Kugeln und Quadraten dargestellt. Klare Linien *(G. Braque, Pablo Picasso, Duchamp)*	**Moderne** (1890-1920): man besann sich wieder auf das „Ich", die Individualität und die Subjektivität. *(Hermann Hesse, Rainer Maria Rilke)*	**Bauhaus** (1919-1933): Kunst- und Designschule; sachlich funktionale Architektur. *(Wohnblöcke, Werkshallen)*
Futurismus (1909-1944 in Mailand, Italien)	Gründer: Filippo T. Marinetti um 1909. Zentrales Anliegen war die Abbildung von Bewegung und Simultaneität (Gleichzeitigkeit). Großer Bruch mit Traditionen.	Formen und Farben stürzen zusammen. Dynamik und Ausstrahlung werden wichtig; optimistisch heiter. *(Marinetti, Carlo Carrà, Boccioni, G. Balla)*	**Neue Sachlichkeit** (1918-33): Literatur der Weimarer Republik. Romanform der Beobachtung. *(Berthold Brecht, Erich Kästner, Alfred Döblin)*	Ein von Geschwindigkeit und Dynamismus geprägter Stil.
Dadaismus (1916-1922 in Zürich, Berlin, Paris, NYC)	Im Zürcher „Cabaret Voltaire" von Hugo Ball, Hans Arp, Emmy Hennings, Marcel Janco und Tristan Tzara gegründet.	Absurdes, Banales & Provozierendes wird eingesetzt, um die konventionelle Kunst und Gesellschaft zu hinterfragen. *(Dix, Grosz, Man Ray, Duchamp)*	Radikale, destruktive und ablehnende Haltung gegenüber Krieg und Bürgerlichkeit; Collagen und das Lautgedicht. *(Huelsenbeck, Franz Jung)*	**Art Deco** (1920-1939): geometrischer Stil mit Schmuck ohne Funktion. *(Chrysler Building, NYC)*
Surrealismus (1924-1945 in Paris/NYC)	Von Breton geprägter Begriff; Entstand aus dem Dadaismus quasi als „Gegenwelt zur Wirklichkeit"; Ausschaltung der Logik und Vertauschung normaler Dimensionen.	Aufdeckung von Träumen und des Unterbewusstseins. *(Ernst, Dalí, Picasso, Magritte, Miró, Cocteau)*	Beeinflusst von der Psychoanalyse ist der Traum handlungsauslösend und beschreibt die seelische Verfassung der Personen. *(Breton; Freud)*	Drehungen und Krümmungen werden durch den Eisenbetonbau möglich. *(Schloss von Edward James in Xilitla)*
Postmoderne (1957-1980)	Gegenbewegung zur sterilen und totalitären Form der Moderne. Vorhandene Ideen werden neu interpretiert.	**Neuer Realismus** ab 1960: reale Gegenstände; auf eine maltechnische Umsetzung wird verzichtet. Installationen. *(D. Asmus, P. Nagel, D. Ullrich)*	Spielerischer Umgang mit Formen; Überwindung der Moderne durch extremen Pluralismus. Unchronologische Erzählweise *(Auster, Eco, M. Ende, Süskind)*	Reaktion auf Phantasielosigkeit; viele Gestaltungselemente. *(Neue Pinakothek, München)*

BERÜHMTE MALER UND IHRE HAUPTWERKE (A-DA)

MALER	**LEB-ZEITEN**	**EPOCHE**	**AUSWAHL DER WERKE** (SCHAFFENSZEIT)
Arp, Hans (D/F)	1886-1966	Dadaismus	Kopf (1929); Im Walde auszusetzen (1932); Bewegtes Tanzgeschmeide (1960-1966)
Avercamp, Hendr. (NL)	1585-1634	Barock	bekannt für seine Winterlandschaften; Dunkle Burg (1605-10); Links eine Kirche (1608)
Bacon, Francis (IRL)	1909-1992	Kubismus	Drei Studien zu Figuren einer Kreuzigung (1944); Pope I. (1951); Der Kardinal (1955)
Beckmann, Max (D)	1884-1950	Expressionismus	Die Nacht (1918); Gestürzte Kerze (1930); Abfahrt-Triptychon (1932/1933); Reise auf dem Fisch (1934); Kabarettistinnen (1943); Selbstporträt in Olivgrün und Braun (1945)
Bellini, Giovanni (IT)	1430-1516	Renaissance	Christus im Garten Gethsemane (1465); Pietà (1470); Madonna auf der Wiese (1501)
Böcklin, Arnold (CH)	1827-1901	Symbolismus	Pan im Schilf (1859); Spiel der Wellen (1883); Die Toteninsel (1880-1886); Heiliger Hain (1886)
Bosch, Hieronymus (NL)	1450-1516	Gotik/ Renaissance	Das jüngste Gericht (1476); Das Narrenschiff (1485); Tod eines Geizhalses (1488); Der Heuwagen (1498); Triptychon: Die Versuchung des Hl. Antonius (um 1495); Der Gaukler (1496)
Botticelli, Sandro (IT)	1445-1510	Gotik/ Renaissance	Der Frühling/La Primavera (1478); Die Anbetung der Könige (1481); Venus und Mars (1483); Die Geburt der Venus (1486); Beweinung Christi (1490); Die Verleumdung des Apelles (1495)
Braque, Georges (F)	1882-1963	Kubismus/ Fauvismus	Hafen in Antwerpen (1906); Straße bei L´Estaque (1908); Kerzenständer und Spielkarten auf einem Tisch (1910); Mann mit Gitarre (1914); Stilleben: Der Tag (1929); Atelier II. (1949)
Bruegel, P. der Ält. (NL)	1525-1569	Renaissance	Kinderspiele (1560); Großer Turmbau zu Babel (1563); Schlaraffenland (1567); Bauernhochzeit (68)
Caravaggio (IT)	1571-1610	Barock	Bacchus (1595); Medusa (1599); Christus in Emmaus (1601); Grablegung Christi (1603)
Carrà, Carlo (IT)	1881-1966	Futurismus	Apokalyptische Reiter (1908); Interventionistische Demonstration (1914); Die Kutsche (1916)
Cézanne, Paul (F)	1839-1906	Spätimpressionismus	Das Haus von Dr. Gachet (1873); Blick auf Auvers (1874); Mont Sainte Victoire (1885-1887); Stilleben mit Korb (1890); Kartenspieler (1890-1892); Schädelpyramide (1901); Die großen Badenden (1905)
Chagall, Marc (RUS/F)	1887-1985	Kubismus/ Expressionismus	Der Geiger (1911); Selbstporträt mit sieben Fingern (1913); Paris durch das Fenster gesehen (1913); Der Engelsturz (1923-1947); Der Spaziergang (1925); Die Akrobatin (1930); Der Jongleur (1943)
Constable, John (GB)	1776-1837	Romantik	Das Tal von Dedham (1802); Weymouth Bay bei Sturm (1819); Der Heuwagen (1821)
Courbet, Gustave (F)	1819-1877	Realismus	Das Atelier des Künstlers (1855); Der Schlaf (1866); Der Ursprung der Welt (1866); Die Forelle (1871)
Cranach, Lucas der Ältere (D)	1472-1553	Renaissance	Martin Luther (1525); Drei Grazien (1530); Judith mit dem Haupt des Holofernes (um 1530); Quellennymphe am Brunnen (1534); Venus mit Cupido (Holzschnitt um 1540)
David, Jacques Louis (F)	1748-1825	Klassizismus	Der Schwur der Horatier (1784); Sabinerinnen (1799); Napoleon überquert die Alpen (1802)

MALER	LEB-ZEITEN	EPOCHE	AUSWAHL DER WERKE (SCHAFFENSZEIT)
Da Vinci, Leonardo (IT)	1452-1519	Renaissance	Ginevra de' Benci (1474-1478); Zwei Reiter (1481); Die Dame mit dem Hermelin (1483); Da letzte Abendmahl (1495-1497); Mona Lisa (1503-1506); Madonna in der Felsengrotte (1508)
Dali, Salvador (E)	1904-1989	Surrealismus/ Futurismus	Die Beständigkeit der Erinnerung (1931); Goldenes Zeitalter (1931); Weiche Konstruktion mit gekochten Bohnen (1936); Die brennende Giraffe (1936); Der erhabene Augenblick (1938)
Degas, Edgar (F)	1834-1917	Impressionismus	Die Büglerin (1869); Musiker im Orchester (1870/1871); Tanzklasse (1874); Tanzstunde (1879); Die Primaballerina (1879); Der Waschzuber (1836); Frau, sich abtrocknend (1890-1895)
Delacroix, Eugène (F)	1798-1863	Romantik	Die Freiheit führt das Volk (1830); Die Frauen von Algier (1834); Tigerjagd (1854)
Delaunay, Robert (F)	1885-1969	Avantgard	Portrait des Jean Metzinger (1906); Simultane Fenster (1912); Serie Rythmes (1930-1935)
Dix, Otto (D)	1891-1969	Neue Sachlichkeit	Bildnis der Eltern (1921); Der Krieg (1929-1932); Die sieben Todsünden (1933)
Dürer, Albrecht (D)	1471-1528	Spätgotik/ Renaissance	Vier apokalyptische Reiter (1498); Selbstbildnis im Pelzrock (1500); Der Feldhase (1502); Das große Rasenstück (1503); Rosenkranzfest (1506); Adam und Eva (1507); Jakob Fugger (1519)
Duchamp, Marcel (F)	1887-1968	Dadaismus/Surr.	Akt die Treppe herabsteigend (1912); Als Objekt schuf er u.a. "Fountain", ein liegendes Urinal.
El Greco (E)	1541-1614	Renaissance	Verkündigung (1570-1576); Auferstehung Christi (1584-1594); Entkleidung Christi (1608)
Ernst, Max (D)	1891-1976	Surrealismus/ Dadaismus	Der Elefant von Celebes (1921); Ödipus Rex (1922); Der große Wald (1927); Die ganze Stadt (1935-1936); Die Entkleidung der Braut (1940); Der Mond ist guter Dinge (1970)
Escher, Maurits C. (NL)	1898-1972	Surrealismus	Meister der optischen Täuschung; Drawing Hands (1948); Belvedere (1958); Moebiusband II (1963)
Friedrich, Caspar David (D)	1774-1840	Romantik	Mönch am Meer (1809); Winterlandschaft (um 1811); Wanderer über dem Nebelmeer (1817); Kreidefelsen auf Rügen (1818); Das Eismeer (1824); Die Lebensstufen (um 1834)
Gauguin, Paul (F)	1848-1903	Spätimpressio-nismus	Felsen am Meeresufer (1886); Landschaft bei Pont-Aven (1888); Heuernte (1889); Frauen auf Tahiti (1891); Die Mahlzeit (1891); Der Markt (1892); Otahi (1893); Contes barbares (1902)
Géricault, Théo. (F)	1791-1824	Romantik	Husarenoffizier (1814); Das Floß der Medusa (1819); Spielsüchtige Frau (1822)
Giotto di Bondone (IT)	1267-1337	Gotik	Stigmatisierung des Hl. Franziskus (um 1300); Beweinung Christi (1305); Abendmahl (1306)
Gogh, Vincent Van (NL)	1853-1890	Spätimpressio-nismus	Die Kartoffelesser (1885); Sonnenblumen (1888); Nachtcafé (1888); Der Briefträger (1889); Sternennacht mit Zypressen (1889); Selbstbildnis ohne Bart (1889); Dr. Gachet (1890)
Goya, Francisco de (E)	1746-1828	Romantik/ Rokoko	Die nackte Maja (1800); Die bekleidete Maja (1803); Die Erschießung der Aufständischen (1814); Mädchen mit Sonnenschirm (1818); Saturn frisst seine Kinder (1820-1823)

BERÜHMTE MALER UND IHRE HAUPTWERKE (GR-KL)

MALER	**LEB-ZEITEN**	**EPOCHE**	**AUSWAHL DER WERKE** (SCHAFFENSZEIT)
Grosz, George (D/USA)	1893-1959	Neue Sachlichkeit	Metropolis (1917); Schönheit, dich will ich preisen (1918); Stützen der Gesellschaft (1926)
Grünewald, Matth. (D)	1480-1528	Gotik/Renaissance	Heller Altar (1511); Isenheimer Altar (1512-1515); Die Hl. Erasmus und Mauritius (1520-1524)
Hals, Frans (NL)	1581-1640	Barock/Portrait	Bedeutendender Porträtmaler; mind. 222 Porträts, darunter: Das Festmahl der Offiziere (1616); Rommelpotspieler (1618-22); Zigeunerin (1629); Malle Balle (1633-35); René Descartes (1649)
Haring, Keith (USA)	1958-1990	Pop-Art	Graffiti-Künstler; Big Bad Wolf (1984); Andy Mouse (1985); Girl with Cigarette (1988)
Heckel, Erich (D)	1883-1970	Expressionismus	Mitglied: „Brücke"; Mann und Mädchen (1909); Der schlafende Pechstein (1910)
Hogarth, William (GB)	1697-1764	Rokoko	Die Orgie (1734); Die Familie Strode (1738); Das Krabbenmädchen (1745)
Hokusai, Katsus. (JAP)	1760-1849	Farbholzschnitte	Berühmter Ukiyo-e-Maler; Große Welle von Kanagawa (1830); Ozeane der Weisheit (1832-1834)
Holbein der Jüngere, Hans (D)	1497-1543	Renaissance	Erasmus von Rotterdam (1523); Dame mit Eichhörnchen und Star (1526-1528); Thomas Morus (1527); Bildnis der Familie Holbein (1528); Der Kaufmann George Gisze (1532); Heinrich VIII. (1537)
Hopper, Edward (USA)	1882-1967	Realismus/ Surrealismus	Chop Suey (1929); Früh am Sonntagmorgen (1930); Hotelzimmer (1931); Nachtschwärmer (1941); Sonnenschein im zweiten Stock (1960); Frau in der Sonne (1961)
Hundertwasser, Friedensreich (AUT)	1928-2000	Abstrakte Kunst	Die Sonnenblumen und die Stadt (1949); 666 Good Morning City (1969/1970); Die Dogen (1982); Wohnen unterm Regenturm (1994)
Immendorff, Jörg (D)	1945-2007	Moderne	Café Deutschland (1977-83; 16 Bilder); Selbstbildnis mit Kartoffeln (1991); Söhne der Sonne (97)
Jawlensky, Alex. (D)	1865-1941	Expression.	Mitglied: „Blauer Reiter"; Die weiße Feder (1909); Bildnis des Tänzers Alexander Sacharoff (1909)
Kahlo, Frida (MEX)	1907-1954	Surrealismus	Selbstbildnis mit Affe (1938); Selbstmord der Dorothy Hale (1939); Die zwei Fridas (1939)
Kandinsky, Wassily (RUS/D)	1866-1944	Expressionismus	Mitglied: „Blauer Reiter"; Reitendes Paar (1906/1907); Murnau mit Kirche I (1910); Improvisationen 9 (1910); Kompositionen VII. (1913); Einige Kreise (1926); Akzent in Rosa (1926)
Kirchner, Ernst Ludwig (D)	1880-1938	Expressionismus	Mitglied: „Brücke"; Der rote Turm von Halle (1911); Zirkusreiterin (1912); Variété (1912/1913); Fünf Frauen auf der Straße (1913); Straßenszene in Berlin (1913); Zwei Brüder M. (1921)
Klee, Paul (D)	1879-1940	Expressionismus/ Bauhaus	Mitglied: „Blauer Reiter"; Rote und weiße Kuppeln (1914); Baumlandschaft (1920); Der Goldfisch (1926); Die Sonne streift die Ebene (1929); Der Graue und die Küste (1938); Waldhexen (1938)
Klein, Yves (F)	1928-1962	Abstrakte Kunst	IKB 79 (1959); Blaues Schwammrelief (1960); Monochromes Blau (1961)
Klimt, Gustav (AUT)	[illegible]	[illegible]	[illegible]

MALER	LEB-ZEITEN	EPOCHE	AUSWAHL DER WERKE (SCHAFFENSZEIT)
Lichtenstein, Roy (US)	1923-1997	Pop-Art	Girl with a ball (1961); Whaaam! (1963); Hopeless (1963); Anxious Girl (1964)
Liebermann, Max (D)	1847-1935	Realismus/ Impressionismus	Gänserupferinnen (1872); Kartoffelernte (1875); Schusterwerkstatt (1881); Münchner Biergarten (1884); Netzflickerinnen (1889); Badende Knaben (1889); Papageienallee (1902)
Macke, August (D)	1887-1914	Expressionismus	Mitglied: „Blauer Reiter"; Indianer (1911); Zoologischer Garten I. (1912); Modefenster (1913); Promenade (1913); Badende (1913); Dame in grüner Jacke (1913); Rotes Haus im Park (1914)
Magritte, René (F)	1898-1967	Surrealismus	Der bedrohte Mörder (1926); Die leere Maske (1928); Der Verrat der Bilder (1929); Die Beschaffenheit des Menschen (1933); Die Ernte (1943); Das Spukschloss (1950); Golconda (1953)
Manet, Edouard (F)	1832-1883	Impressionismus	Der Absinthtrinker (1859); Frühstück im Grünen (1863); Olympia (1863); Der Balkon (1868); Das Frühstück im Atelier (1868); Die Eisenbahn (1873); Bar in den Folies-Bergère (1882)
Münter, Gabriele (D)	1877-1962	Expressionismus	„Blauer Reiter"; Jawlensky und Werefkin (1909); Das Russenhaus (1931)
Marc, Franz (D)	1880-1916	Expressionismus	Mitglied: „Blauer Reiter"; Das blaue Pferd I. (1911); Die gelbe Kuh (1911); Rote Rehe (1912); Schafe (1912); Der Tiger I. (1912); Füchse (1913); Der Turm der blauen Pferde (1913)
Matisse, Henri (F)	1869-1954	Impressionismus Fauvismus	Frau mit Hut (1905); Die Lebensfreude (1905); Der Tanz (1909); Selbstporträt (1918); Die Teestunde (1919); Großer liegender Akt (1935); Stilleben mit Granatäpfeln (1947); Blauer Akt (1952)
Michelangelo (IT)	1475-1564	Renaissance	Die Marmorskulpturen Pietà (1499) und David (1501-1504); Deckenfresko der Sixtinischen Kapelle u.a. mit „Die Erschaffung des Adams" (1508-1512) und „Das Jüngste Gericht" (1536-1541)
Millet, Jean-Francois (F)	1814-1875	Realismus	Die Ährenleserinnen (1857); Angelusläuten (1857-1859); Der Frühling (1868-1873)
Miró, Joan (F)	1893-1983	Kubismus/ Surrealismus	Der Bauernhof (1921-1922); Karneval der Harlekine (1924/1925); Die Rechnung (1925); Schwalbe/Liebe (1934); Stürmische Personen (1949); Frau und Vogel im Mondschein (1949)
Modersohn-Becker, Paula (D)	1876-1907	Expressionismus	Elsbeth im Garten (1902); Kind auf rotgewürfeltem Kissen (1904);Stilleben mit Kürbis (1905); Armenhäuslerin (1906); Kinderakt mit Goldfischglas (1907); Die alte Bäuerin (1907)
Modigliani, Amedeo (IT)	1884-1920	Kubismus	Die Jüdin (1908); Der Cellist (1909); Weiblicher Akt (1917); Liegender Akt auf weißem Kissen (1917); Chaim Soutine (1917); Bildnis Jeanne Hébuterne (1919); Bildnis Lunia Czechowska (1919)
Mondrian, Piet (NL)	1872-1944	Abstrakte Kunst	Komposition in Rot, Blau, Schwarz, Gelb und Grau (1921); Tableau Nr. IV. (1924); Komposition I. (1925); Broadway Boogie Woogie (1942-1943)
Monet, Claude (F)	1840-1926	Impressionismus	Frühstück im Freien (1865/1866); Strand von Trouville (1870); Impression: Sonnenaufgang (1872); Sonnenblumenstrauß (1880); Seerosenteich (1899); Das Parlament von London (1902)

BERÜHMTE MALER UND IHRE HAUPTWERKE (MU-RU)

Weitere Maler auf Taschenhirn.de

MALER	LEB-ZEITEN	EPOCHE	AUSWAHL DER WERKE (SCHAFFENSZEIT)
Mueller, Otto (D)	1874-1930	Expressionismus	Mitgl.: „Brücke"; Liebespaar (1919); Badende Mädchen (1921); Zwei Mädchen im Schilf (1926)
Munch, Edvard (NOR)	1863-1944	Expressionismus	Sterbezimmer (1892-1895); Der Schrei (1892-1895); Sternennacht (1893); Lebensfries (1902)
Newman, Barnett (USA)	1905-1970	Abstrakte Kunst	Dionysius (1949); Vir Heroicus Sublimes (1950/1951); Who's afraid of Red, Yellow & Blue? (1967)
Nolde, Emil (D)	1867-1956	Expressionismus	Mitglied:„Brücke"; Rote Blumen (1906); Am Weintisch (1911); Feriengäste (1911); Tänzerinnen (1920); Herbstwolken (1929); Serie: „ungemalte Bilder" (1938-1945); Bewegtes Meer (1948)
Pechstein, Max (D)	1881-1955	Expressionismus	Mitglied: „Brücke"; Flusslandschaft (1907); Sitzendes Mädchen (1910); Drei Akte in Landschaft (1911); Der Sohn des Künstlers auf dem Sofa (1917); Palau-Triptychon (1917); Morgensonne (1929)
Picasso, Pablo (E)	1881-1973	Kubismus/ Surrealismus	„Blaue Periode" (1900-1904); „Rosa Periode" (1904-1907); Jüngling mit Pfeife (1905); Les Demoiselles d'Avignon (1907); Ma jolie (1911/1912); Die Violine (1912); Drei Musikanten (1921); Die Liebenden (1923); Weinende Frau (1937); Guernica (1937); Las Meninas (1957)
Pollock, Jackson (USA)	1912-1956	Abstrakte Kunst	The Moon-Woman Cuts the Circle (1943); Nummer 6 (1948); Nummer 32 (1950)
Raffael (IT)	1483-1520	Renaissance	Die drei Grazien (1502/1503); Die Schule von Athen (1509-1515); Triumph der Galatea (1512); Sixtinische Madonna (1514); Porträt Baldassare Castiglione (1515); Papst Leo X. (1519)
Rembrandt (NL)	1606-1669	Barock	Die Anatomie des Dr. Tulp (1632); Saskia (1634); Blendung Simons (1636); Die Nachtwache (1642); Der Mann mit dem Goldhelm (1650); Der Segen Jakobs (1656)
Renoir, Pierre-Auguste (F)	1841-1919	Impressionismus	Lise mit dem Sonnenschirm (1868); Le Moulin de la Galette (1876); Die Schaukel (1877); Le Déjeuner (1879); Frühstück der Ruderer (1881); Madame Heriot (1882); Die Badenden (1919)
Richter, Gerhard (D)	1932	Moderne Malerei, Pop Art; Neo-Dada	Mouth (1963); Christa und Wolfi (1964); Der Kongress (1965); Zwei Liebespaare (1966); Domplatz, Mailand (1968); Townscape Madrid (1968); Kerze (1983); Abstraktes Bild (1986); Reading (1994); Wall (1994); Zyklus Birkenau (2014). Außerdem: „Richter-Fenster" im Kölner Dom.
Roslin, Alexander (SWE)	1718-1792	Rokoko	Dame mit Schleier: Marie Suzanne Roslin (1768); König Gustav im Krönungsornat (1777)
Rothko, Mark (USA)	1903-1970	Abstrakte Kunst	Untitled, 1949 (1949); Red and Orange (1955); Nr. 35 Black Stripe (1958); Orange Brown (1963)
Rousseau, Henri (F)	1844-1910	Naive Malerei	Die Artilleristen (1895); Schlafende Zigeunerin (1897); Die Ballspieler (1908); Der Traum (1910)
Rubens, Peter Paul (BEL)	1577-1640	Barock	Der Sündenfall (um 1600); Der Sturz des Phaeton (1605); Samson & Delila (1609); Nilpferdjagd (1616); Raub der Töchter des Leukippos (1617); Bildnis seines Sohnes Nikolas (1619); Das Urteil des Paris (1632-1635); Das Pelzchen (1635-1640); Bacchus (1638)

MALER	LEB-ZEITEN	EPOCHE	AUSWAHL DER WERKE (SCHAFFENSZEIT)
Schad, Christian (D)	1894-1982	Neue Sachlichkeit	Selbstporträt mit Modell (1927); Lotte (1928); Maika (1929); Die Operation (1929); Bettina (1942)
Schiele, Egon (AUT)	1890-1918	Expressionismus/ Wiener Moderne	Weiblicher Akt (1910); Das schwarzhaarige Mädchen mit hoch geschlagenem Rock (1911); Mutter und Tod (1911); Agonie (1912); Selbstbildnis (1914); Umarmung (1917); Donna Seduta (1917)
Schmidt-Rottluff, Karl (D)	1884-1976	Expressioninismus	Mitglied: „Brücke"; Deichdurchbruch (1910); Roter Turm im Park (1910); Bildnis Rosa Schapire (1911); Vier Badende am Strand (1913); Flussdampfer (1921); Stilleben mit Holzplastik (1949)
Spitzweg, Carl (D)	1808-1885	Romantik	Der arme Poet (1839); Der Bücherwurm (um 1850); Der abgefangene Liebesbrief (1860)
Tiepolo, Giovanni (IT)	1696-1770	Renaissance	Apoll führt Beatrix dem Kaiser Barbarossa als Braut zu (1751); Hochzeitallegorie (1758)
Tizian (IT)	1477-1576	Renaissance	Himmelfahrt Mariä (1516-1518); Bacchus und Ariadne (1520-1523); Venus von Urbino (1538); Danae (1545); Venus und Adonis (1553); Diana und Aktäon (1559); Dornenkrönung (1570-1576)
Toulouse-Lautrec, Henri de (F)	1864-1901	Impressionismus/ Jugendstil	Jagdwagen (1880); Heléne Vary (1888); Frau beim Frisieren (1891); Moulin Rouge: La Goulue (1891); Quadrille im Moulin Rouge (1892); Divan Japonais (1892); Rue de Moulins (1894)
Turner, J. M. William (GB)	1775-1851	Romantik/ Impressionimus	Die Lawine (1810); Rivers of France (1833-1835); Brand des Parlamentsgebäudes in London (1834); Das Kriegsschiff Téméraire (1839); Norham Castle bei Sonnenaufgang (1845)
Warhol, Andy (USA)	1928-1987	Pop-Art	Campbell's Soup Can (1962); Twenty Marilyns (1962); Mao (1973); Maja (1980); Lenin (1986)
van Eyck, Jan (NL)	1390-1441	Naturalismus	Madonna in der Kirche (1425-1430); Genter Altar (1432); Mann mit Turban (1433)
Velázquez, Diego (E)	1599-1660	Barock	Wasserverkäufer in Sevilla (1620); Christus am Kreuz (1632); Venus mit dem Spiegel (1650); Las Meninas (1656); Die Spinnerinnen (1659); Der Infant Philipp Prosper (1659)
Vermeer, Jan (NL)	1632-1675	Barock	Das schlafende Mädchen (1656); Küchenmagd (1658); Das Milchmädchen (1660); Mädchen mit der Perle (1661); Die Malkunst (1665); Der Astronom (1668); Die Spitzenklöpplerin (1669/1670)
Vettriano, Jack (GB)	1951	Postmodern	The singing Butler (1992); The Billy Boys (1994); Dance for money (1996); Valentine Rose (1997); The Letter (2000); The Drifter (200[illegible]); His favourite girl (2006); Couple X (2008)
Watteau, Jean-Antoine (F)	1684-1721	Rokoko	Die Einschiffung nach Kythera (1710); Der Fauxpas (1717); Mezzetin (1718-1720); Italienische Komödianten (1720); Das Ladenschild des Kunsthändlers Gersaint (1721)
Werefkin, Marianne von (RUS)	1860-1938	Expressionismus	Gründerin des „rosafarbenen Salon" in München: Herbst (1907); Der Tänzer Sacharoff (1909); Schindelfabrik (1910); Schlittschuhläufer (1911); La Bise (1917); La Famiglia (192[illegible])
Zille, Heinrich (D)	1858-1929	Illustration	Berliner Hinterhof-Maler; Kinder der Straße (1908); Mein Milljöh (1913); Hurengespräche (1913)

BERÜHMTE BILDHAUER UND IHRE HAUPTWERKE

Weitere Bildhauer auf Taschenhirn.de

BILDHAUER	**LEB-ZEITEN**	**EPOCHE**	**AUSWAHL DER WERKE** (SCHAFFENSZEIT)
Bartholdi, Fréd-A., FRA	1834-1904	Gründerzeit	La-Fayette-Statue (1876, NYC); Freiheitsstatue (1886, NYC); Straßburger Denkmal (Basel)
Bernini, Gian Lorenz, IT	1598-1680	Barock	Apoll & Daphne (1622-25); David (1623); Constanza Bonarelli (1635); Cornaro-Kapelle (1645-1652)
Beuys, Joseph, D	1921-1986	Abstrakt	Badewanne (1960); Schneefall (1965); Das Rudel (1969); Fettecke (1982); Capri-Batterie (1985)
Boccioni, Umberto, IT	1882-1916	Futurismus	Die Straße dringt ins Haus (1911); Entwicklung einer Flasche im Raum (1912); Einmalige Formen in der Kontinuität des Raumes (1913); Dynamismus eines Fahrrades (1913)
Brâncusi, Constantin, RUM/F	1876-1957	Expressionismus Abstrakt	Der Kuss (1909); Maiastra (1912); Mademoiselle Pogány (1913-1930); Vogel im Raum (1923); Der Hahn (1924); Der Fisch (1930); Unendliche Säule (1938); Tor des Kusses (1938)
Canova, Antonio, IT	1757-1822	Klassizismus	Dädalus und Ikarus (1779); Theseus mit dem Minotauros (1782); Amor und Psyche (1797); Paolina Bonaparte Borgheses als siegreiche Venus (1808)
Donatello, IT	1386-1466	Renaissance	Hl. Markus (1411); Hl. Georg (1415); David (1435-1453); Gattamelata (1445-1450)
Epstein, Jacob GB/USA	1880-1958	Kubismus	Grabmal für Oscar Wilde (1912); Geburt (1913/1914); Der Hl. Michael besiegt den Teufel (1958)
Hepworth, Barbara, GB	1903-1975	Surrealismus	Tauben (1928); Zwei Formen (1933); Involute 1 (1946); Minoischer Kopf (1972)
Houdon, Jean-Ant., F	1741-1828	Klassizismus	Hl. Bruno (1767); Voltaire (1781); George Washington (1788); Diana, die Jägerin (1790)
Kollwitz, Käthe, D	1867-1945	Expressionismus	Trauerndes Elternpaar (1932); Mutter mit totem Sohn alias Pietà (1937, Berliner Neuen Wache)
Lehmbruck, Wilh., D	1881-1919	Expressionismus	Die Kniende (1911); Emporsteigender Jüngling (1913/1914); Der Gestürzte (1916)
Michelangelo, IT	1475-1564	Renaissance	Trunkener Bacchus (1494, Florenz); Pietà (1499, Petersdom, Rom); David (1501-1504, Florenz); Moses (San Pietro); Apollo (1530, Florenz); Der Sieger (1534, Florenz)
Moore, Henry, GB	1898-1986	Surrealismus	Liegende Figur LH 175 (1936); Der Krieger (1953/1954); UNESCO Liegende Figur (1957); Große sitzende Gewandfigur (1957/1958); Der Bogenschütze (1966); Sheep Piece (1971/1972)
Nadelman, Elie, POL	1882-1946	Surrealismus	Stehender weiblicher Akt (1909); Tänzer (1918/1919); Tango (1918-1924); Hostess (1919-1923)
Rodin, Auguste, FRA	1840-1917	Impressionismus	Der Denker (1880/1881); Das Höllentor (1880-1917); Die Bürger von Calais (1884-1889); Faun und Nymphe (1885/1886); Der Kuss (1888/1889); Die Bürger von Calais (1889); Balzac (1898)
Serra, Richard, USA	1939	Abstrakt	Viewpoint (Dillingen, 2006); Bramme (Essen, 1998); Promenade (Grand Palais, Paris, 2008)

ARCHITEKT (HERKUNFT)	**LEB-ZEITEN**	**AUSWAHL DER WERKE** (BAUZEIT, STANDORT)
Behnisch, Günther (D)	1922-2010	Olympiastadion (1967-1972, München); Deutscher Bundestag (1992-1993, Bonn); Akademie der Künste (1993-2005, Berlin); Deutsches Postmuseum (1984-1990, Frankfurt/Main)
Behrens, Peter (D)	1868-1940	Mannesmann-Haus (1911-1912, Düsseldorf); Alexander- und Berolinahaus (1929-1932, Berlin); Bahnhöfe der U-Bahn-Linie 8 (1929, Berlin); Technisches Verwaltungsgebäude der Hoechst AG (1920-1924, Frankfurt/Main)
Böhm, Gottfried (D)	1920	Hans Otto Theater (1997-2006, Potsdam); Stadtbibliothek (1998-2004, Ulm); WDR Arkaden (1991-1998, Köln)
Childs, David (USA)	1941	Time Warner Center (2000-2004, NYC); Hotel Four Seasons (Washington); 1 World Trade Center (im Bau 2006-2012)
Eiffel, Gustave (F)	1832-1923	Ponte Maria Pia (1875-1877, Ponto in Portugal); Westbahnhof in Budapest (1875); Garbit-Viadukt (1881-1884, Loubarresse in Frankreich); Sockel der Freiheitsstatue (1886); Eiffelturm in Paris (1887-1889)
Foster, Norman (GB)	1935	Commerzbank Tower (1994-1997, Frankfurt); Kuppel des Reichtags (1999); Viadukt von Millau (Längste Schrägseilbrücke der Welt, 2001-04); City Hall (2002, London); „Gherkin" (2004, London); T3/Flughafen Peking (2008)
Gaudí, Antoni (E)	1852-1926	La Sagrada Familia (1882-heute); Casa Vicens (1883-1885); Casa Calvet (1898-1904); Bischofspalast (1889-1893, Astorga, Spanien); Park Güell (1900-1914); Casa Batlló (1904-1906); Casa Milà (1906-1910) - alle in Barcelona.
Gehry, Frank (CAN/USA)	1929	Walt Disney Concert Hall (1989-2004, L.A.); Guggenheim Museum (1991-1997, Bilbao); Tanzendes Haus (1996, Prag); Zollhof (1997-99, Düsseldorf); DZ Bank (2001, Berlin); Gehry-Tower (2001, Hannover); 8 Spruce-Street (2006-2011, NYC); New World Center (2008-2011, Miami Beach); Bahnhof Sagrera (2008-2012, Barcelona)
Gropius, Walter (D)	1883-1969	Stadttheater Jena (1922); Bauhaus (1926, Dessau); Siemensstadt (1930, Berlin), Universität Bagdad (1957); Pan-Am-Gebäude (1957-59, heute: MetLife in NYC) Gropiusstadt (1962-75, Berlin); Glaskathedrale (1968 Amberg)
Hadid, Zaha (GB/Irak)	1950-2016	Bergiselschanze (2003) und Hungerburgbahn (2005-2008) - beide in Innsbruck; BMW Zentralgebäude (2004, Leipzig); phæno (2005, Wolfsburg); MAXXI Art-Museum (2010 Rom); Aquatics Center (2012, London)
Hundertwasser (AUT)	1928-2000	Hundertwasserhaus in Wien (1983-1985); Kindertagesstätte in Frankfurt (1989-95); Bahnhof Uelzen (1999-2001)
Ito, Toyo (KOR/JAP)	1941	Tower of Winds (1986, Yokohama); Serpentine Pavilion (2002, London); Vivo City (2006, Singapur)
Jahn, Helmut (D/USA)	1940	City Spire Center (1985-87, NYC); Messeturm (1988-1991, Frankfurt); Highlight Towers (2002-2004, München); Sony Center mit Bahn-Tower (1995-2000, Berlin); Münchner Flughafen Center (1999); Köln Triangle (2004)
Johnson, Philip (USA)	1906-2005	AT&T-Gebäude (1980-1984, NYC); Lipstick Building (1983-1986, NYC); Transco Tower (1984, Houston)
Koolhaas, Rem (NL)	1944	Kunsthalle Rotterdam (1993); Zollverein (2002, Essen); Bibliothek (2004, Seattle); Casa da Música (2005, Porto)
Le Corbusier (FRA/CH)	1887-1965	Notre-Dame-du-Haut (1951-1955, Ronchamp); Unité d'habitation (1958, Berlin); Centre Le Corbusier (1963-67, Zürich)

ZEITGENÖSSISCHE ARCHITEKTEN UND IHRE HAUPTWERKE (LI-Z)

Weitere Architekten auf Taschenhirn.de

ARCHITEKT (HERKUNFT)	**LEB-ZEITEN**	**AUSWAHL DER WERKE** (BAUZEIT, STANDORT)
Libeskind, Daniel (POL/USA)	1946	Jüdisches Museum in Berlin (1999); Felix-Nussbaum-Haus (1998, Osnabrück); Imperial War Museum (2001, Manchester); Jüdisches Museum in San Francisco (2008); Kö-Bogen (in Bau bis 2014, Düsseldorf); Zlota 44 (2007-2012, Warschau); Reflections „Keppel Bay" (2008-2011, Singapur)
Meier, Richard (USA)	1934	Atheneum (1975-1979, New Harmony, USA); Museum für Angewandte Kunst (1979-1985, Frankfurt/Main); Paul Getty Center (1984-1997, L.A.); Stadthaus Ulm (1992-1994); Museum Frieder Burda (2002-2004, Baden-Baden)
Mendelsohn, Erich (D)	1887-1953	Einsteinturm (1921, Potsdam); Kaufhaus Schocken (1927-1930, Chemnitz); Schaubühne/WOGA (1927-1931, Berlin)
Mies van der Rohe, Ludwig (D)	1886-1969	Barcelona-Pavillon (1929); Farnsworth House (1951, Illinois); Crown Hall (1956, Chicago); Seagram Building (1958, NYC); Neue Nationalgalerie (1967, Berlin); Toronto-Dominion-Center (1967-1969); IBM Office Building, Chicago (1969)
Nervi, Pier Luigi (IT)	1891-1979	UNESCO-Gebäude (1953-1958, Paris); Pirelli-Hochhaus (1956-1958, Mailand); Audienzhalle (1964-1970, Vatikan)
Niemeyer, Oscar (BRA)	1907-2012	UN-Hauptquartier (1952, NYC); Öffentliche Gebäude von Brasilia (1957-1964); Sambódromo (1984, Rio de Janeiro); Konzerthalle (2004, Sao Paulo); Ibirapuera-Auditorium (2005, Sao Paulo)
Nouvel, Jean (FRA)	1945	Galeries Lafayette (1991-1995, Berlin); Kultur- und Kongresszentrum (1993-95, Luzern); Oper Lyon (1993); Gasometer A (2001, Wien); Torre Agbar (2004, Barcelona); Musée du Quai Branly (2006, Paris); Konzerthaus Kopenhagen (2009)
Otto, Frei (D)	1925-2015	Bonhoeffer-Kirche (1971, Bremen); Olympiadach in München (1972); Multihalle Mannheim (1975)
Pei, Ieoh Ming (USA/CHINA)	1917	Dallas City Hall (1966-1970); National Gallery of Art (1968-78, Washington); Bank of China Tower (1982-90, Hongkong); Grand Louvre (1985-1989, Paris); Rock and Roll Hall of Fame (1987-95, Cleveland); Miho-Museum (1991-1997, Kyoto)
Piano, Renzo (IT)	1937	Paul-Klee-Zentrum (1987-95, Bern); Flughafen Kansai (1988-1994, Japan); Wissenschaftsmuseum NEMO (1992-1997, Amsterdam); Weltstadthaus (1999-2005, Köln); New York Times Building (2000); London Bridge Tower (2000-2009)
Poelzig, Hans (D)	1869-1936	Großes Schauspielhaus (1919, Berlin); Haus des Rundfunks (1929, Berlin); Goethe-Uni /IG Farben (1928-31, Frankfurt)
Rogers, Richard (GB)	1933	Centre Pompidou (1971-1977, Paris); Europäischer Gerichtshof für Menschenrechte (1992-1995, Straßburg); Millennium Dome (1997-1999, London); London Heathrow Terminal 5 (2005-2008)
Rossi, Aldo (IT)	1931-1997	Teatro del Mondo (1979, Vendig); Il Palazzo (1989, Fukuoka, Japan); Bonnefantenmuseum (1992-95, Maastricht)
Scharoun, Hans (D)	1893-1972	Philharmonie (1956-63, Berlin); Stadttheater Wolfsburg (1965-73); Dt. Schifffahrtsmuseum (1970-1975, Bremerhaven)
Siza Vieira, Álvaro (POR)	1933	Boa Nova Restaurant (1958-63, Palmeira); Strandbad da Palmeira (1961-1966); „Bonjour Tristesse" (1983, Berlin)
Wallot, Paul (D)	1841-1912	Reichstagsgebäude (1884-1918, Berlin); Reichstagspräsidentenpalais (1897-1904, Berlin-Tiergarten)

MODE-DESIGNER	LEB-ZEITEN	BEKANNT GEWORDEN ALS/DURCH (JAHR DER KREATION)	STOFFE, STILE UND FARBEN
Armani, Giorgio (IT)	1934	Herren-Anzüge (ab 1961); „Emporio-Armani" (1981)	schlichte, puristische Eleganz mit wertvollen Stoffen
Audigier, Christian (F)	1958	Ed Hardy-Kollektion; Trucker-Mode; Baseballmützen	rockig, wild, oft mit Tatoos + Schlangen-Ornamenten
Baldessarini, Werner (AUT)	1945	Hugo Boss-Kollektionen (ab 1975)	lässig, konventionell, dynamisch und exklusiv.
Benetton, Luciano (IT)	1935	Wollstrickwaren aus Naturwolle (1965); „United Colors"	bunt, farbenfroh, jung, hipp und verspielt
Biagiotti, Laura (IT)	1943	Cashmere-Kollektion (1974); Pret-a-Porter-Kollektionen	Cashmere, weiche Stoffe, feminine Konfektionsmode
Bogner, Willy junior (D)	1942	deutscher Skifahrer; „Fire & Ice"-Film + Sport-Kollektion	sportlich-chic für Ski-, Tennis-, Bademode; auch Leder
Boss, Ferdinand Hugo (D)	1885-1948	Hemden, Wäsche, Arbeitskleidung, Uniformen (ab 1924)	seit 1975 von Chefdesigner Baldessarini (s.o.) geprägt
Burberry, Thomas (GB)	1835-1926	wetterfesten, atmungsaktiven Trenchcoat (1880)	Karomuster, britisch, stillvoll, exclusiv, zurückhaltend
Burton, Sarah (GB)	1974	Brautkleid von Kate Middleton (2011)	verbindet traditionelle Stoffe mit modernem Design
Chanel, Coco (F)	1883-1971	Das kleine Schwarze (1926) Twinset; Chanel No. 5 (1921)	zeitlos elegant, leger, funktional; Schwarz und Weiß
Cerruti, Nino (IT)	1930	Herrenkollektion „Hitman" (1957); Strickwaren (1963)	klassisch-zeitlose Eleganz in hochwertigen Stoffen
Dior, Christian (F)	1905-1957	New Look-Kollektion (1947); Tulpen- und A-Linie (50er)	elegante Kleider + Röcke, feminin, schmale Taillien
Ford, Tom (USA)	1961	Chefdesigner von Gucci; Hüfthosen aus den 90ern	vorwiegend modische und hochwertige Herrenkollekt.
Galliano, John (Gibraltar)	1960	Dior-Chefdesigner; Princess-Lucretia-Kollektion (1993)	extravagant, opulent, pompös
Garavani, Valentino (IT)	1932	Maßanfertigungen für Prominente; Cocktail-Kleider (50er)	Eleganz; extravagantes Design in Rot, Weiß, Schwarz
Gaultier, Jean Paul (F)	1952	Kollektion in Paris (1976); Haute Couture + Pret-à-porter	ausgefallen provokant, gilt als „Entfant Terrible"
Gucci, Guccio (IT)	1881-1953	Reitermode in Leder (1922); Schmuck + Design (ab 1938)	exotischer Luxus in Leder, Hanf, Leinen und Bambus
Hilfiger, Tommy (USA)	1951	Neudesign von gekauften Jeans- u. Schlaghosen (70er)	sportllich-leger in den US-Farben Blau, Weiß und Rot
Jacquard, J. Maria (F)	1752-1834	Erfinder des mechanischen Jaquard-Webstuhls (1805)	Erster Weber und Textil-Designer; Musterkollektionen
Joop, Wolfgang (D)	1944	Pelzkollektion (1978) und JOOP! Damenkollektion (1982)	Lifestyle-Design für Mode, Schmuck, Brillen, Parfüm
Karan, Donna (USA)	1948	Designerin bei Anne Klein; Body oder Bodysuit	moderner, urbaner Schnitt für Frauen

BEDEUTENDE MODE-DESIGNER (KL-Y)

MODE-DESIGNER	LEB-ZEITEN	BEKANNT GEWORDEN ALS/DURCH (JAHR DER KREATION) / CD = CHEF-DESIGNER	STOFFE, STIL UND FARBEN
Klein, Calvin (USA)	1942	Herren-Unterwäsche; Calvins-Jeans; „Obsession“	schlicht, puristisch, einfarbig-dezent, fließender Satin
Lacoste, René (F)	1904-1996	fr. Tennisprofi alias „le crocodile“; weißes Polohemd	bis in 50er nur weiß, später bunt mit grünem Krokodil
Lacroix, Christian (F)	1951	Preta-à-porter-Kollektion (Anfang der 80er)	verbindet Altes mit Neuem; große Muster; bunt & blumig
Lagerfeld, Karl (D)	1933	Wollmantel (1955); CD bei Chanel, Fendi und Chloé	exklusiv, aber auch einige junge, preiswerte Linien
Lang, Helmut (AUT)	1956	Damen-Kollektion (1986); minimalist. High-Tech-Stoffe	nüchtern, puristisch; Nylon + Gummi, Schwarz + Weiß
Lauren, Ralph (USA)	1939	Krawatten (1967); Marco Polo-Kollektion (um 1970)	sportliche Eleganz, „College Look“ in wertvollen Stoffen
Louboutin, Christian (F)	1964	Schuhe mit High Heels und dem Zeichen „roter Sohle“	extravagantes Schuh- und Taschendesign
McQueen, Alexander (GB)	1969-2010	Jack-the-Ripper-Kollektion (1992); CD bei Givenchy	provokativ und extravagant; mit Latex, Piercing + Perlen
Miyake, Issey (JAP)	1938	Designer für Laroche + Givenchy; Damenkollektionen	technoide, farbenfrohe Seidenstoffe u. leichtes Polyester
Prada, Miuccia (IT)	1949	Luxuslederwaren; Handtaschen-Kollektion aus Nylon	schlicht, minimalistisch, innovativ; Latex, Satin, Plastik
Saint Laurent, Yves (ALG)	1936-2008	„Beat Look“ (Mix aus Alltag & Haut Couture)	provaktativ, innovativ, extravagant; transparente Stoffe
Sander, Jil (D)	1943	Zwiebel-Look bzw. Lagen-Look (1976); Kosmetik-Linie	zeitlos elegant; minimalistisch
Savini, Gaetano (IT)	1909-1987	Haut Couture für Herrenanzüge; Gründer von „Brioni“	einfache, extravagante Eleganz; modern und leger
Smith, Sir Paul (GB)	1946	Herrenanzüge, Krawatten, Accessoires, 13 Modellinien	klassische Eleganz, farbenfreudig, witzige Details
Strehle, Gabriele (D)	1951	Pret-à-Porter-Label „Strenesse“ (1995)	gradllinig, schnörkellos; dezente Muster, Schwarz + Grau
Takada, Kenzo (JAP)	1940	„Jungle Japonaise“-Label (seit 1970);	farbenfroh, fröhlich, unkonvention. Musterkombinationen
Versace, Donatella (IT)	1955	Schwester von Gianni; Pret-à-Porter-Kollektion (1997)	glamourös, schillernd, sexy
Versace, Gianni (IT)	1946-1997	Damen-Linie (70er); Leder-Kollektion „Complice“	sexy, hauteng, kurze Röcke; auffällige Farben und Muster
Vuitton, Louis (F)	1821-1892	Koffer, Taschen und Gepäckstücke (ab 1854)	innovatives, praktisches Design in hoher Qualität
Westwood, Vivienne (GB)	1941	„Queen of Punk“; „Piraten-Kollektion“ (1981)	schrill, radikal, Lack & Leder; oft und gerne Karomuster
Yamamoto, Yohji (JAP)	1943	Modelabel „Y's“ (1972); Damen-Kollektion Y's	zeitlos, elegant, futuristisch, androgyn, Schwarz + Weiß

BEGRIFF	ERKLÄRUNG
Adagio	Langsames, ruhiges, gemächliches Tempo. Die Abgrenzung zu den Tempi **Largo und Lento** war lange Zeit unklar, heute wird Largo aber als sog. „doppeltes Adagio" gespielt, d.h. es ist noch breiter und langsamer als Adagio.
Akkord	Zusammenklang von mindestens drei in der Tonhöhe verschiedenen Tönen.
Allegro	(italienisch: fröhlich). Allegro ist ein schnelles, heiteres Musikstück.
Crescendo	(italienisch wachsend); Anschwellen der Lautstärke; im Gegensatz dazu: **decrescendo** (leiser werdend).
Dur	Tongeschlecht, das durch die als „hell" empfundene große Terz (siehe Tonleiter) über dem Grundton charakterisiert ist.
Fuge	Komposition mit einem Thema, das nach dem ersten Einsatz im Quint- oder Quartabstand (s. Tonleiter) neu einsetzt.
Intervall	Der Abstand zwischen zwei Tönen.
Kammerton	Gibt vor, wie ein Ton zu klingen hat. Die Schallwellen des Tones „a" müssen z.B. exakt 440 x pro Sek. (440 Hertz) schwingen.
Konsonanz	Zusammenklingen harmonisch verwandter Töne, z. B. im aus Grundton, Terz und Quinte (siehe Tonleiter) gebildeten **Akkord**.
Konzert	Meist dreisätziges Musikstück für ein Soloinstrument; Ausnahme: **Concerto grosso** ist ein Konzert für ein ganzes Orchester.
Moll	Tongeschlecht, das durch die kleine Terz (siehe Tonleiter) über dem Grundton charakterisiert ist. Latainisch „mollis" (weich).
Oratorium	Mehrteiliges Musikstück für Sologesang, Chor und Orchester.
Ouvertüre	Musikalisches Vorspiel zu einer Oper oder Operette.
Partitur	Vollständige (untereinander angeordnete) Zusammenstellung einer Komposition für mehrere Stimmen bzw. Instrumente.
Pastorale	Musikstück oder auch kleines Bühnenwerk, das eine friedliche, ländliche Atmosphäre beschwört.
Presto	(italienisch schnell); schnellstes musikalisches Zeitmaß, gelegentlich noch zu „**Prestissimo**" gesteigert.
Rondo	Musikalischer Gedanke wird immer wiederholt und zwischen anderen Episoden eingeschoben.
Sequenz	Wiederholung eines musikalischen Gedanken auf einer anderen Tonstufe, abwertend auch „Schusterfleck" genannt.
Sinfonie	Instrumentalwerk, das in der Regel aus drei bis vier Sätzen besteht.
Sonate	Instrumentales „Klingstück" für Solo-Instrumente (i.d.F. für Klavier und Violine); Gegenstück ist die **Cantate** („Singstück").
Stimmlagen	Weibliche Stimmlagen von hoch bis tief: Sopran, Mezzosopran, Alt. Bei Sängern: Tenor, Bariton, Bass. **Falsett** = Kopfstimme.
Tonleiter	i.d.R. sind 8 Töne auf der Tonleiter (1=Prim, 2=Sekunde, 3=Terz, 4=Quarte, 5=Quinte, 6=Sexte, 7=Septime, 8=Oktave).

GROSSE KOMPONISTEN UND IHRE HAUPTWERKE (A-L)

KOMPONIST (HERKUNFT)	**LEB-ZEITEN**	**AUSWAHL DER HAUPTWERKE** (JAHR DER URAUFFÜHRUNG)
Bach, Jchann Sebastian (D)	1685-1750	6 Brandenburgische Konzerte; Johannes- und Mattäuspassion; Wohltemperiertes Klavier; Weihnachtsoratorium; Goldberg-Variationen; 4 Ouvertüren; Die „Kunst der Fuge“ blieb unvollendet.
Bartók, Béla (RUM)	1881-1945	3 Klavierkonzerte; Violinkonzert Nr. 2; „Divertimento“ für Streichorchester; Konzert für Bratsche.
Beethoven, Ludwig van (D)	1770-1827	9 Sinfonien; Nr. 1 (1800); Nr. 2 (1803); Nr. 3 = Eroica (1805), Nr. 4 (1807), Nr. 5 (1808); Nr. 6 = Pastorale (1808), Nr. 7 (1813); Nr. 8 (1814); Nr. 9 = Ode an die Freude (1824); 5 Klavierkonzerte; 3 Leonoren-Ouvertüre; Oper Fidelio.
Berg, Alban (AUT)	1885-1935	Altenberg-Lieder; „Drei Orchesterstücke“; Violinkonzert „Zum Andenken eines Engels“, 2 Opern (Wozzeck & Lulu).
Brahms, Johannes (D)	1833-1897	2 Serenaden; 4 Sinfonien (1876, 1877,1883,1886); 2 Klavierkonzerte; Deutsches Requiem; „Haydn-Variationen“.
Britten, Benjamin (GB)	1913-1976	„Simple Symphony“ op. 4; „Bridge-Variationen“; „Sinfonia da Requiem“; „Orchesterführer für junge Leute“.
Bruckner, Anton (AUT)	1824-1896	Requiem in d-Moll (1849); 10 Sinfonien von Nr. 0 (gibt es wirklich!) bis 9 (1868-1903); Te Deum in C-Dur (1881).
Chopin, Frédéric (F)	1810-1849	2 Klavierkonzerte (1830); „Revolutionsetüde“ in c-Moll (1831); 21 Nocturnes; 4 Balladen; 4 Scherzi; 3 Sonaten.
Debussy, Claude (F)	1862-1918	„Vorspiel zum Nachmittag eines Fauns“ (1894); La Mer (Das Meer, 1908); Orchesterwerk Nr. 1 „Gigues“ (1913), Nr. 2 „Ibéria“ (1910), Nr. 3 „Rondes de printemps“ (ebenfalls 1910); Ballettmusik „Jeux“ (Spiel, 1912).
Dvorák, Antonin (CZ)	1841-1904	Serenade in E-Dur (1875 komponiert in nur 12 Tagen); 7. Sinfonie (1885), 8. Sinfonie (1889), 9. Sinfonie „Aus der neuen Welt“ (1893); 16 „Slawische Tänze“; Cellokonzert in h-Moll (1895); Sinfonische Dichtungen (1896).
Elgar, Edward (GB)	1857-1934	„Enigma-Variationen“ (1899); Violinkonzert in h-Moll (1910); Cellokonzert in e-Moll (1919).
Gershwin, George (USA)	1898-1937	Musical „Blue Monday“; „Rhapsody in Blue“ (1924); Klavierkonzert in F (1925); „Ein Americaner in Paris“ (1928).
Grieg, Edvard (NOR)	1843-1907	Klavierkonzert in a-Moll (1868); Suiten Nr. 1 (1888) und Nr. 2 „Peer Gynt“ (1891); Suite „Aus Holbergs Zeit“.
Händel, Georg Friedrich (D)	1685-1759	Mehr als 40 Opern; „Wassermusik“ (1717); „Neun Deutsche Arien“ (1724-27); Oboenkonzerte (1833); 2 Orgelkonzerte (1738/1740); „Feuerwerksmusik“ (1749); „12 Grand Concertos“ (1740); Oratorium „Messiah“ (1742).
Haydn, Joseph (AUT)	1732-1809	106 Sinfonien (Nr. 22 „Der Philosoph“, Nr. 82 „Der Bär“, Nr. 94 „Mit dem Paukenschlag“) von 1761-95; Cellokonzert in D-Dur; über 70 Streichquartette; 20 Opern; Oratorium „Die Schöpfung“ (1798) & „Die Jahreszeiten“ (1801).
Hindemith, Paul (D)	1895-1963	„Bostoner Sinfonie“ (1931); Sinfonie „Mathis der Maler“ (34); Der Schwanendreher“ (1935); „Metamorphosen“ (1943).
Ives, Charles (USA)	1874-1954	4 Sinfonien; darunter Nr. 3. („Camp Meeting“); „The unanswered Question“ und „Central Park in the Dark“ (1906).
Liszt, Franz (F)	1811-1886	L12 Klavieretüden; Ungarische Rhapsodien (ab 1851); Klaviersonate h-Moll (1853); 4 Mephisto-Walzer (1860-1885).

KOMPONIST (HERKUNFT)	**LEB-ZEITEN**	**AUSWAHL DER HAUPTWERKE** (JAHR DER URAUFFÜHRUNG)
Mahler, Gustav (AUT)	1860-1911	10 Sinfonien; Das Lied von der Erde; Des Knaben Wunderhorn; Kindertotenlieder.
Mendelssohn-Bartholdy, Felix (D)	1809-1847	12 Streichersinfonien; „Ein Sommernachtstraum"; Oper „Die Hochzeit des Camacho"; Elias; Hochzeitsmarsch; „Schottische" und „Italienische" Sinfonie; „Reformationssinfonie"; Violinkonzert in e-Moll op. 64.
Mozart, Wolfgang Amadeus (AUT)	1756-1791	21 Opern; „Die kleine Nachtmusik"; 17 Messen; über 50 Sinfonien; 21 Klavierkonzerte; 5 Violinkonzerte; 4 Hornkonzerte; Klarinettenkonzert in A-Dur; Fagott-Konzert in B-Dur; Flötenkonzerte in G & D-Dur; „Requiem" in d-Moll.
Mussorgski, Modest (RUS)	1839-1881	Klavierwerk „Bilder einer Ausstellung"; „Eine Nacht auf dem kahlen Berge".
Orff, Carl (D)	1895-1982	Carmina Burana (1937); Die Bernauerin (1947); Antigonae (1949); Orff-Schulwerk „Musik für Kinder" (1950-1954).
Prokofjew, Sergej (RUS)	1891-1953	„Sinfonie classique"; „Skythische Suite op. 20"; Klavierkonzert Des-Dur, 2 Violinkonzerte; „Romeo und Julia".
Rachmaninow, Serg. (RUS)	1873-1943	3 Sinfonien; 2. und 3. Klavierkonzert d-Moll op. 30; „Rhapsodie über ein Thema von Paganini"; Préludes (cis-Moll)
Ravel, Maurice (F)	1875-1937	Bolero; Klavierstück „Jeux d'eau"; Rhapsodie „Tzigane" und „Espagnole"; „La valse"; „Daphnis et Chloé".
Satie, Erik (F)	1866-1925	Klavierstücke (3 Sarabandes, 3 Gymnopédies, 6 Gnossiennes); Ballett Parade (1917) und Relâche (1924).
Schönberg, Arnold (AUT)	1874-1951	Entdecker der Zwölftonmusik (1921); Oper „Moses und Aron"; Melodram „Ein Überlebender aus Warschau".
Schostakowitsch, D (RUS)	1906-1975	15 Sinfonien; Katharina Ismailowa; je 2 Klavier-, Violinen- und Violoncellokonzerte.
Schubert, Franz (AUT)	1797-1828	8 Sinfonien (die 9te ist „Die Unvollendete"); Forellenquintett; über 600 Klavierlieder („Winterreise, Erlkönig").
Schumann, Robert (D)	1810-1856	4 Sinfonien; Oper „Genoveva"; Klavierkonzert in a-Moll op. 54; „Konzertallegro mit Introduktion"; Violinkonzert.
Smetana, Bedrich (CZ)	1824-1884	2 Opern: „Die verkaufte Braut" und „Libussa"; Sinfonische Dichtungen „Mein Vaterland"; „Die Moldau"; „Sárka".
Strauss, Richard (D)	1864-1949	15 Opern; „Tod und Verklärung"; „Also sprach Zarathustra"; „Alpensinfonie"; „Metamorphosen"; „4 letzte Lieder"
Strawinsky, Igor (RUS/F)	1882-1971	Ballett „Der Feuervogel", „Petruschka", „Pulcinella" und „Agon"; Klavier- und Violinkonzerte; Das Frühlingsopfer.
Tschaikowski, Pjotr (RUS)	1840-1893	6 Sinfonien; 10 Opern; „Romeo und Julia"; Ballette „Schwanensee", „Dornröschen" und „Der Nussknacker".
Vivaldi, Antonio (IT)	1678-1741	49 Opern (u.a. „Die Olympiade" von 1734); fast 500 Konzerte, davon 241 für Violine und 39 für Fagott; Konzert- und Sonatensammlungen; „Die harmonische Eingebung" (1711); „Die vier Jahreszeiten" (1725).
Weber, Carl Maria von (D)	1786-1826	8 Opern, darunter „Der Freischütz" und „Oberon"; je 2 Klavier- und Klarinettenkonzerte, Fagottkonzert.

KOMPONIST (HERKUNFT)	**LEBENSDATEN**	**AUSWAHL DER OPERN** (URAUFFÜHRUNG)
Beethoven, Ludwig van (D)	*1770 in Bonn; † 1827 in Wien	Fidelio (1814)
Bellini, Vincenzo (IT)	*1801 in Sizilien; † 1835 bei Paris	Die Nachtwandlerin (1831); Norma (1831); Die Puritaner (1835)
Berg, Alban (AUT)	*1885 in Wien; † 1935 in Wien	Wozzeck (1925); Lulu (1937)
Bizet, Georges (F)	*1838 in Paris; † 1875 bei Paris	Perlenfischer (1863); Djamileh (1872); Carmen (1875)
Britten, Benjamin (GB)	*1913 in Lowestoft; † 1976 in Aldeburgh	Peter Grimes (1945); Ein Sommernachtstraum (1960); Tod in Venedig (1973)
Delibes, Léo (F)	*1836 in Saint-Germain; † 1891 in Paris	Le roi l'a dit (1873); Lakmè (1883)
Donizetti, Gaetano (IT)	*1797 in Bergamo; † 1848 in Bergamo	Anna Bolena (1830); Der Liebestrank (1832); Regimentstochter (1840)
Dvorák, Antonin (CZ)	*1836 in Nelahozeves; † 1891 in Prag	Wanda (1875); Der Jakobiner (1888); Die Teufelskäthe (1899); Rusalka (1901)
Egk, Werner (D)	*1901 in Donauwörth; † 1983 in Inning	Die Zaubergeige (1935); Der Revisor (1957); 17 Tage und 4 Minuten (1966)
Gershwin, George (USA)	*1898 in New York; † 1937 in Hollywood	Porgy und Bess (1935)
Gluck, Christoph Willibald (D)	*1714 in Erasbach; † 1787 in Wien	Le Cinesi (1754); Orpheus & Eurydike (1762); Alceste (1776); Armide (1777)
Gounod, Charles (F)	*1818 in Paris; † 1893 in Saint-Claud	Arzt wider Willen (1858); Margarete (1859); Königin von Saba (1862)
Händel, Georg Friedrich (D)	*1685 in Halle/Saale; † 1759 in London	Agrippina (1709); Julius Cäsar (1724); Rodelinda (1725); Xerxes (1738)
Hindemith, Paul (D)	*1895 in Hanau; † 1963 in Frankfurt	Cardillac (1926); Neues vom Tage (1929); Mathis der Maler (1938)
Humperdinck, Engelbert (D)	*1854 in Siegburg; † 1921 in Neustrelitz	Hänsel und Gretel (1893); Königskinder (1897); Heirat wider Willen (1905)
Leoncavallo, Ruggiero (IT)	*1857 in Neapel; † 1919 in Montecatini	Der Bajazzo (1892); Zaza (1900); Der Roland von Berlin (1904)
Lortzing, Albert (D)	*1801 in Berlin; † 1851 in Berlin	Zar und Zimmermann (1837); Der Wildschütz (1843); Undine (1845)
Mascagni, Pietro (IT)	*1863 in Livorno; † 1945 in Rom	Cavalleria rusticana (1890); Iris (1892); Parisina (1913); Nerone (1935)
Massenet, Jules (F)	*1842 in Montaud; † 1912 in Paris	Manon (1884); Le Cid (1888); Ariane (1905); Roma (1912)
Mozart, Wolfgang Amadeus (AUT)	*1756 in Salzburg; † 1791 in Wien	Idomeneo (1781); Entführung aus dem Serail (1782); Figaros Hochzeit (1786); Don Giovanni (1787); Cosi fan tutte (1790); Zauberflöte (1791)

KOMPONIST (HERKUNFT)	**LEBENSDATEN**	**AUSWAHL DER OPERN** (URAUFFÜHRUNG)
Offenbach, Jacques (F)	*1819 in Köln; † 1880 in Paris	Die Rheinnixen (1864); Hoffmanns Erzählungen (1881)
Orff, Carl (D)	*1895 in München; † 1982 in München	Der Mond (1939); Die Kluge (1943); Prometheus (1968)
Prokofjew, Sergei (RUS)	*1891 in Dnipropetrowsk, Ukraine; † 1953 in Moskau	Die Liebe zu den drei Orangen (1921); Der Spieler (1929); Die Geschichte vom wahren Menschen (1948)
Puccini, Giacomo (IT)	*1858 in Lucca; † 1924 in Brüssel	Edgar (1889); Manon Lescaut (1893); La Bohème (1896); Tosca (1900); Madama Butterfly (1904); Das Mädchen aus dem goldenen Westen (1910); Das Triptychon u.a. mit Gianni Schicchi (1918); Turandot (1926)
Rossini, Gioachino (IT)	*1792 in Pesaro; † 1868 in Paris	Der Barbier von Sevilla (1816); La Cenerentola (1817); Moses in Ägypten (1818); Semiramide (1823); Wilhelm Tell (1829)
Schostakowitsch, Dmitri (RUS)	*1906 in St. Petersburg; † 1975 in Moskau	Die Nase (1930); Der große Blitz (1933); Lady Macbeth von Mzensk (1934)
Smetana, Bedrich (CZ)	*1824 in Litomyšl; † 1884 in Prag	Die verkaufte Braut (1866); Zwei Witwen (1874); Der Kuß (1876); Das Geheimnis (1878); Libusa (1881); Die Teufelswand (1882)
Strauss, Richard (D)	*1864 in München; † 1949 in Garmisch-Partenkirchen	Salome (1905); Elektra (1909); Der Rosenkavalier (1911); Ariadne auf Naxos (1912); Intermezzo (1924); Arabella (1933); Daphne (1938)
Strawinski, Igor (RUS/F/USA)	*1882 in Oranienbaum; † 1971 in NYC	Die Geschichte vom Soldaten (1918); Mavra (1922); Oedipus Rex (1928)
Tschaikowski, Pjotr (RUS)	*1840 in Wotkinsk; † 1893 in St. Petersburg	Eugen Onegin (1879); Die Jungfrau von Orleans (1881); Mazeppa (1884); Die Zauberin (1887); Pique Dame (1890); Jolanthe (1892)
Verdi, Giuseppe (IT)	*1813 bei Parma; † 1901 in Mailand	Nabucco (1842); Attila (1846); Macbeth (1847); Luisa Miller (1849); Rigoletto (1851); Il Trovatore (1853); La Traviata (1853); Ein Maskenball (1859); Don Carlos (1867); Aida (1871); Othello (1887); Falstaff (1893)
Wagner, Richard (D)	*1813 in Leipzig; † 1883 in Venedig	Der fliegende Holländer (1843); Tannhäuser (1845); Lohengrin (1850); Tristan und Isolde (1865); Die Meistersinger von Nürnberg (1868); Der Ring des Nibelungen (4-teilig): 1) Das Rheingold (1969), 2) Die Walküre (1970), 3) Siegfried (1876) 4) Götterdämmerung (1876); Parsifal (1882)
Weber, Carl Maria von (D)	*1786 in Eutin; † 1826 in London	Silvana (1810); Der Freischütz (1821); Euryanthe (1823); Oberon (1826)
Weill, Kurt (D/USA)	*1900 in Dessau; † 1950 in New York	Dreigroschenoper (1928); Aufstieg und Fall der Stadt Mahagonny (1930)

OPERN UND IHRE KOMPONISTEN (O-W)

BEDEUTENDE OPERN VON RICHARD WAGNER (1813-1883)

OPER URAUFFÜHRUNG	**HANDLUNG/KURZBESCHREIBUNG**
DER FLIEGENDE HOLLÄNDER 02.01.1843 in Dresden	Ein, mit einem Fluch belegter Holländer, segelt auf einem Geisterschiff über die Weltmeere. In einer Bucht trifft er Kapitän Daland, dem er viel Geld verspricht, wenn er dessen Tochter Senta heiraten darf. Diese träumt davon, den Holländer zu retten (der nur durch die grenzenlose Liebe einer Frau erlöst werden kann) und willigt ein. Nur Eric, ihr Geliebter, will das verhindern. Der Holländer hört dessen Flehen und segelt verzweifelt davon. Sie hastet auf einen Felsen und stürzt sich aus Liebe ins Meer. Der Holländer ist erlöst.
TANNHÄUSER 19.10.1845 in Dresden 3 Akte, Dauer: 3 Std.	Tannhäuser ist Minnesänger und Geliebter der Göttin Venus. Nach einer schönen Zeit in deren Reich kommt er als Sterblicher zurück auf die Wartburg. Dort eröffnet Elisabeth, die sich in ihn verliebt, gerade einen Sängerwettbewerb. Er nimmt teil und singt von der verbotenen Leidenschaft der Venus. Man will ihn töten, doch Elisabeth rettet ihn. Um nicht ewig verdammt zu sein, muss er in Rom den Papst um Vergebung bitten. Vergeblich. Auf der Burg betet unterdessen Elisabeth zur Jungfrau Maria, dem Geliebten möge vergeben werden. Nach seiner Rückkehr trifft er auf den Trauerzug Elisabeths. Er kniet nieder und stirbt, wodurch seine Seele erlöst wird.
LOHENGRIN 28.08.1850 in Weimar 3 Akte, Dauer: 4 Std.	Elsa steht unter Verdacht. Angeblich soll sie ihren Bruder Gottfried getötet zu haben. Telramund, der von ihr einen Korb bekam, erhebt Anklage. Dem König erzählt sie von einem Ritter, der ihr im Traum erschienen ist, um sie zu verteidigen. Doch keiner der anwesenden Ritter will für sie kämpfen. Da erscheint ein Fremder auf einem schwimmenden Schwan und besiegt Telramund, lässt in aber leben. Elsa hieratet ihren namenlosen Retter („Treulich geführt") mit dem Versprechen, dass sie ihn niemals nach dem Namen fragen darf. Aber schon in der Hochzeitsnacht bricht Elsa ihr Versprechen. Plötzlich stürmt Telramund ins Gemach und will den Unbekannten töten, doch der ist schneller und tötet den Angreifer. Danach gibt sich der Unbekannte als Lohengrin, Ritter des heiligen Grals zu erkennen, worauf der Schwan ihren vermissten Bruder Gottfried freigibt. Lohengrin aber muss gehen, worauf Elsa an ihrem Kummer stirbt.
TRISTAN UND ISOLDE 10.06.1865, München 3 Akte, Dauer: 4,5 Std.	Königstochter Isolde soll Tristans Onkel Marke heiraten, was sie aber nicht will. In ihrem Kummer will sie sich zuvor noch an Tristan rächen, der ihren Verlobten ermordet hat. Sie will sich selbst und Tristan mit einem Gifttrunk töten, den sie von ihrer Begleiterin Brangäne bringen lässt. Doch die gute Seele bringt stattdessen einen Liebestrank, der sogleich tiefe Gefühle in beiden weckt. Später ist Isolde mit Marke verheiratet. Trotzdem trifft sie sich immer noch mit Tristan im Garten. Von Melot informiert, eilt der betrogene Ehemann von seiner Jagd zurück. Und kann nicht glauben, dass sein Freund und Neffe ihn betrogen hat. Aus Schande stürzt sich Tristan in Melots offenes Schwert. Isolde will in retten, doch Tristan stirbt in ihren Armen, worauf auch sie den Freitod wählt.
RING DER NIBELUNGEN 1869-1876	Besteht aus den 4 Opern „Das Rheingold" (22.09.1869 in München), „Die Walküre" (26.06.1870 in München), „Siegfried" (16.08.1876 in Bayreuth) und der „Götterdämmerung" (17.08.1876 in Bayreuth). Die Geschichte beginnt mit der Entstehung der Welt und endet mit deren Untergang. Dazwischen liegen Besitz- und Machtgier und eine krankende Weltordnung, die an unsere erinnert. Wagner prophezeit im „Ring", dass die Welt untergeht, ja untergehen muss, damit eine neue, bessere Welt voller Liebe entstehen kann.
PARSIFAL 26.07.1882, Bayreuth 3 Akte, Dauer: 4,5 Std.	Gralskönig Amfortas hat sich im Kampf gegen Klingsor eine Wunde zugezogen, die nur dann heilen kann, wenn sie von der heiligen Lanze berührt wird, die aber wiederum nur von einem „reinen Toren" gehalten werden kann: Parsifal. Man erkennt ihn aber nicht als solchen und verweist ihn von der Burg. Da betritt er Klingsors Zaubergarten. Und trifft dort auf Kundry, die sofort versucht, ihn zu betören. Doch er zeigt sich unbeeindruckt, worauf Klingsor ihm den heiligen Speer entgegen schleudert. Der bleibt jedoch schwebend vor dessen Kopf stehen. Sofort zerfällt der Garten und wird zur Wüste. Erst Jahre später (Kundry hat ihn zur Orientierungslosigkeit verflucht) taucht Parsifal mit dem Speer auf der Gralsburg auf, berührt Amfortas Wunde und wird dadurch selbst zum Gralskönig.

OPER URAUFFÜHRUNG	HANDLUNG/KURZBESCHREIBUNG
NABUCCO 09.03.1842 in Mailand 4 Akte, Dauer: 2:15 Std., Libretto: Temistocle Solera)	Nabucco steht mit seinen Truppen vor den Toren Jerusalems. Die Juden fühlen sich aber sicher, weil sie Nabuccos Tochter Fenena als Geisel haben. Trotzdem dringen die Feinde unter der Führung ihrer Schwester Abigail in den Tempel Salomons ein. Ismael rettet Fenena, die kurz darauf zur neuen Herrscherin wird. Doch Abigail will Königin werden. Sie lässt den Tod Nabuccos verbreiten und entreißt ihrer Schwester die Krone. Nabucco greift ein und verlangt, dass man ihn als Gott anbeten solle, worauf ihn sofort die göttliche Strafe trifft und er den Verstand verliert. Abigail wird Königin. Fenena bekennt sich indes zum Judentum. Auf Befehl (und mit dem gestohlenen Siegel Nabuccos) befiehlt Abigail sie zu töten. Nabucco will das verhindern, wird aber eingesperrt. Im Kerker betet er zu Jehova, dem Gott der Juden, worauf der Wahnsinn von ihm abfällt. Mit dem Schwert eilt er Fenena zu Hilfe. Als er dort eintrifft, wird Abigail von herab fallenden Götzenbilder begraben. Der König schenkt den Juden die Freiheit, Fenena und Ismael heiraten.
RIGOLETTO 11.03.1851 in Venedig, 3 Akte, Dauer: 2 Std., Libretto: Francesco Maria Piave, Vorlage von Victor Hugo)	Rigoletto, der bucklige und zynische Hofnarr des Schürzenjägers Herzog von Mantua, versucht seine hübsche Tochter Gilda vor ihm zu verheimlichen. Aus Sorge darf Gilda nur zum Kirchgang aus dem Haus, doch zu spät. Der Casanova hat sich, als Student verkleidet, bereits in Gilda verliebt. Als Rigoletto seine Tochter (nach verzweifelter Suche) im Palast des Herzogs findet, schwört der Hofnarr grausame Rache. Er bringt Gilda in das Haus des Mörders Sparafucile, wo sie Zeugin wird, wie der leichtlebige Herzog gerade mit Maddalena, der Schwester des Mörders, anbändelt. Rigoletto bittet Gilda in Männerkleidung zu fliehen und beauftragt Sparafucile mit dem Mord am Grafen. Doch Maddalena ist in diesen verliebt und schlägt dem Bruder einen Handel vor: Er soll statt den Grafen den nächsten erstechen, der an die Tür klopft. Gilda hat alles mit angehört und klopft an. Kurz darauf erhält Rigoletto den Leichensack, entdeckt darin seine Tochter und bricht über ihr zusammen.
LA TRAVIATA 06.03.1853 in Venedig, 3 Akte, Dauer: 2:30 Std., Libretto: Francesco Maria Piave, Vorlage: Die Kameliendame	Lebedame Violetta lernt den aufrichtigen Alfred kennen, der ihr kurz darauf seine Liebe gesteht. Ergriffen von seiner ehrlichen Zuneigung gibt sie sich ihm hin, wohlwissend dass sie nicht mehr lange zu leben hat. Beide leben ein paar Monate glücklich auf einem Gut bei Paris, da kommt (in Alfreds Abwesenheit) sein Vater zu Besuch und erzählt Violetta, dass der Verlobte von Alfreds Schwester von dessen Verhältnis zu einer Dirne erfahren hat und mit der Auflösung der Verlobung droht. Violetta opfert sich und verschwindet nach einem Abschiedsbrief aus Alfreds Leben. Aus Verzweiflung stürmt er auf ein Fest, wo er Violetta zu finden glaubt. Violetta, nun in Begleitung von Baron Douphal, bittet Alfred zu gehen, worauf er ihr Geld für die gemeinsamen Stunden vor die Füße wirft. Gedemütigt fällt sie in Ohnmacht. Vater Germont klärt seinen Sohn auf, der sich daraufhin schuldig fühlt und Violetta in ihrem Schlafzimmer aufsucht. Sie hat aber längst alle Kräfte verloren und stirbt (nach letztem Liebeseid) in seinen Armen.
AIDA 24.12.1871 in Kairo, 4 Akte, Dauer: 2:15 Std., Libretto: Antonio Ghislanzoni)	Radames ist ägyptischer Feldherr und soll in den Krieg gegen Äthiopien ziehen. Nur wenn er siegt, erhält er als Lohn die schöne Sklavin Aida, die zwar diese Liebe erwidert, aber trotzdem hin und hergerissen ist, da ihr Vater der König von Äthiopien ist. Auch Pharaonentochter Amneris liebt Radames. Deshalb belügt sie Aida und erzählt ihr, er sei im Feld gefallen. Doch Radames kehrt als Triumphator zurück und bittet den König um einen einzigen Wunsch: die Freilassung aller äthiopischen Gefangenen, darunter Aidas Vater. Der König erfüllt ihm den Wunsch, behält aber Aida und ihren Vater als Geisel in Ägypten. Außerdem soll er Amneris heiraten. In der Nacht vor der Hochzeit überredet ihn Aida mit ihr zu fliehen. Auf der Flucht wird ihm klar, dass er gerade Hochverrat an Ägypten begeht. Er lässt sich verhaften und wird zum Tode durch „lebendig begraben" verurteilt. Kaum hat sich die Grotte geschlossen, entdeckt er darin Aida, die mit ihm sterben will.

DIE BEDEUTENDSTEN OPERN VON GIACOMO PUCCINI (1858-1924)

OPER URAUFFÜHRUNG	**HANDLUNG/KURZBESCHREIBUNG**
MANON LESCAUT 01.02.1893 in Turin, 4 Akte, Dauer: 2 Std., Libretto: mehrere Autoren)	Der Student Des Grieux ist in Manon Lescaut verliebt, die auf Wunsch des Vaters aber ins Kloster soll. Auch der Steuerpächter Geronte ist verliebt und plant mit ihr ein Rendezvous. Des Grieux erfährt davon und überredet Manon zur Flucht nach Paris, wo sie in einer ärmlichen Behausung miteinander leben. Ihr Bruder bringt sie zurück zu Geronte, der sie mit Geschenken überhäuft. Des Grieux reist ihr nach, Manon fällt ihm in die Arme. Geronte ist eifersüchtig und droht mit Verhaftung. Der Student will fliehen, doch Manon will ihren Schmuck nicht zurücklassen. Plötzlich ist das Haus umstellt, sie wird verhaftet und in eine amerikanische Strafkolonie verbannt. Des Grieux folgt ihr nach Amerika, wo beide in die Wüste fliehen - und verdursten.
LA BOHÈME 01.02.1896 in Turin, 4 Akte, Dauer: 1:50 Std., Libretto: Giuseppe Giacosa)	Der Poet Rodolpho, der Maler Marcello, der Musiker Schaunard und der Philosoph Colline hocken am Weihnachtsabend frierend in ihrer Wohnung. Nur Schaunard hat noch Geld und lädt alle zum Essen in ein Cafe ein. Rudolpho bleibt zurück, da klopft es an die Tür. Mimi, die hübsche aber kranke Nachbarin, bittet um Feuer für ihre Kerze. Sie verlieben sich und folgen den Freunden ins Cafe. Auch Musetta, die frühere Geliebte von Marcello, tritt mit einem reichen, älteren Liebhaber ein, lässt den aber sitzen und zieht mit Marcello davon. Monate später verlässt Rudolpho Mimi, weil er glaubt, dass er dem kranken Mädchen ohne Geld nicht helfen kann. Mimi überredet ihn, bei ihr zu bleiben. Wieder einige Monate später (die Künstler machen sich gerade über ihre Armut lustig) stürzt Musetta mit der todkranken Mimi in die Wohnung. Alle wollen helfen, doch zu spät. Mimi stirbt in den Armen Rodolphos.
TOSCA 14.01.1900 in Rom, 3 Akte, Dauer: 2 Std., Libretto: Luigi Illica, Giuseppe Giacosa)	Cesare Angelotti, ein politischer Flüchtling, versteckt sich bei seinem Freund, dem Maler Mario Cavaradossi in einer Kirche. Da stürzt Tosca, die Geliebte Marios, herein und findet, dass sein Gemälde der Schwester Angelottis ähnlich sähe. Rasend vor Eifersucht droht sie, den Polizeichef Scarpia zu holen. Mario hilft Angelotti sich woanders zu verstecken. Die Polizei kommt und verhaftet Mario, der trotz Folter das Versteck nicht verrät. Tosca hört die Schreie und fleht bei Scarpia um Gnade. Der Polizeichef verspricht Marios Leben zu schonen, wenn sie sich ihm hingibt. Sie willigt ein – und ersticht ihn bei der ersten Umarmung. Dann schleicht sie sich zu Mario und erklärt ihm, dass die Erschießung (wie von Scarpia angeordnet) nur zum Schein stattfindet. Die Schüsse fallen, doch Mario bleibt liegen. Tosca begreift, dass Scarpia sie noch im Tod belogen hat und stürzt sich verzweifelt von der Engelsburg.
MADAME BUTTERFLY 17.02.1904 in Mailand, 3 Akte, Dauer: 2:30 Std., Libretto: Giuseppe Giacosa)	Der US-Marineleutnant Pinkerton verliebt sich in Nagasaki in das 15-jährige Geisha-Mädchen Cio-Cio-San, genannt Butterfly. Doch die folgende japanische Heirat nimmt der Soldat nicht ernst. Sie dagegen schon. Seinetwegen ist sie sogar Christin geworden, worauf sie von ihrer Familie verstoßen wird. Wenig später muss Pinkerton zurück in die U.S.A. Sie bleibt und wartet mit dem gemeinsamen Sohn auf seine Rückkehr. Erst einige Jahre später kehrt Pinkerton endlich zurück. Doch nicht alleine. Mit seiner neuen Frau will er nun das Sorgerecht für den Sohn. Butterfly willigt ein, aber nur unter der Bedingung, dass er selbst vorbeikommt um ihn abzuholen. Kurz bevor das geschieht, zieht Cio-Cio-San ein Harakiri-Schwert und begeht – nach einem tränenreichen Abschied von ihrem Sohn – Selbstmord.
TURANDOT postum 25.04.1926 in Mailand, 3 Akte, Dauer: 1:45 Std., Libretto: Giuseppe Adami, Renato Simoni)	Tumult in Peking. Das Volk hat sich versammelt um einer Hinrichtung beizuwohnen. Das Opfer konnte die drei schwierigen Rätsel der Prinzessin Turandot nicht lösen. Unter den Schaulustigen sind auch der Tatarenkönig Timur und sein Sohn Kalaf, der nun sein Glück versuchen will – und die Rätsel tatsächlich lösen kann. Turandot müsste ihn jetzt eigentlich heiraten, weigert sich aber und ist verzweifelt. Da macht Kalaf ihr ein Angebot. Sollte sie bis zum Morgengrauen seinen Namen wissen, wird er sich selbst töten. Die Prinzessin will alle verhören und erlässt daher ein „Schlafverbot" über Peking („Nessun dorma" auf deutsch: „Niemand schlafe"). Der Vater wird gefoltert und die (in ihn verliebte) Sklavin Liu begeht Selbstmord. Alles vergeblich. Sie erfährt den Namen nicht. Nur Kalaf selbst verrät ihn ihr freiwillig und nimmt so den Tod in Kauf. Durch diese Tat verliebt sie sich und beide heiraten.

OPER (URAUFFÜHRUNG)	**HANDLUNG/KURZBESCHREIBUNG**
SALOME <u>09.12.1905 in Dresden</u> 4 Akte, Dauer: 1:30 Std.; Libretto: Richard Strauss nach Vorlage von Oscar Wilde	Hauptmann Narraboth liebt die schöne Salome, Stieftochter von König Herodes. Als er sie eines Tages auf einem Balkon anhimmelt, hören beide die Stimme des gefangenen Propheten Jochanaan, der das Kommen Christi verheißt. Salome ist von Jochanaan begeistert, will ihn berühren und küssen, doch der Gefangene lehnt ab. Narraboth erträgt es nicht mit anzusehen, wie Salome den Propheten umwirbt und tötet sich selbst. Dann erscheint der König und bittet Salome für ihn zu tanzen, was sie aber nur unter einer Bedingung macht: sie will den Kopf Jochanaan auf einem Silbertablett. Herodes will Salome umstimmen, aber vergeblich. Sie tanzt und bekommt das Haupt serviert, welches sie auf die Lippen küsst. Herodes sieht es und lässt voller Abscheu auch Salome hinrichten.
ELEKTRA <u>25.10.1909 in Dresden</u> 1 Akt; Dauer: 1:40 Std., Libretto: Hugo von Hoffmannsthal	Gemeinsam mit ihrem Geliebten hat Klytämnestra ihren Gatten Agamemnon getötet. Aus Angst vor Rache will sie ihre Tochter Elektra in den Turm werfen lassen. Die zweite Tochter Chrysothemis dagegen wird von der Mutter geliebt, weil sie sich ihr beugt. Elektra jedoch zeigt sich kämpferisch und wartet auf die Rückkehr des Bruders Orest, mit dem sie gemeinsam den Tod ihres Vaters rächen will. Der wird jedoch für tot erklärt, worauf sie in ihrer Schwester eine neue Verbündete sucht. Diese will sich aber nicht rächen, deshalb handelt Elektra alleine und gräbt das Beil aus, mit dem ihr Vater erschlagen wurde. Kurz vor der Tat taucht plötzlich Orest auf (der nur seinen Tod vortäuschte) und tötet die Mutter sowie deren Geliebten. Elektra tanzt vor Freude solange bis sie stirbt.
DER ROSEN-KAVALIER <u>26.01.1911 in Dresden</u> 3 Akte, Dauer: 3:45 Std. Libretto: Hugo von Hoffmannsthal	Die ältere Marschallin betrügt ihren Mann mit dem jüngeren Octavia und werden dabei von Baron Ochs ertappt. Zur Tarnung schlüpft Octavian schnell in die Kleider der Zofe Mariandl, die/der von dem lüsternen Baron sofort umworben wird. Die Liaision bleibt unentdeckt, doch Octavian soll nun als Brautwerber/Rosenkavalier für die junge Verlobte des Barons fungieren. Also überbringt er der hübschen Sophie (Tochter des Vaters Faninal) die traditionelle silberne Rose. Doch die beiden verlieben sich, was so von Vater und Baron nicht vorgesehen war. Es kommt zu einem Handgemenge, in dem Octavian den Baron leicht verletzt. Er muss das Haus verlassen, schreibt aber dem Baron wenig später einen Brief, in dem „Mariandl" um ein Rendezvouz bittet. In dem Gasthaus wird er (natürlich als Mariandl verkleidet) vom Baron unablässig bedrängt, wovon sich alle, auch Sophie und ihr Vater, überzeugen können. Die Verlobung wird aufgelöst, Sophie und Octavian fallen sich in die Arme.
ARIADNE AUF NAXOS <u>25.10.1912 in Stuttgart</u> 2 Akte, Dauer: 2:15 Std. Libretto: Hugo von Hoffmannsthal	Oper in einem Akt und einem Vorspiel: Bevor die eigentliche Oper beginnt, geschieht hinter den Kulissen eigenartiges. Zum Hintergrund: Ein wohlhabender Wiener beauftragt einen unerfahrenen Komponisten eine Oper zu komponieren, die nun in seinem Haus uraufgeführt werden soll. Dem Hausherr ist die Oper aber zu ernst und will sie u.a. mit der Komödianten Zerbinetta auflockern, was gänzlich misslingt. Die Darsteller streiten sich. Der Komponist will sein Werk vernichten, wovon ihn Zerbinetta abbringen kann. Gemeinsam verbinden sie die ernste Oper und das heitere Nachspiel. Der Vorhang geht auf zum ersten und einzigen Akt, in dem Ariadne sterben will, weil sie von Theseus verlassen wurde. Die Komödianten versuchen, sie aufzuheitern, was aber misslingt. Kurz darauf läuft ein Schiff in den Hafen ein. Ariadne glaubt, der Sensenmann kommt um sie zu holen und fällt dem Fremden in die Arme. Der Fremde ist jedoch Bacchus, ein Halbgott. Anstatt zu sterben, findet Ariadne mit ihm ein neues Glück.

BELIEBTE OPERETTEN UND IHRE KOMPONISTEN

KOMPONIST HERKUNFT (LEBZEITEN)	**OPERETTE** (URAUFFÜHRUNG)
Abraham, Paul, UNG (1892-1960)	Victoria und ihr Husar (1930); Die Blume von Hawaii (1931); Ball im Savoy (1932); Julia (1937)
Benatzky, Ralph, AUT (1884-1957)	Liebe im Schnee (1916); Im weißen Rössl (1930); Der König mit Regenschirm (1935)
Burkhard, Paul, CH (1911-1977)	Hopsa (1935/1957); Feuerwerk (1950)
Dostal, Nico, AUT (1895-1981)	Clivia (1933); Monika (1937); Die ungarische Hochzeit (1939); Manina (1942)
Eysler, Edmund, AUT (1874-1949)	Bruder Straubinger (1903); Der unsterbliche Lump (1910); Die gold'ne Meisterin (1927)
Fall, Leo, AUT (1873-1925)	Die Dollarprinzessin (1907); Der fidele Bauer (1907); Der künstliche Mensch (1915); Die Rose von Stambul (1916); Madame Pompadour (1922)
Gilbert, Jean, D (1879-1942)	Das Jungfernstift (1901); Der Prinzregent (1903); Die keusche Susanne (1910)
Heuberger, Richard, AUT (1850-1914)	Der Opernball (1898); Der Sechs-Uhr-Zug (1900); Don Quixote (1910)
Honegger, Arthur, F/CH (1892-1955)	Die Abenteuer des Königs Pausole (1930); La belle de Moudon (1931)
Jessel, Leon, D (1871-1942)	Die beiden Husaren (1913); Das Schwarzwaldmädel (1917); Schwalbenhochzeit (1921); Postmeistein (1921)
Jones, Sidney, GB (1861-1946)	Die Geisha (1896); My Lady Molly (1902)
Kálmán, Emmerich, UNG (1882-1953)	Die Csárdásfürstin (1915); Die Faschingsfee (1917) Gräfin Mariza (1924); Die Zirkusprinzessin (1926)
Kollo, Walter,	Wie einst im Mai (1913); 3 alte Schachteln (1917);

KOMPONIST HERKUNFT (LEBZEITEN)	**OPERETTE** (URAUFFÜHRUNG)
Künneke, Eduard, D (1885-1953)	Der Vetter aus Dingsda (1921); Lady Hamilton (1926); Liselott (1932); Glückliche Reise (1932)
Lehár, Franz, AUT/UNG (1870-1948)	Der Göttergatte (1904); Die lustige Witwe (1905); Der Graf von Luxemburg (1909); Paganini (1925); Der Zarewitsch (1927); Land des Lächelns (1929)
Millöcker, Karl, AUT (1842-1899)	Das verwunschene Schloss (1878); Gräfin Dubarry (1879); Der Bettelstudent (1882); Gasparone (1884)
Nedbal, Oskar, CZ (1874-1930)	Die keusche Susanne (1910); Polenblut (1913); Die Winzerbraut (1916); Donna Gloria (1925)
Offenbach, Jacques, F (1819-1880)	Orpheus in der Unterwelt (1858); Die schöne Helena (1864); Blaubart (1866); Pariser Leben (1866); Totos Schloss (1868); Banditen (1869); Die Kreolin (1875)
Raymond, Fred, AUT (1900-1954)	Maske in Blau (1937); Saison in Salzburg (1938); Flieder aus Wien (1949); Geliebte Manuela (1951)
Stolz, Robert, AUT (1880-1975)	Der Favorit (1916); Der Tanz ins Glück (1921); Zwei Herzen im Dreivierteltakt (1933)
Straus, Oscar, AUT (1870-1954)	Ein Walzertraum (1907); Der tapfere Soldat (1908); Die Teresina (1925); 3 Walzer (1935); Bozena (1952)
Strauß, Johann *(Sohn)*, AUT (1825-1899)	Carneval in Rom (1873); Die Fledermaus (1874); Der lustige Krieg (1881); Eine Nacht in Venedig (1883); Der Zigeunerbaron (1885); Wiener Blut (1899)
Suppé, Franz von, AUT (1819-1895)	Das Pensionat (1860); Die schöne Galathée (1865), Freigeister (1866); Fatinitza (1876); Boccaccio (1879)
Winkler, Gerhard, D (1906-1977)	Herzkönig (1946); Premiere in Mailand (1950); Die ideale Geliebte (1957)
Zeller, Carl,	Der Vagabund (1886); Der Vogelhändler (1891); Der

MUSICAL	KOMPONIST	URAUFFÜHRUNG	ORT, ZEIT UND HANDLUNG
42nd Street	Harry Warren	New York, 1980	New York City, Anfang der 30er. Casting, Proben & Premiere einer Musicalshow. Eine Newcomerin setzt sich durch und wird zum Star..
A Chorus Line	Marvin Hamlisch	New York, 1975	Bühne am Broadway. Das Musical beschreibt das harte Auswahl-verfahren und die Emotionen von Tänzer & Tänzerinnen.
Anything goes	Cole Porter	New York, 1934	Luxusdampfer der 30er auf der Fahrt über den Atlantik. Vergnügungs- und Liebesgeschichten einer illustren Schifffahrtsgesellschaft.
Beauty and the Beast, The	Alan Menken	New York, 1994	Zeitloses Märchen in einem verwunschenen Schloss. Die schöne Belle verliebt sich in den (zu einem hässlichen Biest verwandelten) Prinzen und bricht dadurch den Fluch.
Cabaret	John Kander	New York, 1966	Berlin, Anfang der 30er. Ein amerikanischer Autor verliebt sich in eine Sängerin aus dem Kit-Kat-Club. Vorkriegs-Tragik ohne Happy End.
Can-Can	Cole Porter	New York, 1953	Paris im Jahre 1893. Ein Richter lässt wegen eines Sichtlichkeitsverstoßes ein Cancan-Tanz-Etablissement schließen, verliebt sich aber in deren Besitzerin und wird entlassen.
Cats	Andrew Lloyd Webber	London, 1981	Ein Müllhaufen in London. Die Geschichten einiger Katzen, die alle das gleiche Ziel haben: in den Katzenhimmel aufzusteigen.
Elisabeth	Sylvester Levay	Wien, 1992	Die Liebes- und Leidensgeschichte der österreichischen Kaiserin. Text von Michael Kunze.
Evita	Andrew Lloyd Webber	London, 1978	Buenos Aires zwischen 1934 und 1952. Es schildert das Leben von Che und Eva Perón, der schillernden Ehefrau des argentinischen Präsidenten.
Grease	Warren Casey, Jim Jacobs	Chicago, 1971	USA in den 50er-Jahren. Es geht um Liebe, Enttäuschung und Eifersucht zwischen der braven, schüchternen Sandy Dumbrowski und dem Draufgänger und Mädchenschwarm Danny Zuko.
Hair	Galt MacDermot	New York, 1967	Amerika, Ende der 60er Jahre zur Hippie-Zeit. Es geht um die (Liebes-)Geschichte eines jungen Mannes, der sich für oder gegen die Armee entscheiden muss.
Hello, Dolly!	Jerry Herman	New York, 1964	1898. Drei Junggesellen aus der Kleinstadt Yonkers verirren und verlieben sich in der Metropole New York City. Dolly, die Heiratsvermittlerin spielt darin eine zentrale Rolle.
Jesus Christ Superstar	Andrew Lloyd Webber	New York, 1971	Die Rock-Oper handelt vom Lebens- und Leidensweg Jesus Christus während der letzten 7 Tage inkl. Abendmahl, dem Verrat durch Judas und der Kreuzigung.

DIE BELIEBTESTEN MUSICALS UND IHRE KOMPONISTEN

MUSICAL	KOMPONIST	URAUFFÜHRUNG	ORT, ZEIT UND HANDLUNG
Kiss me, Kate	Cole Porter	New York, 1948	USA, Ende der 40er. Vor und während einer Aufführung. Verwechslungskomödie einer Theatergruppe.
König der Löwen, Der	Elton John, Tim Rice	Minneapolis, 1997	Eine musikalische Reise in die afrikanische Tierwelt mit imposanten Bühnenbildern und bunten Kostümen. König Mufasa, Königin Sarabis, Königssohn Nala, Simba und der böse Scar.
Les Misérables	Claude-M. Schönberg	Paris, 1980	Paris um 1820-1835. Ein Ex-Häftling will ein ehrliches und anständiges Leben führen, was ihm aber nicht vergönnt wird. Schließlich kämpft er gegen das gesellschaftliche System.
Mamma Mia!	Abba	London, 1999	Auf einer griechischen Insel, Anfang der 80er, wird neben der Erfolgsgeschichte von ABBA auch die Geschichte einer allein erziehenden Mutter und deren 20-jährigen Tochter beschrieben.
My Fair Lady	Frederick Loewe	New York, 1956	London, 1912. Verwandlung des armen Blumenmädchens Eliza zu einer feinen Dame. Für Prof. Higgins ist sie anfangs nur ein Versuchsobjekt, in das er sich später aber verliebt.
Phantom of the Opera	Andrew Lloyd Webber	London, 1986	Pariser Oper, 1877 und 1905. Der hässlich entstellte Erik (das Phantom) lebt in den Kellern der Pariser Oper und verhilft dem einfachen Chormädchen Christine zum großen Durchbruch.
Rocky Horror Picture Show	Richard O´Brien	London, 1973	Ein prüdes Paar (Brad & Janet) klopft nach einer Reifenpanne an einem Schlosstor. Der bucklige Butler Riff Raff und das Hausmädchen Magenta bringen sie zum transvestiten Schlossherrn Dr. Frank N. Furter, der ihnen sein Retortenwesen Rocky Horror (ein muskulöser, blonder Mann) vorstellt. Plötzlich kommt Eddie (Meat Loaf) mit dem Motorrad ins Labor gefahren, worauf der Doktor so verärgert ist, dass er ihn erschlägt – und nach dessen Tod Brad und Janet verführt. Am Ende stirbt auch Rocky.
Show Boat	Jerome Kern	New York, 1927	Gilt als erstes und ältestes Musical. Auf einem Mississippi-Dampfer verliebt sich der Schwarze Joe in eine weiße Sängerin und macht dadurch die Rassendiskriminierung zum tragenden Thema.
Starlight Express	Andrew Lloyd Webber	London, 1984	Wettlauf auf Rollschuhen. Das Musical erzählt die Geschichte der Weltmeisterschaft der Lokomotiven. Nur der Sieger gewinnt das Herz der schönen Pearl.
Tommy	The Who	London, 1968	England in der Nachkriegszeit. Die Rock-Oper beschreibt das Leben des blinden, tauben und stummen Tommy Walker. Als Kind misshandelt, entpuppt er sich zum Flipper-Weltmeister und wird durch eine Wunderheilung zum Messias.
West Side Story	Leon. Bernstein	New York, 1957	NYC in den 50ern. Liebesgeschichte zweier Teenager, die verfeindeten Banden angehören.
We will rock you	Ben Elton, Queen	London, 2002	In ferner Zukunft auf dem Planeten e.bay (ehemals Erde) ist handgemachte Musik verboten. Eine Gruppe Bohemians rebelliert gegen die Königin (Killer Queen).

BAND GRÜNDUNG	**LETZTE BESETZUNG &** *EX-MITGLIEDER*	**AUSWAHL IHRER ALBEN UND *HITS*** (ERSTVERÖFFENTLICHUNG) (V=VOCAL; G=GITARRE; B=BASS; D=DRUMS; K=KEYBORD; SX=SAXOPHON; POS=POSAUNE)
ABBA (SWE), 1972-1982	V: Agneta Fältskog, Anni-Frid (Frida) Lyngstad K: Benny Andersson G: Björn Ulvaeus	Ring, Ring (1972); Waterloo (1974); ABBA (1975); Arrival (1976); The Album (1977); Voulez-Vous (1979); Super trouper (1980); The visitors (1981); The first 10 years (1982) ***Hits***: Waterloo (1974); SOS (1975); *Mamma Mia (1975); Dancing Queen (1976); Fernando (1976); Money Money (1976); Knowing me, knowing you (1977); Take a chance on me (1978); Gimme! Gimme! Gimme! (1979); Chiquitita (1979); Super Trouper (1980); The winner takes it all (1980); One of us (1981)*
AC/DC (AUS), 1973	V: Brian Johnson G: Angus Young, B: Cliff Williams D: Phil Rudd ***EX***: *V: Bon Scott † 1980, G: Mark Evans,* Malcome Young *† 2017 D: Simon Wright, Chris Slade*	High Voltage (1974); TNT (1975) Dirty deeds done dirt cheap (1976); Let there be rock (1977); Powerage (1978); Highway to hell (1979); Back in black (1980); For those about to rock (1981); Fly on the wall (1985); Blow up your video (1988); The Razors edge (1990); Ballbreaker (1995) Stiff upper lip (2000); Black Ice (2008); Iron Man 2 (2010); Rock or Bust (2014) ***Hits***: *TNT (1975); The Jack (1975); Highway to hell (1979); Hells bells (1980); Thunderstruck (1990); Hard as a rock (96)*
Aerosmith (USA), 1970	V: Steven Tyler G: Joe Perry, Whitfor B: Tom Hamilton D: Joey Kramer ***EX***: *G: Jimmy Crespo, Rick Dufay*	Toys in the attic (1975); Draw the line (1977); Permanent vacation (1987); Get a grip (1993); Big ones (1994); Nine lives (1997); Just push Play (2001); Music from another dimension (2012) ***Hits***: *Dream on (1973); Walk this way (1975); Cryin (1993); I don't want to miss a thing (1998)*
A-ha (NOR), 1982	V: Morton Harket G: Pal Waaktaar-Savoy K: Magne Furuholmen	Hunting high and low (1985); Scoundrel days (1986); Stay on these roads (1988); East of the sun, west of the moon (1990); Memorial Beach (1993); Minor Earth, Major Sky (2000); Lifelines (2002); Analogue (2005); Foot of the mountain (2009); Cast in Steel (2015) ***Hits***: *Take on me (1984); The sun always shine on TV (S 1985); Hunting high and low (1986); Living daylights (1987); Stay on these roads (1988); Crying in the rain (1990); Summer moved on (2000); Foot of the mountain (2009)*
Alan Parsons Projekt (GB) 1975-1987	V/K: Eric Woolfson † 2009 G: Alan Parsons ***EX***: *V: John Miles, Colin Blunstone G: Ian Bairnson B: David Paton SX: Mel Collins D: Stuart Elliot*	Tales of mystery and imagination (1976); I Robot (1977); Pyramid (1978); Eve (1979); The turn of a friendly card (1980); Eye in the sky (1982); Ammonia Avenue (1984); Vulture Culture (1984); Stereotomy (1985); Gaudi (1987) ***Hits***: *A dream within a dream (1976); Lucifer (1979): Games people play (1980); Time (1981); Eye in the sky (1982); Don't answer me (1984)*
Alice In Chains (USA), 1987	V: William DuVall G: Jerry Cantrell B: Mike Inez D: Sean Kinney ***EX***: *V: Layne Staley † 2002 B: M. Starr † 2011*	We die young (1990); Facelift (1991); Sap (1992); Dirt (1992); Jar of flies (1994); Alice In Chains (1995); The Essential (2006); Black gives way to blue (2009); The devil put dinosaurs here (2013) ***Hits***: *Would? (1992); Down in a hole (1993); Get me wrong (1994); Over now (1996)*
Bachman-Turner Overdrive (CAN), 1970-1977	V/G: Randy Bachman, Chad Allen B: Fred Turner D: Robbie Bachman ***EX***: *V/G: Tim Bachman, Jim Clench † 2010*	Bachman-Turner Overdrive (1973); Bachman-Turner Overdrive II (1974); Not fragile (1974); Four wheel drive (1975); Head on (1975); Freeways (1977); Street action (1978); Rock'n'Roll nights (1979) ***Hits***: *Taking care of business (1974); You ain't seen nothing yet (1983)*
Backstreet Boys (USA), 1993	V: Howie Dorough, Alex McLean, Nick Carter, Brian Littrell; Kevin Richardson	Backstreet Boys (1996); Backstreet's Back (1997); Millennium (1999); Christmas Album (1999); Black & Blue (2000); Never gone (2005); Unbreakable (2007); This is us (2009); In a world like this (2013) ***Hits***: *We've got it going on (1995); I'll never break your heart (1996); Quit playing games with my heart (1996); Everybody (1997); I want it that way (1999); Shape of my heart (2000); Incomplet (2005)*

INTERNATIONALE ROCK/POP-BANDS UND IHRE GRÖSSTEN HITS

BAND (VON-BIS)	**LETZTE BESETZUNG &** *EX-MITGLIEDER*	**AUSWAHL IHRER ALBEN UND *HITS*** (ERSTVERÖFFENTLICHUNG) (V=VOCAL; G=GITARRE; B=BASS; D=DRUMS; K=KEYBORD; SX=SAXOPHON; POS=POSAUNE)
Band, The (USA/CAN), 1957-1999	V/B: Rick Danko † 1999 V/D: Levon Helm † 2012; SX: Garth Hudson **EX**: *V/G: Robbie Robertson, Bob Dylan V/K: Richard Manuel † 1986*	Music from Big Pink (1968); The Band (Brown Album, 1969); Stage Fright (1970); Cahoots (1971); Rock of ages (1972); Moondog Matinee (1973); Northern lights - Southern cross (1975); Islands (1977); The last waltz (1978); Jericho (1993); High on the hog (1996); Jubilation (1998); ***Hits***: *The weight (1968); The night they drove old dixie down (1969, Up on Cripple Creek (1969); King Harvest (1970)*
Barclay James Harvest (GB), 1966-1998	V/G: Les Holroyd, John Lees **EX**: *D: Mel Pritchard † 2004 K: Wolly Wolstenholme*	Barclay James Harvest (1970); Everyone is everybody else (1974); Time honoured ghosts (1975); Octoberon (1976); Gone to earth (1977); XII (1978); Eyes of the universe (1979); Berlin live (1982); Victims of circumstance (1984) ***Hits***: *Hymn (1977); Poor man's moody blues (1978); Life is for living (1980)*
Beach Boys (USA), 1961	V/B: Brian Wilson V: Mike Love V/G: Alan Jardine V/B: Bruce Johnston **EX**: *V/G: Carl Wilson † 1998 D: Dennis Wilson † 1983*	Surfin' U.S.A. (1963); Little deuce coupe (1963); Surfer girl (1963); Shut down Vol. 2 (1964); Beach Boys Concert (1964); All summer long (1964); Summer days (1965); Beach Boys Party (1965); 20/20 (1969) ***Hits***: *Barbara Ann (1965); Good vibrations (1966); Sloop John B. (1966); Kokomo (1988)*
Beatles, The (GB), 1960-1970	V/G/B: Paul Mc Cartney V/G: John Lennon † 1980, George Harrison † 2001 D: Ringo Starr **EX**: *B: Stuart Sutcliffe † 1962 D: Pete Best; Manager: Brian Epstein † 1967, Produzent: George Martin † 2016*	Please please me (1963); Meet the Beatles (1963); A hard day's night (1964); Beatles for sale (1964); Help! (1965); Rubber soul (1965); Revolver (1966); Sgt. Pepper's Lonely Hearts Club Band (1967); The magic mystery tour (1967); The Beatles/White Album (1968); Yellow Submarine (1969); Abbey Road (1969); Let it be (1970) ***Hits***: *Love me do (1962); She loves you (1963); I want to hold your hand (1963); Can't buy me love (1964); Hard day's night (1964); Yesterday (1965); Help! (1965); Paperback Writer (1966); Michelle (1966); Yellow Submarine (1966); Strawberry fields forever (1967); All you need is love (1967); Penny Lane (1967); Hello, Goodbye (1967); Hey Jude (1968); Ob-La-Di, Ob-La-Da (1969); Get back (1969); Let it be (1970)*
Bee Gees, The (Isle of Man), 1958-2003	V: Robin Gibb † 2012 V/G: Barry Gibb V/B/K: Maurice Gibb † 2003 **EX**: *D: Colin Petersen, Vince Melouney*	Bee Gees 1st (1967); Horizontal (1968); Idea (1968); Odessa (1969); Trafalgar (1971), Main Course (1975); Children of the world (1976); Spirits having flown (1979); Living eyes (1981); E.S.P. (1987); One (1989); High Civilization (1991); Still Waters (1997); There is where I came in (2001) ***Hits***: *Massachusetts (1967); Words (1968); You should be dancing (1976); How deep is your love? (1977); Saturday night fever (1977); Staying alive (1977); Night Fever (1978); Tragedy (1979); Love you inside out (1979); You win again (1987); Secret love (1991); Alone (1997)*
Black Eyed Peas (USA), 1995	V: Will.I.am, Apl.de.ap, Taboo, Fergie **EX:** *V: Kim Hill*	Behind the front (1998); Bridging the gap (2000); Elephunk (2003); Monkey Business (2005); The E.N.D. (2009); The Beginning (2010) ***Hits***: *Where is the love? (2003); Shut up (2003); My Humps (2005); I gotta feeling (2009); Meet me halfway (2009); The Time (2010); Just can't get enough (2011)*
Black Sabbath (GB), 1969-2017	V: Ozzy Osbourne G: Tony Iommi B: Geezer Butler D: Tommy Clufetos **EX**: *V: Ronnie J. Dio † 2010, Ian Gillan*	Black Sabbath (1970); Paranoid (1970); Master of reality (1971); Volume 4 (1972); Sabbath Bloody Sabbath (1973); Sabotage (1975); Heaven and hell (1980); Mob Rules (1981); Tyr (1990); Dehumanizer (1992); Cross Purposes (1994); Forbidden (1995); 13 (2013) ***Hit***: *Paranoid (1970)*
Blur	V/G: Damon Albarn G: Graham Coxan B: Alex James D: Dave Rowntree	Leisure (1991); Modern life is rubbish (1993); Parklife (1994); The great escape (1995); Blur (1997); 13 (1999); Think Tank (2003); The Magic Whip (2015) ***Hits***: *There is no other way (1991); Girls & boys*

BAND (VON-BIS)	**LETZTE BESETZUNG &** *EX-MITGLIEDER*	**AUSWAHL IHRER ALBEN UND *HITS*** (ERSTVERÖFFENTLICHUNG) (V=VOCAL; G=GITARRE; B=BASS; D=DRUMS; K=KEYBORD; SX=SAXOPHON; POS=FOSAUNE)
Bon Jovi (USA), 1983	V/G: Jon Bon Jovi G: Phil X; D: Tico Torres KEY: David Bryan, B: Hugh McDonald ***EX***: *B: Alec John Such G: Richie Sambora*	Slippery when wet (1986); New Jersey (1988); Cross Road (1994); These days (1995); Crush (2000); Bounce (2002); Have a nice day (2005); Lost Highway (2007); The circle (2009); What about now (2013); This House is not for Sale (2016) ***Hits***: *Living on a Prayer (1986); Bad Medicine (1988); Keep the faith (1992); Bed of roses (1993); Always (1994); It's my life (2000)*
Boney M. (D), 1976	V: Bobby Farrell † 2010; Marcia Barrett, Liz Mitchell, Maizie Williams	Take the heat off me (1976); Love for sale (1977); Nightflight to Venus (1978); Oceans of fantasy (1979); The magic of Boney M (1980); Boonoonoonoos (1981); 10.000 Lightyears (1984); Eye dance (1985) ***Hits***: *Daddy Cool (1976), Sunny (1976), Belfast (1977); Ma Baker (1977), Rivers of Babylon (1978); Rasputin (1978); Brown girl in the ring (1978); Mary's Boy Child (1978); Painter man (1978); Hooray! It's a holiday (1979); El Lute (1979); Felicidad (1980)*
Chicago (USA), 1967	V/K: Robert Lamm V/G: Keith Howland V/POS: J. Pankow D: Tris Imboden V/B: Jeff Coffey ***EX***: *V: Peter Cetera V/B: Jason Scheff G: Terry Kath † 1978*	Chicago II (1970); Chicago III (1971); At Carnegie Hall (1971); Chicago X (1976); Chicago XI (1977); Chicago 16 (1982); Stone of Sisyphus (2008) ***Hits***: *25 or 6 to 4 (1970); I'm a man (1970); Old days (1975); If you leave me now (1976); Baby what a big surprise (1977); Hard to say I'm sorry (1982); You're the inspriation (1984); Stay the night (1984); Look away (1988)*
Clash, The (GB), 1976-1986	V/G: Joe Strummer † 2002, Nick Sheppard G: Vince White V/B: Paul Simonon D: Pete Howard ***EX***: *V/G: Mick Jones*	The Clash (1977), Give 'em enough rope (1978), London calling (1979), Sandinista! (1980), Combat rock (1982), Cut the crap (1985) ***Hits:*** *Tommy gun (1978), London calling (1979), Bankrobber (1980), Rock the casbah (1982), Should I stay or should I go (1982 + 1991)*
Coldplay (GB), 1996	V/P: Chris Martin G: Jonny Buckland, B/K: Guy Berryman D: Will Champion	Parachutes (2000); A rush of blood to the head (2002); X&Y (2005); Viva la vida or Death and all his friends (2008); Mylo Xyloto (2011); Ghost stories (2014); A head full of dreams (2015) ***Hits***: *Yellow (2000); In my place (2002); Speed of sound (2005); Viva la vida (2008); Paradise (2011); Princess of China (2012); Atlas (2013); A sky full of stars (2014)*
Creedence Clearwater Revival (USA) 1967-1972	V/G: John Fogerty B: Stu Cook D: Doug Clifford ***EX***: *G: Tom Fogerty*	Creedence Clearwater Revival (1968); Green river (1969); Willie and the poor boys (1969); Cosmo's factory (1970); Pendulum (1970) ***Hits***: *Suzi Q (1968); Proud Mary (1969); I heard it through the grapevine (1976)*
Cream (GB), 1966-1969	V/G: Eric Clapton V/B: Jack Bruce *† 2014* D: Ginger Baker	Fresh cream (1967); Disraeli gears (1967); Wheels of fire (1968); Goodbye (1969) ***Hits***: *I feel free (1966); Sunshine of your love (1967); White Room (1968); Crossroads (1969); Badge (1969)*
Crosby, Stills, Nash & Young (GB/USA), 1968-2016	V/G: David Crosby, Stephen Stills, Graham Nash, Neil Young	Crosby, Stills & Nash (1969); Déjà Vu (1970); Four way street (1971); So far (1974); CSN 1977); Daylight again (1982); American dream (1988); After the storm (1994); Looking Forward (1999) ***Hits***: *Marrakesh Express (1968); Ohio (1970); Woodstock (1970); Teach your children (1970); Just a song before I go (1977), Wasted on the way (1982); Southern cross (1982)*
Cure, The (GB), 1978	V/G: Robert J. Smith G: Reeves Gabrels B: Simon Gallup D: Jason Cooper KEY: Roger O'Donnell ***EX***: *V: Michael Demsey*	Boys don't cry (1980); Faith (1981); Pornographic (1982); Japanese whispers (1983); The Top (1984); Kiss me kiss me kiss me (1987); Disintegration (1989); Wish (1992); Bloodflowers (2000); The Cure (04 ; 4:13 Dream (2008) ***Hits***: *Lovecats (1983); Close to me (1985); Lullaby (1989); Lovesong (1989)*

INTERNATIONALE ROCK/POP-BANDS UND IHRE GRÖSSTEN HITS

BAND (VON-BIS)	**LETZTE BESETZUNG &** *EX-MITGLIEDER*	**AUSWAHL IHRER ALBEN UND *HITS*** (ERSTVERÖFFENTLICHUNG) (V=VOCAL; G=GITARRE; B=BASS; D=DRUMS; K=KEYBORD; SX=SAXOPHON; POS=POSAUNE)
Deep Purple (GB), 1968	V: Ian Gillan G: Steve Morse B: Roger Glover D: Ian Paice K: Don Airey ***EX***: *G: Ritchie Blackmore B: Nick Simper K: Jon Lord † 2012 V: David Coverdale, Rod Evans V/B: Glenn Hughes*	Deep Purple in rock (1970); Fireball (1971); Machine head (1972); Who do we think we are (1973); Burn (1974); Stormbringer (1974); Perfect strangers (1984); The House of blue light (1987); The battle rages on (1993); Abandon (1998); Bananas (2003); Rapture of the deep (2005); Now What? (2013) ***Hits***: *Hush (1968); Speed King (1970); Black night (1970); Child in time (1970); Smoke on the water (1972); Highway Star (1972); Woman from Tokyo (1973); Mistreated (1974)*
Depeche Mode (GB), 1980	V: Dave Gahan K: Andrew Fletcher G/B/K: Martin Gore ***EX***: *KEY: Vince Clarke D: Alan Wilder,*	Speak & spell (1981); A broken frame (1982); Construction time again (1983); Some great reward (1984); Black celebration (1986); Music for the masses (1987); 101 (1988); Violator (1990); Songs of faith and devotion (1993); Ultra (1997); Exciter (2001); Playing the angel (2005); Sounds of the Universe (2009); Delta Machine (2013); Spirit (2017) ***Hits***: *Just can't get enough (1981); Everything counts (1983); People are people (1984); Master and Servant (1984); Blasphemous rumours (1984); Shake the disease (1985); Stripped (1986); Never let me down again (1987); Personal Jesus (1989); Enjoy the silence (1990); I feel you (1993); It's no good (1997); Dream on (2001); Precious (2005); Martyr (2006); Wrong (2009); Heaven (2013)*
Dire Straits (USA), 1977-1995	V/G: Mark Knopfler KEY: Alan Clark, Guy Fletcher B: John Illsley ***EX***: *G: David Knopfler, Hal Lindes D: Pick Withers, Terry Williams*	Dire Straits (1978); Communiqué (1979); Making movies (1980); Love over gold (1982); Brothers in arms (1985); Money for nothing (1988); On every street (1991) ***Hits***: *Sultans of swing (1979); Romeo and Juliet (1981); Private Investigations (1982); Money for nothing (1985); Brothers in arms (1985); Calling Elvis (1991)*
Doors, The (USA), 1965-1973	V: Jim Morrison † 1971, G: Robby Krieger D: John Densmore K: Ray Manzarek † 2013	The Doors (1967); Strange days (1967); Waiting for the sun (1968); The soft parade (1969); Morrison Hotel (1970); Absolutely live (1970); Doors 13 (1970); L.A. Woman (1971); Weird scenes inside the gold mine (1972) ***Hits***: *Light my fire (1967); The End (1967); Riders on the storm (1971)*
Dream Theater (USA), 1985	V: James LaBrie G: John Petrucci B: John Myung KEY: Jordan Rudess D: Mike Mangini ***EX***: *V: Charles Dominici K: Kevin Moore D: Mike Portnoy*	When day and dream unite (1989); Images and words (1992); Awake (94); A turbulence (2002); Train of thought (2003); Octavarium (2005); Systematic chaos (2007); Black xlouds & silver linings (2009); A dramatic turn of events (2011); Dream Theater (2013); The astonishing (2016)
Duran Duran (GB), 1978	V/G: Simon Le Bon B: John Taylor D: Roger Taylor K: Nick Rhodes ***EX***: *G: Andy Taylor, Warren Cuccurullo*	Girls on film (1981); Rio (1982); Seven and the ragged tiger (1983); Notorious (1986); Duran Duran (1993); Astronaut (2004); Red carpet massacre (2007); All you need is now (2010) ***Hits***: *Girls on film (1981); Hungry like a wolf (1982); The reflex (1984); Wild boys (1984)*
Eagles, The (USA), 1970	V/D/G: Don Henley G: Joe Walsh B: Timothy B. Schmit ***EX***: *V/G: Glenn Frey † 2016, V/G: Don Felder G: Bernie Leadon B/G/V: Randy Meisner*	Eagles (1972); Desperado (1973); On the border (1974); One of these nights (1975); Eagles: Their Greatest Hits 1971-1975 (1976); Hotel California (1976); The long run (1979); Hell freezes over (Live, 1994); Long road out of the eden (2007) ***Hits***: Tequila sunrise (1973); Best of my love (1974); *Lyin Eyes (1975); Hotel California (1976); New kid in town (1976); Heartache tonight (1979)*

INTERNATIONALE ROCK/POP-BANDS UND IHRE GROSSTEN HITS

BAND (VON-BIS)	**LETZTE BESETZUNG &** *EX-MITGLIEDER*	**AUSWAHL IHRER ALBEN UND *HITS*** (ERSTVERÖFFENTLICHUNG) (V=VOCAL; G=GITARRE; B=BASS; D=DRUMS; K=KEYBORD; SX=SAXOPHON; POS=POSAUNE)
Earth, Wind & Fire (USA), 1969	B: Verdine White V/D: Philip Bailey D/G: Ralph Johnson SAX: Gary Bias TRO: Bobby Burns PER/V: David Whitworth **EX**: *V/D: Maurice White † 2016 G: Al McKay D: Sonny Emory TRO: Ray Brown*	Earth, Wind & Fire (1971); The Need of love (1971); That's the way of the world (1975); All 'n' All (1977); I am (1979); Faces (1980); Raise! (1981); Powerlight (1982); Electric Universe (1983); Touch the world (1987); In the name of love (1997); Ilumination (2005) ***Hits***: *Shining Star (1975); Sing a song (1975); Getaway (1976); Saturday Nite (1976); September (1979); Boogie Wonderland (1979); After the love has gone (1979); Let's groove (1981)*
Electric Light Orchester „ELO" (GB), 1968-1987	V/G: Jeff Lynne, Roy Wood D: Bev Bevan **EX**: *KEY: Richard Tandy, Mik Kaminski, Mike de Albuquerque B: Kelly Groucutt † 2009*	Eldorado (1974); Face the music (1975); A new world record (1976); Out of the blue (1977); Discovery (1979); Xanadu (1980); Time (1981); Secret messages (1983); Balance of power (1986); Zoom (2001) ***Hits***: 10538 Overture (1972); *Roll over Beethoven (1973); Evil woman (1975); Livin thing (1976); Telephone Line (1977); Mr. Blue Sky (1978) Don't bring me down (1979); Confusion (1979); Xanadu (1980); Hold on tight (1981); Rock'n' Roll is King (1983)*
Emerson, Lake & Palmer „ELP" (GB), 1970-1998	KEY: Keith Emerson † 2016 V/G/B: Greg Lake † 2016 D: Carl Palmer **EX**: *D: Cozy Powell G: Robert Berry*	Emerson, Lake & Palmer (1970); Tarkus (1971); Pictures at an exhibition (1971); Trilogy (1972); Brain Salad Surgery (1973); Works Volume I (1977); Works Volume II (1977); Black moon (1992); In the hot seat (1994) ***Hits***: *Lucky man (1979); Fanfare for the common man (1977); Black moon (1992)*
Eurythmics (GB), 1981-2005	V/K: Annie Lennox G/K: David A. Stewart	In the garden (1981); Sweet dreams (1983); Touch (1983); Touch dance (1984); 1984 (1984); Be yourself tonight (1985); Revenge (1986); Savage (1987); We two are one (1989); Peace (1999) ***Hits***: *Sweet dreams (1983); Sexcrime (1984); There must be an angel (1985)*
Faithless (GB), 1995	V: Maxi Jazz KEY: Sister Bliss, Rollo **EX**: *V: Dido KEY: Jamie Catto*	Reverence (1996); Sunday 8 PM (1998); Outrospective (2001); No roots (2004); To all new arrivals (2006); The dance (2010) ***Hits***: *Salva Mea (1995); Insomnia (1995), Good is a DJ (1998); Why go? (1999); We come 1 (2001); One step to far (2002); Mass Destruction (2004)*
Fleetwood Mac (GB), 1967	V: Stevie Nicks G: Lindsey Buckingham B: John McVie D: Mick Fleetwood KEY: Christine Mc Vie **EX**: *G: Peter Green, Jeremy Spencer, Billy Burnette*	Mr. Wonderful (1968); Then play on (1969); The Pious bird of good omen (1969); Kiln House (1970); Fleetwood Mac (1975); Rumours (1977); Tusk (1979); Mirage (1982); Tango in the night (1987); Behind the mask (1990); Say you will (2003) ***Hits***: *Albatross (1969); Oh well (1969); Go your own way (1977); Dreams (1977); Tusk (1979); Big love (1987); Little lies (1987)*
Foo Fighters (USA), 1994	V/G/KEY: Dave Grohl V/G: Pat Smear, Chris Shiflett B: Nate Mendel D/V: Taylor Hawkins	*Foo Fighters (1995); There is nothing left to lose (1999); One by one (2002); In your honor (2005); Echoes, Silence, Patience & Grace (07); Wasting light (2011); Sonic highways (14); Concrete and gold (2017)* ***Hits:*** *Everlong (1997), Learn to Fly (1999); Best of you (2006), The Pretender (2007)*
Foreigner (GB/USA), 1976	V: Kelly Hansen G: Mick Jones, Thom Gimbel B: Jeff Pilson D: Chris Frazier K: Michael Bluestein **EX**: *V: Lou Gramm G: Ian McDonald D: D. Elliot,* Jason Bonham	Foreigner (1977); Double vision (1978); Head games (1979); 4 (1981); Agent provocateur (1984); Inside information (1987); Unusual heat (1991); No end in sight (2008); Can't slow down (2010) ***Hits***: *Cold as ice (1977); Hot blooded (1978); Double Vision (1978); Urgent (1981); Waiting for a girl like you (1981); Juke box hero (1981); I want to know what love is (1984)*

INTERNATIONALE ROCK/POP-BANDS UND IHRE GRÖSSTEN HITS

BAND (VON-BIS)	**LETZTE BESETZUNG &** *EX-MITGLIEDER*	**AUSWAHL IHRER ALBEN UND *HITS*** (ERSTVERÖFFENTLICHUNG) (V=VOCAL; G=GITARRE; B=BASS; D=DRUMS; K=KEYBORD; SX=SAXOPHON; POS=POSAUNE)
Genesis (GB), 1967	V/D: Phil Collins G/B: Mike Rutherford K: Tony Banks **EX**: *V: Peter Gabriel, G: Anthony Philips, Steve Hackett, D: Chris Stewart, John Silver, John Mayhew*	Selling England by the pound (1973); The lamb lies down on broadway (1974); A trick of the tail (1975); Wind and wuthering (1977); And then there were three (1978); Duke (1980); Abacab (1981); Three sides live (1982); Genesis (1983); Invisible touch (1986); We can't dance (1991); Calling all stations (1997) ***Hits***: *The carpet crawlers (1974); Follow you follow me (1978); Abacab (1981); Mama (1983); Land of confusion (1986); I can't dance (1991); No son of mine (1991)*
Gossip (USA), 1999-2016	V/PIANO: Beth Ditto G/B: Nathan Howdeshell alias Brace Paine D: Hannah Blilie **EX**: *D: Kathy Mendonca*	That's not what I heard (2001); Movement (2003); Standing in the way of control (2007); Music for men (2009); A joyful noice (2012) ***Hits***: *Heavy Cross (2009); Perfect world (2012); Move in the right direction (2012)*
Green Day (USA), 1987	V/G: Billie Joe Armstrong B: Mike Dirnt D: Tre Cool G: Jason White **EX**: *D: Al Sobrante (John Kiffmeyer)*	Kerplunk! (1992); Dookie (1994); Insomniac (1995); Nimrod (1997); Warning: (2000); American idiot (2004); Bullet in a bible (2005); 21st Century Breakdown (2009); Uno (2012); Dos (2012); Tré (2013); Revolution Radio (2016) ***Hits***: *Basket case (1994); Good riddance (1997); Boulevard of broken dreams (2005); Saints are coming (2006); Know your enemy (2009); 21 guns (2009)*
Guns N' Roses (USA), 1985	V/K: Axl Rose G: Slash, Richard Fortus B: D. McKagan K: Dizzy Reed, M. Reese D: Frank Ferrer **EX**: *G: Robin Finck, Ron Thal, Tracii Guns, Izzy Stradlin B: Tommy Stinsen, D: St. Adler KEY: Chris Pitman*	Appetite for destruction (1987); G N' R Lies (1988); Use your illusion I (1991); Use your illusion II (1991); The spaghetti incident (1993); Chinese Democracy (2008) ***Hits***: *Welcome to the jungle (1987); Paradise City (1988); Sweet child o' mine (1988); Patience (1989); Don't cry (1991);You could be mine (1991); Live and let die (1992); Yesterdays (1992); November rain (1992); Knockin' on heaven's door (1992)*
Hot Chocolate (GB) 1969	V: Greg Bennis B: Patrick Olive D: Tony Connor **EX**: *V: Errol Brown † 2015 G: H. Hinsley, B: T. Wilson, L. Ferguson † 2015*	Cicero Park (1974); Hot Chocolate (1975); Man to man (1976); Every 1's a winner (1978); Going throug the motions (1979); Mystery (1982) ***Hits***: *Emma (1974); You sexy thing (1976); So you win again (1977); Every 1's a winner (1978); No doubt about it (1980); It started with a kiss (1982)*
INXS (AUS), 1977-2012	G: Tim Farriss, Kirk Pengilly, Andr. Farriss B: Garry Beers D: Jon Farriss **EX**: *V: J.D. Fortune V: Michael Hutchence † 1997*	Listen like thieves (1985); Kick (1987); X (1990); Live baby live (1991); Welcome wherever you are (1992); Full moon, dirty hearts (1993) ***Hits***: *Need you tonight (1987); New sensation (1988); Suicide blonde (1990)*
Iron Maiden (GB), 1975	V: Bruce Dickinson G: Dave Murray, Adrian Smith, Janick Gers B: Steve Harris D: Nicko McBrain **EX**: *V: Paul Di´Anno, Blaze Bayley, P. Day, D: Clive Burr †2013*	Killers (1981); The number of the beast (1982); Piece of mind (1983); Powerslave (1984); Seventh son of a seventh son (1988); Dance of death (2003), A matter of life and death (2006); The final frontier (2010); The book of souls (2015) ***Hits***: *Run to hills (1982); The number of the beast (1982)*
Jamiroquai (GB), 1992	V: Jason Jay Kay G: Rob Harris B: Paul Turner D: Derrick McKenzie K: Matt Johnson PER: Solá Akingbolá **EX**: *B: Stuart Zender, Nick Fyffe G: Simon Katz*	Emergency on planet Earth (1993); The return of the space cowboy (1995); Travelling without moving (1996); Synkronized (1999); A funk odyssey (2001); Dynamite (2005); High Times (Kompilation 2006); Rock dust light star (2010); Automaton (2017) ***Hits***: *Virtual insanity (1997); Cosmic girl (1997); Deeper underground (1999); Canned Heat (1999); Little L (2001); Runaway (2005)*

BAND (VON-BIS)	**LETZTE BESETZUNG &** *EX-MITGLIEDER*	**AUSWAHL IHRER ALBEN UND *HITS*** (ERSTVERÖFFENTLICHUNG) (V=VOCAL; G=GITARRE; B=BASS; D=DRUMS K=KEYBORD; SX=SAXOPHON; POS=POSAUNE)
Jethro Tull (GB), 1967-2014	V/G/FLÖ: Ian Anderson G: Martin Barre B: David Goodier D: Doane Perry u **EX**: *D: Clive Bunker B: J. Glascock † 1979, Jonathan Noyce, Dave Pegg K: John Evan*	This was (1968); Stand up (1969); Benefit (1970); Aqualung (1971); Thick as a brick (1972); A passion play (1973); War child (1974); Minstrel in the gallery (1975); Songs from the wood (1977); Roots to branches (1995) **Hits**: *Living in the past (1969); Locomotive breath (1971); Aqualung (1971)*
Journey (USA), 1973	V: Arnel Pineda G: Neal Schon B: Ross Valory K: J. Cain D: S. Smith **EX**: *V/K: Gregg Rolie V: Steve Perry G: Georg Tickner D: P. Prince, A. Dunbar, D. Castronovo*	Infinity (1978); Evolution (1979); In the beginning (1979); Departure (1980); Captured (1981); Escape (1981); Frontiers (1983); Raised on radio (1986); Tral by fire (1996); Arrival (2001); Generations (2005); Revelation (2008) **Hits**: *Weel in the sky (1978); Don't stop believin' (1981); Who's crying now (1981); Open arms (1981), When you love a woman (1996)*
Kinks, The (GB), 1964	V/G: Ray Davies, Dave Davies B: Jim Rodford K: Ian Gibbons D: Bob Henrit **EX**: *B: Peter Quaife †2010, John Dalton, Andy Pyle D: Mick Avory K: John Gosling*	Kinks (1964); Kinda Kinks (1965); Kink Kontroversy (1965); Face to face (1967); Something else (1967); The Kinks (1967); Lola versus powerman (1970) **Hits**: *You really got me (1964); Sunny afternoon (1966); Dandy (1966); Waterloo Sunset (1967); Death of a clown (1967); Lola (1970); Apeman (1970)*
Kiss (USA), 1973	V/G: Paul Stanley (Starchild) V/B: Gene Simmons (Demon) G: Tommy Thayer (Spaceman) D: Eric Singer (The Catman) **EX**: *V/G: Ace Frehley, Bruce Kulick D: Peter Criss, Eric Carr (The Fox) † 1991*	Dressed to kill (1975); Destroyer (1976); Rock'n'Roll over (1976); Love gun (1977); Kiss Alive II (1977); Double platinum (1978); Dynasty (1979); Unmasked (1980); Lick it up (1983); Animalize (1984); Asylum (1985); Revenge (1992); Kiss Alive III (1993); Psycho Circus (1998); Sonic Boom (2009); Monster (2012) **Hits**: *I was made for loving you (1979); God gave Rock'n Roll to you II (1991)*
Kool & the Gang (USA), 1969	V/SAX: Ronald Bell B: Robert „Kool" Bell K: George Brown TRO/POS: Dennis Thomas **EX**: *V: James „JT" Taylor G: Charles Smith † 2006*	Wild and peaceful (1973); Light of worlds (1974); Spirit of the boogie (1975); The Force (1977); Ladies' night (1979); Too hot (1979); Celebrate (1980); Something special (1981); As one (1982); In the heart (1983); Emergency (1984) **Hits**: *Ladies Night (1979); Fresh (1982); Celebration (1983); Cherish (1984)*
Led Zeppelin (GB), 1968-1980	V: Robert Plant G: Jimmy Page B/K: John Paul Jones D: John Bonham † 1980 **EX**: *G: Jeff Beck V: Keith Relf B: Chris Dreja D: Jim McCarty*	Led Zeppelin I (1969), II (1969), III (1970); IV Symbols (1972); Houses of the holy (1973); Physical graffiti (1975); Presence (1976); The song remains the same (1976); In through the out door (1979); Coda (1982); Celebration Day (2012, Live) **Hits**: *Whole lotta love (1969); Immigrant Song (1970); Stairway to heaven (1971); Kashmir (1975)*
Limp Bizkit (USA), 1994	V: Fred Durst G: Wes Borland B: Sam Rivers D: John Otto K: DJ Franco **EX**: *G: Rob Waters, Mike Smith, DJ Lethal*	Significant other (1999); Chocolate starfish and the Hot Dog flavored water (2000); Results May Vary (2003); The unquestionable truth (2005); Gold Cobra (2011) **Hits**: *Take a look around (2000); Rollin (2000); My way (2001); Behind blue eyes (2004)*
Linkin Park (USA), 1996	V/G: Mike Shinoda, Brad Delson, David „Phoenix" Farrell D: Rob Bourdon DJ: Joseph „Joe" Hahn **EX**: *V: Chester Bennington (1976-2017)*	Hybrid Theory (2000); Meteora (2003); Minutes to midnight (2007); A Thousand suns (2009); Living Things (2012); The Hunting Party (2014); One more light (2017) **Hits**: Crawling (2001); In the end (2001), Numb (2003); What I've done (2007); New Devide (2009); The catalyst (2010); Burn it down (2012); Castle of glass (2013); Heavy (2017)

INTERNATIONALE ROCK/POP-BANDS UND IHRE GRÖSSTEN HITS

BAND (VON-BIS)	**LETZTE BESETZUNG &** *EX-MITGLIEDER*	**AUSWAHL IHRER ALBEN UND *HITS*** (ERSTVERÖFFENTLICHUNG) (V=VOCAL; G=GITARRE; B=BASS; D=DRUMS; K=KEYBORD; SX=SAXOPHON; POS=POSAUNE)
Lynyrd Skynyrd (USA), 1964	V: Johnny Van Zant G: G. Rossington Rickey Medlocke D: Michael Cartellone **EX**: *Sänger Ronnie Van Zant und Gitarrist Steve Gains starben 1977 bei einem Flugzeugabsturz; Allen Collins † 1990*	Second helping (1974); Nuthin' fancy (1975); Gimme back my bullets (1976); One more from the road (1976); Street survivors (1977); Skynyrd's first and last (1978); Gold and platinum (1979); Best of the rest (1986); Legend (1987) ***Hits***: *Gimme three steps (1973); Free bird (1973); Sweet home Alabama (1974)*
Madness (GB), 1976	V: Graham McPherson G: *Chris Foreman* B: Mark Bedford K: Mike Barson D: Daniel Woodgate V/SX: Lee Thomson **EX**: *V/TR: Chas Smash B: Graham Bush*	One step beyond (1979); Absolutely (1980); The rise and fall (1982); Keep moving (1984); Utter madness (1986); Divine madness (1992); Wonderful (1999); The Liberty of Norton Folgate (2009) ***Hits***: *My girl (1979); It must be love (1981); House of fun (1982); Our house (1983)*
Mamas and the Papas, The (USA),1965-1972	V: John Philipps † 2001, „Mama" Cass Elliot † 1974, Michelle Philipps, Denny Doherty † 2007	If you can believe your eyes and ears (1966); The Mamas & The Papas (1966); Deliver (1967); Farewell to the first golden era (1967); People like us (1971) ***Hits***: *California dreamin (1966); Monday, Monday (1966); Dream a little dream of me (1968)*
Manfred Mann's Earth Band „MMEB" (GB/SFA), 1971	V/K: Manfred Mann V/G: Mick Rogers, V: N. McCalla B: Steve Kinch D: Jimmy Copley **EX**: *B: Colin Pattenden, Pat King V: Chris Thompson D: John Lingwood*	Solar fire (1973); Nightingales & Bombers (1975); The roaring silence (1976); Watch (1978); Angel station (1979); Chance (1980); Somewhere in Africa (1982); Criminal tango (1986); Masque (1987); Soft vengeance (1996) ***Hits***: *Do wah diddy diddy (1964); Ha! Ha! Said the clown (1967); Mighty Quinn (1968); My name is Jack (1968); Fox on the run (1968); Ragamuffin man (1969); Blinded by the light (1976); Davy's on the road again (1978); Don't kill it Carol (1979); For you (1980)*
Maroon 5 (USA), 2001	V/G: Adam Levine G/KEY: Jesse Carmichael B: Mickey Madden D: Ryan Dusick	Songs about Jane (2002); It won't be soon before long (2007); Hands all over (2010); Overexposed (2012); V (2014); Red Pill Blues (2017) ***Hits***: *This love (2004); Makes me wonder (2007); Moves like Jagger (2011); Payphone (2012); One more night (2012); Maps (2014); Animals (2014); Sugar (2015); Don't wanna know (2016); What Lovers do (2017)*
Massive Attack (GB), 1987	V: Robert „3D" Del Naja, Grantley „Daddy G" Marshall, Andrew „Mushroom" Vowles	Blue lines (1991); Protection (1994); No protection (Massive Attack Vs. Mad Professor) (1995); Mezzanine (1998); Singles 90/98 (1999); 100th Window (2003); Heligoland (2010) ***Hits***: *Unfinished sympathy (1991); Risingson (1993); Teardrop (1998)*
Metallica (USA), 1981	V/G: James Hetfield G: Kirk Hemmett B: Robert Trujillo D: Lars Ulrich **EX**: *B: Cliff Burton † 1986, Jason Newsted*	Kill 'em all (1983); Ride the lightning (1986); Master of puppets (1986); ..and justice for all (1988); Metallica – Black Album (1991); Load (1996); Reload (1997); Garage Inc. (1998); St. Anger (2003); Death Magnetic (2008); Lulu (2011); Hardwired to self-destruct (2016) ***Hits***: *Enter Sandman (1991); Nothing else matters (1992); Until it sleeps (1996); All nightmare long (2008)*
Motörhead (GB), 1975-2015	V/B: Ian „Lammy" Kilmister † 2015 G: Phillip „Wizzö" Campbell D: Mikkey Dee **EX**: *„Fast" Eddie Clark, Michael „Würzel" Burston † 2011 D: Phil Taylor † 2015*	Motörhead (1977); Overkill (1979); Ace of spades (1980); No sleep ,til Hammersmith (1981); Iron Fist (1982); Another perfect day (1983); 1916 (1991); March ör die (1992); Inferno (2004); Kiss of death (2006); Motörizer (2008); The wörld is yours (2010); Aftershock (2013); Bad Magic (2015) ***Hits***: *Ace of spades (1980); Wisplash (2004); Be my baby (2006)*

INTERNATIONALE ROCK/POP-BANDS UND IHRE GROSSTEN HITS

BAND (VON-BIS)	**LETZTE BESETZUNG &** *EX-MITGLIEDER*	**AUSWAHL IHRER ALBEN UND *HITS*** (ERSTVERÖFFENTLICHUNG) (V=VOCAL; G=GITARRE; B=BASS; D=DRUMS; K=KEYBORD; SX=SAXOPHON; POS=POSAUNE))
New Model Army (GB), 1980	V/G: Justin Sullivan G: Marshall Gill K: Dean White B: Ceri Monger D: Michael Dean **EX**: *G: Dave Blomberg D: Robert Heaton † 2004 B: Peter Nice (Nelson)*	Vengeance (1984); No rest for the wicked (1985); The ghost of cain (1986); Thunder & Consolation (1989); Impurity (1990); The love of hopeless causes (1993); Strange brotherhood (1998); Eight (2000); Carnival (2005); High (2007); Today is a good day (2009); Between dog and wolf (2013) **Hits**: *51st State (1986); Lights go out (1987); White coasts (1987); Vagabonds (1989)*
New Order *vormals Joy Division* (GB), 1980	V/G/K: Bernard Sumner V/G/K: Gillian Gilbert G/K: Phil Cunningham D: Stephen Morris **EX**: *V: Ian Curtis † 1980 B: P. Hook*	Movement (1981); Power corruption & Lies (1983); Low life (1985); Substance (1987); Technique (1989); Republic (1993) Get ready (2001); Waiting for the sirens call (2005); Lost sirens (2013) **Hits**: *Blue monday (1983); True faith (1987); World in motion (1990)*
Nickelback (CAN), 1995	V/G: Chad Kroeger B: Mike Kroeger G/V: Ryan Peake D/V: Daniel Adair **EX**: *D: Brandon Kroeger, Ryan Vikedal*	Curb (1996), Silver side up (2001); The long road (2003); All the right reasons (05); Dark horse (2008); Here and now (2011); No fixed address (2014), Feed the machine (2017) **Hits**: *How you remind me (2001); Someday (2003); Photograph (2005); Rockstar (2007); When we stand together (2011)*
Nirvana (USA), 1987-1994	V/G: Kurt Cobain † 1994 G: Pat Smear B: Krist Novoselic D/V: Dave Grohl **EX**: *D: Aaron Burckhard, Dale Crover*	Bleach (1989); Nevermind (1991); Incesticide (Kompilation, 1992); In utero (1993); Unplugged in New York (Live, 1994); From the muddy banks of the wishkah (Live, 1996) **Hits**: *Smells like teen spirit (1991); Come as you are (1992); Lithium (1992); Rape me (1993); Heart-Shaped Box (1993)*
Oasis (GB), 1991-2009	V: Liam Gallagher G/V: Noel Gallagher G: Gem Archer B: Andy Bell **EX**: *G: Paul „Bonehead" Arthurs B: Paul „Guigsy" McGuigan D: Tony McCaroll, Alan White*	Definitely maybe (1994); (What's the story) Morning glory? (1995); Be here now (1997); The Masterplan (1998) Standing on the shoulder of giants (2000); Heathen chemistry (2002); Don't believe the truth (2005); Dig out your soul (2008) **Hits**: *Wonderwall (1995); Don't look back in anger (1996); Go let it out (2000); The Hindu Times (2002); Lyla (2005); Falling down (2008)*
Offspring, The (USA), 1986	V: Bryan „Dexter" Holland G: Kevin „Noodles" Wasserman B: Greg Kriesel D: Pete Parada **EX:** *D: Ron Welty, Adam Willard*	The Offspring (1984); Ignition (1992); Smash (1994); Ixnay on the Hombre (1997); Americana (1998); Conspiracy of One (2000); Splinter (2003); Rise & Fall, Rage & Grace (2008); Days go by (2012) **Hits**: *Self Esteem (1994); Pretty Fly (1999); Why don't you get a job? (1999)*
OneRepublic (USA, 2002)	V/G: Ryan Tedder G: Zach Filkins, Drew Brown B/CEL: Brent Kutzle D: Eddie Fisher	Dreaming out loud (2007); Waking up (2009); Native (2013); Oh My My (2016) **Hits**: *Apologize (2007); Stop and stare (2007); Secrets (2009); Marchin' on (2010); Good life (2010), Feel again (2012); If I lose myself (2013); Counting stars (2013); Love runs out (2014); Wherever I go (2016)*
Pearl Jam (USA), 1990	V: Eddie Vedder G: Stone Gossard, Mike McCready B: Jeff Ament D: Matt Cameron **EX**: *D: Dave Abbruzzese, Jack Irons*	Ten (1991); Vs. (1993); Vitalogy (1994); No code (1996); Yield (1998); Binaural (2000); Riot act (2002); Pearl Jam (2006); Backspacer (2009); Lightning Bolt (2013) **Hits**: *Alive (1991); Even flow (1991); Jeremy (1991); Last kiss (1999)*
Pink Floyd (GB), 1965	V/G: David Gilmour D: Nick Mason, K/V: Richard Wright † 2008 B: Guy Pratt **EX**: *B/V: Roger Waters (bis 1985) G: Syd Barrett (bis 1968) † 2006*	Ummagumma (1969); Atom heart mother (1970); Meddle (1971); Obscured by clouds (1972); The dark side of the moon (1973); Wish you were here (1976); Animals (1977); The Wall (1979); The final cut (1983); A momentary lapse of reason (1987); The division bell (1994); Pulse (Live, 1995); Echoes (Best of, 2001); The endless river (2014) **Hits**: *Money (1973), Time (1973); Wish you were here (1976), Shine on you crazy diamond (1976); Another brick in the wall (1979)*

INTERNATIONALE ROCK/POP-BANDS UND IHRE GRÖSSTEN HITS

BAND (VON-BIS)	**LETZTE BESETZUNG &** *EX-MITGLIEDER*	**AUSWAHL IHRER ALBEN UND *HITS*** (ERSTVERÖFFENTLICHUNG) (V=VOCAL; G=GITARRE; B=BASS; D=DRUMS; K=KEYBORD; SX=SAXOPHON; POS=POSAUNE)
Pointer Sisters, The (USA), 1971-2004	V: Ruth Pointer, Anita Pointer, Sadako Johnson ***EX:*** *V: Bonnie Pointer, June Pointer † 2006*	The Pointer Sisters (1973); That's a plenty (1974); Energy (1979); Priority (1979); Special things (1980); Black & White (1981); So excited (1982); Break out (1983); Contact (1985); Hot together (1987) ***Hits:*** *Fire (1978); He's so shy (1980); I'm so excited (1984); Automatic (1984); Jump (1984)*
Police, The (GB), 1977-2008	V/B: Sting G: Andy Summers D: Stewart Copeland ***EX:*** *G: Henry Padovani*	Outlandos d'amour (1978); Regatta de blanc (1979); Zenyatta mondatta (1980); Ghost in the machine (1981); Synchronicity (1983) ***Hits:*** *Roxanne (1979); Message in a bottle (1979); Walking on the moon (1979); So lonely (1980); De Do Do Do De Da Da Da (1980); Every breath you take (1983)*
Prodigy, The (GB), 1990	V: Keith Flint K/DJ: Liam Howlett V: Keith Palmer alias Maxim Reality ***EX:*** *V/K: Leeroy Thornhill V: Sharky*	Experience (1992); Music for the jilted generation (1994); Fat of the land (1997); Hell's kittchen (2000); Always outnumbered (2004); Invaders must die (09); The day is my enemy (2015) ***Hits:*** *Firestarter (1996); Breathe (1996); Smack my bitch up (1997); Mindfields (1997); Omen (2009)*
Queen (GB), 1970-1995	V/P: Freddie Mercury † 1991 G/V: Brian May D/V: Roger Taylor B: John Deacon	Queen (1973); Queen II (1974); Sheer heart attack (1974); A night at the opera (1975); A day at the races (1976); News of the world (1977); Jazz (1978); Live killers (1979); The game (1980); Flash Gordon (1980); Hot space (1982); The works (1984); A kind of magic (1986); The miracle (1989); Innuendo (1991); Made in heaven (1995); The cosmos rocks (2008) ***Hits:*** *Killer Queen (1974); Bohemian Rhapsody (1975); Somebody to love (1976); We are the champions (1977); We will rock you (1977); Bicycle race (1978); Don't stop me now (1978); Crazy little thing called love (1979); Another one bites the dust (1980); Flash (1980); Under pressure (1981); Radio Ga Ga (1984); I want to break free (1984); One Vision (1985); A kind of magic (1986); I want it all (1989); Show must go on (1991)*
Radiohead (GB), 1985	V/G/P: Thom Yorke G/K: Jonny Greenwood G: Ed O'Brien B: Colin Greenwood D: Phil Selway	Pablo honey (1993); My iron lung (1994); The bends (1995); OK Computer (1997); Kid A (2000); Amnesiac (2001); Hail to the thief (2003); In rainbows (2007); The king of limbs (2011); A moon shaped pool (2016) ***Hits:*** *Creep (1992); Street spirit (1996); Karma Police (1997); No surprises (1998); Pyramid song (2001); There there (2003); Nude (2008)*
Rage Against the Machine (USA), 1991	V: Zack de la Rocha G: Tom Morello B: Tim Commerford D: Brad Wilk	Rage Against The Machine (1992); Evil empire (1996); The battle of Los Angeles (1999); Renegades (2000) ***Hits:*** *Killing in the name of (1993); Bombtrack (1993); Bullet in the head (1993); Bulls on parade (1996)*
Ramones, The (USA), 1974-1996	V: Joey † 2001 G: Johnny † 2004 B: Dee Dee † 2002 D: Marky (alle Ramone) ***EX:*** *D: Tommy † 2014, Richie, Elvis B: C.J. (auch alle mit Namen Ramone)*	Ramones (1976); Leave home (1977); Rocket to Russia (1977); Road to ruin (1978); End of the Century (1980); Pleasant dreams (1981); Subterranean jungle (1983); Animal boy (1986); Halfway to sanity (1987); Adios amigos (1995) ***Hits:*** *Blitzkrieg Bop (1976); I wanna be your boyfriend (1976); Pet sematary (1989)*
Red Hot Chili Peppers (USA), 1983	V: Anthony Kiedis B/V: Michael „Flea" Balzary G: Josh Klinghoffer D: Chad Smith ***EX:*** *G/V: Hillel Slovak † 1988, John Frusciante, D. Navarro D: J. Irons*	The Red Hot Chili Peppers (1984); Mother's milk (1989); Blood sugar sex magic (1991); One hot minute (1995); Californication (1999); By the way (2002); Stadium Arcadium (2006); I'm with you (2011); The Getaway (2016) ***Hits:*** *Give it away (1991); Under the bridge (1992); Californication (2000); By the way (2002); Dani California (2006); Snow – Hey oh (2006)*

BAND (VON-BIS)	**LETZTE BESETZUNG &** *EX-MITGLIEDER*	**AUSWAHL IHRER ALBEN UND *HITS*** (ERSTVERÖFFENTLICHUNG) (V=VOCAL; G=GITARRE; B=BASS; D=DRUMS; K=KEYBORD; SX=SAXOPHON; POS=POSAUNE)
R.E.M. (USA), 1980-2011	V: Michael Stipe G: Peter Buck B: Mike Mills ***EX***: *D: Bill Berry*	Murmur (1983); Document (1987); Green (1988); Out of time (1991); Automatic for the people (1992); Monster (1995); New adventures in Hi-Fi (1996); Up (1998); Reveal (2001); In time (Kompilation, 2003); Around the sun (2004); Accelerate (2008); Collapse into now (2011) ***Hits***: The one I love (1987); *Losing my religion (1991); Shiny Happy People (1991); Drive (1992); Man on the moon (1992); Everbody hurts (1993); Leaving New York (2004); Supernatural Superserious (2008)*
Rolling Stones, The (GB), 1962	V: Mick Jagger G: Keith Richards, Ron Wood D: Charlie Watts ***EX***: *B: Bill Wyman, Dick Taylor P: Ian Stewart † 1984 G: Brian Jones † 1969, Mick Taylor D: Tony Chapman*	The Rolling Stones (1964); Aftermath (1966); Between the buttons (1967); Their satanic majesties request (1967); Beggar's banquet (1968); Let it bleed (1969); Get yer Ya-Ya's out (1970); Sticky fingers (1971); Exile on Main Street (1972); It's only Rock'n Roll (1974); Tatoo you (1981); Undercover (1983); Steel Wheels (1989); Voodoo Lounge (1994); Bridges to Babylon (1997); A bigger bang (2005); Blue & Lonesome (2016) ***Hits***: *Satisfaction (1965); Paint it black (1966); Ruby Tuesday (1967), Jumpin' Jack Flash (1968); Honky Tonk women (1969) ,Sympathy for the devil (1968); You can't always get what you want (1969); Brown sugar (1971); Angie (1973)*
Roxette (SWE), 1989	V/G: Per Gessle V: Marie Fredriksson	Look Sharp (1989); Joyride (1991); Tourism (1992); Crash Boom Bang (1994); Don't bore us – get to the chorus (1995); Have a nice day (1999); Room service (2001); Charm school (2011); Travelling (2012); Good Karma (2016) ***Hits***: *The look (1989); Listen to your heart (1989); It must have been love (1990); Joyride (1991); She's got nothing on but the radio (2011)*
Roxy Music (GB), 1971	V/K: Bryan Ferry SX: Andy Mackay G: Phil Manzanera D: Paul Thomson K: Colin Good ***EX***: *SYN: Brian Eno, Eddie Jobson*	Roxy Music (1972); For your pleasure (1973); Stranded (1973); Country life (1974); Siren (1975); Manifesto (1979); Flesh and blood (1980); Avalon (1982); The High Road (1983) ***Hits***: *Love is the drug (1975); Dance away (1979); Oh Yeah (1980); Jealous guy (1981)*
Saga (CAN), 1977	V/K/B: Michael Sadler G: Ian Crichton B/K: Jim Crichton K/V: Jim Gilmour D: M. Thorne ***EX***: *V: Rob Moratti D: Steve Negus KEY: Peter Rochon, Gregg Chadd*	Saga (1978); Silent knight (1980); Worlds apart (1981); In transit (Live 1982); Heads or tales (1983); Behaviour (1985); Wildest dreams (1987); Trust (2006); The human conditions (2009); 20/20 (2012); Sagacity (2014) ***Hits***: *On the loose (1981); Wind him up (1981); Don't be late (1981), Humble stance (1981); The flyer (1983)*
Santana (USA), 1966	V/G: Carlos Santana K: Dave Mathews B: Benny Rietveld D: Cindy Blackman Santana V: Ray Greene, Andy Vargas, Tony Lindsay ***EX***: *V: Alex Ligertwood, K: Chester Thompson, Tom Coster B: David Brown D: Graham Lear, Dennis Chambers u.v.a.*	Santana (1969); Abraxas (1970); Santana III (1971); Caravanserai (1972); Welcome (1973); Borboletta (1974); Amigos (1976); Festival (1977); Moonflower (1977); Inner Secrets (1978); Marathon (1979); Zebop! (1981); Shango (1982); Supernatural (1999); Shaman (2002); All that I am (2005); Shape Shifter (2012); Corazon (2014) ***Hits***: *Jingo (1970); Evil ways (1970); Black magic woman (1970); Oye como va (1971); Samba pa ti (1974); She's not there (1977); Smooth (1999); Maria Maria (1993)*
Sex Pistols, The (GB), 1975-1978	V: Johnny Rotten G: Steve Jones B: Glen Matlock D: Paul Cook ***EX***: *B: Sid Vicious † 1979*	Never mind the Bollocks - Here's the Sex Pistols (1977); The great Rockn'Roll swindle (1979); Some product carri on (1979); Flogging a dead horse (1980) ***Hits***: *Anarchy in the UK (1976); God save the Queen (1977); Pretty vacant (1977)*

INTERNATIONALE ROCK/POP-BANDS UND IHRE GRÖSSTEN HITS

BAND (VON-BIS)	**LETZTE BESETZUNG &** *EX-MITGLIEDER*	**AUSWAHL IHRER ALBEN UND *HITS*** (ERSTVERÖFFENTLICHUNG) (V=VOCAL; G=GITARRE; B=BASS; D=DRUMS; K=KEYBORD; SX=SAXOPHON; POS=POSAUNE)
Simon & Garfunkel (USA), 1957-1970	V/G: Paul Simon V: Art Garfunkel	Wednesday Morning, 3 A.M. (1964); Sounds of silence (1966); Parsley, Sage, Rosemary and Thyme (1966); Bookends (1968); Bridge over troubled water (1970), Concert in Central Park (1982) ***Hits***: *The sound of silence (1965); Scarborough Fair (1966); Mrs. Robinson (1968); The Boxer (1969); Bridge over troubled water (1970); El Cóndor pasa (1970); Cecilia (1970)*
Simple Minds (GB), 1978	V: Jim Kerr, Sarah Brown G: Charlie Burchill B: Ged Grimes D: Mel Gaynor ***EX***: *K: Michael MacNeil B: Derek Forbes John Giblin, Malcom Foster, Eddy Duffy D: Brian McGee K: Mark Taylor*	Sons and fascination (1981); New gold dream (1982); Sparkle in the rain (1984); Once upon a time (1985); In the city of light (1987); Real life (1991); Good news from the next world (1994); Cry (2002); Black & White (2005); Graffiti soul (2009); Big music (2014) ***Hits***: *Waterfront (1984); Don't you (1985); Alive and kicking (1985); See the lights (1991)*
Simply Red (GB), 1984	V: Mick Hucknall G: Kenji Suzuki B: Steve Lewinson D: Roman Roth K: Dave Clayton K/SX: Ian Kirkham POS: John Johnson, Kevin Robinson ***EX***: *G: Heitor Pereira B: Tony Bowers*	Picture book (1985); Men and women (1987); A new flame (1989); Stars (1991); Life (1995); Greatest Hits (1996); Blue (1998); Love and the russian winter (1999); It's only love (2000); Home (2003); Simplified (2005); Stay (2007); Big love (2015) ***Hits***: *Money's too tight to mention (1985); Holding back the years (1985); If you don't know me by now (1989); Stars (1991); Something got me started (1991); Fairground (1995); Sunrise (2003)*
Sisters of Mercy, The (GB), 1980	V: Andrew Eldritch G: Chris Catalyst, Ben Christo ***EX***: *G: Gary Marx, A. Bruhn, Adam Pearson V/B: Patricia Morrison*	First and last and always (1985); Floodland (1987); Vision thing (1990); Some girls wander by mistakes (1992); A slight case of overbombing (1993) ***Hits***: *This corrosion (1987); More (1990); Temple of love (1992)*
Smashing Pumpkins , The (USA), 1988)	V/G: Billy Corgan G: Jeff Schröder B: Nicole Fiorentino D: Jimmy Chamberlin ***EX***: *G: James Iha B: D'arcy Wretzky, Mike Byrne*	Gish (1991); Siamese dream (1993); Mellon Collie and the infinite sadness (1995); Adore (1998); MACHINA/The machines of god (2000); Zeitgeist (2007); Oceania (2012); Monuments to an elegy (2014) ***Hits***: *The end is the beginning is the end (1997); Ava adore (1998); American gothic (2008)*
Smiths, The (GB), 1982-1987	V: Steven Morrissay G: Johnny Marr B: Andy Rourke D: Mike Joyce	The Smiths (1984); Meat is murder (1985); The queen is dead (1986); Strangeways (1987) ***Hits***: *The charming man (1983); How soon is now (1985); Panic (1986)*
Smokie (GB), 1972	V/B: Terry Uttley V: Mike Craft G: Mick McConnell D: Steve Pinnell K: Martin Bullard ***EX***: *V/G/P: Chris Norman, Alan Barton † 1995 G/V: Alan Silson D: Pete Spencer*	Changing all the time (1975), Midnight Cafe (1976); Bright lights and back alleys (1977); The Montreux Album (1978); The other side of the road (1979) ***Hits***: *Living next door to Alice (1976); Lay back in the arm of someone (1977), Needles and pins (1977); It's Your Life (1977), Oh Carol (1978); Mexican girl (1978), Do to me (1979); Babe it's up to you (1979); San Francisco Bay (1980)*
Slade (GB), 1966-1992	V/G: Mal McNulty G: Dave Hill B: John Berry D: Don Powell ***EX***: *V/G: Noddy Holder, Steve Whalley B: Jim Lea, Trevor Holliday B: Dave Glover*	Beginnings (1969); Play it loud (1970); Slayed? (1972); Old new borrowed and blue (1974); Slade in flame (1974); Nobody's fools (1976); We'll bring the house down (1981); The amazing kamikaze syndrome (1983); Rogues Gallery (1985) ***Hits***: *Coz I luv you (1971); Mama weer all crazee now (1972); Godbuy T' Jane (1972); My friend Stan (1973); My oh my (1983)*

BAND (VON-BIS)	**LETZTE BESETZUNG &** *EX-MITGLIEDER*	**AUSWAHL IHRER ALBEN UND *HITS*** (ERSTVERÖFFENTLICHUNG) (V=VOCAL; G=GITARRE; B=BASS; D=DRUMS; K=KEYBORD; SX=SAXOPHON; POS=POSAUNE)
Soundgarden (USA), 1984	G: Kim Thayil B: Ben Shepherd D: Matt Cameron **EX**: *V/D: Chris Cornell (1964-2017)*	Ultramega OK (1988); Louder than love (1989); Badmotorfinger (1991); Superunknown (1994); Down on the upside (1996); King animal (2012) **Hits:** *Rusty cage (1992); Spoonman (1994); Black hole sun (1994); Fell on black days (1994); Pretty noose (1996)*
Spice Girls (GB), 1994-2016	V: Victoria Beckham (Posh Spice); Melanie „Mel B" Brown (Scary Spice); Emma Bunton (Baby Spice); Melanie „Mel C" (Sporty Spice); „Geri" Halliwell (Ginger Spice)	Spice (1996); Spiceworld (1997); Forever (2000); Greatest Hits (2007) **Hits**: *Wannabe (1996); 2 become 1 (1996); Spice up your life (1997); Mama (1997); Too much (1997); Viva forever (1998); Goodbye (1998); Holler (2000)*
Status Quo (GB), 1965	V/G: Francis Rossi, V/K: Andy Bown V/B: „Rhino" Edwards D: Mat Letley **EX**: *V/B: Alan Lancaster D: John Coghlan,* Rick Parfitt *† 2016*	Picturesque matchstickable messages (1968); Piledriver (1972), Hello (1973); Quo (1974), On the level (1975); Blue for you (1976); Rockin all over the world (1977); Whatever You want (1979), 1+9+8+2 (1982); Back to back (1983); In the army now (1986), Don't stop: The 30th (1996), Aquostic - Stripped bare (2014); Aquostic II - That's a fact (2016) **Hits**: *Down Down (1969); Rockin' all over the world (1977); Whatever you want (1979); You're in the army now (1986)*
Steppenwolf (USA/CAN), 1968	V: John Kay G: Danny Johnson B: Gary Link KEY: M. Wilk D: Ron Hurst **EX**: *D: Jerry Edmonton KEY: Goldy Mc John*	Steppenwolf (1968); The Second (1968), At your birthday party (1969); Monster (1969), Steppenwolf 7 (1970), For ladies only (1971), Slow flux (1974), Hour of the wolf (1975), Skullduggery (1976) **Hits**: *Born to be wild (1968); The pusher (1969); Magic carpet ride (1970)*
Steve Miller Band (GB), 1968	V/G: Steve Miller G: Kenny Lee Lewis B: Billy Peterson D: Gordy Knudtson K: Joseph Wooten **EX**: *V/G: Boz Scaggs*	Children of the future (1968); Number 5 (1970); The Joker (1973); Fly like an eagle (1976); Book of dreams (1977); Circle of love (1981); Abracadabra (1982) **Hits**: *The Joker (1984); Take the money and run (1976); Fly like an eagle (1976); Jet Airliner (1976); Abracadabra (1982)*
Supertramp (GB), 1969	V/K/P: Rick Davies D: Bob Siebenberg SX: John Helliwell **EX**: *V/G/B: Roger Hodgson G/V: Richard Palmer, Mark Hart B: Dougie Thomson D: Bob Millar, Keith Baker*	Supertramp (1970); Indelibly stamped (1971); Crime of the century (1974); Crisis? What crisis? (1975) Even in the quietest moments (1977); Breakfast in America (1979); Famos last words (1982); Brother where you bound (1985); Free as a bird (1987); Some things never change (1997), Slow motion (2002) **Hits**: *Dreamer (1974); School (1974); Rudy (1974); Bloody well right (1975); Give a little bit (1977); The logical song (1979); Take the long way home (1979); It's raining again (1982)*
Supremes, The (USA), 1959-1977	V: Mary Wilson, Scherrie Payne, Susaye Greene **EX**: *V: Diana Ross (bis 1970), Jean Terrell, Florence Ballard † 1976, Cindy Birdsong, Betty McGlown-Travis*	Where did our love go? (1964); I hear a symphony (1966); Sing Holland-Dozier-Holland (1967); Reflections (1968); Floy joy (1972) **Hits**: *Where did your love go? (1964); Baby love (1964); Stop in the name of love (1965); You can't hurry love (1966); You keep me hangin on (1966)*
Sweet, The (GB), 1968	V/B: Peter Lincoln G: Andy Scott G/K: Tony O'Hora B: Peter Lincoln D: Bruce Bisland **EX**: *V: Brian Connolly † 1997, D: Mick Tucker † 2002 B: Steve Priest, Jeff Brown*	Funny how sweet Co-Co can be (1971); Sweet fanny Adams (1974); Desolation boulevard (1974); Strung up (1975); Off the record (1977); Sweet's golden greats (1977); Level headed (1977); Sweetlive (2002) **Hits** Co-Co (1971); Wig-Wam-Bam (1972); Hell raiser (1973); *Ballroom blitz (1973); Teenage rampage (1974); Fox on the run (1975); Love is like oxygen (1978)*

INTERNATIONALE ROCK/POP-BANDS UND IHRE GRÖSSTEN HITS

BAND (VON-BIS)	**LETZTE BESETZUNG &** *EX-MITGLIEDER*	**AUSWAHL IHRER ALBEN UND *HITS*** (ERSTVERÖFFENTLICHUNG) (V=VOCAL; G=GITARRE; B=BASS; D=DRUMS; K=KEYBORD; SX=SAXOPHON; POS=POSAUNE)
T. Rex (GB), 1967-1977	V/G: Marc Bolan † 1977 V/K: Gloria Jones PER: Steve Took † 1980, Mickey Finn † 2003 B: Steve Currie † 1981 D: Bill Legend KEY/V: Gloria Jones	My people were fair (1968); Unicorn (1969); A beard of stars (1970); T. Rex (1970); Electric Warrior (1971); The slider (1972); Tanx (1973); Zinc Alloy (1974); Dandy in the underworld (1977) ***Hits***: Hot love (1971); Get it on (1971); Jeepster (1971); Telegram Sam (1972); Metal Guru (1972); Children of the revolution (1972); Solid gold (1973); 20th Century Boy (1973); The Groover (1973)
Take That (GB), 1990	V/P: Gary Barlow V: Mark Owen, Howard Donald ***EX***: *Jason Orange, Robbie Williams (pausiert)*	Take That & Party (1992); Everything changes (1993); Nobody else (1995); Beautiful world (2006); The circus (2008); Progress (2010); III (2014); Wonderland (2017) ***Hits***: *Could it be magic (1993); Back for good (1995); Patience (2006); Greatest day (2008); These days (2014)*
Talking Heads (USA), 1975-1991	V/G: David Byrne B: Tina Weymouth, K/G: Jerry Harrison D: Chris Frantz ***EX***: *B/K: Brian Eno (1978-80) G: Adrian Belew PC: R. Palmer, J. Rossy SX: Fela Kuti*	Talking Heads: 77 (1977); More songs about buildings and food (1978); Fear of music (1979); Remain in light (1980); Speaking in tongues (1983); Stop making sense (Live 1984); Little creatures (1985); True stories (1986); Naked (1988) ***Hits***: *Psycho killer (1977);* Once in a Lifetime (1981), *Burning down the house (1983); Road to nowhere (1985)*
Temptations, The (USA), 1961	V: Dennis Edwards † 2018, Otis Williams ***EX***: *V: Paul Williams † 1973 „Al" Bryant † 1975, Eddie Kendricks † 1992, Melvin Franklin † 1994, David Ruffin*	Meet the Temptations (1964); In a mellow mood (1968); Wish it would rain (1968); Diana Ross & the Supremes (1968), TCB Takin' care of business (1968); Cloud Nine (1969); Puzzle people (1969); Psychedelic shack (1970); Sky's the limit (1971), All directions (1972); Solid rock (1972); Masterpiece (1973) ***Hits***: *My Girl (1965); I can't get next to you (1970); Papa was a Rollin Stone (1972)*
Thin Lizzy (IRL), 1969	V: Ricky Warwick G: Scott Gorham K: Darren Wharton B: Tom Hamilton D: Scott Travis ***EX***: *V: Phil Lynott † 1986, G: Gary Moore, Eric Bell D: B. Downey*	Vagabonds of the western world (1973); Fighting (1975); Jailbreak (1976); Johnny the fox (1976); Bad reputation (1977); Live and dangerous (1978); Chinatown (1980); Renegade (1981); Thunder and ligthning (1983) ***Hits***: *Whisky in the jar (1973); The boys are back in town (1976)*
Tool (USA), 1990	V: Maynard James Keenan G: Adam Jones B: Justin Chancellor D: Danny Carey ***EX***: *B: Paul D'Amour*	Undertow (1993); Ænima (1996); Lateralus (2001); 10.000 Days (2006)
Toto (USA), 1977	V: Joseph Williams G/V: Steve Lukather B: Shem v. Schroeck K: Steve Pocaro ***EX***: *V: Bobby Kimball B: David Hungate, M. Porcaro † 2015 D: J. Porcaro † 1992*	Toto (1978); Hydra (1980); Turn back (1981); IV (1982); Isolation (1983); Fahrenheit (1986); The seventh one (1988); Past to present (1990); Kingdom of desire (1992); Tambu (1995); Mind fields (1999); Through the looking glass (2002); Falling in between (2006); Toto XIV (2015) ***Hits***: *Hold the line (1979); Rosanna (1982); Africa (1982)*
U2 (IRL), 1976	V: Bono (Paul David Hewson) G: The Edge (David Howell Evans) B: Adam Clayton D: Larry Mullen junior	Boy (1980); October (1981); War (1983); The unforgettable fire (1984); The Joshua Tree (1987); Rattle and ham (1988); Achtung baby (1991); Zooropa (1993); Pop (1997); All that you can't leave behind (2000); How to dismantel an atomic bomb (2004); No line on the horizon (2009); Songs of innocence (2014), Songs of experience (2017) ***Hits***: *Sunday bloody sunday (1983); Pride (1984); I still haven't found what I'm looking for (1987); With or without you (1987); ; Desire (1988), The Fly (1991); Discothèque (1997); Beautiful Day (2000); Vertigo (2004); One (2006); Saints are coming (2006)*

BAND (VON-BIS)	**LETZTE BESETZUNG &** *EX-MITGLIEDER*	**AUSWAHL IHRER ALBEN UND *HITS*** (ERSTVERÖFFENTLICHUNG) (V=VOCAL; G=GITARRE; B=BASS; D=DRUMS; K=KEYBORD; SX=SAXOPHON; POS=POSAUNE)
UB 40 (GB), 1978	G/V: Duncan und Robin Campbell B/V: Earl Falconer K: Tony Mullins SX: Brian Travers D: „Jim" Brown PC: Norman Hassan	Present arms (1981); Labour of love (1983); Geffrey Morgan (1984); Rat in the kitchen (1988); Labour of love II (1989); Promises and lies (1993); Love songs (2009); Getting over the storm (2013) ***Hits**: Red red wine (1983); I Got You Babe (1985); Kingston Town (1990); Falling in Love (1993)*
Uriah Heep (GB), 1970	V: Bernie Shaw G/V: Mick Box B/V: D. Rimmer K/V: Phil Lanzon D: Russell Gilbrook ***EX**: V: David Byron † 1985 K: Ken Hensley B:* Trevor Bolder *† 2013, G. Thain † 1975 V: John Lawton*	Very 'eavy, very 'umble (1970); Salisbury (1971); Look at yourself (1971); Demons and wizards (1972); The Magician's birthday (1972); Sweet freedom (1973); Wonderworld (1974); Return to fantasy (1975); High and mighty (1976); Firefly (1977); Innocent victim (1978); Fallen angel (1979); Abominog (1982); Head first (1983); Equator (1985); Sea of light (95); Wake the sleeper (2008), Outsider (2014) Totally Driven (2015) ***Hits**: Gypsy (1970); Lady in black (1971); Easy livin' (1973); Free me (1977)*
Van Halen (USA), 1974	V: David Lee Roth G/P: Eddie Van Halen B: Wolfg. Van Halen D: Alex Van Halen ***EX**: V/G: S. Hagar B: Michael Anthony*	Van Halen (1978); Van Halen II (1979); Fair warning (1981); 1984 (1984); 5150 (1986); OU812 (1986); For unlawful carnal knowledge (1991); Balance (1995); Van Halen III (1998); A different kind of truth (2012) ***Hits**: Jump (1984); I'll wait (1984); Why can't this be love (1986)*
Velvet Underground (USA), 1965-1993	V/G: Lou Reed † 2013 B/K: John Cale G/B/V: Sterling Morrison † 1995 D: Maureen „Moe" Tucker ***EX**: V/G/B: Doug Yule*	The Velvet Underground & Nico (Bananen-Album, 1967); White light/White heat (1968); The Velvet Underground (1969); Loaded (1970); Squeeze (1973) ***Hits**: Sunday morning (1967); Who loves the sun (1970); Sweet Jane (1970); Venus in Furs (1994)*
Wham! (GB), 1982-1986	V: George Michael G/V: Andrew Ridgeley	Fantastic (1983); Make it big (1984); Music from the edge of heaven (1986), The final (1986) ***Hits**: Careless whisper (1984); Wake me up before you go go (1984); Last christmas (1984)*
Who, The (GB), 1964	V/G: Pete Townshend, Roger Daltrey, Simon Townshend B: Pino Palladino D: Zak Starkey **EX**: B: *John Entwistle † 2002 D: Keith Moon † 1978, Kenney Jones*	My generation (1965); A quick one (1966); The Who sell out (1967); Tommy (1969); Live at Leeds (1970); Who's next (1971); Quadrophenia (1973); The Who by numbers (1975); Who are you? (1978); Face dances (1981); It's hard (1982); Endless wire (2006) ***Hits**: My generation (1965), Magic Bus (1968); Finball wizard (1969); I'm free (1969); Baba O'Riley (1971); Who are you? (1978); You better you bet (1981)*
Yello (CH), 1978	V: Dieter Meier SYN: Boris Blank ***EX**: SYN: Carlos Perón*	You gotta say yes to another excess (1983); Stella (1985); One second (1987); Flag (1988); Baby (1991); Zebra (1994); Pocket Universe (1997); The eye (2003); Touch yello (2009); Toy (2016) ***Hits**: Bostich (1980); Desire (1985); Vicious games (1985); Oh Yeah (1987); The race (1988)*
Yes (GB), 1968	V: Jon Davison G/V: St. Howe D: Alan White B: Billy Sherwood ***EX**: V/G Jon Anderson G: Trevor Rabin K: Tony Kaye B: Chris Squire † 2015 D: B. Bruford K: R. Wakeman*	Yes (1969); Time and a word (1970); The Yes Album (1971); Fragile (1972); Close to the edge (1972); Yessongs (Live 1973); Tales from Topographic Oceans (1973); Relayer (1974); Going for the one (1977); Tormato (1978); 90125 (1983); Big Generator (1987); Union (1991); Fly from here (2011) ***Hits**: Sweet dreams (1970); Roundabout (1972); Owner of a lonely heart (1983); Hearts (1983)*
ZZ Top (USA), 1969	V/G: Billy Gibbons V/B: Dusty Hill; D: Frank Beard	ZZ Top's first album (1970); Rio Grande Mud (1972); Tres hombres (1973); Tejas (1976); Degüello (1979); El Loco (1981); Eliminator (1983); Afterburner (1985); Recycler (1990); Antenna (1994); XXX (1999); Mescalero (2003) La Futura (2012) ***Hits**: La Grange (1974); Tush (1975); Gimme all your lovin (1983); Sharp dressed man (1984); Viva las Vegas (1992)*

DEUTSCHE ROCK/POP-BANDS UND IHRE GRÖSSTEN HITS

BAND (GEGRÜNDET)	**LETZTE BESETZUNG &** *EX-MITGLIEDER*	**AUSWAHL IHRER ALBEN UND *HITS*** (ERSTVERÖFFENTLICHUNG) (V=VOCAL; G=GITARRE; B=BASS; D=DRUMS; K=KEYBORD; SX=SAXOPHON; POS=POSAUNE))
2raum-wohnung (2000 in Berlin)	V/KEY:: Inga Humpe B/KEY: Tommi Eckart	Kommt zusammen (2001); In wirklich (2002); Es wird Morgen (2004); Melancholisch schön (2005); 36 Grad (2007); Lasso (2009); Achtung fertig (2013), Nacht und Tag (2017) ***Hits***: *Nimm mich mit (2001); Ich und Elaine (2002); 36 Grad (2007)*
Ärzte, Die (1982 in Berlin)	V/G/B: Farin Urlaub; D/V: Bela B.; B/G/V: Rodrigo González ***EX***: *B/V: Shanie, The Incredible Hagen*	Debil (1984); Im Schatten der Ärzte (1985); Nicht die ganze Wahrheit (1988); Nach uns die Sintflut (1988); Die Bestie in Menschengestalt (1993); Planet Punk (1995); Le Frisur (1996); 13 (1998); Runter mit den Spendierhosen, Unsichtbarer! (2000); Geräusch (2003); Jazz ist anders (2007); auch (2012); Die Nacht der Dämonen (2013) ***Hits***: *Zu spät (1985); Westerland (1988); Schrei nach Liebe (1993); Ein Schwein namens Männer (1998); Manchmal haben Frauen (2000), Unrockbar (2003); Junge (2007); Lasse redn (2008), zeiDverschwÄndung (2012)*
Alphaville (1983 in Münster)	V: Marian Gold; K: Martin Lister; G: David Goodes; D: Jakob Kiersch ***EX***: *K: Bernhard Lloyd; Ricky Echolette*	Forever young (1984); Afternoons in Utopia (1986); The breathtaking blue (1989); Prostitute (1994); Salvation (1997); Catching Rays on giant (2010), Strange Attractor (2017) ***Hits***: *Big in Japan (1984); Sounds lika a melody (1984); Forever young (1984); Jet Set (1985); I die for you today (2010)*
BAP (1976 in Köln)	V/G: Wolfgang Niedecken; G: Ulrich Rode B: Werner Kopal; D: Sönke Reich KEY: Michael Nass ***EX***: *G: Klaus „Major" Heuser; Helmut Krumminga B: Steve Borg D: „Wolli" Boecker, Jürgen Zöller KEY: „Effendi" Büchel*	BAP rockt andere kölsche Leeder (1980); Affjetaut (1980); Für usszeschnigge (1981); Vun drinne noh drusse (1982); Zwesche Salzjebäck un Bier (1984); Ahl Männer, aalglatt (1986); Da Capo (1988); X für'e U (1990); Pik Sibbe (1993); Amerika (1996); Comics & Pin-Ups (1999); Tonfilm (1999); Aff un zo (2001); Sonx (2004); Radio Pandora (2008); Halv su wild (2011); Lebenslänglich (2016) ***Hits***: *Verdamp lang her (1981); Kristallnaach (1982); Fortsetzung folgt (1988); Alles em lot (1990); Widderlich (1993); Aff un zo (2001); All die Augenblicke (2012)*
Birth Control (1968 in Berlin)	V: Peter Föller G: Martin Ettrich K: Sascha Kühn; B: Hans Vesper; D: Manfred v. Bohr ***EX***: *D: Hugon Egon Balder; G: Peter Engelhardt; V: Bernd Noske † 2016*	Birth Control (1969); Operation (1971); Hodoo Man (1972); Rebirth (1973); Plastic people (1975); Titanic (1978); Count on dracula (1980); Deal done at night (1980); Bäng (1982); Two worlds (1995); Jungle life (1996); Alsatian (2003); Here and now (2016) ***Hits***: *Gamma Ray (1972); Suicide (1974); Get down to your fate (1974)*
BossHoss, The (2004 in Berlin)	V/G: Alec Völkel, Sascha Vollmer, G: Stefan Bühler PER: Tobias Fischer D: Ansgar Freyberg B: André Neumann ***EX***: *G: Dean Micetech, Boris Kontorowski*	Internashville urban hymns (2005); Rodeo radio (2006); Stallion battalion (2007); Do or die (2009); Low voltage (2010); Liberty of action (2011); Flames of fame (2013); Dos Bros (2015) ***Hits***: *Hey Ya (2005); Hereos/Helden (2011); Don't gimme that (2011); Do it (2013)*
Can (1968 in Köln)	V: Malcom Mooney; D: Jaki Liebezeit; K: Irmin Schmidt B: Holger Czukay ***EX***: *G: Michael Karoli † 2001 V: Damo Suzuki*	Monster Movie (1969); Soundtracks (1970); Tago Mago (1971); Ege Bamyasi (1972); Future days (1973); Soon over Babaluma (1974); Anthology (2007), The Singles (2017) ***Hits***: *She brings the rain (1970); Mother sky (1970); Spoon (1971); Vitamin C (1972); I want more (1976)*
DAF (1978 in Düsseldorf)	V: G. Delgado-Lopez D: Robert Görl ***EX***: *K: Kurt Dahlke (Pyrolator) B: Michael Kemner G: Wolfgang Spelmans*	Produkt (1979); Kebab Träume (1980); Die Kleinen und die Bösen (1980); Alles ist gut (1981); Gold und Liebe (1981); Für immer (1982); 1 step to heaven (1986), Fünfzehn neue DAF-Lieder (2003) ***Hits***: *Kebab Träume (1980); Räuber und der Prinz (1980); Der Mussolini (1981)*

BAND (GEGRÜNDET)	**LETZTE BESETZUNG &** *EX-MITGLIEDER*	**AUSWAHL IHRER ALBEN UND *HITS*** (ERSTVERÖFFENTLICHUNG) (V=VOCAL; G=GITARRE; B=BASS; D=DRUMS; K=KEYBORD; SX=SAXOPHON; POS=POSAUNE)
Deichkind (1997in Hamburg)	V/MC: Kryptic Joe, Ferris Hilton; DJ Phono; B/MC: Sebastian Dürre (Porky) ***EX***: *MC: Malte Pittner, Buddy Inflagranti*	Bitte ziehen Sie durch (2000); Noch fünf Minuten. Mutti (2002); Aufstand im Schlaraffenland (2006); Arbeit nervt (2008); Befehl von ganz unten (2012); Niveau weshalb warum (2015) ***Hits***: *Bon voyage (2000); Limit (2002); Arbeit nervt (2008); Bück dich hoch (2012); Leider geil (2012); So 'ne Musik (2014); Denken Sie groß (2015)*
Dissidenten (1980 in Berlin)	V/G/B: Uve Müllrich; FLÖ/SX: Friedo Josch D/K: Marlon Klein ***EX***: *V/G: Hamid Baroudi, Houssaine Kili*	Germanistan (1982); Sahara Elektrik (1985); Arab shadows (1986); Out of this world (1990); The jungle book (1992), Instinctive traveller (1997); Tanger session (2008); How long is now? (Live, 2013) ***Hits***: *Fata Morgana (1985); Sahara Elektrik (1985)*
Echt (1994-2002 in Flensburg)	V: Kim Frank G: Kai Fischer B: Andi Puffpaff D: Flo Sump K: Gunnar Astrup	Echt (1998); Freischwimmer (1999); Recorder (2001) ***Hits***: *Du trägst keine Liebe in dir (1999); Weinst Du? (2000); Junimond (2000)*
Einstürzende Neubauten (1980 in Berlin)	V/G/K: Blixa Bargeld G: Jochen Arbeit; PC: N. U. Unruh, Rudolf Moser B: Alex Hacke K: Felix Gebhard ***EX***: *B: Marc Chung K: Gudrun Gut, FC: FM Einheit K:* Ash Wednesday	Kollaps (1981); Zeichnungen des Patienten O. T. (1983); Halber Mensch (1985); Fünf auf der nach oben offenen Richterskala (1987); Haus der Lüge (1989); Die Hamletmaschine (1990); Strategies Against Architecture II (1991); Tabula Rasa (1993); Ende Neu (1996); Silence is sexy (2000); Perpetuum Mobile (2004); Alles wieder offen (2007); Lament (2014)
Element of Crime (1985 in Berlin)	V/G/TR: Sven Regener G: Jakob „Ilja" Friderichs B: David Young D: Richard Pappik ***EX***: *B: Paul „Veto" Lukas, Christian Hartje D: Uwe Bauer*	Try to be Mensch (1987); The ballad of Jimmy & Johnny (1989); Damals hinterm Mond (1991); Weißes Papier (1993); An einem Sonntag im April (1994); Psycho (1999); Romantik (2001); Mittelpunkt der Welt (2005); Immer da wo du bist bin ich nie (2009); Fremde Federn (2010); Lieblingsfarben und Tiere (2014) ***Hits***: *Delmenhorst (2005); Ein Hot Dog unten am Hafen (2008)*
Extrabreit (1978 in Hagen)	V: Kai „Hawaii" Schlasse G: Stefan „Kleinkrieg", Bubi Honig; B: „Larson" Hartmann D: Rolf Möller ***EX***: *V: Horst-W. Wiegand B: Ralf Denz; D: Gerh. Sperling „Käptn Horn"*	Ihre größten Erfolge (1980); Welch ein Land – was für Männer (1981); Europa (1983); Rückkehr der phantastischen Fünf (1983); LP der Woche (1984); Frieden (2005); Neues von Hiob (2008) ***Hits***: *Flieger, grüß mir die Sonne (1980); Hurra, hurra die Schule brennt (1981); Polizisten (1981); Für mich soll's rote Rosen regnen (1992 mit Hildegard Knef)*
Fantastischen-Vier, Die (1986 in Stuttgart)	V/D/DJ: Micki Beck; V: Thomas D (Dürr); Smudo (Michael Bernd Schmidt); K: Andreas Ypsilon (Rieke)	Jetzt geht's ab (1991); Vier gewinnt (1992); Die 4. Dimension (1993); Lauschgift (1995); 4:99 (1999); Viel (2004); Fornika (2007); Für dich immer noch Fanta Sie (2010); Rekord (2014) ***Hits***: *Die da?! (1992); Tag am Meer (1994); Sie ist weg (1995); MfG (1999); Troy (2004), 25 (2014)*
Fehlfarben (1979 in Düsseldorf)	V: Peter Hein G: Th. Schneider; B: Michael Kemner K: Kurt Dahlke; D: Saskia v. Klitzing SX: F. Fenstermacher ***EX***: *G:* Uwe Jahnke	Monarchie und Alltag (1980); 33 Tage in Ketten (1981); Glut und Asche (1983); Knietief im Dispo (2002); 26 ½ (2006); Handbuch für die Welt (2007), Glücksmaschinen (2010), Xenophonie (2012), Über...Menschen (2015) ***Hit***: *Ein Jahr – Es geht voran (1982)*
Fettes Brot (1992 in Hamburg)	V: Doktor Renz (Martin Vandreier), König Boris (Boris Lauterbach), Björn Beton (Björn Warns) ***EX***: *MC Mighty (Kok Göttmann, Matula (Tobi Tobsen)*	Außen Top Hits, innen Geschmack (1996); Fettes Brot lässt grüßen (1998); F. Brot für die Welt (2000); Am Wasser gebaut (2005); Strom & Drang (2008); 3 is ne Party (2013); Teenager vom Mars (2015) ***Hits***: *Jein (1996); Schwule Mädchen (2001); Emanuela (2005); An Tagen wie diesen (2005), Bettina, zieh dir bitte etwas an (2008), Echo (2013)*

DEUTSCHE ROCK/POP-BANDS UND IHRE GRÖSSTEN HITS

BAND (VON-BIS AUS)	**LETZTE BESETZUNG &** *EX-MITGLIEDER*	**AUSWAHL IHRER ALBEN UND *HITS*** (ERSTVERÖFFENTLICHUNG) (V=VOCAL; G=GITARRE; B=BASS; D=DRUMS; K=KEYBORD; SX=SAXOPHON; POS=POSAUNE)
Guano Apes (1994 in Göttingen)	V: Sandra Nasic; G: Henning Rümenapp; B: Stefan Ude; D: Dennis Poschwatta	Proud like a god (1996); Don't give me names (2000); Walking on a thin line (2003); Planet of the apes (Kompilation 2004); Bel Air (2011), Offline (2014) ***Hits***: *Open your eyes (1997); Lords of the boards (1998); Big in Japan (2000), You can't stop me (2003)*
Geier Sturzflug (1979 in Bochum)	V/G: Friedel Geratsch, Michael Volkmann B: Werner Borowski D: Uwe Kellerhof K: Deff Ballin SX: Klaus Fiehe	Runtergekommen (1981); Heiße Zeiten (1983); 3 x täglich (1984); Die Geier fliegen tief (1999); Hör auf zu weinen (2009); Wildwechsel (12); Brutto für Netto (2013); Könige der Welt (2015) ***Hits***: *Bruttosozialprodukt (1983); Besuchen Sie Europa (1983); Pure Lust am Leben (1984)*
Ideal (1980-1983 in Berlin)	V/K: Annette Humpe; B: Ernst Deuker; G: Hans-J. Behrendt ***EX***: *Frank Krüger † 2007 D: Hans-Joachim Behrendt*	Ideal (1980); Der Ernst des Lebens (1981); Bi Nuu (1982); Zugabe (1983) ***Hits***: *Eiszeit (1981); Blaue Augen (1982); Monotonie (1982); Keine Heimat (1983)*
Juli (2001 in Gießen)	V: Eva Briegel G: Jonas Pfetzing, Simon Triebel B: Andreas „Dedi" Herde D: M. Römer ***EX***: *D: Martin Möller V: M. Adameit*	Es ist Juli (2004); Ein neuer Tag (2006); In love (2010); Insel (2014) ***Hits***: *Perfekte Welle (2004); Geile Zeit (2004); Dieses Leben (2006): Zerrissen (2007); Elektrisches Gefühl (2010); Immer wenn es dunkel wird (2011)*
Karat (1975 in Ost-Berlin)	V: Claudius Dreilich; G: Bernd Römer; B: Chris Liebig; D: Michael Schwandt; K: Ulrich „Ed" Swillms, Martin Becker ***EX***: *G/V: Herbert Dreilich † 2004 B: H. Protzmann K: Th. Kurzhals † 2014*	Vorgängerband war Panta Rhei! Über sieben Brücken (1979); Albatros (1979); Schwanenkönig (1980); Der blaue Planet (1982); Die sieben Wunder der Welt (1984); Die fünfte Jahreszeit (1986); …im nächsten Frieden (1990); Die geschenkte Stunde (1995); Licht & Schatten (2003; Weitergeh'n (2010); Seelenschiffe (2015) ***Hits***: *Über sieben Brücken (1979); Der blaue Planet (1981); Jede Stunde (1982)*
Kraftwerk (1970 in Düsseldorf)	K: Ralf Hütter SYN: Fritz Hilpert, Henning Schmitz, Falk Grieffenhagen ***EX***: *SYN: Florian Schneider D: Wolfgang Flür, KEY: Karl Bartos*	Kraftwerk (1970); Kraftwerk 2 (1971); Ralf & Florian (1973); Autobahn (1974); Radio-Aktivität (1975); Trans Europa Express (1977); Die Mensch-Maschine (1978); Computerwelt (1981); Electric Cafe (1986), The Mix (Kompilation 1991), Tour de France (2003) ***Hits***: *Autobahn (1974); Trans-Europa-Express (1978); Die Roboter (1978); Das Model (1978)*
Modern Talking (1983-2003 in Berlin)	V/G: Dieter Bohlen V: Thomas Anders	The 1st album (1985); Let's talk about love (1985); Ready for romance (1986); In the middle of nowhere (1986); Romantic warriors (1987); Back for Good (1998), Alone (1999); America (2001), Victory (2002); Universe (2003) ***Hits***: *You're my heart, you're my soul (1985); You can win if you want (1985); Cheri cheri Lady (1985); Brother Louie (1986); Geronimo's Cadillac (1986)*
Münchener Freiheit (1980 in München)	V: Tim Wilhelm G: Aron Strobel; B: Micha Kunzi; K: Alex Grünwald; D: Rennie Hatzke ***EX***: *V/G/K: Stefan Zauner; B: Freddie Erdmann D: Günter Stolz*	Von Anfang an (1986); Traumziel (1986); Fantasie (1988); Purpurpmond (1989); Liebe auf den ersten Blick (1992); Energie (1994); XVII (2007); Eigene Wege (2009); Ohne Limit (2010); Mehr (2013); Schwerelos (2016) ***Hits***: *Ohne Dich (1986); Tausendmal Du (1986); So lang man Träume noch leben kann (1987), Liebe auf den ersten Blick (1991)*

BAND (VON-BIS AUS)	**LETZTE BESETZUNG &** *EX-MITGLIEDER*	**AUSWAHL IHRER ALBEN UND *HITS*** (ERSTVERÖFFENTLICHUNG) (V=VOCAL; G=GITARRE; B=BASS; D=DRUMS; K=KEYBORD; SX=SAXOPHON; POS=POSAUNE)
Nena Band (1982-1987 in Berlin)	V: Nena (Gabriele Kerner) G: Carlo Karges † 2002 B: Jürgen Dehmel D: Rolf Brendel; K: Uwe Fahrenkrog-Petersen	Nena (1981); ? (1984); 99 Luftballons (1983); Feuer und Flamme (1985); Eisbrecher (1986); Nena. Die Band (1991) **Hits**: *Nur geträumt (1982); 99 Luftballons (1983); Leuchtturm (1983); ? Fragezeichen (1983); Irgendwie, irgendwo, irgendwann (1984), Rette mich (1984), Feuer & Flamme (1985)*
Oomph! (1989 in Braunschweig)	V/D: Dero Goi G/K: Andreas Crap G/V: Robert Flux	Sperm (1994); Unrein (1998); Plastik (1999); Ego (2001); Wahrheit oder Pflicht (04); GlaubeLiebeTod (2006); Delikatessen (2006); Monster (2008); Des Wahnsinns fette Beute (2012); XXV (2015) **Hits**: *Ich bin Du (1991); Augen auf! (2004); Brennende Liebe (04); Gott ist ein Popstar (2006)*
Passport (1971 in Berlin)	SX: Klaus Doldinger G: Martin Scales B: Patrick Scales K: Michael Hornek D: Christian Lettner PC: Ernst Stroer, B. Darouiche **EX**: *D: Curt Cress, Wolfgang Haffner, Udo Lindenberg B: W. Schmid*	Ataraxia (1978); Man in the mirror (1983); Blues Roots (1991); Down to earth (1993); Passport to paradise (1996); Passport Control (1997); Move (1998); Back to Brazil (2003); Passport to Marocco (2006); Inner Blue (2011); En Route (2015); Doldinger (2016) **Hit**: *Loco-Motive (1978)*
Philip Boa and the Voodooclub (1985 in Dortmund)	V/G: Philip Boa G: Oliver Klemm K/PER: Detlef Götte D: Moses Pellberg B: Thilo Erhardt V/PER: Vanessa Ann Redd **EX**: V: Pia Lund, Pris B: Mike Timmermann	Philister (1985); Aristocracie (1986); Copperfield (1988); Hair (1989); Hispanola (1990); Helios (1991); Boaphenia (1993); God (1994); She (1996); Lord Garbage (1998); My Private War (2000); The Red (2001); C 90 (2003); Decadence & Isolation (2005); Faking to blend in (2007); Diamonds Fall (2009); Loyality (2012); Bleach House (2014); Fresco (2016) **Hit**: *Container Love (1989)*
Prinzen, Die (1987 in Leipzig)	V/P: Sebastian Krumbiegel; V/K: Tobias Künzel; V/G: Wolfgang Lenk; B/K: Jens Sembdner B: Mathias Dietrich; D: Alex „Ali" Zieme	Das Leben ist grausam (1991); Küssen verboten (1992); Schweine (1995); Alles mit'm Mund (1996); Soviel Spaß für wenig Geld (1999); D (2001), Monarchie in Germany (2003); Hardchor (2004); Die neuen Männer (2008); Familienalbum (2015) **Hits**: *Küssen verboten (1992); Alles nur geklaut (1993); Schwein sein (1995); Deutschland (2001)*
Puhdys (1969-2016 in Freiberg)	V/G: Dieter „Maschine" Birr G/V: Dieter „Quaster" Hertrampf K: Peter „Eingehängt" Meyer B: Peter „Bimbo" Rasym D: Klaus Scharfschwerdt **EX**: *B: Harry Jeske; D: Udo Jakob, Gunter Wosylus*	Puhdys (1975); Sturmvogel (1976); Rock'n Roll Music (1977); Perlenfischer (1977) Heiß wie Schnee (1980); Computer-Karriere (1983); Das Buch (1984); Ohne Schminke (1986); Wilder Frieden (1999); Zufrieden? (2001); Undercover (2003); Alles hat seine Zeit (2005) Es war schön (2012); Heilige Nächte (2013); Das letzte Konzert (2016) **Hits**: *Alt wie ein Baum (1976); Hey, wir wollen die Eisbärn sehn (1997)*
Pur (1975 bzw. 1985 in Bietigheim-Bissingen)	V: Hartmut Engler G: Rudi Buttas B: Joe Crawford D: Frank Dapper K: Ingo Reidl G/V: Martin Ansel K/V: Cherry Gehring **EX**: *V: David Hanselmann D/G: Roland Bless D: Martin Stoeck*	Opus 1 (1983); Vorsicht zerbrechlich (1985); Nichts ohne Grund (1991); Seiltänzertraum (1993); Abenteuerland (1995); Mächtig viel Theater (1998); Mittendrin (2000); Was ist passiert? (2003); Es ist wie es ist (06); Wünsche (2009); Schein & Sein (2012); Achtung (2015) **Hits**: *Ich lieb Dich (1995); Abenteuerland (1995); Wenn du da bist (1997); Herzbeben (2000); Adler sollen fliegen (2000); Ich denk an dich (2001); Halt dich fest (2004); Weil du bei mir bist (2006)*
Rammstein (1994 in Berlin)	V: Till Lindemann G: Richard Kruspe, Paul Landers B: Oliver Riedel D: Christoph „Doom" Schneider K: Flake Lorenz	Herzeleid (1995); Sehnsucht (1997); Mutter (2001); Reise, Reise (2004); Rosenrot (2005); Völkerball (2006); Liebe ist für alle da (2009); Rammstein: Paris (2017) **Hits**: *Engel (1997); Du hast (1997); Sonne (2001); America (2004); Mein Teil (2004); Benzin (2005); Pussy (2009); Mein Land (2011)*

DEUTSCHE ROCK/POP-BANDS UND IHRE GRÖSSTEN HITS

BAND (VON-BIS AUS)	**LETZTE BESETZUNG &** *EX-MITGLIEDER*	**AUSWAHL IHRER ALBEN UND *HITS*** (ERSTVERÖFFENTLICHUNG) (V=VOCAL; G=GITARRE; B=BASS; D=DRUMS; K=KEYBORD; SX=SAXOPHON; POS=POSAUNE)
Rodgau Monotones (1977 in Rodgau)	V: Peter „Osti" Osterwold, Kerstin Pfau G: Ali Neander, Ray Salg B: Joky Becker D: Mob Böttcher SX: M. Dörsam ***EX:*** *V/SX: Henni Nachtsheim SX: Achim Farr, Christian Schneider POS: Th. Wimbauer*	Wollt ihr Musik oder was? (1982); Fluchtpunkt Dudenhofen (1983); Volle Lotte (1984); Wir sehen uns vor Gericht (1985); Sportsmänner (1986); Schön, reich und berühmt (1988); Sieben (1990); Eukalyptus now (1994); Adrenalin (2000); Silberhochzeit (2003); Ein Leben für Lärm (2008); Genial (2015) ***Hits:*** Ei Gude wie (1983), *Erbarme, die Hesse komme (1984); Volle Lotte (1984); Frach mich net (1984); Wir sehn uns vor Gericht (1985); Hallo ich bin Hermann (1985)*
Rosenstolz (1991in Berlin) *pausiert seit 2012*	V: AnNa R. (Andrea Natalie Rosenbaum) K/V: Peter Plate	Soubrette werd' ich nie (1992); Die Schlampen sind müde (1997); Zucker (99); Kassengift (2000); Macht Liebe (2002); Herz (2004), Das große Leben (2006); Die Suche geht weiter (2008); Wir sind am Leben (2011) ***Hits:*** *Komm doch mit (2002); Liebe ist alles (2004); Willkommen (2004); Ich bin ich (2006); Auch im Regen (2006); Gib mir Sonne (2008); Wir sind am Leben (2011)*
Scooter (1993 in Hamburg)	V: H.P. Baxxter SYN: Michael Simon, Phil Speiser ***EX:*** *SYN:* Rick J. Jordan, *Ferris Bueller, Axel Coon, Jay Frog*	Our Happy Hardcore (1996); No time to chill (1998); Back to the heavyweight jam (99); Sheffield (2000); The stadium techno experience (2003); Under the radar over the top (09); 5th Chapter (2014); Ace (2016); Scooter Forever (2017) ***Hits:*** Hyper Hyper (1994); Friends (2003); Move your ass (1995); I'm raving (1996); How much is the fish? (1998); Nessaja (2002); Weekend (2003); Maria (2003)
Scorpions (1965 in Hannover)	V: Klaus Meine G: Rudolf Schenker, Matthias Jabs B: Pawel Maciwoda D: Mikkey Dee ***EX:*** *G: Michael Schenker, Uli Roth B: Francis Buchholz, L. Heimberg; D: Herman Rarebell, James Kottak*	Virgin killer (1976); Animal Magnetism (1980); Love at first sting (1984); World Wide Live (85); Savage Amusement (1988); Crazy world (1990); Face the heat (1993); Pure Instinct (1996); Eye II Eye (1999); Moment of glory (2000); Acoustica (2001); Unbreakable (2004); Humanity/Hour 1 (2007); Sting in the Tail (2010); Return to Forever ()2015) ***Hits:*** *Rock you like a hurricane (1984); Big city nights (1984); Still loving you (1984); Wind of change (1991); Send me an angel (1991)*
Selig (1993 in Hamburg)	V: Jan Plewka G: Christian Neander B: Leo Schmidthals D: Stephan „Stoppel" Eggert ***EX:*** *K: Malte Neumann*	Selig (1994); Hier (1995); Blender (1997); Und endlich unendlich (2009); Von Ewigkeit zu Ewigkeit (2010); Magma (2013); Kashmir Karma (2017) ***Hits:*** *Ohne Dich (1994), Wenn ich wollte (1994); Knockin' on heavens door (1997); Schau schau (2009); Alles auf einmal (2012)*
Silbermond (1998 bzw. 2002 in Bautzen)	V: Stefanie Kloß B: Johannes Stolle; G/P: Thomas Stolle D: Andreas Nowak	Verschwende deine Zeit (2004); Laut gedacht (2006); Nichts passiert (2009); Himmel auf (2012); Leichtes Gepäck (2015) ***Hits:*** *Symphonie (2004); Das Beste (2006); Irgendwas bleibt (2009); Krieger des Lichts (2009); Himmel auf (2012); Ja (2012)*
Söhne Mannheims (1995 in Mannheim)	V: Xavier Naidoo, Tino Oac, H. Wehland, M. Klimas G: Kosho, A. Bayless B: Edw. Maclean D: J. König, B. Herrmann K: F. Sitzmann ***EX:*** *V: Edo Zanki*	Zion (2000); Noiz (2004); Söhne, Mond & Sterne (2007); Iz on (2009); Barrikaden von Eden (2011); ElyZion (2014); MannHeim (2017) ***Hits:*** *Geh davon aus (2000); Vielleicht (2004); Und wenn ein Lied (2004); Wenn du schläfst (2005); Das hat die Welt noch nicht gesehen (2008); Iz on (2009); Ich wollt nur deine Stimme hörn (2009); Ist es wahr? (2011)*
Spider Murphy Gang (1977 in	V/B: Günther Sigl G: Barny Murphy, Willie Duncan D: And. Keller K: Ludwig Seuss SX/FLÖ: Otto Staniloi ***EX:*** *K:*	Rock 'n' Roll Schuah (1980); Dolce Vita (1981); Tutti Frutti (1982); Scharf wia Peperoni (1984), Wahre Liebe (1985); In Flagranti (1989); Hokuspokus (1990); Keine Lust auf schlechte Zeiten (1997); Radio Hitz (2002) ***Hits:*** *Skandal im Sperrbezirk (1981); Schickeria (1982); Wo bist du?*

BAND (VON-BIS AUS)	**LETZTE BESETZUNG &** *EX-MITGLIEDER*	**AUSWAHL IHRER ALBEN UND *HITS*** (ERSTVERÖFFENTLICHUNG) (V=VOCAL; G=GITARRE; B=BASS; D=DRUMS; K=KEYBORD; SX=SAXOPHON; POS=POSAUNE)
Spliff (1980-1985 in Berlin)	V/D: Herwig Mitteregger V/K: Reinhold Heil G: Bernhard Potschka V/B: Manfred Praeker † 2012	Radio Show (1980); 85555 (1982); Herzlichen Glückwunsch (1982); Schwarz auf Weiß (1984) **Hits**: *Carbonara (1982); Heut' Nacht (1982); Dejà vu (1982); Das Blech (1982); Herzlichen Glückwunsch (1983)*
Sportfreunde Stiller (1996 in Germering)	V/G: Peter Brugger; D/V: Florian „Flo" Weber B/K: Rüdiger „Rüde" Linhof **EX**: *B: Andi Erhard*	So wie einst Real Madrid (2000); Die gute Seite (2002); Burli (2004); You have to win the Zweikampf (2006); La Bum (2007); New York, Rio, Rosenheim (2013); Sturm & Stille (2016) **Hits**: *Ein Kompliment (2002); 54, 74, 90, 2006 (2006); Ein Kompliment (2008); Applaus, Applaus (2013); Das Geschenk (2016)*
Tangerine Dream (1967 in West-Berlin)	G: Edgar Froese † 2015 SYN: Thorsten Quaeschning und viele Gastmusiker **EX**: *D: Klaus Schulze, V: Charlie Prince B: Kurt Herkenberg SYN: Christoph Franke, Peter Baumann, Johannes Schmoelling*	Electronic Meditation (1970); Zeit (1972); Atem (1973); Phaedra (1974); Rubycon (1975); Stratosfear (1976); Cyclone (1978); Tangram (1980); Exit (1981); Legend (1986); Turn of the Tides (1994); Ambient Monkeys (1998); Mars Polaris (1999); The seven letters from Tibet (2000); Jeanne D'Arc (2005); Paradiso (2006); Summer in Nagasaki (2007); Autumn in Hiroshima (2008); Winter in Hirshima (09); Quantum Gate (2017) **Hits**: *Das Mädchen auf der Treppe (Tatort, 1981); White eagle (1982)*
Tokio Hotel (2001 in Magdeburg)	V: Bill Kaulitz G: Tom Kaulitz B: Georg Moritz Hagen Listing D: Gustav Klaus Wolfgang Schäfer	Schrei (2005); Zimmer 483 (2007); Humanoid (2009); Kings of Suburbia (2014); Dream Machine (2017) **Hits**: *Durch den Monsum (2005); Rette mich (2006); Der letzte Tag (2006); Über's Ende der Welt (2007); An deiner Seite (2007); Spring nicht (2007); Automatisch (2009)*
Ton Steine Scherben (1970 in West-Berlin)	G: R.P.S. Lanrue G/V: N. Rovera B: Kai Sichtermann D: Wolfgang Seidel D: Funky Götzner u.a. **EX**: V/G: Rio Reiser † 1996 *Britta Neander K: Martin Paul, A. Olbrich u.a.*	Warum geht es mir so dreckig? (1971); Keine Macht für Niemand (1972); Wenn die Nacht am tiefsten (Doppelalbum 1975); Ton Steine Scherben IV - Die Schwarze (1981); Scherben (1983) **Hits**: *Der Traum ist aus (1972)*
Toten Hosen, Die (1982 in Düsseldorf)	V: Campino G: Andreas von Holst, Michael Breitkopf B: Andreas Meurer D: Vom Ritchie **EX**: *D: Trini Trimpop, Wolfgang „Wölli" Rohde † 2016 G: Walter Hartung*	Opel-Gang (1983); Unter falscher Flagge (1984); Damenwahl (1986); Kleines bißchen Horrorschau (1988); Auf dem Kreuzzug ins Glück (1990); Learning English (1991); Kauf mich! (1993); Opium fürs Volk (1996); Wir warten aufs Christkind (1998); Unsterblich (1999); Auswärtsspiel (2002); Zurück zum Glück (2004); In aller Stille (2008); Ballast der Republik (2012); Laune der Natur (2017) **Hits**: *Bommerlunder (1983); Hier kommt Alex (1988); Azzurro (1990); Sascha..ein aufrechter Deutsche (1992); Alles aus Liebe (1994); Zehn kleine Jägermeister (1996); Friss oder stirb (2004); Alles was war (2009); Tage wie diese (2012); Unter den Wolken (2017); Wannsee (2017)*
Trio (1979-1986 in Großenkneten)	V: Stephan Remmler G: Gert Kralle Krawinkel † 2014 D: Peter Behrens † 2016	Trio (1982); Bye Bye (1983) **Hits**: *Da Da Da (1982); Herz ist Trumpf (1983); Turaluraluralu (1983)*
Wir sind Helden (2000-2012 in Hamburg)	V/G: Judith Holofernes G/K: Jean-Michel Tourette B/G: Mark Tavassol D: Pola Roy	Die Reklamation (2003); Von hier an blind (2005); Soundso (2007); Bring mich nach Hause (2010) **Hits**: *Guten Tag (2003); Müssen nur wollen (2003); Denkmal (2004); Nur ein Wort (2005); Gekommen um zu bleiben (2005); Alles (2010); Alles auf Anfang (2011)*

INTERNATIONALE ROCK/POP-STARS UND IHRE GRÖSSTEN HITS

Weitere Stars auf Taschenhirn.de

STARS (HERKUNFT)	LEB-ZEITEN	**AUSWAHL IHRER ALBEN UND *HITS*** (ERSTVERÖFFENTLICHUNG)
50 Cent, (USA)	1975	Get rich or die tryin (2003); The massacre (2005); Curtis (2007); Before I self destruct (2009); Animal Ambition (2014) ***Hits***: *In da club (2003); P.I.M.P. (2003); Candy Shop (2005); Ayo Technology (2007); Crack a bottle (2009); My Life (2012)*
Adams, Bryan (CAN)	1959	Bryan Adams (1980); Reckless (1984); Into the fire (1987); Waking up the neighbours (1991); 18 til I die (1996); On a day like today (1998); Room service (2004); 11 (2008; Tracks of my Years (2014); Get up (2015) ***Hits***: *Summer of 69 (1985); Heaven (1985) (Everything I do) I do it for you (1991); Please forgive me (1993); All for love (1993); Have you ever really loved a woman (1995)*
Adele (GB)	1988	19 (2008); 21 (2011); 25 (2015) ***Hits***: *Hometown glory (2007); Rolling in the deep (2010); Set fire to the rain (2011); Someone like you (2011); Skyfall (2012); Hello (2015); When we were young (2016)*
Aguilera, Christina (USA)	1980	Christina Aguilera (1999); Stripped (2002); Back to basics (2006); Light & Darkness (2009); Bionic (2010); Lotus (2012) ***Hits***: *Genie in the bottle (1998); What a girl wants (1999); Dirrty (2002); Beautiful (2002); Ain't no other man (2006); Hurt (2006)*
Anka, Paul (CAN)	1941	Songs I wish I'd written (1960); Our man around the world (1963); My way (1974) ***Hits***: *Diana (1957); You are my destiny (1958); Put your hand on my shoulder (1959); Lonely Boy (1960); Do I love you (1972)*
Berry, Chuck (USA)	1926-2017	Maybellene (1958); After school session (1957); St. Louis to Liverpool (1964); Back home (1970); The London sessions (1972) ***Hits***: *Roll over Beethoven (1956); Sweet little sixteen (1958); Johnny B. Goode (1958); My Ding-A-Ling (1972)*
Beyoncé Knowles (USA)	1981	Dangerously in love (2003); B'Day (2006); I am…Sasha Fierce (2008); 4 (2011); Beyoncé (13); Lemonade (2016) ***Hits***: *Crazy in love (2003); Baby boy (2003); Déjà Vu (2006); Irreplaceable (2006); If I were a boy (2008); Halo (2009); Hold up (2016)*
Bieber, Justin (CAN)	1994	My world (2009); My world 2.0 (2010); Under the Mistletoe (2011); Believe (2012); Purpose (15) ***Hits***: One Time (2009); Somebody to love (2010); Boyfriend (2012); Beauty & the Beat (12); What do you mean? (2015); Sorry (15); Love Yourself (2015); Friends (2017)
Björk (ISL)	1965	Debut (1993); Post (1995); Homogenic (1997); Vespertine (2001); Medúlla (2005); Volta (2007); Biophilia (2011); Vulnicura (2015); Utopia (2017) ***Hits***: *Human Behaviour (1993); Army of me (1995); Oceania (2004)*
Bowie, David *alias Ziggy Stardust* (GB)	1947-2016	David Bowie (1967); Hunky Dory (1971); The rise and fall of Ziggy Stardust and the spiders from Mars (1972); Young Americans (1975); Heroes (77); Let's dance (1983); Hours (1999); Heathen (2002); Reality (2003); Next Day (2013); Blackstar (2016) ***Hits***: *Space Oddity (1969); The Jean genie (1972); Under pressure (1982); Lets dance (83); This is not America (1984); China girl (1984)*
Brown, James (USA)	1929-2006	Please please please (1956); Live at the Apollo (1963); Papa's got a brand new bag (1965); Live at the Apollo II. (1968) ***Hits***: *I got you (1966); This is a man's world (1966); Cold sweat (1967); Sex machine (1970)*
Bush, Kate (GB)	1958	The kick inside (1978); Hounds of love (1985); The sensual world (1989); Red shoes (1993); Aerial (2005); 50 Words for snow (2011) ***Hits***: *Wuthering Heights (1978); Babooshka (1980); Running up that hill (1985); Don't give up (1986 mit Peter Gabriel)*
Cash, Johnny (USA)	1932-2003	The Fabulous Johnny Cash (1958); Ring of Fire (1963); At Folsome Prison (1968); Man in black (1971); Unearthed (2003) ***Hits***: *Don't take your guns to town (1958); Ring of fire (1963); A boy named Sue (1968); I walk the line (1970); One (2000); Hurt (2002)*

INTERNATIONALE ROCK/POP-STARS UND IHRE GRÖSSTEN HITS

STARS (HERKUNFT)	**LEB-ZEITEN**	**AUSWAHL IHRER ALBEN UND *HITS*** (ERSTVERÖFFENTLICHUNG)
Carey, Mariah (USA)	1970	Mariah Carey (1990); Emotions (1991); Music Box (1993); Daydream (1995); Butterfly (1997); The ones (1998); Rainbow (1999); Glitter (2001); Charmbracelet (2003); The emancipation of Mimi (2005); E=MC² (2008); Memories of an imperfect angel (2009); Me. I am Mariah (2014) ***Hits***: *Vision of love (1990); Love takes time (1990); Someday (1990); I don't wanna cry (1990); Without you (1994); All I want for Christmas is you (1994); One sweet day (1995); Always be my baby (1996); Honey (1997); My all (1997); When you believe (1998); Loverboy (2001); We belong together (2005); Touch my body (2008)*
Cave, Nick (AUS) *and the Bad Seeds*	1957	From here to eternity (1984); Henry's dream (1992); Murder ballads (1995); The Boatman's call (1997); No more shall we part (2001); Nocturama (2003); Abattoir Blues (2004); Dig, Lazarus, Dig! (2008); Push the sky away (2013); Skeleton Tree (2016) ***Hits***: *In the ghetto (1984); Where the wild roses grow (1995 mit Kylie Minogue); Into my arms (1997)*
Charles, Ray (USA) *„Hohepriester des Souls"*	1930-2004	Ray Charles (1957); Genius + Soul = Jazz (1960); Modern sounds in country & western music (1962); A man & his soul (1967); Friendship (1984), The birth of soul: The complete Atlantic Recordings (1991); Genius Loves Company (2004); Ray (Soundtrack 2004) ***Hits***: *Georgia on my mind (1960); Hit the road Jack (1961); I can't stop loving you (1962); You are my sunshine (1962)*
Cher (USA)	1946	All I really want to do (1965); Gypsys, Tramps & Thieves (1971); Half-Breed (1973); Cher (1987); Heart of stone (1989); Love hurts (1991); Believe (1998); Living proof (2001); Closer to the truth (2013) ***Hits***: *I got you babe (1965); Bang Bang my baby shot me down (1966); Half breed (1973); The Shoop Shoop Song (1991); Believe (1998); Strong enough (1999)*
Clapton, Eric (GB)	1945	461 Ocean Boulevard (1974); No reason to cry (1976); Money & cigarettes (1983); Behind the sun (1985); August (1986); Unplugged (Live 1992); From the cradle (1994); Reptile (2001); Back home (2005); Clapton (2010); Old Sock (2013); I Still Do (2016) ***Hits***: *I shot the sheriff (1974); Lay down Sally (1977); Tears in heaven (1992); Layla (1992); Change the world (1996)*
Cocker, Joe (GB)	1944-2014	Joe Cocker! (1969); Something to say (1972); Civilized man (1984); Cocker (1986); Unchain my heart (1987); One night of sin (1989); Night Calls (1991); Have a little faith (1994); Across from midnight (1997); Respect yourself (2002); Hard Knocks (2010); Fire it up (2012) ***Hits***: *With a little help from my friends (1969); You are so beautiful (1974); Unchain my heart (1987)*
Cohen, Leonard (CAN)	1934-2016	Songs of Leonard Cohen (1967); Songs from a room (1969); Songs of love and hate (1971); New skin for the old ceremony (1974); Ten new songs (2001); Dear Heather (2004); Old ideas (2012); Popular problems (2014); You want it darker (2016) ***Hits***: *Sisters of Mercy (1968); So long, Marianne (1968); Suzanne (1968); Bird on the wire (1969); Hallelujah (1984)*
Collins, Phil (GB) *seit 1970 Sänger & Drummer bei Genesis*	1951	Face value (1981); Hello, I must be going (1982); No jacket required (1985); ...but seriously (1989); Both sides (1993); Dance into the light (1996); Testify (2002); Going back (2010) ***Hits***: *In the air tonight (1981); You can't hurry love (1982); Easy lover (1984);* Against all odds (1984); *Sussudio (1985); A groovy kind of love (1988); Another day in paradise (1990)*
Crow, Sheryl (USA)	1962	Tuesday night music club (1993); Sheryl Crow (1996); The Globe sessions (1998); C'mon C'mon (2002); Wildflower (2005); Detours (2008); Home for Christmas (2009); 1000 Miles from Memphis (2010); Feels like home (2013); Be Myself (2017) ***Hits***: *All I wanna do (1994); If it makes you happy (1997); Sweet child o' mine (2000); There goes the neighborhood (2001)*
Diamond, Neil (USA)	1941	Tap Root Manuscript (70); Stones (1971); Rainbow (1973); Serenade (1974); Beautiful noise (1976); I'm glad you're here with me tonight (1977); Primitive (1984); 12 Songs (2005); Home before dark (2008); Dreams (2010); Melody Road (2014) ***Hits***: Sweet Caroline (1968); *I am... I said (1971); Song Sung Blue (1972); Cracklin' Rosie (1970); You don't bring me flowers (1977)*

INTERNATIONALE ROCK/POP-STARS UND IHRE GRÖSSTEN HITS

STARS (HERKUNFT)	**LEB-ZEITEN**	**AUSWAHL IHRER ALBEN UND *HITS*** (ERSTVERÖFFENTLICHUNG)
Dion, Celine (CAN)	1968	Incognito (1987); Unison (1990); Céline Dion (1992); The colour of my love (1994); D'eux (1995); Falling into you (1996); Let's talk about love (1997); S'il suffisait d'aimer (1998); These are special times (1998); All the way (1999); A new day has come (2002); One heart (2003); D´elles (2007); Taking chances (2007); Loved me back to life (2013); Encore un soir (2016) ***Hits***: *Ne partez pas sans moi (1988); Where does my heart beat now (1990); Beauty and the beast (1992); The power of love (1994); Think twice (1994); Because you loved me (1996); My heart will go on (1997); Immortality (mit Bee Gees, 1997); Taking chances (2007)*
Donovan (GB)	1946	Donovan (1975); Fairy Tale (1965); Sunshine Superman (1966); Mellow Yellow (67); Barabajagal (1969); Cosmic wheels (1973); Essence to essence (1973); 7-Tease (1974); Sutras (96); Beat Café (2004); Brother Sun, Sister Moon (04); Ritual Groove (2010) ***Hits***: *Catch the wind (1965); Sunshine Superman (66); Universal Soldier (1967); Atlantis (1969); When the angels sing (2001)*
Dylan, Bob (USA), *erhielt 2016 den Literatur-NP*	1941	The freewheelin' Bob Dylan (1963); The times they are a-changin' (1963); Bringing it all back home (1965); Highway 61 revisited (1965); Blonde on blonde (66); John Wesley Harding (1968); Nashville skyline (69); Blood on the tracks (75); Desire (1975); Time out of mind (1997); Love & theft (2001); Modern times (2006); Tempest (2012); Shadows in the Night (15); Fallen Angels (2016) ***Hits***: *Blowin' in the wind (1962); Like a Rolling Stone (1965); Knockin' on heaven's door (1973); Hurricane (1975)*
Eminem (USA)	1972	The slim shady (1999); The Marshall mathers (2000); The Eminem Show (2003); Encore (2004); Relapse (2009); Recovery (2010); The Marshall mathers II. (2013); Revival (2017) ***Hits***: *Stan (2000); Without me (2002); Lose yourself (2002); Just lose it (2004); Like toy soldiers (2004); Smack that (2006); We made you (2009); Love the way you lie (2010); The Monster (2013); River (2017)*
Estefan, Gloria (USA/KUBA)	1957	Cuts both ways (1989); Into the light (1991); Mi Tierra (1993); Hold Me, Thrill Me, Kiss Me (1994); Abriendo Puertas (1995); Destiny (1996); Gloria! (1998); Alma Caribeña (2000); Tres hotas de agua bendita (2000); Unwrapped (2003); Miss little Havana (2011); The Standards (2013) ***Hits***: *Coming out of the dark (1991); Oye (1998); No me dejes de querer (2000)*
Faithfull, Marianne (GB)	1946	Come my way (1965); Marianne Faithfull (1965); North country maid (1966); Love in a mist (1967); The world of Marianne Faithfull (1969); Go away from my world (1965); Faithfull forever (1966); Broken english (1979); Before the poison (2005); Easy come, easy go (2008); Horses & High Heels (2011); Give my Love to London (2014) ***Hit***: *The ballad of Lucy Jordan (1979)*
Falco (AUT)	1957-1998	Einzelhaft (1982); Junge Römer (1984); Falco 3 (1985); Emotional (1987); Wiener Blut (1988); Nachtflug (1992); Egoisten (1997); Out Of The Dark, Into The Light (1998); Live Forever (1999); Verdammt wir leben noch (1999) ***Hits***: *Der Kommisar (1981); Junge Römer (1984); Rock me Amadeus (1985); Jeanny (1985); Out of the dark (1998)*
Ferry, Bryan *1971-83 Gründer & Sänger von Roxy Music* (GB)	1945	These foolish things (1973); Another time, another place (1974); Let's stick together (1976); In your mind (1977); The bride stripped bare (1978); More than this (1995); Boys and girls (1985); Bête Noire (1987); Taxi (1993); Mamouna (1994); As time goes by (1999); Frantic (2002); Dylanesque (2007); Olympia (2010); The Jazz Age (2012); Avonmore (2014) ***Hits***: *Let's stick together (1976); This is tomorrow (1977); Slave to love (1985)*
Franklin, Aretha (USA)	1942	I never loved a man the way I love you (1967); Aretha: Lady Soul (1968); Aretha Now (1968); Young, Gifted & Black (1972); Amazing Grace (1972); Who's zoomin' who? (1984); Aretha (1986) ***Hits***: *Respect (1967); Baby I love you (1967); Chain of fools (1967); Since you've been gone (1968); Think (1968); I say a little prayer (1968); Spanish Harlem (1971); Who's zoomin' who? (1985);* [illegible]

STARS (HERKUNFT)	**LEB-ZEITEN**	**AUSWAHL IHRER ALBEN UND *HITS*** (ERSTVERÖFFENTLICHUNG)
Furtado, Nelly (POR/CAN)	1978	Whoa, Nelly! (2000); Folklore (2003); Loose (2006); Mi plan (2009); The Spirit Indestructible (2012); The Ride (2017) ***Hits***: *I'm like a bird (2001); Turn off the light (2001); Powerless (2003); Force (2004); Maneater (2006); Promiscuous (2006); All good things (2006); Say it right (2007); Give it to me (2007 mit Timbaland); Broken Strings (2009 mit James Morrison); Manos al aire (2009)*
Gabriel, Peter *1967-75 Sänger bei Genesis* (GB)	1950	Car (1977); Scratch (1978); Melt (1980); Security (1982); So (1986); Us (1992); Up (2002); Scratch my back (2010); New blood (2011) ***Hits***: *Solsbury Hill (1977); Games without frontiers (1980); Don't give up (1986 mit Kate Bush); Sledgehammer (1986); Big time (1987); Red rain (1987); Digging in the dirt (1992); Steam (1993)*
Gaye, Marvin (USA)	1939-1984	Easy (1969); What's going on (1971); Let's get it on (1973); Here, my dear (1973); In our lifetime (1981); Midnight love (1982) ***Hits***: *I heard it through the grapevine (1968); What's going on (1971); Let's get it on (1973); Got to give it up (1977); Sexual Healing (1982)*
Geldof, Bob (IRL)	1951	1976-1984 Gründer und Sänger bei den Boomtown Rats: Solo: Deep in the heart of nowhere (86); Vegetarians of love (1990); The Happy Club (1992); Sex, Age and Death (2001) ***Hits***: *This is the world calling (1986); The great song of indifference (1990)*
Hendrix, Jimi (USA)	1942-1970	Are you experienced? (1967); Axis (1967); Smash Hits (1968); Electric Ladyland (1968); Cry of love (1971); Experience (1971) ***Hits***: *Hey Joe (1966); Purple Haze (1967); All along the watchtower (1968); Voodoo child (1971)*
Houston, Whitney (USA)	1963-2012	Whitney Houston (1985); Whitney (1987); I'm your baby tonight (1990); The Bodyguard (1992); The preacher's wife (1996); My love is your love (1998); Just Whitney (2002); I look to you (2009) ***Hits***: *Saving all my love for you (1985); How will I know (1986); Greatest love of all (1986); I wanna dance with somebody (1987); One moment in time (1988); I will always love you (1992); My love is your love (1999); Million Dollar Bill (2009)*
Idol, Billy (GB)	1955	Billy Idol (1982); Rebel Yell (1983); Whiplash Smile (1986); Charmed life (90); Cyberpunk (93); Kings & Queens of Underground (2014) ***Hits***: *Dancing with myself (1981); White wedding (1982); Hot in the city (82); Rebel Yell (1984); Flesh for fantasy (1984)*
Jackson, Janet (USA)	1966	Janet Jackson (1982); Control (1986); Rhythm Nation 1814 (1989); janet. (1993); All for you (2001); Discipline (2008); Unbreakable (2015) ***Hits***: *When I think of you (1986); Miss you much (89); Escapade (89); Black Cat (89); Thats the way love goes (1993)*
Jackson, Michael (USA)	1958-2009	Got to be there (1972); Off the wall (1979); Thriller (1982), Bad (1987); Dangerous (1991); HIStory (95); Invincible (2001) ***Hits***: *Don't stop till you get enough (1979); Thriller (1982); Billie Jean (1982); Beat it (1982); Wanna be starting something (1982), Liberian Girl (1987); Man in the mirror (1987); Dirty Diane (1987); Black or White (1991); Who is it? (1991); Earth Song (1995)*
Jagger, Mick GB)	1943	Seit 1962 Gründer & Sänger der Rolling Stones; Solo: She's the boss (1985); Primitive Cool (1987); Wandering Spirit (1993); Goddess in the doorway (2001) ***Hits***: *Just another night (1985), Dancing in the streets (1985); Lets work (1987), Sweet thing (1993)*
Joel, Billy (USA)	1949	Cold Spring Harbor (1971); Piano Man (1973); Turnstiles (1976); The Stranger (1977); 52nd Street (1978); Glass Houses (1980); An innocent man (1983); The Bridge (1986); Storm Front (1989) River of dreams (1993); Fantasies & Delusions (2001) ***Hits***: *Piano Man (1973); New York State of Mind (1976); The Stranger (1977); My Life (1978); Updown Girl (1983); We did'nt start the fire (1989)*

INTERNATIONALE ROCK/POP-STARS UND IHRE GRÖSSTEN HITS

STARS (HERKUNFT)	**LEB-ZEITEN**	**AUSWAHL IHRER ALBEN UND *HITS*** (ERSTVERÖFFENTLICHUNG)
John, Elton (GB)	1947	Elton John (1970); Honky Château (1972); Goodbye yellow brick road (1973); Here & there (1976); Too low for zero (1983); Breaking Hearts (1984); Ice on fire (1985); Reg strikes back (1988); Sleeping with the Past (1989); The One (1992); Duets (1993); Made in England (95); Big Picture (97); Good Morning to the Night (2012); Dividing Board (2013); Wonderful Crazy Night (2016) ***Hits**: Your song (1970); Rocket man (1972); Crocodile Rock (1972); Daniel (1973); Candle in the wind (1973); Don't let the sun go down on me (1974); Don't go breaking my heart (1976); I'm still standing (1983); Nikita (1985); Runaway train (1992); Candle in the wind (1997)*
Jones, Grace (JAM)	1948	Nightclubbing (1981); Living my live (1982); Slave to the rhythm (1985); Island live (1985); Inside story (1986); Hurricane (2008); Disco (2015) ***Hits**: Pull up to the bumper (1981); I've seen that face before (1981); Slave to the rhythm (1985); Love is the drug (1986)*
Jones, Norah (USA)	1979	Come away with me (2002); Feels like home (2004); Little Willies (2006); Not too late (2007); The Fall (2009); Little broken hearts (2012); Day Breaks (2016) ***Hits**: Don't know why (2002); Here we go again (2004); Sunrise (2004); Thinking about you (2006)*
Jones, Tom (GB)	1940	Green, green grass of home (1967); Delilah (1968); Help yourself (1968); This is Tom Jones (1969); Reload (99); Praise & Blame (2010); Long lost suitcase (2015) ***Hits**: It's not unusual (1965); Delilah (1968); Help yourself (1968); She's a lady (1971); Sex bomb (1999)*
Keys, Alicia (USA)	1981	Songs in a minor (2001); Diary of Alicia Keys (2003); Unplugged (2005); As I am (2007); Element of freedom (2009); Girl on fire (2012); Here (2016) ***Hits**: Fallin (2001); No one (2007); Another way to die (2008); Doesn't mean anything (2008); Girl on fire (2012)*
Kravitz, Lenny (USA)	1964	Let love rule (1989); Mama said (1991); Are you gonna go my way (1993); Circus (1995); 5 (1998); Lenny (2001); Baptism (2004); It is time for a love revolution (2008); Black and White America (2011); Strut (2014) ***Hits**: Mr. Cab Driver (1990); Always on the run (1991); Are you gonna go my way (1993); Believe (1993); Fly away (1999); Again (2000); I'll be waiting (2008); The Chamber (2014)*
Lady Gaga (USA)	1986	The fame (2008); The fame monster (2009); Born this way (2011); Artpop (2013); Cheek to cheek (2014); Joanne (2016) ***Hits**: Just dance (2008); Poker face (2008); Paparazzi (2009); Bad romance (2009); Telephone (2010); Alejandro (2010); Born this way (2011); The edge of glory (2011); Applause (2013); Do what u want (2013); Perfect illusion (2016)*
Lopez, Jennifer (USA)	1969	On the 6 (1999); J. Lo (2001); This is me…then (2003); Rebirth (2005); Como ama una mujer (2007); Love? (2011); A.K.A. (2014) ***Hits**: Love don't cost a thing (2001); I'm real (2001); Ain't it funny (2002); Jenny from the block (2002); Get right (2005); Control myself (2006); On the floor (2011); Dance again (2012); Live it up (2013); Ain't your mama (2016)*
Madonna (USA)	1958	Madonna (1983); Like a virgin (1984); True blue (1986); Like a prayer (1989); Erotica (1992); Bedtime stories (1994); Ray of light (1998); Music (2000); American Life (2003); Confessions on a dance floor (2005); Hard candy (2008); MDNA (2012); Rebel Heart (2015) ***Hits**: Like a virgin (1984), Material girl (1985); Into the groove (1985); La Isla Bonita (1987); Like a prayer (1989); Vogue (1990); Secret (1994); Don't cry for me Argentina (1996); Frozen (1998); Music (2000); Hung Up (2005); Give it to me (2008); Give me all your luvin (2012)*
Marley, Bob (JAM)	1945-1981	The wailing wailers (1965); African herbsman (1972); Catch a fire (1973); Burnin' (1973); Natty Dread (1974); Rastaman vibration (1976); Exodus (1977); Kaya (1978); Survival (1979); Uprising (1980); Confrontation (1983); Legend (Best of, 1984) ***Hits**: Stir it up (1972); Get up, stand up (1973); I shot the sheriff (1973); No woman no cry (1975); Could you be loved (1980); Buffalo soldier (1983)*
Mars, Bruno (USA)	1985	Doo-Wops & Hooligans (2010); Unorthodox Jukebox (2012); XXIVK Magic (2016) **Hits**: Just the way you are (2010); Grenade (2010); Lazy Song (2011); Marry You (11); It will rain (2011); Looked out of heaven (12); Treasure (2013); XXIVK Magic (2016); Finesse (2018)

STARS (HERKUNFT)	**LEB-ZEITEN**	**AUSWAHL IHRER ALBEN UND *HITS*** (ERSTVERÖFFENTLICHUNG)
Mellencamp, John (USA)	1951	American Fool (1982); Scarecrow (1985); Big Daddy (1989); Mr. Happy go Lucky (1996); Freedom's Road (2007) ***Hits***: *Hurts so good (1982); Jack & Diane (1982); Small Town (1985); Rock in the USA (1986); Paper in fire (1989); Wild Night (1994)*
Michael, George *1981-86 Gründer von Wham!* (GB)	1963-2016	Faith (1987); Listen without prejudice (1990); Older (1996); Ladies & Gentlemen (1998); Songs from the last century (1999); Patience (2004); Twenty five (2006); Symphonica (2014) ***Hits***: *Careless Whisper (1984 mit Wham!); I want your sex (1987); Faith (1987); Praying for time (1990); Don't let the sun go down on me (1991 mit Elton John); Jesus to a child (1996); Freeek (2002)*
Minogue, Kylie (AUS)	1968	Kylie (1988); Enjoy yourself (1989); Rhythm of love (1990); Let's get to it (1991); Kylie Minogue (1994); Impossible Princess (1998); Light years (2000); Fever (2001); Body language (2003), X (2007); Aphrodite (2010); Kiss me once (2014) ***Hits***: *Loco-Motion (1987); I should be so lucky (1987); Where the wild roses grow (1996); Can't get you out of my head (2001); Slow (2003); All the lovers (2010)*
Moby (USA)	1965	Moby (1992); Ambient (1993); Everything's wrong (1995); Animal rights (1996); Play (1999); 18 (2002); Hotel (2005); Last night (2008); Wait for me (09); Destroyed (2011); Innocents (2013) ***Hits***: *Why does my heart feel so bad? (1999); Lift me up (2005)*
Morissette, Alanis (CAN)	1974	Jagged little pill (1995); Supposed former infatuation junkie (1998); Under rug swept (2002); So-called caos (2004); Flavors of entanglement (2008); Havoc and bright lights (2012) ***Hits***: *Hand in my pocket (1995); Ironic (1996); You oughta know (1996)*
Palmer, Robert (GB)	1949-2003	Double fun (1978); Secrets (1979); Clues (1980); Pride (1983); Riptide (1985); Heavy nova (1988); Don't explain (1990); Ridin' high (1992); Honey (1994) ***Hits***: *Every kinda people (1978); Bad case of loving you (1979); What's it take (1980); Johnny & Mary (1980); Looking for clues (1981); Addicted to love (1986); I'll be your baby tonight (mit UB 40, 1990); Mercy mercy me (1991)*
Perry, Katy (USA)	1984	One of the boys (2008); Teenage Dream (2010); Prism (2013); Witness (2017) ***Hits***: *I kissed a girl (2008); Hot n' cold (2008); California Gurls (2010); Teenage dream (2010); Firework (2010); E.T. (2011); Roar (2013); Dark horse (2013); Chained to the rhythm (2017)*
Pink (USA)	1979	Cant take me home (2000); M!ssundaztood (01); Try this (2003); I'm not dead (2006); Funhouse (2008); The truth about love (2012) ***Hits***: *Get the party started (2002); Just like a pill (2002); Trouble (2003); Stupid girls (2006); U + Ur Hand (2006); Dear Mr. President (2007); So what (2008); Sober (2008); Raise your glass (2010); Try (2012); Just give me a reason (2013); What about us (2017)*
Presley, Elvis (USA)	1935-1977	Elvis Presley (1956); Elvis (1956); Elvis Christmas Album (1957); Elvis is back (1960); Something for everybody (1961); From Elvis in Memphis (1969); From Memphis to Vegas/From Vegas to Memphis (1969); Back in Memphis (1970); From Elvis Presley Boulevard (1976); Moody Blue (1977) ***Hits***: *Heartbreak Hotel (1956); Hound Dog (1956); Love me tender (1956); Jailhouse Rock (1957); It's now or never (1960); Return to sender (1962); Viva Las Vergas (1964); In the Ghetto (1969)*
Prince (USA)	1958-2016	For you (1978); Dirty mind (1980); Controversy (1981); 1999 (1982); Purple rain (1984); Around the world in one day (1985); Parade (1986); Sign the times (1987); Lovesexy (1988); Batman (1989); Graffiti bridge (1990); Diamonds & pearls (91); Love symbol (1992); Come (1994); Black Album (1994); Musicology (2004); 3121 (2006); Planet Earth (2007); Plectrum Electrum (2014); Art offical age (2014) ***Hits***: *Little red corvette (1982); 1999 (1983); When doves cry (1984); Purple rain (1984); Kiss (1986); Alphabet St. (1988)*
Rihanna (BAR)	1988	A girl like me (2006); Good girl gone bad (2007); Rated R (2009) Loud (2010); Talk that talk (2011); Unapologetic (2012); Anti (2016) ***Hits***: *SOS (06); Unfaithful (2006); Umbrella (2007); Don't stop the music (2007); Disturbia (2008); Rehab (08); Russian Roulette (2009); Rude Boy (2009); Only girl (10); S&M (2010); We found love (2011); Diamonds (2012); Stay (2013); (2015); FourFiveSeconds (2015)*

INTERNATIONALE ROCK/POP-STARS UND IHRE GRÖSSTEN HITS

STARS (HERKUNFT)	**LEB-ZEITEN**	**AUSWAHL IHRER ALBEN UND *HITS*** (ERSTVERÖFFENTLICHUNG)
Sade, Adu (NIGERIA/GB)	1959	Diamond life (1984); Promise (1985); Stronger than pride (1988); Love deluxe (1992); Lovers rock (2000); Soldier of Love (2010) ***Hits***: *Your love is king (1984); Smooth operator (1984); The sweetest taboo (1985); No ordinary love (1991)*
Seal (GB)	1963	Seal (1991); Seal II (1994); Human Being (1998); Seal IV (2003); System (2007); Soul (2008); Soul II. (2011); 7 (2015)
Shakira (COL)	1977	Pies descalzos (1996); Laundry service (2001); Fijación oral Vol. 1 (2005); Oral Fixation Vol. 2 (2005); Loba (2009); Sale el sol (2010); Shakira (2014); El Dorado (2017) ***Hits***: *Whenever, whereever (2001); Underneath your clothes (2002); Objection (2002); La tortura (2005); Hips don't lie (2006); She wolf (2009); Waka waka (2010); Loca (2010); Can't remember to forget you (2014); La La La (2014)*
Sheeran, Ed (GB)	1991	*+ (2011); x (2014); ÷ (2017)* ***Hits***: I see fire (2013); Sing (2014); Photograph (2015); Shape of you (17); Perfect (2017); River (2017)
Simon, Paul *1957-70 Simon & Garfunkel* (USA)	1941	Paul Simon (1972); Still crazy after all these years (1975); One-Trick Pony (1980); Hearts and bones (1983); Graceland (1986); The rhythm of the saints (1990); You're the one (2000); Surprise (2006); So beautiful or so what (2011); Stranger to Stranger (2016) ***Hits***: *Mother and Child Reunion (1972); Love me like a rock (1973); 50 Ways to leave your lover (1976); Slip slidin' away (1977)*
Spears, Britney (USA)	1981	Baby one more time (1999); Oops..I did it again (2000); Britney (2001); In the zone (2003); Blackout (2007); Circus (2008); Femme Fatal (2011); Britney Jean (13); Glory (2016) ***Hits***: *Crazy (1999); Born to make you happy (1999); Lucky (2000); Oops.. I did it again (2000); Me against the music (2004); Toxic (2004); Everytime (2004); Gimme more ((2007); Piece of me (2007); Womanizer (2008)*
Springsteen, Bruce (USA)	1949	Born to run (1975); The river (1980); Nebraska (1982); Born in the U.S.A (1984); Tunnel of love (1987); Human touch (1992); Lucky town (1992); Rising (2002); Devils & Dust (2005); Magic (2007); Working on a dream (2009); Wrecking ball (2012); High hopes (2014) ***Hits***: *Born to run (1975); Born in the USA (1984); Dancing in the dark (1984); Streets of Philadelphia (1993)*
Stevens, Cat *alias Yusuf Islam* (GB)	1948	Matthew & Son (1967); Tea for the tillerman (1970); Teaser and the firecat (1971); Catch bull at four (1972); Foreigner (1973); Buddha & the chocolate box (1974); Numbers (1975); Izitso (1977); Back to earth (1978); An other cup (2006); Roadsinger (2009) ***Hits***: *Where do the children play? (1971); Father and son (1971); Morning has broken (1972); Another saturday night (1974)*
Stewart, Rod (GB)	1945	An old raincoat won't ever let you down (1969); Gasoline alley (1970); Every picture tells a story (1971); Never a dull moment (1972); Atlantic crossing (1975); Blondes have more fun (1978); Body wishes (1983); Camouflage (1984); Out of order (1988); Vagabond heart (1991); Human (2001) Time (2013) ***Hits***: *Maggie may (1971); Sailing (1975); First cut is the deepest (1977); Baby Jane (1983)*
Sting *1977-86 Sänger von „The Police"* (GB)	1951	The dream of the blue turtles (1985); Nothing like the sun (1987); The soul cages (1991); Ten Summoner's tales (1993); Mercury falling (1996); Brand new day (1999); Scared love (2003); If on a winters night (2009); Symphonicities (2010), The last ship (2013); 57th & 9th (2016) ***Hits***: *If you love somebody set them free (1985); Russians (1986); We'll be together (1987); They dance alone (1987), Fragile (1988); Englishman in New York (1987); All this time (1991); All for love (1994); Desert rose (2000)*
Swift, Taylor (USA)	1989	Taylor Swift (2006); Fearless (2008); Speak now (2010); Red (2012); 1989 (2014); Reputation (2017) ***Hits***: *I knew you were trouble (2012); Shake it off (2014); Blank Space (2014); I don't wanna live forever (2016); Look what you made me do (2017)*
Timberlake, Justin (USA)	1981	Justified (2002); Future sex/Love sounds (2006); The 20/20 experience (2013); Man of the woods (2018) ***Hits***: *Cry me a river (2002); Like I love you (2002); Where is the love (mit Black Eyed Peas, 2003); Give it to me (mit Nelly Furtado, 2005); Sexyback (2006); My*

STARS (HERKUNFT)	**LEB-ZEITEN**	**AUSWAHL IHRER ALBEN UND *HITS*** (ERSTVERÖFFENTLICHUNG)
Turner, Tina (USA)	1939	Von 1961-1977 mit Ike Turner; Solo: Privat dancer (1984); Break every rule (1986); Foreign affair (1989); Simply the best (1991); Wildest dreams (1996); Twenty four seven (1999); Beyond (2009); Love within – beyond (2014); Awakening beyond (2017) ***Hits***: *What's love got to do with it? (1984); I can't stand the rain (1984); Better be good to me (1984); Private dancer (1984), We don't need another hero (1985); Two people (1986); Typical male (1986); Simply the best (89); Steamy windows (1989); Goldeneye (1995)*
Waits, Tom (USA)	1949	Closing time (1973); The heart of Saturday night (1974); Nighthawks at the diner (1975); Small change (1976); Foreign affairs (1977); Blue Valentine (1978); Heartattack and vine (1980); Swordfishtrombones (1983); Rain dogs (1985); Franks wild years (1987); The black rider (1990); Night on earth (Soundtrack, 1991); Bone machine (1992); Mule variations (1999); Alice (2002); Blood money (2002); Real gone (2004); Orphans (2006); Bad as me (2011)
West, Kanye (USA)	1977	Late Registration (2005); Graduation (2007); 808s & Heartbreak (2008); My beautiful dark twisted fantasy (2010); Yeezus (2013); The Life of Pablo (2016) ***Hits***: Gold Digger (2005); Stronger (07); Love Lockdown (2008); Heartless (08); FourFiveSeconds (2015)
White, Barry (USA)	1944-2003	I've got so much to give (1973); Under the influence of love (1973); Can't get enough (1974); Let the music play (1976); The man (1978); The icon is love (1994); Staying power (2000); Soul seduction (2001) ***Hits***: *Never gonna give you up (1973); You're the first, the last, my everything (1974); What am I gonna do with you (1975); Let the music play (1976); Just the way you are (1978)*
Williams, Robbie *1990-95 Mitglied bei Take That* (GB)	1974	Life thru a lens (1997); I've been expecting you (1998); The ego has landed (1999); Sing when you're winning (2000); Swing when you're winning (2001); Escapology (2002); Intensive care (2005); Rudebox (2006); Reality killed the video star (2009); Take the crown (2012); Swings both ways (2013); The Heavy Entertainment Show (2016) ***Hits***: *Angels (1997); Millennium (1998); Rock DJ (2000); Somethin' stupid (2001); Feel (2002); Radio (2004); Tripping (2005); Rudebox (2006); Bodies (2009); Shame (2010); Candy (2012); Love my life (2016)*
Winwood, Steve (GB)	1948	Sänger der „Spencer Davis Group" (1963-1967); Solo: Steve Winwood (1977); Arc of a diver (1980); Talking back to the night (1982); Back in the high life (1986); Roll with it (1988); Refugees of the heart (1990); Junction seven (1997); About time (2003); Nine lives (2008) ***Hits***: *While you see a chance (1981); Valerie (1982); Higher love (1986); Roll with it (1988)*
Wonder, Stevie (USA)	1950	For once in my life (1968); Signed, Sealed & Delivered (1970); Talking book (1972); Innervisions (1973); Fulfillingness First Final (1974); Songs in the key of life (1976); Hotter than July (1980); The woman in red (1984); In square circle (1985); Characters (1987); Conversation peace (1995); A time to love (2005) ***Hits***: *Signed, Sealed, Delivered (1970); Superstition (1972); Living for the city (1973); Sir Duke (1977); Master Blaster (1980); Ebony & Ivory (1981); Happy Birthday (1981); I just called to say I love you (1984)*
Young, Neil (CAN)	1945	After the gold rush (1970); Harvest (1972); On the beach (1974); Comes a time (1978); Rust never sleeps (1979); Freedom (1989); Harvest moon (1992); Sleeps with angels (1994); Mirror ball (1995); Silver & Gold (2000); Prairie wind (2005); Living with war (2006); Chrome dreams II (2007); Le noise (2010); Americana (2012); Psychedelic pill (2012); Storytone (2014); The Monsanto years (2015); Hitchhiker (2017); The visitor (2017) ***Hits***: *A man needs a maid (1972); Heart of gold (1972); Old man (1972); Harvest moon (1993)*
Zappa, Frank USA	1940-1993	1964-76 Bandmitglied bei „Mothers of Invention" ; Solo: Freak out! (1966); We're only in it for the money (1968); Hot rats (1969); 200 Motels (1970); Over-Nite Sensation (1973); Apostrophe (1974); Sheik Yerbouti (1980); ***Hit***: *Bobby Brown (1980)*

TOP 5 RADIO SONGS IN US-BILLBOARD-CHARTS

JAHR	**INTERPRET** (SINGLE-HIT)
1961	**(1)** Bobby Lewis (Tossin' and turnin') **(2)** Patsy Cline (I fall to pieces) **(3)** Highwaymen (Michael) **(4)** Roy Orbison (Crying) **(5)** Del Shannon (Runaway); **GRAMMY** (Album of the Year): „The button-down mind" (Bob Newhart)
1962	**(1)** Mr. Acker Bilk (Stranger on the shore) **(2)** Ray Charles (I can't stop loving you) **(3)** Dee Dee Sharp (Mashed potato time) **(4)** Bobby Vinton (Roses are red) **(5)** David Rose (The stripper); **GRAMMY** (Album of the Year): „Judy at Carnegie Hall" (Judy Garland)
1963	**(1)** Jimmy Gilmer/The Fireballs (Sugar shack) **(2)** Beach Boys (Surfin' U.S.A.) **(3)** Skeeter Davis (The end of the world) **(4)** Cascades (Rhythm of the rain) **(5)** Chiffons (He's so fine); **GRAMMY** (Album of the Year): „The first family" (Vaughn Meader)
1964	**(1)** Beatles (I want to hold your hand) **(2)** Beatles (She loves you) **(3)** Louis Armstrong (Hello, Dolly!) **(4)** Roy Orbison (Oh, pretty woman) **(5)** Beach Boys (I get around); **GRAMMY** (Album of the Year): „The Barbra Streisand Album" (Barbra Streisand)
1965	**(1)** Sam The Sham/The Pharaohs (Wooly bully) **(2)** Four Tops (I can't help myself) **(3)** Rolling Stones (I can't get no satisfaction) **(4)** We Five (You were on my mind) **(5)** Righteous Brothers (You've lost that lovin' feelin'); **GRAMMY** (Album of the Year): „Getz/Gilberto" (Stan Getz/Gilberto)
1966	**(1)** Sgt. Barry Sadler (The ballad of the green berets) **(2)** Association (Cherish) **(3)** Righteous Brothers (Soul and inspiration) **(4)** Four Tops (Reach out I'll be there) **(5)** ? & The Mysterians (96 Tears); **GRAMMY** (Album of the Year): „September of my years" (Frank Sinatra)
1967	**(1)** Lulu (To Sir with love) **(2)** Box Tops (The Letter) **(3)** Bobby Gentry (Ode to Billie Joe) **(4)** Association (Windy) **(5)** Monkees (I'm a believer); **GRAMMY** (Album of the Year): „A man and his music" (Frank Sinatra)
1968	**(1)** Beatles (Hey Jude) **(2)** Paul Mauriat (Love is blue) **(3)** Bobby Goldsboro (Honey) **(4)** Otis Redding (Sittin' on the dock of the bay) **(5)** Rascals (People got to be free); **GRAMMY** (Album of the Year): „Sgt. Pepper's Lonely Hearts Club Band" (The Beatles)
1969	**(1)** Archies (Sugar, Sugar) **(2)** Fifth Dimension (Aquarius/Let the sunshine in) **(3)** Temptations (I can't get next to you) **(4)** Rolling Stones (Honky tonk women) **(5)** Sly/The Family Stone (Everyday people); **GRAMMY** (Album of the Year): „By the time I get to Phoenix" (Glen Campbell)
1970	**(1)** Simon/Garfunkel (Bridge over troubled water) **(2)** Carpenters (They long to be close to you) **(3)** Guess Who (American woman) **(4)** B.J. Thomas (Raindrops keep fallin' on my head) **(5)** Edwin Star (War); **GRAMMY** (Album of the Year): „Blood, Sweat & Tears" (Blood, Sweat &Tears)
1971	**(1)** Three Dog Night (Joy to the world) **(2)** Rod Stewart (Maggie May) **(3)** Carole King (It's too late/I feel the earth move) **(4)** Osmonds (One bad apple) **(5)** Bee Gees (How can you mend a broken heart); **GRAMMY** (Album of the Year): „Bridge over troubled water" (Simon & Garfunkel)
1972	**(1)** Roberta Flack (The first time ever I saw your face) **(2)** Gilbert O'Sullivan (Alone again) **(3)** Don McLean (American pie) **(4)** Nilsson (Without you) **(5)** Sammy Davis, Jr. (Candy man); **GRAMMY** (Album of the Year): „Tapestry" (Carole King)
1973	**(1)** Tony Orlando (Tie a yellow ribbon 'round the Ole Oak Tree) **(2)** Jim Croce (Bad, bad Leroy Brown) **(3)** Roberta Flack (Killing me softly with his song) **(4)** Marvin Gaye (Let's get it on) **(5)** Paul McCartney/Wings (My love); **GRAMMY**: "Concert for Bangla Desh" (Various Artists)
1974	**(1)** Barbra Streisand (The way we were) **(2)** Terry Jacks (Seasons in the sun) **(3)** Love Unlimited Orchestra (Love's Theme) **(4)** Redbone (Come and get your love) **(5)** Jackson Five (Dancing machine); **GRAMMY** (Album of the Year): „Innervisions" (Stevie Wonder)

JAHR	**INTERPRET** (SINGLE-HIT)
1975	**(1)** Captain & Tennille (Love will keep us together) **(2)** Glen Campbell (Rhinestone cowboy) **(3)** Elton John (Philadelphia freedom) **(4)** Freddy Fender (Before the next teardrop falls) **(5)** Frankie Valli (My eyes adored you); **GRAMMY** (Album of the Year): „Fulfillingness" First Finale" (Stevie Wonder)
1976	**(1)** Wings (Silly love songs) **(2)** Elton John/Kiki Dee (Don't go breaking my heart) **(3)** Johnnie Taylor (Disco lady) **(4)** Four Seasons (December, 1963/Oh what a night) **(5)** Wild Cherry (Play that funky music); **GRAMMY** (Album of the Year): „Still crazy after all these years" (Paul Simon)
1977	**(1)** Rod Stewart (Tonight's the night gonna be alright) **(2)** Andy Gibb (I just want to be your everything) **(3)** Emotions (Best of my love) **(4)** Barbra Streisand (Love Theme from "A Star Is Born") **(5)** Hot (Angel in your arms); **GRAMMY** (Album of Year): „Songs in the key of life" (Stevie Wonder)
1978	**(1)** Andy Gibb (Shadow dancing) **(2)** Bee Gees (Night fever) **(3)** Debby Boone (You light up my life) **(4)** Bee Gees (Stayin' alive) **(5)** Exile (Kiss you all over); **GRAMMY** (Album of the Year): „Rumours" (Fleetwood Mac)
1979	**(1)** The Knack (My sharona) **(2)** Donna Summer (Bad girls) **(3)** Chic (Le Freak) **(4)** Rod Stewart (Do ya think I'm sexy) **(5)** Peaches & Herb (Reunited); **GRAMMY** (Album of the Year): „Saturday night fever" (Soundtrack/Various Artists)
1980	**(1)** Blondie (Call Me) **(2)** Pink Floyd (Another brick in the wall) **(3)** Olivia Newton-John (Magic) **(4)** Michael Jackson (Rock with you) **(5)** Captain & Tennille (Do that to me one more time); **GRAMMY** (Album of the Year): „52nd Street" (Billy Joel)
1981	**(1)** Kim Carnes (Bette Davis eyes) **(2)** Diana Ross & Lionel Richie (Endless love) **(3)** Kenny Rogers (Lady) **(4)** John Lennon (Just like starting over) **(5)** Rick Springfield (Jessie's girl); **GRAMMY** (Album of the Year): „Christopher Cross" (Christopher Cross)
1982	**(1)** Olivia Newton-John (Physical) **(2)** Survivor (Eye of the tiger) **(3)** Joan Jett & The Blackhearts (I love Rock n' Roll) **(4)** Paul McCartney/ Stevie Wonder (Ebony and Ivory) **(5)** J. Geils Band (Centerfold); **GRAMMY** (Album of the Year): „Double fantasy" (John Lennon & Yoko Ono)
1983	**(1)** Police (Every breath you take) **(2)** Michael Jackson (Billie Jean) **(3)** Irene Cara (Flashdance/What a feeling) **(4)** Men At Work (Down under) **(5)** Michael Jackson (Beat it); **GRAMMY** (Album of the Year): „Toto IV" (Toto)
1984	**(1)** Prince & The Revolution (When doves cry) **(2)** Tina Turner (What's love got to do with it) **(3)** Paul McCartney & Michael Jackson (Say Say Say) **(4)** Kenny Loggins (Footloose) **(5)** Phil Collins (Against all odds take a look at me now); **GRAMMY** (Album of the Year): „Thriller" (Michael Jackson)
1985	**(1)** Wham! (Careless whisper) **(2)** Madonna (Like a virgin) **(3)** Wham! (Wake me up before you go-go) **(4)** Foreigner (I want to know what love is) **(5)** Chaka Khan (I feel for you); **GRAMMY** (Album of the Year): „Can't slow down" (Lionel Richie)
1986	**(1)** Dionne Warwick & Friends (That's what friends are for) **(2)** Lionel Richie (Say you, say me) **(3)** Klymaxx (I miss you) **(4)** Patti LaBelle/ Michael McDonald (On my own) **(5)** Mr. Mister (Broken Wings); **GRAMMY** (Album of the Year): „No jacket required" (Phil Collins)
1987	**(1)** Bangles (Walk like an egyptian) **(2)** Heart (Alone) **(3)** Gregory Abbott (Shake you down) **(4)** Whitney Houston (I wanna dance with somebody) **(5)** Starship (Nothing's gonna stop us now); **GRAMMY** (Album of the Year): „Graceland" (Paul Simon)
1988	**(1)** George Michael (Faith) **(2)** INXS (Need you tonight) **(3)** George Harrison (Got my mind set on you) **(4)** Rick Astley (Never gonna give you up) **(5)** Guns N' Roses (Sweet child o' mine); **GRAMMY** (Album of the Year): „The Joshua tree" (U2)

TOP 5 RADIO SONGS IN US-BILLBOARD-CHARTS

JAHR	**INTERPRET** (SINGLE-HIT)
1989	**(1)** Chicago (Look away) **(2)** Bobby Brown (My prerogative) **(3)** Poison (Every rose has its thorn) **(4)** Paula Abdul (Straight up) **(5)** Janet Jackson (Miss you much); **GRAMMY** (Album of the Year): „Faith" (George Michael)
1990	**(1)** Wilson Phillips (Hold on) **(2)** Roxette (It must have been love) **(3)** Sinead O'Connor (Nothing compares 2 you) **(4)** Bell Biv Devoe (Poison) **(5)** Madonna (Vogue); **GRAMMY** (Album of the Year): „Nick of time" (Bonnie Raitt)
1991	**(1)** Bryan Adams (Everything I do I do it for you) **(2)** Color me bad (I wanna sex you up) **(3)** C&C Music Factory (Gonna make you sweat) **(4)** Paula Abdul (Rush Rush) **(5)** Timmy T. (One more try); **GRAMMY** (Album of the Year): „Back on the block" (Quincy Jones)
1992	**(1)** Boyz II Men (End of the road) **(2)** Sir Mix-A-Lot (Baby got back) **(3)** Kris Koss (Jump) **(4)** Vanessa Williams (Save the best for last) **(5)** TLC (Baby-Baby-Baby); **GRAMMY** (Album of the Year): „Unforgettable" (Natalie Cole)
1993	**(1)** Whitney Houston (I will always love you) **(2)** Tag Team (Whoomp! There it is) **(3)** UB40 (Can't help falling in love) **(4)** Janet Jackson (That's the way love goes) **(5)** Silk (Freak me); **GRAMMY** (Album of the Year): „Unplugged" (Eric Clapton)
1994	**(1)** Ace Of Base (The sign) **(2)** All-4-One (I swear) **(3)** Boyz II Men (I'll make love to you) **(4)** Celine Dion (The power of love) **(5)** Mariah Carey (Hero); **GRAMMY** (Album of the Year): „The Bodyguard Soundtrack" (Whitney Houston)
1995	**(1)** Coolio/L.V. (Gangsta's paradise) **(2)** TLC (Waterfalls) **(3)** TLC (Creep) **(4)** Seal (Kiss from a rose) **(5)** Boyz II Men (On bended knee); **GRAMMY** (Album of the Year): „MTV Unplugged" (Tony Bennett)
1996	**(1)** Los Del Rio (Macarena) **(2)** Mariah Carey/Boyz II Men (One sweet day) **(3)** Celine Dion (Because you loved me) **(4)** The Tony Rich Project (Nobody knows) **(5)** Mariah Carey (Always be my baby); **GRAMMY** (Album of the Year): „Jagged little pill" (Alanis Morissette)
1997	**(1)** Elton John (Candle in the wind 1997) **(2)** Jewel (You were meant for me) **(3)** Puff Daddy/Faith Evans feat. 112 (I'll be missing you) **(4)** Toni Braxton (Un-Break my heart) **(5)** Puff Daddy/Mase (Can't nobody hold me down); **GRAMMY** (Album of the Year): „Falling into you" (Céline Dion)
1998	**(1)** Next (Too close) **(2)** Brandy/Monica (The boy is mine) **(3)** Shania Twain (You're still the one) **(4)** Savage Garden (Truly madly deeply) **(5)** LeAnn Rimes (How do I live); **GRAMMY** (Album of the Year): „Time out of mind" (Bob Dylan)
1999	**(1)** Cher (Believe) **(2)** TLC (No scrubs) **(3)** Monica (Angel of mine) **(4)** Whitney Houston feat. Faith Evans & Kelly Price (Heartbreak Hotel) **(5)** Britney Spears (Baby one more time); **GRAMMY** (Album of the Year): „The miseducation of Lauryn Hill" (Lauryn Hill)
2000	**(1)** Faith Hill (Breathe) **(2)** Santana feat. Rob Thomas (Smooth) **(3)** Santana feat. The Product G&B (Maria Maria) **(4)** Joe (I wanna know) **(5)** Vertical Horizon (Everything you want); **GRAMMY** (Album of the Year): „Supernatural" (Santana)
2001	**(1)** Lifehouse (Hanging by a moment) **(2)** Alicia Keys (Fallin) **(3)** Janet Jackson (All for you) **(4)** Train (Drops of Jupiter tell me) **(5)** Jennifer Lopez & Ja Rule (I'm real); **GRAMMY** (Album of the Year): „Two against nature" (Steely Dan)
2002	**(1)** Nickelback (How you remind me) **(2)** Ashanti (Foolish) **(3)** Nelly (Hot in here) **(4)** Nelly/Kelly Rowland (Dilemma) **(5)** The Calling (Wherever you will go); **GRAMMY** (Album of the Year): „O Brother, where are thou?" (Soundtrack/Various Artists)

TOP 5 RADIO SONGS (2003-2016)

JAHR	**INTERPRET** (SINGLE-HIT)
2003	**(1)** 50 Cent (In da club) **(2)** R. Kelly (Ignition) **(3)** Sean Paul (Get busy) **(4)** Beyonce feat. Jay-Z (Crazy in love) **(5)** 3 Doors Down (When I'm gone); **GRAMMY** (Album of the Year): „Come away with me" (Norah Jones)
2004	**(1)** Usher featuring Lil Jon & Ludacris (Yeah!) **(2)** Usher (Burn) **(3)** Alicia Keys (If I ain't got you) **(4)** Maroon 5 (This love) **(5)** Outkast feat. Sleepy Brown (The way you move); **GRAMMY** (Album of the Year) „Speakerboxxx/The love below" (OutKast)
2005	**(1)** Mariah Carey (We belong together) **(2)** Gwen Stefani (Hollaback girl) **(3)** Mario (Let me love you) **(4)** Kelly Clarkson (Since u been gone) **(5)** Ciara feat. Missy Elliott (One, two step); **GRAMMY** (Album of the Year): „Genius loves company" (Ray Charles)
2006	**(1)** Daniel Powter (Bad day) **(2)** Sean Paul (Temperature) **(3)** Nelly Furtado feat. Timbaland (Promiscuous) **(4)** James Blunt (You're beautiful) **(5)** Shakira Featuring Wyclef Jean (Hips don't lie); **GRAMMY** (Album of the Year): „How to dismantle an atomic bomb" (U2)
2007	**(1)** Fergie (Big girls don't cry) **(2)** Soulja Boy Tell'em (Crank that) **(3)** Rihanna (Umbrella) **(4)** Timbaland feat. Keri Hilson (The way I are) **(5)** Kanye West feat. Daft Punk (Stronger); **GRAMMY** (Album of the Year): „Taking the long way" (Dixie Chicks)
2008	**(1)** Leona Lewis (Bleeding love) **(2)** T.I. (Whatever you love) **(3)** Lil Wayne feat. Static Major (Lollipop) **(4)** Flo Rida feat. T-Pain (Low) **(5)** Katy Perry (I kissed the girl); **GRAMMY** (Album of the Year): „River: The Joni letters" (Herbie Hancock)
2009	**(1)** The Black Eyed Peas (I gotta feeling) **(2)** The Black Eyed Peas (Boom Boom Pow) **(3)** Lady Gaga (Poker face) **(4)** Jay Sean feat. Lil Wayne (Down) **(5)** Flo Rida feat. Kesha (Right Round); **GRAMMY** (Album of the Year) „Raising sand" (Robert Plant & Alison Krauss)
2010	**(1)** Eminem feat. Rihanna (Love the way you lie) **(2)** Katy Perry feat. Snoop Dogg (California Gurls) **(3)** Bruno Mars (Just the way you are) **(4)** Usher feat. Will.I.Am (OMG) **(5)** B.o.B feat. Hayley Williams (Airplanes); **GRAMMY** (Album of the Year): „Fearless" (Taylor Swift)
2011	**(1)** LMFAO feat. Bennett & Rock (Party Rock Anthem) **(2)** Maroon 5 feat. Christina Aguilera (Moves like Jagger) **(3)** Katy Perry feat. Kanye West (E.T.) **(4)** Adele (Rolling in the deep) **(5)** Adele (Someone like you); **GRAMMY** (Album of the Year): „The Suburbs" (Arcade Fire)
2012	**(1)** Gotye (Somebody that I used to know) **(2)** Fun feat. Janelle Monae (We are young) **(3)** Carly Rae Jepsen (Call me maybe) **(4)** Maroon 5 feat. Wiz Khalifa (Payphone) **(5)** Maroon 5 (One more night); **GRAMMY** (Album of the Year): „Rolling in the deep" (Adele)
2013	**(1)** Macklemore & Ryan Lewis (Trift Shop) **(2)** Robin Thicke feat. T.I. (Blurred Lines) **(3)** Imagine Dragons (Radioactive) **(4)** Baauer (Harlem Shake) **(5)** Macklemore & Ryan Lewis (Can't hold us); **GRAMMY** (Album of the Year): „Babel" (Mumford & Sons)
2014	**(1)** John Legend (All of me) **(2)** Katy Perry feat. Juicy J (Dark Horse) **(3)** Pharrell Williams (Happy) **(4)** OneRepublic (Counting Stars) **(5)** Nico & Vinz (Am I wrong) **GRAMMY** (Album of the Year): „Random access memories" (Daft Punk)
2015	**(1)** Mark Ronson Feat. Bruno Mars (Uptown Funk) **(2)** Walk the Moon (Shut up and dance) **(3)** Ed Sheeran (Thinking out loud) **(4)** Maroon 5 (Sugar) **(5)** Taylor Swift (Blank Space) **GRAMMY** (Album of the Year): „Morning phase" (Beck)
2016	**(1)** Justin Bieber (Love Yourself) **(2)** Drake Featuring WizKid & Kyla (One Dance) **(3)** Twenty one pilots (Stressed Out) **(4)** Justin Bieber (Sorry) **(5)** Justin Timberlake (Can't stop the Feeling!) **GRAMMY** (Album of the Year): „1989" (Taylor Swift)
2017	**(1)** Ed Sheeran (Shape of you) **(2)** Bruno Mars (That's what I like) **(3)** The Chainsmokers & Coldplay (Something just like this) **(4)** Alessia Cara (Scars to your beautiful) **(5)** The Chainsmokers feat. Halsey (Closer) **GRAMMY** (Album of the Year): „24K Magic" (Bruno Mars)

AND THE WINNER IS... (STAND: 01/2018)

	DIE MEISTEN NR. 1 HITS IN DER US-BILLBOARD (ANZAHL)	**BESTE SONGS ALLER ZEITEN** (LAUT ROLLING STONE MAGAZIN)	**BESTE ALBEN ALLER ZEITEN** (LAUT ROLLING STONE MAGAZIN)
1	**Elvis Presley**,1956-1977 (21)	**Like a Rolling Stone** (Bob Dylan, 1965)	**Sgt. Pepper's lonely hearts club band** (Beatles, 1967)
2	**The Beatles**, 1960-1970 (20)	**Satisfaction** (Rolling Stones, 1965)	**Pet sounds** (The Beach Boys, 1966)
3	**Mariah Carey**, seit 1990 (18)	**Imagine** (John Lennon, 1971)	**Revolver** (The Beatles, 1966)
4	**Michael Jackson**, 1968-2009 (18)	**What's going on** (Marvin Gaye, 1971)	**Highway 61 revisited** (Bob Dylan, 1965)
5	**Rihanna**, seit 2005 (14)	**Respect** (Aretha Franklin, 1967)	**Rubber soul** (The Beatles, 1965)
6	**Madonna**, seit 1983 (12)	**Good vibrations** (Beach Boys, 1966)	**What's going on** (Marvin Gaye, 1971)
7	**The Supremes**, 1959-1977 (12)	**Johnny B. Good** (Chuck Berry, 1958)	**Exile on Main St.** (Rolling Stones, 1972)
8	**Whitney Houston**, 1985-2009 (11)	**Hey Jude** (The Beatles, 1968)	**London calling** (The Clash, 1980)
9	**Janet Jackson**, seit 1982 (10)	**Smells like teen spirit** (Nirvana, 1991)	**Blonde on blonde** (Bob Dylan, 1966)
10	**Stevie Wonder**, 1962-2005 (10)	**What'd I say** (Ray Charles, 1959)	**The Beatles/White Album** (The Beatles, 1968)
11	**Bee Gees**, 1958-2003 (9)	**My generation** (The Who, 1965)	**The sun sessions** (Elvis Presley, 1999)
12	**Elton John**, seit 1969 (9)	**I change is gonna come** (Sam Cooke, 1964)	**Kind of blue** (Miles Davis, 1959)
13	**Paul McCartney/Wings**, seit 1970 (9)	**Yesterday** (The Beatles, 1965)	**Velvet Underground & Nico** (Banana Album, 1967)
14	**Katy Perry,** seit 2001 (9)	**Blowing in the wind** (Bob Dylan, 1963)	**Abbey road** (The Beatles, 1969)
15	**Usher**, seit 1995 (9)	**London calling** (The Clash, 1980)	**Are you experienced?** (Jimi Hendrix, 1967)
16	**The Rolling Stones**, seit 1962 (8)	**I want to hold your hand** (The Beatles, 1963)	**Blood on the tracks** (Bob Dylan, 1975)
17	**Phil Collins**, seit 1981 (7)	**Purple Haze** (Jimmy Hendrix, 1967)	**Nevermind** (Nirvana, 1991)
18	**George Michael**, seit 1987 (7)	**Maybellene** (Chuck Berry, 1955)	**Born to run** (Bruce Springsteen, 1975)
19	**Paula Abdul**, 1988-1995 (6)	**Hound dog** (Elvis Presley, 1956)	**Astral weeks** (Van Morrison, 1968)
20	**Hall & Oates**, 1974-1991 (6)	**Let it be** (The Beatles, 1970)	**Thriller** (Michael Jackson, 1982)

	ALBEN INTERPRET, EV (NACH SCHÄTZUNGEN ALLER VERKAUFTEN PLATTEN IN MIO)	**SINGLES** INTERPRET EV (NACH SCHÄTZUNGEN ALLER VERKAUFTEN EXEMPLARE IN MIO)	**BAND/SÄNGER** (NACH SCHÄTZUNGEN ALLER VERKAUFTEN TONTRÄGER)
01	„**Thriller**“, Michael Jackson, 1982 (*51-65)	„**White christmas**“, Bing Crosby, 1942 (*50)	**Elvis Presley**, USA, (bis 1,3 Mrd.)
02	„**Dark side of the moon**“, Pink Floyd, 1973 (*45)	„**Candle in the wind**“, Elton John, 1997 (*33)	**The Beatles**, UK, (*600 Mio. bis 1 Mrd.)
03	„**Their Greatest Hits 71-75**“, Eagles (*42)	„**Silent night**“, Bing Crosby, 1935 (*30)	**Michael Jackson**; USA, (*350-750 Mio.)
04	„**The Bodyguard**“, Whitney Houston, 1992 (*40)	„**Rock around the clock**“, Bill Haley, 1954 (*25)	**Elton John**, UK (*350-450 Mio.)
05	„**Saturday night fever**“, Bee Gees, 1977 (40)	„**We are the world**“, USA for Africa, 1985 (*20)	**Madonna**, USA (*275-300 Mio.)
06	„**Back in black**“, AC/DC, 1980 (*40)	„**If I didn't care**“, The Ink Spots, 1936 (*19)	**Led Zeppelin**, UK (*200-300 Mio.)
07	„**Rumours**“, Fleetwood Mac, 1977 (*40)	„**Yes Sir I can boogie**“, Baccara, 1977 (*16	**ABBA**, SWE (*200-300 Mio.)
08	„**Come on over**“, Shania Twain, 1997 (*39)	„**My heart will go on**“, Celine Dion, 1998 (*15)	**Queen**, UK (*150-300 Mio.)
09	„**Led Zeppelin IV**“, Led Zeppelin, 1971 (*37)	„**I'll always love you**“, W. Houston, 1992 (*15)	**Pink Floyd**, UK (*250 Mio.)
10	„**Bat out of hell**“, Meat Loaf, 1977 (*34)	„**Arlekino**“, Alla Pugacheva 1974 (*15)	**Mariah Carey**, USA (*200 Mio.)
11	„**Jagged little pill**“, Alanis Morissette, 1995 (*33)	„**All I want for christmas**“, Mariah Carey (*14)	**AC/DC,** AUS (*200 Mio.)
12	„**Dirty dancing**“, Diverse Interpreten, 1987 (*32)	„**I will survive**“, Gloria Gaynor, 1978 (*14)	**Céline Dion**, CAN (*200 Mio.)
13	„**Music box**“, Mariah Carey, 1993 (*32)	„**Wind of change**“, Scorpions, 1991 (*14)	**The Rolling Stones,** UK (*200 Mio.)
14	„**Goodbye yellow brick road**, Elton John, 1973 (*31)	„**Sukiyaki**“, Kyu Sakamoto, 1961 (*13)	**Whitney Houston**, USA (*170-200 Mio.)
15	„**1**“, The Beatles, 2000 (*31)	„**Time to say goodbye**“, Andrea Bocelli (*12)	**Garth Brooks**, USA (*150-180 Mio.)
16	„**Dangerous**“, Michael Jackson, 1991 (*30)	„**I wanna hold your hand**“, Beatles, 1964 (*12)	**Eagles**, USA (*150-170 Mio.)
17	„**Abbey road**“, The Beatles, 1969 (*30)	„**Y.M.C.A**“, Village People 1978 (*12)	**Phil Collins**, UK (*150 Mio.)
18	„**Born in the USA**“, Burce Springsteen, 1984 (*30)	„**Do they know its christmas?** Band Aid (*11,7)	**U2**, IRL (*150 Mio.)
19	„**Brothers in arms**“, Dire Straits, 1985 (*30)	„**Paper Doll**“, Mills Brothers, 1943 (*11)	**Rihanna**, BARB (*150 Mio.)
20	„**The Wall**“, Pink Floyd, 1979 (*30)	„**Kung Fu Fighting**“, Carl Douglas, 1974 (*11)	**Billy Joel**, USA (*150 Mio.)

*Angaben sind Mittelwerte aus mehreren Quellen wie z.B. Billboard, Rolling Stone, MTV, VH1 und anderen.

Weitere TV-Shows auf Taschenhirn.de

BELIEBTE DEUTSCHE QUIZ- UND UNTERHALTUNGSSHOWS (STAND: 9/2017)

SHOW	FOLGEN	DAUER	KONZEPT UND MODERATION
7 Tage, 7 Köpfe	über 250	1996-2005	Jochen Busse (*1941) quatschte mit den Stammgästen Rudi Carrell (1934-2006), Mike Krüger (*1951), Kalle Pohl (*1951), Gaby Köster (*1961), Bernd Stelter (*1961), Oli Welke (*1966).
Alles oder nichts	über 200	1956-1988	Quiz-Sendung mit den Moderatoren von 1956-1963 Heinrich Fischer, von 1963-1966 Wolf Schmidt, von 1966-1971 Erich Helmensdorfer, von 1973-1981 Günther Schramm, von 1983-88 Max Schautzer.
Alles nichts oder?	121	1988-1992	Hugo Egon Balder (*1950) und Hella von Sinnen (*1959) moderierten einen 60-minütigen „Kindergeburtstag" für Erwachsene mit abschließender Tortenschlacht.
Am laufenden Band	51	1974-1979	Quizsendung mit Rudi Carrell (1934-2006) und Heinz Eckner (1925-2012); Produzent: Alfred Biolek.
Auf los geht's los	60	1977-1986	Samstagabend-Show mit Joachim Fuchsberger (1927-2014), Matrix-Leuchtanzeige und Kandidaten.
Bios Bahnhof	30	1978-1982	Von Alfred Biolek (*1934) moderierte Unterhaltungsshow; Nachfolgesendung: „Bei Bio".
Dalli Dalli	153	1971-1986	Sie sind der Meinung: „Das war Spitze!"; Quizshow mit Hans Rosenthal (1925-1987).
Deal or No Deal	unbekannt	2004-2008	Sat.1-Spielshow mit Buzzer, Banker und 26 Koffer(girls); Moderation: Guido Cantz (*1971); 2014 neu
Der große Preis	über 200	1974-1993	Quizshow (Vorgänger: Drei nach neun) mit Wim Thoelke, 3 Kandidaten, Wum und Wendelin.
Der Preis ist heiß	1.873	1989-1997	RTL's Preisrateshow und „Dauerwerbesendung" mit Harry Wijnvoord (*1949).
Dingsda	+200	1988-2002	Rateshow, in der Kinder Begriffe beschrieben, die von Gästen erraten werden mussten. Moderation: Fritz Egner (bis 1994), Werner Schmidbauer (bis 1999) und Tommy Ohrner (bis 2002).
Donnerlippchen	15	1986-1988	Sehr erfolgreiche Unterhaltungssendung der ARD; Moderator: Jürgen von der Lippe (*1948).
Drei mal neun	31	1970-1974	Donnerstagabend-Fernsehshow mit Wim Thoelke (1927-1995), Wum (Hund) und Wendelin (Elefant).
Einer wird gewinnen	82	1964-1987	Mit 10-jähriger Sendepause (1969-1979) moderierte Hans-Joachim Kulenkampff (1921-1998).
Familien-Duell	2.275	1992-2003	Gameshow mit Werner Schulze-Erdel (*1952), in der zwei Familien gegeneinander antraten.
Gefragt - Gejagt	über 242	seit 2012	Quizkandidaten messen sich mit dem sog. „Jäger" (Quizprofi). Moderator: Alexander Bommes (*1976)
Geld oder Liebe	90	1989-2001	3 Frauen und 3 Männer erraten gegenseitig ihre Hobbys; moderiert von Jürgen von der Lippe.
Genial daneben	409	2003-2011	Hugo Egon Balder (*1950) stellte kuriose und fast unlösbare Fragen an wechselnde Comedy-Stars.
Glücksrad	über 4.000	1988-2002	Die am häufigsten gesendet Spielshow Deutschlands wurde in den ersten 10 Jahren von Peter Bond (*1952), dann von Frederic Meisner (*1953) und Tommi Ohrner (*1965) moderiert.

BELIEBTE DEUTSCHE QUIZ- UND UNTERHALTUNGSSHOWS (STAND: 3/2018)

SHOW	FOLGEN	DAUER	KONZEPT UND MODERATION
Klimbim	30	1973-1979	Eine der ersten Comedy-Serien im deutschen Fernsehen u. a. mit Ingrid Steeger (*1947).
Montagsmaler, Die	250	1974-1990	Begriffe zeichnen auf Zeit; Moderation: Frank Elstner (*1942) Reinhard May, Sigi Harreis (1937-2008).
Musik ist Trumpf	ca. 35	1975-1981	Samstagabend-Musikshow von und mit Peter Frankenfeld (1913-1979) und Harald Juhnke (1929-2005).
Nur die Liebe zählt	unbekannt	1993-2011	Kai Pflaume (*1967) verkuppelte auf SAT1 mit Liebesvideo und Wohnmobil zerstrittene Menschen.
Pyramide, Die	165	1978-1994	Wortspiel- und Pantomime-Sendung mit Dieter Thomas Heck (*1937); Neuauflage ab 2012 (20 Folgen).
Ruck Zuck	2.330	1988-2000	Erst von Werner Schulze-Erdel (*1952), ab 1992 von Jochen Bendel moderierte Spielshow.
Schillerstraße	150	2004-2011	Improvisationstheater mit Komödianten. Moderation bis 2005 Georg Uecker, von 2005-11 Maike Tatzig.
Schlag den Raab!	55	2006-2015	Ein Kandidat spielt/kämpft gegen Stefan Raab. Moderiert: 2006-11 M. Opdenhövel, 2011-15 S. Gätjen.
Traumhochzeit	92	1992-2000	Die Gameshow mit hohen Einschaltquoten wurde von Linda de Mol (*1964) moderiert; Neuauflage 2012
Tutti Frutti	über 90	1990-1993	Striptease-Show am Sonntagabend mit Cin-Cin und Hugo Egon Balder (*1950).
TV Total	2.303	1999-2015	Late-Night-Show von und mit Stefan Raab (*1966) und Elton (*1971); Ableger: Schlag den Raab.
Vergißmeinnicht	47	1964-1970	Große Samstagabend-Quizsendung mit Peter Frankenfeld (1913-1979).
Verstehen Sie Spaß?	über 161	1980-heute	Show mit versteckter Kamera; Moderatoren von 1980-90 Kurt Felix (1941-2012) & Paola Felix, bis 1990 Karl Dall (*1941), von 1992-95 Harald Schmidt (*1957), von 1996-97 Dieter Hallervorden (*1935), von 1998-02 Chemo Jobatey (*1965), von 2002-09 Frank Elstner (*1942) und seit 2010 Guido Cantz (*1971).
Was bin ich?	337	1955-1989	Beruferaten („Welches Schweinderl hätten's denn gern?") mit Robert Lemke (1913-1989) und dem Rateteam Guido Baumann, Hans Sachs, Annette von Aretin, Anneliese Flyenschmidt bzw. Marianne Koch.
Wer weiß denn sowas?	über 320	2015-heute	Quizsendung von und mit Kai Pflaume sowie den Dauer-Duellkandidaten Elton und Bernhard Hoëcker.
Wer wird Millionär?	über 1.300	1999-heute	Günther Jauch (*1956) machte mit der Quizshow bisher 11 Kandidaten zu Millionären + 34 Promi-Spezial.
Wetten dass….?	215	1981-2014	Samstagabend-Spielshow; Moderatoren von 1981-1987 Frank Elstner, von 1987-1992 und 1993-2011 Thomas Gottschalk (*1950), von 1992-1993 Wolfgang Lippert (*1952), 2012-2014 Markus Lanz (*1969).
ZDF-Hitparade	368	1969-2000	Musiksendung moderiert von Dieter Thomas Heck (bis 1984), Victor Worms und Uwe Hübner (*1961).
Zimmer frei	694	1996-2016	Götz Alsmann (*1957) und Christine Westermann (*1948) suchten wöchentlich neue WG-Mitbewohner.
Zum blauen Bock	208	1957-1987	Otto Höpfner (1924-2005) führte die hessische (Gaststätten-)Sendung bis 1965. Danach servierten Heinz Schenk (1924-2014) und Lia Wöhr (1911-1994) den Äppelwoi in Bembeln.

BELIEBTE TV-SERIEN (STAND: 3/2018)

SERIE	EPI-SODEN	DAUER	A = AUTOR, D = DARSTELLER (AUSWAHL), P = PRODUZENT, R = REGIE
Addams Family	64	1964-1966	Idee: Charles Addams. P: David Levy. D: Morticia (Carolyn Jones), Gomez (John Astin), Pugsley (Ken Weatherwax), Wednesday (Lisa Loring), Itt (Felix Silla), "Eiskaltes Händchen" (Ted Cassidy)
Akte X	202	1993-2002	Idee: Chris Carter. D: Fox Mulder (David Duchovny), Dana Scully (Gillian Anderson)
Alf	102	1986-1990	Idee: Paul Fusco, Tom Patchett. D: Außerirdischer Gordon Shumway (Alf), Willie Tenner (Max Wright), Mutter Kate (Anne Schedeen), Lynn (Andrea Elson), Sohn Brian (Benji Gregory)
Ally McBeal	112	1997-2002	P: David E. Kelley. D: Ally McBeal (Calista Flockhart), Richard Fish (Greg Germann), John Cage (Peter MacNicol), Billy Alan Thomas (Gil Bellows), Georgia (Courtney Thorne-Smith)
Alte, Der (ZDF)	über 411	seit 1976	D: Erwin Köster (Siegfried Lowitz) von 1976-1986; Leo Kress (Rolf Schimpf) von 1986-2007, Rolf Herzog (Walter Kreye) von 2008-2012. Seit 2012 ermittelt Richard Voss (Jan-Gregor Kremp) als Hauptkommissar.
Baywatch	243	1989-2001	P: Michael Berk, Douglas Schwartz und Gregory J. Bonann. D: Mitch Buchannon (David Hasselhoff), C. J. Parker (Pamela Anderson), Matt Brodie (David Charvet)
Beverly Hills, 90210	293	1990-2000	Idee: Darren Star. D: Brenda (Shannon Doherty), Brandon (Jason Priestley), Kelly Taylor (Jennie Garth), Steve Sanders (Ian Ziering), Dylan McKay (Luke Perry), Donna Martin (Tori Spelling)
Bezaubernde Jeannie	139	1965-1970	Idee: Sidney Sheldon. D: Astronaut Tony Nelson (Larry Hagman), Jeannie (Barbara Eden)
Big Bang Theory, The	über 245	seit 2007	Idee: Chuck Lorre, Bill Prady D: Die Physiker Leonard (Johnny Galecki) & Sheldon (Jim Parson), Ingenieur Howard (Simon Helberg) und der Astro-Pysiker Rajesh (Kunal Nayyar) Nachbarin Penny (Kaley Cuoco)
Bonanza	426	1959-1973	Idee: David Dortort. D: Pa Ben Cartwright (Lorne Greene), Adam (Pernell Roberts), Hoss (Dan Blocker), Little Joe (Michael Landon), Hop Sing (Victor Sen Yung) auf der Ponderosa-Ranch
Breaking Bad	62	2008-2013	A: Vince Galligan D: Chemielehrer Walter White (Bryan Cranston), Schüler Jesse Pinkman (Aaron Paul)
Columbo	69	1968-2003	Idee: Richard Levinson, William Link. D: Inspektor Columbo (Peter Falk)
CSI - Tätern auf d. Spur	337	2000-2015	A: Anthony Zuiker D: Dr. Gil Grissom (Will Petersen), C. Willows (M. Helgenberger), Nick Stokes (G. Eads)
Dallas	357	1978-1991	Idee: David Jacobs. D: Jock Ewing, Chef von Ewing Oil (Jim Davis), Miss Ellie (Barbara Bel Geddes), J. R. Ewing (Larry Hagman), Sue Ellen (Linda Gray), Willard Barnes (David Wayne)
Daktari	89	1966-1969	Idee: Ivan Tors, Marshall Thompson. D: Dr. Tracy (Marshall Thompson), Paula (Cheryl Miller), Jack Dane (Yale Summers), Mike Makula (Hari Rhodes), Löwe Clarence, Schimpansin Judy
Denver Clan	220	1981-1989	Idee: Richard und Esther Shapiro. D: Blake Carrington (John Forsythe), Krystle Jennings (Linda Evans), Fallon Carrington (Pamela Sue Martin, später Emma Samms), Alexis Colby (Joan Collins)

SERIE	EPI-SODEN	DAUER	A = AUTOR, D = DARSTELLER (AUSWAHL), P = PRODUZENT, R = REGIE
Derrick (ZDF)	281	1973-1998	A: Herbert Reinecker. D: Kriminial-Serie mit Stephan Derrick (Horst Tappert), Harry Klein (Fritz Wepper), Willy Berger (Willy Schäfer), Schröder (Günther Stoll)
Desperate Housewives	180 in 8 Staffeln	2004-2012	Idee: Marc Cherry. D: Gabrielle Solis (Eva Longoria), Bree Van de Kamp (Marcia Cross), Lynette Scavo (Felicity Huffman), Susan Mayer (Teri Hatcher), Edie Britt (Nicollette Sheridan)
Detektiv Rockford: Anruf genügt	123	1974-1980	Idee: Roy Huggins, Stephen Cannell. D: Jim Rockford (James Garner), Vater „Rocky" Rockford (Noah Beery Jr.), "Angel" Martin (Stuart Margolin), Anwältin Beth Davenport (Gretchen Corbett)
Dr. Quinn	150	1993-1998	Idee: Beth Sullivan, D: Michaela "Mike" Quinn (Jane Seymour), Byron Sully (Joe Lando), Matthew (Chad Allen), Colleen (Erika Flores, später Jessica Bowman), Brian Cooper (Shawn Toovey)
Emergency Room	331	1994-2009	A: Michael Crichton. D: Dr. Mark Greene (Anthony Edwards), Dr. Douglas Ross (George Clooney), Dr. Susan Lewis (Sherry Stringfield), Dr. Carter (Noah Wyle), Dr. Benton (Eriq LaSalle)
Fall für zwei, Ein (ZDF)	300 in 33 Staffeln	1981-2013	A: Karl-Heinz Willschrei, Georg Althammer D: Josef Matula (Claus Theo Gärtner), Dr. Renz (Günter Strack), Dr. Franck (Rainer Hunold), Dr. Lessing (Paul Frielinghaus), Helga (Renate Kohn), Hund Umba
Flipper	88	1964-1967	A: Ricou Browning. D: Sandy (Luke Halpin), Bud (Tommy Norden, Vater Porter Ricks (Brian Kelly)
Friends	235	1994-2004	Idee: David Crane, Marta Kauffman. D: Rachel Green (Jennifer Aniston); Ross Geller (David Schwimmer), Monica (Courteney Cox), Chandler Bing (Matth. Perry), Joey Tribbiani (Matt LeBlanc)
Game of Thrones	67 in 7 Staffeln	seit 2011	IdeeL David Benioff, D.B. Weiss Inhalt: 7 Königreiche & Familien darunter Haus Stark von Winterfell, Haus Lennister von Casterlystein, Haus Baratheon von Königsmund u. a kämpfen um die Macht.
Großstadtrevier (ARD)	über 410 in 31 Staffeln	seit 1986	A: Jürgen Roland. D: Ellen Wegener (Mareike Carrière), Dirk Matthies (Jan Fedder), Rolf Bogner (Peter Neusser), Neithard Köhler (Kay Sabban), Dietmar Steiner (E. Hoppe), Iversen (L. Mackensy) u.a.
GZSZ - Gute Zeiten, schlechte Zeiten (RTL)	über 6.400	seit 1992	D: Seifenoper mit Jo Gerner (Wolfgang Bahro), Leon Moreno (Daniel Fehlow), John Bachmann (Felix v. Jascheroff), Emily Höfer (Anne Menden) Philip Höfer (Jörn Schlönvoigt), Katrin Flemming (Ulrike Frank) u.a.
Hart aber Herzlich	110	1979-1984	Idee: Sidney Sheldon. D: Jonathan Hart (Robert Wagner), Jennifer Hart (Stefanie Powers)
House of Cards	65 in 5 Staffeln	seit 2013	Idee: Michael Dobbs, Andrew Davies, Beau Willimon D: Der korrupte & machthungrige US-Abgeordnete Francis Underwood (Kevin Spacey) spinnt mit seiner Frau Claire (Robin Wright) einige Intrigen.
Knight Rider	90	1982-1986	Idee: Glen Larson. D: Michael Knight (David Hasselhoff), Wunderauto KITT (Pontiac Trans Am)
Kojak – Einsatz in Manhattan	126	1973-1988	Idee: Abby Mann. D: Theo Kojak (Telly Savalas), Barry Crocker (Kevin Dobson), Frank McNeil (Dan Frazer), Stavros (D. Savalas), Rizzo (Vince Conti), Saperstein (Mark Russell), Prince (B. Silver)

BELIEBTE TV-SERIEN (STAND: 3/2018)

SERIE	EPI-SODEN	DAUER	A = AUTOR, D = DARSTELLER (AUSWAHL), P = PRODUZENT, R = REGIE
Kommissar, Der (ZDF)	97	1968-1975	A: Helmut Ringelmann, Herbert Reinecker D: Komm. Keller (Erik Ode), Insp. Grabert (Günther Schramm)
Kung Fu	62	1972-1975	R: Jerry Thorpe. P: H. Miller. D: Kway Chang Caine (David Carradine), Meister Po (Keye Luke)
Lassie	588	1954-1971	A: Eric Knight. D: Jeff Miller (Tommy Rettig), Porky Brockway (Donald Keeler), Timmy (J. Provost)
Law & Order	456 in 20 Staffeln	1990-2010	Idee: Dick Wolf, D: Jack McCoy (Sam Waterson), Serena Southerlyn (Elisabeth Röhm), Abbie Carmichael (Angie Harmon), „Lennie" Briscoe (Jerry Orbach), „Ed" Green (Jesse L. Martin)
Leute von der Shiloh-Ranch, Die	171	1962-1971	A: Owen Wister. R: Charles Marquis Warren. D: Virginian (James Drury), Trampas (D. McClure), Richter Henry Garth (Lee Cobb), Betsy (R. Shore), Randy (R. Boone), Jennifer (Diane Roter)
Lindenstraße (ARD/WDR)	über 1.666	seit 1985	Idee: Hans W. Geißendörfer. D: Seifenoper mit Helga Beimer (Marie-Luise Marjan), Hans Beimer (Joachim H. Luger), Klausi (Moritz Sachs), Dr. Ludwig Dressler (Ludwig Haas), Gabi Zenker (Andrea Spatzek) u.v.a.
Magnum	162 in 8 Staffeln	1980-1988	Idee: Donald Bellisario, Glen Larson. D: Thomas Magnum (Tom Selleck), Jonathan Higgins III. (John Hillerman), T. C. Calvin (R. Mosley), "Rick" Wright (Larry Manetti), Carol Baldwin (K. Lloyd)
Marienhof (ARD)	4.053	1992-2011	D: Seifenoper mit Frank Töppers (Wolfgang Seidenberg), Inge Busch (Viktoria Brams), Sülo Özgentürk (Giovanni Arvaneh), Thorsten Fechner (Chr. Buse), Carlos Garcia (Alfonso Losa), Susi Schäfer (N. Kukic)
Miami Vice	113	1984-1989	Idee: Anthony Yerkovitch. D: "Sonny" Crockett (Don Johnson), Ricardo Tubbs (Philip Thomas)
Mit Schirm, Charme und Melone	161	1961-1969	Idee: Sydney Newman, Leonard White. D: John Steed (Patrick Macnee), Emma Peel (Diana Rigg), Tara King (Linda Thorson), Purdey (Joanna Lumley), Mike Gambit (Gareth Hunt)
Nanny, Die	146	1993-1999	Idee: Peter Jacobson, Fran Drescher. D: Fran Fine (Fran Drescher), Maxwell Sheffield (Charles Shaugh-nessy), Maggie (Nicholle Tom), Gracie (Madeline Zima), Brighton (Benjamin Salisbury)
Pan Tau	33	1965-1988	A: Ota Hofman. R: Jindrich Polák. D: Pan Tau (Otto Simánek), Emil (J. Filip), Claudia (V. Rencová)
Quincy	148	1976-1983	Idee: Glen Larson, Lou Shaw. D: Dr. Quincy (Jack Klugman), Lt. Frank Monahan (Garry Walberg), Detective Brill (Joseph Roman), Sam Fujiyama (Robert Ito), Lee Potter (Lynette Mettey)
Rauchende Colts	635	1955-1975	Idee: John Meston, Musik: Herman Stein, D: Marshal Matt Dillon (James Arness); Dr. Galen „Doc" Adams (Milburn Stone), „Miss Kitty" Russell (Amanda Blake), Festus Haggen (Ken Curtis)
Raumschiff Enterprise (StarTrek)	79	1966-1969	Idee: Gene Roddenberry. D: Captain James T. Kirk (William Shatner), Mr. Spock (Leonard Nimoy), "Pille" McCoy (DeForest Kelley), "Scotty" (James Doohan), Nyota Uhura (Nichelle Nichols)
Raumschiff Enterprise (Next Generation)	178	1987-1994	Idee: Gene Roddenberry. D: Jean-Luc Picard (Patrick Stewart), William Riker (Jonathan Frakes), Data (Brent Spiner), Geordi LaForge (LeVar Burton), Klingone Worf (Michael Dorn)

SERIE	EPI-SODEN	DAUER	A = AUTOR, D = DARSTELLER (AUSWAHL), P = PRODUZENT, R = REGIE
Remington Steele	94	1982-1987	Idee: Robert Butler, Michael Gleason. D: Remington (Pierce Brosnan), Laura Holt (St. Zimbalist)
Schrecklich nette Familie, Eine	259	1987-1997	Idee: Michael Moye, Ron Leavitt. D: Al Bundy (Ed O'Neill), Peggy (Katey Sagal), „Dumpfbacke" Kelly (Christina Apolegate), Bud (David Faustino), Marcy (Amanda Bearse)
Schwarzwaldklinik (ZDF)	72 in 6 Staffeln	1985-1989	A: Herbert Lichtenfeld. D: Prof. Klaus Brinkmann (Klausjürgen Wussow), Haushälterin Käti (Karin Hardt), Sohn Udo (Sascha Hehn), Christa (Gaby Dohm), Dr. Kat. Gessner (Ilona Grübel) u.v.m.
Sex and the City	94	1998-2004	A: Darren Star. D: Carrie Bradshaw (Sarah Jessica Parker), Samantha Jones (Kim Cattrall), Charlotte York McDougal (Kristin Davis), Miranda Hobbes (Cynthia Nixon), Mr. Big (Chris Noth)
Smallville	218	2001-2011	Idee: Miles Millar, Alfred Gough. D: Clark Kent (Tom Welling), Jonathan (John Schneider), Martha (Annette O'Toole), Pete Ross (Sam Jones III.), Chloe Sullivan (Allison Mack)
Stargate	214	1997-2006	Idee: Brad Wright, Jonathan Glassner. D: Colonel Jack O'Neill (Richard Anderson), Samantha Carter (Amanda Tapping), Teal'c (Christopher Judge), Dr. Daniel Jackson (Michael Shanks)
Straßen von San Francisco, Die	119	1972-1977	R: Edward Hume. A: Carolyn Weston. D: Mike Stone (Karl Malden), Steve Heller (Michael Douglas), Lt. Lessing (Lee Harris), Dan Robbins (Richard Hatch), Tochter Jean (Darleen Carr)
Sturm der Liebe (ARD)	+ 2.800 in 14 Staffeln	seit 2005	D: Telenovela mit Laura Mahler (Henriette Richter-Röhl), Mike Dreschke (Florian Böhm), Tanja Liebertz (Judith Hildebrandt), Alexander Saalfeld (Gregory Waldis), Charlotte Saalfeld (Mona Seefried) u.v.m.
Tatort (ARD)	über 1.044	seit 1970	Titellied: Klaus Doldinger D: u.a. Charlotte Lindholm (Maria Furtwängler) in Hannover, Lena Odenthal (Ulrike Folkerts) in Ludwigshafen, Kira Dorn (Nora Tschirner) & Lessing (Christian Ulmen), Ivo Batic (Miroslav Nemec) & Franz Leitmayr (Udo Wachtveitl), Thiele (Axel Prahl) & Prof. Boerne (Jan Josef Liefers).
Two and a Half Man	262 in 12 Staffeln	2003-2015	A: Chuck Lorre, Lee Aronsohn D: Frauenfreund Charlie Harper (Charlie Sheen), sein Bruder Alan (Jon Cryer), dessen Frau Judith (Marin Hinkle) & Sohn Jake (Angus T. Jones), Mutter Evelyn (Holland Taylor)
Das Traumschiff (ZDF)	über 80	seit 1981	A: Wolfgang Rademann (1934-2016). D: Kapitän Victor Burger (Sascha Hehn), Beatrice (Heide Keller) und der Schiffsarzt Dr. Wolf Sander (Nick Wilder) begleiten viele bekannte Gäste auf einer Kreuzfahrt.
Walking Dead, The	107 in 8 Staffeln	seit 2010	Idee: Frank Darabont, Robert Kirkman, Tony Moore. Horror- & Zombieserie. D: Sheriff Rick Grimes (Andrew Lincoln), sein Sohn Carl (Chandler Riggs), Daryl Dixon (Norman Reedus), Michonne (Danai Gurira)
Waltons, Die	221	1972-1981	Idee: Earl Hamner. D: John Walton (Ralph Waite) Frau Olivia (M. Learned), John-Boy (Richard Thomas später R. Wightman), Mary-Ellen (Judy Norton-Taylor), Jim-Bob (David Harper); Ben (Eric Scott), Erin (Mary Elizabeth McDonough), Jason (Jon Walmsley), Elizabeth (Kami Cotler)

JAHR (#)	FILMTITEL (ORIGINALTITEL)	REGIE	BOND	SCHURKE(N)	BONDGIRL	M, MISS MONEY-PENNY (MM) UND Q
1962 (01)	**James Bond jagt Dr. No** (Dr. No)	Terence Young	Sean Connery	Joseph Wiseman (Dr. No), Jack Lord (Felix Leiter)	Ursula Andress (Honey Ryder)	M: Bernhard Lee, MM: Lois Maxwell, ohne Q
1963 (02)	**Liebesgrüße aus Moskau** (From Russia with love)	Terence Young	Sean Connery	Vlad. Sheybal (Kronsteen); Lotte Lenya (Rosa Klebb)	Daniela Bianchi (Tatiana Romanova)	M: Bernhard Lee, MM: Lois Maxwell, Q: Desmond Llewelyn
1964 (03)	**Goldfinger** (Goldfinger)	Guy Hamilton	Sean Connery	Gert Fröbe (Goldfinger)	Honor Blackman (Pussy Galore)	M: Bernhard Lee, MM: Lois Maxwell, Q: Desmond Llewelyn
1965 (04)	**Feuerball** (Thunderball)	Terence Young	Sean Connery	Adolfo Celi (Emilio Largo)	Claudine Auger (Domino)	M: Bernhard Lee, MM: Lois Maxwell, Q: Desmond Llewelyn
1967 (05)	**Man lebt nur zweimal** (You only live twice)	Lewis Gilbert	Sean Connery	Donald Pleasencs (Blofeld)	Karin Dor (Helga), A. Wakabayashi (Aki)	M: Bernhard Lee, MM: Lois Maxwell, Q: Desmond Llewelyn
1969 (06)	**Im Geheimdienst Ihrer Majestät** (On Her Majesty's Secret Service)	Peter R. Hunt	George Lazenby	Telly Savalas (Blofeld)	Diana Rigg (Tracy di Vincenco)	M: Bernhard Lee, MM: Lois Maxwell, Q: Desmond Llewelyn
1971 (07)	**Diamantenfieber** (Diamonds are forever)	Guy Hamilton	Sean Connery	Charles Gray (Ernst Blofeld)	Jill St. John (Tiffany)	M: Bernhard Lee, MM: Lois Maxwell, Q: Desmond Llewelyn
1973 (08)	**Leben und sterben lassen** (Live and let die)	Guy Hamilton	Roger Moore	Yaphett Kotto (Dr. Kanan-ga/Mr. Big)	Jane Seymour (Solitaire)	M: Bernhard Lee, MM: Lois Maxwell, ohne Q
1974 (09)	**Der Mann mit dem goldenen Colt** (The man with the golden gun)	Guy Hamilton	Roger Moore	Christopher Lee (Scaramanga)	Britt Ekland (Mary Goodnight)	M: Bernhard Lee; MM: Lois Maxwell; Q: Desmond Llewelyn
1977 (10)	**Der Spion, der mich liebte** (The spy who loved me)	Lewis Gilbert	Roger Moore	Curt Jürgens (Stromberg), Richard Kiel (Beißer)	Barbara Bach (Major Amasova)	M: Bernhard Lee; MM: Lois Maxwell; Q: Desmond Llewelyn
1979 (11)	**Moonraker – Streng geheim** (Moonraker)	Lewis Gilbert	Roger Moore	Michael Londsdale (Drax), Richard Kiel (Der Beißer)	Lois Chiles (Dr. Holly Goodhead), C. Clery (Corinne)	M: Bernhard Lee; MM: Lois Maxwell; Q: Desmond Llewelyn
1981 (12)	**In tödlicher Mission** (For your eyes only)	John Glen	Roger Moore	Julian Glover (Kristatos), Topol (Columbo)	Carole Bouquet (Melina Havelock)	Ohne M, MM: Lois Maxwell; Q: Desmond Llewelyn

JAHR (#)	FILMTITEL (ORIGINALTITEL)	REGIE	BOND	SCHURKE(N)	BONDGIRL	M, MISS MONEYPENNY (MM) UND Q
1983 (13)	**Octopussy** (Octopussy)	John Glen	Roger Moore	Maud Adams (Octopussy), Louis Jourdon (Kamal Khan)	Kristina Wayborn (Magda)	M: Robert Brown, MM: Lois Maxwell, Q: Desmond Llewelyn
1983 (Remake)	**Sag niemals nie** (Never say never again)	Irvin Kershner	Sean Connery	Max v. Sydow (Blofeld), Klaus M. Brandauer (Largo)	Kim Basinger (Domino)	M: Edward Fox, MM: Pamela Salem, Q: Alec McCowen
1985 (14)	**Im Angesicht des Todes** (A view to a kill)	John Glen	Roger Moore	Christopher Walken (Max Zorin), T. Roberts (Stacey)	Grace Jones (May Day)	M: Robert Brown, MM: Lois Maxwell, Q: Desmond Llewelyn
1987 (15)	**Der Hauch des Todes** (The living daylights)	John Glen	Timothy Dalton	Jeroen Krabbé (General Koskov)	J. Maryam D'Abo (Kara Milovy)	M: Robert Brown, MM: Caroline Bliss, Q: Desmond Llewelyn
1989 (16)	**Lizenz zum Töten** (Licence to kill)	John Glen	Timothy Dalton	Robert Davi (Sanchez)	Carey Lowell (Pam Bouvier)	M: Robert Brown, MM: Caroline Bliss, Q: Desmond Llewelyn
1995 (17)	**Golden Eye** (Golden Eye)	Martin Campbell	Pierce Brosnan	Sean Bean (Bond 006, Alec Trevelyan)	Famke Janssen (Xenia)	M: Judi Dench, MM: Samantha Bond, Q: Desmond Llewelyn
1997 (18)	**Der Morgen stirbt nie** (Tomorrow never dies)	Roger Spot-tiswoode	Pierce Brosnan	Jonathan Pryce (Elliot Carver)	Michelle Yeoh (Wai Lin)	M: Judi Dench, MM: Samantha Bond, Q: Desmond Llewelyn
1999 (19)	**Die Welt ist nicht genug** (The world Is not enough)	Michael Apted	Pierce Brosnan	Robert Carlyle (Viktor Zokas)	Sophie Marceau (Electra King)	M: Judi Dench, MM: Samantha Bond, Q: Desmond Llewelyn
2002 (20)	**Stirb an einem anderen Tag** (Die another day)	Lee Tamahori	Pierce Brosnan	Toby Stephens (Gustav Graves)	Halle Berry (Jinx Johnson)	M: Judi Dench, MM: Samantha Bond, Q: John Cleese
2006 (21)	**Casino Roya** (Casino Royal)	Martin Campbell	Daniel Craig	Mads Mikkelsen (Le Chiffre)	Eva Green (Vesper Lind)	M: Judi Dench
2008 (22)	**Ein Quantum Trost** (Quantum of solace)	Marc Forster	Daniel Craig	Mathieu Amalric (Dominic Greene), A. Taubmann (Elvis)	Olga Kurylenko (Camille)	M: Judi Dench
2012 (23)	**Skyfall** (Skyfall)	Sam Mendes	Daniel Craig	Javier Bardem (Raoul Silva)	Bérénice Marlohe (Séverine)	M: J. Dench, Ralphe Finnes, MM: Naomie Harris Q: Ben Whishaw
2015 (24)	**Spectre** (Spectre)	Sam Mendes	Daniel Craig	Christoph Waltz (Franz Oberhauser)	Léa Seydoux (Dr. Madeleine Swann)	M: Ralph Finnes MM: Naomie Harris Q: Ben Whishaw

ALLE OSCAR GEWINNER IN DER KATEGORIE...

JAHR	**BESTER HAUPTDARSTELLER** HERKUNFT (LEBZEITEN)	**BESTE HAUPTDARSTELLERIN** HERKUNFT (LEBZEITEN)	**BESTE REGIE** HERKUNFT (LEBZEITEN)	**BESTER FILM**
1929	**Emil Jannings**, D (1884-1950) in „Sein letzter Befehl“	**Janet Gaynor**, USA (1906-1984) in „Engel der Straße“	**Frank Borzage**, USA (1893-1962) für „Das Glück in der Mansarde“	„Wings“
1930 (1)	**Warner Baxter**, USA (1889-1951) in „In Old Arizona“	**Mary Pickford**, CAN (1892-1979) in „Coquette“	**Frank Lloyd,** GB/USA (1886-1960) für „Die ungekrönte Königin“	„The Broadway Melodie“
1930 (2)	**George Arliss**, GB (1868-1946) in „Disraeli“	**Norma Shearer**, USA (1902-1983) in „Die Frau für alle“	**Lewis Milestone**, USA (1895-1980) für „Im Westen nichts Neues“	„Im Westen nichts Neues“
1931	**Lionel Barrymore,** USA (1878-1954) in „Der Mut zum Glück“	**Marie Dressler**, CAN (1868-1934) in „Die fremde Mutter“	**Norman Taurog**, USA (1899-1981) für „Skippy“	„Pioniere des wilden Westens“
1932	**Wallace Beery,** USA (1885-1949) in „Der Champ“	**Helen Hayes**, USA (1900-1993) in „Die Sünde der Madelon Claudet“	**Frank Borzage**, USA (1893-1962) für „Bad Girl“	„Menschen im Hotel“
1933	Preis wurde nicht vergeben			
1934	**Charles Laugthon**, GB/USA (1899-1962) in „Das Privatleben Heinrich des VIII.“	**Katharine Hepburn**, USA (1907-2003) in „Morning Glory“	**Frank Lloyd**, GB/USA (1886-1960) für „Kavalkade“	„Kavalkade“
1935	**Clark Gable,** USA (1901-1960) in „Es geschah in einer Nacht“	**Claudette Colbert**, F/USA (1903-1996) in „Es geschah in einer Nacht“	**Frank Capra**, IT/USA (1897-1991) für „Es geschah in einer Nacht“	„Es geschah in einer Nacht“
1936	**Victor McLaglen,** GB/USA (1886-1959) in „Der Verräter“	**Bette Davis**, USA (1908-1989) in „Dangerous“	**John Ford**, USA (1894-1973) für „Der Verräter“	„Meuterei auf der Bounty“
1937	**Paul Muni,** AUT/UNG/USA (1895-1967) in „Louis Pasteur“	**Luise Rainer,** D (1910) in „Der große Ziegfeld“	**Frank Capra**, IT/USA (1897-1991) für „Mr. Deeds geht in die Stadt“	„Der große Ziegfeld“
1938	**Spencer Tracy,** USA (1900-1967) in „Manuel“	**Luise Rainer,** D (1910) in „Die gute Erde“	**Leo McCarey**, USA (1898-1969) für „Die schreckliche Wahrheit“	„Das Leben des Emile Zola“
1939	**Spencer Tracy**, USA (1900-1967) in „Teufelskerle“	**Bette Davis**, USA (1908-1989) in „Jezebel - Die boshafte Lady“	**Frank Capra**, IT/USA (1897-1991) für „Lebenskünstler“	„Lebenskünstler“
1940	**Robert Donat,** GB (1905-1958) in „Auf Wiedersehen, Mr. Chips“	**Vivien Leigh**, GB (1913-1967) in „Vom Winde verweht“	**Victor Fleming**, USA (1889-1949) für „Vom Winde verweht“	„Vom Winde verweht“
1941	**James Stewart**, USA (1908-1997) in „Die Nacht vor der Hochzeit“	**Ginger Rogers**, USA (1911-1995) in „Fräulein Kitty“	**John Ford**, USA (1894-1973) für „Früchte des Zorns“	„Rebecca“

JAHR	BESTER HAUPTDARSTELLER HERKUNFT (LEBZEITEN)	BESTE HAUPTDARSTELLERIN HERKUNFT (LEBZEITEN)	BESTE REGIE HERKUNFT (LEBZEITEN)	BESTER FILM
1942	**Gary Cooper**, USA (1901-1961) in „Sergeant York"	**Joan Fontaine**, USA (1917-2013) in „Verdacht"	**John Ford**, USA (1894-1973) für „Schlagende Wetter"	„Schlagende Wetter"
1943	**James Cagney**, USA (1899-1986) in „Yankee Doodle Dandy"	**Greer Garson**, GB (1904-1996) in „Mrs. Miniver"	**William Wyler**, CH/USA (1902-1981) für „Mrs. Miniver"	„Mrs. Miniver"
1944	**Paul Lukas**, UNG/USA (1895-1971) in „Watch on the Rhine"	**Jennifer Jones**, USA (1919-2009) in „Das Lied von Bernadette"	**Michael Curtiz**, UN/USA (1888-1962) für „Casablanca"	„Casablanca"
1945	**Bing Crosby,** USA (1903-1977) in „Der Weg zum Glück"	**Ingrid Bergman**, SWE (1915-1982) in „Das Haus der Lady Alquist"	**Leo McCarey**, USA (1898-1969) für „Der Weg zum Glück"	„Der Weg zum Glück"
1946	**Ray Milland,** GB (1907-1986) in „Das verlorene Wochenende"	**Joan Crawford**, USA (1905-1977) in „Solange ein Herz schlägt"	**Billy Wilder**, UN/AUT/US (1906-2002) für „Das verlorene Wochenende"	„Das verlorene Wochenende"
1947	**Fredric March,** USA (1897-1975) in „Die besten Jahre unseres Lebens"	**Olivia de Havilland**, USA (1916) in „Mutterherz"	**William Wyler**, CH/USA (1902-1981) für „Die besten Jahre unsers Lebens"	„Die besten Jahre unseres Lebens"
1948	**Ronald Colman**, GB (1891-1958) in „Ein Doppelleben"	**Loretta Young**, USA (1913-2000) in „Die Farmerstochter"	**Elia Kazan**, TUR/USA (1909-2003) für „Tabu der Gerechten"	„Tabu der Gerech-ten"
1949	**Laurence Olivier,** Sir, GB (1907-1989) in „Hamlet"	**Jane Wyman**, USA (1917-2007) in „Schweigende Lippen"	**John Huston**, USA (1906-1987) für „Der Schatz der Sierra Madre"	„Hamlet"
1950	**Broderick Crawford**, USA (1911-86) in „Der Mann, der herrschen wollte"	**Olivia de Havilland**, USA (1916) in „Die Erbin"	**Joseph Mankiewicz**, USA (1909-93) für „Ein Brief an drei Frauen"	„Der Mann, der herrschen wollte"
1951	**José Ferrer**, PUE/USA (1912-1992) in „Der letzte Musketier"	**Judy Holliday**, USA (1921-1965) in „Die ist nicht von gestern"	**Joseph Mankiewicz**, USA (1909-93) für „Alles über Eva"	„Alles über Eva"
1952	**Humphrey Bogart**, USA (1899-1957) in „African Queen"	**Vivien Leigh**, GB (1913-1967) in „Endstation Sehnsucht"	**George Stevens**, USA (1904-1975) für „Ein Platz an der Sonne"	„Ein Amerikaner in Paris"
1953	**Gary Cooper,** USA (1901-1961) in „Zwölf Uhr mittags"	**Shirley Booth**, USA (1898-1992) in „Kehr zurück, kleine Sheba"	**John Ford**, USA (1894-1973) für „Der Sieger"	„Die größte Schau der Welt"
1954	**William Holden**, USA (1918-1981) in „Stalag 17"	**Audrey Hepburn**, GB/NL/USA (1929-93) in „Ein Herz und eine Krone"	**Fred Zinnemann**, AUT/USA (1907-97) für „Verdammt in alle Ewigkeit"	„Verdammt in alle Ewigkeit"

ALLE OSCAR GEWINNER IN DER KATEGORIE...

JAHR	BESTER HAUPTDARSTELLER HERKUNFT (LEBZEITEN)	BESTE HAUPTDARSTELLERIN HERKUNFT (LEBZEITEN)	BESTE REGIE HERKUNFT (LEBZEITEN)	BESTER FILM
1955	**Marlon Brando**, USA (1924-2004) in „Die Faust im Nacken“	**Grace Kelly**, USA (1929-1982) in „Ein Mädchen vom Lande“	**Elia Kazan**, TUR/USA (1909-2003) für „Die Faust im Nacken“	„Die Faust im Nacken“
1956	**Ernest Borgnine**, USA (1917-2012) in „Marty“	**Anna Magnani**, IT (1908-1973) in „Die tätowierte Rose“	**Delbert Mann**, USA (1920-2007) für „Marty“	„Marty“
1957	**Yul Brynner**, RUS/CH/USA (1920-85) in „Der König und ich“	**Ingrid Bergman**, SWE (1915-1982) in „Anastasia“	**George Stevens**, USA (1904-1975) für „Giganten“	„In 80 Tagen um die Welt“
1958	**Sir Alec Guinness**, GB (1914-2000) in „Die Brücke am Kwai“	**Joanne Woodward**, USA (1930) in „Eva mit den drei Gesichtern“	**Sir David Lean**, GB (1908-1991) für „Die Brücke am Kwai“	„Die Brücke am Kwai“
1959	**David Niven**, GB (1910-1983) in „Getrennt von Tisch und Bett“	**Susan Hayward**, USA (1917-1975) in „Laßt ich leben“	**Vincente Minnelli**, USA (1903-1986) für „Gigi“	„Gigi“
1960	**Charlton Heston**, USA (1923-2008) in „Ben Hur“	**Simone Signoret**, F (1921-1985) in „Der Weg nach oben“	**William Wyler**, CH/USA (1902-1981) für „Ben Hur“	„Ben Hur“
1961	**Burt Lancaster**, USA (1913-1994) in „Elmer Gantry“	**Elizabeth Taylor,** GB/USA (1932-2011) in „Telefon Butterfield 8“	**Billy Wilder**, UN/AUT/US (1906-2002) für „Das Appartement“	„Das Appartement“
1962	**Maximilian Schell**, CH/AUT (1930-2014) in „Das Urteil von Nürnberg“	**Sophia Loren**, IT (1934) in „Und dennoch leben sie“	Robert **Wise** & Jerome **Robbins**, USA für „West Side Story“	„West Side Story“
1963	**Gregory Peck**, USA (1916-2003) in „Wer die Nachtigall stört“	**Anne Bancroft**, USA (1931-2005) in „Licht im Dunkel“	**Sir David Lean**, GB (1908-1991) für „Lawrence von Arabien“	„Lawrence von Arabien“
1964	**Sidney Poitier**, USA (1927) in „Lilien auf dem Felde“	**Patricia Neal**, USA (1926-2010) in „Der Wildeste unter Tausend“	**Tony Richardson**, GB (1928-1991) für „Tom Jones - Zw. Bett und Galgen“	„Tom Jones - zw. Bett und Galgen“
1965	**Sir Rex Harrison**, GB (1908-1990) in „My Fair Lady“	**Julie Andrews**, GB (1935) in „Mary Poppins“	**George Cukor**, USA (1899-1983) für „My Fair Lady“	„My Fair Lady“
1966	**Lee Marvin**, USA (1924-1987) in „Cat Ballou“	**Julie Christie**, GB (1941) in „Darling“	**Robert Wise**, USA (1914-2005) für „Meine Lieder - Meine Träume“	„Meine Lieder - Meine Träume“
1967	**Paul Scofield**, GB (1922-2008) in „Ein Mann zu jeder Jahreszeit“	**Elizabeth Taylor,** GB/USA (1932-2011) in „Wer hat Angst vor Virginia Woolf?“	**Fred Zinnemann**, AUT/USA (1907-97) für „Ein Mann zu jeder Jahreszeit“	„Ein Mann zu jeder Jahreszeit“

JAHR	BESTER HAUPTDARSTELLER HERKUNFT (LEBZEITEN)	BESTE HAUPTDARSTELLERIN HERKUNFT (LEBZEITEN)	BESTE REGIE HERKUNFT (LEBZEITEN)	BESTER FILM
1968	**Rod Steiger**, USA (1925-2002) in „In der Hitze der Nacht"	**Katharine Hepburn**, USA (1907-2003) in „Rat mal, wer zum Essen kommt"	**Mike Nichols**, USA (1931) für „Die Reifeprüfung"	„In der Hitze der Nacht"
1969	**Cliff Robertson**, USA (1923-2011) in „Charly"	**Kat. Hepburn** in „Der Löwe im Winter" & **Barbra Streisand** in „Funny Girl"	**Sir Carol Reed**, GB (1906-1976) für „Oliver"	„Oliver"
1970	**John Wayne**, USA (1907-1979) in „Der Marshal"	**Maggie Smith**, GB (1934) in „Die besten Jahre der Miss Joan Brodie"	**John Schlesinger**, GB (1926-2003) für „Asphalt-Cowboy"	„Asphalt-Cowboy"
1971	**George C. Scott***, USA (1927-1999) in „Patton - Rebell in Uniform"	**Glenda Jackson**, GB (1936) in „Liebende Frauen"	**Franklin J.Schaffner**, USA (1920-89) für „Patton - Rebell in Uniform"	Patton - Rebell in Uniform"
1972	**Gene Hackmann**, USA (1930) in „French Connection"	**Jane Fonda**, USA (1937) in „Klute"	**William Friedkin**, USA (1935) für „French Connection"	French Connection - Brennpunkt Brooklyn
1973	**Marlon Brando***, USA (1924-2004) in „Der Pate - The Godfather"	**Liza Minnelli**, USA (1946) in „Cabaret"	**Bob Fosse**, USA (1927-1987) für „Cabaret"	„Der Pate - The Godfather"
1974	**Jack Lemmon**, USA (1925-2001) in „Save the Tiger"	**Glenda Jackson**, GB (1936) in „Mann, bist du Klasse"	**George Roy Hill**, USA (1921-2002) für „Der Clou"	„Der Clou"
1975	**Art Carney**, USA (1918-2003) in „Harry und Tonto"	**Ellen Burstyn**, USA (1932) in „Alice lebt hier nicht mehr"	**Francis Ford Copolla**, USA (1939) für „Der Pate - Teil II."	„Der Pate - Teil II."
1976	**Jack Nicholson**, USA (1937) in „Einer flog über das Kuckucksnest"	**Louise Fletcher**, USA (1934) in „Einer flog über das Kuckucksnest"	**Milos Forman**, TCH/USA (1932) für „Einer flog über das Kuckucksnest"	Einer flog über das Kuckucksnest"
1977	**Peter Finch****, GB (1916-1977) in „Network"	**Faye Dunaway**, USA (1941) in „Network"	**John G. Avildsen**, USA (1935) für „Rocky"	„Rocky"
1978	**Richard Dreyfuss**, USA (1947) in „Der Untermieter"	**Diane Keaton**, USA (1946) in „Der Stadtneurotiker"	**Woody Allen**, USA (1935) für „Der Stadtneurotiker"	„Der Stadtneurotiker"
1979	**Jon Voight**, USA (1938) in „Coming Home - Sie kehren heim"	**Jane Fonda**, USA (1937) in „Coming Home - Sie kehren heim"	**Michael Cimino**, USA (1939) für „Die durch die Hölle gehen"	„Die durch die Hölle gehen"
1980	**Dustin Hoffman**, USA (1937) in „Kramer gegen Kramer"	**Sally Field**, USA (1946) in „Norma Rae - eine Frau steht ihren Mann"	**Robert Benton**, USA (1932) für „Kramer gegen Kramer"	„Kramer gegen Kramer"

ALLE OSCAR GEWINNER IN DER KATEGORIE...

JAHR	**BESTER HAUPTDARSTELLER** HERKUNFT (LEBZEITEN)	**BESTE HAUPTDARSTELLERIN** HERKUNFT (LEBZEITEN)	**BESTE REGIE** HERKUNFT (LEBZEITEN)	**BESTER FILM**
1981	**Robert De Niro**, USA (1943) in „Wie ein wilder Stier“	**Sissy Spacek**, USA (1949) in „Nashville Lady“	**Robert Redford**, USA (1936) für „Eine ganz normale Familie“	„Eine ganz normale Familie“
1982	**Henry Fonda**, USA (1905-1982) in „Am goldenen See“	**Katharine Hepburn**, USA (1907-2003) in „Am goldenen See“	**Warren Beatty**, USA (1937) für „Reds“	„Die Stunde des Siegers“
1983	**Ben Kingsley**, GB (1943) in „Gandhi“	**Meryl Streep**, USA (1949) in „Sophies Entscheidung“	**Richard Attenborough**, GB (1923-2014) für „Gandhi“	„Gandhi“
1984	**Robert Duvall,** USA (1931) in „Comeback der Liebe“	**Shirley MacLaine**, USA (1934) in „Zeit der Zärtlichkeit“	**James L. Brooks**, USA (1940) für „Zeit der Zärtlichkeit“	„Zeit der Zärtlich-keit“
1985	**F. Murray Abraham**, USA (1939) in „Amadeus“	**Sally Field,** USA (1946) in „Ein Platz im Herzen“	**Milos Forman**, TCH/USA (1932) für „Amadeus“	„Amadeus“
1986	**William Hurt**, USA (1950) in „Kuß der Spinnenfrau“	**Geraldine Page**, USA (1924-1987) in „ A Trip to Bountiful - Reise ins Glück“	**Sydney Pollack**, USA (1934-2008) für „Jenseits von Afrika“	„Jenseits von Afrika“
1987	**Paul Newmann**, USA (1925-2008) in „Die Farbe des Geldes“	**Marlee Matlin**, USA (1965) in „Gottes vergessene Kinder“	**Oliver Stone**, USA (1946) für „Platoon“	„Platoon“
1988	**Michael Douglas**, USA (1944) in „Wall Street“	**Cher**, USA (1946) in „Mondsüchtig“	**Bernardo Bertolucci**, IT (1940) für „Der letzte Kaiser“	„Der letzte Kaiser“
1989	**Dustin Hoffman**, USA (1937) in „Rain Man“	**Jodie Foster**, USA (1962) in „Angeklagt“	**Barry Levinson**, USA (1942) für „Rain Man“	„Rain Man“
1990	**Daniel Day-Lewis**, GB (1957) in „Mein linker Fuß“	**Jessica Tandy**, GB (1909-1994) in „Miss Daisy und ihr Chauffeur“	**Oliver Stone**, USA (1946) für „Geboren am 4. Juli“	„Miss Daisy und ihr Chauffeur“
1991	**Jeremy Irons**, GB (1948) in „Die Affäre der Sunny von B.“	**Kathy Bates**, USA (1948) in „Misery“	**Kevin Costner**, USA (1955) für „Der mit dem Wolf tanzt“	„Der mit dem Wolf tanzt“
1992	**Anthony Hopkins**, GB (1937) in „Das Schweigen der Lämmer“	**Jodie Foster**, USA (1962) in „Das Schweigen der Lämmer“	**Jonathan Demme**, USA (1944) für „Das Schweigen der Lämmer“	„Das Schweigen der Lämmer“
1993	**Al Pacino**, USA (1940) in „Der Duft der Frauen“	**Emma Thompson**, GB (1959) in „Wiedersehen in Howards End“	**Clint Eastwood**, USA (1930) für „Erbarmungslos“	„Erbarmungslos“

JAHR	**BESTER HAUPTDARSTELLER** HERKUNFT (GEBURTSJAHR)	**BESTE HAUPTDARSTELLERIN** HERKUNFT (GEBURTSJAHR)	**BESTE REGIE** HERKUNFT (GEBURTSJAHR)	**BESTER FILM**
1994	**Tom Hanks**, USA (1956) in „Philadelphia"	**Holly Hunter**, USA (1958) in „Das Piano"	**Steven Spielberg**, USA (1946) für „Schindlers Liste"	„Schindlers Liste"
1995	**Tom Hanks**, USA (1956) in „Forrest Gump"	**Jessica Lange**, USA (1949) in „Operation Blue Sky"	**Robert Zemeckis**, USA (1952) für „Forrest Gump"	„Forrest Gump"
1996	**Nicolas Cage**, USA (1964) in „Leaving Las Vegas"	**Susan Sarandon**, USA (1946) in „Dead Man Walking"	**Mel Gibson**, AUS/USA (1956) für „Baveheart"	„Braveheart"
1997	**Geoffrey Rush**, AUS (1951) in „Shine - Der Weg ins Licht"	**Frances McDormand**, USA (1957) in „Fargo"	**Anthony Minghella**, GB (1954-2008) für „Der englische Patient"	„Der englische Patient"
1998	**Jack Nicholson**, USA (1937) in „Besser geht's nicht"	**Helen Hunt**, USA (1963) in „Besser geht's nicht"	**James Cameron**, CAN (1954) für „Titanic"	„Titanic"
1999	**Roberto Benigni**, IT (1952) in „Das Leben ist schön"	**Gwyneth Paltrow**, USA (1972) in „Shakespeare in Love"	**Steven Spielberg**, USA (1946) für „Der Soldat James Ryan"	„Shakespeare in Love"
2000	**Kevin Spacey**, USA (1959) in „American Beauty"	**Hilary Swank**, USA (1974) in „Boys don't cry"	**Sam Mendes**, GB (1965) für „American Beauty"	„American Beauty"
2001	**Russell Crowe**, NZ/AUS (1964) in „Gladiator"	**Julia Roberts**, USA (1967) in „Erin Brockovich"	**Steven Soderbergh**, USA (1963) für „Traffic - Macht des Kartells"	„Gladiator"
2002	**Denzel Washington**, USA (1954) in „Training Day"	**Halle Berry**, USA (1966) in „Monster's Ball"	**Ron Howard**, USA (1954) für „A Beautiful Mind"	„A Beautiful Mind"
2003	**Adrien Brody**, USA (1973) in „Der Pianist"	**Nicole Kidman**, AUS/USA (1967) in „The Hours - Von Ewigkeit zu Ewigkeit"	**Roman Polanski**, POL/F (1933) für „Der Pianist"	„Chicago"
2004	**Sean Penn**, USA (1960) in „Mystic River"	**Charlize Theron**, SFA (1975) in „Monster"	**Peter Jackson**, NZ (1961) für „Herr der Ringe: Rückkehr des Königs"	„Herr der Ringe: Rückkehr des Königs
2005	**Jamie Foxx**, USA (1967) in „Ray"	**Hilary Swank**, USA (1974) in „Million Dollar Baby"	**Clint Eastwood**, USA (1930) für „Million Dollar Baby"	„Million Dollar Baby"
2006	**Philip Seymour Hoffman**, USA (1967-2014) in „Capote"	**Reese Whitherspoon**, USA (1976) in „Walk the Line"	**Ang Lee**, TAIWAN (1954) für „Brokeback Mountain"	„L.A. Crash"

ALLE OSCAR GEWINNER IN DER KATEGORIE...

JAHR	**BESTER HAUPTDARSTELLER** HERKUNFT (GEBURTSJAHR)	**BESTE HAUPTDARSTELLERIN** HERKUNFT (GEBURTSJAHR)	**BESTE REGIE** HERKUNFT (GEBURTSJAHR)	**BESTER FILM**
2007	**Forest Whitaker**, USA (1961) in „Der letzte König von Schottland"	**Dame Helen Mirren**, GB (1945) in „Die Queen"	**Martin Scorsese**, USA (1942) für „Departed - Unter Feinden"	„Departed - Unter Feinden"
2008	**Daniel Day-Lewis**, GB (1957) in „There will be blood"	**Marion Cotillard**, F (1975) in „La vie en rose"	**Ethan & Joel Coen**, USA (1957/1954) für „No Country for Old Men"	„No Country for Old Men"
2009	**Sean Penn**, USA (1960) in „Milk"	**Kate Winslet**, GB (1975) in „Der Vorleser"	**Danny Boyle**, GB (1956) für „Slumdog Millionär"	„Slumdog Millionär"
2010	**Jeff Bridges**, USA (1949) in „Crazy Heart"	**Sandra Bullock**, USA (1964) in „Blind Side - Die große Chance"	**Kathryn Bigelow**, USA (1951) für „Tödliches Kommando - Hurt Locker"	„Tödliches Komman-do - The Hurt Locker"
2011	**Colin Firth**, GB (1960) in „The King's Speech"	**Natalie Portman**, ISR/USA (1981) in „Black Swan"	**Tom Hooper,** GB (1972) für „The King's Speech"	„The King's Speech"
2012	**Jean Dujardin**, F (1972) in „The Artist"	**Meryl Streep**, USA (1949) in „Die Eiserne Lady"	**Michel Hazanavicius**, F (1967) für „The Artist"	„The Artist"
2013	**Daniel Day-Lewis**, GB (1957) in „Lincoln"	**Jennifer Lawrence**, USA (1990) in „Silver Linings Playbook"	**Ang Lee**, TAIWAN (1954) für „Life of Pi: Schiffbruch mit Tiger"	„ARGO"
2014	**Matthew McConaughey**, USA (1969) in „Dallas Buyers Club"	**Cate Blanchett**, AUS (1969) in „Blue Jasmin"	**Alfonso Cuarón,** MEX (1961) für „Gravity"	„12 Years a Slave"
2015	**Eddie Redmayne**, GB (1982) in "Die Entdeckung der Unendlichkeit"	**Julianne Moore,** USA (1960) in "Still Alice – Mein Leben ohne Gestern"	**Alejandro G. Iñárritu**, MEX (1963) für „Birdman"	„Birdman"
2016	**Leonardo DiCaprio**, USA (1974) in „The Revenant - Der Rückkehrer"	**Brie Larson,** USA (1989) in „Room"	**Alejandro G. Iñárritu**, MEX (1963) für „The Revenant - Der Rückkehrer"	„Spotlight"
2017	**Casey Affleck**, USA (1975) in „Manchester by the Sea"	**Emma Stone**, USA (1988) in „La La Land"	**Damien Chazelle**, USA (1985) für „La La Land"	„Moonlight"
2018	**Gary Oldman**, GB (1958) in „Die dunkelste Stunde"	**Frances McDormand**, USA (1957) in „Three Billboards Outside Ebbing, Missouri"	**Guillermo del Toro**, MEX (1964) für „Shape of Water - Das Flüstern des Wassers"	„Shape of Water - Das Flüstern des Wassers"
2019				

FILMSTARS (Herkunft)	**LEB-ZEITEN**	**ERFOLGE** (FÜR DIESEN **FILM** GAB'S EINEN OSCAR. ALS **HAUPTDARSTELLER/IN** O. NEBENDARSTELLER/IN)
Adjani, Isabelle (F)	1955	Die Geschichte der Adele H. (1975); Barocco (1976); Nosferatu (1979); Possession (1981); Ein mörderischer Sommer (1983); Das Auge (1983); Subway (1985); Camille Claudel (1988); Die Bartholomäusnacht (1994); Ishkq in Paris (2013)
Affleck, Ben (USA)	1972	Good Will Hunting (1997); Armageddon (1998); Shakespeare in Love (1998); Pearl Harbor (2001); Der Anschlag (2002); Spurwechel (2002); Paycheck – die Abrechnung (2003); Smokin Aces (2007); State of Play (2009); Argo (2012)
Alba, Jessica (USA)	1981	Beverly Hills 90210 (TV 1998); Honey (2003); Into the Blue (05); Sin City (05); Bill (2007); Machete (2010) Sin City 2 (2014)
Allen, Joan (USA)	1956	Blutmond (1985); Tucker (1988); Nixon (1995); Hexenjagd (1996); Der Eissturm (1997); Im Körper des Feindes (1997); Die Bourne Verschwörung (2004); Yes (2004); An deiner Schulter (05); Death Race (08); Hatchiko (2009), Raum (2015)
Allen, Woody (USA)	1935	Casino Royal (1967); Machs noch einmal, Sam (71); Was Sie schon immer über Sex wissen wollten (1972); Der Stadt-neurotiker (77); Hannah + ihre Schwestern (86); Harry ausser sich (97) To Rome with Love (12); Plötzlich Gigolo (2013)
Andrews, Julie (GB)	1935	**Mary Poppins** (1964); Nur für Offiziere (1964); Meine Lieder – meine Träume (1965); Der zerrissene Vorhang (1966); 10 (1979); Victor/Victoria (1982); Frauen waren sein Hobby (1983); Plötzlich Prinzessin I+II (2001/2004)
Aniston, Jennifer (USA)	1969	Friends (TV 1994-2004); The Good Girl (2002); …und dann kam Polly (2004); Trennung mit Hindernissen (2006); Love happens (2009); Umständlich verliebt (2010); Wanderlust (2012); Wir sind die Millers (2013); Kill the Boss 2 (2014)
Astaire, Fred (USA)	1899-1987	Dancing Lady (1933); Roberta (1935); Swing Time (1936) Tanz mit mir (1937); Osterspaziergang (48); Drei kleine Worte (1950); Königliche Hochzeit (51); Ein süßer Fratz (1957); Seidenstrümpfe (1957); Der goldene Regenborgen (1968)
Atkinson, Rowan (GB)	1955	Mr. Bean (TV 1989-1995); Bean – Der ultimative Katastrophenfilm (1997); Johnny English (2003)
Attenborough, Sir Richard (GB)	1923-2014	Zorniges Schweigen (1961); Gesprengte Ketten (1963); An einem trüben Nachmittag (64); Der Flug des Phönix (1965); Kanonenboot am Yangste-Kiang (1966); Doktor Dolittle (1967), Jurassic Park (1993); Das Wunder v. Manhattan (1994)
Bacall, Lauren (USA)	1924-2014	Haben und Nichthaben (1944); Tote schlafen fest (1946); Wie angelt man sich einen Millionär? (1953); Brennendes Indien (1959); Mord im Orient-Express (1974); Liebe hat zwei Gesichter (1996); Dogville (2003)
Bacon, Kevin (USA)	1958	Flatliner (1990); JFK (1991); Eine Frage der Ehre (1992); Am wilden Fluss (94); Apollo 13 (1995); Sleepers (96); Hallow Man (2000); 24 Stunden Angst (2002); Mystic River (03) Wahre Lügen (2005); Frost/Nixon (2008); Black Mass (2015)
Baldwin, Alec (USA)	1958	Jagd auf Roter Oktober (1990); Das Attentat (96); Nicht schuldig (1996); Mercury Puzzle (1998); Surburban Girl (2007)
Bale, Christian (GB)	1974	Das Reich der Sonne (1987); American Psycho (2000); Der Maschinist (03); Batman Begins (05); The Dark Knight (2008); The Fighter (2010); Dark Knight Rises (2012); American Hustle (2013); Knight of Cups (2015); The Big Short (2015)
Banderas, Antonio (E)	1960	Das Geisterhaus (1993); Desperado (1995); Evita (1996) Die Maske des Zorro (1998); Original Sin (2001); Irgendwann in Mexiko (2003); The Code (2009); Ich sehe den Mann deiner Träume (2010); Die Haut, in der ich wohne (2011)

INTERNATIONALE FILM- UND TV-SCHAUSPIELER/INNEN (BA-BO)

FILMSTARS (Herkunft)	**LEB-ZEITEN**	**ERFOLGE** (FÜR DIESEN **FILM** GAB'S EINEN OSCAR. ALS **HAUPTDARSTELLER/IN** O. NEBENDARSTELLER/IN)
Bancroft, Anne (USA)	1931-2005	**Licht im Dunkeln** (1962); Schlafzimmerstreit (1963); Die Reifeprüfung (1967); Das Nervenbündel (1974); Am Wendepunkt (1976); Agnes – Engel im Feuer (1985); Nacht, Mutter (1986); Zwischen den Zeilen (1987)
Bardot, Brigitte (F)	1934	Und immer lockt das Weib (1956); Mit den Waffen einer Frau (1958); Die Verachtung (1963); Viva Maria! (1965)
Barker, Lex (USA)	1919-1973	La Dolce Vita (1959); Der Schatz am Silbersee (1962); Winnetou (1963-1968); Old Shatterhand (1964)
Barr, Jean-Marc (F)	1960	Im Rausch der Tiefe (1988); Europa (1991); Breaking the Waves (1996); Dogville (2003); Meeresfrüchte (2004)
Barrymore, Drew (USA)	1975	E.T. (1982); Kaffee, Milch und Zucker (1995); Eine Hochzeit zum Verlieben (1998); Auf immer und ewig (1998); Ungeküsst (1999); 3 Engel für Charlie I + II (2000+03); 50 erste Dates (2004); Glück im Spiel (2007); Verrückt nach dir (2010)
Basinger, Kim (USA)	1953	9 ½ Wochen (1986); Eiskalte Leidenschaft (1992); L.A. Confidential (1997); 8 Mile (2003); Auf brennender Erde (2008)
Bates, Kathy (USA)	1948	**Misery** (1990); Grüne Tomaten (1991); Dolores (1995); Mit aller Macht (1998); About Schmidt (2002); Chéri (2009)
Beatty, Warren (USA)	1937	Bonnie & Clyde (1967); Der Millionenraub (1971); Reds (1981); Dick Tracy (1990); Bugsy (91); Stadt, Land, Kuss (2001)
Belmondo, Jean Paul (F)	1933	Außer Atem (1960); Ein Affe im Winter (62); Cartouche, der Bandit (1962); Abenteuer in Rio (64); Elf Uhr nachts (1965); Brennt Paris? (1966); Das Geheimnis der falschen Braut (69); Das Superhirn (1969); Borsalino (1970); Der Coup (1971); Der Halunke (1972); Stavisky (1974); Angst über der Stadt (75); Der Unverbesserliche (1975); Der Greifer (76); Ein irrer Typ (1977); Der Profi (1981); Der Außenseiter (1983); Der Profi 2 (1986); Der Löwe (1988); Les Misérables (1995)
Benigni, Roberto (IT)	1952	Down By Law (1986); Night on Earth (1991); **Das Leben ist schön** (2000); Coffee & Cigarettes (2003)
Bergman, Ingrid (SWE)	1915-1982	Intermezzo (1939); Gefährliche Liebe (41); Casablanca (1942); Wem die Stunde schlägt (43); **Das Haus der Lady Alquist** (1944); Johanna v. Orleans (48); Stromboli (50); Liebe ist stärker (53); **Anastasia** (1956); Indiskret (58); Herberge zur 6. Glückseligkeit (58); Lieben Sie Brahms? (61); Der Besuch (64); Kaktusblüte (69); Mord im Orient Express (1974)
Berry, Halle (USA)	1966	Jungle Fever (1991); The Wedding (1998); Rising Star (1999); X-Men I-III (2000-2006); **Monster's Ball** (2001); Gothika (2003); Catwoman (04); Verführung einer Fremden (07); Eine neue Chance (07); Cloud Atlas (2012); Leg nicht auf (2013)
Binoche, Juliette (F)	1964	Die unerträgliche Leichtigkeit des Seins (87); Stürmische Leidenschaft (1992); Drei Farben Blau (1993); Der englische Patient (1996); Chocolat (2000); Caché (2005); Paris, je t'aime (2006); Summer Hours (2008); Die Liebesfälscher (2010)
Blanchett, Cate (AUS)	1969	Elisabeth (1998); Der talentierte Mr. Ripley (1999); Herr der Ringe (2001, 02, 03); Aviator (2004); Babel (06); Elisabeth – das goldene Königreich (2007); Seltsame Fall des Benjamin Button (2008); Robin Hood (2010); **Blue Jasmin** (2013)
Bloom, Orlando (GB)	1977	Herr der Ringe (2001-2003); Black Hawk Down (2001); Fluch der Karibik I-III (2003-07); Troja (2004); Main Street (2010)
Bogart, Humphrey	1899-1957	Die Spur des Falken (1941); Casablanca (1942); Haben und Nichthaben (1944); Tote schlafen fest (1946); Der Schatz der Sierra Madre (1948); Gangster in Key Largo (1948); **African Queen** (1951); Die Caine war ihr Schicksal (1954);

FILMSTARS (Herkunft)	**LEB-ZEITEN**	**ERFOLGE** (FÜR DIESEN **FILM** GAB'S EINEN OSCAR. ALS **HAUPTDARSTELLER/IN** O. NEBENDARSTELLER/IN)
Borgnine, Ernest (USA)	1917-2012	Verdammt in alle Ewigkeit (1953); **Marty** (1955); Der Flug des Phönix (1965); Das dreckige Dutzend (1967); The Wild Bunch (1969); Die Höllenfahrt der Poseidon (1972); Convoy (1978); Die Klapperschlange (1981)
Branagh, Kenneth (Nord-IRL)	1960	Henry V. (1989); Schatten der Vergangenheit (1991); Peter's Friends (1992); Hamlet (1996); Wunsch & Wirklichkeit (1998); Warm Springs (2005); Operation Walküre (2008); Alien love Triangle (2008); My week with Marilyn (2011)
Brando, Marlon (USA)	1924-2004	Endstation Sehnsucht (1951); Viva Zapata! (1952); **Die Faust im Nacken** (1954); Sayonara (1958); Die jungen Löwen (1958); Der Besessene (1961); Zwei erfolgreiche Verführer (1964); Meuterei auf der Bounty (1962); **Der Pate** (1972); Der letzte Tango in Paris (1972); Apocalypse Now (1979); Christopher Columbus (1992); Don Juan De Marco (1995)
Bridges, Jeff (USA)	1949	Die letzten beißen die Hunde (1974); King Kong (1976); Die fabelhaften Baker Boys (1989); König der Fischer (1991); Fearless (93); Spurlos (93); Big Lebowski (1998); Arlington Road (99); **Crazy Heart** (2009); True Grit (2010); R.I.P.D. (2013)
Brody, Adrien (USA)	1973	Der schmale Grad (1998); Atemlos in N.Y. (01); **Der Pianist** (2002); The Village (04); King Kong (2005); The Jacket (05); Darjeeling Limeted (07); Splice (2009); Predators (2010); Wrecked (10); Detachment (11); Grand Budapest Hotel (2014)
Bronson, Charles (USA)	1920-2003	Die glorreichen Sieben (1960); Gesprengte Ketten (1963); Das Dreckige Dutzend (1967); Spiel mir das Lied vom Tod (1968); Chatos Land (1971); Ein Mann sieht Rot (1974); Telefon (1977); Indian Runner (1991)
Brosnan, Pierce (IRL)	1952	In 80 Tagen um die Welt (1989); 4 x James Bond (1995, 97, 99, 2002); Thomas Crown Affäre (1999); Survivor (2015)
Brynner, Yul (CH/RUS)	1915-1985	**Der König und Ich** (1956); Die zehn Gebote (1956); Anastasia (1956); Die glorreichen Sieben (1960)
Bullock, Sandra (USA)	1964	Speed (1994); Während du schliefst (1995); Die Jury (1996); Miss Undercover (2000); L.A. Crash (05); Das Haus am See (06); Die Vorahnung (07); **Blind Side** (2009); Extrem laut & unheimlich nah (2011); Gravity (13); Wahlkämpferin (2015)
Burton, Richard (GB)	1925-1984	Das Gewand (1953); Der längste Tag (1962); Cleopatra (1963); Hotel International (1963); Becket (1964); Der Spion der aus der Kälte kam (1965); Königin für 1.000 Tage (1969); Die Wildgänse kommen (1977); Exorcist II (1977); 1984 (1984)
Caan, James (USA)	1940	El Dorado (1966); Der Pate (1972); Die Brücke von Arnheim (1977); Der Einzelgänger (1981); Der steinerne Garten (87); Misery (1990); Eraser (1996); City of Ghosts (2002); Dogville (2003); Get smart (2008); Henry & Julie (2010)
Cage, Nicolas (USA)	1964	Arizona Junior (1987); Wild at Heart (1990); 2 Mill. Dollar Trinkgeld (1994); **Leaving Las Vergas** (1995); The Rock (96); Con Air (1997); Stadt der Engel (1998); 8mm (1999); Adaption (2002); Next (2007); Knowing (2009); Trespass (2011)
Cagney, James (USA)	1899-1986	Der öffentliche Feind (1931); Chicago – Engel mit schmutzigen Gesichtern (1938); **Yankee Doodle Dandy** (1942); Helden der Lüfte (1942); Sprung in den Tod (1949); Tyrannische Liebe (1955); Ragtime (1981)
Caine, Michael (GB)	1933	Zulu (1964); Jack rechnet ab (1971); Die Brücke von Arnheim (1977); Rita will es endlich wissen (1983); Hannah und ihre Schwestern (1986); Nicht jetzt, Liebling (1987); Zwei hinreißend verdorbene Schurken (1988); Little Voice (1998); Gottes Werk und Teufels Beitrag (1999); The Statement (2003); Batman Begins (2005); Flawless (2007); Ewige Jugend (2015)

FILMSTARS (Herkunft)	**LEB-ZEITEN**	**ERFOLGE** (FÜR DIESEN **FILM** GAB'S EINEN OSCAR. ALS **HAUPTDARSTELLER/IN** O. NEBENDARSTELLER/IN)
Cardinale, Claudia (IT)	1938	8 ½ (1962); Der Leopard (1962); Der rosarote Panther (1963); Die Gespielinnen (1966); Die nackten Tatsachen (1967); Der Tag der Eule (1968); Spiel mir das Lied vom Tod (1968); Fitzcarraldo (1981); Die Familienpyramide (1985)
Carrey, Jim (CAN)	1962	Ace Ventura (1994); Cable Guy (1996); Truman Show (1998); Der Mondmann (1999); Vergiss mein nicht (2004)
Cassel, Vincent (F)	1966	Lippenbekenntnisse (2001); Agent Secrets (2004); Entgleist (2005); Public Enemy No. 1 (2009); Black Swan (2010)
Caviezel, James (USA)	1968	Frequency (2000); Madison (2000); Angel Eyes (2001); The Passion Christi (2004); The Final Cut (2004)
Celentano, Adriano (IT)	1938	La Dolce Vita (1959); Der große Bluff (1976); Der gezähmte Widerspenstige (1980); Brummbär (1987)
Chamberlain, R. (USA)	1934	Die Dornenvögel (1982); Quatermain (1985); Casanova (1987); Rückkehr der Musketiere (1989)
Chan, Jackie (HK)	1954	Police Story (1985); Hard to Die (1993); Rush Hour (1998); Drunken Master (1994); Mr. Nice Guy (1997)
Chaplin, Charlie (GB)	1889-1977	Der Vagabund (1916); Goldrausch (1924); Lichter der Großstadt (31); Moderne Zeiten (1936); Der große Diktator (1940)
Cheadle, Don (USA)	1964	Ocean´s 11, 12 + 13 (2001-2007); Hotel Ruanda (2004); L.A. Crash (2004); Talk to me (2007); Die Liebe in mir (2007)
Cher (USA)	1946	Silkwood (1983); Die Maske (1985); Die Hexen von Eastwick (1987); **Mondsüchtig** (1987); Suspect (1987)
Christie, Julie (GB)	1941	Doktor Schiwago (1965); **Darling** (1965); McCabe & Mrs. Miller (1971); Wenn die Gondeln Trauer tragen (1973); Shampoo (1975); Der Himmel soll warten (1978); Liebesflüstern (1997); Troja (2004); An ihrer Seite (2006)
Cleese, John (GB)	1939	Monty Python Filme (1971-1998); Ein Fisch namens Wanda (1987); Wilde Kreaturen (1997); Man about Town (2006)
Clift, Montgomery (US)	1920-1966	Die Gezeichneten (1947); Ein Platz an der Sonne (51); Verdammt in alle Ewigkeit (53); Nicht gesellschaftsfähig (1960)
Clooney, George (USA)	1961	Emergency Room (TV 1994-99); From Dusk till Dawn (1996); Tage wie dieser (1996); The Peacemaker (1997); Out of Sight (1998); The Thin Red Line (1998); O Brother, Where Art Thou? (2000); Der Sturm (2000); Ocean's 11, 12, 13 (2001, 04, 07); Syriana (2005); Michael Clayton (2007); Burn after Reading (2008); Up in the air (2009); Männer, die auf Ziegen starren (2009); The American (2010); The Ides of March (2011); Gravity (2013); Monuments Men (2014)
Close, Glenn (USA)	1947	Garp und wie er die Welt sah (1982); Der große Frust (1983); Der Unbeugsame (1983); Eine verhängnisvolle Affäre (1987); Gefährliche Liebschaften (1988); Das Geisterhaus (1993); 101 Dalmatiner (1996), Paradise Road (1997)
Cobb, Lee J. (USA)	1911-1976	Todesranch (1937); Die Faust im Nacken (1953); Die zwölf Geschworenen (1957); Der Exorzist (1973)
Coburn, James (USA)	1928-2002	Charade (1963); Derek Flint schickt seine Leiche (1966); Schlacht um Midway (1975); 700 Meilen westwärts (1975); Steiner – Das eiserne Kreuz (1977); Deadfall (1993); Der Gejagte (1997); Snowdogs (2002)
Colbert, Claudette (F/	1903-1996	Der lächelnde Leutnant (1931); **Es geschah in einer Nacht** (1934); Private Worlds (1935); Blaubarts achte Frau

FILMSTARS (Herkunft)	**LEB-ZEITEN**	**ERFOLGE** (FÜR DIESEN **FILM** GAB'S EINEN OSCAR. ALS **HAUPTDARSTELLER/IN** O. NEBENDARSTELLER/IN)
Colman, Ronald (GB)	1891-1958	Dark Angel (1925); Glückspilze (1940); Zeuge der Anklage (1942); Gefundene Jahre (1942); **Ein Doppelleben** (1947)
Connelly, Jennifer (USA)	1970	Requiem for a dream (2000); A Beautiful Mind (2001); Haus aus Sand und Nebel (2003); Blood Diamond (2006); Der Tag, an dem die Erde stillstand (2008); Creation (2009); Love Stories (2012); Noah (2014)
Connery, Sir Sean (GB)	1930	7 x James Bond (1962-1983); Marnie (1964); Der Anderson-Clan (1971); Mord im Orient-Express (1974); Explosion in Cuba (1979); Time Bandits (1981); Highlander (1986); Der Name der Rose (1986); Die Unbestechlichen (1987); Indiana Jones und der letzte Kreuzzug (1988); Das Rußlandhaus (1989); Jagd auf Roter Oktober (1990); The Rock (1996); Die Liga der außergewöhnlichen Gentlemen (2003)
Cooper, Gary (USA)	1901-1961	Mr. Deeds geht in die Stadt (1937); **Sergeant York** (1941); Der große Wurf (1942); Wem die Stunde schlägt (1943); **Zwölf Uhr mittags** (1952); Vera Cruz (1954); Verdammt zum Schweigen (1955); Lockende Versuchung (1956); Der Mann aus dem Westen (1958); Die den Tod nicht fürchten (1959); Ein Mann geht seinen Weg (1961)
Costner, Kevin (USA)	1955	Die Unbestechlichen (1987); Der mit dem Wolf tanzt (1990); John F. Kennedy (1991); Bodyguard (1992); Waterworld (1995); Tin Cup (1996); Postman (1997); Thirteen Days (2000); Open Range – Weites Land (2003)
Cotillard, Marion (F)	1975	Taxi (1998); Taxi, Taxi (2000); Mathilde – Eine große Liebe (2004); Ein gutes Jahr (2006); **La vie en rose** (2007)
Craig, Daniel (GB)	1968	Obsession (1997); Road to Perdition (2002); The Jacket (2004); München (2006); Casino Royal (2006); Der goldene Kompass (2007); Ein Quantum Trost (2008); Unbeugsam – Defiance (2008); Skyfall (2012); Spectre (2015)
Crawford, Joan (USA)	1905-1977	Die Frau mit der Narbe (1941); Gefährliche Flitterwochen (1943); **Solange ein Herz schlägt** (1945); Hemmungslose Liebe (1947); Maskierte Herzen (1952); Wenn Frauen hassen (1954); Was geschah mit Baby Jane? (1962)
Crosby, Bing (USA)	1901-1977	Mississippi (1935); **Der Weg zum Glück** (1944); Ich küsse Ihre Hand Madam (1948); Ein Mädchen vom Lande (1954); Weiße Weihnachten (1954); Die oberen Zehntausend (1956); Die große Schuld (1957); Der Spätzünder (1960)
Crowe, Russell (NZ)	1964	L.A. Confidential (1997); Insider (1999); **Gladiator** (2000); A Beautyful Mind (2001); Master and Commander (2003); Das Comeback (2005); Ein gutes Jahr (2006); American Gangster (2007); State of Play (2009); Les Misérable (2012)
Cruise, Tom (USA)	1962	Die Farbe des Geldes (1986); Top Gun (1986); Rain Man (1988); Geboren am 4. Juli (1989); Tage des Donners (1990); In einem fernen Land (1992); Eine Frage der Ehre (1992); Die Firma (1993); Interview mit einem Vampir (1994); Mission Impossible I+II + III (1996-2006); Eyes Wide Shut (1999); Magnolia (1999); Vanilla Sky (2001); Minority Report (2002); Last Samurai (2003); Operation Walküre (2008); Knight and Day (2010); Mission Impossible: Phantom Protokoll (2011); Jack Reacher (2012); Oblivion (2013); Edge of Tomorrow (2014); Mission: Impossible – Rogue Nation (2015)
Cruz, Penelope (E)	1974	Alles über meine Mutter (1999); Vanilla Sky (2001); Noel (2004); Bandidas (2006); Vicky Cristina Barcelona (2008)
Crystal, Billy (USA)	1947	Schmeiß die Mama aus dem Zug (1987); Harry und Sally (1989); Reine Nervensache I + II (1999-2001)

INTERNATIONALE FILM- UND TV-SCHAUSPIELER/INNEN (CU-DE)

FILMSTARS (Herkunft)	LEB-ZEITEN	**ERFOLGE** (FÜR DIESEN **FILM** GAB'S EINEN OSCAR. ALS **HAUPTDARSTELLER/IN** O. NEBENDARSTELLER/IN)
Curtis, Jamie Lee (USA)	1958	The Fog – Nebel des Grauens (1979); Die Glückritter (1983); Ein Fisch namens Wanda (1987); Blue Steel (1989); My Girl (1991); Tödliche Absichten (1993); True Lies (1994); Der Schneider von Panama (2001); Du schon wieder (2010)
Curtis, Tony (USA)	1925-2010	Trapez (1956); Flucht in Ketten (1958); Unternehmen Petticoat (1959); Manche mögen´s heiß (1959); Taras Bulba (1962); Das große Rennen um die Welt (1964); Nackte Tatsachen (1966); Der Frauenmörder von Boston (1968)
Cusack, Joan (USA)	1962	Die Waffen der Frauen (1988); In & Out (1997); Arlington Road (1999); Die Braut, die sich nicht traut (1999)
Cusack, John (USA)	1966	Being John Malkovich (1999); High Fidelity (2000); Das Urteil (2003); Identity (2003); War, Inc. (2008)
Dafoe, Willem (USA)	1955	Platoon (1986); Mississippi Burning (1988); Wild at Heart (1990); Das Kartell (1993); eXistenZ (1998); American Psycho (2000); Shadow of the Vampire (2000); Spider-Man 1,2,3 (2002, 2004, 2007); Antichrist (2009); The Hunter (2011)
Damon, Matt (USA)	1970	Der Regenmacher (1997); Good Will Hunting (1997); Der talentierte Mr. Ripley (1999); Der Soldat James Ryan (1998); Die Legende von Bagger Vance (2000); Ocean's 11,12,13 (2001-2007); The Bourne Idendity (2002); Der Informant! (2009); Green Zone (2010); Hereafter - das Leben danach (2010); True Grit (2011); Der Plan (2012); Elysium (2013)
Davis, Bette (USA)	1908-1989	**Dangerous** (1935); **Jezebel** (1938); Opfer einer großen Liebe (1939); Die alte Jungfer (1939); Die kleinen Füchse (1941); Alles über Eva (1950); Was geschah mit Baby Jane? (1962); Tod auf dem Nil (1978)
Davis, Geena (USA)	1956	Die Fliege (1986); Die Reisen des Mr. Leary (1988); Thelma & Louise (1991); Stuart Little 1,2,3 (1999-2005)
Davis, Judy (AUS)	1955	Reise nach Indien (1984); Naked Lunch (1991); Barton Fink (1991); Ehemänner und Ehefrauen (1992)
Day, Doris (USA)	1922	Der Mann, der zu viel wusste (1956); Picknick im Pyjama (1957); Reporter der Liebe (1957); Bettgeflüster (1959); Mitternachtsspitzen (1960); Ein Pyjama für zwei (1961); Ein Hauch von Nerz (1962); Eine zuviel im Bett (1963); Schick mir keine Blumen (1964); Spion in Spitzenhöschen (1965); Bitte nicht stören (1965); Caprice (1967)
Day-Lewis, Daniel (GB)	1957	Ghandi (1982); Zimmer mit Aussicht (1986); **Mein linker Fuß** (1989); Der letzte Mohikaner (1992); Zeit der Unschuld (1993); Im Namen des Vaters (1993); Gangs of New York (2002); **There will be blood** (2007); **Lincoln** (2012)
De Funès, Louis (F)	1914-1983	Balduin, der Geldschrankknacker (1962); Fantomas (1964,1965,1966); Louis, das Schlitzohr (1964); Die große Sause (1964); Balduin, der Heiratsmuffel (1968); Brust oder Keule (1976); Louis, der Geizkragen (1980)
De Havilland, Oliv. (GB)	1916	Vom Winde verweht (1939); Das goldene Tor (1942); **Mutterherz** (1946); Die Schlangengrube (1948); **Die Erbin** (1949)
De Niro, Robert (USA)	1943	Der Pate II (1974); Taxi Driver (1975); Die durch die Hölle gehen (1978); **Wie ein wilder Stier** (1980); Es war einmal in Amerika (1984); Brazil (1984); Angel Heart (1986); Die Unbestechlichen (1987); Goodfellas (1990); Zeit des Erwachens (1990); Kap der Angst (1991); Casino (1995); Sleepers (1996); Kurzer Prozess (2008); Ohne Limit (2011); Last Vegas (2013)
De Vito, Danny (USA)	1944	Einer flog über das Kuckucksnest (1975); Zeit der Zärtlichkeit (1983); Schmeiß die Mama aus dem Zug (1987); Der Rosenkrieg (1989); Junior (1994); Schnappt Shorty (1995); L. A. Confidential (1997); Even Money (2006); Solitary Man (2009)

FILMSTARS (Herkunft)	**LEB-ZEITEN**	**ERFOLGE** (FÜR DIESEN **FILM** GAB'S EINEN OSCAR. ALS **HAUPTDARSTELLER/IN** O. NEBENDARSTELLER/IN)
Dean, James (USA)	1931-1955	Jenseits von Eden (1955); Denn sie wissen nicht, was sie tun (1955); Giganten (1956)
del Toro, Benicio (PR)	1967	Die üblichen Verdächtigen (1995); Fear & Loathing in Las Vegas (98); Snatch (2000); Traffic (2001); Das Versprechen (2001); 21 Gramm (2003); Die Stunde des Jägers (2003); Sin City (2005); Che (2008); Wolfman (2010); Jimmy P. (2013)
Delon, Alain (F)	1935	Rocco und seine Brüder (1960); Der Leopard (1963); Der eiskalte Engel (1967); Der Swimmingpool (1968); Borsalino (1970); Vier im roten Kreis (70); Der Chef (1972); Monsieur Klein (76); Eine Liebe von Swann (84); Der Panther (1985)
Deneuve, Catharine (F)	1943	Ekel (1964); Belle de Jour (1967); Das Mädchen von Rochefort (1967); Herzklopfen (1968); Der Chef (1972); Die schönen Wilden (1975); Die letzte Metro (1980); Wahl der Waffen (1981); Begierde (1982); Das Schmuckstück (2011)
Depardieu, Gérard (F)	1948	Die Ausgebufften (1974); Loulou (79); Die letzte Metro (1980); Danton (83); Jean Florette (1986); Cyrano de Bergerac (90); Green Card (90); 1492 (92); Asterix & Obelix gegen Caesar (99); Vatel (2000); Nathalie (2003); Small World (2010)
Depp, Johnny (USA)	1963	Edward mit den Scherenhänden (1990); Arizona Dream (92); Irgendwo in Iowa (93); Don Juan de Marco (94); Dead Man (1995); Fear & Loathing in Las Vegas (1998); Die neun Pforten (1999) Chocolat (2000); Blow (2000); From Hell (2001); Fluch der Karibik 1-4 (2003-11) Sweeney Todd (2007); Public Enemies (2009); Der Tourist (2010); Transcendence (2014)
Diaz, Cameron (USA)	1972	Die Hochzeit meines besten Freundes (1997); Verrückt nach Mary (98); Being John Malkovich (1999); Vanilla Sky (01); Gangs of New York (2002); 3 Engel für Charlie (2003); Love Vegas (2008); Knight and Day (2010); Green Hornet (2011)
DiCaprio, Leonardo (USA)	1974	Irgendwo in Iowa (1993); Marvins Töchter (1996); Romeo & Julia (1996); Titanic (1997); The Beach (1999); Gangs of New York (2002); Catch me if you can (2002); Aviator (2004); Blood Diamond (2006); Zeiten des Aufruhrs (2008); Shutter Island (2010); Inception (2010); Edgar (2011); Django Unchained (2012); Wolf of Wall Street (2013); **The Revenant** (2015)
Dillon, Matt (USA)	1964	In & Out (1997); Verrückt nach Mary (1998); L.A. Crash (2005); Nothing but the Truth (2008); Armored (2009)
Donat, Robert (GB)	1905-1958	Die 39 Stufen (1935); Die Zitadelle (1938); **Auf Wiedersehen, Mr. Chips** (1939); Herberge zur 6. Glückseligkeit (1958)
Douglas, Kirk (USA)	1916	Reporter des Satans (1951); Stadt der Illusion (1952); Van Gogh (1956); Wege zum Ruhm (1957); Zwei rechnen ab (1957); Die Wikinger (1958); Spartacus (1960); Das Arrangement (1969); Tote tragen keine Karos (1981)
Douglas, Michael (USA)	1944	Die Straßen von San Francisco (TV 1972-1977); Auf der Jagd nach dem grünen Diamanten (1983); **Wall Street** (1987); Eine verhängnisvolle Affäre (1987); Der Rosenkrieg (1989); Basic Instinct (1992); Falling Down (1994); The Game (1997); Traffic (2000); Sag kein Wort (2001); King of California (2007); Wall Street: Geld schläft nicht (2010); Last Vegas (2013)
Downey, Robert (USA)	1965	Natural Born Killers (1994); Zeit der Sinnlichkeit (1995); Auf der Jagd (1998); Kiss Kiss, Bang Bang (2005)
Dreyfuss, Richard (USA)	1947	American Graffiti (1973); Unheimliche Begegnung der 3. Art (1977); **Der Untermieter** (1977); Zoff in Beverly Hills (1986)
Dunaway, Faye (USA)	1941	Bonnie & Clyde (1967); Thomas Crown ist nicht zu fassen (1967); Das Arrangement (1969); Chinatown (1974); Die drei Tage des Condor (1975); **Network** (1976); Reise der Verdammten (1976); Barfly (1987); Arizona Dream (1992)

INTERNATIONALE FILM- UND TV-SCHAUSPIELER/INNEN (DU-FO)

FILMSTARS (Herkunft)	**LEB-ZEITEN**	**ERFOLGE** (FÜR DIESEN **FILM** GAB'S EINEN OSCAR. ALS **HAUPTDARSTELLER/IN** O. NEBENDARSTELLER/IN)
Dunst, Kirsten (USA)	1982	Jumanji (1995); Crazy/Beautiful (01); Spider-Man (2001); Wimbledon (2004); Marie Antoinette (2006); Melancholia (2011)
Duvall, Robert (USA)	1931	M*A*S*H (1970); THX 1138 (1971); Der Pate 1+2 (1972/74); Der Mann ohne Nerven (1975); Network (1976); Apocalypse Now (1979); **Comeback der Liebe** (1983); Der Unbeugsame (1984); Falling Down (1993); Deep Impact (1998)
Eastwood, Clint (USA)	1930	Für eine Handvoll Dollar (1964); Zwei glorreiche Halunken (1966); Dirty Harry (1971); Erbarmungslos (1992); In the Line of Fire (1993); Die Brücken am Fluss (1995); Million Dollar Baby (2004); Gran Torino (2008); Back in the Game (2012)
Falk, Peter (USA)	1927-2011	69 x Colombo (1968-1978); Das große Dings bei Brinks (1978); Cookie (1989); Reine Familiensache (2005)
Farrell, Colin (IRL)	1976	Minority Report (2002); Nicht auflegen (2002); Alexander (2004); Brügge sehen...und sterben (2008); Total Recall (2012)
Farrow, Mia (USA)	1945	Rosemaries Baby (1967); John und Mary (1969); Der große Gatsby (1974); Zelig (1983); Alice (1990); Das Omen (2003)
Field, Sally (USA)	1946	Ein ausgekochtes Schlitzohr (1977); **Norma Rae – Eine Frau steht ihren Mann** (1979); **Ein Platz im Herzen** (1984); Nicht ohne meine Tochter (1991); Mrs. Doubtfire (1993); Brothers & Sisters (TV seit 2006); 2 Weeks (06); Lincoln (2012)
Fiennes, Joseph (GB)	1970	Shakespeare in Love (1998); Luther (2003); Der Kaufmann von Venedig (2004); Der rote Baron (08); Auferstanden (2016)
Fiennes, Ralph (GB)	1962	Stürmische Leidenschaft (1992); Schindlers Liste (1993); Quiz Show (1994); Strange Days (1995); Der englische Patient (1996); Der ewige Gärtner (05); Die Herzogin (2005); Der Vorleser (2008); Coriolanus (2011); Grand Budapest Hotel (2014)
Finch, Peter (GB)	1916-1977	Geschichte eine Nonne (1959); Flug des Phönix (1965); Judith (1966); Sunday, Bloody Sunday (1971); **Network** (1976)
Finney, Albert (GB)	1936	Tom Jones – zwischen Bett und Galgen (1962); Mord im Orient-Express (1974); Erin Brockovich (2000)
Fletcher, Louise (USA)	1934	**Einer flog über das Kuckucksnest** (1975); Exorzist II (1977); Der Schmalspurschnüffler (1978); Projekt Brainstorm (1983)
Fonda, Bridget (USA)	1964	Weiblich, ledig, jung sucht…(1991); Little Buddha (1993); Jackie Brown (1997); Ein einfacher Plan (1998)
Fonda, Henry (USA)	1905-1982	Früchte des Zorns (1940); Bis zum letzten Mann (1948); Der falsche Mann (1956); Die zwölf Geschworenen (1958); Der längste Tag (1961); Spiel mir das Lied vom Tod (1968); Schlacht um Midway (1976); **Am goldenen See** (1981)
Fonda, Jane (USA)	1937	Auf glühendem Pflaster (1962); Barfuss im Park (1967); Barbarella (1968); Nur Pferden gibt man den Gnadenschuss (1969); **Klute** (1971); **Coming Home** (1977); Julia (1977); Das China-Syndrom (1979); Am goldenen See (1982); Der Morgen danach (1986); Schwiegermonster (2005); Georgias Gesetz (2007); Ewige Jugend (2015); Unsere Seelen bei Nacht (2017)
Fonda, Peter (USA)	1939	Nebraska (1964); The Trip (1967); Easy Rider (1969); Futureworld (76); Ulee's Gold (1997); Supernova (2005)
Ford, Harrison (USA)	1942	Krieg der Sterne (1977); Das Imperium schlägt zurück (1980); Indiana Jones: Jäger des verlorenen Schatzes (1981); Blade Runner (1982); Die Rückkehr der Jedi-Ritter (1983); Der einzige Zeuge (1985); Frantic (1988); Die Waffen der Frauen (1988); Aus Mangel an Beweisen (1990); Die Stunde der Patrioten (1992); Auf der Flucht (1993); Sabrina (1995); Air Force One (1997); Vertrauter Feind (1997); Schatten der Wahrheit (2000); Crossing over (2009); Paranoia (2013); Das Erwachen der Macht (2015)

FILMSTARS (Herkunft)	**LEB-ZEITEN**	**ERFOLGE** (FÜR DIESEN **FILM** GAB'S EINEN OSCAR. ALS **HAUPTDARSTELLER/IN** O. NEBENDARSTELLER/IN)
Foster, Jodie (USA)	1962	Taxi Driver (1976), **Angeklagt** (1988); **Das Schweigen der Lämmer** (1991); Sommersby (1993); Nell (1994); Maverick (1994); Anna und der König (1999); Panic Room (2002); Inside Man (2006); Die Fremde in dir (2007); Die Insel der Abenteuer (2008); New York Mom (2009); Der Biber (2011); Der Gott des Gemetzels (2011); Elysium (2013)
Fox, Michael (CAN)	1961	Zurück in die Zukunft 1, 2, 3 (1985, 1989, 1990); Das Geheimnis meines Erfolges (1987); Caos City (1996-2000)
Foxx, Jamie (USA)	1967	Ali (2001); Collateral (2004); **Ray** (2004); Breakin' all the Rules (2004); Jarhead (2005); Dreamgirls (2006); Operation: Kingdom (2007); Der Solist (2009); Django Unchained (2012); White House Down (2013); Annie (2015)
Freeman, Morgan (USA)	1937	Mrs. Daisy und ihr Chauffeur (1989); Erbarmungslos (1992); Die Verurteilten (1994); Sieben (1995); Outbreak (1995); Außer Kontrolle (1996); Hard Rain (1998); Million Dollar Baby (2005); Wanted (2008); R.E.D. (2010); Lucy (2014)
Gabin, Jean (F)	1904-1976	Pépé le Moko (1936); Die große Illusion (1937); Hafen im Nebel (1938); Der Tag bricht an (1939); Wenn es Nacht wird in Paris (1954); Gas-Oil (1955); Kommissar Maigret (1958-1963); Die Elenden (1958); Die Katze (1971)
Gable, Clark (USA)	1901-1960	Dschungel im Sturm (1932); **Es geschah in einer Nacht** (1934); Meuterei auf der Bounty (1935); Der Testpilot (1938); Vom Winde verweht (1939); Mogambo (1953); Reporter der Liebe (1958); Misfits – nicht gesellschaftsfähig (1961)
Garbo, Greta (SWE/USA)	1905-1990	Der Kuss (1929); Wilde Orchideen (1929); Mata Hari (1931); Menschen im Hotel (1932); Der bunte Schleier (1934); Anna Karenina (1935); Die Kameliendame (1936); Ninotschka (1939); Die Frau mit den zwei Gesichtern (1941)
Garcia, Andy (Kuba)	1956	Die Unbestechlichen (1987); Black Rain (89); Der Pate 3 (1990); Ocean's Eleven (2001); Twisted (04); Meet the Rizzos (2009)
Gardner, Ava (USA)	1922-1990	Rächer der Unterwelt (1946); Schnee am Kilimandscharo (1952); Mogambo (1953); Das letzte Ufer (1959)
Garland, Judy (USA)	1922-1969	The Wizard of Oz (1939); Meet me in St. Louis (1944); Der Pirat (1948); Ein neuer Stern am Himmel (1954)
Garner, James (USA)	1928-2014	Infam (1961); Was diese Frau so alles treibt (1963); Eine zuviel im Bett (1963); Gesprengte Ketten (1963); Detektiv Rockford – Anruf genügt (TV 1974-1980); Victor/Victoria (1982); Maverick (1994); Gnadenloses Duell (2000)
Garson, Greer (USA)	1904-1996	Auf Wiedersehen, Mr. Chips (1939); Blüten im Staub (1941); **Mrs. Miniver** (1942); Madame Curie (1943)
Gaynor, Janet (USA)	1906-1984	Im siebten Himmel (1927); Sunrise (1927); **Engel der Straße** (1929); Sunny Side Up (1929); Ein Stern geht auf (1937)
Gere, Richard (USA)	1949	American Gigolo (1979); Ein Offizier und Gentleman (1981); Atemlos (1982); Pretty Woman (1990); Der 1. Ritter (95); Der Schakal (1997); Die Braut, die sich nicht traut (1999); Chicago (2002); The Hoax (2006); Arbitrage (12); Movie 43 (2013)
Gibson, Mel (AUS/USA)	1956	Mad Max (1979); Gallipoli (1981); Lethal Wappon 1-4 (1986, 1988, 1992, 1998); Tequila Sunrise (1988); Ein Vogel auf dem Drahtseil (1989); Maverick (1994); Braveheart (1995) Fletcher's Visionen (1997); Lethal Weapon 4 ((1998); Payback (1999); The Million Dollar Hotel (2000) Der Patriot (2000); Was Frauen wollen (2000); Signs (2001); Wir waren Helden (2002); Paparazzi (2004); Auftrag Rache (2010); Der Biber (2011); Get the Gringo (2012); Machete kills (2013); Blood Father (2016)

INTERNATIONALE FILM- UND TV-SCHAUSPIELER/INNEN (GI-HA)

FILMSTARS (Herkunft)	**LEB-ZEITEN**	**ERFOLGE** (FÜR DIESEN **FILM** GAB'S EINEN OSCAR. ALS **HAUPTDARSTELLER/IN** O. NEBENDARSTELLER/IN)
Girardot, Annie (F)	1931-2011	Rocco und seine Brüder (1960); Spione unter sich (1965); Kerzenlicht (1972); Die Ohrfeige (1974); Der Querkopf (1978)
Goldberg, Whoopi (USA)	1949	Die Farbe Lila (1985); Jumpin' Jack Flash (1986); Homer und Eddie (1989); Ghost (1990); Sister Act (1992); T-Rex (1995)
Goldblum, Jeff (USA)	1952	Die Fliege (1986); Jurassic Park 1+2 (1993/1996); Independence Day (1996); Dallas 362 (2003); Morning Glory (2010)
Gooding, Cuba (USA)	1968	Boyz'n the Hood (91); Jerry Maguire (1996); Men of Honor (2000); Sie nennen ihn Radio (03); Hit List (11); Red Tails (2012)
Granger, Stewart (GB)	1913-1993	Scaramouche (1952); Die letzte Jagd (1956); Land der 1000 Abenteuer (1960); Old Surehand (1965)
Grant, Cary (GB/USA)	1904-1986	Leoparden küsst man nicht (1938); Die Nacht vor der Hochzeit (1940); Akkorde der Liebe (1941); Verdacht (1941); Arsen und Spitzenhäubchen (1944); Berüchtigt (1946); Nur meiner Frau zuliebe (1948); Ich war eine männliche Kriegsbraut (1949); Über den Dächern von Nizza (1952); Liebling, ich werde jünger (1952); Die große Liebe meines Lebens (1957); Hausboot (1958); Indiskret (1958); Unternehmen Petticoat (1959); Der unsichtbare Dritte (1959); Ein Hauch von Nerz (1962); Charade (1963)
Grant, Hugh (GB)	1960	Vier Hochzeiten und ein Todesfall (1994); Sinn und Sinnlichkeit (1995); Notting Hill (1999); Bridget Jones (2001); About a Boy (2002); Tatsächlich...Liebe (2003); Haben Sie das von den Morgans gehört? (2009); Florence Foster Jenkins (2016)
Griffith, Melanie (USA)	1957	Der Tod kommt zweimal (1985); Gefährliche Freundin (1987); Die Waffen der Frauen (1988); Fegefeuer der Eitelkeiten (1990); Strangers (1992); Blondinen küsst man nicht (1993); Citizen Kane (1999); Tempo (2003); Shade (2003)
Guinness, Sir Alec (GB)	1914-2000	Oliver Twist (1948); Adel verpflichtet (1949); Ladykillers (1955); **Die Brücke am Kwai** (1957); Lawrence v. Arabien (1962); Doktor Schiwago (1965); Eine Leiche zum Dessert (1975); Krieg der Sterne 1-3 (1977-1982); Kafka (1991)
Gyllenhaal, Jake (USA)	1980	The Day after Tomorrow (2004); Brokeback Mountain (2005); Brothers (2009); Prisoners (2013); Enemy (2013)
Hackman, Gene (USA)	1930	Bonnie und Clyde (1967); **Brennpunkt Brooklyn** (1971); French Connection 2 (1974); Der Dialog (1974); Die verwegenen Sieben (1983); Mississippi Burning (1988); Erbarmungslos (1992); Die Firma (1993); Staatsfeind Nr. 1 (1998); Das Urteil (2003)
Hagman, Larry (USA)	1931-2012	Angriffsziel Moskau (1964); 139 x Bezaubernde Jeannie (TV 1965-1970); 356 x Dallas (TV 1978-1991)
Hanks, Tom (USA)	1956	Fegefeuer der Eitelkeiten (1990); **Philadelphia** (1993); Schlaflos in Seattle (1993); **Forrest Gump** (1994); Apollo 13 (1995); Soldat James Ryan (1998); E-Mail für Dich (1998); The Green Mile (1999); Cast Away (2000); Road to Perdition (2001); Catch me if you can (2002); Terminal (2004); Da Vinci Code (2006); Illuminati (2009); Cloud Atlas (2012); Bridge of Spies (2015)
Hannah, Daryl (USA)	1960	Splash (84); Staatsanwälte küsst man nicht (1986); Roxanne (87); Kill Bill 1+2 (2003/04); Final Days (2006); Vice (2008)
Harden, Marcia (USA)	1959	Miller's Crossing (1990); **Pollock** (2000); Mystic River (2003); American Gun (2005); Into the Wild (2007); Innocent (2011)
Harrelson, Woody (USA)	1961	ca. 270 x Cheers (TV 1982-93); Natural Born Killers (1994); Larry Flynt (1996); Sieben Leben (2008); Auge um Auge (2013)
Harris, Ed (USA)	1950	Abyss (1989); Apollo 13 (1995); Nixon (1995); Die Truman Show (1998); Pollock (2000); A Beautiful Mind (2001)

FILMSTARS (Herkunft)	**LEB-ZEITEN**	**ERFOLGE** (FÜR DIESEN **FILM** GAB'S EINEN OSCAR. ALS **HAUPTDARSTELLER/IN** O. NEBENDARSTELLER/IN)
Harris, Richard (IRL)	1930-2002	Meuterei auf der Bounty (1962); Lockender Lorbeer (1963); 18 Stunden bis zur Ewigkeit (1974); Harry Potter (2001)
Harrison, Sir Rex (GB)	1908-1990	Sturm im Wasserglas (1936); Die Zitadelle (1938); Mitternachtsspitzen (1960); Cleopatra (1963); **My Fair Lady** (1964)
Hathaway, Anne (USA)	1982	Brokeback Mountain (2005); Der Teufel trägt Prada (2006); Geliebte Jane (2007); Rachels Hochzeit (2009); Alice im Wunderland (2010); Zwei an einem Tag (2011); Les Misérables (2012); Interstellar (2014); Man lernt nie aus (2015)
Hawn, Goldie (USA)	1945	Die Kaktusblüte (1969); Der Millionenraub (1971); Eine ganz krumme Tour (1978); Ein Goldfisch fällt ins Wasser (1987); Ein Vogel auf dem Drahtseil (1989); Der Tod steht ihr gut (1992); Club der Täufelinnen (1996); Stadt, Land, Kuss (2001)
Hayek, Salma (MEX)	1966	Desperado (1995); From Dusk Till Dawn (1996); Glöckner von Notre Dame (1997); Wild Wild West (1999); Frida (2002); Irgendwann in Mexiko (2003); After the Sunset (2004); Bandidas (2006); Lonely Hearts Killers (2006); Savages (2012)
Hayward, Susan (USA)	1917-1975	Drei Fremdenlegionäre (1939); Blutsfeindschaft (1949); David und Bathseba (1951); Schnee am Kilimandscharo (1952); Die Gladiatoren (1954); Treffpunkt Hongkong (1955); Der Eroberer (1956); **Laßt mich leben** (1958); Wohin die Liebe führt (1964)
Hayworth, Rita (USA)	1918-1987	S.O.S. Feuer an Bord (1939); Schönste der Stadt (41); Gilda (1946); Lady von Shanghai (46); Spiel mit dem Feuer (1957)
Hedren, Tippi (USA)	1930	Die Vögel (1963); Marnie (1964); Die Gräfin von Hong Kong (1967); Roar - Die Löwen sind los (81); Fremde Schatten (1990)
Hepburn, Audrey (USA)	1929-1993	**Ein Herz und eine Krone** (1953); Sabrina (1954); Krieg und Frieden (1956); Ein süßer Fratz (1957); Ariane – Liebe am Nachmittag (1957); Geschichte einer Nonne (1959); Frühstück bei Tiffany (1961); Infam (1961); Charade (1963); My Fair Lady (1964); Wie klaut man eine Million? (1966); Zwei auf gleichem Weg (1967); Warte, bis es dunkel ist (1967)
Hepburn, Katharine (USA)	1907-2003	**Morgenrot des Ruhms** (1933); Vier Schwestern (1933); Alice Adams (1935); Leoparden küsst man nicht (1938); Die Nacht vor der Hochzeit (1940); Die Frau, von der man spricht (1942); Der beste Mann (1948); Ehekrieg (1949); African Queen (1951); Traum meines Lebens (1955); Der Regenmacher (56); Eine Frau, die alles weiß (1957); Plötz ich im letzten Sommer (1959); **Rate mal, wer zum Essen kommt** (1967); **Der Löwe im Winter** (1968); **Am goldenen See** (1982)
Hershey, Barbara (USA)	1948	Petting (1969); Hannah und ihre Schwestern (1986); Shy People (1987); Wildes Land (1993); Portrait of a Lady (1996)
Heston, Charlton (USA)	1923-2008	Die größte Schau der Welt (1952); Die zehn Gebote (1956); **Ben Hur** (1959); El Cid (1961); Planet der Affen (1968)
Hill, Terence (IT)	1939	Vier Fäuste für ein Halleluja (1971); Mein Name ist Nobody (1973); Don Camillo (1983); Renegade (1987)
Hoffman, Dustin (USA)	1937	Die Reifeprüfung (1967); Asphalt-Cowboy (1968); Die Unbestechlichen (1976); **Kramer gegen Kramer** (1979); Tootsie (1982); Tod eines Handlungsreisenden (1985); **Rain Man** (1988); Dick Tracy (1990); Ein ganz normaler Held (1992); Outbreak (1995); Sleepers (1996); Das Urteil (2003); Das Parfum (2006); Liebe auf den zweiten Blick (2008); Der Chor (2014)
Hoffman, Philip Seymour (USA)	1967-2014	Owning Mahowny (2003); Und dann kam Polly (2004); **Capote** (2005); Empire Falls (2005); Tödliche Entscheidung (2007); Krieg des Charlie Wilson (2007); Geschwister Savage (2008), Glaubensfrage (08); Ides of March (2011); The Master (2012)
Holden, William (USA)	1918-1982	Boulevard der Dämmerung (1950); **Stalag 17** (1953); Sabrina (1954); Die Brücke am Kwai (1957); Wild Bunch (1969)

INTERNATIONALE FILM- UND TV-SCHAUSPIELER/INNEN (HO-JO)

FILMSTARS (Herkunft)	**LEB-ZEITEN**	**ERFOLGE** (FÜR DIESEN **FILM** GAB'S EINEN OSCAR. ALS **HAUPTDARSTELLER/IN** O. NEBENDARSTELLER/IN)
Hopkins, Anthony (GB/USA)	1941	Löwe im Winter (1968); **Das Schweigen der Lämmer** (1991); Was vom Tage übrig blieb (1993); Legenden der Leidenschaft (1994); Nixon (95); Amistad (1997); Rendezvous mit Joe Black (1998); Hannibal (2001); Roter Drache (2002); Alexander (2004); Spiel der Macht (06); Ich sehe den Mann deiner Träume (2010); Thor (11); Hitchcock (2012); Noah (2014); Die Vorsehung (2015)
Hopper, Dennis (USA)	1936-2010	Easy Rider (1969); Der amerikanische Freund (1977); Freiwurf (1986); Blue Velvet (1986); Speed (1994)
Howard, Trevor (GB)	1916-1988	Meuterei auf der Bounty (1962); Spion zwischen zwei Fronten (1966); Sein Leben in meiner Gewalt (1972)
Hudson, Kate (USA)	1979	Almoust Famous (2000); Die vier Federn (2002); Wie werde ich ihn los - in 10 Tagen (2003); Fremd Fischen (2011)
Hudson, Rock (USA)	1925-1985	Giganten (1956); Duell in den Wolken (1957); Bettgeflüster (1959); Ein Pyjama für 2 (1961); Schick mir keine Blumen (1964); Ein Goldfisch an der Leine (1964); Fremde Bettgesellen (1965); Der Mann, der zweimal lebte (1966); Eisstation Zebra (1968)
Hunt, Helen (USA)	1963	164 x Verrückt nach dir (TV 1992-1999); Twister (1996); **Besser geht's nicht** (1997); Was Frauen wollen (2000)
Hunter, Holly (USA)	1958	Broadcast News (1987); **Das Piano** (1992); Die Firma (1993); Copykill (1995); Crash (1996); Dreizehn (2003)
Huppert, Isabelle (F)	1953	Violette Nozière (1978); Eine Frauensache (1988); Madame Bovary (1991); Biester (1995); Süßes Gift (2000); Die Klavierspielerin (2001); 8 Frauen (2002); Gabrielle – Liebe meines Lebens (2005); Geheime Staatsaffären (2006); Dead Man Down (2013)
Hurt, William (USA)	1950	Gorky Park (1983); **Kuß der Spinnenfrau** (1985); Gottes vergessene Kinder (1986); Broadcast News (1987); Die Reisen des Mr. Leary (1988); Familiensache (1998); The 4th Floor (1999); Die Akte Romero (1999); Dem Paradies ganz nah (2002); Das Geheimnis des blauen Schmetterlings (2004); Into the Wild (2007); Das gelbe Segel (2007); Winter's Tale (2014)
Irons, Jeremy (GB)	1948	Mission (1986); Die Unzertrennlichen (1988); **Die Affäre der Sunny von B.** (1990); Das Geisterhaus (1993); Lolita (1997); Der 4. Engel (2001); Being Julia (2005); Inland Empire (2007); Große Crash (2011); Dieb der Worte (2012); High-Rise (2015)
Jackman, Hugh (AUS)	1968	X-Men (2000); Passwort: Swordfish (2001); Van Helsing (2004); Scoop (2006); Australia (2008); Les Misérable (2012)
Jackson, Glenda (GB)	1936	**Liebende Frauen** (1970); Sunday, Bloody Sunday (1971); Maria Stuart (1971); **Mann, bist du Klasse** (1973); Hedda (1975); Die unglaubliche Sarah (1976); Stevie (1978); Hausbesuche (1978); Agentenpoker (1980); Therapie zwecklos (1987)
Jackson, Samuel L. (USA)	1948	Jungle Fever (1991); Die Stunde des Patrioten (1992); Pulp Fiction (1994); Stirb langsam: Jetzt erst recht (1995); Die Jury (1996); Jackie Brown (1997); Verhandlungssache (1998); Shaft (2000); The 51st State (2001); Spurwechsel (2002); Home of the Brave (2006); Cleaner (2007); Lakeview Terrace (2008); Thor (2011); Django Unchained (2012); The Hateful Eight (2015)
Johansson, Scarlett (USA)	1984	Der Pferdeflüsterer (1998); Ghost World (2001); American Rhapsody (2001); Mädchen mit dem Perlenohrring (2003); Lost in Translation (2004); Black Dahlia (2006); Vicky Cristina Barcelona (2008); The Spirit (2008); Hitchcock (2012); Lucy (2014)
Jolie, Angelina (USA)	1975	Wallace (1997); Durchgeknallt (1999); Der Knochenjäger (1999); Lara Croft (2003); Alexander (04); Mr. & Mrs. Smith (2005); Der gute Hirte (2006); Ein mutiger Weg (2007); Der fremde Sohn (2008); Salt (2010); The Tourist (2010); By the Sea (2015)

FILMSTARS (Herkunft)	**LEB-ZEITEN**	**ERFOLGE** (FÜR DIESEN **FILM** GAB'S EINEN OSCAR. ALS **HAUPTDARSTELLER/IN** O. NEBENDARSTELLER/IN)
Jones, Tommy Lee (USA)	1946	JFK (1991); Auf der Flucht (1993); Natural Born Killers (1994); Men in Black 2 + 3 (2002 + 12)); The Missing (03); Herr des Hauses (05); No Country for old men (07); Im Tal von Elah (08); Mord in Louisiana (2009); Malavita (13); Homesman (2014)
Karloff, Boris (GB)	1887-1969	Frankenstein (1931); Die Mumie (1932); Frankensteins Braut (1935) bzw. Sohn (1939) und Haus (1944)
Keaton, Buster (USA)	1895-1966	The Navigator (1924); Der General (1926); Der Musterschüler (1927); Steamboat Bill, jr. (1928)
Keaton, Diane (USA)	1946	Der Pate 1, 2, 3 (1972,1994, 1990); Mach's noch einmal, Sam (1972); **Der Stadtneurotiker** (1977); Manhattan (1979); Reds (1981); Baby Boom (1987) Vater der Braut (1991); Manhattan Murder Mystery (1993); Der Club der Teufelinnen (1996); Aufgelegt (2000); Was das Herz begehrt (2003); Mama's Boy (2007); Morning Glory (2010); Big Wedding (2013)
Keitel, Harvey (USA)	1947	Hexenkessel (1973); Die Duellisten (1977); Bugsy (1991); Thelma & Louise (1991); Bad Lieutenant (1992); Reservoir Dogs (1992); Das Piano (1993); Die Wiege der Sonne (1993); From Dusk Till Dawn (1996); U-571 (2000); A Crime (2006)
Kelly, Gene (USA)	1912-1996	Die drei Musketiere (1948); Ein Amerikaner in Paris (1951); Singin in the Rain (1952); Brigadoon (1954)
Kelly, Grace (USA)	1929-1982	12 Uhr Mittags (1952); Mogambo (1953); **Ein Mädchen vom Lande** (1954); Bei Anruf Mord (1954); Das Fenster zum Hof (1954); Grünes Feuer (1954); Über den Dächer von Nizza (1955); Der Schwan (1956); Die oberen Zehntausend (1956)
Kerr, Deborah (GB)	1921-2007	Edward, mein Sohn (1948); Quo vadis (1951); Verdammt in alle Ewigkeit (53); Der König & ich (1956); Große Liebe meines Lebens (1957); Getrennt von Tisch & Bett (58); Endloser Horizont (1960); Ein Mann geht seinen Weg (61); Schwarze 13 (1966)
Kidman, Nicole (USA)	1967	Tanz der Schatten (1987); Tage des Donners (1990); In einem fernen Land (1992); To Die For (1995); Portrait of a Lady (1996); Eyes Wide Shut (1999); Moulin Rouge (2001); **The Hours** (2002); Dogville (2003); Unterwegs nach Cold Mountain (2003); Die Dolmetscherin (2005); Der goldene Kompass (2007); Australia (2008); Nine (2009); Rabbit Hole (2010); Trespass (2011); Paperboy (2012); Stoker (2013) Grace of Monaco (2014); Ich. Darf. Nicht. Schlafen (2014); Paddington (2014); Genius (2016)
Kilmer, Val (USA)	1959	Top Gun (1986); Willow (1988); Kill me again (1989); The Doors (1991); Halbblut (1992); Heat (1995); Batman Forever (1995); The Salton Sea (2002); Alexander (2004); Kiss Kiss. Bang Bang (2005); Deja Vu (2006); Felon (2008); 5 Days of War (2011)
Kingsley, Ben (GB)	1943	**Gandhi** (1981); Sneakers (1991); Der Tod und das Mädchen (1994); Sexy Beast (2000); Anne Frank (2001); Haus aus Sand und Nebel (2003); Oliver Twist (2005); Die letzte Legion (2007); Shutter Island (2010); Der Diktator (2012); The Walk (2015)
Kline, Kevin (USA)	1947	Sophies Entscheidung (1982) Silverado (1985); Schrei nach Freiheit (1987); Ein Fisch namens Wanda (1987); Gewagtes Spiel (1992); Dave (1993); French Kiss (1995); Der Eissturm (1997); In & Out (1997); Wild Wild West (1999); Das Haus am Meer (2001); Der rosarote Panther (2006); Die Schachspielerin (2009); Der letzte Gentleman (2010); Last Vegas (2013)
Knightley, Keira (GB)	1985	Kick it like Beckham (2002); Fluch der Karibik 1, 2 – 3 (2003-07); Tatsächlich Liebe (2003); Stolz & Vorurteil (2005); Domino (2005); Abbitte (2007); Herzogin (2008); Edge of Love (2008); London Boulevard (10); Anna Karenina (2012); Everest (2015)
Kruger, Diane (D/USA)	1976	Troja (2004); Klang der Stille (2006); Inglourious Basterds (2009); Mr. Nobody (2010); Unknown Identity (2011); Leb wohl, meine Königin (12); Der Nächste, bitte (2013); Seelen (2013); Verführt & Verlassen (13); Sky (2015); Aus dem Nichts (2017)

INTERNATIONALE FILM- UND TV-SCHAUSPIELER/INNEN (L-LE)

FILMSTARS (Herkunft)	**LEB-ZEITEN**	**ERFOLGE** (FÜR DIESEN **FILM** GAB'S EINEN OSCAR. ALS **HAUPTDARSTELLER/IN** O. NEBENDARSTELLER/IN)
Lambert, Chris. (USA)	1957	Subway (1985); Highlander (1986); Der Sizilianer (1987); Der Priestermord (1988); Knight Moves (1992)
Lancaster, Burt (USA)	1913-1994	Der rote Kosar (1952); Verdammt in alle Ewigkeit (1954); Very Cruz (1954); Der Regenmacher (1956); **Elmer Gantry** (1960); Der Gefangene von Alcatraz (1962); Der Leopard (1963); 40 Wagen westwärts (1965); Atlantic City (1980); Local Hero (1983)
Landau, Martin (USA)	1931-2017	Tucker (1988); Verbrechen und andere Kleinigkeiten (1989); Ed Wood (1994); Die Bibel - Josef (1995)
Lange, Jessica (USA)	1949	King Kong (1976); Wenn der Postmann 2 x klingelt (1981); Frances (1982); Tootsie (1982) ; Music Box (1989); Kap der Angst (1991); **Operation Blue Sky** (1991/94); Tausend Morgen (1997); Don't come knocking (2005); Für immer Liebe (2012)
Laughton, Charles (USA)	1899-1962	**Das Privatleben Heinrich VIII.** (1933); Meuterei auf der Bounty (1935); Zeugin der Anklage (1957); Spartacus (1960)
Laurence, Olivier (GB)	1907-1989	Sturmhöhe (1939); Rebecca (1940); Heinrich V. (1944); **Hamlet** (1948); Richard III. (1955); Der Komödiant (1960); Spartacus (1960); In den Schuhen des Fischers (1968); Mord mit kleinen Fehlern (1972); The Boys from Brazil (1978); Dracula (1979)
Law, Jude (GB)	1972	Gattaca (1997); eXistenZ (1999); Der talentierte Mr. Ripley (1999); Duell - Enemy at the Gates (2001); A.I. Künstliche Intelligenz (2001); Road to Perdition (2002); Unterwegs nach Cold Mountain (2003); Hautnah (2004); Aviator (2004); Das Spiel der Macht (2006); Liebe braucht keine Ferien (2006); Sherlock Holmes (2009); Anna Karenina (2012); Spy (2015)
Lawrence, Jennifer (USA)	1990	Auf brennender Erde (2008); Winter's Bone (2010); X-Men (2011); **Silver Linings** (2012); Tribute von Panem - The Hunger Games (2012+2013); American Hustle (2013); Mockingjay 1+2 (2014+15); Passengers (2016); Red Sparrow (2018)
Ledger, Heath (AUS)	1979-2008	Der Patriot (2000); Die vier Federn (2002); Brokeback Mountain (2005); The Dark Knight (2008)
Lee, Bruce (USA)	1940-1973	Die Todesfaust des Cheng Li (1971); Todesgrüße aus Shanghai (1972); Die Todeskralle schlägt zu (1972)
Lee, Christopher Sir (GB)	1922-2015	Dracula (1958); Der Hund von Baskerville (1959); Die drei Musketiere (1973); Der Mann mit dem goldenen Colt (1974); Herr der Ringe 1-3 (2001-2003); Star Wars: Episode 2+3 (2002/2005); Der goldene Kompass (2007)
Leigh, Janet (USA)	1927-2004	Psycho (1960); Botschafter der Angst (1962); Top Job (1966); The Fog – Nebel des Grauens (1980)
Leigh, Jennifer Jason (USA)	1962	Letzte Ausfahrt Brooklyn (1989); Weiblich, ledig, jung sucht (91); Backdraft (1991); Mrs. Parker & ihr lasterhafter Kreis (1994); eXistenZ (1998); Der Liebesbrief (1998); Der Maschinist (2003); Rag Tale (2005); Margot & die Hochzeit (2007)
Leigh, Vivien (GB)	1913-1967	**Vom Winde verweht** (1939); Anna Karenina (1947); **Endstation Sehnsucht** (1951); Das Narrenschiff (1965)
Lemmon, Jack (USA)	1925-2001	Keine Zeit für Heldentum (1956); Manche mögen´s heiß (1959); Das Appartement (1960); Der Glückspilz (1966); Ein seltsames Paar (1968); Avanti, Avanti (1972); **Save the Tiger** (1973); Extrablatt (1974); Das China-Syndrom (1979); Vermißt (1982); Dad (1989); Die zwölf Geschworenen (1997)
Lewis, Jerry (USA)	1926-2017	Schrecken der Division (1952); Der Agentenschreck (1955); Der verrückte Professor (1963), Der Ladenhüter (1963)
Lewis, Juliette (USA)	1973	Kap der Angst (1991); Irgendwo in Iowa (1993); Natural Born Killers (1994); From Dusk Till Dawn (1996); Jahre der

FILMSTARS (Herkunft)	**LEB-ZEITEN**	**ERFOLGE** (FÜR DIESEN **FILM** GAB'S EINEN OSCAR. ALS **HAUPTDARSTELLER/IN** O. NEBENDARSTELLER/IN)
Li, Jet (VR CHINA)	1963	Lethal Weapon 4 (1998); Kiss of the Dragon (2001); Hero (2002); Fearless (2006); Die Mumie 3 (08) Expendables (2010)
Linney, Laura (USA)	1964	Zwielicht (1996); The Truman Show (1998); You can count on me (2000); Kinsey – Die Wahrheit über Sex (2004); P.S. – Liebe auf Anfang (2004); Der Tintenfisch und der Wal (2005); Die Geschwister Savage (2008); Der Andere (2008)
Liotta, Ray (USA)	1954	Goodfellas (1990); Fatale Begierde (1992); Narc (2002); Identity (2003); Revolver (2005); Crossing over (2009)
Lollobrigida, Gina (IT)	1927	Fanfan, der Husar (1952); Die Schönen der Nacht (52); Schach dem Teufel (53); Der Glöckner von Notre Dame (1956); Trapez (1956); Salomon und die Königin von Saba (59); Die Strohpuppe (64); Fremde Bettgesellen (1965)
Loren, Sophia (IT)	1934	Stolz & Leidenschaft (1957); Hausboot (1958); Die schwarze Orchidee (1959); **Und dennoch leben sie** (1960); Es begann in Neapel (1960); El Cid (1961); Die dritte Dimension (1962); Gestern, heute und morgen (1963); Hochzeit auf italienisch 19(64); Arabeske (1966); Schöne Isabella (1967); Frau des Priesters (70); Prét-à-Porter (1995); Zwischen Fremden (2002); Nine (2009)
MacDowell, Andi (USA)	1958	Green Card (1990); Short Cuts (93); Und täglich grüßt das Murmeltier (93); 4 Hochzeiten und ein Todesfall (1994); Am Ende der Gewalt (1997); Die Muse (1999); Ticket to Love (1999); Heiraten für Fortgeschrittene (2001); Stadt, Land, Kuss (2001)
MacLaine, Shirley (USA)	1934	Immer Ärger mit Harry (1955); In 80 Tagen um die Welt (1956); Das Appartement (1960); Infam (1961); Irma la Douce (1963); **Zeit der Zärtlichkeit** (1983); In den Schuhen meiner Schwester (2005); Closing the ring (2007)
Magnani, Anna (IT)	1908-1973	Rom, offene Stadt (1945); **Die tätowierte Rose** (1955); Wild ist der Wind (1957); Mamma Roma (1962)
Maguire, Tobey (USA)	1975	Eissturm (1997); Pleasantville (1998); Gottes Werk & Teufels Beitrag (1999); Spider-Man I-III (2002-07); Brothers (2009)
Malden, Karl (USA)	1912-2009	Endstation Sehnsucht (1951); Die Faust im Nacken (1954); Baby Doll (1956); Gypsy (1962); Cheyenne (1963); Patton – Rebell in Uniform (1969); Die Straßen von San Francisco TV 1972-1977); Nuts (1987)
Malkovich, John (USA)	1953	The Killing Fields (1984); Tod eines Handlungsreisenden (1985); Gefährliche Liebschaften (1988); In the Line of Fire (1993); Portrait of a Lady (1996); Citizen Kane (1999); Johnny English (2003); Libertine (2004); Klimt (2006); Burn after Reading (2008); Der fremde Sohn (2008); Schande (08); R.E.D. - Älter, Härter, Besser + F.E.D. II (2010+13); Jonah Hex (10); Cesar Chavez (2014)
Marceau, Sophie (F)	1966	La Boum – die Fete (1980); Meine Nächte sind schöner als deine Tage (1989), Braveheart (1995); Anna Karenina (1997); Ein Sommernachtstraum (1999); James Bond: Die Welt ist nicht genug (1999); Anthony Zimmer (2005); LOL (2008); Auf der anderen Seite des Bettes (2008); Don't look back (2009); Cartagena (2009); Vergissmichnicht (2010); Ein Augenblick Liebe (2014)
Martin, Steve (USA)	1945	Tote tragen keine Karos (1982); Solo für zwei (1984); Roxanne (1987); L.A. Story (1991); Vater der Braut (1991); House-sitter (1992); Die unsichtbare Falle (1997); Schlaflos in NY (1999); Der rosarote Panther (2006); 1 Jahr vogelfrei (2011)
Marvin, Lee (USA)	1924-1987	**Cat Ballou** (1965); Das dreckige Dutzend (1967); Westwärts zieht der Wind (1969); Gorky Park (1983)
Marx Brothers (USA)		Chico (1887-1961) + Harpo (1888-1964) + Groucho (1890-1977) + Gummo (1892-1977) + Zeppo (1901-1979) ...auf See (1931), im Krieg (1933), in der Oper (1935); beim Rennen (1937); im Zirkus (1939); im Kaufhaus (1941)

INTERNATIONALE FILM- UND TV-SCHAUSPIELER/INNEN (MA-MO)

FILMSTARS (Herkunft)	**LEB-ZEITEN**	**ERFOLGE** (FÜR DIESEN **FILM** GAB'S EINEN OSCAR. ALS **HAUPTDARSTELLER/IN** O. NEBENDARSTELLER/IN)
Mastroianni, Marcello (IT)	1924-1996	La dolce vita (1960); Scheidung auf Italienisch (1961); Die Nacht (1961); 8 ½ (1962); Gestern, heute und morgen (1963); Das große Fressen (1973); Ginger und Fred (1986); Die Herbstzeitlosen (1992)
Matthau, Walter (USA)	1920-2000	Charade (1963); Der Glückspilz (1966); Ein seltsames Paar (1968); Die Kaktusblüte (1969); Hello, Dolly (1969); Opa kann's nicht lassen (1971); Extra-Blatt (1974); Die Sunny Boys (1975); Ein verrücktes Paar (1993); Tango gefällig? (1997)
McConaughey, Matthew (USA)	1969	Kaffee, Milch und Zucker (1995); Die Jury (1996); Contact (1997); EDtv (1999); Sie waren Helden (2006); Der Mandant (2011); Killer Joe (2011); Paperboy (2012); **Dallas Buyers Club** (2013); Wolf of Wall Street (2013); Interstellar (2014)
McDormand, Fra. (US)	1957	Mississippi Burning (1988); **Fargo** (1996); Paradise Road (1997); Burn after reading (2008); Cheyenne (2011)
McGregor, Ewan (GB)	1971	Trainspotting (1997); Lebe lieber ungewöhnlich (1997); Star Wars: Episode 1, 2 + 3 (1999-05); Moulin Rouge (2001); Black Hawk Down (2001); Big Fish (2003); Die Insel (2005); Cassandras Traum (2007); Illuminati (2009); Amelia (2009); Männer, die auf Ziegen starren (2009); Ghostwriter (2010); Beginners (2010); Lachsfischen im Jemen (2011); The Impossible (2012); Mortdecai (2015)
McQueen, Steve (USA)	1930-1980	Die glorreichen Sieben (1960); Gesprengte Ketten (1963); Cincinnati Kid (1965); Kanonenboot am Yangtse-Kiang (1966); Thomas Crown ist nicht zu fassen (1967); Getaway (1972); Papillon (1973); Flammendes Inferno (1974)
Midler, Bette (USA)	1945	The Rose (1979); Nichts als Ärger mit dem Typ (1987); For the Boys (1991); Gypsy (1993); Club der Teufelinnen (1996)
Mikkelsen, Mads (DK)	1965	King Arthur (2004); Adams Äpfel (2005); Casino Royal (2006); Nach der Hochzeit (2006); Tage des Zorns (2008)
Milland, Ray (GB)	1905-1986	Mein Leben in Luxus (1937); Drei Fremdenlegionäre (1939); **Das verlorene Wochenende** (1945); Bei Anruf Mord (1954)
Mirren, Helen Dame (GB)	1945	Mosquito Coast (1986); Der Koch, Dieb, seine Frau & ihr Liebhaber (89); King George (94); Mütter & Söhne (96); Gosford Park (2002); Kalender Girls (03); Anatomie einer Entführung (2004); **Die Queen** (2006); Eine offene Rechnung (11); Hitchcock (2012)
Mitchum, Robert (USA)	1917-1997	Schlachtgewitter am Monte Cassino (1945); Fluss ohne Wiederkehr (1955); Die Nacht des Jägers (1955); Duell im Atlantik (1957); Der Seemann und die Nonne (1957); Der endlose Horizont (1959); Steiner - das eiserne Kreuz II. (1975)
Monroe, Marilyn (USA)	1926-1962	Asphalt-Dschungel (1950); Alles über Eva (1950); Versuchung auf 809 (1952); Niagara (1953); Blondinen bevorzugt (1953); Wie angelt man sich einen Millionär (1953); Fluss ohne Wiederkehr (1954); Das verflixte 7. Jahr (1955); Bus Stop (1956); Der Prinz und die Tänzerin (1957); Manche mögen's heiß (1959); Machen wir's in Liebe (1960); Misfits: Nicht gesellschaftsfähig (1961)
Montand, Yves (F)	1921-1991	Lohn der Angst (1953); Die Helden sind müde (1955); Hexenjagd (1957); Machen wir's in Liebe (1960); Lieben Sie Brahms? (1961); Meine Geisha (1962); Der Krieg ist vorbei (1966); Z (1969); Vier im roten Kreis (1970); I wie Ikarus (1979)
Moore, Demi (USA)	1962	Ghost (1990); Eine Frage der Ehre (1992); Ein unmoralisches Angebot (1993); Enthüllung (1994); Die Akte Jane (1997); Striptease (1997); Harry außer sich (1998); 3 Engel für Charlie (2003); Flawless (2007); Happy Tears (2009); LOL (2012)
Moore, Julianne (USA)	1960	Jurassic Park (1997); Boogie Nights (1997); The Big Lebowski (1999); Magnolia (1999); Hannibal (2001); The Hours (2002); Dem Himmel so fern (2002); Die Vergessenen (2004); Next (2007); **Still Alice** (2014); Tribute von Panem (2014)

FILMSTARS (Herkunft)	**LEB-ZEITEN**	**ERFOLGE** (FÜR DIESEN **FILM** GAB'S EINEN OSCAR. ALS **HAUPTDARSTELLER/IN** O. NEBENDARSTELLER/IN)
Moreau, Jeanne (F	1928-2017	Fahrstuhl zum Schafott (57); Die Liebenden (1958); Die Nacht (61); Die blonde Sünderin (62); Der Zug (1964); Tagebuch einer Kammerzofe (1964); Viva Maria! (1965); Mademoiselle (1966); Die Braut trug schwarz (68); Die Ausgebufften (73)
Murphy, Eddie (USA)	1961	Nur 48 Stunden (1982); Die Glücksritter (1983); Beverly Hills Cop I-III (1984-94); Metro (1997); Dreamgirls (2006)
Murray, Bill (USA)	1950	Tootsie (1982); Ghostbusters (1984); Die Geister, die ich rief (1988); Ghostbusters II (1989); Was ist mit Bob? (1991); Und täglich grüßt das Murmeltier (1993); 3 Engel für Charlie (2000); Lost in Translation (04), Get smart (08); Zombieland (2009)
Muti, Ornella (IT)	1955	Die letzte Frau (1976); Der gezähmte Widerspenstige (1980); Gib dem Affen Zucker (1981); Casanova (1987)
Myers, Mike (CAN)	1963	Wayne's World (1992); Austin Powers (1997); Studio 54 (1998); Flight Girls (2003); Der Love Guru (2008)
Neal, Patricia (USA)	1926	Ein Gesicht in der Menge (1957); Frühstück bei Tiffany (1961); **Der Wildeste unter Tausend** (1963); Erster Sieg (1965)
Neeson, Liam (GE)	1952	Excalibur (1981); Darkman (1990); Schindlers Liste (1993); Ethan Frome (1993); Nell (1994); Rob Roy (1994); Michael Collins (1996); Das Geisterschloß (1999); Tatsächlich Liebe (2003); Kinsey (2005); 96 Hours (2008); Unknown (2011)
Nero, Franco (IT)	1941	Django (1966); Camelot (1967); Der Tag der Eule (1968); Die gefürchteten Zwei (1968); Wolfsblut (1973); Keoma (1976)
Newman, Paul (USA)	1925-2008	Die Katze auf dem heißen Blechdach (58); Exodus (60); Haie der Großstadt (61); Süßer Vogel Jugend (62); Der Wildeste unter Tausend (63); Immer mit einem andern (64); Der zerrissene Vorhang (66); Der Unbeugsame (67); 2 Banditen (69); Der Clou (73); Flammendes Inferno (74); Schlappschuss (77); Die Sensationsreporterin (81); The Verdict (82); **Die Farbe des Geldes** (86); Der Schattenmacher (89); Nobody's Fool (94); Twilight: Im Zwielicht (98); Ein heißer Coup (2000); Road to Perdition (01)
Nicholson, Jack (USA)	1937	Easy Rider (1969); Das letzte Kommando (1973); Chinatown (1974); **Einer flog übers Kuckucksnest** (1975); Shining (1979); Wenn der Postmann zweimal klingelt (1980); Reds (1981); **Zeit der Zärtlichkeit** (1983); Die Ehre der Prizzis (1985); Die Hexen von Eastwick (1986); Sodbrennen (1986); Wolfsmilch (1987); Batman (1989); Eine Frage der Ehre (1992); **Besser geht's nicht** (1997); About Schmidt (2002); Was das Herz begehrt (2003); Departed (2006); Das Beste kommt zum Schluss (2007); Woher weißt du, dass es Liebe ist (2010)
Nielsen, Leslie (CAN)	1926-2010	Die nackte Pistole (TV 1982); Die nackte Kanone 1-3 (1988/1991/1994); Camouflage (2001)
Niven, David (GB)	1909-1983	Irrtum im Jenseits (1946); In 80 Tagen um die Welt (1956); **Getrennt von Tisch und Bett** (1958); Bonjour Tristesse (1958); Der rosarote Panther (1963); Zwei erfolgreiche Verführer (1964); Casino Royal (1967)
Nolte, Nick (USA)	1941	Nur 48 Stunden (1982); Under Fire (82); Die Aufsässigen (84); Zoff in Beverly Hills (86); Herr der Gezeiten (1991); Kap der Angst (1991); Lorenzos Öl (1992); Nichts als ärger (1974); Nach eigenen Regeln (1996); U-Turn (1997); Der Gejagte (1997); Der Dieb von Monte Carlo (02); Hotel Ruanda (2004); Peaceful Warrior (06); Anklage: Mord (13); Picknick mit Bären (2015)
Norton, Edward (USA)	1969	Zwielicht (1996); American History X (1998); Fight Club (1999); Roter Drache (2002); Das Gesetz der Ehre (2008)
Novak, Kim (USA)	1933	Geliebt in alle Ewigkeit (1956); Pal Joey (1957); Vertigo (1958); Mitten in der Nacht (1959); Küss mich, Dummkopf (1964)

INTERNATIONALE FILM- UND TV-SCHAUSPIELER/INNEN (O-PH)

FILMSTARS (Herkunft)	**LEB-ZEITEN**	**ERFOLGE** (FÜR DIESEN **FILM** GAB'S EINEN OSCAR. ALS **HAUPTDARSTELLER/IN** O. NEBENDARSTELLER/IN)
Oldman, Gary (GB)	1958	JFK (1991); Bram Stoker's Dracula (92); Leon: Der Profi (94); Ludwig van B. (1994); Das 5te Element (1997); Air Force One (1997); Tiptoes (2003); The Dark Knight (2008); Dame, König, As, Spion (2011); The Dark Knight Rises (12); Paranoia (2014)
Ormond, Julia (GB)	1965	Der 1. Ritter (1995); Sabrina (1995); Fräulein Smillas Gespür für Schnee (1997); Unter Kontrolle (2008); Chained (2012)
O'Neal, Ryan (USA)	1941	Love Story (1970); Missouri (1971); Is was, Doc? (1972); Paper Moon (1973); Barry Lyndon (1975); Driver (1978)
O'Toole, Peter (IRL)	1932-2013	Lawrence von Arabien (1962); Becket (1963); Der Löwe im Winter (1968); Der letzte Kaiser (1987); King Ralph (1991)
Owen, Clive (GB)	1964	Bent (1997); Gosford Park (2001); Hautnah (2004); King Arthur (2004); Entgleist (2005); Inside Man (2006); Elizabeth (2007); Shoot Èm Up (2007); The International (2009); Duplicity (2009); Trust (2010); Intruders (2011); Killer Elite (2011)
Pacino, Al (USA)	1940	Der Pate 1 - 3 (1972/1974/1990); Serpico (1973); Hundstage (75); …und Gerechtigkeit für alle (1979); Scarface (1983); Dick Tracy (1990); Frankie & Johnny (1991); **Der Duft der Frauen** (1992); Carlito's Way (1993); Heat (1995); Im Auftrag des Teufels (1997); Donnie Brasco (1997); Insomnia – Schlaflos (2002); Engel in Amerika (TV 2003); Der Kaufmann von Venedig (2004); Das schnelle Geld (2005); 88 Minuten (2007); Kurzer Prozess (08); Jack & Jill (2011); Stand up guys (2012)
Paltrow, Gwyneth (USA)	1972	Sieben (1995); Emma (1996); Ein perfekter Mord (98); **Shakespeare in Love** (1998); Sie liebt ihn, sie liebt ihn nicht (98); Der talentierte Mr. Ripley (99); Bounce – Eine Chance für die Liebe (2000); Schwer verliebt (01); Besessen (02); Sylvia (03); Flight Girls (03); Der Beweis (05); Iron Man I+II+III (2008/10/13); Two Lovers (08); Mortdecai: Der Teilzeitgauner (2015)
Peck, Gregory (USA)	1916-2003	Die Wildnis ruft (1946); Tabu der Gerechten (1947); Der Kommandeur (1949); Des Königs Admiral (1950); Schnee am Kilimandscharo (1952); Ein Herz und eine Krone (1953); Moby Dick (1956); Das letzte Ufer (1959); **Wer die Nachtigall stört** (1962); Ein Köder für die Bestie (1962), Die 27. Etage (1965); Arabeske (1966); Das Omen (1976)
Penn, Sean (USA)	1960	Auf kurze Distanz (1986); Im Vorhof der Hölle (1990); Carlito's Way (93); Dead Man Walking (1995); Alles aus Liebe (1997); The Game (1997); Der schmale Grad (1998); Ich bin Sam (2001); 21 Gramm (03); **Mystic River** (2003); Die Dolmetscherin (2005); Das Spiel der Macht (2006); **Milk** (2009); Fair Game (10); Tree of Life (2011); Cheyenne (2011); The Gunman (2015)
Perkins, Anthony (USA)	1932-1992	Lockende Versuchung (1956); Psycho (1960); Lieben Sie Brahms? (1961); Der Prozeß (1962); Die Dritte Dimension (1962); Der Engel mit der Mörderhand (1967); Das war Roy Bean (1972); Psycho 2 - 4 (1983-1990)
Pesci, Joe (USA)	1943	Wie ein wilder Stier (1980); Es war einmal in Amerika (1984); Brennpunkt L.A. (89); Good Fellas (1990); Kevin - Allein zu Haus (1990); Jimmy Hollywood (1994); Casino (1995); Leathal Weapon 2, 3 & 4 (1989, 1992, 1998); Love Ranch (2010)
Pfeiffer, Michelle (USA)	1957	Scarface (1983); Tequila Sunrise (1988); Gefährliche Liebschaften (88); Die fabelhaften Baker Boys (89); Love Field (1992); Zeit der Unschuld (1993); Tage wie dieser (1996); Aus nächster Nähe (1996); Ein Sommernachtstraum (1999); Schatten der Wahrheit (2000); Weißer Oleander (2002); Hauptsache verliebt (2007); Chéri (09); Dark Shadows (2012); Malavita (2013)
Phoenix, Joaquin (US)	1974	8 mm (1999); Gladiator (2000); Signs (2002); The Village (2004); Walk the Line (2005); Master (2012); Her (2013)

FILMSTARS (Herkunft)	**LEB-ZEITEN**	**ERFOLGE** (FÜR DIESEN **FILM** GAB'S EINEN OSCAR. ALS **HAUPTDARSTELLER/IN** O. NEBENDARSTELLER/IN)
Phoenix, River (USA)	1970-1993	Explorers (1986); Stand by Me (1986); Little Nikita (1988); My Private Idaho (1991); Schweigende Zungen (1994)
Pitt, Brad (USA)	1963	Thelma & Louise (1991); Aus der Mitte entspringt ein Fluss (1992); Legenden der Leidenschaft (94); Interview mit einem Vampir (1994);12 Monkeys (95), Sieben (95), Sleepers (1997); Vertrauter Feind (97); 7 Jahre in Tibet (1997); Rendezvous mit Joe Black (1998); Fight Club (99); Snatch (2000); Ocean´s 11,12,13 (2001-07); Troja (2004); Babel (2006); Der seltsame Fall des Benjamin Button (08); Inglourious Basterds (2009); Moneyball (2011); Killing them softly (12); By the sea (2015)
Poitier, Sidney (USA)	1927	Flucht in Ketten (1958); Porgy and Bess (1959); Ein Fleck in der Sonne (1961); **Lilien auf dem Felde** (1963); Träumende Lippen (1965); Rate mal, wer zum Essen kommt (1967); In der Hitze der Nacht (1967); Little Nikita (1988); Sneakers (1992)
Pollak, Kevin (USA)	1957	Die üblichen Verdächtigen (1995); Hausarrest (1996); Outside Ozona (1998); Deterrence (1999); Entführt (2005)
Portman, Natalie (ISR)	1981	Leon – der Profi (1993); Überall, nur nicht hier (1999); Star Wars: Episode 1 - 3 (1999-2005); Unterwegs nach Cold Mountain (2004); Hautnah (2004); Free Zone (2005); V wie Vendetta (2006); Brothers (2009); **Black Swan** (2010); Thor (2011)
Price, Vincent (USA)	1911-1993	Laura (1944); Das Kabinett des Prof. Bondi (1953); Die Fliege (1958); Der Untergang des Hauses Usher (1960); Der Rabe (1963); Ruhe Sanft GmbH (1963); Theater des Grauens (1973); Edward mit den Scherenhänden (1990)
Quaid, Dennis (USA)	1954	Enemy Mine: Geliebter Feind (1985); Die Reise ins Ich (87); Dragonheart (96); Frequency (2000); Dem Himmel so fern (02); The Day after Tomorrow (2004); Alamo (2004); Reine Chefsache (2004) 8 Blickwinkel (2008); Der Dieb der Worte (2012)
Quinn, Anthony (IRL/ USA)	1915-2001	Sindbad (1947); Viva Zapata! (1952); La Strada (1954); Vincent van Gogh (1956); Der Glöckner von Notre Dame (1956); König der Freibeuter (1958); Lawrence von Arabien (1962); Alexis Sorbas (1964); Dem Himmel so nah (1995)
Radcliffe, Daniel (GB)	1989	Harry Potter und …der Stein der Weisen (2001); …die Kammer des Schreckens (2002); …der Gefangene von Askaban (2004); …der Feuerkelch (2005); …der Orden des Phönix (2007); …der Halbblutprinz (2009); Kill Your Darlings (13)
Rampling, Charlotte (GB)	1946	Fahr zur Hölle, Liebling (1975); The Verdict (1982); Angel Heart (1987); Unter dem Sand (2000); Swimming Pool (2003)
Redford, Robert (USA)	1937	Zwei Banditen (1969); Der Clou (73); Die 3 Tage des Condor (75); Die Unbestechlichen (76); Brubaker (80); Der Unbeugsame (1984); Jenseits von Afrika (1985); Staatsanwälte küsst man nicht (1986); Havanna (1990); Sneakers (1992); Das unmoralische Angebot (93); Der Pferdeflüsterer (1998); Die letzte Festung (2001); Spy Game (01); Anatomie einer Entführung (2004); Ein ungezähmtes Leben (2005); Von Löwen und Lämmern (2007); All is lost (2013); Picknick mit Bären (2015)
Redgrave, Vanessa (GB)	1937	Blow Up (1966); Protest (66); Camelot (1967); Isadora (68); Maria Stuart (71); Julia (1977); Die Dame aus Boston (1984); Wiedersehen in Howards End (92); Ein Sommer am See (95); Women Love Women (2000); Ein Job (08); Anonymus (2011)
Reeve, Christopher (US)	1952-2004	Superman 1-4 (1978-87); Die Damen aus Boston (1984); Glitzernder Asphalt (1987); Was vom Tage übrig blieb (1993)
Reeves, Keanu (LIB/ CAN)	1964	Gefährliche Liebschaften (88); Gefährliche Brandung (1991); My Private Idaho (91); Little Buddha (93); Speed (94); Dem Himmel so nah (1995); Vernetzt (1995); Im Auftrag des Teufels (97); Matrix (1999); Matrix Reloaded (02); Was das Herz begehrt (2003); Das Haus am See (06); Street Kings (2008); Der Tag an dem die Erde stillstand (08); Knock Knock (2015)

INTERNATIONALE FILM- UND TV-SCHAUSPIELER/INNEN (RE-RY)

FILMSTARS (Herkunft)	**LEB-ZEITEN**	**ERFOLGE** (FÜR DIESEN **FILM** GAB'S EINEN OSCAR. ALS **HAUPTDARSTELLER/IN** O. NEBENDARSTELLER/IN)
Reno, Jean (F)	1948	Im Rausch der Tiefe (1988); Leon: Der Profi (1994); Rosannas letzter Wille (96); Godzilla (1998); Ronin (1998); Die purpurnen Flüsse (2000); Wasabi (2001); Jet Lag (2002); Ca$h (2008); Armored (2009); 22 Bullets (2010); Kinder von Paris (2010)
Reynolds, Burt (USA)	1936	Beim Sterben ist jeder der erste (72); Die härteste Meile (1974); Ein ausgekochtes Schlitzohr (77); Boogie Nights (1997)
Richard, Pierre (F)	1934	Der große Blonde mit dem schwarzen Schuh (1972); Das Spielzeug (1976); Ein Tollpatsch kommt selten allein (1981)
Rickman, Alan (GB)	1946-2016	Stirb langsam (1988); Sinn und Sinnlichkeit (1995); Rasputin (1996); Judas Kiss (1998); Dogma (1999); Harry Potter 1-6 (2001-09); Über kurz oder lang (2001); Ein Werk Gottes (2004); Snow Cake (2005); Das Parfum (2006); Nobel Son (2007)
Rourke, Mickey (USA)	1954	American Diner (1982); Rumble Fish (1983); Im Jahr des Drachen (1985); 9 ½ Wochen (1986); Angel Heart (1986); Auf den Schwingen des Todes (1987); Barfly (1987); Sin City (2005); The Wrestler (2008); The Informers (2009); 13 (2010)
Robards, Jason (USA)	1922-2000	Tausend Clowns (1965); Spiel mir das Lied vom Tod (1968); Abgerechnet wird zum Schluss (70); Die Unbestechlichen (1976); Julia (1977); Melvin und Howard (1980); The Day After (1983); Black Rainbow (1989); Magnolia (1999)
Robbins, Tim (USA)	1958	Cadillac Man (1990); The Player (1992); Die Verurteilten (1994); I.Q. - Liebe ist relativ (94); Nix zu verlieren (97); Arlington Road (1999); Mystic River (2003); Code 46 (03); Krieg der Welten (05); Catch a Fire (06); Noise (07); A perfect Day (2015);
Roberts, Julia (USA)	1967	Flatliners (1990), Pretty Woman (1990), Der Feind in meinem Bett (1991), Die Akte (1993), Pret-à-Porter (1994), Die Hochzeit meines besten Freundes (1997), Fletcher's Visionen (1997), Notting Hill (1999), Die Braut, die sich nicht traut (1999), **Erin Brockovich** (2000), Ocean's 11 + 12 (2001/04); Hautnah (2004); Eat Pray Love (2010); Larry Crowne (2011)
Robertson, Cliff (USA)	1925-2011	Herbststürme (1956); Der Kandidat (1964); **Charly** (1968); Die 3 Tage des Condor (1975); Spider-Man 1 - 3 (2002-07)
Rogers, Ginger (USA)	1911-1995	Tanz mit mir (1934); Roberta (1935); Bühneneingang (1937); Die Findelmutter (1939); **Fräulein Kitty** (1940); Glückspilze (1940); Sechs Schicksale (1942); Die wunderbare Puppe (1946); Die Tänzer vom Broadway (1950); Liebling, ich werde jünger (1952); Wir sind gar nicht verheiratet (1952); Heirate mich, Gauner (1964)
Rossellini, Isabella (IT)	1952	Blue Velvet (1986); Der Tod steht ihr gut (1992); Fearless (1993); Kalmans Geheimnis (1998); Two Lovers (2008)
Russell, Kurt (USA)	1951	Die Klapperschlange (1980); Das Ding aus einer anderen Welt (82); Tequila Sunrise (89); Backdraft (91); Fatale Begierde (1992); Flucht aus L.A. (1996); Vanilla Sky (2001); Dark Blue (02); Death Proof: Todsicher (2007); The Hateful Eight (2015)
Russo, Rene (USA)	1954	Lethal Weapon 3 + 4 (1992+98); In the Line of Fire (1993); Outbreak (1995); Schnappt Shorty (1995); Kopfgeld (1996); Tin Cup (1996); Thomas Crown Affäre (1999); Das schnelle Geld (2005); Deine, Meine & Unsere (2005); Nightcrawler (2014)
Ryan, Meg (USA)	1961	Top Gun (1986); Harry und Sally (1989); Schlaflos in Seattle (1993); I.Q. - Liebe ist relativ (1994); French Kiss (1995); Stadt der Engel (1998); E-M@il für Dich (1998); Aufgelegt (2000); Kate & Leopold (2001); In the Cut (2003); Deal (2008)
Ryder, Winona (USA)	1971	Meerjungfrauen küssen besser (1990); Night on Earth (1991); Das Geisterhaus (1993); Zeit der Unschuld (1993); Reality Bites (1994); Betty und ihre Schwestern (1994); Alien 2 (1997); Durchgeknallt (99); The last Word (08); Homefront (2013)

FILMSTARS (Herkunft)	LEB-ZEITEN	**ERFOLGE** (FÜR DIESEN **FILM** GAB'S EINEN OSCAR. ALS **HAUPTDARSTELLER/IN** O. NEBENDARSTELLER/IN)
Sandler, Adam (USA)	1966	Happy Gilmore (1996); Waterboy (1998); Punch-Drunk Love (2003); Spanglish (2004); Bedtime Stories (2008)
Sarandon, Susan (USA)	1946	Extrablatt (1974); Atlantic City, USA (1980); Begierde (1983); Die Hexen von Eastwick (1987); Annies Männer (1988); Frühstück bei ihr (90); Thelma & Louise (1991); Lorenzos Öl (1992); Der Klient (1994); **Dead Man Walking** (1995); Seite an Seite (1998); Igby (2002); Noel (2004); Alfie (2004); Bernard and Doris (2007); Zeit der Trauer (2009); Arbitrage (2012)
Schwarzenegger, Arnold (AUT)	1947	Terminator 1 - 3 (1984/1991/2003); Predator (1987); Twins (1988); Red Heat (1988); Der Kindergarten-Cop (1990); Total Recall (1990); Last Action Hero (1993); Junior (1994); True Lies (1994); End of Days (1999); The 6th Day (2000)
Scofield, Paul (GB)	1922-2008	Der Zug (1964); **Ein Mann zu jeder Jahreszeit** (1966); Scorpio (1973); Quiz Show (1994); Hexenjagd (1996)
Scott, George C. (USA)	1927-1999	Anatomie eines Mordes (1959); **Patton – Rebell in Uniform** (1970); Charles Dickens' Weihnachtsgeschichte (1984)
Scott-Thomas, Kr. (GB)	1960	Der englische Patient (1996); Der Pferdeflüsterer (1998); Gosford Park (2001); So viele Jahre liebe ich dich (2008); Die Affäre (2009); Sarahs Schlüssel (2010); In ihrem Haus (2012); Only God Forgives (2013); Suite française (2015)
Selleck, Tom (USA)	1945	162 x Magnum (TV 1980-1988); Quigley der Australier (1991); Pick Up (1996); In & Out (1997); Die Nominierung (2000)
Sellers, Peter (GB)	1925-1980	Der rosarote Panther (1963); Dr. Seltsam oder wie ich lernte die Bombe zu lieben (1964); Ein Schuss im Dunkeln (1964); Was gibt's Neues, Pussy (1965); Der Partyschreck (1968); Willkommen Mr. Chance (1979)
Sharif, Omar (ÄGY)	1932-2015	Lawrence von Arabien (1962); Doktor Schiwago (65); Funny Girl (68); Che! (1968); 18 Stunden bis zur Ewigkeit (1974)
Shatner, William (CAN)	1931	79 x Raumschiff Enterprise (TV 1966-69); Star Trek (TV 1979-91); American Psycho 2 (2002); Boston Legal (TV 2004-08)
Shearer, Norma (USA)	1902-1983	**Die Frau für alle** (1930); Der Tyrann (1934); Romeo und Julia (1936); Marie Antoinette (1939); Die Frauen (1939)
Sheen, Charlie (USA)	1965	Platoon (86); Wall Street (87); Young Guns (88); Hot Shots (91); Chaos City (TV 1996-02); Two & A Half Men (TV seit 05)
Sheen, Martin (USA)	1940	Apocalypse Now (1979); Der letzte Countdown (1980); Das Ritual (1987); Wall Street (1987); Gettysburg (1993)
Sinatra, Frank (USA)	1915-1998	Verdammt in alle Ewigkeit (1953); Die oberen Zehntausend (1956); Pal Joey (1957); Der Schnüffler (1967)
Slater, Christian (USA)	1942	True Romance (1993); Interview mit einem Vampir (94); Broken Arrow (1996); Hard Rain (98); Amok (07); El Gringo (2012)
Smith, Dame Maggie (GB)	1934	**Die besten Jahre der Miss Jean Brodie** (1969); Reisen mit meiner Tante (1972); Eine Leiche zum Dessert (1976); Das verrückte California-Hotel (1978); Zimmer mit Aussicht (85); Gosford Park (2001); Harry Potter 1-6 (01-07); Quartett (2012)
Smith, Will (USA)	1968	Independence Day (96); Men in Black (97); Staatsfeind Nr. 1 (1998); Wild Wild West (99); Die Legende von Bagger Vance (2000); Ali (2001); Das Streben nach Glück (2006); I am Legend (2007); Sieben Leben (08); After Earth (13); Focus (2015)
Snipes, Wesley (USA)	1962	Weiße Jungs bringen´s nicht (1992); Passagier 57 (1992); One Night Stand (1998); Blade (1998); Auf der Jagd (1998)

INTERNATIONALE FILM- UND TV-SCHAUSPIELER/INNEN (SP-SY)

FILMSTARS (Herkunft)	**LEB-ZEITEN**	**ERFOLGE** (FÜR DIESEN **FILM** GAB'S EINEN OSCAR. ALS **HAUPTDARSTELLER/IN** O. NEBENDARSTELLER/IN)
Spacek, Sissy (USA)	1949	**Nashville Lady** (1980); Vermißt (1982); Menschen am Fluß (1984); Verbrecherische Herzen (1986); Der lange Weg (1990); Die Grasharfe (1995); The Straight Story (1999); In the Bedroom (2001); Der Fluch der Betsy Bell (2005)
Spacey, Kevin (USA)	1959	Die üblichen Verdächtigen (1995); Sieben (95); L.A. Confidential (97); Verhandlungssache (1998); **American Beauty** (00); Das Glücksprinzip (2000); Das Leben des David Gale (03); Beyond the Sea (04); Edison (2005); 21 (08); Casino Jack (2010)
Statham, Jason (GB)	1972	Bube, Dame, König, Gras (1998); Italian Job (2003); Final Call (2004); Transporter 1 - 3 (2003-08); Crank 1 + 2 (2006/09)
Stallone, Sylvester (USA)	1946	Rocky I-V (1976/79/82/85/90); Rambo I-III. (1982-1988); Cliffhanger (1993); Demolition Man (1993); Cop Land (1997)
Stanwyck, Barbara (USA)	1907-1990	Die Falschspielerin (1941); Frau ohne Gewissen (1944); Die zwei Mrs. Carrolls (1947); Du lebst noch 105 Minuten (1948); Strafsache Thelma Jordan (1950); Untergang der Titanic (1953); 40 Gewehre (1957); Die Dornenvögel (1983)
Steiger, Rod (USA)	1925-2002	Der Pfandleiher (1964); **In der Hitze der Nacht** (1966); Die Unschuldigen mit den schmutzigen Händen (1975)
Stewart, James (USA)	1908-1997	Mr. Smith geht nach Washington (1939); **Die Nacht vor der Hochzeit** (1940); Ist das Leben nicht schön? (1946); Cocktail für eine Leiche (1948); Das Fenster zum Hof (1954); Der Mann aus Laramie (1955); Der Mann, der zuviel wußte (1956); Vertigo (1958); Der Mann, der Liberty Valance erschoss (1962); Mr. Hobbs macht Ferien (1962); Bandolero (1968)
Stiller, Ben (USA)	1965	Verrückt nach Mary (98); Meine Braut, ihr Vater & ich (2000); Nachts im Museum 1+2 (2006+09); Gefühlt Mitte 20 (2014)
Streep, Meryl (USA)	1949	Die durch die Hölle gehen (1978); Kramer gegen Kramer (1979); **Sophies Entscheidung** (1982); Silkwood (83); Jenseits von Afrika (1985); Wolfsmilch (87); Der Tod steht ihr gut (1992); Die Brücken am Fluss (1995); Adaption (2002); Der Teufel trägt Prada (2006); Wenn Liebe so einfach wäre (09); Julia & Julia (2009); **Die Eiserne Lady** (2011); Suffragette (2015)
Streisand, Barbra (USA)	1942	**Funny Girl** (1968); Hello, Dolly (1969); Is was, Doc? (1972); So wie wir waren (1973); Cherie Bitter (1973); Funny Lady (1975); Yentl (1983); Nuts (1987); Herr der Gezeiten (1991); Liebe hat zwei Gesichter (1996); Unterwegs mit Mum (2012)
Stone, Emma (USA)	1988	Zombieland (2009); Einfach zu haben (2010); The Help (2011); Crazy, Stupid, Love (12); Birdman (14); **La La Land** (2017)
Stone, Sharon (USA)	1958	Basic Instinct (1992); Casino (1995); The Mighty (1998); Die Muse (1999); Simpatico (1999); Gloria (99); Lovelace (2013)
Sutherland, Don. (CAN)	1935	M*A*S*H (1970); Wenn die Gondeln Trauer tragen (1973); Tag der Heuschrecke (1975); Die Nadel (81); Citizen X (1995)
Sutherland, Kief. (CAN)	1966	Flatliners (90); Spurlos (93); Freeway (96); 157 x„24" (TV 2001-10); Ring of Fire (01); Nicht auflegen (02); Mirrors (2008)
Swank, Hilary (USA)	1974	**Boys don't cry** (1999); The Core (2003); **Million Dollar Baby** (2004); The Black Dahlia (06); P.S. Ich liebe dich (2007)
Swayze, Patrick (USA)	1952-2009	Dirty Dancing (1987); Road House (1989); Ghost (1990); Gefährliche Brandung (1991); To Wong Foo (1995); Jump! (2008)
Sydow, Max von (SWE)	1929	Das siebente Siegel (1957); Das Gesicht (1958); Die größte Geschichte aller Zeiten (1965); Schande (1968); Der Exorzist (1973); Der Steppenwolf (1974); Flash Gordon (1980); Sag niemals nie (1983); Minority Report (02); Shutter Island (2010)

FILMSTARS (Herkunft)	**LEB-ZEITEN**	**ERFOLGE** (FÜR DIESEN **FILM** GAB'S EINEN OSCAR. ALS **<u>HAUPTDARSTELLER/IN</u>** O. <u>NEBENDARSTELLER/IN</u>)
Tandy, Jessica (GB)	1909-1994	Das siebte Kreuz (1944); Die Vögel (1963); Das Wunder in der 8. Straße (1987); **<u>Miss Daisy und ihr Chauffeur</u>** (1989); Grüne Tomaten (1991); Die Herbstzeitlosen (1992); Nobody's Fool (1994)
Tautou, Audrey (F)	1978	Die fabelhafte Welt der Amelie (2001); L'auberge espagnole (2002); Happy End (03); Mathilde - Eine große Liebe (2004); Da Vinci Code (2006); Liebe um jeden Preis (2006); Zusammen ist man weniger allein (2007); Coco Chanel (09); Thérèse (2012)
Taylor, Elizabeth (GB/ USA)	1932-2011	Wirbel um Judy (1948); Vater der Braut (50); Ein Geschenk des Himmels (51); Ein Platz an der Sonne (51); Giganten (56); Das Land des Regenbaums (57); Die Katze auf dem heißen Blechdach (58); Plötzlich im letzten Sommer (1959); **<u>Telefon Butterfield 8</u>** (1960); Cleopatra (63); **<u>Wer hat Angst vor Virginia Woolf?</u>** (67); Brandung (68); Mord im Spiegel (1980)
Taylor, Rod (AUS)	1930-2015	Die Zeitmaschine (60); Die Vögel (63); Spion in Spitzenhöschen (66); 36 Stunden (65); Chuka (67); Zabriskie Point (1970)
Theron, Charlize (RSA)	1975	Im Auftrag des Teufels (1997); 24 Stunden Angst (2002); **<u>Monster</u>** (2003); The Italien Job (2003); Kaltes Land (2005); Im Tal von Elah (2008); Auf brennender Erde (2008); Young Adult (2011); Prometheus (12); Mad Max: Fury Road (2015)
Thompson, Emma (GB)	1959	**<u>Wiedersehen in Howards End</u>** (1992); Was vom Tage übrig blieb (93); Viel Lärm um Nichts (93); Im Namen des Vaters (1993); Junior (1994); Sinn & Sinnlichkeit (95); Mit aller Macht (1998); Saving Mr. Banks (2013); Picknick mit Bären (2015)
Thurman, Uma (USA)	1970	Pulp Fiction (1994); Gattaca (97); Hystercial Blindness (TV 2002); Paycheck (2003); Kill Bill 1+2 (2003+04); Bel Ami (2012)
Tracy, Spencer (USA)	1900-1967	San Francisco (1936); **<u>Manuel</u>** (1937); **<u>Teufelskerle</u>** (1938); Die Frau von der man spricht (1941); Der beste Mann (1948); Ehekrieg (1949); Vater der Braut (1950); Ein Geschenk des Himmels (1951); Stadt in Angst (1955); Die Frau, die alles weiß (1957); Das Urteil von Nürnberg (1961); Rate mal, wer zum Essen kommt (1967)
Travolta, John (USA)	1954	Saturday Night Fever (1977); Grease (78); Kuck mal wer da spricht (89); Pulp Fiction (94); Schnappt Shorty (95); Im Körper des Feindes (1997); Der schmale Grat (1998); Passwort: Swordfish (2001); The Punisher (2004); Criminal Activities (2015)
Trintignant, Jean-Louis (F)	1930	Und immer lockt das Weib (1956); Ein Mann und eine Frau (1966); Leichen pflastern seinen Weg (1968); Z (1969); Der große Irrtum (1970); Le Train (1973); Auf Liebe und Tod (1983); Drei Farben: Rot (1994); Fiesta (1995); Liebe (2012)
Turner, Kathleen (USA)	1954	Heißblütig – Kaltblütig (1981); Jagd nach dem grünen Diamanten (84); Die Ehre der Prizzis (85); Peggy Sue hat geheiratet (1986); Die Reisen des Mr. Leary (1988); Der Rosenkrieg (1989); Das Kartenhaus (1993); Virgin Suicides (99)
Tyler, Liv (USA)	1977	Armageddon (98); Herr der Ringe 1-3 (2001-03); Strangers (08); Der unglaubliche Hulk (08); Jamie Marks is dead (2014)
Ustinov, Sir Peter (GB)	1921-2004	Quo Vadis? (1951); Wir sind keine Engel (1955); <u>Spartacus</u> (1960); Die Verdammten der Meere (1961); <u>Topkapi</u> (1964); Das Millionending (1968); Tod auf dem Nil (1974); Rendezvous mit einer Leiche (1987); Lorenzos Öl (1992)
Van Damme, J. Cl. (B)	1961	Leon (1990); Universal Soldier 1 + 2 (1992/1999); Ohne Ausweg (1993); Der Legionär (1999); Replicant (2001)
Ventura, Lino (IT)	1919-1987	Clan der Sizilianer (1969); Die Filzlaus (1973); Adieu, Bulle (1975); Die Macht und ihr Preis (1976); Das Verhör (1981)
Vaughn, Vince (USA)	1970	Swingers (1996); Voll auf die Nüsse (2004); Trennung mit Hindernissen (06); Into the wild (07); Dickste Freunde (2011)

INTERNATIONALE FILM- UND TV-SCHAUSPIELER/INNEN (W-Z)

FILMSTARS (Herkunft)	**LEB-ZEITEN**	**ERFOLGE** (FÜR DIESEN **FILM** GAB'S EINEN OSCAR. ALS **HAUPTDARSTELLER/IN** O. NEBENDARSTELLER/IN)
Walken, Christopher (USA)	1943	Die durch die Hölle gehen (1978); Heaven's Gate (1980); Auf kurze Distanz (86); God's Army 1-3 (1995-00); Wild Side (1995); Sein letzter Coup (2000); Catch me if you can (2002); Klick (2006); Man of the Year (06); Eddie the Eagle (2016)
Waltz, Christoph (AUT)	1956	Die Roy Black Story (96); Inglourious Basterds (09); Wasser für die Elefanten (11) Django Unchained (12); Spectre (2015)
Washington, Denzel (USA)	1954	Glory (1989); Malcolm X (1992); Philadelphia (1993); Die Akte (1993); Ausnahmezustand (1998); Hurricane (1999); Der Knochenjäger (1999); **Training Day** (2001); Inside Man (06); American Gangster (07); Fligth (2012); The Equalizer (2014)
Watts, Naomi (GB)	1968	Zerbrechliches Glück (1996); Mulholland Drive (2001); The Ring 1+2 (2002/05); 21 Gramm (2003); King Kong (2005)
Wayne, John (USA)	1907-1979	Piraten im karibischen Meer (1942); Red River (1948); Bis zum letzten Mann (1948); Rio Grande (1950); Der Sieger (1952); Der schwarze Falke (1956); Rio Bravo (1959); Der letzte Befehl (1959); Alamo (1960); Comancheros (1961); Der Mann, der Liberty Valance erschoss (1962); Hatari! (1962); El Dorado (1966); Die Gewaltigen (1967); **Der Marshal** (1969)
Weaver, Sigourney (USA)	1949	Alien 1-4 (1979-1997); Gorillas im Nebel (88); Der Tod und das Mädchen (1994); Der Eissturm (1997); Avatar (2009)
Weisz, Rachel (GB)	1971	Die Mumie 1+2 (1999+01); Duell: Enemy at the Gates (2000); Der ewige Gärtner (05); Constantine (05); The Lobster (2015)
Welch, Raquel (USA)	1940	Die phantastische Reise (1966); 100 Gewehre (1968); Blaubart (1972); Die drei Musketiere (1973); Ein irrer Typ (1977)
Williams, Robin (USA)	1951-2014	Good Morning, Vietnam (1987); Der Club der toten Dichter (1989); Zeit des Erwachens (1990); König der Fischer (1991); Hook (1991); Toys (1992); Mrs. Doubtfire (1993); Jumanji (1995); Jack (1996); Good Will Hunting (1997); One Hour Photo (2002); Final Cut (2004); Robert Altman's last Radio Show (2006); Nachts im Museum I, II + III (2006-09)
Willis, Bruce (USA)	1955	Stirb langsam 1-5 (1987/90/95/07/13); Fegefeuer der Eitelkeiten (1990); Pulp Fiction (1994); 12 Monkeys (1995); Last Man Standing (96); Das fünfte Element (97); Der Schakal (97); Armageddon (1998); Ausnahmezustand (98); Das Mercury Puzzle (1998); An deiner Seite (1999); The Sixth Sense (1999); Unbreakable (2000); Sin City (2005); R.E.D. 2 (2013); Vice (2015)
Winslet, Kate (GB)	1975	Sinn & Sinnlichkeit (1995); Herzen im Aufruhr (96); Hamlet (96); Titanic (1997); Leben des David Gale (03); Vergiss mein nicht! (04); Das Spiel der Macht (06); **Der Vorleser** (2008); Zeiten des Aufruhrs (08); Labor Day (13); Steve Jobs (2015)
Witherspoon, Reese (US)	1976	Election (1999); Natürlich blond 1+2 (2001+03); Vanity Fair (2004); **Walk the Line** (2005); Machtlos (2007); Mud (2012)
Wood, Natalie (USA)	1938-1981	...denn sie wissen nicht, was sie tun (1955); West Side Story (1961); Fieber im Blut (1961); Projekt Brainstorm (1983)
Woodward, Joanne (US)	1930	**Eva mit den 3 Gesichtern** (1957); Die Liebe eines Sommers (1968); Die Glasmenagerie (1986); Mr. & Mrs. Bridge (1990)
Wyman, Jane (USA)	1917-2007	Die Wildnis ruft (1946); **Schweigende Lippen** (1948); Herz einer Mutter (1951); 227 x Falcon Crest (TV 1981-1990)
Yeoh, Michelle (MAL)	1963	007 – Der Morgen stirbt nie (1997); Tiger & Dragon (2000); Die Geisha (2005); Babylon A.D. (2008); The Lady (2011)
Zellweger, Renée (US)	1969	Bridget Jones Diary (2001); Chicago (2002); Unterwegs nach Cold Mountain (2003); Miss Potter (2006); Fall 39 (2009)
Zeta-Jones, Cath. (GB)	1969	Die Maske des Zorros (1998); Das Geisterschloß (1999); Traffic (2000); Chicago (2002); Terminal (2004); Broken City (2013)

REGISSEURE (Herkunft)	**LEB-ZEITEN**	**ERFOLGE** (FÜR DIESEN **FILM** GAB'S EINEN OSCAR. FÜR **BESTE REGIE** ODER FREMDSPRACHIGER FILM)
Abrams, J. J. (USA)	1966	Mission: Impossible III (2006); Star Trek (2009); Super 8 (2011); Star Wars: Das Erwachen der Macht (2015)
Aldrich, Robert (USA)	1918-1983	Vera Cruz (1954); Rattennest (1955); Ardennen 1944 (1956); Was geschah wirklich mit Baby Jane? (1962); Wiegenlied für eine Leiche (1964); Der Flug des Phönix (1965); Das dreckige Dutzend (1967); Das Ultimatum (1977)
Allen, Woody (USA)	1935	Mach's noch einmal Sam (1972) Was Sie schon immer über Sex wissen wollten (1972); **Der Stadtneurotiker** (1977); Manhattan (1979); Zelig (83); Hannah & ihre Schwestern (86); Verbrechen & andere Kleinigkeiten (1989), Ehemänner & Ehefrauen (1992); Sweet and Lowdown (1999); Vicky Cristina Barcelona (2008); Midnight in Paris (2011); To Rome with Love (2012); Blue Jasmine (2013); Plötzlich Gigolo (2014); Magic in the Moonlight (2014); Irrational Man (2015)
Almodóvar, Pedro (E)	1949	Labyrinth der Leidenschaften (1982); Frauen am Rande des Nervenzusammenbruchs (88); Fessle mich! (1990); Alles über mein Mutter (99); Sprich mit ihr (02); Volver (2006); Die Haut, in der ich wohne (2011); Fliegende Liebende (2013)
Altman, Robert (USA)	1925-2006	M.A.S.H. (1970); Der Tod kennt keine Wiederkehr (1973); Nashville (1975); Eine Hochzeit (78); Quintett (79); The Player (1992); Short Cuts (93); Prêt-à-Porter (94); Kansas City (96); Gosford Park (01); Robert Altman's Last Radio Show (2006);
Anderson, Paul Th. (USA)	1970	Last Exit Reno (1996); Boogie Nights (1997); Magnolia (1999); Punch-Drunk Love (2002); There will be blood (2007); The Master (2012); Inherent Vice – Natürliche Mängel (2014)
Antonioni, Michelan. (IT)	1912-2007	Der Schrei (1957); Die Nacht (1961); Liebe 1962 (62); Die rote Wüste (1964); Blow Up (1966); Beruf: Reporter (1975)
Apted, Michael (GB)	1941	Nashville Lady (1980); Zwei wie Katz und Maus (1981); Gorky Park (1983); Gorillas im Nebel (1988); Halbblut (1992); Nell (1994); Die Welt ist nicht genug (1999); Enigma – das Geheimnis (2001); Amazing Grace (2006); Mavericks (2012)
Armstrong, Gillian (AUS)	1950	Betty und ihre Schwestern (1994); Oscar & Lucinda (1997); Liebe d. Charlotte Grey (2001); Tödliche Magie (2007)
Ashby, Hal (USA)	1929-1988	Der Hausbesitzer (1970); Harold und Maude (1971); Das letzte Kommando (1973); Shampoo (1975); Dieses Land ist mein Land (1976); Coming Home (1977); Willkommen Mr. Chance (1979); 8 Millionen Wege zu sterben (1986)
Attenborough, R. (GB)	1923-2014	Brücke von Arnheim (1977); **Gandhi** (1982); A Chorus Line (1985); Schrei nach Freiheit (1987); Closing the Ring (2007)
Avildsen, John G. (USA)	1935	Save the Tiger (1973); **Rocky** (1976); Karate Kid 1-3 (1984, 86, 89); Im Glanz der Sonne (1992); Inferno (1999)
Bay, Michael (USA)	1965	Bad Boys (1995); The Rock (96); Armageddon (1998); Pearl Harbor (2001); Die Insel (05); Transformers 1-4 (2006-2014)
Beatty, Warren (USA)	1937	Der Himmel soll warten (1978); **Reds** (1981); Dick Tracy (1990); Bulworth (1998); Regeln spielen keine Rolle (2016)
Benigni, Roberto (IT)	1952	Ein himmlischer Teufel (1988); Das Leben ist schön (1997); Pinocchio (2002); Der Tiger und der Schnee (2005)
Benton, Robert (USA)	1932	**Kramer gegen Kramer** (1979); Ein Platz im Herzen (1984); Billy Bathgate (91); Nobody's Fool (94); Zwielicht (1998)
Bergman, Ingmar (SWE)	1918-2007	Einen Sommer lang (1950); Das siebte Siegel (1957); Wilde Erdbeeren (1957); Das Gesicht (1958); Die Jungfrauenquelle (1960); Wie in einem Spiegel (1961); Licht im Winter (62); Persona (1966); Schreie und Flüstern (1972); Szenen einer Ehe (1973); Von Angesicht zu Angesicht (1976); Herbstsonate (1978); Fanny und Alexander (1982); Sarabande (2003)
Berri, Claude (F)	1934-2009	Die kleinen Französinnen (1976); Aller Anfang macht Spaß (1977); Am Rande der Nacht (1983); Jean Florette (1986); Manons Rache (1986); Germinal (1993); Zusammen ist man weniger allein (2007); Der kleine Haustyrann (2009)

REGISSEURE (Herkunft)	**LEB-ZEITEN**	**ERFOLGE** (FÜR DIESEN **FILM** GAB'S EINEN OSCAR. FÜR **BESTE REGIE** ODER FREMDSPRACHIGER FILM)
Bertolucci, Bernardo (IT)	1940	Liebe und Zorn (1969); Der große Irrtum (1970); Der letzte Tango in Paris (1972); 1900 (1976); La Luna (1979); **Der letzte Kaiser** (1987); Himmel über der Wüste (1990); Little Buddha (1993); Gefühl & Verführung (1996); Die Träumer (2003)
Besson, Luc (F)	1959	Der letzte Kampf (1983); Subway (1985); Im Rausch der Tiefe (1988); Nikita (1990); Leon – Der Profi (1995); Das fünfte Element (1997); Johanna von Orleans (1999); Arthur & die Minimoys I-III. (2006, 09, 10); The Lady (2011); Lucy (2014)
Bigelow, Kathryn (USA)	1951	Die Lieblosen (1982); Blue Steel (1990); Gefährliche Brandung (91); Strange Days (1995); Das Gewicht des Wassers (2000); K-19 Showdown in der Tiefe (2002); **Tödliches Kommando - Hurt Locker** (2008); Zero Dark Thirty (2012); Detroit (2017)
Bogdanovich, P. (USA)	1939	Die letzte Vorstellung (71); Is was Doc? (72); Paper Moon (73); Nickelodeon (76); Die Maske (85); Broadway Therapy (2014)
Boorman, John (GB)	1933	Beim Sterben ist jeder der Erste (1972); Excalibur (1981); Hope and Glory (1987); Rangoon (1995); Der General (1998)
Borzage, Frank (USA)	1893-1962	Im siebten Himmel (1927); **Das Glück in der Mansarde** (1927); Engel der Straße (1928); Lucky Star (1929); **Bad Girl** (1931); In einem anderen Land (1932); Kleiner Mann, was nun? (1934); Sehnsucht (1936); Tödlicher Sturm (1940)
Boyle, Danny (GB)	1956	Kleine Morde unter Freunden (1994); Trainspotting 1+2 (1995+2017); Lebe lieber ungewöhnlich (97); The Beach (1999); Sunshine (2007); **Slumdog Millionär** (2008); 127 Hours (2010); Trance - Gefährliche Erinnerung (2013); Steve Jobs (2015)
Brooks, James L. (USA)	1940	Auf ein Neues (1979); **Zeit der Zärtlichkeit** (1983); Broadcast News (87); Besser geht's nicht (1997); Spanglish (2004)
Brooks, Mel (USA)	1926	Frühling für Hitler (1968); Die 12 Stühle (1970); Frankenstein Junior (1974); Silent Movie (1976); Höhenkoller (1977)
Brown, Clarence (USA)	1890-1987	Eine schamlose Frau (1928); Anna Christie (1930); Romanze (1930); Yvonne (1931); Der Mut zum Glück (1931); Emma, die Perle (1932); Letty Lynton (1932); In goldenen Ketten (1934); Anna Karenina (1935); Seine Sekretärin (36); Der große Edison (1940); Kleines Mädchen, großes Herz (1944); Die Wildnis ruft (46); Griff in den Staub (1949), Schiff ohne Heimat (1952)
Browning, Tod (USA)	1880-1962	Die unheimlichen Drei (1925); Der Unbekannte (1927); Um Mitternacht (1927); Dracula (1931); Freaks (1932)
Buñuel, Luis (E)	1900-1983	Das goldene Zeitalter (1930); Die Vergessenen (1950); Er (1952); Abgründe der Leidenschaft (1954); Viridiana (1961); Tagebuch einer Kammerzofe (1964); Belle de Jour (1967); Der diskrete Charme der Bourgeoisie (1972)
Burton, Tim (USA)	1958	Batman (1989); Edward mit den Scherenhänden (1990); Ed Wood (1994); Sleepy Hollow (1999); Charlie und die Schokoladenfabrik (2005); Alice im Wunderland (2010); Dark Shadows (2012); Big Eyes (2014); Insel der besonderen Kinder (2016)
Cameron, James (CAN)	1954	Piranha 2 (1981); Terminator (1984); Aliens – Die Rückkehr (1986); Abyss – Abgrund des Todes (1989); Terminator II (1990); True Lies - Wahre Lügen (1994); **Titanic** (1997); Dark Angel (TV 2000-02); Avatar – Aufbruch nach Pandora (2010)
Campion, Jane (NZ)	1954	Das Piano (1993); Portrait of a Lady (1996); Holly Smoke (1999); In the Cut (2003); Bright Star (2009)
Capra, Frank (IT/USA)	1897-1991	Vor Blondinen wird gewarnt (1931); Lady für einen Tag (34); **Es geschah in einer Nacht** (1934); **Mr. Deeds geht in die Stadt** (1936); **Lebenskünstler** (1938); Mr. Smith geht nach Washington (1939); Arsen und Spitzenhäubchen (1944); Ist das Leben nicht schön? (1946); Der beste Mann (1948); Eine Nummer zu groß (1959); Die unteren Zehntausend (1961)

REGISSEURE (Herkunft)	**LEB-ZEITEN**	**ERFOLGE** (FÜR DIESEN **FILM** GAB'S EINEN OSCAR. FÜR **BESTE REGIE** ODER FREMDSPRACHIGER FILM)
Carpenter, John (USA)	1948	Halloween 1 + 2 (1978+1981); The Fog – Nebel des Grauens (1979); Die Klapperschlange (81); Das Ding aus einer anderen Welt (1982); Das Philadelphia Experiment (1984); Starman (1984); Sie leben (1988); Flucht aus L.A. (1996); The Ward (2010)
Chabrol, Claude (F)	1930-2010	Die Enttäuschten (1958); Schrei, wenn du kannst (1959); Zwei Freundinnen (1968), Die Unschuldigen mit den schmutzigen Händen (1975); Violette Nozière (1978); Hühnchen in Essig (1985); Eine Frauensache (1988); Madame Bovary (1991); Die Hölle (1994); Biester (1995); Süßes Gift (2000); Die Brautjungfer (04); Die zweigeteilte Frau (07); Kommissar Bellamy (2009)
Chaplin, Charlie (GB)	1889-1977	Der Tramp (1915); Der Vagabund (1916); Ein Hundeleben (18); Gewehr über (1918); Zahltag (1922); Goldrausch (1925); Der Zirkus (1928); Lichter der Großstadt (1931); Moderne Zeiten (1936); Der große Diktator (1940); Rampenlicht (1952)
Chéreau, Patrice (F)	1944-2013	Der verführte Mann (83); Die Bartholomäusnacht (94); Wer mich liebt, nimmt den Zug (98); Intimacy (2001); Ruhelos (09)
Chrichton, Charles (GB)	1910-1999	Das Glück kam über Nacht (1951); Mit Schirm, Charme und Melone (TV 1961-1977); Ein Fisch namens Wanda (1987)
Cimino, Michael (USA)	1939-2016	Den Letzten beißen die Hunde (74); **Die durch die Hölle gehen** (73); Heaven's Gate (80); Im Jahr des Drachen (1985)
Clair, René (F)	1898-1981	Unter den Dächern von Paris (1930); Die Million (1931); Es lebe die Freiheit (1931); Meine Frau, die Hexe (1942)
Clouzot, H. G. (F)	1907-1977	Lohn der Angst (1953); Die Teuflischen (1955); Picasso (1956); Spione am Werk (1957); Die Wahrheit (1960)
Coen, Joel + Ethan (USA)	1955/1957	Miller's Crossing (1990); Barton Fink (91); Fargo (96); The Big Lebowski (1998); O Brother, Where Art Thou? (2000); The man who wasn't there (01); Ein (un)möglicher Härtefall (2003); Ladykillers (04); Paris, je t'aime (2006); **No Country for Old Men** (2007); Burn after Reading (2008); A serious man (2009); True Grit (2011); Inside Llewyn Davis (2013); Hail, Caesar! (2016)
Coppola, Francis Ford (USA)	1939	Der goldene Regenbogen (1968); Der Pate (1972); Der Dialog (1974) **Der Pate 2** (1974); Apocalypse Now (1979); Der Outsider (1983); Rumble Fish (1983); Cotton Club (1984); Peggy Sue hat geheiratet (1986); Der steinerne Garten (1987); Tucker (1988); Der Pate 3 (1990); Bram Stoker's Dracula (1992); Jack (1996); Der Regenmacher (1997); Twixt (2009)
Costner, Kevin (USA)	1955	**Der mit dem Wolf tanzt** (1990); Waterworld (1995); Postman (1997); Open Range – Weites Land (2003)
Cronenberg, David (CAN)	1943	Dead Zone (1983); Die Fliege (1986); Naked Lunch (1992); Crash (1996); eXistenZ (1998); Tödliches Versprechen (2007)
Cukor, George (USA)	1899-1983	Vier Schwestern (1933); Dinner um acht (1933); Die Kameliendame (1935); Silvia Scarlett (1935); Die Schwester der Braut (1938); Die Frauen (1939); Die Nacht vor der Hochzeit (1940); Die Frau mit der Narbe (1941); Das Haus der Lady Alquist (1944); Ein Doppelleben (1947); Ehekrieg (1949); Die ist nicht von gestern (1950); Theaterfieber (1953); Ein Stern geht auf (1954); Machen wir's in Liebe (1960); The Chapman-Report (1962); **My Fair Lady** (1964); Reisen mit meiner Tante (1972)
Curtiz, Michael (UNG)	1888-1962	Doktor X (1932); Unter Piratenflagge (1935); Vater dirigiert (1938); Robin Hood (1938); Chicago (1938); Yankee Doodle Dandy (1942); Helden der Lüfte (1942); **Casablanca** (1942); Unser Leben mit Vater (1947); Comancheros (1961)
Daldry, Stephen (GB)	1961	Eight (1998); Billy Elliot (2000); The Hours (02); Der Vorleser (2008); Extrem laut & unglaublich nah (2011); Trash (2014)
Darabont, Frank (F/USA)	1959	Die Verurteilten (1994); The Green Mile (1999); The Majestic (2001); Der Nebel (2007); The Walking Dead (2010)

BERÜHMTE REGISSEURE/INNEN (D-FL)

REGISSEURE (Herkunft)	**LEB-ZEITEN**	**ERFOLGE** (FÜR DIESEN **FILM** GAB'S EINEN OSCAR. FÜR **BESTE REGIE** ODER FREMDSPRACHIGER FILM)
del Toro, Guillermo (MEX)	1964	Blade II (2002); Hellboy (2004); Pans Labyrinth (2006); Pacific Rim (2013); Crimson Peak (2015); **Shape of Water** (2017)
DeMille, Cecil B. (USA)	1881-1959	Cleopatra (1934); Richard Löwenherz (1935); Der Held der Prärie (1936); Die Unbesiegten (1947); Die 10 Gebote (1956)
Demme, Jonathan (USA)	1944-2017	Gefährliche Freundin (1986); **Das Schweigen der Lämmer** (1991); Philadelphia (1993); Rachels Hochzeit (2008)
De Palma, Brian (USA)	1940	Die Schwestern des Bösen (1973); Carrie (1976); Dressed to Kill (1980); Blow out (1981); Scarface (83); Die Unbestechlichen (1987); Carlito's Way (1993); Mission: Impossible (1996); Spiel auf Zeit (98); The Black Dahlia (2006); Passion (2012)
De Sica, Vittorio (IT)	1901-1974	Schuhputzer (1946); Fahrraddiebe (1948); Das Wunder von Mailand (1951); Umberto D. (1952); Und dennoch leben sie (1960); Boccaccio 70 (1962); Gestern, heute und morgen (1963); Der Garten der Finzi Contini (1970)
Donen, Stanley (USA)	1924	Die süße Falle (1952); Singin' in the Rain (1952); Eine Braut für sieben Brüder (1954); Ein süßer Fratz (1957); Picknick im Pyjama (1957); Indiskret (58); Noch einmal mit Gefühl (60); Charade (1963); Arabeske (66); Zwei auf gleichem Weg (1967)
Donner, Richard (USA)	1930	Das Omen (1976); Superman (1978); Der Spielgefährte (1982); Der Tag des Falken (1985); Die Goonies (1985); Leathal Weapon 1-4 (1986/88/92/98); Die Geister, die ich rief (1988); Maverick (94); Fletchers Visionen (1997); 16 Blocks (2006)
Eastwood, Clint (USA)	1930	**Erbarmungslos** (1992); Perfect World (93); Brücken am Fluss (95); Ein wahres Verbrechen (99); Space Cowboys (2000); Mystic River (03); **Million Dollar Baby** (2004); Flags of our fathers (2006); Letters from Iwo Jima (06); Der fremde Sohn (2008); Gran Torino (2008); Invictus (2009); J. Edgar (2011); Jersey Boys (2014); American Sniper (2014); Sully (2016)
Edel, Uli (D)	1947	Christiane F. (1981); Letzte Ausfahrt Brooklyn (89); Rasputin (1996); Baader Meinhof Komplex (2008); Das Adlon (2013)
Edwards, Blake (USA)	1922-2010	Unternehmen Petticoat (1959); Frühstück bei Tiffany (1961); Der letzte Zug (1962); Die Tage des Weines und der Rosen (1962); Der rosarote Panther (1964); Ein Schuss im Dunkeln (1964); Der Partyschreck (1968); Inspektor Clousau (1976/1978); Victor/Victoria (1982); Ärger, nichts als Ärger (1986); Skin Deep (1989); Switch (1991)
Emmerich, Roland (D)	1955	Das Arche Noah Prinzip (1984); Moon 44 (1990); Universal Soldier (1992); Independence Day (1996); Godzilla (1998); Der Patriot (2000); The Day after Tomorrow (04); 2012 (2009); Anonymus (2011); White House Down (2013); Stonewall (2015)
Ephron, Nora (USA)	1941-2012	Schlaflos in Seattle (1993); e-m@ail für Dich (1998); Aufgelegt (2000); Verliebt in eine Hexe (05); Julia & Julia (2009)
Fassbinder, R. M. (D)	1946-1982	Angst essen Seelen auf (1973); Effi Briest (1974); Die Ehe der Maria Braun (1978); Lola (1981); Lili Marleen (1981)
Fellini, Federico (IT)	1920-1993	Die Müßiggänger (1953); La Strada (1954); Nächte der Cabiria (1957); La dolce vita (1960); 8 ½ (1963); Julia und die Geister (65); Sytyricon (69); Roma (72); Amarcord (1973); Casanova (76); Stadt der Frauen (79); Ginger und Fred (1985)
Fincher, David (USA)	1962	Alien 3 (1992); Sieben (1995); The Game (1997); Fight Club (1999), Panic Room (2002); Zodiac (2007); Der seltsame Fall des Benjamin Button (2008); The Social Network (2010); Verblendung (2011); Gone Girl - das perfekte Opfer (2014)
Fleming, Victor (USA)	1883-1949	Dschungel im Sturm (1932); Manuel (1937); Der Testpilot (1938); **Vom Winde verweht** (1939); Der Zauberer von Oz

REGISSEURE (Herkunft)	**LEB-ZEITEN**	**ERFOLGE** (FÜR DIESEN **FILM** GAB'S EINEN OSCAR. FÜR **BESTE REGIE** ODER FREMDSPRACHIGER FILM)
Ford, John (USA)	1895-1973	**Der Verräter** (1935); Ringo (1939); **Früchte des Zorns** (1940); So grün war mein Tal (1941); **Schlagende Wetter** (1941); Bis zum letzten Mann (1948); **Der Sieger** (1952); Der Mann, der Liberty Valance erschoss (1962)
Forman, Milos (TCH)	1932	**Einer flog übers Kuckucksnest** (1975); Hair (1979); **Amadeus** (1984); Der Mondmann (99); Goyas Geister (2006)
Frankenheimer, John (USA)	1930-2002	Der Gefangene von Alcatraz (1962); Mein Bruder, ein Lump (1962); 7 Tage im Mai (64); Der Mann, der zweimal lebte (66); French Connection 2 (1975); Schwarzer Sonntag (1977); 52 Pick-Up (1986); Powerplay (1990); Wallace (1997); Ronin (1998)
Frears, Stephen (GB)	1941	Mein wunderbarer Waschsalon (1985); Gefährliche Liebschaften (1988); Ein ganz normaler Held (92); Mary Reilly (1996); Liam (2000); High Fidelity (2000); Die Queen (2006); Lady Vegas (2012); Philomena (2013); Florence Foster Jenkins (2016)
Friedkin, William (USA)	1935	**French Connection - Brennpunkt Brooklyn** (1971); Der Exorzist (1973); Das große Dings bei Brinks (1978); Cruising (80); Leben & Sterben in L.A. (85); Das Kindermädchen (90); Die 12 Geschworenen (97); Die Stunde des Jägers (2003)
Gibson, Mel (USA)	1956	Der Mann ohne Gesicht (1993); **Braveheart** (1996) Die Passion Christi (2004); Apocalypto (06); Hacksaw Ridge (2016)
Gilliam, Terry (USA)	1940	Die Ritter der Kokosnuß (1974); Time Bandits (81); Der Sinn des Lebens (1983); Brazil (1985); König der Fischer (1991); 12 Monkeys (1995); Fear & Loathing in Las Vegas (1998); Brothers Grimm (2005); Tideland (2005); Zero Theorem (2013)
Godard, Jean-Luc (CH/F)	1930	Außer Atem (1960); Die Verachtung (1963); Die Außenseiterbande (1964); Elf Uhr nachts (1965); Alphaville (1965); Week-end (1967); Alles in Butter (1972); Vorname Carmen (83); Nouvelle Vague (1990); Auf die Liebe (99); Notre musique (2004)
Hallström, Lasse (SWE)	1946	Irgendwo in Iowa (1993); Gottes Werk & Teufels Beitrag (99); Chocolat (2000); Schiffsmeldungen (01); The Hoax (2006)
Hanson, Curtis (USA)	1945	Die Hand an der Wiege (1992); Am wilden Fluss (1994); L.A. Confidential (1997); The Wonderboys (2000); 8 Mile (2002); In den Schuhen meiner Schwester (2005); Glück im Spiel (2007); Mavericks – Lebe deinen Traum (2012)
Hawks, Howard (USA)	1896-1977	Scarface (1932); Leoparden küsst man nicht (1938); Sergeant York (1941); Haben & Nichthaben (1944); Tote schlafen fest (1946); Red River (1949); Ich war eine männliche Kriegsbraut (1949); Liebling, ich werde jünger (1952); Blondinen bevorzugt (1953); Rio Bravo (1959); Hatari (1962); Ein Goldfisch an der Leine (1964); El Dorado (1967); Rio Lobo (1970)
Herzog, Werner (D)	1942	Aguirre, der Zorn Gottes (1972); Nosferatu (79); Fitzcarraldo (1982); Mein liebster Feind (99); Königin der Wüste (2015)
Hill, George Roy (USA)	1921-2002	Zwei Banditen (1969); **Der Clou** (1973); Schlappschuss (1977); Garp und wie er die Welt sah (82); Die Libelle (1984)
Hitchcock, Sir Alfred (GB)	1899-1980	Der Mann, der zu viel wusste (1934/56); Die 39 Stufen (1936); Rebecca (1940); Das Rettungsboot (1944); Berüchtigt (1946); Cocktail für eine Leiche (1948); Der Fremde im Zug (1951); Bei Anruf Mord (1954); Das Fenster zum Hof (1954); Über den Dächern von Nizza (1955); Immer Ärger mit Harry (1955); Vertigo (1958); Der unsichtbare Dritte (1959); Psycho (1960); Die Vögel (1963); Marnie (1964); Der zerrissene Vorhang (1966); Frenzy (1972)
Holland, Agnieszka (POL)	1948	Hitlerjunge Salomon (1990); Der geheime Garten (93); Total Eclipse (95); Washington Square (97); Klang der Stille (06)
Hooper, Tom (GB)	1972	Elisabeth I. (2005); Der ewige Gärtner (2009); **The King's Speech** (2010); Les Misérables (2012); Danish Girl (2015)

BERÜHMTE REGISSEURE/INNEN (HO-KI)

REGISSEURE (Herkunft)	**LEB-ZEITEN**	**ERFOLGE** (FÜR DIESEN **FILM** GAB'S EINEN OSCAR. FÜR **BESTE REGIE** ODER FREMDSPRACHIGER FILM)
Howard, Ron (USA)	1954	Nightshift (1982); Splash: Eine Jungfrau am Haken (1984); Cocoon (1985); Willow (88); Backdraft (1991); In einem fernen Land (1992); Apollo 13 (1995); Kopfgeld (1996); EDtv (1999); **A Beautiful Mind** (2001); Sakrileg - Da Vinci Code (2006); Frost/Nixon (2008); Illuminati (2009); Dickste Freunde (2011); Rush (2013); Im Herzen der See (2015); Inferno (2016)
Huston, John (IRL/USA)	1906-1987	Die Spur des Falken (1941); **Der Schatz der Sierra Madre** (1948); Asphalt Dschungel (1950); African Queen (1952); Schach dem Teufel (1954); Moby Dick (1956); Misfits – nicht gesellschaftsfähig (1961); Die Ehre der Prizzis (1985)
Iñárritu, Alejandro (MEX)	1963	Amores Perros (2000); 21 Gramm (03); Babel (06); Biutiful (10); **Birdman** (2014); **The Revenant: Der Rückkehrer** (2015)
Ivory, James F. (USA)	1928	Die Dame aus Boston (1984); Zimmer mit Aussicht (86); Maurice (87); Mr. & Mrs. Bridge (90); Wiedersehen in Howards End (92); Was vom Tage übrig blieb (93); Die goldene Schale (2000); Eine Affäre in Paris (03); The White Countess (2006)
Jackson, Peter (NZ)	1961	Herr der Ringe: Die Gefährten, Die zwei Türme, **Rückkehr des Königs** (2001-03); King Kong (05); Hobbit (2012-2014)
Jarmusch, Jim (USA)	1953	Stranger than Paradies (1984); Down by Law (1986); Mystery Train (1989); Night on Earth (1992); Dead Man (1995); Ghost Dog (1999); Coffee & Cigarettes (2003); Broken Flowers (05); Limits of Control (2009); Paterson (16); Gimme Danger (2016
Jeunet, Jean-Pierre (F)	1953	Delicatessen (1991); Die Stadt der verlorenen Kinder (1995); Alien – Die Wiedergeburt (1997); Die fabelhafte Welt der Amélie (2001); Mathilde – Eine große Liebe (2004); Micmacs - uns gehört Paris (2006); Karte meiner Träume (2013)
Jones, Terry (GB)	1942	Monty Python Trilogie: Die Ritter der Kokosnuß (1975); Das Leben des Brian (1979); Der Sinn des Lebens (1983)
Jordan, Neil (IRL)	1950	Mona Lisa (1986); The Crying Game (1992); Michael Collins (1996); Butcher Boy (1997); Das Ende einer Affäre (99); Der Dieb von Monte Carlo (2002); Breakfast on Pluto (2005); Die Fremde in dir (2007); Ondine (2009); Die Borgias (TV 11-13)
Kaufman, Philip (USA)	1936	Der Stoff, aus dem die Helden sind (83); Die unerträgliche Leichtigkeit des Seins (1988); Quills (2000); Twisted (2004)
Kaurismäki, Aki (FIN)	1957	Ariel (1988); Leningrad Cowboys Go America (1989); Das Mädchen aus der Streichholzfabrik (1990); Wolken ziehen vorüber (1996); Juha (1999); Der Mann ohne Vergangenheit (2002); Lichter der Vorstadt (2006); Le Havre (2011)
Kasdan, Lawrence (USA)	1949	Heißblütig-Kaltblütig (81); Der große Frust (83); Silverado (1985); Wyatt Earp (94); French Kiss (95); Dreamcatcher (2003)
Kazan, Elia (USA)	1909-2003	**Tabu der Gerechten** (1947); Pinky (1949); Unter Geheimbefehl (1950); Endstation Sehnsucht (1951); Viva Zapata! (1952); **Die Faust im Nacken** (1954); Jenseits von Eden (1955); Baby Doll (1956); Ein Gesicht in der Menge (1957); Wilder Strom (1960); Fieber im Blut (1961); Die Unbezwingbaren (1963); Das Arrangement (1969); Der letzte Tycoon (1976)
Keaton, Buster (USA)	1895-1966	Drei Zeitalter (1923); Verflixte Gastfreundschaft (1923); Sherlock Junior (1924); Der Navigator (1924); Sieben Chancen (1925); Go West – Der Cowboy (1925); Der General (1926); Die Killer von Alabama (1926); Damals im Sommer (1949)
Kieslowski, Krzyzstof (POL)	1941-1996	Der Filmamateur (1979); Ein kurzer Film über das Töten (1988); Ein kurzer Film über die Liebe (1988); Die zwei Leben der Veronika (1991); Drei Farben: Blau (1993); Drei Farben: Weiß (1994); Drei Farben: Rot (1994)

REGISSEURE (Herkunft)	**LEB-ZEITEN**	**ERFOLGE** (FÜR DIESEN **FILM** GAB'S EINEN OSCAR. FÜR **BESTE REGIE** ODER FREMDSPRACHIGER FILM)
Kubrick, Stanley (USA)	1928-1999	Wege zum Ruhm (1957); Spartacus (58); Dr. Seltsam oder wie ich lernte die Bombe zu lieben (1963); 2001 – Odyssee im Weltraum (68); Clockwork Orange (71); Barry Lyndon (75); Shining (1980); Full Metal Jacket (1987); Eyes Wide Shut (1999)
Kurosawa, Akira (JAP)	1910-1998	Rashomon (1950); Einmal wirklich leben (1952); Die sieben Samurai (1954); Ran (1985)
Landis, John (USA)	1950	Kentucky Fried Movie (77); Blues Brothers (80); Thriller (1983 für M. Jackson); Glückritter (83); Prinz aus Zamunda (1988)
Lang, Fritz (D)	1890-1976	Dr. Mabuse (1922); Metropolis (1927); M – Eine Stadt sucht einen Mörder (1931); Menschenjagd (1941); Heißes Eisen (1953); Lebensgier (1954); Der Tiger von Eschnapur (1959); Tausend Augen des Dr. Mabuse (1960)
Lawrence, Francis (US)	1970	I Am Legend (2007); Wasser für die Elefanten (2011); Tribute von Panem 1+2+3 (2013+14+15); Red Sparrow (2018)
Lean, Sir David (GB)	1908-1991	Begegnung (1945); Oliver Twist (1948); Der unbekannte Feind (1952); Traum meines Lebens (1955); **Die Brücke am Kwai** (1957); **Lawrence von Arabien** (1962); Doktor Schiwago (1965), Ryans Tochter (70); Reise nach Indien (1984)
Lee, Ang (Taiwan)	1954	Das Hochzeitsbankett (1993); Eat Drink Man Woman (94); Sinn & Sinnlichkeit (95); Der Eissturm (1997); Tiger & Dragon (2000); Hulk (2003); **Brokeback Mountain** (2005); Gefahr & Begierde (07); Taking Woodstock (2009); **Life of Pi** (2012)
Lee, Spike (USA)	1957	Jungle Fever (91); Malcolm X (1992); Crooklyn (94); 25 Stunden (2002); Inside Man (2006); Old Boy (13); Rodney King (2017)
Leone, Sergio (IT)	1929-1989	Für eine Handvoll Dollar (1964); Für ein paar Dollar mehr (1965); Zwei glorreiche Halunken (1966); Spiel mir das Lied vom Tod (1968); Mein Name ist Nobody (1973); Nobody ist der Größte (1975); Es war einmal in Amerika (1984)
Levinson, Barry (USA)	1942	American Diner (1982); Der Unbeugsame (84); Good Morning, Vietnam (87); Tin Men (87); **Rain Man** (1988); Bugsy (91); Toys (1992); Enthüllung (94); Sleepers (96); Banditen! (2001); Inside Hollywood (08); The Bay (12); Rock the Kasbah (2015)
Link, Caroline (D)	1964	Jenseits der Stille (96); Pünktchen und Anton (99); Nirgendwo in Afrika (01); Im Winter ein Jahr (08); Exit Marrakech (13)
Lloyd, Frank (GB)	1886-1960	**Die ungekrönte Königin** (1929); **Kavalkade** (1933); Meuterei auf der Bounty (1935); The Howards of Virginia (1940)
Lubitsch, Ernst (D)	1892-1947	Der Patriot (1928); Ärger im Paradies (32); Serenade zu dritt (33); Die lustige Witwe (34); Perlen zum Glück (36); Engel (1937); Blaubarts achte Frau (38); Ninotschka (1939); Rendezvous nach Ladenschluß (40); Sein oder Nichtsein (1942)
Lucas, George (USA)	1944	American Graffiti (1973); Krieg der Sterne 4: Eine neue Hoffnung (1977); Krieg der Sterne 5: Das Imperium schlägt zurück (1980); Krieg der Sterne 6 Die Rückkehr der Jedi-Ritter (1983); Krieg der Sterne 1: Die dunkle Bedrohung (1999); Krieg der Sterne 2: Angriff der Klonkrieger (2002); Krieg der Sterne 3: Die Rache der Sith (2005)
Luhrmann, Baz (AUS)	1962	William Shakespeares Romeo und Julia (1996); Moulin Rouge (2001); Australia (2008); Der große Gatsby (2013)
Lumet, Sidney (USA)	1924-2011	Die zwölf Geschworenen (1957); Der Pfandleiher (1964); Serpico (1973); Mord im Orient-Express (74); Hundstage (1975); Network (1976); The Verdict (1982); Der Morgen danach (1986); Flucht ins Ungewisse (87); Tödliche Entscheidung (2007)
Lynch, David (USA)	1946	Eraserhead (1977); Der Elefantenmensch (1980); Dune - der Wüstenplanet (1984); Blue Velvet (86); Wild at Heart (1990); Twin Peaks (1992); Lost Highway (1997); The Straight Story (1999); Mulholland Drive (2001); Inland Empire (2006)

BERÜHMTE REGISSEURE/INNEN (M-O)

REGISSEURE (Herkunft)	**LEB-ZEITEN**	**ERFOLGE** (FÜR DIESEN **FILM** GAB'S EINEN OSCAR. FÜR **BESTE REGIE** ODER FREMDSPRACHIGER FILM)
Malick, Terrence (USA)	1943	In der Glut des Südens (1978); Der schmale Grad (1998); Tree of Life (2011); To the Wonder (2012); Knight of Cups (2015)
Mankiewicz, Joseph L. (USA)	1909-1993	**Ein Brief an drei Frauen** (1949); **Alles über Eva** (1950); Julius Caesar (53); Schwere Jungs – leichte Mädchen (55); Plötzlich im letzten Sommer (1959); Cleopatra (1963); Zwei dreckige Halunken (1970); Mord mit kleinen Fehlern (1972)
Mann, Anthony (USA)	1907-1967	Winchester 73 (1950); Meuterei am Schlangenfluss (52); Nackte Gewalt (53); Die Glenn Miller Story (1953); Über den Todespass (1954); Der Mann aus Laramie (55); Stern des Gesetzes (57); Der Mann aus dem Westen (58); El Cid (1961)
Mann, Delbert (USA)	1920-2007	**Marty** (1955); Die Junggesellenparty (57); Getrennt von Tisch und Bett (58); Mitten in der Nacht (1959); Ein Pyjama für zwei (1961); Ein Hauch von Nerz (1962); Der Kommodore (63); Die Frau seines Herzens (64); Gesicht ohne Namen (1966)
Mann, Michael (USA)	1943	Der Einzelgänger (1981); Der letzte Mohikaner (92); Heat (95); Insider (1999); Ali (2001); Collateral (04); Blackhat (2015)
Marshall, Rob (USA)	1960	Chicaco (2002); Die Geisha (2005); Nine (2009); Fluch der Karibik 4 (2011); Into the woods (2014)
McCarey, Leo (USA)	1898-1969	Die Marx Brothers im Krieg (1933); Ein Butler in Amerika (1935); Kein Platz für Eltern (1937); **Die schreckliche Wahrheit** (1937); **Der Weg zum Glück** (1944); Die Glocken von St. Marien (1945); Die große Liebe meines Lebens (1957)
Meirelles, Fernando (BR)	1955	City of God (2002); City of Men (2002); Der ewige Gärtner (2005); Die Stadt der Blinden (2008); 360 (2011)
Mendes, Sam (GB)	1965	**American Beauty** (1999); Road to Perdition (2002); Zeiten des Aufruhrs (08); J. Bond - Skyfall (2012) + Spectre (2015)
Milestone, Lewis (USA)	1895-1980	**Schlachtenbummler** (1927); **Im Westen nichts Neues** (1930); The Front Page (1931); Rain (1932); Von Mäusen und Menschen (1940); Glückspilze (1940); Frankie und seine Spießgesellen (1960); Meuterei auf der Bounty (1962)
Miller, George (AUS)	1945	Mad Max 1-3 (1979/81/85); Die Hexen von Eastwick (86); Lorenzos Öl (92); Happy Feet (06); Mad Max: Fury Road (2015)
Minghella, Anthony (GB)	1954-2008	Mr. Wonderful (93); **Der englische Patient** (96); Der talentierte Mr. Ripley (99); Unterwegs nach Cold Mountain (2003)
Minnelli, Vincente (USA)	1910-1986	Meet me in St. Louis (1944); Urlaub für die Liebe (1945); Der Pirat (48); Vater der Braut (1950); Ein Amerikaner in Paris (1951); Stadt der Illusionen (1952); Vorhang auf! (1953); Van Gogh (1956); **Gigi** (1958); Verdammt sind sie alle (1958)
Mizoguchi, Kenji (JAP)	1898-1956	Die Schwestern von Gion (1936); Das Leben der Frau Oharu (1952); Sansho Dayu – Ein Leben ohne Freiheit (1954);
Moore, Michael (USA)	1954	Roger & Me (1989); Der große Macher (1997); Bowling for Columbine (2002); Fahrenheit 9/11 (2004); Sicko (2007)
Nichols, Mike (USA)	1931-2014	Wer hat Angst vor Virginia Woolf? (66); **Die Reifeprüfung** (1967); Sodbrennen (86); Die Waffen der Frauen (1988); In Sachen Henry (91); Wolf (94); Birdcage (96); Mit aller Macht (98); Hautnah (04); Der Krieg des Charlie Wilson (2007)
Newell, Mike (GB)	1942	Vier Hochzeiten + ein Todesfall (1994); Donnie Brasco (97); Mona Lisas Lächeln (2003); Harry Potter: Feuerkelch (2005)
Nolan, Chris (GB/USA)	1970	Memento (2000); Batman Begins (05); Dark Knight (08); Inception (10); Dark Night Rises (12); Interstellar (14); Dunkirk (17)
		Ein kriminelles Paar (1999); Unter dem Sand (2000); 8 Frauen (2002); Swimming Pool (2003); Die Zeit die bleibt (05); Angel

REGISSEURE (Herkunft)	**LEB-ZEITEN**	**ERFOLGE** (FÜR DIESEN **FILM** GAB'S EINEN OSCAR. FÜR **BESTE REGIE** ODER FREMDSPRACHIGER FILM)
Ozu, Yasujiro (JAP)	1903-1963	Es war einmal ein Vater (1942); Später Frühling (1949); Weizenherbst (1951); Die Reise nach Tokyo (1953); Früher Frühling (1956); Sommerblüten (1958); Guten Morgen (1959); Spätherbst (1960); Ein Herbstnachmittag (1962)
Pabst, G. W. (D)	1885-1967	Die freudlose Gasse (1925); Die Büchse der Pandora (1929); Westfront 1918 (1930); Kameradschaft (1931)
Pakula, Alan J. (USA)	1928-1998	Klute (1971); Zeuge einer Verschwörung (1974); Die Unbestechlichen (1976); Eine Farm in Montana (1978); Sophies Entscheidung (1982); Aus Mangel an Beweisen (1990); Die Akte (1993); Vertrauter Feind (1997)
Parker, Alan Sir (GB)	1944	Bugsy Malone (1976); 12 Uhr Nachts – Midnight Express (1978); Fame (1980); Birdy (1985); Mississippi Burning (1988); The Commitments (1991); Evita (1996); Die Asche meiner Mutter (1999); Das Leben des David Gale (2003)
Pasolini, Pier Paolo (IT)	1922-1975	Accattone (1961); Mamma Roma (1962); Der Weichkäse (1963); Der Schweinestall (1969); Medea (69); Decameron (70); Pasolinis tolldreiste Geschichten (1972); Erotische Geschichten aus 1001 Nacht (1974); Die 120 Tage von Sodom (1975)
Penn, Arthur (USA)	1922-2010	Ein Mann wird gejagt (66); Bonnie und Clyde (67); Alice's Restaurant (69); Little Big Man (1970); Duell am Missouri (1976)
Petersen, Wolfgang (D)	1941	Reifezeugnis (1977); Das Boot (1981); Die unendliche Geschichte (1984); Enemy Mine (1985); Tod im Spiegel (1991); In the Line of Fire (1993); Outbreak (1995); Air Force One (1997); Der Sturm (2000); Troja (2004); Poseidon (2006)
Polanski, Roman (POL/F)	1933	Das Messer im Wasser (1962); Ekel (1965); Rosemaries Baby (1967); Macbeth (71); Was? (1972); Chinatown (1974); Der Mieter (1976); Tess (79); Piraten (1986); Frantic (88); Bitter Moon (92); Der Tod und das Mädchen (1994); Die neun Pforten (99); **Der Pianist** (2002); Oliver Twist (2005); Der Ghostwriter (2010); Gott des Gemetzels (2011); Venus im Pelz (2013)
Pollack, Sydney (USA)	1934-2008	Mit eisernen Fäusten (68); Nur Pferden gibt man einen Gnadenschuss (69); So wie wir waren (73); Drei Tage des Condor (75); Tootsie (1982); **Jenseits von Afrika** (1985); Havanna (1990); Die Firma (93); Sabrina (95); Die Dolmetscherin (2005)
Preminger, Otto (AUT/USA)	1905-1986	Laura (1944); Fluss ohne Wiederkehr (54); Carmen Jones (54); Der Mann mit dem goldenen Arm (55); Bonjour Tristesse (1958); Anatomie eines Todes (59); Porgy und Bess (1959); Exodus (1960); Der Kardinal (63); Unternehmen Rosebud (1975)
Ray, Nicholas (USA)	1911-1979	Ein einsamer Ort (1950); ..denn sie wissen nicht, was sie tun (1955); König der Könige (1961); 55 Tage in Peking (1963)
Redford, Robert (USA)	1937	**Eine ganz normale Familie** (1981); Aus der Mitte entspringt ein Fluss (1993), Quiz Show (94); Der Pferdeflüsterer (98); Die Legende von Bagger Vance (2000); Von Löwen & Lämmern (07); Lincoln Verschwörung (2010); Die Akte Grant (2012)
Reed, Sir Carol (GB)	1906-1976	Kleines Herz in Not (1948); Der dritte Mann (1949); Trapez (1956); Der Schlüssel (58); Michelangelo (65); **Oliver** (1968)
Reiner, Rob (USA)	1947	Stand by me (1986); Harry & Sally (1989); Misery (1990); Eine Frage der Ehre (1992); Das Attentat (96); Being Charlie (2016)
Renoir, Jean (F)	1894-1979	Nachtasyl (1936); Die große Illusion (1937); Bestie Mensch (1938); Der Mann aus dem Süden (1945); Tagebuch einer Kammerzofe (1946); French Can-Can (1954); Das Frühstück im Grünen (1959); Das Testament des Dr. Cordelier (1959)
Richardson, Tony (GB)	1928-1991	Bitterer Honig (1961); **Tom Jones** (1962); Mademoiselle (66); Hotel New Hampshire (84); Operation Blue Sky (1991/94)

BERÜHMTE REGISSEURE/INNEN (RI-ST)

REGISSEURE (Herkunft)	**LEB-ZEITEN**	**ERFOLGE** (FÜR DIESEN **FILM** GAB'S EINEN OSCAR. FÜR **BESTE REGIE** ODER FREMDSPRACHIGER FILM)
Ritchie, Guy (GB)	1968	Bube, Dame, König, grAS (1998); Snatch (2000); Stürmische Liebe (2002); Sherlock Holmes (2009+11); King Arthur (2017)
Rodriguez, Robert (USA)	1968	El Mariachi (1992); Desperado (1995); From Dusk Till Dawn (1996); Spy Kids I+II (2001+02); Sin City I+II (2005+2014)
Rossellini, Roberto (IT)	1906-1977	Rom, offene Stadt (1945); Paisà (1946); Stromboli (1950); Europa 51 (1952); Angst (1954); Der falsche General (1959)
Schaffner, Franklin (USA)	1920-1989	Der Kandidat (1964); Planet der Affen (1968); **Patton – Rebell in Uniform** (1970); Papillon (73); Boys from Brazil (78)
Scherfig, Lone (DAN)	1959	Italienisch für Anfänger (2000); An Education (09); Zwei an einem Tag (2011); The Riot Club (14); Ihre beste Stunde (2016)
Schlesinger, John (GB)	1926-2003	Geliebter Spinner (1963); Darling (1965); **Asphalt Cowboy** (1969); Der Tag der Heuschrecke (75); Der Marathon-Mann (1976); Der Falke und der Schneemann (1985); Das Ritual (1987); Madame Sousatzka (1988); Fremde Schatten (1990)
Schlöndorff, Volker (D)	1939	Der Fangschuss (1976); Die Blechtrommel (79); Tod eines Handlungsreisenden (85); Homo Faber (1990); Diplomatie (2014)
Schweiger, Til (D)	1963	Der Eisbär (1998); Barfuß (2005); Keinohrhasen (2007); Zweiohrküken (2009); Kokowääh (2011); Honig im Kopf (2014)
Scorsese, Martin (USA)	1942	Hexenkessel (1973); Taxi Driver (1976); Wie ein wilder Stier (1980); Die Farbe des Geldes (86); Goodfellas (1990); Kap der Angst (1991); Zeit der Unschuld (93); Casino (95); Bringing out the Dead (1999); Gangs of New York (2002); Aviator (2004); **Departed - Unter Feinden** (2006); Shutter Island (2010); Hugo Cabret (2011); The Wolf of Wall Street (2013)
Scott, Ridley (GB)	1937	Die Duellisten (1977); Alien (1979); Blade Runner (1982); Black Rain (89); Thelma & Louise (1991); 1492: Colombus (1992); Die Akte Jane (1997); Gladiator (2000); Hannibal (2001); Black Hawk Down (02); Tricks (2003); Ein gutes Jahr (06); American Gangster (2007); Der Mann, der niemals lebte (2008); Robin Hood (2010); Der Counselor (2013); Der Marsianer (2015)
Scott, Tony (GB)	1944-2012	Top Gun (1986); Tage des Donners (1990); Revenge (1990); Der Fan (1996); Der Staatsfeind Nr. 1 (98); Spy Game (2001); Mann unter Feuer (04); Domino (2005); Déjà Vu (06); Die Entführung der U-Bahn Pelham 123 (2009); Unstoppable (2010)
Shyamalan, Night (USA)	1970	The Sixth Sense (1999); Unzerbrechlich (2000); Signs (2002); The Village (04); Legende von Aang (2008); The Visit (2015)
Siegel, Don (USA)	1912-1991	Die Dämonischen (1956); Tod eines Killers (1964); Dirty Harry (1971); Der große Coup (1973); Flucht von Alcatraz (1979)
Singer, Bryan (USA)	1965	Die üblichen Verdächtigen (1995); X-Men 1+2+3 (2000+2003+2014); Superman Returns (06); Operation Walküre (2008)
Soderbergh, Steve (USA)	1963	Sex, Lügen & Video (1989); Erin Brockovich (2000); **Traffic** (2000); Ocean's 11-13 (2001-07); Che (08); Side Effects (2012)
Spielberg, Steven (USA)	1946	Duell (1972); Der weiße Hai (1975); E.T. (1982); Indiana Jones & der Tempel des Todes (1983); Die Farbe Lila (1986); Indiana Jones: Der letzte Kreuzzug (89); Jurassic Park 1+2 (1993+97); **Schindlers Liste** (1993); **Der Soldat James Ryan** (1998); Minority Report (2002); Catch me if you can (2002); Terminal (2004); Krieg der Welten (2005); München (2005); India Jones & das Königreich des Kristallschädels (2008); Gefährten (211); Lincoln (212); Bridge of Spies (15), Big Friendly Giant (2016)
Stevens, George (USA)	1904-1975	Akkorde der Liebe (1941); Die Frau, von der man spricht (1942); Zeuge der Anklage (1942); Geheimnis der Mutter (1948); **Ein Platz an der Sonne** (1951); Wofür das Leben sich lohnt (1952); Mein großer Freund Shane (1953);

REGISSEURE (Herkunft)	**LEB-ZEITEN**	**ERFOLGE** (FÜR DIESEN **FILM** GAB'S EINEN OSCAR. FÜR **BESTE REGIE** ODER FREMDSPRACHIGER FILM)
Stone, Oliver (USA)	1946	**Platoon** (1986); Wall Street (1987); **Geboren am 4. Juli** (1989); JFK (1991); Natural Born Killers (1994); Nixon (1995); U-Turn (1997); An jedem verdammten Sonntag (1999); Alexander (2004); World Trade Center (2006); Snowden (2016)
Sturges, John (USA)	1911-1992	Stadt in Angst (1955); Zwei rechnen ab (1957); Die glorreichen Sieben (1960); Gesprengte Ketten (1963); Sinola (1972)
Taurog, Norman (USA)	1899-1981	**Skippy** (1931); Huckleberry Finn (1931); Teufelskerle (38); Der junge Edison (40); Das sind Kerle (41); Café Europa (1960)
Tarantino, Quentin (USA)	1963	Reservoir Dogs (1991); Pulp Fiction (1994); Jackie Brown (1997); Kill Bill 1 (2003) Kill Bill 2 (2004); Death Proof - Todsicher (2007); Inglourious Basterds (2009); Django Unchained (2012); The Hateful Eight (2015)
Trier, Lars von (DK)	1956	Breaking the Waves (1996); Dogville (2003); Manderlay (05); Antichrist (2009); Melancholia (11); Nymphomaniac (2013)
Truffaut, Francois (F)	1932-1984	Sie küssten und sie schlugen ihn (1959); Fahrenheit 451 (1966); Geraubte Küsse (1969); Der Wolfsjunge (1970); Tisch und Bett (1970); Die amerikanische Nacht (1973); Taschengeld (76); Die letzte Metro (1980); Die Frau nebenan (1981)
Van Sant, Gus (USA)	1952	My own privat Idaho (1991); To Die For (1995); Good Will Hunting (1997); Elephant (2003); Milk (08); Sea of Trees (2015)
Vidor, King (USA)	1894-1982	Die große Parade (1925); Stella Dallas (1937); Comrade X (1940); Duell in der Sonne (1946); Krieg und Frieden (1956)
Visconti, Luchino (IT)	1906-1976	Rocco und seine Brüder (1960); Der Leopard (1963); Sandra (1965); Die Verdammten (1969); Tod in Venedig (1971)
Weir, Peter (AUS)	1944	Die letzte Flut (1977); Gallipoli (81); Der einzige Zeuge (85); Mosquito Coast (1986); Club der toten Dichter (1989); Green Card (1990); Fearless - Jenseits der Angst (93); Truman-Show (98); Master & Commander (2003); The Way Back (2010)
Welles, Orson (USA)	1915-1985	Citizen Kane (1941); Othello (1952); Im Zeichen des Bösen (1958); Falstaff (1966); Stunde der Wahrheit (1968)
Wenders, Wim (D)	1945	Der scharlachrote Buchstabe (1972); Der amerikanische Freund (1976); Paris, Texas (1984); Der Himmel über Berlin (1987); Million Dollar Hotel (1999); Buena Vista Social Club (1999); Don't come knocking (2005)
Wilder, Billy (AUT/USA)	1906-2002	**Das verlorene Wochenende** (1945); Boulevard der Dämmerung (1950); Sabrina (1954); Das verflixte 7te Jahr (1955); Manche mögen's heiß (1959); **Das Appartement** (1960); Küß mich Dummkopf (1964); Der Glückspilz (1966)
Wise, Robert (USA)	1914-2005	Der Tag, an dem die Erde stillstand (51); Die Wüstenratten (53); Laßt mich leben (58); **West Side Story** (1961); **Meine Lieder – meine Träume** (1965); Kanonenboot am Yangtse-Kiang (1966); Andromeda (1971); Star Trek: Der Film (1979)
Woo, John (CHINA)	1946	City Wolf (1986); Im Körper des Feindes (1997); Mission: Impossible 2 (2000); Paycheck - die Abrechnung (2003)
Wood, Sam (USA)	1883-1949	Marx-Brothers: In der Oper (1935); Marx-Brothers: Auf der Rennbahn (37); Auf Wiedersehen, Mr. Chips (39); Fräulein Kitty (1940); Mary & der Millionär (1941); Der große Wurf (1942); Wem die Stunde schlägt (1943); So ein Papa (1944)
Wyler, William (D/USA)	1902-1981	**Mrs. Miniver** (1942); **Die besten Jahre unseres Lebens** (1946); Ein Herz und eine Krone (1953); **Ben Hur** (1959)
Zemeckis, Robert (USA)	1952	Zurück in die Zukunft 1-3 (1985-90); **Forrest Gump** (1994); Cast Away (2000); Der Polarexpress (2004); The Walk (2015)
Zinnemann, Fred (AUT)	1907-1997	Das siebte Kreuz (1944); Die Gezeichneten (48); Akt der Gewalt (1948); Zwölf Uhr Mittags (1952); **Verdammt in alle Ewigkeit** (53); Oklahoma (55); Geschichte einer Nonne (59); **Ein Mann zu jeder Jahreszeit** (66); Der Schakal (1973)

WER SPIELT MIT WEM UND WOMIT WIE LANGE?

SPORTART	SPIELFLÄCHE	SPIELGERÄTE	MANNSCHAFT	SPIELZEIT/WERTUNG
American Football	Rasen: 120 × 50 m; aufgeteilt in 5-m und 10-m-Zonen; Torbreite: bis 7,2 m	Eiförmiger Ball; Umfang: 71 × 54 cm; Gewicht: 400 g	2 × 11 Spieler + je 11 Wechselspieler	4 × 12 (D), 4 x 15 (USA) nach Pkt. (Touchdown = 6; Goal = 3)
Badminton	13,4 × 5,18 m (Einzel); 13,4 × 6,1 m (Doppel); Netzhöhe bis 1,55 Meter	Federball: 14-16 Federn; Gewicht: 4,73-5,5 g; Schläger: 68 × 23 cm	Einzel, Doppel, Mixed	Nach 2 Gewinnsätzen; Pro Satz bis 21 Punkte
Baseball	Quadratisch mit Seitenlänge: 27,45 m; Abstand: Werfer zu Schläger: 18 m	Ball; Ø 7,4 cm, Umfang: 22,86 cm Schlagkeule; Länge 1,07 m	2 × 9 Spieler (1 Pitcher, 1 Catcher + 7 Feldspieler)	2 × 9 Innings pro Mannschaft; Anzahl der Runs und Homeruns
Basketball	28 × 15 m; Korbhöhe: 3,05 m; Zeit für einen Angriff: 24 Sek.	Ball bei Herren: Umfang: 75-78 cm (Größe 7); Gewicht bis 650 g	2 × 5 Spieler plus je 5 Auswechselspieler	4 × 10 Min. (in USA 4 × 12); Nach Punkten (pro Korb 2 od. 3 Punkte)
Beach-Volleyball	Sandfeld: 8 × 8 m; Netzhöhe: 2,43 m für Männer; 2,24 m für Frauen	Ball; Umfang: 66-68 cm; Gewicht: 260-280 g	2 × 2 Spieler	Nach 2 Gewinnsätzen; Pro Satz bis 21 Punkte; 3ter bis 15 Pkt.
Bowling	Länge der Bahn bis Pins: 18,3 m; Anlauf: 4,75 m; Bahnbreite: 1,53 m	Ball: Ø 21,8 cm; Gewicht: bis 7,257 kg; 10 Pins a' 1,35-1,64 kg	Einzel, Paare, Teams (je 3 oder 4 Spieler)	Ohne Zeitlimit; Zahl der gefallenen Pins nach 3 Spielen
Cricket	Ovales Rasenfeld: Ø 100-140 m; Spielbahn (Pitch): 20 m lang, 3 m breit	Ball; Umfang: 22,4-22,9 cm, 156-163 Gramm; Schläger: 85 cm lang	2 × 11 Spieler ohne Wechselspieler	1-2 Durchgänge (Innings) pro Team; Nach Anzahl der Runs
Curling	Ebene Eisbahn; 44,5 m lang	Oval-runder Stein; Umfang: 91,4 cm; Gewicht: bis 20 kg	2 × 4 Spieler; jeder Spieler mit 2 Steinen	Ohne Zeitlimit; nach Shots (Steine nahe Mittelkreis)
Eishockey	60 × 30 m; Bandenhöhe: 1,15-1,22 m; Torbreite: 1,83 m; Torhöhe: 1,22 m	Puck: Ø 7,62 cm, Gewicht: 156-170 Gramm, Schlägerlänge: 1,35 m	2 × 6 Spieler + je 9 Auswechselspieler	3 × 20 Minuten; Nach erzielten Toren
Eiskunstlauf	Eisstadion mit Sprüngen wie Salchow, Toeloop, Rittberger, Flip, Lutz und Axel	Kufen der Schlittschuhe: 3-4 mm breit	Einzel,- Paar- und Synchronlaufen	Nach Noten im Kurzprogramm (bis 2:50 Min.) + Kür (bis 4 Min.)
Fußball	Von 45 x 90 bis 90 x 120 m; i.d.R. 68 x 105 m; Torbreite: 7,32 m; Höhe: 2,44 m	Ball; Umfang 68-71 cm; Gewicht: 396-453 g	2 × 11 Spieler + je 3 Auswechselspieler	2 × 45 Minuten; Nach erzielten Toren (Pause dauert 15 Minuten)
Golf	18 Spielbahnen (Löcher) bis 500 m lang	Ball: Ø 41 mm; Gewicht: 45,9 g; 5-14 (Holz-, Eisen-)schläger	Einzel oder im Team	Nach 18 Loch die Summe aller Schläge bis zum Einlochen
Handball	Hallenplatz: 40 × 20 m; Torbreite: 3 m; [illegible]	Ball; Umfang: 58-60 cm; bis 475 g; [illegible]	2 × 7 Spieler + je 5 [illegible]	2 × 30 Minuten; Nach erzielten [illegible]

SPORTART	SPIELFLÄCHE	SPIELGERÄTE	MANNSCHAFT	SPIELZEIT/WERTUNG
Hockey	Rasen: 91,4 × 55 m; Torbreite: 3,66 m; Torhöhe: 2,14 m	Ball-Umfang: 22,4-23,5 cm; 156-163 Gramm; Stock: 340-794 g	2 × 11 Spieler + je 2 Auswechslungen	2 × 35 Minuten; Nach erzielten Toren
Kegeln	Länge von Bahnanfang bis Kegel: 23,5 Meter, Anlauf: 5,5 m; Bahnbreite: 1,7 m	Kugel: Ø 16 cm; Gewicht: 2,8-3,15 kg; 9 Kegel 1,85 kg	Einzel, Paare, Teams mit je 6 Spielern	Summe aller gefallenen Kegel nach 120 Würfen pro Spieler
Leichtathletik	Stadion mit 400-m-Bahn und Kunststoffbelag für Wurf- und Sprunganlagen	Kugel, Speer, Diskus, Hammer, Hochsprungstab, Staffelstab	Einzel und Staffel	Variabel nach Disziplin; der Schnellste, Weiteste Höchste
Polo	Feld: 274 × 192 m; Torbreite: 7,20 m; Torhöhe ist nicht vorgegeben	Ball; Ø 7-8 cm; 130 g Gewicht; Schlägerlänge: 1,295-1,37 m	2 × 4 Spieler + je 3-4 Auswechselpferde	4-8 Chukka je 7 ½ Minuten lang; Nach erzielten Toren
Rollhockey	20 × 40 m Fläche aus Asphalt, Beton o. Holz; Torbreite: 1,55 m; Torhöhe: 1,05	Ball; Umfang 23 cm; 155 g Gewicht; Schlägerlänge: 91-115 cm	2 × 5 Spieler + je 2 Auswechselspieler	2 × 25 Minuten; Nach erzielten Toren
Rugby	Rasen: 100 × 69 m + 2 × 22 m Malfelder Stangen: B 5,6 m; Querstange: H 3 m	Eiförmiger Ball; 28-30 cm lang, Gewicht: 400-440 g	2 × 13 Spieler + je 4 Auswechselspieler	2 × 40 Minuten; Nach Punkten (4 für's Legen, 3 für's Kicken)
Softball	Feld: 18 × 65 m; Abstand von Pitcher zu Butter (Werfer-Schläger): 13 m	Ball; Ø 10 cm; Schläger sind dünner und leichter als beim Baseball	2 × 9 Spieler (siehe Baseball	2 × 9 Innings pro Mannschaft; Nach Zahl der Runs & Homeruns
Springreiten	Parcours mit mind. 7-11 Hindernissen im Freien oder 6-10 in der Halle	Hindernisse bis 1,60 hoch + 2 m breit; Wassergraben bis 4,50 weit	Einzeln und in der Mannschaft	4 Strafpunkten bei Abwurf + 1 Punkt pro 4 Sek. über Richtzeit
Squash	Einzelbox: 9,75 × 6,4 m; Höhe: 5,5 m Doppelbox: 13,72 x 7,62 × 7 m Höhe	Ball; Ø 4 cm; Gewicht: 23,5 - 24,5 Gramm; Schlägerlänge bis 68,5 cm	Einzel oder Doppel	Nach 3 Gewinnsätzen; Pro Satz bis 11 Punkten
Tennis	Einzel: 23,77 × 8,23 m; Doppel: 23,77 × 10,97 m; Netzhöhe: 91,5 cm	Ball; Ø 6,35-6,67 cm, bis 58,47 g; Schläger: bis 73,7 cm + bis 350 g	Einzel, Doppel, Mixed oder Mannschaften	Nach 2 od. 3 Gewinnsätzen; Pro Satz bis 6 Spiele (bei Tie-Break 7)
Tischtennis	Tisch: 1,525 m breit, 2,74 m lang, 76 cm hoch; Netzhöhe: 15,25 cm	Zelluloidball: Ø 40 mm; 2,7 g; Holzschläger: Belag max. 4 mm	Einzel, Doppel, Mixed; Mannschaft	3 oder 4 Gewinnsätze; Pro Satz bis 11 Punkten
Volleyball	Halle: 9 × 9 m; Netzhöhe: 2,43 m für Männer; 2,24 m für Frauen	Ball; Umfang: 65-67 cm, Gewicht: 260-280 Gramm	2 × 6 Spieler + je 6 Auswechselspieler	Nach 3 Gewinnsätzen; Pro Satz bis 25 Punkten
Wasserball	Becken: 30 × 20 m, 1,8 m tief; Torbreite: 3 m; Torhöhe: 0,9 m	Ball; Umfang: 68-71 cm; Gewicht: 400-450 Gramm	2 × 7 Spieler + je 4 Auswechselspieler	4 × 7 Minuten; Nach erzielten Toren

NAME	GEBOREN	SPORTART	GROSSE ERFOLGE (WM=WELTMEISTER, EM=EUROPAMEISTER, DM=DEUTSCHER MEISTER, TS=TURNIERSIEG, GW=GESAMTWELTCUP, WPS=WELTPOKALSIEGER)
Altig, Rudi	1937 in Mannheim † 2016	Radrennen	6 × Eintagesrennen; 1 × Vuelta a España 1962; Grünes Trikot Tour de France
Beckenbauer, Franz	11.9.1945 in München	Fußball	2 × WM (1974/1990); 1 × EM (1972); 5 × DM; 4 × DFB-Pokal; WPS 1976
Becker, Boris	22.11.1967 in Leimen	Tennis	6 Grand-Slam-Siege (3 × Wimbledon 1985/1986/1989); 49 TS (Einzel)
Beerbaum, Ludger	26.8.1963 in Detmold	Springreiten	4 × Gold bei Olympia (1988-2000); 2 × WM; 5 × EM; 9 × DM; 1 × Weltcup
Boll, Timo	8.3.1981 in Erbach	Tischtennis	1 x Silber + 2 x Bronze bei Olympia, 2 × World Cup; 12 × EM; 24 × DM; 5 x CL
Brand, Heiner	26.7.1952 in Gummersbach	Handball	WM als Spieler (1978) und Trainer (2007); 6 × DM; 2 × PS; 2 × Super-Cup
Caracciola, Rudolf	1901 in Remagen, † 1959	Autorennen	3 × EM 1935,37,38; 15 × Grand Prix; 3 × Berg-Europameister 1930-1932
Cramm, Gottfried von	1909 in Nettlingen, † 1976	Tennis	2 × French Open; 3 × Zweiter in Wimbledon; 82 Siege im Davis Cup
Dietrich, Wilfried	1933 Schifferstadt, † 1992	Ringen	30 × DM (1951-1977); 1 × Gold (1960), 2 × Silber bei Olympia; 1 × WM; 8 TS
Disl, Uschi	15.11.1970 in Bad Tölz	Biathlon	2 × Gold, 4 × Silber, 3 × Bronze bei Olympia; 8 × WM-Gold; 8 × WM-Silber
Drechsler, Heike	16.12.1964 in Gera	Weitsprung/Sprint	2 × Gold, 1 × Silber, 2 Bronze (Weitsprung) bei Olympia; 2 × WM; 5 × EM
Enke, Karin	20.6.1961 in Dresden	Eisschnelllauf	3 × Gold, 4 × Silber bei Olympia; 11 × WM; 4 × Vize-WM; 3 × Vize-EM
Ertl, Martina	12.9.1973 in Lenggries	Skirennen	14 Weltcup-Siege; 2 × WM (2001/2005); 2 × Silber bei Olympia (1994/1998)
Fischer, Birgit	25.2.1962 in Brandenburg	Kanu	8 × Gold, 4 × Silber bei Olympia (1980-2004); 27 × WM; 2 × EM
Fischer, Sven	16.4.1971 in Schmalkalden	Biathlon	4 × Gold, 2 × Silber, 2 × Bronze bei Olympia; 7 × Weltmeister; 2 × GW
Friesinger, Anni	11.1.1977 Bad Reichenhall	Eisschnelllauf	3 × Gold, 2 × Bronze bei Olympia; 16 Gold + 12 Silber bei WM; 5 × EM; 13 × DM
Gienger, Eberhard	21.7.1951 in Künzelsau	Turnen	36 × DM; 1 × WM und 3 × EM am Reck; 1 × Bronze bei Olympia
Graf, Steffi	14.6.1969 in Mannheim	Tennis	107 TS; 22 Grand-Slam-Siege (7 × Wimbledon); 1 × Olympia-Gold
Groß, Michael	17.6.1964 Frankfurt/Main	Schwimmen	3 × Gold, 2 × Silber, 1 × Bronze bei Olympia; 5 × WM; 13 × EM
Groß, Ricco	22.8.1970 in Bad Schlema	Biathlon	4 × Gold, 3 × Silber, 1 × Bronze bei Olympia; 9 × Weltmeister
[illegible]	[illegible]	[illegible]	[illegible]

NAME	GEBOREN	SPORTART	GROSSE ERFOLGE (WM=WELTMEISTER, EM=EUROPAMEISTER, DM=DEUTSCHER MEISTER, TS=TURNIERSIEG, GW=GESAMTWELTCUP, WPS=WELTPOKALSIEGER)
Hannawald, Sven	9.11.1974 in Erlabrunn (DDR)	Skispringen	1 x Gold, 2 x Silber (Olympia); 4 x WM; Vierschanzen mit 4 Siegen (2002); 3 x DM
Harbig, Rudolf	1913 in Dresden † 1944	Mittelstreckenlauf	Der „Jahrhundert-Läufer" mit 3 Weltrekorde (400, 800, 1.000 m); 2 × EM, 7 x DM
Hary, Armin	22.3.1937 in Quierschied	100 m Sprint	2 × Gold Olympia (1960); Weltrekord über 100 m (10,0); 1 × EM; 2 × DM
Henkel, Heike	5.5.1964 in Kiel	Hochsprung	1 × Olympiasiegerin (1992); [illegible] × WM; 2 × EM; Welt-Leichtathletin des Jahres
Kilius, Marika	24.3.1943 in Frankfurt/Main	Eiskunstlauf	2 × Silber bei Olympia (1960/'64 mit H.J. Bäumler); 2 × WM; 6 × EM; 7 × DM
Klimke, Reiner	1936 in Münster † 1999	Dressurreiter	6 × Gold, 2 × Bronze bei Olympia (1964-88); 6 × WM; 11 × EM, 9 × DM
Klinsmann, Jürgen	30.7.1964 in Göppingen	Fußball	WM 1990; EM 1996; 2 × UEFA-Pokal, 1 × DM; WM-Dritter (2006) als Trainer
Kühnhackl, Erich	17.10.1950 in Citice (Tsch)	Eishockey	1 × Bronze bei Olympia (1976); 4 × DM; 724 Tore in 774 Bundesligaspielen
Kuhweide, Will	6.1.1943 in Berlin	Segeln	4 × WM; 3 × EM; 2 × DM (Finnjolle); 5 × DM (Soling); 10 × Kieler Woche
Kumbernuss, Astrid	5.2.1970 in Grevesmühlen	Kugelstoßen	1 × Gold, 1 × Bronze bei Olympia; 3 × WM; 3 × EM; 5 × DM; 3 × Grand Prix
Langer, Bernhard	27.8.1957 in Anhausen	Golf	109 TS; 2 Major-Siege (1985, 1993); 10 Senior Majors; 1 × Ryder Cup Sieg 2004
Linsenhoff, Liselott	1927 in Frankfurt/M † 1999	Dressurreiten	2 × Gold, 2 × Silber, 1 × Bronze bei Olympia; 1 × WM; 5 × EM; 1 × DM
Matthäus, Lothar	21.3.1961 in Erlangen	Fußball	1 × WM; 2 × Vize-WM; 1 × EM; 7 × DM; 2 × UEFA-Cup; 2 × DFB-Pokal;
Maier, Sepp	28.2.1944 in Metten	Fußball/Tor	WM 1974; EM 1972; 4 × DM; 4 × DFB-Pokal; 1 × WPS; 4 × Europa-Pokal
Maske, Henry	6.1.1964 in Treuenbrietzen	Boxen	31 Siege in 32 Kämpfen; 1 × WM; 1 × Gold bei Olympia 1988; 1 × Weltcup
Meyfarth, Ulrike	4.5.1956 in Frankfurt/Main	Hochsprung	2 × Gold bei Olympia (1972, 84); 1 × EM; 4 × Sportlerin des Jahres
Mittermaier, Rosi	5.8.1950 in Reit im Winkl	Skirennen	2 × Gold + 1 × Silber bei Olympia 1976; 2 × WM, 10 Weltcup-Siege
Müller, Gerd	3.11.1945 in Nördlingen	Fußball	1 × WM (1974); 1 × EM (1972); 4 × DM, 365 Bundesligatore (Rekord)
Neckermann, Josef	1912 in Würzburg † 1992	Dressurreiten	333 TS (1956-1981); 2 × Gold bei Olympia; 1 × WM (1966)
Netzer, Günter	14.9.1944 in M'gladbach	Fußball	1 × WM 1974; 1 × EM 1972; 2 × DM; 1 × DFB Pokal; 2 × Spanischer Meister
Niemann-St., Gunda	7.9.1966 in Sondershausen	Eisschnelllauf	3 × Gold, 4 × Silber, 1 × Bronze bei Olympia; 19 × WM, 8 × EM, 34 × DM

NAME	GEBOREN	SPORTART	GROSSE ERFOLGE TS=TURNIERSIEG, GW=GESAMTWELTCUP, WPS=WELTPOKALSIEGER)
Nowitzki, Dirk	19.6.1978 in Würzburg	Basketball	1 × NBA-Meister (2011); 6-bester NBA-Spieler aller Zeiten, über 31.140 Punkte
Otto, Kristin	7.2.1966 in Leipzig	Schwimmen	6 × Gold (für die DDR) bei Olympia 1988; 7 × Weltmeister (1982/1986)
Pechstein, Claudia	22.2.1972 in Ost-Berlin	Eisschnelllauf	5×G, 2×S, 2×B bei Olympia; 6×G, 22×S, 14×B bei WM; 3xG, 6×S bei EM; 33 DM
Prinz, Birgit	25.10.1977 in Frankfurt/Main	Fußball	2 x Weltmeisterin (2003+2007); 5 x EM; 3 x Olympia-Bronze; 9 x DM; 10 x Pokal
Rahn, Helmut	1929 in Essen † 2003	Fußball	„The Boss" schoss 21 Tore in 40 LS; 1 × WM (1954); 1 × DFB; 1 × DM
Rosemeyer, Bernd	1909 in Lingen † 1938	Autorennen	1 × Europameister 1936; 6 × Grand Prix; 2 × Eifelrennen; 2 × Coppa Acerbo
Rosendahl, Heide	14.2.1947 in Hückeswagen	Weitsprung	2 × Gold, 1 × Silber bei Olympia (1972); 2 × EM; 15 × DM
Roßkopf, Jörg	25.5.1969 in Dieburg	Tischtennis	1 × WM; 3 × EM; 8 × DM; Weltcup-Sieger und Silber bei Olympia
Schmeling, Max	1905 in Klein-Luckow † 2005	Boxen	56 Siege in 70 Kämpfen; Weltmeister von 1930-1932
Schumacher, Michael	3.1.1969 in Hüth	Formel 1	7 × WM; 307 Starts, 91 Siege, 68 Pole Posit, 1.566 WM Punkte; Skiunfall 2013
Seeler, Uwe	5.11.1936 in Hamburg	Fußball	Vize-WM 1966; WM-Dritter 1970; 1 × DM; 1 × DFB-Pokal
Seizinger, Katja	10.5.1972 in Datteln	Skirennen	3 × Gold, 2 × Bronze bei Olympia; 1 × WM; 2 × GW; 36 Weltcupsiege
Vettel, Sebastian	3.7.1987 in Heppenheim	Formel 1	4 x WM (2010-2013); 46 Siege bei 193 Starts; 2.355 WM Punkte (9/2017)
von Almsick, Franziska	5.4.1978 in Berlin	Schwimmen	4 × Silber, 6 × Bronze bei Olympia (1992-2004); 2 × WM; 17 × EM
Walter, Fritz	1920 in Kaiserslautern † 2002	Fußball	1 × WM (1954); 2 × DM; 61 LS, 33 Tore; 306 Tore für 1. FC Kaiserslautern
Wasmeier, Markus	9.9.1963 in Schliersee	Skirennen	9 Weltcup-Siege; 2 × Olympisches Gold; 1 × WM; 8 × DM
Weissflog, Jens	21.7.1964 in Erlabrunn	Skisprung	3 x Gold, 1 x Silber bei Olympia; 3 x WM; 4 x Vier-Schanzen-Tournee
Weller, René	21.11.1953 in Pforzheim	Boxen	52 Siege in 55 Kämpfen; 1 x Weltmeister; 2 x Europameister
Wilhelm, Kati	2.8.1976 in Schmalkalden	Biathlon	3 × Gold, 3 × Silber bei Olympia; 5 × WM; 4 × Vize-WM; 1 x GW; 37 Siege
Winkler, Hans Günter	24.7.1926 in Barmen	Springreiten	5 × Gold, 1 × Silber bei Olympia (1956-76); 2 × WM; 1 × EM; 1 × DM
Witt, Katarina	1965 in Berlin-Staaken (DDR)	Eiskunstlauf	2 x Gold bei Olympia (1984+1988), 4 × WM, 2 x Vize-WM, 6 x EM, 8 x DDR-M
Zabel, Eric	7.7.1970 in Ost-Berlin	Radrennen	12 × Etappen-Siege bei der Tour de France; 2 × Vize-WM; 1 × Weltcup-Gesamt

NAME (HERKUNFT)	**LEB-ZEITEN**	**SPORTART**	**GROSSE ERFOLGE** (WM=WELTMEISTER, EM=EUROPAMEISTER, GW=GESAMTWELTCUP, LS=LÄNDERSPIELE, TS=TURNIERSIEG; MVP = MOST VALUABLE PLAYER)
Aamodt, Kjetil André (NOR)	1971	Ski-Alpin	4 × Gold, 2 × Silber, 2 × Bronze bei Olympia; 5 × WM; 1 × GW; 21 Weltcupsiege
Abdul-Jabbar, Kareem (USA)	1947	Basketball	6 × NBA-Meister; 6 × MVP; führt bis heute die NBA-Rangliste mit 38.387 Punkten
Agassi, Andre (USA)	1970	Tennis	64 TS; 8 Grand-Slam-Siege (4 × Australian Open); 101 Wochen auf Rang 1
Agostini, Giacomo (IT)	1942	Motorradsport	15 × WM; 122 Grand-Prix-Siege
Ali, Muhammad (USA)	1942-2016	Boxen	Ehemals „Cassius Clay“ siegte in 56 von 61 Kämpfen; 3 × WM; 1 × Gold bei Olympia
Aljechin, Alexander (RUS)	1892-1946	Schach	Großmeister (1914); Weltmeister (1927-35; 37-46); historisch höchste Elo-Zahl (2.860)
Armstrong, Lance (USA)	1971	Radsport	7 × Tour de France (1999-2005) wurden 2012 aberkannt; 1 × Olympiabronze; 1 × Straßen-WM
Ashford, Evelyn (USA)	1957	Leichtathletik	4 × Gold, 1 × Silber bei Olympia (1984-1992)
Beamon, Bob (USA)	1946	Leichtathletik	Weitsprung-Olympiasieger (1968) mit der 23 Jahre gültigen Rekordweite von 8,90 m
Bjørndalen, Ole Einar (NOR)	1974	Biathlon	135 Weltcup-Siege (davon 94 Einzel), 8 × G, 4 × S, 1 × B bei Olympia; 20 × WM, 6 × GW
Blankers-Koen, Fanny (NL)	1918-1904	Leichtathletik	4 × Gold bei Olympia (1948); 5 × EM; 21 Weltrekorde in 6 Disziplinen (Sprint, Hürde)
Bonds, Barry (USA)	1964	Baseball	Insgesamt 756 Homeruns, davon 73 Homeruns in einer Saison (Rekord)
Borg, Björn (SWE)	1956	Tennis	62 Turnier-Siege; 11 Grand-Slam-Siege (5 × Wimbledon, 6 × French Open)
Bubka, Sergej (UKR)	1963	Leichtathletik	1 × Gold bei Olympia (1988); 6 × WM; 1 × EM im Stabhochsprung
Charlton, Bobby (ENG)	1937	Fußball	1 × Weltmeister (1966); 3 × Englischer Meister; 1 × Europapokal; 106 LS mit 49 Toren
Connors, Jimmy (USA)	1952	Tennis	109 Turnier-Siege; 10 Grand-Slam-Siege (5 × US Open); 268 Wochen auf Rang 1
Cruyff, Johan (NL)	1947-2016	Fußball	1 × Vizeweltmeister (1974); 9 × NL-Meister; 6 × NL-Pokalsieger; 1 × Spanischer Meister
Daehlie, Björn (NOR)	1967	Skilanglauf	8 × Gold, 4 × Silber bei Olympia; 9 × WM + 5 Vize-WM; 19 x Norwegischer Meister
Dunkerbeck, Björn (DEN)	1969	Surfen/Segeln	41 × Weltmeister; über 100 Einzelsiege (erfolgreichster Profi-Sportler aller Zeiten)
Ewry, Raymond (USA)	1873-1937	Leichtathletik	8 × Gold bei Olympia (1900-1908); 15 × US-Meister
Fangio, J. Manuel (ARG)	1911-1995	Formel 1	5 × Weltmeister; 24 Siege bei 51 Grand Prix Starts

NAME (HERKUNFT)	**LEB-ZEITEN**	**SPORTART**	**GROSSE ERFOLGE** (WM=WELTMEISTER, EM=EUROPAMEISTER, GW=GESAMTWELTCUP, TS=TURNIERSIEGE)
Federer, Roger (CH)	1981	Tennis	97 TS; 20 × Grand-Slam (8 × Wimbledon, 5 × US Open, 6 × Australien, 1 × French Open)
Fischer, Bobby (USA)	1943-2008	Schach	Wurde 1972 WM im „Match des Jahrhunderts" gegen Boris Spasski (WM 1969-1972)
Foreman, George (USA)	1949	Boxen	76 Siege (68 k.o.) in 81 Kämpfen; Gold bei Olympia; WM mit 44 Jahren
Garrincha (BRA)	1933-1983	Fußball	2 × Weltmeister (1958/1962); schoss in 617 Spielen 239 Tore; 50 Länderspiele (12 Tore)
Gretzky, Wayne (CAN)	1961	Eishockey	4 × Stanley-Cup; Insgesamt 894 Toren und 1963 Vorlagen
Hayes, Bob (USA)	1942-2002	American Football	2 × Gold bei Olympia (100 m + Staffel, 1964 in Tokio); 1 × Superbowl (1971)
Heiden, Eric (USA)	1958	Eisschnelllauf	5 × Gold bei den olympischen Winterspielen in Lake Placid (1980)
Hinault, Bernard (F)	1954	Radrennen	5 × Tour de France Sieger (1978, 79, 81, 82, 85); 3 × Giro d'Italia; 1 × Straßen-WM (1980)
Induráin, Miguel (E)	1964	Radrennen	5 × Tour de France Sieger (1991-1995); 2 × Giro d'Italia; 1 × Gold bei Olympia
Johnson, Magic (USA)	1959	Basketball	1 × Gold bei Olympia; 5 × NBA-Meister; 17.700 Punkte in 905 Spielen
Jones, Bobby (USA)	1902-1971	Golf	4 × US-Open, 3 × Open Championship, 1 × British Championship (alle 1922-1930)
Jordan, Michael (USA)	1963	Basketball	2 × Olympia-Gold; 6 × NBA-Meister (Chicago Bulls); 32.292 Punkte in 1.072 Spielen
Karpow, Anatoli (RUS)	1951	Schach	Weltmeister von 1975-1985; FIDE-Weltmeister von 1993-1999; Elo-Zahl: 2.780
Kasparov, Garri (RUS)	1963	Schach	Großmeister (1980) und Weltmeister von 1985-2000; Mit 2.851 2-höchste Elo-Zahl
Keino, Kipchoge (KENIA)	1940	Leichtathletik	2 × Gold, 2 × Silber bei Olympia (1968, 1972); 2 × Afrika-Meister; 3 × Gold Commonwealth
Kempes, Mario (ARG)	1954	Fußball	1 × Weltmeister (1978); 2 × spanischer Pokalsieger, 1 × argent. Meister; 1 × Europa-Pokal
Killy, Jean-Claude (FRA)	1943	Ski-Alpin	3 × Gold bei Olympia 1968, 6 × WM, 1 × Gesamtweltcup
Klitschko, Vitali (UKR)	1971	Boxen	45 Siege (41 durch K.o.) in 47 Kämpfen; 2 x WM (WBO) und 11 x WM (WBC)
Kostelic, Janica (KRO)	1982	Ski-Alpin	4 × Gold, 2 × Silber bei Olympia, 5 × WM, 30 Weltcupsiege, 3 × Gesamtweltcup
Latynina, Larissa (RUS)	1934	Kunstturnen	9 × Gold, 5 × Silber, 4 × Bronze bei Olympia, 9 × Weltmeisterin, 7 x Europameisterin
Lauda, Niki (AUT)	1949	Formel 1	3 × WM (1975, 1977, 1984); 25 Siege in 171 Rennen; 420,5 WM-Punkte
Lemieux, Mario (CAN)	1965	Eishockey	Gold bei Olympia 2002; 2 × Stanley-Cup; 7 × NHL All Star; 690 Tore in 915 Spielen

NAME (HERKUNFT)	**LEB-ZEITEN**	**SPORT-ART**	**GROSSE ERFOLGE** GW=GESAMTWELTCUP, LS=LÄNDERSPIELE, TS=TURNIERSIEG
Lendl, Ivan (CZ)	1960	Tennis	8 × Grand-Slam, 100 Turnier-Siege 1.070 gewonnene Spiele
Lewis, Carl (USA)	1961	Leichtathletik	9 × Gold, 1 × Silber bei Olympia; 8 × Weltmeister
Louis, Joe (USA)	1914-1981	Boxen	„Der braune Bomber" gewann 69 von 72 Kämpfen; 12 Jahre lang WM (1937-1949)
Maier, Hermann (AUT)	1972	Ski-Alpin	2 × Gold, 1 × Silber, 1 × Bronze bei Olympia, 3 × WM, 4 × GW, 54 Weltcupsiege
Marciano, Rocky (USA)	1923-1969	Boxen	49 Siege in 49 Kämpfen (davon 43 mit K.o.); Weltmeister von 1952-1956
Maradona, Diego (ARG)	1960	Fußball	1 × Weltmeister (1986); 1 × Vizeweltmeister (1990); 2 × Ital. Meister; 1 × UEFA-Cup
McEnroe, John (USA)	1959	Tennis	Einzel: 7 x GS (3 x Wimbledon, 4 x US Open) Doppel: 7 x GS; Gesamt: 155 TS
Merckx, Eddy (BEL)	1945	Radrennen	5 × Tour de France Sieger (1969,70,71,72,74); 5 × Giro d'Italia; 4 × Straßen-WM
Messi, Lionel (ARG)	1987	Fußball	Gold bei Olympia 2008, 9 × span. Meister, 4 × Champions League, 3 × UEFA Cup; 5 x Weltfußballer
Messner, Reinhold (IT)	1944	Bergsteigen	Bestieg alle 14 Achttausender ohne Sauerstoffgerät; Antarktis-Durchquerung zu Fuß
Moser, Annemarie (AUT)	1953	Ski-Alpin	1 × Gold, 2 × Silber bei Olympia, 5 × Gold, 2 × Silber, 2 × Bronze bei WM, 6 × GW
Moses, Edwin (USA)	1955	Leichtathletik	2 × Gold, 1 × Bronze bei Olympia; 2 × WM; 3 × Weltpokalsieger
Naish, Robby (USA)	1963	Windsurfen	24 × Weltmeister im Windsurfen; 3 × Weltmeister im Kitesurfen
Navratilova, Martina (CZ)	1956	Tennis	167 TS (Einzel); 177 TS (Doppel); 18 Grand-Slam-Siege (9 × Wimbledon)
Niklaus, Jack (USA)	1940	Golf	115 TS; 18 Major-Siege (6 × Masters; 4 × US Open; 5 × PGA Championship)
Nurmi, Paavo (FIN)	1897-1973	Leichtathletik	9 × Gold, 3 × Silber bei Olympia; 24 Weltrekorde
Nykänen, Matti (FIN)	1963	Skispringen	46 Weltcupsiege; 7 × WM; 4 × Gold, 1 × Silber bei Olympia; 4 × GW; 2 × 4-Schanzen-Tournee
O'Neal, Shaquille (USA)	1972	Basketball	1 × Gold bei Olympia (1996); 1 x WM (1994); 4 x NBA-Meister
Owens, Jesse (USA)	1913-1980	Leichtathletik	4 × Gold bei Olympia (1936); 6 Weltrekorde innerhalb von 45 Minuten
Pärson, Anja (SWE)	1981	Ski-Alpin	1 × Gold, 1 × Silber, 4 × Bronze bei Olympia, 7 × WM, 2 x Vize-WM, 2 × GW, 42 Weltcupsiege
Phelps, Michael (USA)	1985	Schwimmen	23 × Gold, 3 x Silber, 2 × Bronze bei Olympia; 26 × Weltmeister; 6 x Vize-WM (Stand: 3/2018)
Pelé (BRA)	1940	Fußball	3 × WM (1958,1962,1970); 5 × Brasilien-Meister; 1.281 Tore in 1.363 Spielen (WR)

INTERNATIONALE SPORTLEGENDEN

NAME (HERKUNFT)	**LEB-ZEITEN**	**SPORT-ART**	**GROSSE ERFOLGE** (WM=WELTMEISTER, EM=EUROPAMEISTER, GW=GESAMTWELTCUP, WCS=WELTCUP-SIEGE)
Platini, Michel (FRA)	1955	Fußball	1 × EM (1984); 71 LS, 41 Tore; UEFA-Cup (1984); 1 × Franz. Meister; 2 × Italienischer Meister
Prost, Alain (FRA)	1955	Formel 1	4 × Weltmeister; 51 Siege in 199 Rennen
Puskas, Ference (UNG)	1927-2006	Fußball	1 × Vize-WM (1954); 85 LS, 84 Tore; 4 × Ungarischer Meister, 5 × Spanischer Meister
Ronaldo, Cristiano (POR)	1985	Fußball	1 x EM (2016), 5 x Landesmeister; 4 x Champions-League; 3 x UEFA-Cup; 5 x Weltfußballer
Schneider, Vreni (CH)	1964	Ski-Alpin	3 × Gold, 1 × Silber, 1 × Bronze bei Olympia; 3 × WM; 3 × GW; 55 Weltcupsiege
Schranz, Karl (AUT)	1938	Ski-Alpin	1 × Silber bei Olympia 1964; 3 × WM; 2 × GW; 12 Weltcupsiege
Senna, Ayrton (BRA)	1964-1994	Formel 1	3 × Weltmeister; 41 Siege; 65 Pole Position (verunglückte am 1.5.1994 in San Marino)
Sailer, Toni (AUT)	1935-2009	Ski-Alpin	3 × Gold bei Olympia 1956; 7 × WM; ca. 170 Weltcupsiege (später: Schauspieler)
Sampras, Pete (USA)	1971	Tennis	14 × Grand-Slam-Siege (7 × Wimbledon, 5 × US Open), 286 Wochen lang auf Rang 1
Spitz, Mark (USA)	1950	Schwimmen	9 × Gold, 1 × Silber, 1 × Bronze bei Olympia; (er trat im Alter von 22 Jahren zurück)
Stenmark, Ingemar (SWE)	1956	Ski-Alpin	2 × Gold, 1 × Bronze bei Olympia; 5 × WM; 86 Weltcupsiege; 3 × GW
Tomba, Alberto (ITA)	1966	Ski-Alpin	3 × Gold, 2 × Silber bei Olympia; 2 × WM; 50 Weltcupsiege; 1 × GW
Tyson, Mike (USA)	1966	Boxen	50 Siege in 58 Kämpfen; 2 × WBC-Weltmeister; 2 × WBA-Weltmeister; 1 × IBF-WM
Vonn, Lindsey (USA)	1984	Ski-Alpin	1 × Gold, 1 × Bronze bei Olympia, 2 × Gold, 3 × WM Silber, 4 × GW, 77 Siege (Stand: 9/2017)
Weismüller, Johnny (USA)	1904-1984	Schwimmen	5 × Gold bei Olympia (1924/1928); 51 Weltrekorde; Olympia-Bronze im Wasserball
Woods, Tiger (USA)	1975	Golf	106 TS; 14 Major-Siege (u.a. 4 × PGA, 4 × Masters, 3 × US Open); über 500 Wochen auf Rang 1
Zatopek, Emil (TCH)	1922-2000	Leichtathletik	4 × Gold bei Olympia (1948, 1952); 3 × EM
Zico (BRA)	1953	Fußball	88 LS, 66 Tore; 4 × Bras. Meister; 1 × Weltpokal (1981); Weltfußballer des Jahres 1983
Zidane, Zinedine (F)	1972	Fußball	1 × WM (1998); 1 × Vize-WM; 1 × EM (2000); 1 × CL; 3 × Weltfußballer des Jahres
Zoff, Dino (IT)	1942	Fußball	1 × Weltmeister (1982); 6 × Italienischer Meister; 2 × Italienischer Pokalsieger; 1 × UEFA-Pokal

WELTREKORDE IN DER LEICHTATHLETIK (STAND: 9/2017)

DISZIPLIN	MÄNNER (REKORDZEIT, REKORDHALTER, LAND, REKORDJAHR)	FRAUEN (REKORDZEIT, REKORDHALTERIN, LAND, REKORDJAHR)
100 m	9,58 sec; Usain Bolt, JAMAIKA, 2009 in Berlin	10,49 sec; Florence Griffith-Joyner, USA, 1988 in Indianapolis
200 m	19,19 sec; Usain Bolt, JAMAIKA, 2009 in Berlin	21,34 sec; Florence Griffith-Joyner, USA, 1988 in Seoul
400 m	43,18 sec; Michael Johnson, USA, 1999 in Sevilla	47,60 sec; Marita Koch, DDR, 1985 in Canberra
800 m	1:40,91 min; David Lekuta Rudisha, KEN, 2012 in London	1:53,28 min; Jarmila Kratochvilová, CZE, 1983 in München
1.500 m	3:26,00 min; Hicham El Guerrouj, MAR, 1998 in Rom	3:50,07 min; Genzebe Dibaba, ÄTH, 2015 in Monaco
5.000 m	12:37,35 min; Kenenisa Bekele, ETH, 2004 in Hengelo	14:11,15 min; Tirunesh Dibaba, ETH, 2008 in Oslo
10.000 m	26:17,53 min; Kenenisa Bekele, ETH, 2005 in Brüssel	29:31,78 min; Wang Junxia, CHINA, 1993 in Peking
Marathon	2:02:57 Std; Dennis Kipruto Kimetto, KENIA, 2014 in Berlin	2:15:25 Std; Paula Radcliffe, GBR, 2003 in London
110-m-Hürden	12,80 sec; Aries Merritt, USA, 2012 in Brüssel	100 m in 12,21; Jordanka Donkowa, BUL, 1988 in Stara Sagora
400-m-Hürden	46,78 sec; Kevin Young, USA, 1992 in Barcelona	52,34 sec; Julija Petschonkina, RUS, 2003 in Tula
Hochsprung	2,45 m; Javier Sotomayor, CUBA, 1993 in Salamanca	2,09 m; Stefka Kostadinowa, BUL, 1987 in Rom
Stabhochsprung	6,16 m; Renaud Lavillenie, FRA, 2014 in Donezk	5,06 m; Jelena Issinbajewa, RUS, 2009 in Zürich
Weitsprung	8,95 m; Mike Powell, USA, 1991 in Tokio	7,52 m; Galina Tschistjakowa, URS, 1988 in Leningrad
Dreisprung	18,29 m; Janathan Edwards, GBR, 1995 in Göteborg	15,50 m; Inessa Krawez, UKRAINE, 1995 in Göteborg
Kugelstoßen	23,12 m; Randy Barnes, USA, 1990 in Los Angeles	22,63 m; Natalja Lissowskaja, URS, 1987 in Moskau
Diskuswurf	74,08 m; Jürgen Schult, DDR, 1986 in Neubrandenburg	76,80 m; Gabriele Reinsch, DDR, 1988 in Neubrandenburg
Hammerwurf	86,74 m; Jurij Sedych; URS, 1986 in Stuttgart	82,29 m; Anita Włodarczyk, POL, 2016 in Rio
Speerwurf	98,48 m; Jan Zelezny, CZE, 1996 in Jena	72,28 m; Barbora Spotáková; CZE, 2008 in Stuttgart
Zehnkampf	9.045 Punkte; Ashton Eaton, USA, 2015 in Peking	(7-Kampf); 7291 Punkte, Jackie Joyner, USA, 1988 in Seoul
50-km-Gehen	3:32:33 Std; Yohann Diniz, FRA, 2014 in Zürich	20-km-Gehen in 1:24:38 Std; Liu Hong, CHINA, 2015 in La Coruna
4 x 100-m-Staffel	36,84 sec; JAMAIKA, 2012 in London	40,82 sec; USA, 2012 in London
4 x 400-m-Staffel	2:54,29 min; USA, 1993 in Stuttgart	3:15,17 min; URS, 1988 in Seoul

DEUTSCHE (INKL. DDR) REKORDE IN DER LEICHTATHLETIK (STAND: 9/2017)

DISZIPLIN	MÄNNER (REKORDZEIT, REKORDHALTER, VEREIN, REKORDJAHR)	FRAUEN (REKORDZEIT, REKORDHALTERIN, VEREIN, REKORDJAHR)
100 m	**10,01 sec; Julian Reus** (TV Wattenscheid 01); **2016**	**10,81 sec; Marlies Göhr** (SCM Jena); **1983**
200 m	20,20 sec; Tobias Unger (LAZ Kornwestheim); 2005	21,71 sec **(ER)**; M. Koch (Rostock)/H. Drechsler (Jena); 1979/1986
400 m	44,33 sec **(ER)**; Thomas Schönlebe (SC Karl-Marx-Stadt); 1987	47,60 sec **(WR)**; Marita Koch (SCE Rostock); 1985
800 m	1:43,65 min; Willi Wülbeck (TV Wattenscheid); 1983	1:55,26 min; Sigrun Wodars (SC Neubrandenburg); 1987
1.500 m	3:31,58 min; Thomas Wessinghage (USC Mainz), 1980	3:57,71 min; Christiane Wartenberg (SC Halle); 1980
5.000 m	12:54,70 min; Dieter Baumann (TSV Bayer Leverk.); 1997	14:42,03 min; Irina Mikitenko (Eintracht Frankfurt); 1999
10.000 m	27:21,53 min; Dieter Baumann (TSV Bayer Leverk.); 1997	31:03,62 min; Kathrin Ullrich (SC Berlin); 1991
Marathon	2:08:33 Std; Arne Gabius (LT Haspa Hamburg), 2015	2:19:19 Std; Irina Mikitenko (TV Wattenscheid); 2008
110-m-Hürden	13,05 sec; Florian Schwarthoff (TV Heppenheim); 1995	100-m-Hürde: 12,42 sec; Bettine Jahn (Karl-Marx-Stadt); 1983
400-m-Hürden	47,48 sec; Harald Schmid (TV Gelnhausen); 1982	53,24 sec; Sabine Busch (SCT Erfurt); 1987
Hochsprung	2,37 m; Carlo Thränhardt (ASV Köln), 1984	2,06 m; Ariane Friedrich (LG Eintracht Frankfurt); 2009
Stabhochsprung	6,01 m; Björn Otto (LAV Bayer Uerdingen); 2012	4,82 m; Silke Spiegelburg (Bayer 04 Leverkusen); 2012
Weitsprung	8,54 m; Lutz Dombrowski (SC Karl-Marx-Stadt); 1980	7,48 m; Heike Drechsler (SCM Jena); 1988
Dreisprung	17,66 m; Ralf Jaros (TV Wattenscheid); 1991	14,57 m; Katja Demut (TUS Jena), 2011
Kugelstoßen	23,06 m **(ER)**; Ulf Timmermann (TSC Berlin); 1988	22,45 m; Ilona Slupianek (SC Dynamo Berlin); 1980
Diskuswurf	74,08 m **(WR)** ;Jürgen Schult (SC Tr. Schwerin); 1986	76,80 m **(WR)**; Gabriele Reinsch (SC Cottbus); 1988
Hammerwurf	83,40 m; Ralf Haber (SC Karl-Marx-Stadt); 1988	79,42 m **(WR);** Betty Heidler (Eintracht Frankfurt); 2011
Speerwurf	93,90 m; Thomas Röhler (LC Jena); 2017	70,20 m: Christina Obergföll (LG Offenburg); 2007
Zehnkampf	8.832 Punkte; Jürgen Hingsen (Bayer Uerdingen); 1984	7-Kampf: 6.985 Punkte; Sabine Braun (Wattenscheid); 1992
50-km-Gehen	3:37:46 Std; Andreas Erm (SC Potsdam); 2003	20-km: 1:27:56 Std; Sabine Zimmer (SC Potsdam); 2004
4 x 100-m-Staffel	38,02 sec; (Reus, Unger, Kosenkow, Jakubczyk); 2012	41,37 sec **(ER)** (Gladisch, Rieger, Auerswald, Göhr); 1985
4 x 400-m-Staffel	2:59,86 min; (Möller, Schersing, Carlowitz, Schönlebe); 1985	3:15,92 min; (Walther, Busch, Rübsam, Koch); 1984

DISZIPLIN	MÄNNER (REKORDZEIT, REKORDHALTER, LAND, REKORDJAHR)	FRAUEN (REKORDZEIT, REKORDHALTERIN, LAND, REKORDJAHR)
50 m Freistil	20,91 sec; Cesar Cielo Filho (BRA); 2009 in Sao Paolo	23,67 sec; Sarah Sjöström (SWE), 2017 in Budapest, Ungarn
100 m Freistil	46,91 sec; Cesar Cielo Filho (BRA); 2009 in Rom	51,71 sec; Sarah Sjöström (SWE), 2017 in Budapest, Ungarn
200 m Freistil	1:42,00 min; Paul Biedermann (SV Halle/Saale), 2009	1:52,98 min; Federica Pellegrini (ITA), 2009 in Rom
400 m Freistil	3:40,07 min; Paul Biedermann (SV Halle/Saale), 2009	3:56,46 min; Katie Ledecky (USA), 2016 in Rio
800 m Freistil	7:32,12 min; Zhang Lin (VR CHINA), 2009 in Rom	8:04,79 min; Katie Ledecky (USA), 2016 in Rio
1.500 m Freistil	14:31,02 min; Sun Yang (VR CHINA), 2012 in London	15:25,48 min; Katie Ledecky (USA), 2015 in Kasan, Russland
50 m Rücken	24,04 sec; Liam Tancock (GB), 2009 in Rom	27,06 sec; Jing Zhao (VR CHINA), 2009 in Rom
100 m Rücken	51,85 sec; Ryan Murphy (USA), 2016 in Rio	58,10 sec; Kylie Masse (CAN), 2017 in Budapest, Ungarn
200 m Rücken	1:51,92 min; Aaron Peirsol (USA), 2009 in Rom	2:04,06 min; Missy Franklin (USA), 2012 in London
50 m Brust	25,95 sec; Adam Peaty (GB), 2017 in Budapest, Ungarn	29,40 sec; Lilly King (USA), 2017 in Budapest, Ungarn
100 m Brust	57,13 sec; Adam Peaty (GB), 2016 in Rio	1:04,13 min; Lilly King (USA), 2017 in Budapest, Ungarn
200 m Brust	2:06,67 min; Ippei Watanabe (JAP), 2017 in Tokio, Japan	2:19,11 min; Rikke Møller Pedersen (DEN); 2013 in Barcelona
50 m Delphin	22,43 sec; Rafael Muñoz (E); 2009 in Málaga	24,43 sec; Sarah Sjöström (SWE), 2014 in Boras, SWE
100 m Delphin	49,82 sec; Michael Phelps (USA), 2009 in Rom	55,48 sec; Sarah Sjöström (SWE), 2016 in Rio
200 m Delphin	1:51,51 min; Michael Phelps (USA), 2009 in Rom	2:01,81 min; Liu Zige (VR CHINA), 2009 in Jinan, China
200 m Lagen	1:54,00 min; Ryan Lochte (USA), 2011 in Shanghai	2:06,12 min; Katinka Hosszu (UNG), 2015 in Kasan, Russland
400 m Lagen	4:03,84 min; Michael Phelps (USA), 2008 in Peking	4:26,36 min; Katinka Hosszu (UNG), 2016 in Rio
4 x 100 m Freistil	3:08,24 min; USA, 2008 in Peking	3:30,65 min; Australien, 2016 in Rio
4 x 200 m Freistil	6:58,55 min; USA, 2009 in Rom	7:42,08 min; VR China, 2009 in Rom
4 x 100 m Lagen	3:27,28 min; USA, 2009 in Rom	3:51,55 min; USA (Baker, King, Worrell, Manuel), 2017 in Budapest

DEUTSCHE REKORDE IM SCHWIMMSPORT (50-M-BAHN) (STAND: 9/2017)

DISZIPLIN	MÄNNER (REKORDZEIT, REKORDHALTER, VEREIN, REKORDJAHR)	FRAUEN (REKORDZEIT, REKORDHALTERIN, VEREIN, REKORDJAHR)
50 m Freistil	21,81 sec; Damian Wierling (SG Essen); 2016	23,73 sec; Britta Steffen (SG Neukölln Berlin); 2009
100 m Freistil	48,24 sec; Marco di Carli (SG Frankfurt); 2011	52,07 sec; Britta Steffen (SG Neukölln Berlin); 2009
200 m Freistil	1:42,00 min; Paul Biedermann (SV Halle/Saale), 2009	1:55,68 min; Annika Lurz (SV Würzburg 05); 2007
400 m Freistil	3:40,07 min; Paul Biedermann (SV Halle/Saale); 2009	4:05,84 min; Anke Möhring (SC Magdeburg); 1989
800 m Freistil	7:49,12 min; Christian Kubusch (SC Magdeburg); 2010	8:19,53 min; Anke Möhring (SC Magdeburg); 1987
1.500 m Freistil	14:50,36 min; Jörg Hoffmann (OSC Potsdam); 1991	16:00,18 min; Hannah Stockbauer (SSG 81 Erlangen); 2003
50 m Rücken	24,59 sec; Helge Meeuw (SG Frankfurt); 2009	27,23 sec; Daniela Samulski (SG Essen); 2009
100 m Rücken	52,27 sec; Helge Meeuw (SG Frankfurt); 2009	59,77 sec; Daniela Samulski (SG Essen); 2009
200 m Rücken	1:55,87 min; Jan-Philip Glania (SG Frankfurt); 2012	2:07,63 min; Lisa Graf (SG Neukölln-Berlin); 2017
50 m Brust	26,83 sec; Hendrik Feldwehr (SG Essen); 2009	30,77 sec; Kerstin Vogel (Köln), 2009 + Dorothea Brandt, 2014
100 m Brust	59:15 min; Hendrik Feldwehr (SG Essen); 2009	1:07,01 min; Sarah Poewe (SG Bayer Wup/Uer/Dort); 2009
200 m Brust	2:07,47 min; Marco Koch (DSW 1912 Darmstadt); 2014	2:25,00 min; Jessica Steiger (VfL Gladbeck); 2017
50 m Delphin	23,02 sec; Steffen Deibler (Hamburger SC); 2013	25,68 sec; Aliena Schmidtke (SC Magdeburg); 2017
100 m Delphin	51,19 sec; Steffen Deibler (Hamburger SC); 2013	57,70 sec; Alexandra Wenk (SG München); 2016
200 m Delphin	1:56,24 min; Michael Groß (EOSC Offenbach); 1986	2:05,26 min; Franziska Hentke (SC Magdeburg); 2015
200 m Lagen	1:55,76 min; Philip Heintz (SV Nikar Heidelberg); 2017	2:11,33 min; Alexandra Wenk (SG München); 2016
400 m Lagen	4:12,08 min; Jacob Heidtmann (Stadtwerke Elmshorn); 2015	4:36,10 min; Petra Schneider (SC Karl-Marx-Stadt); 1982
4 x 50 m Freistil	1:31,82 min; (S. Deibler, M. Deibler, Fildebrandt, Herbst); 2011	1:41,52 min; (Brandt, Lippok, Vitting, Schreiber); 2011
4 x 100 m Freistil	3:13,51 min; (Starke, M. Deibler, Fieldebrandt, di Carli); 2012	3:31,83 min; (Steffen, Samulski, Dallmann, Schreiber); 2009
4 x 200 m Freistil	7:03,19 min; (Biedermann, Wolf, Lebherz, Rapp); 2009	7:50,82 min; (Dallmann, Samulski, Steffen, Liebs); 2006

DIE 10 SCHNELLSTEN MÄNNER & FRAUEN ALLER ZEITEN (STAND: 9/2017)

100 m Männer (Rekordjahr)	**200 m Männer** (Rekordjahr)	**400 m Männer** (Rekordjahr)	**800 m Männer** (Rekordjahr)
9,58 Usain Bolt, JAM, 2009	**19,19 Usain Bolt**, JAM, 2009	**43,03 Way. v. Niekerk**, RSA, 2016	**1:40,91 D. Leku. Rudisha**, KEN, 2012
9,69 Tyson Gay, USA, 2009	19,26 Yohan Blake, JAM, 2011	43,18 Michael Johnson, USA, 1999	1:41,11 Wilson Kipketer, DEN, 1997
9,69 Yohan Blake, JAM, 2012	19,32 Michael Johnson, USA, 1996	43,29 Harry Reynolds, USA, 1988	1:41,73 Sebastian Coe, GB, 1981
9,72 Asafa Powell, JAM, 2008	19,53 Walter Dix, USA, 2011	43,45 Jeremy Wariner, USA, 2007	1:41,73 Nijel Amos, BOTS, 2012
9,74 Justin Gatlin, USA, 2015	19,57 Justin Gatlin, USA, 2015	43,50 Quincy Watts, USA, 1992	1:41,77 Joaquim Cruz, BRA, 1984
9,78 Nesta Carter, JAM, 2010	19,58 Tyson Gay, USA, 2009	43,65 LaShawn Merritt, USA, 2015	1:42,23 Abubaker Kaki, SUDAN, 2010
9,79 Maurice Greene, USA, 1999	19,63 Xavier Carter, USA, 2006	43,70 Fred Kerley, USA, 2017	1:42,28 Sammy Koskei, KEN, 1984
9,80 Steve Mullings, JAM, 2011	19,65 Wallace Spearmon, USA, 2006	43,72 Isaac Makwala, BOTS, 2015	1:42,34 Wilfred Bungei, KEN, 2002
9,82 Richard Thompson, TRIN, 2014	19,68 Fank Fredericks, NAM, 1996	43,74 Kirani James, GRENADA 2014	1:42,37 Mohammed Aman, ÄTH, 2013
9,82 Christian Coleman, USA, 2017	19,72 Pietro Mennea, IT, 1979	43,81 Danny Everett, USA, 1992	1:42,47 Juri Borsakowski, RUS, 2001

100 m Frauen (Rekordjahr)	**200 m Frauen** (Rekordjahr)	**400 m Frauen** (Rekordjahr)	**800 m Frauen** (Rekordjahr)
10,49 Fl. Griffith-Joyner, USA, 1988	**21,34 Fl. Griffith-Joyner**, USA, 1988	**47,60 Marita Koch**, DDR, 1985	**1:53,28 J. Kratochvilová**, TCH 1983
10,64 Carmelita Jeter, USA, 2009	21,62 Marion Jones, USA, 1993	47,99 Jamila Kratochvilová, TCH, 83	1:53,43 N. Olisarenko, UDSSR, 1980
10,65 Marion Jones, USA, 1998	21,63 Dafne Schippers, NL, 2015	48,25 Marie-José Perec, FRA, 1996	1:54,01 Pamela Jelimo, KEN, 2008
10,70 Shelly-Ann Fraser, JAM, 2012	21,64 Merlene Ottey, JAM, 1991	48,27 Olha Bryshina, UDSSR, 1985	1:54,44 Ana Fidelia Quirot, CUB, 1989
10,70 Elaine Thompson, JAM, 2016	21,66 Elaine Thompson, JAM, 2015	48,59 Tatana Kocembová, TCH, 1983	1:54,81 Olga Minejewa, UDSSR,1980
10,73 Christine Arron, FRA, 1998	21,69 Allyson Felix, USA, 2012	48,63 Cathy Freeman, AUS, 1996	1:54,85 Jelena Sobolewa, RUS, 2008
10,74 Merlene Ottey, JAM, 1996	21,71 Marita Koch, DDR, 1979	48,70 Sanya Richards, USA, 2006	1:54,94 Tat. Kasankina, UDSSR, 1976
10,74 English Gardner, USA, 2016	21,71 Heike Drechsler, BRD, 1986	48,83 Valerie Brisco-Hooks, USA, 84	1:55,05 Doina Melinte, RUM, 1982
10,75 Kerron Stewart, JAM, 2009	21,72 Grace Jackson, JAM, 1988	48,89 Ana Guevara, MEX, 2003	1:55,16 Caster Semenya, SFA, 2017
10,76 Evelyn Ashford, USA, 1984	21,72 Gewn Torrence, USA, 1992	49,05 Ch. Cheeseborough, USA, 84	1:55,19 M. Lurdes Mutola, MOZ, 1994

DIE BESTEN SPRINGER & SPRINGERINNEN ALLER ZEITEN (STAND: 9/2017)

HOCHSPRUNG (HERREN)	**STABHOCHSPRUNG**	**WEITSPRUNG** (HERREN)	**DREISPRUNG** (HERREN)
2,45 Javier Sotomayor, CUB, 1993	**6,16 Renaud Lavillenie**, FRA, 2014	**8,95 Mike Powell**, USA, 1991	**18,29 Jonathan Edwards**, GB, 1995
2,42 Patrik Sjöberg, SWE, 1987	6,14 Sergij Bubka, UKR, 1994	8,90 Bob Beamon, USA, 1968	18,09 Kenny Harrison, USA, 1996
2,41 Igor Paklin, KGZ, 1985	6,06 Steve Hooker, AUS, 2009	8,87 Carl Lewis, USA, 1991	18,04 Teddy Tamgho, FRA, 2013
2,41 Bohdan Bondarenko, UKR, 2013	6,05 Maksim Tarassow, RUS, 1999	8,86 Robert Emmijan, URS, 1987	17,97 Willie Banks, USA, 1985
2,40 Rudolf Powarnizyn, UKR, 1985	6,05 Dmitri Markov, AUS, 2001	8,74 Larry Myricks, USA, 1988	17,92 Christo Markow, BUL, 1987
2,40 Sorin Matei, RUM, 1990	6,04 Brad Walker, USA, 2008	8,74 Erick Walder, USA, 1994	17,92 James Beckford, JAM, 1995
2,40 Charles Austin, USA, 1991	6,03 Okkert Brits, RSA, 1995	8,74 Dwight Philips, USA, 2009	17,90 W. Inosemzew, UDSSR, 1990
2,40 Wjatschesl. Woronin, RUS, 2000	6,03 Jeff Hartwig, USA, 2000	8,73 Irving Saladino, PAN, 2008	17,90 Jadel Gregório, BRA, 2007
2,40 Mutaz Essa Barshim, RUS, 2013	6,02 Renaud Lavillenie, FRA, 2013	8,71 Iván Pedroso, CUBA, 1995	17,89 J. Carlos de Oliveira, BRA, 1975
2,39 Zhu Jianhua, VR CHN, 1984	6,01 Igor Trandenkow, RUS, 1996	8,66 Louis Tsatoumas, GR, 2007	17,87 Mike Conley, USA, 1987

HOCHSPRUNG (DAMEN)	**STABHOCHSPRUNG**	**WEITSPRUNG** (DAMEN)	**DREISPRUNG** (DAMEN)
2,09 Stef. Kostadinowa, BUL, 1987	**5,06 Jel. Issinbajewa**, RUS, 2009	**7,52 G. Tschistjakowa**, UDSSR 1988	**15,50 Inessa Krawez**, UKR, 1995
2,08 Blanka Vlasic, CRO, 2009	4,92 Jennifer Stuczynski, USA, 2008	7,49 Jackie Joyner-Kersee, USA, 1994	15,39 F. Mbango Etone, CMR, 2008
2,07 Ljudmila Andonowa, BUL, 1984	4,90 Yarisley Silva, CUB, 2013	7,48 Heike Drechsler, DDR, 1988	15,34 Tatjana Lebedewa, RUS, 2004
2,07 A. Tschitscherowa, RUS, 2011	4,88 Swetl. Feofanowa, RUS, 2004	7,43 Anisoara Stanciu, RUM, 1983	15,32 Chrysopigi Devetzi, GR, 2004
2,06 Kajsa Bergqvist, SWE, 2003	4,85 Fabiana Murer, BRA, 2010	7,42 Tatjana Kotowa, RUS, 2002	15,29 Yamilé Aldama, CUBA, 2003
2,06 Hestrie Cloete, RSA, 2003	4,83 Stacy Dragila, USA, 2004	7,39 Jelena Belewskaja, UDSSR, 87	15,28 Yargelis Savigne, CUBA, 2007
2,06 Jelena Slessarenko, RUS, 2004	4,83 Anna Rogowska, POL, 2005	7,37 Inessa Krawez, GUS, 1992	15,25 Olga Rypakowa, KAZ, 2010
2,06 Ariane Friedrich, D, 2009	4,82 Monika Pyrek, POL, 2007	7,33 Tatjana Lebedewa, RUS, 2004	15,20 Sárka Kaspárková, TCH, 1997
2,05 Heike Henkel, D, 1991	4,82 Silke Spiegelburg, D, 2012	7,31 Olena Chlopotnowa, UDSSR, 85	15,20 Teresa Marinowa, BUL, 2000
2,05 Inha Babakowa, UKR, 1995	4,80 Martina Strutz, D, 2011	7,31 Marion Jones, USA, 1998	15,18 Iwa Prandschewa, BUL, 1995

DIE BESTEN WERFER & WERFERINNEN ALLER ZEITEN (STAND: 1/2017)

SPEERWURF (HERREN)	**KUGELSTOSSEN** (HERREN)	**HAMMERWURF** (HERREN)	**DISKUSWURF** (HERREN)
98,48 Jan Železný, TCH, 1996	**23,12 Randy Barnes**, USA, 1990	**86,74 Jurij Sedych**, UDSSR, 1986	**74,08 Jürgen Schult**, DDR, 1986
93,09 Aki Parviainen, FIN, 1999	23,06 Ulf Timmermann, DDR, 1988	86,73 Iwan Zichan, BLR, 2005	73,88 Virgilijus Alekna, LIT, 2000
92,61 Sergei Makarow, RUS, 2002	22,91 Alessandro Andrei, ITA, 1987	86,04 Sergei Litwinow, UDSSR, 1986	73,38 Gerd Kanter, EST, 2006
92,60 Raymond Hecht, D, 1995	22,86 Brian Oldfield, USA, 1975	84,90 Wad. Dsewjatouski, BLR, 2005	71,86 Juri Dumtschew, UDSSR, 1983
91,69 Konst. Gatsioúdis, GR, 2000	22,75 Werner Günthör, CH, 1988	84,86 Koji Murofushi, JPN, 2003	71,84 Piotr Malachowski, POL, 2013
91,59 Andr. Thorkildsen, NOR, 2006	22,67 Kevin Toth, USA, 2003	84,62 Ihar Astapkowitsch, BLR, 1992	71,70 Róbert Fazekas, UNG, 2002
91,53 Tero Pitkämäki, FIN, 2005	22,64 Udo Beyer, DDR, 1986	84,48 Igor Nikulin, UDSSR, 1990	71,50 Lars Riedel, D, 1997
91,46 Steve Backley, GB, 1992	22,54 Christian Cantwell, USA, 2004	84,40 Jüri Tamm, EST, 1984	71,32 Ben Plucknett, USA, 1983
91,29 Breaux Greer, USA, 2007	22,52 John Brenner, USA, 1987	84,19 Adrián Annus, UNG, 2003	71,26 John Powell, USA, 1984
90,73 Vadim Vasilevskis, LAT, 2007	22,51 Adam Nelson, USA, 2002	83,68 Tibor Gécsek, UNG, 1998	71,26 Rickard Bruch, SWE, 1984

SPEERWURF (DAMEN)	**KUGELSTOSSEN** (DAMEN)	**HAMMERWURF** (DAMEN)	**DISKUSWURF** (DAMEN)
72,28 Barb. Spotáková, TCH, 2008	**22,63 N. Lissowskaja**, UDSSR 1987	**82,29 Anita Włodarczyk**, POL, 2016	**76,80 Gabriele Reinsch**, DDR, 1988
71,99 Marija Abakumowa, RUS, 2011	22,45 Ilona Briesenick, DDR, 1980	79,42 Betty Heidler, D, 2011	74,56 Zdenka Silhavá, TCH, 1984
71,70 Oslei. Menéndez, CUBA, 2005	22,32 Helena Fibingerová, TCH, 1977	78,80 Tatjana Lyssenko, RUS, 2013	74,56 Ilke Wyludda, DDR, 1989
70,20 Christina Obergföll, D, 2007	22,19 Claudia Losch, BRD, 1987	78,69 Aksana Mjankowa, BLR, 2012	74,08 D. Sachse-Gansky, DDR, 1987
69,48 Trine Hattestad, NOR, 2000	21,89 Iwanka Christowa, BUL 1976	77,36 Gulfi. Chanafejewa, RUS, 2007	73,84 Daniela Costian, RUM, 1988
69,35 Sunette Viljoen, RSA, 2012	21,86 Marianne Adam, DDR, 1979	77,13 Oks. Kondratjewa, RUS, 2013	73,36 Irina Meszynski, DDR, 1984
68,34 Steffi Nerius, D, 2008	21,76 Li Meisu, VR CHN, 1983	76,99 Zhang Wenxiu, VR CHN, 2012	73,28 Gal. Sawinkowa, UDSSR, 1984
67,67 Sonia Bisset, CUBA, 2005	21,73 Nat. Achrimenko, UDSSR, 1988	76,90 Danisová-Hrasnová, SVK, 2009	73,22 Zwetan. Christowa, BUL, 1987
67,51 Mirela Maniani, GR, 2000	21,69 Wita Pawlysch, UKR, 1998	76,83 Kami. Skolimowska, POL, 2007	73,10 Gisela Beyer, DDR, 1984
67,20 Tatjan. Schikolenko, RUS, 2000	21,66 Sui Xinmei, VR CHN, 1990	76,72 Mariya Bespalova, RUS, 2012	72,92 Martina Hellmann, DDR, 1987

DEUTSCHE MEISTER DER HERREN IN DEN MANNSCHAFTSSPORTARTEN...

JAHR	FUSSBALL	HANDBALL	BASKETBALL	VOLLEYBALL	EISHOCKEY
1995/96	Borussia Dortmund	THW Kiel	TSV Bayer Leverkusen	ASV Dachau	Düsseldorfer EG
1996/97	FC Bayern München	TBV Lemgo	Alba Berlin	SV Bayer Wuppertal	Adler Mannheim
1997/98	1. FC Kaiserslautern	THW Kiel	Alba Berlin	VfB Friedrichhafen	Adler Mannheim
1998/99	FC Bayern München	THW Kiel	Alba Berlin	VfB Friedrichhafen	Adler Mannheim
1999/00	FC Bayern München	THW Kiel	Alba Berlin	VfB Friedrichhafen	München Barons
2000/01	FC Bayern München	SC Magdeburg	Alba Berlin	VfB Friedrichhafen	Adler Mannheim
2001/02	Borussia Dortmund	THW Kiel	Alba Berlin	VfB Friedrichhafen	Kölner Haie
2002/03	FC Bayern München	TBV Lemgo	Alba Berlin	SCC Berlin	Krefeld Pinguine
2003/04	SV Werder Bremen	SG Flensburg-Handewitt	Opel Skyliners Frankfurt	SCC Berlin	Frankfurt Lions
2004/05	FC Bayern München	THW Kiel	GHP Bamberg	VfB Friedrichhafen	EHC Eisbären Berlin
2005/06	FC Bayern München	THW Kiel	RheinEnergie Köln	VfB Friedrichhafen	EHC Eisbären Berlin
2006/07	VfB Stuttgart	THW Kiel	Brose Baskets Bamberg	VfB Friedrichhafen	Adler Mannheim
2007/08	FC Bayern München	THW Kiel	Alba Berlin	VfB Friedrichshafen	EHC Eisbären Berlin
2008/09	VfL Wolfsburg	THW Kiel	Baskets Oldenburg	VfB Friedrichshafen	EHC Eisbären Berlin
2009/10	FC Bayern München	THW Kiel	Brose Baskets Bamberg	VfB Friedrichshafen	Hannover Scorpions
2010/11	Borussia Dortmund	HSV Hamburg	Brose Baskets Bamberg	VfB Friedrichshafen	EHC Eisbären Berlin
2011/12	Borussia Dortmund	THW Kiel	Brose Baskets Bamberg	Berlin Recycling Volleys	EHC Eisbären Berlin
2012/13	FC Bayern München	THW Kiel	Brose Baskets Bamberg	Berlin Recycling Volleys	EHC Eisbären Berlin
2013/14	FC Bayern München	THW Kiel	FC Bayern München	Berlin Recycling Volleys	ERC Ingolstadt
2014/15	FC Bayern München	THW Kiel	Brose Baskets Bamberg	VfB Friedrichshafen	Adler Mannheim
2015/16	FC Bayern München	Rhein Neckar Löwen	Brose Baskets Bamberg	Berlin Recycling Volleys	EHC Red Bull München
2016/17	FC Bayern München	Rhein Neckar Löwen	Brose Baskets Bamberg	Berlin Recycling Volleys	EHC Red Bull München

DEUTSCHE MEISTER DER DAMEN IN DEN MANNSCHAFTSSPORTARTEN...

JAHR	FUSSBALL	HANDBALL	BASKETBALL	VOLLEYBALL	FELDHOCKEY
1995/96	TSV Siegen	TuS Walle Bremen	BTV Wuppertal	USC Münster	Berliner HC
1996/97	Grün-Weiß Brauweiler	TV Lützellinden	BTV Wuppertal	USC Münster	Rüsselsheimer RK 08
1997/98	FSV Frankfurt	VFB Leipzig	BTV Wuppertal	Schweriner SC	Rot-Weiss Köln
1998/99	1. FFC Frankfurt	VFB Leipzig	ETV Wuppertal	Dresdner SC	Berliner HC
1999/00	FCR Duisburg	TV Lützellinden	BTV Wuppertal	Schweriner SC	Berliner HC
2000/01	1. FFC Frankfurt	TV Lützellinden	BTV Gold-Zack Wuppertal	Schweriner SC	Rüsselsheimer RK 08
2001/02	1. FFC Frankfurt	HC Leipzig	BTV Gold-Zack Wuppertal	Schweriner SC	Klipper THC
2002/03	1. FFC Frankfurt	DJK/MJC Trier	BC Marburg	SSV Ulm	Rot-Weiss Köln
2003/04	1. FFC Turbine Potsdam	FHC Frankfurt/Oder	TSV 1880 Wasserburg	USC Münster	Rüsselsheimer RK 08
2004/05	1. FFC Frankfurt	1. FC Nürnberg	TSV 1880 Wasserburg	USC Münster	Berliner HC
2005/06	1. FFC Turbine Potsdam	HC Leipzig	TSV 1880 Wasserburg	Schweriner SC	Berliner HC
2006/07	1. FFC Frankfurt	1. FC Nürnberg	TSV 1880 Wasserburg	Dresdner SC	Rot-Weiss Köln
2007/08	1. FFC Frankfurt	1. FC Nürnberg	TSV 1880 Wasserburg	Rote Raben Vilsbiburg	Berliner HC
2008/09	1. FFC Turbine Potsdam	HC Leipzig	TV 1872 Saarlouis Royals	Schweriner SC	Uhlenhorster HC Hamburg
2009/10	1. FFC Turbine Potsdam	HC Leipzig	TV 1872 Saarlouis Royals	Rote Raben Vilsbiburg	Berliner HC
2010/11	1. FFC Turbine Potsdam	Thüringer HC	TSV 1880 Wasserburg	Schweriner SC	Uhlenhorster HC Hamburg
2011/12	1. FFC Turbine Potsdam	Thüringer HC	Wolfenbüttel Wildcats	Schweriner SC	Rot-Weiss Köln
2012/13	VfL Wolfsburg	Thüringer HC	TSV 1880 Wasserburg	Schweriner SC	Berliner HC
2013/14	VfL Wolfsburg	Thüringer HC	TSV 1880 Wasserburg	Dresdner SC	Rot-Weiss Köln
2014/15	FC Bayern München	Thüringer HC	TSV 1880 Wasserburg	Dresdner SC	Uhlenhorster HC Hamburg
2015/16	FC Bayern München	Thüringer HC	TSV 1880 Wasserburg	Dresdner SC	Uhlenhorster HC Hamburg
2016/17	VfL Wolfsburg	SG BBM Bietigheim	TSV 1880 Wasserburg	Schweriner SC	Uhlenhorster HC Hamburg

FUSSBALL-BUNDESLIGA: ABSCHLUSSTABELLEN DER LETZTEN 5 JAHRE (MÄNNER)

	SAISON 2016/17	SAISON 2015/16	SAISON 2014/15	SAISON 2013/14	SAISON 2012/13
CL	FC Bayern München	FC Bayern München (P)	FC Bayern München	FC Bayern München (P)	FC Bayern München (P)
CL	VfB Leipzig (N)	Borussia Dortmund	VfL Wolfsburg (P)	Borussia Dortmund	Borussia Dortmund
CL	Borussia Dortmund (P)	Bayer Leverkusen	Borussia M'Gladbach	Schalke 04	Bayer 04 Leverkusen
CLQ	TSG 1899 Hoffenheim	Borussia M'Gladbach	Bayer Leverkusen	Bayer Leverkusen	FC Schalke 04
EL	1. FC Köln	Schalke 04	FC Augsburg	VfL Wolfsburg	FC Freiburg
EL	Hertha BSC	FSV Mainz 05	Schalke 04	Borussia M'Gladbach	Eintracht Frankfurt (N)
ELQ	SC Freiburg (N)	Hertha BSC	Borussia Dortmund	FSV Mainz 05	Hamburger SV
08	Werder Bremen	VfL Wolfsburg	TSG 1899 Hoffenheim	FC Augsburg	Borussia Mönchengladbach
09	Borussia M'Gladbach	1. FC Köln	Eintracht Frankfurt	TSG 1899 Hoffenheim	Hannover 96
10	Schalke 04	Hamburger SV	Werder Bremen	Hannover 96	1. FC Nürnberg
11	Eintracht Frankfurt	Ingolstadt 04 (N)	FSV Mainz 05	Hertha BSC (N)	VfL Wolfsburg
12	Bayer Leverkusen	FC Augsburg	1. FC Köln (N)	Werder Bremen	VfB Stuttgart
13	FC Augsburg	Werder Bremen	Hannover 96	Eintracht Frankfurt	FSV Mainz 05
14	Hamburger SV	Darmstadt 98 (N)	VfB Stuttgart	SC Freiburg	Werder Bremen
15	FSV Mainz 05	1899 Hoffenheim	Hertha BSC	VfB Stuttgart	FC Augsburg
REL	VfL Wolfsburg ▲	Eintracht Frankfurt ▲	Hamburger SV ▲	Hamburger SV ▲	TSG Hoffenheim ▲
AB	Ingolstadt 04	VfB Stuttgart	SC Freiburg	1. FC Nürnberg	Fortuna Düsseldorf (N)
AB	Darmstadt 98	Hannover 96	SC Paderborn 07 (N)	Eintracht Braunschweig (N)	SpVgg Greuther Fürth (N)
	P = Pokalsieger				
	N = Neuaufsteiger				
	▲ = bleibt im Oberhaus				

EWIGE FUSSBALL-BUNDESLIGA-TABELLE (STAND: 3/2018)

RANG	PUNKTE	VEREINE IN DER 1. BL-TABELLE	JAHRE IN 1. BL	ANZAHL/ SPIELE 1. BL	SIEGE	REMIS	NIEDER-LAGEN	TOR-DIFF.	MEISTER-TITEL	SPIELT 2017/18 IN
01	**3.591**	1. FC Bayern München	53	1.799	1.064	399	336	+1.958	26	1. BL
02	**2.762**	SV Werder Bremen	54	1.825	769	455	601	+415	4	1. BL
03	**2.723**	Borussia Dortmund	51	1.723	759	446	518	+613	5	1. BL
04	**2.720**	Hamburger SV	55	1.859	742	494	623	+275	3	1. BL
05	**2.612**	VfB Stuttgart	52	1.757	729	425	603	+374	3	1. BL
06	**2.494**	Borussia Mönchengladbach	50	1.697	682	448	567	+411	5	1. BL
07	**2.430**	1. FC Schalke 04	50	1.689	669	423	597	+94	0	1. BL
08	**2.292**	1. FC Köln	47	1.587	629	405	553	+266	2	1. BL
09	**2.233**	Eintracht Frankfurt	49	1.655	605	420	630	+23	0	1. BL
10	**2.094**	1. FC Kaiserslautern	44	1.492	575	372	545	+4	2	2. BL
11	**2.053**	Bayer 04 Leverkusen	39	1.323	562	367	394	+444	0	1. BL
12	**1.582**	Hertha BSC Berlin	35	1.155	423	295	451	-121	0	1. BL
13	**1.374**	VfL Bochum	34	1.160	356	306	498	-285	0	2. BL
14	**1.299**	1. FC Nürnberg	32	1.084	341	276	467	-324	1	2. BL
15	**1.147**	MSV Duisburg	28	948	296	259	393	-229	0	2. BL
16	**1.146**	Hannover 96	29	955	301	243	431	-305	0	1. BL
17	**977**	VfL Wolfsburg	21	687	265	182	260	+17	1	1. BL
18	**953**	Karlsruhe SC	24	812	241	230	341	-315	0	3. BL
19	**950**	Fortuna Düsseldorf	23	786	245	215	326	-226	0	2. BL
20	**903**	Eintracht Braunschweig	21	706	242	177	287	-149	1	2. BL
21	**884**	1860 München	20	672	238	170	264	-37	1	RL Bayern

REKORDSPIELER & TORSCHÜTZEN DER FUSSBALL-BUNDESLIGA (STAND: 3/2018)

SPIELE	SAI-SON	REKORD-SPIELER	FÜR DIESE VEREINE
602	72-91	**Karl-Heinz Körbel**	Eintracht Frankfurt
581	71-91	**Manfred Kaltz**	Hamburger SV
557	87-08	**Oliver Kahn**	Bayern München/Karlsruhe
551	65-88	**Klaus Fichtel**	Schalke 04/Werder Bremen
546	76-96	**Miroslav Votava**	Werder Bremen/Dortmund
535	68-88	**Klaus Fischer**	Schalke/Köln/Bochum/1860
534	78-95	**Eike Immel**	VfB Stuttgart/Bor. Dortmund
520	66-83	**Willi Neuberger**	Frankfurt/Dortmund/Bremen
518	72-88	**Michael Lameck**	VfL Bochum
512	78-97	**Uli Stein**	HSV/Eintracht/Arminia B.
502	85-04	**Stefan Reuter**	Dortmund/Nürnberg/Bayern
495	70-86	**Bernard Dietz**	Duisburg/Schalke 04
493	72-89	**Ditmar Jakobs**	HSV/Duisburg/TB Berlin
485	71-86	**Rainer Geye**	Kaiserslautern/Düsseldorf
478	70-88	**Dieter Burdenski**	Bremen/Bielefeld/Schalke
473	65-79	**Sepp Maier**	Bayern München
471	83-04	**Oliver Reck**	Bremen/Schalke/Offenbach
469	89-08	**Christian Wörns**	Dortmund/Leverkusen
464	79-00	**Lothar Matthäus**	Bayern/M'gladbach
464	73-96	**Toni Schumacher**	Köln/Schalke/Bayern
463	81-98	**Michael Zorc**	Borussia Dortmund

TORE	IN SPIELE	REKORD-TORSCHÜTZEN	FÜR DIESE VEREINE (*NOCH AKTIV)
365	427	**Gerd Müller**	Bayern München
268	535	**Klaus Fischer**	Schalke/Köln/1860/Bochum
220	369	**Jupp Heynckes**	Bor. Gladbach/Hannover 96
213	447	**Manfred Burgsmüller**	Dortmund/Bremen/Essen/Nürnberg
192	440	**Claudio Pizarro***	Bremen/Bayern München/FC Köln
181	350	**Ulf Kirsten**	Bayer Leverkusen
179	449	**Stefan Kuntz**	Lautern/Bochum/Uerdingen/Bielef.
177	253	**Robert Lewandowski***	FC Bayern München/Bor. Dortmund
177	303	**Dieter Müller**	Köln/VfB Stuttgart/Saarbrücken
177	424	**Klaus Allofs**	Köln/Düsseldorf/Bremen
166	381	**Hannes Löhr**	1. FC Köln
162	310	**Karl-H. Rummenigge**	1. FC Bayern München
161	291	**Mario Gómez***	Bay. München/VfB/Wolfsburg
160	420	**Bernd Hölzenbein**	Eintracht Frankfurt
157	348	**Fritz Walter**	VfB Stuttgart/Waldhof Mannheim
148	378	**Thomas Allofs**	Kaiserslautern/Düsseldorf/Köln
144	400	**Stefan Kießling***	1. FC Nürnberg/Bayer Leverkusen
141	426	**Bernd Nickel**	Eintracht Frankfurt
137	239	**Uwe Seeler**	Hamburger SV
136	224	**Horst Hrubesch**	HSV/Rot-Weiss Essen/Dortmund
133	260	**Giovane Elber**	Bayern München/VfB Stuttgart

GRÖSSTE FUSSBALL-BUNDESLIGAVEREINE (NACH MITGLIEDER-ZAHLEN, STAND: 3/2018)

VEREIN	MIT-GLIEDER	VEREINSFARBEN	STADION	KAPA-ZITÄT	GRÜN-DUNG	ERFOLGE (DM SEIT BUNDESLIGASTART 1963); PS=POKALSIEGER; EP=EUROPAPOKAL)
FC Bayern München	290.000	Rot-Weiß	Allianz Arena	75.000	27.02.1900	26 x DM; 18 x PS; 5 x CL; 4 x EP
Borussia Dortmund	154.000	Schwarz-Gelb	Signal Iduna Park	31.360	19.12.1909	5 x DM; 4 x PS; 1 x CL (1997); 1 x EP (66)
FC Schalke 04	150.700	Blau-Weiß	Veltins-Arena	32.270	04.05.1904	5 x PS; 1 x UEFA (1997)
1. FC Köln	101.165	Rot-Weiß	RheinEnergie Stadion	49.968	13.02.1948	2 x DM (1964, 1983); 4 x PS
Bor. M'gladbach	81.400	Grün-Weiß	Borussia Park	54.067	01.08.1900	5 x DM; 3 x PS; 2 x UEFA (1975, 1979)
Hamburger SV	78.205	Blau-Weiß-Schwarz	Volksparkstadion	57.000	29.09.1887	3 x DM; 3 x PS; 2 x EP (1977, 1983)
VfB Stuttgart	60.500	Weiß-Rot	Mercedes-Benz-Arena	60.449	09.09.1893	3 x DM (1984, 1992, 2007); 3 x PS
Eintracht Frankfurt	50.000	Rot-Schwarz-Weiß	Commerzbank Arena	51.500	08.03.1899	4 x PS (1974, 75, 81, 88); 1 x UEFA (1980)
Werder Bremen	36.500	Grün-Weiß	Weserstadion	42.500	04.02.1899	4 x DM; 5 x PS; 1 x EP (1992)
Hertha BSC Berlin	35.800	Blau-Weiß	Olympiastadion	74.650	25.07.1892	Vize-Meister 1975
Bayer Leverkusen	27.500	Rot-Weiß-Schwarz	BayArena	30.210	01.07.1904	1 x PS (1993); 1 x UEFA (1988)
FC St. Pauli	25.000	Braun-Weiß	Millerntor-Stadion	29.546	15.05.1910	
TSV 1860 München	22.120	Weiß-Blau	Grünwalder Stadion	12.500	17.05.1860	1 x DM (1966); 2 x PS
Dynamo Dresden	21.520	Schwarz-Gelb	DDV-Stadion	32.066	12.04.1953	8 x DDR Meister, 6 x DDR-PS
VFL Wolfsburg	21.500	Grün-Weiß	Volkswagen Arena	30.000	23.01.2001	1 x DM (2009)
Hannover 96	21.000	Schwarz-Weiß-Grün	HDI-Arena	49.200	12.04.1896	1 x PS (1992)
Fortuna Düsseldorf	20.780	Rot-Weiß	Esprit Arena	54.600	05.05.1895	2 x PS (1979, 1980)
1. FC Nürnberg	18.900	Rot-Weiß	Max-Morlock-Stadion	50.000	04.05.1900	1 x DM (1968); 4 x PS
1. FC Kaiserslautern	18.000	Rot-Weiß	Fritz-Walter-Stadion	49.730	02.06.1900	2 x DM (1991, 1998); 2 x PS (1990, 1996)
FC Augsburg	14.800	Rot-Grün-Weiß	WWK-Arena	30.660	08.03.1907	
SC Freiburg	14.000	Weiß-Rot	Schwarzwald-Stadion	24.000	30.05.1904	

SIEGER DER LETZTEN JAHRE IM FUSSBALL DER HERREN

JAHR	DFB-POKALSIEGER	CHAMPIONS-LEAGUE (UEFA)	EURO-LEAGUE (UEFA-CUP)	TORSCHÜTZENKÖNIG DER BUNDESLIGA (TORE)	WELTFUSSBALLER FIFA BALLON D'OR (LAND)
1995/96	1. FC Kaiserslautern	Juventus Turin	Bayern München	Fredi Bobic (17)	Ronaldo (Brasilien)
1996/97	VfB Stuttgart	Borussia Dortmund	FC Schalke 04	Ulf Kirsten (22)	Ronaldo (Brasilien)
1997/98	FC Bayern München	Real Madrid	Inter Mailand	Ulf Kirsten (22)	Zinedine Zidane (Frankreich)
1998/99	SV Werder Bremen	Manchester United	AC Parma	Michael Preetz (23)	Rivaldo (Brasilien)
1999/00	FC Bayern München	Real Madrid	Galatasaray Istanbul	Martin Max (19)	Zinedine Zidane (Frankreich)
2000/01	FC Schalke 04	Bayern München	FC Liverpool	Barbarez/Ebbe Sand (22)	Luis Figo (Portugal)
2001/02	FC Schalke 04	Real Madrid	Feyenoord Rotterdam	Martin Max/Amoroso (18)	Ronaldo (Brasilien)
2002/03	FC Bayern München	AC Mailand	FC Porto	Elber/Christiansen (21)	Zinedine Zidane (Frankreich)
2003/04	SV Werder Bremen	FC Porto	FC Valencia	Ailton (28)	Ronaldhino (Brasilien)
2004/05	FC Bayern München	FC Liverpool	ZSKA Moskau	Marek Mintal (24)	Ronaldhino (Brasilien)
2005/06	FC Bayern München	FC Barcelona	FC Sevilla	Miroslav Klose (25)	Fabio Cannavaro (Italien)
2006/07	1. FC Nürnberg	AC Mailand	FC Sevilla	Theofanis Gekas (20)	Kaká (Brasilien)
2007/08	FC Bayern München	Manchester United	Zenit St. Petersburg	Luca Toni (24)	Cristiano Ronaldo (POR)
2008/09	Werder Bremen	FC Barcelona	Schachtjor Donezk	Edinaldo Grafite (28)	Lionel Messi (ARG)
2009/10	FC Bayern München	Inter Mailand	Atlético Madrid	Edin Dzeko (22)	Lionel Messi (ARG)
2010/11	FC Schalke 04	FC Barcelona	FC Porto	Mario Gómez (28)	Lionel Messi (ARG)
2011/12	Borussia Dortmund	FC Chelsea	Atlético Madrid	Klaas-Jan Huntelaar (29)	Lionel Messi (ARG)
2012/13	FC Bayern München	FC Bayern München	FC Chelsea	Stefan Kießling (25)	Cristiano Ronaldo (POR)
2013/14	FC Bayern München	Real Madrid	FC Sevilla	Robert Lewandowski (20)	Cristiano Ronaldo (POR)
2014/15	VfL Wolfsburg	FC Barcelona	FC Sevilla	Alexander Meier (19)	Lionel Messi (ARG)
2015/16	FC Bayern München	Real Madrid	FC Sevilla	Robert Lewandowski (30)	Cristiano Ronaldo (POR)
2016/17	Borussia Dortmund	Real Madrid	Manchester United	Pierre-Emerick Aubameyang (31)	Cristiano Ronaldo (POR)

	JAHR	IN	TEAMS	TORE	HALBFINALE / SPIEL UM PLATZ 3	EUROPAMEISTER
01	1960	Frankreich	4	17	UdSSR – TCH **3 : 0**; JUG – FRA **5 : 4** Spiel um Platz 3: TCH – FRA **2 : 0**	**UdSSR** – Jugoslawien **2 : 1**
02	1964	Spanien	4	13	SPA – UNG **2 : 1 n.V.**; UdSSR – DÄN **3 : 0** Spiel um Platz 3: UNG – DÄN **3 : 1 n.V.**	**SPANIEN** – UdSSR **2 : 1**
03	1968	Italien	4	5	JUG – ENG **1 : 0**; ITA – UdSSR **0 : 0 n.V.** Italien nach Münzwurf im Finale Spiel um Platz 3: ENG : UdSSR **2 : 0**	**ITALIEN** – Jugoslawien **2: 0**
04	1972	Belgien	4	10	UdSSR – UNG **1 : 0**; D – BEL **2 : 1** Spiel um Platz 3: BEL – UNG **2 : 1**	**DEUTSCHLAND** – UdSSR **3 : 0**
05	1976	Jugoslawien	4	20	TCH – NL **3 : 1 n.V.**; D – JUG **4 : 2 n.V.** Spiel um Platz 3: NL – JUG **3 : 2 n.V.**	**TCH** – Deutschland **7 : 5 n.E.**
06	1980	Italien	8	27	Spiel um Platz 3: TCH – ITA **10 : 9 i. E.**	**DEUTSCHLAND** – Belgien **2 : 1**
07	1984	Frankreich	8	41	FRA – POR **3 : 2 n.V.**; E – DÄN **6 : 5 i.E.**	**FRANKREICH** – Spanien **2 : 0**
08	1988	Deutschland	8	34	NL – D **2 : 1**; UdSSR – ITA **2 : 0**	**NIEDERLANDE** – UdSSR **2 : 0**
09	1992	Schweden	8	32	D – SWE **3 : 2**; DÄN – NL **7 : 6 i.E.**	**DÄNEMARK** – Deutschland **2 : 0**
10	1996	England	16	64	TCH – FRA **6 : 5 i.E.**; D – ENG **7 : 6 i.E.**	**DEUTSCHLAND** – Tschechien **2 : 1** (nach Golden Goal durch Bierhoff)
11	2000	Belgien/ Niederlande	16	85	FRA – POR **2 : 1 n.V.**; ITA – NL **3 : 1 i.E.**	**FRANKREICH** – Italien **2 : 1** (nach Golden Goal durch Trezeguet)
12	2004	Portugal	16	77	POR – NL **2 : 1**; GR – TCH **1 : 0 n.V.**	**GRIECHENLAND** – Portugal **1 : 0**
13	2008	Schweiz/Österreich	16	77	D – TÜR **3 : 2**; E – RUS **3 : 0**	**SPANIEN** – Deutschland **1 : 0**
14	2012	Polen/Ukraine	16	76	D – IT **1 : 2**; POR – E **2 : 4 i.E.**	**SPANIEN** – Italien **4 : 0**
15	2016	Frankreich	24	108	D - FRA **0 : 2**; POR - Wales **2 : 0**	**PORTUGAL** - Frankreich **1 : 0**
16	2020	Europa	24			

FUSSBALL-WELTMEISTER DER MÄNNER

	JAHR	IN	TEAMS	TORE	GOLDENER SCHUH	SPIEL UM PLATZ 3	WELTMEISTER
01	**1930**	Uruguay	13	70	Guillemo Stabile (ARG)	Tabelle (3. USA / 4. JUG)	**URUGUAY** – Argentinien **4 : 2**
02	**1934**	Italien	16	70	Oldrich Nejedly (TCH)	D – AUT **3 : 2**	**ITALIEN** – Tschechoslowakai **2 : 1 n. V.**
03	**1938**	Frankreich	15	84	Leonidas (BRA)	BRA – SWE **4 : 2**	**ITALIEN** – Ungarn **4 : 2**
04	**1950**	Brasilien	13	88	Ademir (BRA)	Tabelle (3. SWE / 4. E)	**URUGUAY** – Brasilien ***2 : 1***
05	**1954**	Schweiz	16	140	Sandor Kocsis (UNG)	AUT – URUGUAY **3 : 1**	**DEUTSCHLAND** – Ungarn **3 : 2**
06	**1958**	Schweden	16	126	Just Fontaine (FRA)	FRA – D **6 : 3**	**BRASILIEN** – Schweden **5 : 2**
07	**1962**	Chile	16	89	Insgesamt sechs Spieler	CHILE – JUG **1 : 0**	**BRASILIEN** – Tschechoslowakai **3 : 1**
08	**1966**	England	16	89	Eusebio (POR)	POR – UDSSR **2 : 1**	**ENGLAND** – Deutschland **4 : 2 n. V.**
09	**1970**	Mexiko	16	95	Gerd Müller (D)	D – URUGUAY **1 : 0**	**BRASILIEN** – Italien **4 : 1**
10	**1974**	Deutschland	16	97	Grzegorz Lato (POL)	POLEN – BRA **1 : 0**	**DEUTSCHLAND** – Niederlande **2 : 1**
11	**1978**	Argentinien	16	102	Mario Kempes (ARG)	BRA – ITALIEN **1 : 0**	**ARGENTINIEN** – Niederlande **3 : 1 n.V.**
12	**1982**	Spanien	24	146	Paolo Rossi (ITA)	POLEN – FRA **3 : 2**	**ITALIEN** – Deutschland **3 : 1**
13	**1986**	Mexico	24	132	Gary Lineker (ENG)	FRA – BELGIEN **4 : 2 n.V.**	**ARGENTINIEN** – Deutschland **3 : 2**
14	**1990**	Italien	24	115	Salvatore Schillaci (ITA)	ITALIEN – ENG **2 : 1**	**DEUTSCHLAND** – Argentinien **1 : 0**
15	**1994**	USA	24	141	Salenko/Stoichkov	SWE – BULGARIEN **4 : 0**	**BRASILIEN** – Italien **3 : 2 n. E.**
16	**1998**	Frankreich	32	171	Davor Suker (KRO)	KROATIEN – NL **2 : 1**	**FRANKREICH** – Brasilien **3 : 0**
17	**2002**	Korea/Japan	32	161	Ronaldo (BRA)	TÜRKEI – SÜD-KOREA **3 : 2**	**BRASILIEN** – Deutschland **2 : 0**
18	**2006**	Deutschland	32	147	Miroslav Klose (D)	D – PORTUGAL **3 : 1**	**ITALIEN** – Frankreich **5 : 3 n. E.**
19	**2010**	Süd-Afrika	32	145	Thomas Müller (D)	D – URUGUAY **3 : 2**	**SPANIEN** – Niederlande **1 : 0 n. V.**
20	**2014**	Brasilien	32	171	James Rodríguez (KOL)	BRA – NL **0 : 3**	**DEUTSCHLAND** – Argentinien **1 : 0 n. V.**
21	**2018**	Russland	32				
22	**2022**	Katar					

JAHR	TRAINER	TOR	ABWEHR	MITTELFELD	STURM
WM 54	Sepp Herberger	Toni Turek, Heinz Kubsch, Heinz Kwiatkowski	Fritz Laband, Werner Kohlmeyer, Hans Bauer, Herbert Erhardt, Jupp Posipal, Werner Liebrich	Horst Eckel, Alfred Pfaff, Karl Mai, Paul Mebus, Fritz Walter,	Helmut Rahn, Berni Klodt, Ottmar Walter, Richard Herrmann, Uli Biesinger, K.-H. Metzner Hans Schäfer, Max Morlock
WM 66	Helmut Schön	Hans Tilkowski, Günther Bernard, Sepp Maier	Horst Höttges, Willi Schulz, Wolfgang Weber, Friedel Lutz, Bernd Patzke, Wolfgang Paul, Karl-Heinz Schnellinger	Franz Beckenbauer, Albert Brülls, Helmut Haller, Max Lorenz, Wolfg. Overath, Klaus Sieloff	Uwe Seeler, Sigi Held, Lothar Emmerich, Heinz Hornig, Jürgen Grabowski, Werner Krämer
WM 74	Helmut Schön	Sepp Maier, Norbert Nigbur, Wolfgang Kleff	Berti Vogts, Paul Breitner, Horst Höttges, Hans-Georg Schwarzenbeck, Franz Beckenbauer, Bernd Cullmann, Jupp Kapellmann	Herbert Wimmer, Günther Netzer, Heinz Flohe, Uli Hoeness, Wolfgang Overath, Rainer Bonhof, Helmut Kremers	Jürgen Grabowski, Jupp Heynckes, Gerd Müller, Bernd Hölzenbein, Dieter Herzog
EM 80	Jupp Derwal	Harald (Toni) Schumacher, Eike Immel, W. Junghans	Bernard Dietz, Karlheinz Förster, Herbert Zimmermann, Manfred Kaltz, Bernd Förster	Uli Stielike, Bernd Schuster, Hans-Peter Briegel, Bernh. Cullmann, Felix Magath, Miroslav Votava, Hansi Müller, Lothar Matthäus	Karl (Kalle) Del'Haye, Klaus Allofs, Horst Hrubesch, Karl-Heinz Rummenigge
WM 90	Franz Beckenbauer	Bodo Illgner, Andreas Köpke, Raimond Aumann	Stefan Reuter, Andreas Brehme, Jürgen Kohler, Klaus Augenthaler, Guido Buchwald, Thomas Berthold, Paul Steiner, Hans Pflügler	Thomas Häßler, Lothar Matthäus, Uwe Bein, Andreas Möller, Olaf Thon, Günther Hermann	Pierre Littbarski, Rudi Völler, Frank Mill, Karlheinz Riedle, Jürgen Klinsmann
EM 96	Berti Vogts	Oliver Kahn, Andreas Köpke, Oliver Reck	Markus Babbel, Thomas Helmer, Jürgen Kohler, Stefan Reuter, René Schneider, Christian Ziege	Mario Basler, Marco Bode, Dieter Eilts, Steffen Freund, Th. Häßler, Andi Möller, Matth. Sammer, Mehmet Scholl, Th. Strunz, Jens Todt	Oliver Bierhoff, Fredi Bobic, Jürgen Klinsmann, Stefan Kunz
WM 06	Jürgen Klinsmann	Jens Lehmann, Oliver Kahn, Timo Hildebrand	Marcell Jansen, Arne Friedrich, Robert Huth, Jens Nowotny, Philipp Lahm, Per Mertesacker, Christoph Metzelder	Seb. Kehl, Bastian Schweinsteiger, Torsten Frings, Michael Ballack, Th. Hitzlsperger, Tim Borowski, Bernd Schneider, David Odonkor	Gerald Asamoah, Mike Hanke, Miroslav Klose, Oliver Neuville, Lukas Podolski
WM 14	Joachim Löw	Manuel Neuer, Roman Weidenfeller, Robert Zieler	Jérome Boateng, Eric Durm, Matth. Ginter, Kevin Großkreutz, Benedikt Höwedes, Mats Hummels, Philipp Lahm, Per Mertesacker, Sh. Mustafi	Julian Draxler, Sami Khedira, Chr. Kramer, Toni Kroos, Mesut Özil, Bastian Schweinsteiger	Mario Götze, Miroslav Klose, Thomas Müller, Lukas Podolski, André Schürrle

OLYMPISCHE SOMMERSPIELE UND SOMMER-PARALYMPICS (STAND: 3/2018)

	JAHR	SOMMERSPIELE	ATH-LETEN	ENTSCHEI-DUNGEN	SPORT-ARTEN
01	**1896**	Athen (GR)	245	43	9
02	**1900**	Paris (F)	1.310	185	23
03	**1904**	St. Louis (USA)	689	91	17
04	**1908**	London (GB)	2.035	109	21
05	**1912**	Stockholm (SWE)	2.547	102	14
06	**1920**	Antwerpen (B)	2.669	154	20
07	**1924**	Paris (F)	3.075	126	17
08	**1928**	Amsterdam (NL)	2.871	109	14
09	**1932**	Los Angeles (USA)	1.331	116	14
10	**1936**	Berlin (D)	4.066	129	19
11	**1948**	London (GB)	4.106	136	17
12	**1952**	Helsinki (FIN)	4.955	149	17
13	**1956**	Melbourne (AUS)	3.472	153	17
14	**1960**	Rom (IT)	5.338	150	17
15	**1964**	Tokio (JAP)	5.140	163	19
16	**1968**	Mexico City (MEX)	5.531	172	18
17	**1972**	München (D)	7.147	195	21
18	**1976**	Montreal (CAN)	6.028	198	21
19	**1980**	Moskau (RUS)	5.217	203	21
20	**1984**	Los Angeles (USA)	6.797	221	21
21	**1988**	Seoul (SÜD-KOR)	8.381	237	23
22	**1992**	Barcelona (E)	9.967	257	25

	JAHR	SOMMERSPIELE	ATH-LETEN	ENTSCHEI-DUNGEN	SPORT-ARTEN
23	**1996**	Atlanta (USA)	10.320	271	26
24	**2000**	Sydney (AUS)	10.651	300	28
25	**2004**	Athen (GR)	11.099	301	28
26	**2008**	Peking (VR CHN)	11.129	302	28
27	**2012**	London (GB)	11.040	302	26
28	**2016**	Rio de Janeiro (BRA)	11.585	306	28
	JAHR	**PARALYMPICS**			
01	**1960**	Rom (IT)	400	57	8
02	**1964**	Tokio (JAP)	374	144	9
03	**1968**	Tel Aviv (ISR)	750	181	10
04	**1972**	Heidelberg (D)	1.004	187	10
05	**1976**	Toronto (CAN)	1.657	447	13
06	**1980**	Arnheim (NL)	1.973	489	12
07	**1984**	Stoke Mandevil. (GB)	1.800	973	15
08	**1988**	Seoul (Süd-Korea)	3.052	729	16
09	**1992**	Barcelona (E)	3.020	487	15
10	**1996**	Atlanta (USA)	3.259	508	20
11	**2000**	Sydney (AUS)	3.881	550	18
12	**2004**	Athen (GR)	4.000	516	19
13	**2008**	Peking (VR CHN)	4.124	472	20
14	**2012**	London (GB)	4.452	503	20
15	**2016**	Rio de Janeiro (BRA)	4.298	528	22

	JAHR	WINTERSPIELE	ATH-LETEN	ENTSCHEI-DUNGEN	SPORT-ARTEN
01	1924	Chamonix (F)	258	16	7
02	1928	St. Moritz (CH)	464	14	6
03	1932	Lake Placid (USA)	252	14	5
04	1936	Garmisch-Partenk. (D)	646	17	6
05	1948	St. Moritz (CH)	669	22	6
06	1952	Oslo (NOR)	694	22	6
07	1956	Cortina d'Ampezzo (IT)	818	24	6
08	1960	Squaw Valley (USA)	665	27	6
09	1964	Innsbruck (AUT)	1.091	34	8
10	1968	Grenoble (F)	1.158	35	8
11	1972	Sapporo (JAP)	1.006	35	8
12	1976	Innsbruck (AUT)	1.128	37	3
13	1980	Lake Placid (USA)	1.070	38	3
14	1984	Sarajevo (JUG)	1.272	39	3
15	1988	Calgary (CAN)	1.423	46	8
16	1992	Albertville (F)	1.808	57	8
17	1994	Lillehammer (NOR)	1.737	61	8
18	1998	Nagano (JAP)	2.302	68	12
19	2002	Salt Lake City (USA)	2.400	78	13
20	2006	Turin (IT)	2.508	84	13
21	2010	Vancouver (CAN)	2.566	86	15
22	2014	Sotschi (RUS)	2.861	98	15
23	2018	Pyeongchang (S-KOR)	2.900	102	15
24	2022	Peking (VR China)			
25	2026				

	JAHR	PARALYMPICS	ATH-LETEN	ENTSCHEI-DUNGEN	SPORT-ARTEN
01	1976	Örnsköldsvik (SWE)	250	52	2
02	1980	Geilo (NOR)	350	49	3
03	1984	Innsbruck (AUT)	457	107	3
04	1988	Innsbruck (AUT)	397	96	4
05	1992	Albertville (F)	365	79	3
06	1994	Lillehammer (NOR)	471	133	5
07	1998	Nagano (JAP)	571	122	5
08	2002	Salt Lake City (USA)	416	92	4
09	2006	Turin (IT)	474	58	4
10	2010	Vancouver (CAN)	650	64	5
11	2014	Sotschi (RUS)	547	72	5
12	2018	Pyeongchang (S-KOR)	570	80	6
13	2022	Peking (VR China)			
14	2026				

EWIGER MEDAILLENSPIEGEL BEI OLYMPISCHEN SPIELEN (STAND: 3/2018)

	LAND	SOMMER (GESAMT)	GOLD	SILBER	BRONZE
01	USA	**2.519**	1.023	794	702
02	Russland (inkl. Sowjetunion)	**1.577**	589	499	489
03	Deutschland (inkl. DDR)	**1.350**	428	443	479
04	Großbritannien	**848**	263	294	291
05	Frankreich	**714**	212	241	261
06	Italien	**572**	206	175	191
07	VR China	**543**	225	164	154
08	Australien	**514**	152	168	194
09	Schweden	**494**	145	170	179
10	Ungarn	**491**	175	147	169
11	Japan	**439**	142	134	163
12	Rumänien	**306**	89	95	122
13	Finnland	**303**	101	84	118
14	Kanada	**302**	63	102	137
15	Niederlande	**299**	85	92	122
16	Polen	**282**	67	84	131
17	Südkorea	**264**	90	85	89
18	Kuba	**220**	77	69	74
19	Bulgarien	**217**	51	86	80
20	Tschechische Rep. (inkl. TCH)	**201**	64	67	70
21	Dänemark	**194**	45	74	75

LAND	WINTER (GESAMT)	GOLD	SILBER	BRONZE
Deutschland (inkl. DDR)	**408**	150	145	113
Norwegen	**368**	132	125	111
Russland (inkl. Sowjetunion)	**346**	135	102	109
USA	**304**	105	110	89
Österreich	**232**	64	81	87
Kanada	**199**	73	63	63
Finnland	**167**	43	63	61
Schweden	**158**	57	46	55
Schweiz	**153**	55	46	52
Niederlande	**130**	45	44	41
Italien	**124**	40	36	48
Frankreich	**124**	36	35	53
Südkorea	**70**	31	25	14
VR China	**62**	13	28	21
Japan	**58**	14	22	22
Tschechische Rep. (inkl. TCH)	**56**	11	19	26
Großbritannien	**31**	11	4	16
Polen	**22**	7	7	8
Weißrussland	**18**	8	5	5
Slowenien	**17**	2	5	10
Australien	**15**	5	5	5
Kroatien	**11**	4	6	1

JAHR	WELTMEISTER	LAND	RENNSTALL
1974	Emerson Fittipaldi	Brasilien	McLaren-Ford
1975	Niki Lauda	Österreich	Ferrari
1976	James Hunt	Großbritannien	McLaren-Ford
1977	Niki Lauda	Österreich	Ferrari
1978	Mario Andretti	USA	Lotus-Ford
1979	Jody Scheckter	Südafrika	Ferrari
1980	Alan Jones	Australien	Williams-Ford
1981	Nelson Piquet	Brasilien	Brabham-Ford
1982	Keke Rosberg	Finnland	Williams-Ford
1983	Nelson Piquet	Brasilien	Brabham-BMW
1984	Niki Lauda	Österreich	McLaren-Porsche
1985	Alain Prost	Frankreich	McLaren-Porsche
1986	Alain Prost	Frankreich	McLaren-Porsche
1987	Nelson Piquet	Brasilien	Williams-Honda
1988	Ayrton Senna	Brasilien	McLaren-Honda
1989	Alain Prost	Frankreich	McLaren-Honda
1990	Ayrton Senna	Brasilien	McLaren-Honda
1991	Ayrton Senna	Brasilien	McLaren-Honda
1992	Nigel Mansell	Großbritannien	Williams-Renault
1993	Alain Prost	Frankreich	Williams-Renault
1994	Michael Schumacher	Deutschland	Benetton-Ford
1995	Michael Schumacher	Deutschland	Benetton-Renault
1996	Damon Hill	Großbritannien	Williams-Renault
1997	Jacques Villeneuve	Kanada	Williams-Renault
1998	Mika Häkkinen	Finnland	McLaren-Mercedes
1999	Mika Häkkinen	Finnland	McLaren-Mercedes
2000	Michael Schumacher	Deutschland	Ferrari
2001	Michael Schumacher	Deutschland	Ferrari
2002	Michael Schumacher	Deutschland	Ferrari
2003	Michael Schumacher	Deutschland	Ferrari
2004	Michael Schumacher	Deutschland	Ferrari
2005	Fernando Alonso	Spanien	Renault
2006	Fernando Alonso	Spanien	Renault
2007	Kimi Räikkönen	Finnland	Ferrari
2008	Lewis Hamilton	England	McLaren-Mercedes
2009	Jenson Button	England	Brawn-Mercedes
2010	Sebastian Vettel	Deutschland	Red Bull Renault
2011	Sebastian Vettel	Deutschland	Red Bull Renault
2012	Sebastian Vettel	Deutschland	Red Bull Renault
2013	Sebastian Vettel	Deutschland	Red Bull Renault
2014	Lewis Hamilton	England	Mercedes-Petronas
2015	Lewis Hamilton	England	Mercedes-Petronas
2016	Nico Rosberg	Deutschland	Mercedes-Petronas
2017	Lewis Hamilton	England	Mercedes-Petronas

JAHR	AUSTRALIAN OPEN	FRENCH OPEN	WIMBLEDON	US OPEN	DAVIS CUP
1996	Boris Becker, D	Jewgeni Kafelnikow, RUS	Richard Krajicek, NL	Pete Sampras, USA	Frankreich
1997	Pete Sampras, USA	Gustavo Kuerten, BRA	Pete Sampras, USA	Patrick Rafter, AUS	Schweden
1998	Petr Korda, TCH	Charlos Moya, E	Pete Sampras, USA	Patrick Rafter, AUS	Schweden
1999	Jewgeni Kafelnikow, RUS	Andre Agassi, USA	Pete Sampras, USA	Andre Agassi, USA	Australien
2000	Andre Agassi, USA	Gustavo Kuerten, BRA	Pete Sampras, USA	Marat Safin, RUS	Spanien
2001	Andre Agassi, USA	Gustavo Kuerten, BRA	Goran Ivaniševic, CRO	Lleyton Hewitt, AUS	Frankreich
2002	Thomas Johansson, SWE	Albert Costa, E	Lleyton Hewitt, AUS	Pete Sampras, USA	Russland
2003	Andre Agassi, USA	Juan Carlos Ferrero, E	Roger Federer, CH	Andy Roddick, USA	Australien
2004	Roger Federer, CH	Gastón Gaudio, ARG	Roger Federer, CH	Roger Federer, CH	Spanien
2005	Marat Safin, RUS	Rafael Nadal, E	Roger Federer, CH	Roger Federer, CH	Kroatien
2006	Roger Federer, CH	Rafael Nadal, E	Roger Federer, CH	Roger Federer, CH	Russland
2007	Roger Federer, CH	Rafael Nadal, E	Roger Federer, CH	Roger Federer, CH	USA
2008	Novak Dokovic, SERB	Rafael Nadal, E	Rafael Nadal, E	Roger Federer, CH	Spanien
2009	Rafael Nadal, E	Roger Federer, CH	Roger Federer, CH	Juan Martín del Potro, ARG	Spanien
2010	Roger Federer, CH	Rafael Nadal, E	Rafael Nadal, E	Rafael Nadal, E	Serbien
2011	Novak Dokovic, SERB	Rafael Nadal, E	Novak Dokovic, SERB	Novak Dokovic, SERB	Spanien
2012	Novak Dokovic, SERB	Rafael Nadal, E	Roger Federer, CH	Andy Murray, GB	Tschechien
2013	Novak Dokovic, SERB	Rafael Nadal, E	Andy Murray, GB	Rafael Nadal, E	Tschechien
2014	Stanislas Wawrinka, CH	Rafael Nadal, E	Novak Dokovic, SERB	Marin Cilic, CRO	Schweiz
2015	Novak Dokovic, SERB	Stanislas Wawrinka, CH	Novak Dokovic, SERB	Novak Dokovic, SERB	Großbritannien
2016	Novak Dokovic, SERB	Novak Dokovic, SERB	Andy Murray, GB	Stanislas Wawrinka, CH	Argentinien
[illegible]	[illegible]	Rafael Nadal, E	Roger Federer, CH	Rafael Nadal, E	Frankreich

JAHR	WIMBLEDON	US OPEN	FRENCH OPEN	AUSTRALIAN OPEN	FED CUP
1996	Steffi Graf, D	Steffi Graf, D	Steffi Graf, D	Monica Seles, JUG	USA
1997	Martina Hingis, CH	Martina Hingis, CH	Iva Majoli, CRO	Martina Hingis, CH	Frankreich
1998	Jana Novotná, RUS	Lindsay Davenport, USA	Arantxa Sánchez Vicario, E	Martina Hingis, CH	Spanien
1999	Lindsay Davenport, USA	Serena Williams, USA	Steffi Graf, D	Martina Hingis, CH	USA
2000	Venus Williams, USA	Venus Williams, USA	Mary Pierce, F	Lindsay Davenport, USA	USA
2001	Venus Williams, USA	Venus Williams, USA	Jennifer Capriati, USA	Jennifer Capriati, USA	Belgien
2002	Serena Williams, USA	Serena Williams, USA	Serena Williams, USA	Jennifer Capriati, USA	Slowakei
2003	Serena Williams, USA	Justine Henin-Hardenne, B	Justine Henin-Hardenne, B	Serena Williams, USA	Frankreich
2004	Maria Scharapowa, RUS	Swetlana Kusnezowa, RUS	Anastassija A. Myskina, RUS	Justine Henin-Hardenne, B	Russland
2005	Venus Williams, USA	Kim Clijsters, B	Justine Henin-Hardenne, B	Serena Williams, USA	Russland
2006	Amélie Mauresmo, F	Maria Scharapowa, RUS	Justine Henin-Hardenne, B	Amélie Mauresmo, F	Italien
2007	Venus Williams, USA	Justine Henin, B	Justine Henin, B	Serena Williams, USA	Russland
2008	Venus Williams, USA	Serena Williams, USA	Ana Ivanovic, SERB	Maria Scharapowa, RUS	Russland
2009	Serena Williams, USA	Kim Clijsters, B	Swetlana Kusnezowa, RUS	Serena Williams, USA	Italien
2010	Serena Williams, USA	Kim Clijsters, B	Francesca Schiavone, IT	Serena Williams, USA	Italien
2011	Petra Kvitová, TSCH	Samantha Stosur, AUS	Li Na, VR CHINA	Kim Clijsters, B	Tschechien
2012	Serena Williams, USA	Serena Williams, USA	Marija Scharapowa, RUS	Wiktoryja Asaranka, Weiß-RUS	Tschechien
2013	Marion Bartoli, F	Serena Williams, USA	Serena Williams, USA	Wiktoryja Asaranka, Weiß-RUS	Italien
2014	Petra Kvitová, TSCH	Serena Williams, USA	Marija Scharapowa, RUS	Li Na, VR CHINA	Tschechien
2015	Serena Williams, USA	Flavia Pennetta, IT	Serena Williams, USA	Serena Williams, USA	Tschechien
2016	Serena Williams, USA	Angelique Kerber, D	Serena Williams, USA	Angelique Kerber, D	Tschechien
2017	Garbine Muguruza, E	Sloane Stephens, USA	Jelena Ostapenko, LET	Serena Williams, USA	USA

TENNIS - GRAND SLAM SIEGERINNEN

SIEGER DER GOLF-MAJOR-TURNIERE (HERREN)

JAHR	US MASTERS (ERSTMALS 1934)	US OPEN (ERSTMALS 1895)	BRITISH OPEN (ERSTMALS 1860)	PGA CHAMPIONSHIP (ERSTMALS 1916)	RYDER CUP (ERSTMALS 1927)
1996	Nick Faldo, ENG	Steve Jones, USA	Tom Lehman, USA	Mark Brooks, USA	
1997	Tiger Woods, USA	Ernie Els, SFA	Justin Leonard, USA	Davis Love III, USA	Europa
1998	Mark O'Meara, USA	Lee Janzen, USA	Mark O'Meara, USA	Vijay Singh, FIDSCHI	
1999	José María Olazábal, E	Payne Stewart, USA	Paul Lawrie, SCOT	Tiger Woods, USA	USA
2000	Vijay Singh, FIDSCHI	Tiger Woods, USA	Tiger Woods, USA	Tiger Woods, USA	
2001	Tiger Woods, USA	Retief Goosen, SFA	David Duval, USA	David Toms, USA	
2002	Tiger Woods, USA	Tiger Woods, USA	Ernie Els, SFA	Rich Beem, USA	Europa
2003	Mike Weir, CAN	Jim Furyk, USA	Ben Curtis, USA	Shaun Micheel, USA	
2004	Phil Mickelson, USA	Retief Goosen, SFA	Todd Hamilton, USA	Vijay Singh, FIDSCHI	Europa
2005	Tiger Woods, USA	Michael Campbell, NZ	Tiger Woods, USA	Phil Mickelson, USA	
2006	Phil Mickelson, USA	Geoff Ogilvy, AUS	Tiger Woods, USA	Tiger Woods, USA	Europa
2007	Zach Johnson, USA	Ángel Cabrera, ARG	Pádraig Harrington, IRL	Tiger Woods, USA	
2008	Trevor Immelman, SFA	Tiger Woods, USA	Pádraig Harrington, IRL	Pádraig Harrington, IRL	USA
2009	Ángel Cabrera, ARG	Lucas Glover, USA	Stewart Cink, USA	Yang Yong-eun, SÜD-KOR	
2010	Phil Mickelson, USA	Greame McDowell, Nord-IRL	Louis Oosthuizen, SFA	Martin Kaymer, D	Europa
2011	Charl Schwartzel, SFA	Rory McIlroy, Nord-IRL	Darren Clarke, Nord-IRL	Keegan Bradley, USA	
2012	Bubba Watson, USA	Webb Simpson, USA	Ernie Els, SFA	Rory McIlroy, Nord-IRL	Europa
2013	Adam Scott, AUS	Justin Rose, ENG	Phil Mickelson, USA	Jason Dufner, USA	
2014	Bubba Watson, USA	Martin Kaymer, D	Rory McIlroy, Nord-IRL	Rory McIlroy, Nord-IRL	Europa
2015	Jordan Spieth, USA	Jordan Spieth, USA	Zach Johnson, USA	Jason Day, AUS	
2016	Danny Willett, ENG	Dustin Johnson, USA	Henrik Stenson, SWE	Jimmy Walker, USA	USA
2017	Sergio Garcia, E	Brooks Koepka, USA	Jordan Spieth, USA	Justin Thomas, USA	

HANDBALL	VOLLEYBALL	BASKETBALL	EISHOCKEY	FELDHOCKEY	WASSERBALL
1961, Rumänien	1956, Tschechoslowakei	1959, Brasilien	1996, Tschechien	1975, Indien	1973, Ungarn
1964, Rumänien	1960, UdSSR	1963, Brasilien	1997, Kanada	1978, Pakistan	1975. Sowjetunion
1967, Tschechoslowakei	1962, UdSSR	1967, UdSSR	1998, Schweden	1982, Pakistan	1978, Italien
1970, Rumänien	1966, Tschechoslowakei	1970, Jugoslawien	1999, Tschechien	1986, Australien	1982, Sowjetunion
1974, Rumänien	1970, DDR	1974, UdSSR	2000, Tschechien	1990, Niederlande	1986, Jugoslawien
1978, Deutschland	1974, Polen	1978, Jugoslawien	2001, Tschechien	1994, Pakistan	1991, Jugoslawien
1982, UdSSR	1978, UdSSR	1982, UdSSR	2002, Slowakei	1998, Niederlande	1994, Italien
1986, Jugoslawien	1982, UdSSR	1986, USA	2003, Kanada	2002, Deutschland	1998, Spanien
1990, Schweden	1986, USA	1990, Jugoslawien	2004, Kanada	2006, Deutschland	2001, Spanien
1993, Russland	1990, Italien	1994, USA	2005, Tschechien	2010, Australien	2003. Ungarn
1995, Frankreich	1994, Italien	1998, Jugoslawien	2006, Schweden	2014, Australien	2005, Serbien-Monteneg.
1997, Russland	1998, Italien	2002, Jugoslawien	2007, Kanada		2007, Kroatien
1999, Schweden	2002, Brasilien	2006, Spanien	2008, Russland		2009, Serbien
2001, Frankreich	2006, Brasilien	2010, USA	2009, Russland		2011, Italien
2003, Kroatien	2010, Brasilien	2014, USA	2010, Tschechien		2013, Ungarn
2005, Spanien	2014, Polen		2011, Finnland		2015, Serbien
2007, Deutschland			2012, Russland		2017, Kroatien
2009, Frankreich			2013, Schweden		
2011, Frankreich			2014, Russland		
2013, Spanien			2015, Kanada		
2015, Frankreich			2016, Kanada		
2017, Frankreich			2017, Schweden		

DIE LETZEN WELTMEISTERINNEN IM ....

FRAUEN-FUSSBALL	HANDBALL	VOLLEYBALL	BASKETBALL	EISHOCKEY	FELDHOCKEY
1995, Norwegen	1965, Ungarn	1956, UdSSR	1957, USA	1992, Kanada	1976, BRD
1999, USA	1971, DDR	1960, UdSSR	1959, UdSSR	1994, Kanada	1978, Niederlande
2003, Deutschland	1973, Jugoslawien	1962, Japan	1964, UdSSR	1997, Kanada	1979, Niederlande
2007, Deutschland	1975, DDR	1967, Japan	1967, UdSSR	1999, Kanada	1981, BRD
2011, Japan	1978, DDR	1970, UdSSR	1971, UdSSR	2000, Kanada	1983, Niederlande
2015, USA	1982, UdSSR	1974, Japan	1975, UdSSR	2001, Kanada	1986, Niederlande
	1986, UdSSR	1978, Kuba	1979, USA	2003, ausgesetzt	1990, Niederlande
	1990, UdSSR	1982, China	1983, UdSSR	2004, Kanada	1994, Australien
	1993, Deutschland	1986, China	1986, USA	2005, USA	1998, Australien
	1995, Süd-Korea	1990, UdSSR	1990, USA	2007, Kanada	2002, Argentinien
	1997, Dänemark	1994, Kuba	1994, Brasilien	2008, USA	2006, Niederlande
	1999, Norwegen	1998, Kuba	1998, USA	2009, USA	2010, Argentinien
	2001, Russland	2002, Italien	2002, USA	2010, USA	2014, Niederlande
	2003, Frankreich	2006, Russland	2006, Australien	2011, USA	
	2005, Russland	2010, Russland	2010, USA	2012, Kanada	
	2007, Russland	2014, USA	2014, USA	2013, USA	
	2009, Russland			2014, ausgesetzt	
	2011, Norwegen			2015, USA	
	2013, Serbien			2016, USA	
	2015, Norwegen			2017, USA	
	2017, Frankreich			2018, ausgesetzt	

	BESCHREIBUNG
C + M + B	Der Segensspruch der Sternsinger bedeutet nicht Caspar + Melchior + Balthasar, sondern „Christus mansionem benedicat" (Gott segne dieses Haus).
Schachaufstellung	Eiserne Regel: Weiße Dame, weißes Feld (D1). Schwarze Dame, schwarzes Feld (D8). Rechts von der weißen Dame steht ihr weißer König auf E1. Beim schwarzen König ist es genau umgekehrt, er steht links neben der schwarzen Dame auf E8. Beide Paare werden flankiert von je zwei Läufern, zwei Pferden und zwei Türmen. Eine Reihe von 8 Bauern steht davor.".
Starthilfe	**1**) Beide Pluspole (rot) miteinander verbinden **2**) Minuspol der Spenderbatterie an den Motorblock (oder Minuspol) der Empfängerbatterie anschließen **3**) Motor des Spenderautos starten **4**) Empfängermotor starten **5**) Laufen beide Motoren, erst Minuskabel (schwarz) abnehmen und dann die Pluskabeln.
DIN A-Formate (mm)	A7 (74 x 105); A6 (105 x 148); A5 (148 x 210); A4 (210 x 297); A3 (297 x 420); A2 (420 x 594); A1 (594 x 841).
Notfall-Nummern	**112** = Feuerwehr und Rettungsdienst; **110** = Polizei; **116 116** = Karten-Sperr-Nummer; 0180-222 22 22 = ADAC-Pannenhilfe.
(Pool)Billiardkugeln anordnen	Es gibt beim Aufbau im Dreieck nur zwei feste Regeln: Die schwarze Acht muss in der Mitte der Dreier-Reihe liegen und in allen anderen Reihen sollten sich volle und halbe Kugeln abwechseln. Zahlen und Farben der Kugeln spielen dabei keine Rolle.
Gitarrensaiten	E-A-D-G-H-E oder leichter zu merken mit: „**E**ine **A**lte **D**ame **G**eht **H**eute **E**inkaufen".
Wiederbelebung (Herz-Druck-Massage)	**1**) Den Bewusstlosen auf den Rücken legen **2**) Neben den Brustkorb knien und Oberkörper des Bewusstlosen freimachen **3**) Handballen übereinander auf die Mitte des Brustkorbs legen und mit gestreckten Armen senkrecht kurz und kräftig etwa 100 mal pro Minute auf den Brustkorb drücken. Das klappt auch perfekt im Rhythmus zum Song „*Staying Alive*" von den Bee Gees.
Sitzordnung im Sinfonieorchester	Vorne mittig steht der Dirigent. Um ihn herum sitzen jeweils im Halbkreis von links nach rechts a) in der 1. Reihe: Erste Violinen, Zweite Violinen, Bratschen, Cello, b) in der 2. Reihe: Klavier, Harfe, Piccoloflöten, Flöten, Oboen, Hörner, Kontrabässe, in der 3. Reihe: Klarinetten, Fagotte, Kontrafagotte und in der 4. Reihe: Waldhörner, Trompeten, Posaunen, Tuben und Pauken.
Hochzeitstage	Nach 1 Jahr = Papierhochzeit; nach 5 Jahren = Hölzerne Hochzeit; nach 10 Jahren = Rosenhochzeit; nach 15 Jahren = Kristallhochzeit; nach 20 Jahren = Porzellanhochzeit; nach 25 Jahren = Silberhochzeit; nach 30 Jahren = Perlenhochzeit; nach 40 Jahren = Rubinhochzeit; nach 50 Jahren = Goldene Hochzeit; nach 60 Jahren = Diamantenhochzeit; nach 65 Jahren = Eiserne Hochzeit.
Dresscodes	„Black Tie" = Smoking-Pflicht für IHN, ein schickes Abendkleid für SIE. „Business" = dunkler Anzug, Hemd, Krawatte und Lederschuhe für IHN, Kostüm mit Nylonstrümpfen für SIE. „Smart Casual" bzw. „Come as you are" = Sakko und Hemd aber ohne Krawatte für IHN. Hosenanzug oder Kleid für SIE. In keinem Fall: weiße Socken, Turnschuhe, Strickwaren und Miniröcke.
Römische Zahlen	1 = I; 2 = II; 3 = III; 4 = IV; 5 = V; 10 = X; 50 = L; 100 = C; 500 = D; 1000 = M.
IP-Adresse unter Windows	**1**) Klicken Sie links unten auf Start. **2**) Klicken Sie auf Ausführen. **3**) Schreiben Sie nun „cmd" in das Fenster und bestätigen mit Enter. **4**) Im nun geöffneten DOS Befehl tippen Sie das Wort „ipconfig" ein und drücken anschließend die Return-Taste.

WAS MAN IMMER VERGISST!

	BESCHREIBUNG
Mund-zu-Mund-Beatmung	**1**) Kopf nach hinten strecken. **2**) Nase mit Daumen und Zeigefinger zuhalten. **3**) Die Lippen auf den leicht geöffneten Mund (wahlweise auch Nase) des Bewusstlosen legen und gleichmäßig ausatmen - bis sich der Brustkorb hebt. **4**) Nachdem sich der Brustkorb wieder senkt, Vorgang wiederholen.
Am Unfallort	**1**) Unfallstelle absichern. **2**) Notruf wie folgt absetzen: **a**) Ihr Name **b**) Wo liegt die Unfallstelle? **c**) Was ist passiert? **d**) Wie viele Personen sind verletzt? **e**) Mit welchen Verletzungen? **WICHTIG**: Nicht gleich auflegen! Warten Sie auf Rückfragen!
Autoreifenwechsel	**1**) Motor aus, Gang rein, Handbremse an. **2**) Wagenheber, Kreuzschlüssel und Ersatzrad bereit legen. **3**) Radkappe lösen und Radmuttern lockern. **4**) Wagenheber ansetzen und Auto aufbocken. **5**) Radmuttern abschrauben, Reserverad aufsetzen. **6**) Radmuttern anschrauben, Auto ablassen und Muttern festziehen.
Ordnungssystem	(Klasse->Ordnung->Familie->Gattung->Art). Merksatz: „Klasse Ordnung herrscht in der Familie, wenn der Gatte artig ist."
Mount Rushmore	Zeigt die US-Präsidenten von links nach rechts: George Washington, Thomas Jefferson, Theodore Roosevelt, Abraham Lincoln.
Flaggennamen	„Union Jack" (England); „Stars and Stripes" (USA); „Trikolore" (Frankreich).
Deutsche Nationalhymne	Ursprünglich seit 1922, aber seit 1952 nur noch die 3. Strophe des „Deutschlandliedes". Der Text wurde von Hoffmann von Fallersleben 1841 auf Helgoland gedichtet, die Musik stammt von Josef Haydens „Kaiserhymne".
Die Zahl Pi	„May (3), I (1) have (4) a large container of coffee, thank you?" Die Anzahl der Buchstaben pro Wort ergibt Pi = 3,141592653..
SOS	Als Morsezeichen: Punkt Punkt Punkt – Strich Strich Strich – Punkt Punkt Punkt.
Konkav/konvex	„War das Mädchen brav, ist es konkav. Hatte das Mädchen Sex, ist es konvex" (schwanger).
Ostfriesische Inseln	Eselsbrücke (von Ost nach West): „**W**elcher **S**eemann **L**iegt **B**ei **N**elly **I**m **B**ett?" (**W**angerooge, **S**piekeroog, **L**angeroog, **B**altrum, **N**ordeney, **J**uist, **B**orkum).
Back-/Steuerbord	Blickt man zum Bug eines Schiffes ist Backbord links und Steuerbord rechts (Merke: das kleine „r" für rechts in Steuerbord).
Satz des Pythagoras	$a^2 + b^2 = c^2$; Übrigens: Ein rechtwinkliges Dreieck besteht aus einer Hypotenuse (c = längste Seite) und 2 Katheten (a + b).
Tropfstein	Stalaktiten hängen von der Decke, Stalagmiten wachsen am Boden. Eselsbrücke: Die Mi(e)ten steigen, die Tit(t)en hängen.
Dasselbe oder das Gleiche?	Ich trage heute dasselbe (identische) T-Shirt wie gestern. Lisa aber trägt das gleiche Kleid (ein blaues mit weißen Punkten) wie Jutta. Eselsbrücke: „Dinge können sich gleichen aber nicht selben."
Als oder wie?	Ist der Vergleich identisch = wie; ist der Vergleich unterschiedlich (Komparativ) = als. Beispiele: du bist schöner, besser, klüger (komperativ) als….; **ABER**: du bist so schön, so gut, so klug wie. Merke: Auf das Wort „so" folgt immer „wie".

WAS MAN IMMER VERGISST!

	BEDEUTUNG/FORMEL
2L8	„Too late" (auf deutsch: zu spät)
Adidas	Vom Namen des Gründers **Adi Das**sler.
AEG	**A**llgemeine **E**lektrizitäts-**G**esellschaft
ALDI	Vom Namen der Gründer **Al**brecht + **Di**scount.
Alea iacta est	Der Würfel ist geworfen. *(Julius Cäsar, 49 vor Chr.)*
Alliteration	Stabreim mit zwei oder mehreren Wörter, die mit demselben Buchstaben beginnen: „Kind und Kegel"; „Milch macht müde Männer munter".
Anagramm	Wörter oder Sätze, die durch Umstellung der Buchstaben einen neuen Sinn ergeben: Ampel–Palme–Lampe.
Anapher	Regelmäßige Wiederholung ganzer Wörter oder Teilsätze am Vers- bzw. Strophenanfang.
ARAL	**Ar**omaten und **Al**iphaten (zwei Benzin-Bestandteile).
Arbeit	E = F × s (Kraft × Strecke).
ARD	**A**rbeitsgemeinschaft der öffentlich-rechtlichen **R**undfunkanstalten der Bundesrepublik **D**eutschland.
ASAP	**A**s **s**oon **a**s **p**ossible (deutsch: so bald wie möglich).
Audi	Lateinische Übersetzung des Gründernamens Horch.
BASF	**B**adische **A**nilin und **S**oda **F**abrik .
Beschleunigung	a = F : m (Kraft durch Masse).
Carpe diem	Nutze/Pflücke den Tag (*vom Dichter Horaz geprägt*).
C&A	Initialen der Gründer **C**lemens & **A**ug. Brenninkmeijer.
C&P	Copy and Paste (auf deutsch: kopieren und einfügen).
CU	= see you (auf deutsch: wir sehen uns).
Dichte	d = m : V (Masse durch Volumen).
DIN	**D**eutsches **I**nstitut für **N**ormung e. V.

	BEDEUTUNG/FORMEL
Diphthong	2 Vokale, die zusammen ausgesprochen einen eigenen Laut ergeben (au, ei, äu, eu) wie z.B. Europa, Leise etc.
DNS	**D**esoxyribo**n**uklein**s**äure
Dr. h. c.	Ehrendoktor (**h**onoris **c**ausa).
Druck	p = F : A (Kraft durch Fläche).
DU	**D**own **U**nder (Synonym für Australien).
$E = MC^2$	Energie = Masse × Geschwindigkeit zum Quadrat.
EDEKA	Von der Kurzform EDK (**E**inkaufsgenossenschaft **d**er **K**olonialwarenhändler).
Eduscho	Vom Namen des Gründers **Ed**uard **Scho**pf.
ESP	**E**lektronisches **S**tabilitäts**p**rogramm (Nachfolger vom ABS – **A**nti**b**lockier**s**ystem).
FAQ	**F**requently **a**sked **q**uestions (auf deutsch: oft gestellte Fragen).
FYI	**F**or **y**our **i**nformation (deutsch: zu deiner Information).
Geha	Abkürzung für die **Ge**brüder-**Ha**rtmann-Werke.
Google	Von „Googol", ein Begriff den sich der 9-jährige Neffe des Mathematikers Edward Kasner in den 30er-Jahren für die Zahl 10^{100} ausgedacht hatte.
Hanuta	**Ha**sel**nu**ss**ta**fel
Haribo	Vom Namen des Gründers **Ha**ns **Ri**egel, **Bo**nn.
HDGDL	**H**ab **d**ich **g**anz **d**oll **l**ieb (SMS-Kürzel).
Hertie	Name des Onkels des Gründers **Her**mann **Tie**tz.
Hyperbel	Bewusste Übertreibung: "Das hab ich dir schon Tausend Mal gesagt".
In dubio pro reo	Im Zweifel für den Angeklagten.

	BEDEUTUNG/FORMEL
INRI	**I**esus **N**azarenus **R**ex **I**udaeorum (auf deutsch: Jesus von Nazaret, König der Juden).
ISBN	**I**nternationale **S**tandard**b**uch**n**ummer.
Klimax	Reihe sich steigernder Wörter (meist dreistufig): „Ich kam, ich sah, ich siegte" oder „Gut. Besser. Paulaner."
Kraft	F = M × a (Masse mal Beschleunigung).
Laser	**L**ight **A**mplification by **S**timulated **E**mission of **R**adiation (auf deutsch: Lichtverstärkung durch stimulierte Emission von Strahlung).
Litotes	Bewusste Untertreibung: "Das ist nicht übel" (gesprochen, obwohl es richtig schlecht ist).
LOL	**L**aughing **o**ut **l**oud (laut loslachen = SMS Kürzel)
M.B.A.	**M**aster of **B**usiness **A**dministration (akadem. Grad).
Mea culpa	Durch meine Schuld (allgemeines Sündenbekenntnis).
Metapher	Bildhafte Redeweise (oft zur Veranschaulichung von abstrakten Begriffen): „Er kämpfte wie ein Löwe"; „Nussschale" für ein Boot.
Nomen est omen	Der Name ist Vorzeichen/Programm (frei nach Plautus).
Onko	**O**hn**e** **Ko**ffein
Oxymoron	Verbindung von gegensätzlichen, sich oft widersprechenden Begriffen: „stummer Schrei"; „Hassliebe"; „Minuswachstum".
Palindrom	Wörter oder Sätze, die vorwärts wie rückwärts gelesen, den gleichen Sinn ergeben: „Lagerregal"; „Rentner"; „Ein Esel lese nie".
Paradoxon	Eine sich selbst widersprechende, gegensätzl. Aussage: "Weniger ist mehr"; "Ich weiß, dass ich nichts weiß".
Pleonasmus	Doppelte, sinngleiche Wortarten: „kleiner Zwerg"; „schwarzer Rabe"; „alter Greis"; „weißer Schimmel"

	BEDEUTUNG/FORMEL
Plus	**P**rima **l**eben **u**nd **s**paren.
PS	1 PS = die Kraft, die nötig ist, um die Masse von 75 kg mit einer Geschwindigkeit von 1 Meter/Sek. zu heben.
P.S.	**P**ost **s**criptum
Yin & Yang	Yin = Erde = weiblich. Yang = Himmel = männlich.
Quo vadis?	Wohin gehst du?
q.e.d.	**Q**uod **e**rat **d**emonstrandum, auf deutsch: Was zu beweisen war ().
Radar	**Ra**dio **D**etection **a**nd **R**anging (Funkortung und -abstandsmessung).
RAM	**R**andom **A**ccess **M**emory (Arbeitsspeicher im PC).
R.I.P.	**R**equiescat **i**n **p**ace (Rest in peace = Ruhe in Frieden)
Rote Nelke	Seit 1889 Symbol der Arbeiterbewegung.
Sms	**S**hort **m**essages **s**ervice (auf deutsch: Kurz-Nachricht)
S.P.Q.R.	**S**enatus **P**opulus**q**ue **R**omanus (Inschrift im römischen Wappen: Der Senat und das Volk von Rom).
Summa cum laude	Mit höchstem Lob (bei der Notenvergabe).
Synonym	gleichbedeutender oder sinnverwandter Begriff, wie z.B. reich, wohlhabend, vermögend.
Urbi et orbi	Päpstlicher Segen: Die Stadt (Rom) und der Erdkreis.
Tchibo	Vom Namen des Gründers Carl **Tch**iling Hirrian und dem Wort (Kaffee-)**Bo**hnen.
Tesa	Vom Namen einer Beiersdorf-Sekretärin El**sa** **Te**smer.
Veni, vidi, vici	Ich kam, ich sah, ich siegte ().
Volvo	Aus dem Lateinischen „Ich rolle".
XOXO	SMS Gruß für „Hugs & Kisses" (Drücke & küsse dich)

	AUF DEUTSCH	UNTERSCHEIDET IN:	AUF DEUTSCH	BEISPIELE BZW. REGELN
Adjektiv	Eigenschaftswort		ugs. „Wiewörter"	Süß, blau, schön, müde, klein, schnell, böse u.a.
Adverb	Umstandswort	**Lokal-Adverb**	Adverb des Ortes	Irgendwo, links, dort, hier, vorne, überall, draußen u.a.
		Temporal-Adverb	Adverb der Zeit	Immer, bisher, oft, nachts, seitdem, stets, nie, selten u.a.
		Modal-Adverb	Adverb der Art/Weise	Vielleicht, leider, nur, so, wenig, kaum, sehr, mehr u.a.
		Kausal-Adverb	Adverb des Grundes	Also, deshalb, damit, folglich, dann, trotzdem, so u.a.
		Pronominal-Adverb	Umstandsfürwörter	Damit, dadurch, dafür, wobei, hierfür, darauf, daraus u.a.
Artikel	Geschlechtswort		Bestimmte Artikel	Der, die, das.
			Unbestimmte Artikel	Ein, eine, ein.
Deklination	Beugung			Das Haus, des Hauses, dem Hause, das Haus.
Imperativ	Befehlsform			Bleib! Iss! Lies! Ändere dich! Sei still! Denk nach!
Indikativ	Wirklichkeitsform			Die Welt ist schön. Menschen sind sterblich.
Interjektion	Empfindungswort			Aua, Hallo, Pfui, Igitt.
Kasus	Fall	**Nominativ**	Wer-Fall	Der König, die Burg, das Schwert.
		Genitiv	Wessen-Fall	Des Königs, der Burg, des Schwertes.
		Dativ	Wem-Fall	Dem König, der Burg, dem Schwerte.
		Akkusativ	Wen-Fall	Den König, die Burg, das Schwert.
Komparation	Steigerung	Positiv > Komparativ > Superlativ		Schön > schöner > am schönsten; gut > besser > am besten
Konjunktion	Bindewort			Und, aber, wenn, soweit, denn, weil, trotzdem, als u.a.
Konjunktiv	Möglichkeitsform			Ich dachte, ich könnte, ich hätte, wenn..., Würdet Ihr bitte.
Objekt	Satzergänzung			Das Buch, meine Mutter, Ins Bett, das Klügste u.a.
Prädikat	Satzaussage			Er lernt, es flog, sie arbeitet, wir lesen u.a.

	AUF DEUTSCH	UNTERSCHEIDET IN	AUF DEUTSCH	BEISPIELE BZW. REGELN
Präposition	Verhältniswort	**lokale, modale, kausale, temporale Präpositionen**	örtlich, zeitlich, bezüglich, begründend	An, auf, in, hinter, neben, vor, über, unter, zwischen, aus, ab, bei, um, durch, zu, zum, für, mit, gegen, nach, ob, trotz, von, weil u.a.
Pronomen	Fürwort	**Personal-Pronomen**	Persönliches Fürwort	Ich, du, er, sie, es, wir, ihr, ihm, uns, dich, ihnen u.a.
		Possessiv-Pronomen	Besitzanzeigendes F.	Mein, dein, sein, ihre, eure, unser u.a.
		Reflexiv-Pronomen	Rückbezügliches F.	Mich, dich, uns, euch, sich, seiner, ihrer u.a.
		Relativ-Pronomen	Bezügliches Fürwort	Der, die, das, dem, deren, dessen, denen, welcher, wer, was
		Demonstrativ-Pronomen	Hinweisendes F.	Dieser, diese, dieses, jener, jenes, solche, solches u.a.
		Indefinitiv-Pronomen	Unbestimmtes F.	Jemand, einer, viele, jeder, alle, manche, einige, man, andere u.a.
		Negativ-Pronomen	Negativ unbestimmt	Keiner, keinem, niemanden, nichts, keinerlei
		Interrogariv-Pronomen	Fragendes Fürwort	Wer? Was? Wo? Wessen? Wem? Wen? Welcher? u.a.
Subjekt	Satzgegenstand			Kann ein Lebewesen, Gegenstand oder Sachverhalt sein.
Substantiv	Hauptwort (Nomen)	**Singular**	Einzahl	Der König, das Haus, der Schüler, das Buch.
		Plural	Mehrzahl	Die Könige, die Häuser, die Schüler, die Bücher.
Verbformen	Zeiten	**Präsens**	Gegenwart	Ich bin, du lernst, er/sie/es liest.
		Imperfekt	1. Vergangenheit	Ich war, du lerntest, er/sie/es las.
		Perfekt	2. Vergangenheit	Ich bin gewesen; du hast gelernt, er/sie/es hat gelesen.
		Plusquamperfekt	3. Vergangenheit	Ich war gewesen; du hättest gelernt, er/sie/es hätte gelesen.
		Futur I.	Unvollendete Zukunft	Ich werde sein, du wirst lesen, er/sie/es wird lesen.
		Futur II.	Vollendete Zukunft	Ich werde gewesen sein, du wirst gelesen haben
Verben	Zeitwörter	**Vollverben**	ugs. „Tunwörter"	Waschen, lesen, arbeiten, lernen, tanzen, glauben, gehen...
		Hilfsverben	Einzahl	Haben, sein, werden.
		Modalverben	Mehrzahl	Dürfen, können, mögen, müssen, sollen, wollen.

BUSSGELDKATALOG (GÜLTIG SEIT MAI 2014)

ÜBERSCHREITUNG (KM/H)	REGELSATZ (INNERORTS)	REGELSATZ (AUSSERORTS)	PUNKTE (INNERORTS)	PUNKTE (AUSSERORTS)	FAHRVERBOT (INNERORTS)	FAHRVERBOT (AUSSERORTS)
bis 10	15 €	10 €	-	-	-	-
11-15	25 €	20 €	-	-	-	-
16-20	35 €	30 €	-	-	-	-
21-25	80 €	70 €	1	1	-	-
26-30	100 €	80 €	1	1	-	-
31-40	160 €	120 €	2	1	1 Monat	-
41-50	200 €	160 €	2	2	1 Monat	1 Monat
51-60	280 €	240 €	2	2	2 Monate	1 Monat
61-70	480 €	440 €	2	2	3 Monate	2 Monate
über 70	680 €	600 €	2	2	3 Monate	3 Monate
Alkohol im Blut	**REGELSATZ**	**PUNKTE**				**FAHRVERBOT**
in Probezeit (bis 0,5 Promille)	250 €	1				
beim 1. Verstoß (0,5 - 1,1 Promille)	500 €	1			-	1 Monat
beim 2. Verstoß (0,5 - 1,1 Promille)	1.000 €	2				3 Monate
beim 3. Verstoß (0,5 - 1,1 Promille)	1.500 €	2				3 Monate
über 1,1 Promille	xxx € Geldstrafe	3				6 Monate bis 5 Jahre

BUSSGELDKATALOG (GÜLTIG SEIT MAI 2014)

VERGEHEN	STRAFE/PUNKTE/ FAHRVERBOT (OHNE GEFÄHRDUNG)	STRAFE/PUNKTE/ FAHRVERBOT (MIT GEFÄHRDUNG)	STRAFE/PUNKTE/ FAHRVERBOT (BEI UNFALL)
Halten (bis 3 Min.) auf Gehwegen / in 2. Reihe	15 €	20 €	
Parken (über 3 Min.) auf Geh- & Radwegen	20 €	30 €	
Parken (über 60 Min.) auf Geh- & Radwegen	30 €	35 €	
Parken ohne Parkschein/Parkuhr bis 30 Min.	10 €		
Parken ohne Parkschein/Parkuhr bis 1 Std.	15 €		
Parken auf Behinderten-Parkplatz	35 €		
Behinderung von Rettungsfahrzeug durch Parken	60 € + 1 Punkt	60 € + 1 Punkt	
Rotlicht bis 1 Sekunde missachtet	90 € + 1 Punkt	200 € + 2 Punkte + 1 Monat	240 € + 2 Punkte + 1 Monat
Rotlicht länger als 1 Sekunde missachtet	200 € + 2 Punkte + 1 Monat	320 € + 2 Punkte + 1 Monat	360 € + 2 Punkte + 1 Monat
2 bis 4 Monate ohne bzw. über TÜV	15 €		
4 bis 8 Monate ohne bzw. über TÜV	25 €		
Mehr als 8 Monate ohne bzw. über TÜV	60 € + 1 Punkt		
Handy bei laufendem Motor/während der Fahrt	60 € + 1 Punkt		
Handy auf dem Fahrrad	25 €		
Fahren mit abgefahrenen Reifen	60 € + 1 Punkt	75 € + 1 Punkt	
Im Winter mit Sommerreifen	60 € + 1 Punkt	80 € + 1 Punkt	
Fahren ohne Sicherheitsgurt	30 €		
Führerschein/Kfz-Schein „vergessen“	10 €		
Rechts vor Links missachtet	80 € + 1 Punkt		
Umfahren einer geschlossenen Bahnschranke	700 € + 2 Punkte + 3 Monate		
Überholen bei Überholverbot	150 € + 1 Punkt	200 € + 2 Punkte + 1 Monat	240 € + 2 Punkte + 1 Monat

VERBLÜFFENDE TATSACHEN
4711 war die Hausnummer von Wilhelm Mülhens, der in der Kölner Glockengasse 4711 ansässig war und das erste Kölnisch Wasser ab 1799 vertrieb.
Eau de Cologne war ursprünglich ein Mittel gegen die Pest.
Die Erbse ist das älteste bekannte Gemüse.
Die Farben der Olympischen Ringe tauchen in jeder Länderflagge auf. (Ausnahmen: Litauen und Qatar haben eine weiß-braune Flagge)
Die breiteren Wachstumsringe eines Baumes zeigen nach Süden.
Heißes Wasser gefriert schneller als kaltes.
Das Croissant (halbmondformiges Gebäck) wurde zur Freude über den Sieg gegen die Türken (1683) von einem Wiener Bäcker entworfen.
In Saudi-Arabien sind Barbie-Puppen verboten.
Von 1922 bis 1934 gab es vier Olympische Spiele nur für Frauen.
Lippenstift enthält Fischschuppen.
Das HB-Männchen heißt Bruno.
Die Eheleute Cummins bekamen von 1952 bis 1966 fünf Kinder, die allesamt am 20. Februar geboren wurden.
Bei 82 % aller Beatles-Songs geht es um die Liebe.
Die erste Sportart mit Weltmeisterschaft war Billard (1873).
Adolf Hitler wurde 1939 für den Friedensnobelpreis nominiert. Stalin sogar zweimal (1945 und 1948). Und auch Mussolini wurde nominiert (1935).
Der längste Satz in einem Buch besteht aus 823 Wörtern, geschrieben von Victor Hugo im Roman „Les Miserables".
Joh. Wolf. Goethe hat den Mittelkieferknochen in unserem Schädel entdeckt.
James Cook war der erste Mensch, der alle 5 Kontinente (außer Antarktis) betrat.

VERBLÜFFENDE TATSACHEN
Australien hieß von 1644 bis 1814 „Neuholland" (vom Holländer Abel Tasman), Matthew Flinders gab dem Kontinent den heutigen Namen.
Der produktivste Arbeitstag ist Dienstag.
Wenn wir satt sind, hören wir schlechter.
Ein Reiskorn hat mehr Gene (42.000-65.000) als der Mensch (30.000-40.000).
In einer normalen Matratze leben durchschnittlich 6 Milliarden Milben.
Unser Trinkwasser ist etwa drei Milliarden Jahre alt.
Österreich war das erste Land, das die Todesstrafe abschaffte (1787).
Saarland ist das einzige deutsche Bundesland, dass mit einer eigenen Mannschaft bei den Olympischen Spielen (1952) angetreten ist.
Kroatien war das erste Land, das den Staat USA anerkannte (1776).
Regentropfen fallen mit einer Normal-Geschwindigkeit von ca. 14 km/h.
Nicht Hollywood oder Bollywood produzieren die meisten Filme im Jahr, sondern „Nollywood" in Nigeria (ca. 2.000 Filme jährlich).
Monaco und Vatikanstadt sind kleiner als der New Yorker Central Park.
Neben den 879 aktiven Satelliten kreisen noch etwa 10.000 Teile Weltraumschrott (alte Satelliten, Raketenteile etc.) im Orbit.
In über 50 Jahren des Systems 6 aus 49 gab es insgesamt mehr als 1.700 Lottomillionäre (in Euro gerechnet).
Sieht man einen Regenbogen, steht man immer mit dem Rücken zur Sonne.
Von 221 Staaten der Welt haben derzeit 59 Linksverkehr.
Der Mensch hat mehr Bakterien (ca. 39 Bill.) als eigene Zellen (30 Billionen).
Der Unterarm (Handknöchel bis Ellenbogen) ist so lang wie unser Fuß.
Ein Maulwurf kann in einer Nacht bis zu 75 Meter Tunnel graben.

MASSEINHEITEN UND FORMELN

AUSLÄNDISCHE EINHEITEN	DEUTSCHE ENTSPRECHUNG
1 inch (Zoll)	2,54 cm
1 foot (Fuß)	30,48 cm (12 inches)
1 Zoll	etwa 2 bis 2,5 cm
1 yard	91,44 cm (3 feet)
1 mile (Meile)	1.609 Meter
1 Seemeile/Knoten	1.852 Meter (0,51 m/s)
1 square inch	6,45 cm²
1 square foot	144 square inches
1 square yard	9 square feet
1 Morgen	2.500 bis 5.760 qm
1 pint	0,57 Liter
1 gallon	4,546 Liter
1 barrel	158,97 Liter
1 grain	0,0648 Gramm
1 ounce	28,35 Gramm
1 pound	453,6 g (16 ounces)
1 stone	6,348 kg (14 pounds)
1 Pfund	500 Gramm
1 Zentner	50 kg (100 Pfund)
1 PS	0,7355 kW

FAHRENHEIT	CELSIUS
0	-17,8
14	-10
32	0
50	10
68	20
86	30
212	100

FORM	FORMEL FÜR
Rechteck	Fläche: $a \times b$ Umfang: $2 \times (a + b)$
Kreis	Fläche: $r^2 \times \pi$ Umfang: $2 \times \pi \times r$
Kugel	Fläche: $4 \times \pi \times r^2$ Umfang: $4/3 \times \pi \times r^3$
Kegel	Umfang: $2 \times \pi \times r$ Volumen: $1/3 \times \pi\, r^2 \times h$
Pyramide	Volumen: $1/3 \times G \times h$
Dreieck	Fläche: $1/2 \times G \times h$ Umfang: $a + b + c$
Sinus	sin = Gegenkathete/Hypothenuse
Kosinus	cos = Ankathete/Hypothenuse

EINHEITEN	GRÖSSE
Ampere (A)	Elektrische Stromstärke
Ar (a)	100 m²
Atü	Überdruck
Ballen (Papier)	10.000 Bogen
Bar	Druck
Becquerel (Bq)	Radioaktiver Zerfall
Dezibel (dB)	Lautstärke
Dutzend	12 Stück
Hektar (ha)	10.000 m²
Hektoliter	100 Liter
Hertz (Hz)	Frequenz
Joule (J)	Arbeit, Energie
Karat (Kt)	Masse/Edelsteinen (0,2 g)
Lumen (lm)	Lichtstrom
Lux (lx)	Beleuchtungsstärke
Mol	Stoffmenge
Newton	Kraft (= 1kgm/s²)
Ohm (Ω)	Widerstand
Pascal (Pa)	Druck = Kraft durch Fläche
Volt (V)	Spannung

BERÜHMTE WORTE	**GESPROCHEN VON**
„Ich bin ein Berliner“.	John F. Kennedy in Berlin (vor dem Schöneberger Rathaus) am 26. Juni 1963.
„The eagle has landed“.	Neil Armstrong nach der Landung der Landungsfähre „Eagle“ auf dem Mond.
„Liebe Landsleute, wir sind zu Ihnen gekommen, um Ihnen mitzuteilen, dass heute Ihre Ausreise…“ (Tausendfacher Jubel)	Die unvollendeten Worte des Bundesaußenminister Genscher vom Balkon der Deutschen Botschaft in Prag am 30. September 1989.
„That's one small step for man but one giant leap for mankind“	Neil Armstrong kurz vor dem erstmaligen Betreten der Mondoberfläche.
„Geld macht nicht glücklich. Aber wenn man unglücklich ist, ist es schöner im Taxi zu weinen als in der Straßenbahn.“	Literaturkritiker Marcel Reich-Ranicki (1920-2013).
„I have a dream“.	Martin Luther King am 28.08.1963 in Washington D.C. vor rund 250.000 Zuschauern.
„Handle nur nach derjenigen Maxime, durch die du zugleich wollen kannst, dass sie ein allgemeines Gesetz werde.“	Das Prinzip des „Kategorischen Imperativs“ (1785) von Immanuel Kant (1724-1804).
„Das Pferd frisst keinen Gurkensalat“.	Durch die Übermittlung dieses Satzes demonstrierte Johann Philipp Reis 1861 in Frankfurt am Main, dass das von ihm erfundene Telefon auch wirklich funktionierte.
„Gott wird mir verzeihen – das ist sein Metier.“	Heinrich Heines letzte Worte bevor er 1856 starb.
„Die Welt ist eine Tankstelle, an der das Rauchen nicht verboten ist“.	Friedrich Dürrenmatt
„Harry, hol schon mal den Wagen“.	Horst Tappert alias Derrick zu seinem Inspektor Fritz Wepper alias Harry Klein.
„Sie haben einen unmöglichen Sound. Mit Gitarren besetzte Gruppen haben absolut keine Zukunft.“	Aus dem Ablehnungsschreiben der Schallplattenfirma DECCA an die Beatles.
„Wer Visionen hat, sollte zum Arzt gehen“.	Helmut Schmidt über Willy Brandts Visionen im Bundestagswahlkampf 1980.
„Gott würfelt nicht“.	Mit diesen Worten zweifelte Albert Einstein am Zufallsprinzip der Quantenphysik.
„Ich denke, also bin ich“ („cogito, ergo sum“)	René Descartes (französischer Philosoph, Mathematiker und Naturforscher) in seiner Erkenntnistheorie von 1641 „Meditation über die Erste Philosophie“.
$x^3 + y^3 = z^3$	Pierre de Fermats berühmter Satz über die „Unlösbarkeit der Gleichung“ wurde erst 350 Jahre später von Andrew Wiles gelöst.
„Mit Verlaub, Herr Präsident, Sie sind ein Arschloch“.	Joschka Fischer zu Bundestagsvizepräsident Richard Stücklen am 18.10.1984.

ALLE 12 STERNZEICHEN

STERNZEICHEN	VON BIS	ELEMENT	STÄRKEN	SCHWÄCHEN
Widder	21. März 20. April	Feuer	dynamisch, spontan, mutig, ehrlich, offen, kraftvoll, hilfsbereit, tolerant, temperamentvoll	streitsuchend, aggressiv, egozentrisch, aufbrausend, ungeduldig, uneinsichtig, störrisch
Stier	21. April 21.Mai	Erde	beständig, ausdauernd, gemütlich, geduldig, ehrlich, fleißig, natürlich, diplomatisch, praktisch	eifersüchtig, trotzig, stur, jähzornig, instabil, rechthaberisch, konservativ, phlegmatisch
Zwillinge	22. Mai 21. Juni	Luft	neugierig, flexibel, vielseitig, aktiv, gesellig, schnelle Auffassungsgabe, anpassungsfähig	zwiespältig, ungeduldig, oberflächlich, eilig, zerrissen, wechselhaft, manchmal boshaft
Krebs	22. Juni 22. Juli	Wasser	sensibel, nachdenklich, treu, familiär, hilfsbereit, fürsorglich, schöpferisch, häuslich, phantasievoll	melancholisch, selbstzweifelnd, ängstlich, introvertiert, launisch, geheimnisvoll
Löwe	23. Juli 23. August	Feuer	großzügig, gerecht, hilfsbereit, freiheitsliebend, optimistisch, aktiv, entschlossen, leidenschaftlich	verschwenderisch, prahlend, maßlos, stolz, extrem, herrschsüchtig, egozentrisch
Jungfrau	24. August 23. September	Erde	pflichtbewusst, geduldig, zuverlässig, realistisch, zielstrebig, ordentlich, leistungsfähig, heimisch	ernst, bodenständig, kleinlich, skeptisch, neidisch, geizig, oft perfektionistisch
Waage	24. September 23. Oktober	Luft	diplomatisch, freundlich, ausgeglichen, neutral, anpassungsfähig, fürsorglich, ordentlich, treu	wankelmütig, depressiv, besitzergreifend, tonangebend, selbstgerecht, launenhaft
Skorpion	24. Oktober 22. November	Wasser	ausdauernd, leidenschaftlich, zielstrebig, intuitiv entscheidend, hilfsbereit, vielseitig, tiefsinnig	eifersüchtig, jähzornig, besitzergreifend, launisch, widersprüchlich, kühl, autoritär
Schütze	23. November 21. Dezember	Feuer	treu, offenherzig, ehrlich, standhaft, neugierig, heimisch, familiär, engagiert, optimistisch, aktiv	Launisch, zwiespältig, eigenwillig, trotzig, scheinheilig, neigt zu Selbstüberschätzung
Steinbock	22. Dezember 20. Januar	Erde	selbstbewusst, ehrgeizig, kontrolliert, gebildet, strahlt Sicherheit aus, verlässlich, ausdauernd	streng, belehrend, nachtragend, sparsam (oft geizig), ruhmsüchtig, kühl, verschlossen
Wassermann	21. Januar 20. Februar	Luft	ehrlich, selbstlos, freiheitsliebend, aktiv, kreativ, vielseitig, phantasievoll, intuitiv, aufgeschlossen	nachtragend, eitel, kritisch, Weltverbesserer, exzentrisch, laut, hektisch, provokativ
Fische	21. Februar 20. März	Wasser	feinfühlig, geduldig, sanft, tolerant, romantisch, idealistisch, bescheiden, sozial, heimatverbunden	nachtragend, chaotisch, kompliziert, unberechenbar, eifersüchtig, unterwürfig, ängstlich

TIERKREIS-ZEICHEN	JAHRE	STÄRKEN	SCHWÄCHEN
Ratte	1924, 1936, 1948, 1960, 1972, 1984, 1996, 2008	schlau, großzügig, selbstbewusst, optimistisch, treu, romantisch, leidenschaftlich, diplomatisch	perfektionistisch, sparsam bis geizig, eifersüchtig, herrschsüchtig, eitel, aggressiv, neidisch, stolz
Büffel	1925, 1937, 1949, 1961, 1973, 1985, 1997, 2009	fleißig, geduldig, verschwiegen, konsequent ausdauernd, verlässlich, realistisch, tugendhaft	eigensinnig, hartnäckig, misstrauisch, cholerisch, hochmütig, verschlossen, rachsüchtig, störrisch
Tiger	1926, 1938, 1950, 1962, 1974, 1986, 1998, 2010	sensibel, emotional, nachdenklich, mutig, ehrlich, erfolgsorientiert, tapfer, großzügig, führungsstark	ungeduldig, zögernd, misstrauisch, herrisch, egozentrisch, reizbar, unentschlossen
Hase	1927, 1939, 1951, 1963, 1975, 1987, 1999, 2011	ehrgeizig, talentiert, gesellig, geduldig, gutmütig, mit Sinn für Kunst, häuslich, romantisch, neugierig	pessimistisch, unsicher, traditionell, eifersüchtig, unberechenbar, undiszipliniert, jähzornig, eitel
Drache	1928, 1940, 1952, 1964, 1976, 1988, 2000, 2012	zuverlässig, ehrlich, aktiv, gerecht, redegewandt, optimistisch, selbstvertrauend, hartnäckig, mutig	intolerant, ungeduldig, kleinlich, aufsässig, machthungrig, kompromisslos, hochmütig, stolz
Schlange	1929, 1941, 1953, 1965, 1977, 1989, 2001, 2013	tolerant, hilfsbereit, geistreich, willensstark, gastfreundlich, verständnis- und verantwortungsvoll	egoistisch, sparsam, eifersüchtig, eitel, kritisch, innerlich zerrissen, unausgeglichen, stolz
Pferd	1930, 1942, 1954, 1966, 1978, 1990, 2002, 2014	offen, talentiert, geistreich, gutgelaunt, ehrgeizig, optimistisch, freiheitsliebend, aktiv, abenteuerlustig	ungeduldig, heißblütig, egoistisch, empfindlich, aufsässig, opportunistisch
Schaf/ Ziege	1931, 1943, 1955, 1967, 1979, 1991, 2003, 2015	gutmütig, künstlerisch, kreativ, besonnen, friedlich, hartnäckig, treu, offen, liebenswürdig, diplomatisch	launig, eigennützig, pessimistisch, passiv, eifersüchtig, empfindlich, unordentlich, selbstgefällig
Affe	1932, 1944, 1956, 1968, 1980, 1992, 2004, 2016	schlau, flexibel, einfallsreich, wissbegierig, familiär, verspielt, anpackend, großzügig, kompromissbereit	überheblich, zuweilen hochnäsig, intolerant, stolz, egoistisch, streitsüchtig, eitel, geschwätzig
Hahn	1933, 1945, 1957, 1969, 1981, 1993, 2005, 2017	nachdenklich, talentiert, fleißig, sensibel, ehrlich, organisierend, eloquent, pflichtbewusst, loyal	exzentrisch, leicht gestresst, aggressiv, ängstlich, launisch, großspurig, stolz, oft Einzelgänger
Hund	1934, 1946, 1958, 1970, 1982, 1994, 2006; 2018	loyal, ehrlich, zuverlässig, diskret, überzeugend, selbstlos, großzügig, moralisch, idealistisch, kreativ	konservativ, ängstlich, exzentrisch, dickköpfig, egoistisch, kritisierend, zynisch, pessimistisch
Schwein	1935, 1947, 1959, 1971, 1983, 1995, 2007, 2019	zielstrebig, loyal, wissensdurstig, ehrlich, gutmütig, geradlinig, leidenschaftlich, umgänglich, aktiv	pedantisch, naiv, misstrauisch, wählerisch, hilflos, ängstlich, schwerfällig, langsam, empfindlich

DAS CHINESISCHE HOROSKOP

TRAUMSTRASSEN, PILGERWEGE & HANDELSROUTEN

LÄNGE (IN KM)	TRAUM-STRASSE	ART	VERLAUF UND GESCHICHTE
25.750	**Panamericana**	Fernstraße	Führt von Alaska über USA, Mexiko, Peru bis nach Feuerland. Beschlossen wurde der Bau im Jahre 1936.
14.500	**Highway 1**	Fernstraße	Der Highway 1 führt einmal um ganz Australien herum – immer schön an der Küste entlang. Er verbindet dabei alle Hauptstädte der 6 Bundesstaaten, sprich: Brisbane, Darwin, Perth, Adelaide, Melbourne und Sydney.
ca. 6.000	**Seidenstraße**	Handeslweg	Sie entstand bereits vor Christus, hatte aber ihre Blütezeit erst im 5. bis 9. Jahrhundert (während der Tang-Dynastie). Die Seidenstraße führt von China über Indien, Kaschmir und Iran bis ans Mittelmeer.
5.224	**Ruta 40**	Fernstraße	Diese Traumstraße führt entlang der Anden von Nord- nach Süd-Argentinien.
4.500	**Via Regia**	Heerstraße	Die Römer bauten die Via Regia als Transportweg von Kriegs- und Handelsgütern quer durch Europa von Breslau (mit Ausläufer nach Krakau und Riga) über Leipzig, Frankfurt bis Paris (mit Ausläufer nach Spanien).
3.940	**Route 66**	Traumstraße	Die 1926 gegründete „Mother Road" führt von Chicago bis nach Santa Monica bei Los Angeles, USA.
3.400	**Weihrauchstraße**	Handelsweg	Sie ist eine der ältesten Handelsrouten der Welt und führt von Dhofar in Oman bis zum Mittelmeer (Gaza).
2.900	**Dt. Alleenstraße**	Ferienstraße	Sie führt über traumhafte Alleen von der Ostsee (Rügen) bis zum Bodensee (Konstanz) quer durch Deutschland.
2.834	**Stuart Highway**	Fernstraße	Sie ist eine der wichtigsten Nord-Süd-Verbindungen in Australien und führt von Darwin bis Port Augusta.
ca. 1.200	**Transromanika**	Ferienstraße	Führt durch 7 Länder vorbei an Kulturstätten von der Ostsee über Österreich bis nach Italien ans Mittelmeer.
1.055	**Highway No. 1**	Traumstraße	Die 1934 gebaute Panoramastraße führt an der US-Westküste am Pazifik entlang und verbindet Garberville (320 km nördlich von San Francisco) mit Santa Cruz im Süden. Sie überquert auch die Golden-Gate-Bridge.
ca. 1.000	**Via Publica**	Poststraße	Dieser mittelalterliche Post- und Handelsweg führte von Brüssel nach Prag. Der Verlauf der B 8 (von Emmerich am Rhein bis nach Passau) entspricht heute in etwa der ursprünglichen Route der Via Publica.
ca. 900	**Bernsteinstraße**	Handelsweg	Führt von Nord- und Ostsee über die Alpen bis zur Adria. Die Ursprünge reichen zurück bis ins 2. Jahrhundert vor Christus. Damals trieben die Kelten regen Handel mit Bernstein.
ca. 800	**Jakobsweg** (Camino Francés)	Pilgerweg	Der wohl berühmteste Pilgerweg führte ursprünglich quer durch Europa bis nach Santiago de Compostela an der Nord-West-Küste Spaniens. Der „Camino Francés" beginnt in Frankreich (Saint-Jean-de-Pied-de-Port).
ca. 300	**Garden Route**	Traumstraße	Die Garden Route führt entlang der Nationalstraße N2 an der Südküste Südafrikas von Kapstadt bis Port Elizabeth, vorbei an Mossel Bay, George, Wilderness, Knysna und Plettenberg Bay.
ca. 600	**Märchenstraße**	Ferienstraße	Seit 1975 führt sie von Hanau (Gebrüder-Grimm-Stadt) über Kassel bis nach Bremen zu den Stadtmusikanten.
ca. 250	**Alte Salzstraße**	Handelsweg	Führt von Prag nach Halle an der Saale. Es gab im Mittelalter mehrere Salzstraßen, darunter auch die sog. „Hohe Salzstraße", die von Merseburg bis Frankfurt am Main führte.

	STADT (BUNDESLAND)		STADT (BUNDESLAND)		STADT (BUNDESLAND)		STADT (BUNDESLAND)
A	Augsburg (BY)	APD	Apolda (TH)	BE	Beckum bei Münster (NW)	BÖ	Bördekreis (ST)
AA	Aalen (BW)	ARN	Arnstadt, LK Ilm (TH)	BED	Brand-Erbisdorf (SN)	BOH	Bocholt, LK Borken (NW)
AB	Aschaffenburg (BY)	ART	Artern im Kyffhäus. Wald (TH)	BER	Bernau bei Berlin (BB)	BOR	Borken (NW)
ABG	Altenburg (TH)	AS	Amberg-Sulzbach (BY)	BF	Burgsteinfurt (NW)	BOT	Bottrop (NW)
ABI	Anhalt-Bitterfeld (ST)	ASL	Aschersleben (ST)	BG	Bundesgrenzschutz	BP	Bundespolizei
AC	Aachen (NW)	ASZ	Aue-Schwarzenberg (SN)	BGL/D	Berchtesgadener Land (BY)	BRA	Brake an der Weser (NI)
AD	Privat für US-Soldaten	AT	Altentreptow (MV)	BH	Bühl, LK Raststatt (BW)	BRB	Brandenburg (BB)
AE	Auerbach, LK Vogtland (SN)	AU	Aue im Erzgebirge (SN)	BI	Bielefeld (NW)	BRG	Burg bei Magdeburg (ST)
AF	Privat für US-Soldaten	AUR	Aurich (NI)	BID	Biedenkopf (HE)	BRK	Bad Brückenau (BY)
AH	Ahaus, LK Borken (NW)	AW	Ahrweiler (RP)	BIN	Bingen am Rhein (RP)	BRL	Braunlage, LK Goslar (NI)
AIB	Bad Aibling (BY)	AZ	Alzey, LK Alzey-Worms (RP)	BIR	Birkenfeld (RP)	BRV	Bremervörde (NI)
AIC	Aichach-Friedberg (BY)	AZE	Anhalt-Zerbst (ST)	BIT	Bitburg-Prüm (RP)	BS	Braunschweig (NI)
AK	Altenkirchen (RP)	B	Berlin	BIW	Bischofswerda (SN)	BSK	Beeskow, LK Oder-Spree (BB)
ALF	Alfeld an der Leine (NI)	BA	Bamberg (BY)	BK	Bördekreis (ST)	BT	Bayreuth (BY)
ALZ	Alzenau in Unterfranken (BY)	BAD	Baden-Baden (BW)	BKS	Bernkastel-Kues (RP)	BTF	Bitterfeld (ST)
AM	Amberg (BY)	BAR	Barnim (BB)	BL	Balingen (BW)	BÜD	Büdingen, LK Wetterau (HE)
AN	Ansbach (BY)	BB	Böblingen (BW)	BLB	Bad Berleburg (NW)	BÜS	Büsingen am Rhein (BW)
ANA	Annaberg (SN)	BBG	Bernburg (ST)	BLK	Burgenlandkreis (ST)	BÜZ	Bützow, LK Rostock (MV)
ANG	Angermünde, LK Uckerm. (BB)	BBL	Brandenb. Landesregierung	BM	Erftkreis/Bergheim (NW)	BUL	Burgenlengenfeld (BY)
ANK	Anklam/Greifswald (MV)	BC	Biberach/Riss (BW)	BN	Bonn (NW)	BZ	Bautzen (SN)
AÖ	Altötting (BY)	BCH	Buchen im Odenwald (BW)	BNA	Borna, LK Leipzig (SN)	C	Chemnitz (SN)
AP	Weimarer-Land (TH)	BD	Bund/Bundestag/Bundesrat	BO	Bochum (NW)	CA	Calau, LK Oberspreew. (BB)

DEUTSCHE AUTOKENNZEICHEN (A-CA)

DEUTSCHE AUTOKENNZEICHEN (CAS-FO)

KFZ + PLZ + Vorwahl auf Taschenhirn.de

	STADT (BUNDESLAND)		**STADT** (BUNDESLAND)		**STADT** (BUNDESLAND)		**STADT** (BUNDESLAND)
CAS	Castrop-Rauxel (NW)	**DI**	Dieburg, LK Darmstadt (HE)	**EBS**	Ebermannstadt (BY)	**ERZ**	Erzgebirge (SN)
CB	Cottbus (BB)	**DIN**	Dinslaken, LK Wesel (NW)	**ECK**	Eckernförde (SH)	**ES**	Esslingen (BW)
CE	Celle (NI)	**DIZ**	Diez, Rhein-Lahn-Kreis (RP)	**ED**	Erding (BY)	**ESB**	Eschenbach/Oberpfalz (BY)
CHA	Cham in der Oberpfalz (BY)	**DGF**	Dingolfing, Landau (BY)	**EE**	Elbe-Elster (BB)	**ESW**	Eschwege (HE)
CLP	Cloppenburg (NI)	**DH**	Diepholz (NI)	**EF**	Erfurt (TH)	**EU**	Euskirchen (NW)
CLZ	Clausthal-Zellerfeld (NI)	**DL**	Döbeln (SN)	**EG**	Eggenfelden, LK Rottal (BY)	**EW**	Eberswalde, LK Barnim (BB)
CO	Coburg (BY)	**DLG**	Dillingen an der Donau (BY)	**EH**	Eisenhüttenstadt (BB)	**F**	Frankfurt am Main (HE)
COC	Cochem-Zell (RP)	**DKB**	Dinkelsbühl, LK Ansbach (BY)	**EI**	Eichstätt (BY)	**FB**	Friedberg, LK Wetterau (HE)
COE	Coesfeld (NW)	**DM**	Demmin (MV)	**EIC**	Eichsfeld (TH)	**FD**	Fulda, Osthessen (HE)
CUX	Cuxhafen (NI)	**DN**	Düren (NW)	**EIL**	Eisleben (ST)	**FDB**	Friedberg, LK Aichach (BY)
CW	Calm (BW)	**DO**	Dortmund (NW)	**EIN**	Einbeck, LK Northeim (NI)	**FDS**	Freudenstadt (BW)
D	Düsseldorf (NW)	**DON**	Donauwörth (BY)	**EIS**	Eisenberg (TH)	**FEU**	Feuchtwangen (BY)
DA	Darmstadt (HE)	**DU**	Duisburg (NW)	**EL**	LK Emsland, Meppen (NI)	**FF**	Frankfurt an der Oder (BB)
DAH	Dachau (BY)	**DUD**	Duderstadt (NI)	**EM**	Emmendingen (BW)	**FFB**	Fürstenfeldbruck (BY)
DAN	Lüchow-Dannenberg (NI)	**DÜW**	Bad Dürkheim (RP)	**EMD**	Emden (NI)	**FG**	Freiberg, Mittelsachsen (SN)
DAU	Daun in der Eifel (RP)	**DW**	Dippoldiswalde (SN)	**EMS**	Bad Ems an der Lahn (RP)	**FI**	Finsterwalde (BB)
DBR	Bad Doberan (MV)	**DZ**	Delitzsch (SN)	**EN**	Ennepe an der Ruhr (NW)	**FKB**	Frankenberg, Waldeck (HE)
DD	Dresden (SN)	**E**	Essen (NW)	**ER**	Erlangen (BY)	**FL**	Flensburg (SH)
DE	Dessau (ST)	**EA**	Eisenach (TH)	**ERB**	Erbach/Odenwald (HE)	**FLÖ**	Flöha, Mittelsachsen (SN)
DEG	Deggendorf (BY)	**EB**	Eilenburg, Nordsachsen (SN)	**ERH**	Erlangen-Höch. (BY)	**FN**	Friedrichshafen (BW)
DEL	Delmenhorst (NI)	**EBE**	Ebersberg (BY)	**ERK**	Erkelenz (NW)	**FO**	Forchheim (BY)

DEUTSCHE AUTOKENNZEICHEN (FOR-HMÜ)

	STADT (BUNDESLAND)		**STADT** (BUNDESLAND)		**STADT** (BUNDESLAND)		**STADT** (BUNDESLAND)
FOR	Forst/Lausitz (BB)	**GG**	Groß-Gerau (HE)	**GS**	Goslar (NI)	**HDH**	Heidenheim (BW)
FR	Freiburg im Breisgau (BW)	**GHA**	Geithain, LK Leipzig (SN)	**GT**	Gütersloh (NW)	**HE**	Helmstedt (NI)
FRG	Freyung-Grafenau (BY)	**GHC**	Gräfenhainichen (ST)	**GTH**	Gotha (TH)	**HEB**	Hersbruck (BY)
FRI	Friesland (SH)	**GI**	Gießen (HE)	**GÜ**	Güstrow (MV)	**HEF**	Bad Hersfeld (HE)
FRW	Bad Freienwalde/Oder (BB)	**GK**	Geilenkirchen (NW)	**GUB**	Guben, LK Spree-Neiße (BB)	**HEI**	Heide (SH)
FS	Freising (BY)	**GL**	Bergisch Gladbach (NW)	**GUN**	Gunzenhausen (BY)	**HEL**	Hessischer Landtag (HE)
FT	Frankenthal in der Pfalz (RP)	**GLA**	Gladbeck (NW)	**GVM**	Grevesmühlen (MV)	**HER**	Herne (NW)
FTL	Freital, Sächs. Schweiz (SN)	**GM**	Gummersbach (NW)	**GW**	Greifswald (MV)	**HET**	Hettstedt, Südharz (ST)
FÜ	Fürth (BY)	**GMN**	Grimmen, LK VP-Rügen (MV)	**GZ**	Günzburg (BY)	**HF**	Herford (NW)
FÜS	Füssen, LK Ostallgäu (BY)	**GN**	Gelnhausen, Main-Kinzig (HE)	**H**	Hannover (NI)	**HG**	Bad Homburg (HE)
G	Gera (TH)	**GNT**	Genthin, LK Jerichow (ST)	**HA**	Hagen (NW)	**HGN**	Hagenow (MV)
GA	Gardelegen, Salzwedel (ST)	**GÖ**	Göttingen (NI)	**HAB**	Hammelburg (BY)	**HGW**	Hansest. Greifswald (MV)
GAN	Bad Gandersheim (NI)	**GOA**	St. Goar, Rhein-Hünsrück (RP)	**HAL**	Halle/Saale (ST)	**HH**	Hansestadt Hamburg (HH)
GAP	Garmisch-Partenkirchen (BY)	**GOH**	Sankt Goarshausen (RP)	**HAM**	Hamm (NW)	**HHM**	Hohenmölsen (ST)
GC	Glauchau (SN)	**GP**	Göppingen (BW)	**HAS**	Hassfurt (BY)	**HI**	Hildesheim (NI)
GD	Schwäbisch Gmünd (BW)	**GR**	Görlitz (SN)	**HB**	Hansestadt Bremen	**HIG**	Heiligenstadt (TH)
GDB	Gadebusch (MV)	**GRA**	Grafenau, LK Freyung (BY)	**HBN**	Hildburghausen (TH)	**HIP**	Hilpoltstein, LK Roth (BY)
GE	Gelsenkirchen (NW)	**GRH**	Großenhain, LK Meißen (SN)	**HBS**	Halberstadt (ST)	**HK**	Privat für US-Soldaten
GEO	Gerolzhofen (BY)	**GRI**	Bad Griesbach, Rottal (BY)	**HC**	Hainichen (SN)	**HL**	Hansestadt Lübeck (SH)
GER	Germersheim (RP)	**GRM**	Grimma, LK Leipzig (SN)	**HCH**	Hechingen (BW)	**HM**	Hameln, Pyrmont (NI)
GF	Gifhorn (NI)	**GRZ**	Greiz (TH)	**HD**	Heidelberg (BW)	**HMÜ**	Hann. Münden (NI)

DEUTSCHE AUTOKENNZEICHEN (HN-LRO)

	STADT (BUNDESLAND)		**STADT** (BUNDESLAND)		**STADT** (BUNDESLAND)		**STADT** (BUNDESLAND)
HN	Heilbronn (BW)	**IK**	Ilm-Kreis (TH)	**KL**	Kaiserslautern (RP)	**LB**	Ludwigsburg (BW)
HO	Hof (BY)	**IL**	Ilmenau (TH)	**KLE**	Kleve (NW)	**LBS**	Bad Lobenstein (TH)
HOG	Hofgeismar, LK Kassel (HE)	**ILL**	Illertissen, LK Neu-Ulm (BY)	**KLZ**	Klötze, LK Salzwedel (ST)	**LBZ**	Lübz, LK Ludwigslust (MV)
HOL	Holzminden (NI)	**IN**	Ingolstadt (BY)	**KM**	Kamenz, LK Bautzen (SN)	**LD**	Landau in der Pfalz (RP)
HOM	Homburg an der Saar (SL)	**IZ**	Itzehoe, LK Steinburg (SH)	**KN**	Konstanz (BW)	**LDK**	Lahn-Dill-Kreis (HE)
HOR	Horb, LK Freudenstadt (BW)	**J**	Jena (TH)	**KO**	Koblenz (RP)	**LDS**	Dahme-Spreewald (BB)
HOT	Hohenstein-Ernstthal (SN)	**JE**	Jessen/Elster (ST)	**KÖN**	Bad Königshofen/Rhön (HE)	**LEO**	Leonberg, Böblingen (BW)
HP	Heppenheim (HE)	**JL**	Jerichower Land (ST)	**KÖT**	Köthen, LK Bitterfeld (ST)	**LER**	Leer in Ostfriesland (NI)
HR	Homberg/Efze (HE)	**JÜL**	Jülich, LK Düren (NW)	**KÖZ**	Kötzting, LK Cham (BY)	**LEV**	Leverkusen (NW)
HRO	Hansestadt Rostock (MV)	**K**	Köln (NW)	**KR**	Krefeld (NW)	**LG**	Lüneburg (NI)
HS	Heinsberg (NW)	**KA**	Karlsruhe (BW)	**KRU**	Krumbach, LK Günzb. (BW)	**LI**	Lindau am Bodensee (BY)
HSK	Hochsauerlandkreis (NW)	**KB**	Korbach, LK Waldeck (HE)	**KS**	Kassel, Nordhessen (HE)	**LIB**	Bad Liebenwerda (BB)
HST	Hansestadt Stralsund (MV)	**KC**	Kronach (BY)	**KT**	Kitzingen (BY)	**LIF**	Lichtenfels (BY)
HU	Hanau (HE)	**KE**	Kempten im Allgäu (BY)	**KU**	Kulmbach (BY)	**LIP**	Lippe/Detmold (NW)
HV	Havelberg, LK Stendal (ST)	**KEH**	Kelheim (BY)	**KÜN**	Künzelsau/Hohenlohe (BW)	**LL**	Landsberg am Lech (BY)
HVL	Havelland (BB)	**KEM**	Kemnath, LK Tirschenreuth (BY)	**KUS**	Kusel (RP)	**LM**	Limburg an der Lahn (HE)
HWI	Hansestadt Wismar (MV)	**KF**	Kaufbeuren (BY)	**KY**	Kyritz, LK Ostprignitz (BB)	**LÖ**	Lörrach (BW)
HX	Höxter (NW)	**KG**	Bad Kissingen (BY)	**KYF**	Kyffhäuserkreis (TH)	**LÖB**	Löbau, LK Görlitz (SN)
HY	Hoyerswerda (SN)	**KH**	Bad Kreuznach (RP)	**L**	Leipzig (SN)	**LOS**	Landkreis Oder-Spree (BB)
HZ	Harz (ST)	**KI**	Kiel (SH)	**LA**	Landshut (BY)	**LP**	Lippstadt, LK Soest (NW)
IGB	St. Ingbert (SL)	**KIB**	Kirchheimbolanden (RP)	**LAU**	Lauf an der Pegnitz (BY)	**LRO**	Landkreis Rostock (MV)

	STADT (BUNDESLAND)		STADT (BUNDESLAND)		STADT (BUNDESLAND)		STADT (BUNDESLAND)
LSA	Land Sachsen-Anhalt (ST)	MGN	Meiningen (TH)	MST	Mecklenburg-Strelitz (MV)	NEN	Neunburg vorm Wald (BY)
LSN	Landtag Sachsen (SN)	MH	Mühlheim/Ruhr (NW)	MTK	Main-Taunus-Kreis (HE)	NES	Bad Neustadt, Saale (BY)
LSZ	Bad Langensalza (TH)	MHL	Mühlhausen, LK Unstrut (TH)	MTL	Muldentalkreis (SN)	NEW	Neustadt, Waldnaab (BY)
LU	Ludwigshafen (RP)	MI	Minden/Lübbecke (NW)	MÜ	Mühldorf am Inn (BY)	NF	Nordfriesland (SH)
LÜN	Lünen, LK Unna (NW)	MIL	Miltenberg (BY)	MÜB	Münchberg (BY)	NI	Nienburg an der Weser (NI)
LUP	Ludwigslust-Parchim (MV)	MK	Märkischer Kreis (NW)	MÜR	Müritz, LK Meckl. See (MV)	NK	Neunkirchen (SL)
LWL	Ludwigslust (MV)	MKK	Main-Kinzig-Kreis (HE)	MVL	Meckl. Vorp. Landtag (MV)	NL	Niedersächs. Landtag (NI)
M	München (BY)	ML	Mansfelder Land (ST)	MW	Mittweida (SN)	NM	Neumarkt, Oberpfalz (BY)
MA	Mannheim (BW)	MM	Memmingen (BY)	MY	Mayen (RP)	NMB	Naumburg (Saale) (ST)
MAB	Marienberg, Erzgebirge (SN)	MN	Mindelheim (BY)	MYK	Mayen-Koblenz (RP)	NMS	Neumünster (SH)
MAI	Mainburg, LK Kelheim (BY)	MO	Moers, LK Wesel (NW)	MZ	Mainz (RP)	NÖ	Nördlingen (BY)
MAK	Marktredwitz (BY)	MOD	Marktoberdorf, Ostallgäu (BY)	MZG	Merzig-Wadern (SL)	NOH	Nordhorn (NI)
MB	Miesbach (BY)	MOL	Märkisch-Oderland (BB)	N	Nürnberg (BY)	NOL	Niederschl. Oberlausitz (SN)
MC	Malchin, Meckl. Seen (MV)	MON	Monschau, LK Aachen (NW)	NAB	Nabburg (BY)	NOM	Northeim (NI)
MD	Magdeburg (ST)	MOS	Mosbach (BW)	NB	Neubrandenburg (MV)	NOR	Norden, LK Aurich (NI)
ME	Mettmann (NW)	MQ	Merseburg-Querfurt (SN)	ND	Neuburg/Donau (BY)	NP	Neuruppin (BE)
MEI	Meißen (SN)	MR	Marburg an der Lahn (HE)	NDH	Nordhausen (TH)	NR	Neuwied am Rhein (RP)
MEK	Mittl. Erzgebirgskreis (SN)	MS	Münster (NW)	NE	Neuss (NW)	NU	Neu-Ulm (BAY)
MER	Merseburg, LK Saale (ST)	MSE	Mecklenb.. Seenplatte (MV)	NEA	Neustadt an der Aisch (BY)	NVP	Nordvorpommern (MVP)
MET	Mellrichstadt/Rhön (BY)	MSH	Mansfeld-Südharz (SN)	NEB	Nebra/Unstrut (ST)	NW	Neustadt an d. Weinstr. (RP)
MG	Mönchengladbach (NW)	MSP	Main-Spessart-Kreis (BY)	NEC	Neustadt bei Coburg (BY)	NWM	Nordwestmecklenb. (MVP)

DEUTSCHE AUTOKENNZEICHEN (NY-SAL)

	STADT (BUNDESLAND)		**STADT** (BUNDESLAND)		**STADT** (BUNDESLAND)		**STADT** (BUNDESLAND)
NY	Niesky, LK Görlitz (SN)	**OVI**	Oberviechtach (BY)	**PS**	Pirmasens (RP)	**ROF**	Rotenburg an der Fulda (HE)
NZ	Neustrelitz (MV)	**OVL**	Obervogtland (SN)	**PW**	Pasewalk, LK Greifsw. (MV)	**ROK**	Rockenhausen (RP)
OA	Oberallgäu (BY)	**OZ**	Oschatz, Nordsachsen (SN)	**QFT**	Querfurt, Saalekreis (ST)	**ROL**	Rottenburg an der Laaber (BY)
OAL	Ostallgäu, Marktoberdorf (BY)	**P**	Potsdam (BB)	**QLB**	Quedlinburg (ST)	**ROS**	Rostock, Landkreis (MV)
OB	Oberhausen (NW)	**PA**	Passau (BY)	**R**	Regensburg (BY)	**ROT**	Rothenburg ob der Tauber (BY)
OBG	Osterburg, Altmark (ST)	**PAF**	Pfaffenhofen an der Ilm (BY)	**RA**	Rastatt (BW)	**ROW**	Rotenburg an d. Wümme (NI)
OC	Oschersleben, Bode (ST)	**PAN**	Pfarrkirchen, LK Rottal (BY)	**RC**	Reichenbach, Vogtland (SN)	**RP**	Rhein-Pfalz-Kreis (RP)
OCH	Ochsenfurt (BY)	**PAR**	Parsberg (BY)	**RD**	Rendsburg (SH)	**RPL**	Rheinl.-Pfälz. Landtag (RP)
OD	Bad Oldesloe (SH)	**PB**	Paderborn (NW)	**RDG**	Ribnitz-Damgarten (MV)	**RS**	Remscheid (NW)
OE	Olpe (NW)	**PCH**	Parchim (MV)	**RE**	Recklinghausen (NW)	**RSL**	Roßlau an der Elbe (ST)
OF	Offenbach (HE)	**PE**	Peine (NI)	**REG**	Regen (BY)	**RT**	Reutlingen (BW)
OG	Offenburg (BW)	**PEG**	Pegnitz (BY)	**REH**	Rehau, LK Wunsiedel (BY)	**RU**	Rudolstadt (TH)
OH	Ostholstein (SH)	**PF**	Pforzheim (BW)	**RG**	Riesa-Großenhain (SN)	**RÜD**	Rüdesheim am Rhein (HE)
OHA	Osterode am Harz (NI)	**PI**	Pinneberg (SH)	**RH**	Roth an der Regnitz (BY)	**RÜG**	Rügen (MV)
OHV	Oberhavel (BB)	**PIR**	Pirna (SN)	**RI**	Rinteln, LK Schaumb. (NI)	**RV**	Ravensburg (BW)
OHZ	Osterholz-Scharmbeck (NI)	**PL**	Plauen (SN)	**RID**	Riedenburg/Kelheim (BY)	**RW**	Rottweil (BW)
OK	Ohrekreis (ST)	**PLÖ**	Plön in Holstein (SH)	**RIE**	Riesa, LK Meißen (SN)	**RZ**	Ratzeburg (SH)
OL	Oldenburg (NI)	**PM**	Potsdam-Mittelmark (BB)	**RL**	Rochlitz, Mittelsachsen (SN)	**S**	Stuttgart (BW)
OPR	Ostprignitz-Ruppin (BB)	**PN**	Pößneck, LK Saale-Orla (TH)	**RM**	Röbel an der Müritz (MV)	**SAB**	Saarburg, LK Trier (RP)
OS	Osnabrück (NI)	**PR**	Prignitz (BB)	**RO**	Rosenheim (BY)	**SAD**	Schwandorf (BY)
OSL	Oberspree-Lausitz (BB)	**PRÜ**	Prüm, LK Eifel-Bitburg (RP)	**ROD**	Roding, LK Cham (BY)	**SAL**	Saarländischer Landtag (SL)

	STADT (BUNDESLAND)		STADT (BUNDESLAND)		STADT (BUNDESLAND)		STADT (BUNDESLAND)
SAN	Stadtsteinach (BY)	SHG	Stadthagen, LK Schaumb. (NI)	SOK	Saale Orla-Kreis (TH)	TBB	Tauberbischofsheim (BY)
SAW	Salzwedel (ST)	SHK	Saale-Holzland-Kreis (TH)	SON	Sonneberg (TH)	TDO	Torgau, Delitz., Oschatz (SN)
SB	Saarbrücken (SL)	SHL	Suhl (TH)	SP	Speyer (RP)	TE	Tecklenburg (NW)
SBG	Strasburg, LK Greifswald (MV)	SI	Siegen (NW)	SPB	Spremberg Spree-Neiße (BB)	TET	Teterow (MV)
SBK	Schönbeck an der Elbe (ST)	SIG	Sigmaringen (BY)	SPN	Spree-Neiße (BB)	TF	Teltow-Fläming (BB)
SC	Schwabach (BY)	SIM	Simmern (RP)	SR	Straubing-Bogen (BY)	TG	Torgau, LK Nordsachsen (SN)
SCZ	Schleiz, LK Saale-Orla (TH)	SK	Saalkreis, Halle (ST)	SRB	Strausberg, Märk. Oderl. (BB)	THL	Thüringer Landtag (TH)
SDH	Sondershausen (TH)	SL	Schleswig-Flensburg (SH)	SRO	Stadtroda LK Saale (TH)	THW	Technisches Hilfswerk
SDL	Stendal (ST)	SLE	Schleiden, LK Euskirchen (NW)	ST	Steinfurt (NW)	TIR	Tirschenreuth (BY)
SE	Bad Segeberg (SH)	SLF	Saalfeld an der Saale (TH)	STA	Starnberg (BY)	TO	Torgau-Oschatz (SN)
SEB	Sebnitz, Osterzgebirge (SN)	SLK	Salzlandkreis (ST)	STB	Sternberg (MV)	TÖL	Bad Tölz (BY)
SEE	Seelow, Merk. Oderland (BB)	SLN	Schmölln, LK Altenb. Land (TH)	STD	Stade (NI)	TR	Trier-Saarburg (RP)
SEF	Scheinfeld (BY)	SLS	Saarlouis (SL)	STE	Bad Staffelstein (BY)	TS	Traunstein (BY)
SEL	Selb, LK Wunsiedel (BY)	SLÜ	Schlüchtern, Main-Kinzig (HE)	STL	Stollberg im Erzgebirge (SN)	TÜ	Tübingen (BW)
SFA	Soltau-Fallingbostel (NI)	SLZ	Bad Salzungen (TH)	SU	Siegburg (NW)	TUT	Tuttlingen (BW)
SFB	Senftenberg (BB)	SM	Schmalkalden-Meining (TH)	SUL	Sulzbach-Rosenberg (BY)	UE	Uelzen (NI)
SFT	Staßfurt, Salzlandkreis (ST)	SN	Schwerin (MV)	SÜW	Südliche Weinstraße (RP)	UEM	Ueckermünde (MV)
SG	Solingen (NW)	SO	Soest (NW)	SW	Schweinfurt (BY)	UER	Uecker-Randow (MV)
SGH	Sangerhausen (ST)	SOB	Schrobenhausen (BY)	SWA	Bad Schwalbach (HE)	UFF	Uffenheim (BY)
SH	Landtag Schlesw.-Holst. (SH)	SÖM	Sömmerda (TH)	SZ	Salzgitter (NI)	UH	Unstrut-Hainich-Kreis (TH)
SHA	Schwäbisch Hall (BW)	SOG	Schongau, LK Weilheim (BY)	SZB	Schwarzenberg, Erzgeb. (SN)	UL	Ulm (BW)

DEUTSCHE AUTOKENNZEICHEN (UM-ZZ)

KFZ + PLZ + Vorwahl auf Taschenhirn.de

	STADT (BUNDESLAND)		**STADT** (BUNDESLAND)		**STADT** (BUNDESLAND)		**STADT** (BUNDESLAND)
UM	Uckermark (BB)	**WBS**	Worbis, LK Eichsfeld (TH)	**WO**	Worms (RP)	**X**	NATO
UN	Unna (NW)	**WDA**	Werdau, LK Zwickau (SN)	**WOB**	Wolfsburg (NI)	**Y**	Bundeswehr
USI	Usingen im Hochtaunus (HE)	**WE**	Weimar (TH)	**WOH**	Wolfhagen, LK Kassel (HE)	**Z**	Zwickau (SN)
V	Vogtland (SN)	**WEL**	Weilburg, LK Limburg (HE)	**WOR**	Wolfratshausen (BY)	**ZE**	Zerbst/Anhalt (ST)
VB	Vogelsberg (HE)	**WEN**	Weiden in der Oberpfalz (BY)	**WOS**	Wolfstein, LK Freyung (BY)	**ZEL**	Zell an der Mosel (RP)
VEC	Vechta (NI)	**WER**	Wertingen (BY)	**WR**	Wernigerode im Harz (ST)	**ZI**	Zittau (SN)
VER	Verden an der Aller (NI)	**WES**	Wesel/Moers (NW)	**WRN**	Waren an der Müritz (MV)	**ZP**	Zschopau im Erzgebirge (SN)
VG	Vorpommern-Greifsw. (MV)	**WF**	Wolfenbüttel (NI)	**WS**	Wasserburg am Inn (BY)	**ZR**	Zeulenroda, LK Greiz (TH)
VIB	Vilsbiburg (BY)	**WHV**	Wilhelmshaven (NI)	**WSF**	Weißenfels (ST)	**ZW**	Zweibrücken (RP)
VIE	Viersen (NW)	**WI**	Wiesbaden (HE)	**WST**	Westerstede (NI)	**ZZ**	Zeitz, LK Burgenland (ST)
VK	Völklingen (SL)	**WIL**	Wittlich an der Mosel (RP)	**WSW**	Weißwasser, LK Görlitz (SN)		
VOH	Vohenstrauß (BY)	**WIS**	Wismar (MV)	**WT**	Waldshut-Tiengen (BW)		
VR	Vorpommern-Rügen (MV)	**WIT**	Witten, LK Ennepe (NW)	**WTM**	Wittmund (NI)		
VS	Villingen-Schwenn. (BW)	**WIZ**	Witzenhausen (HE)	**WÜ**	Würzburg (BY)		
W	Wuppertal (NW)	**WK**	Wittstock/Dosse (BB)	**WUG**	Weißenburg-Gunzenh. (BY)		
WA	Waldeck (HE)	**WL**	Winsen/Luhe (NI)	**WÜM**	Waldmünchen (BY)		
WAF	Warendorf (NW)	**WLG**	Wolgast (MV)	**WUN**	Wunsiedel im Fichtelgeb. (BY)		
WAK	Wartburgkreis (TH)	**WM**	Weilheim/Oberbayern (BY)	**WUR**	Wurzen, LK Leipzig (SN)		
WAN	Wanne-Eickel, Herne (NW)	**WMS**	Wolmirstedt (ST)	**WW**	Westerwald (RP)		
WAT	Wattenscheid (NW)	**WN**	Waiblingen (BW)	**WZ**	Wetzlar (HE)		
WB	Wittenberg (ST)	**WND**	St. Wendel (SL)	**WZL**	Wanzleben, LK Börde (ST)		

DEUTSCHE AUTOKENNZEICHEN (UM-ZZ)

INHALTSVERZEICHNIS (A-K)

INHALTSVERZEICHNIS (L-W)